C0-AOX-350

V&R

Lutherjahrbuch

Organ der internationalen Lutherforschung

Im Auftrag der Luther-Gesellschaft herausgegeben von
Albrecht Beutel

79. Jahrgang 2012

Vandenhoeck & Ruprecht

Mit 11 Abbildungen

Bibliografische Information der Deutschen Nationalbibliothek
Die Deutsche Nationalbibliothek verzeichnet diese Publikation in der Deutschen Nationalbibliografie; detaillierte bibliografische Daten sind im Internet über http://dnb.d-nb.de abrufbar.

ISBN 978-3-525-87444-8
ISBN 978-3-647-87444-9 (E-Book)

Printed in Germany.
Gesamtherstellung: Hubert & Co, Göttingen

Gedruckt auf alterungsbeständigem Papier.

Anschriften

der Mitarbeiter:

Hauptpastor em. Dr. Ferdinand Ahuis, Nußkamp 6, 22339 Hamburg; Prof. Dr. Ute Mennecke, Evangelisch-Theologisches Seminar, An der Schlosskirche 2–4, 53113 Bonn; Dr. Angelika Michael, Bergische Universität Wuppertal, Fachbereich A (Evangelische Theologie), Gaußstraße 20, 42097 Wuppertal; Prof. Dr. Michael Plathow, Beintweg 41, 69181 Leimen; Assistant Professor Dr. Austra Reinis, History of Christianity, Department of Religious Studies, Missouri State University, Springfield, MO 65897; Prof. Dr. Christopher Spehr, Theologische Fakultät, Fürstengraben 6, 07737 Jena; PD Dr. Andreas Stegmann,Theologische Fakultät der Humboldt-Universität zu Berlin, Unter den Linden 6, 10099 Berlin; Professor Dr. Martin Tetz, Burggrafenstraße 2, 44791 Bochum.

für Rezensionsexemplare, Sonderdrucke, Mitteilungen sowie Anfragen:
Prof. Dr. Albrecht Beutel, Evangelisch-Theologische Fakultät, Universitätsstr. 13–17, D-48143 Münster (Tel.: 0251–8322516;
E-Mail: beutel@uni-muenster.de).

der Geschäftsstelle der Luther-Gesellschaft in der Leucorea:
Collegienstraße 62, D-06886 Lutherstadt Wittenberg (Tel.: 03491–466233;
Fax: 03491–466278; E-Mail: info@luther-gesellschaft.de;
www.Luther-Gesellschaft.de).

Der Gottesdienst bei Martin Luther

Facetten eines theologischen Grundbegriffs*

Von Christopher Spehr

I Drei Momentaufnahmen

Aus dem Leben Martin Luthers seien einleitend drei Ereignisse erinnert: Die erste Szene – sie basiert auf Luthers späteren Erinnerungen – führt ins Jahr 1507.[1] Der junge Augustiner-Eremitenmönch Martin ist vor kurzem zum Priester geweiht worden. Jetzt feiert er im Schwarzen Kloster seine Primiz, seine erste Messe. Erstmals steht Luther allein am Altar und bringt Gott das Messopfer dar. Beim Lesen des Herzstückes der Messe, dem Messkanon, gerät er ins Stocken. Zitternd unterbricht er, will den Altar verlassen. Der assistierende Klosterprior ermahnt ihn weiterzulesen. Luther setzt daraufhin die Messe fort.

Die zweite Szene ereignet sich am 10. März 1522.[2] Luther, der von seinem Versteck auf der Wartburg besorgt nach Wittenberg zurück geeilt ist,

* Vorgetragen anlässlich der Semestereröffnung vor der Faculdade Luterana de Teologia, São Bento do Sul, (Brasilien) am 8. August 2011, als Gastvorlesung vor der Evangelisch-theologischen Fakultät der Eberhard-Karls-Universität Tübingen am 9. November 2011 und als Impulsvortrag vor dem Superintendentenkonvent der Evangelischen Kirche in Mitteldeutschland auf Burg Bodenstein am 8. Mai 2012. Für den Druck ist der Text geringfügig überarbeitet und um Anmerkungen ergänzt worden.

1 Luther berichtet diese Szene erst Jahre später in der Genesisvorlesung und seinen Tischreden. Siehe u.a. WA 43; 382,1–6; WAT 3; 411,5–9; WAT 2; 133,35–38. Vgl. M. Brecht, Martin Luther. Bd. 1: Sein Weg zur Reformation 1483–1521, 1981, 78f.

2 Siehe WA 10,3; 13–20. Vgl. zu den als *Invokavitpredigten* (WA 10,3; 1–64) bekannt gewordenen insgesamt acht Reihenpredigten H. Bornkamm, Martin Luther in der Mitte seines

betritt wie bereits am Tag zuvor die Kanzel der Wittenberger Stadtkirche. Gemeinde und Obrigkeit sind in Aufregung und entzweit über die radikalen Gottesdienstreformen, die unter Karlstadts Führung durchgeführt wurden. In klaren, ruhigen Worten ruft der Reformator seine verunsicherte Gemeinde zu Besonnenheit und Geduld auf. Der rechtfertigende Glaube sei grundlegend und die Liebe gegenüber dem Nächsten notwendig. Die Abschaffung der Messe sei zwar grundsätzlich zu begrüßen, aber überstürzt, ohne obrigkeitliche Genehmigung und ohne Rücksicht auf die Schwachen geschehen. Daher sei die Messe vorerst beizubehalten, bis alle in der Gemeinde die gottesdienstlichen Veränderungen mittragen könnten. Denn, so betont Luther: »predigen wil ichs, sagen wil ichs, schreyben wil ichs. Aber zwingen, dringen mit der gewalt wil ich nyemants, dann der glaube wil willig, ungenoetigt angezogen werden.«[3]

Die dritte Szene führt ins Jahr 1544. Es ist der 5. Oktober. In einem feierlichen Gottesdienst wird die neu errichtete Schlosskapelle in der kurfürstlichen Residenz Torgau eingeweiht. Der zu diesem Ereignis eigens aus Wittenberg angereiste Luther steigt auf die Kanzel. Bevor er das Sonntagsevangelium Lk 14,1–11, die Heilung des Wassersüchtigen am Sabbat, als Grundlage der Festpredigt verliest,[4] betont Luther programmatisch:

> Mein lieben Freunde, Wir sollen jtzt dis newe Haus einsegnen und weihen unserm HERrn Jhesu CHRisto, Welches mir nicht allein gebuͤrt und zustehet, Sondern jr solt auch zu gleich an den Sprengel [d.h. Weihwedel] und Reuchfass [d.h. Räucherpfanne] greiffen, auff das dis newe Haus dahin gericht werde, das nichts anders darin geschehe, denn das unser lieber Herr selbs mit uns rede durch sein heiliges Wort, und wir widerumb mit jm reden durch Gebet und Lobgesang.[5]

Lebens. Das Jahrzehnt zwischen dem Wormser und dem Augsburger Reichstag. Aus dem Nachlaß hg. v. K. Bornkamm, 1979, 62–80.

3 WA 10,3; 18,10–12.

4 WA 49; 588–615. Zur *Torgauer Kirchweihpredigt* vgl. H. Zschoch, Predigten (in: A. Beutel [Hg.], Luther Handbuch, 2005, 315–321), 320.

5 WA 49; 588,12–18. In der jüngeren Liturgiewissenschaft wird dieser Wunsch Luthers als »Torgauer Formel« bezeichnet. Vgl. u.a. P. Cornehl, Art. Gottesdienst VIII. Evangelischer Gottesdienst von der Reformation bis zur Gegenwart (TRE 14, 1985, 54–85), 54; M. Meyer-Blanck, Liturgie und Liturgik. Der Evangelische Gottesdienst aus Quellentexten erklärt (TB 97), 2001, 32. Nicht zu verwechseln ist sie mit der »Torgauer Formel« bzw. dem »Torgauer Buch« von 1576 als eine Vorform der »Formula Concordiae« (BSLK[12] 739–1110).

Diesen drei Szenen aus Luthers Leben ist gemeinsam, dass sie sich alle im Kirchenraum ereignen und in existenzieller, praktischer und theoretischer Weise um ein für den Wittenberger Reformator grundlegendes Thema kreisen: den Gottesdienst.

Spätestens seit seinem Klostereintritt im Jahr 1505 strukturierten Gebetszeiten und Messen seinen monastischen Tagesablauf. Von den klösterlichen Stundengebeten über die tägliche Konventsmesse, die montägliche Totenmesse, gestifteten Privat- oder Votivmessen bis hin zu gottesdienstlichen Feiern wie Benediktionen und Prozessionen reichten Luthers klösterliche Gottesdiensterfahrungen.[6] Mit seiner Priesterweihe übernahm der junge Kleriker zudem die Mitwirkung am klösterlichen Altardienst, der als höchster Dienst im Kloster galt. Durch seine Predigttätigkeit an der Wittenberger Stadtkirche ab 1514 sammelte Luther praktische Erfahrungen mit der sonntäglichen Pfarrmesse, dem Hauptgottesdienst, und weiteren gemeindlichen Tageszeitgottesdiensten.[7] Somit war der Gottesdienst in seinen verschiedenen Ausformungen für den jungen Luther frömmigkeitspraktisch prägend und amtstheologisch grundlegend. Von daher nimmt es nicht Wunder, dass es vor allem der Gottesdienst, genauer die Messe mit ihrer Messopferpraxis war, an der sich Luthers rechtfertigungstheologische Einsichten konkretisieren sollten.

Um einen Eindruck von Luthers reformatorischem Gottesdienstverständnis zu gewinnen, das er im »Entscheidungsjahr«[8] 1520 erstmals theologisch profilierte und 1523 erstmals liturgisch akzentuierte, sollen anhand zentraler Schriften grundlegende Aspekte zum Thema untersucht werden. Weil seine reformatorischen Erkenntnisse allesamt theologisch fundiert sind, drängt sich die spezifische Beschreibung einer »Theologie des Gottes-

6 Zum Kloster- und Gebetsdienst des jungen Luthers vgl. O. SCHEEL, Martin Luther. Vom Katholizismus zur Reformation. Bd. 2: Im Kloster, [3]1930, 27–48; BRECHT, Luther 1 (s. Anm. 1), 70–77; A. ODENTHAL, »… totum psalterium in usu maneat«. Martin Luther und das Stundengebet (in: Martin Luther – Biographie und Theologie, hg. v. D. KORSCH und V. LEPPIN [SMHR 53], 2010, 69–117).

7 Luther begann seine Predigttätigkeit um 1510 im Kloster. Vgl. BRECHT, Luther 1 (s. Anm. 1), 150–154; G. EBELING, Evangelische Evangelienauslegung. Eine Untersuchung zu Luthers Hermeneutik (FGLP 1), 1942, [3]1991, 14–16.

8 Th. KAUFMANN, Geschichte der Reformation, 2009, 266–268.

dienstes« bei Luther auf. Dennoch ist ein leichtfertiger Gebrauch dieser Wendung problematisch. Zum einen beschränkt Luther den Gottesdienst keineswegs auf die liturgische Handlung, so dass von einer expliziten Theologie *des* Gottesdienstes nicht die Rede sein kann. Zum anderen muss grundsätzlich gefragt werden, ob eine derartige Genitiv-Konstruktion von Luthers Theologieverständnis her überhaupt sachgemäß ist. Sollte nicht sinnvollerweise von der *einen* Theologie Luthers gesprochen werden, die sich in unterschiedlichen theologischen Gegenstandsbereichen wie der Heiligen Schrift, der Taufe, dem Abendmahl, der Buße und auch dem Gottesdienst konkretisiert? Analysiert man Luthers reformatorische Theologie, dann entdeckt man immer wiederkehrende Strukturen, die sich durch die Stichworte Schriftauslegung, Unterscheidungslehre und Erfahrungswissenschaft beschreiben lassen.[9] Diese Strukturen variieren je nach konkretem Problem und Thema, bilden aber stets die Grundprinzipien der theologischen Argumentation Luthers.

Unter Berücksichtigung dieser Einwände ist davon auszugehen, dass in Luthers Gottesdienstverständnis immer Teilaspekte seiner Gesamttheologie zum Tragen kommen. Weil Luthers Gottesdienstbegriff – wie sogleich zu zeigen sein wird – mehrschichtig ist, dürften in der begrifflichen Variationsbreite zentrale theologische Gehalte anschaulich werden, die ins Zentrum seiner gesamten Theologie führen.[10]

9 Vgl. A. Beutel, Theologie als Schriftauslegung (in: Ders., Luther Handbuch [s. Anm. 4], 444–449); Ders., Theologie als Unterscheidungslehre (aaO 450–454); Ders., Theologie als Erfahrungswissenschaft (aaO 454–459).

10 Die Zusammenhänge von Luthers Gesamttheologie und dem Gottesdienstbegriff werden bei den auf die liturgische Fortschrittlichkeit in Luthers Gottesdienstverständnis konzentrierten Untersuchungen wenig berücksichtigt. Als Ausnahmen seien folgende Studien genannt: V. Vajta, Theologie des Gottesdienstes bei Martin Luther (FKDG 1), [2]1954; G. Ebeling, Die Notwendigkeit des christlichen Gottesdienstes (ZThK 67, 1970, 232–249); M. Josuttis, Theologie des Gottesdienstes bei Luther (in: F. Wintzer [Hg.], Praktische Theologie, [5]1997, 32–43); J. Arnold, Theologie des Gottesdienstes. Eine Verhältnisbestimmung von Liturgie und Dogmatik (VLH 39), 2004, 231–317; J.-F. Albrecht, Der Gottesdienst bei Martin Luther (in: H.-P. Grosshans und M. D. Krüger [Hg.], In der Gegenwart Gottes. Beiträge zur Theologie des Gottesdienstes, 2009, 125–137).

II Die Mehrschichtigkeit des Gottesdienstbegriffs

Bevor Luthers Gottesdienstverständnis näher entfaltet wird, seien zur Orientierung einige sprachliche Aspekte vorangestellt. Das Wort »Gottesdienst«, das sich seit dem 13. Jahrhundert als deutsche Übersetzung des lateinischen Wortes *cultus* in Form der althochdeutschen Genitivverbindung »gods dienst« verbreitete, wurde durch Luther und die Reformation nachhaltig geprägt. Als Bezeichnung für die gemeinschaftlich-rituelle Feier avancierte das Wort im Protestantismus zum liturgischen Zentralbegriff und setzte sich gegen den Begriff »Messe« durch. Seit dem Zweiten Vatikanischen Konzil wird die zuvor auf die evangelischen Kirchen beschränkte Fachbezeichnung »Gottesdienst« auch in der römisch-katholischen Kirche intensiv rezipiert und erfreut sich – nachdem sie der konfessionellen Programmatik entwunden ist – ökumenischer Akzeptanz.[11]

Für Luther und seine Zeitgenossen ist der Gottesdienst nie auf die spezifisch liturgische Handlung der Gemeinde beschränkt, sondern vor allem Synonym für die Gottesverehrung im Allgemeinen. Der Gottesdienst bildet somit einen theologischen Gegenstandsbegriff, den der Reformator beispielsweise anhand der Interpretation der Zehn Gebote gewinnt und am ersten Gebot orientiert.[12] Weil Luther nach Röm 12,1 das gesamte Christenleben als Gottesdienst bezeichnen kann, wird Gottesdienst zum Inbegriff christlichen Glaubens und Lebens überhaupt. Von daher kann der Begriff Gottesdienst (*cultus*) durch die Begriffe Religion (*religio*) und Frömmigkeit (*pietas*) wechselseitig umschrieben werden.[13]

Die Bezeichnung des Gottesdienstes als Gottesverehrung oder Gottesfurcht[14] identifiziert aufs Kürzeste die relationale Beziehung zwischen Gott und Mensch und somit das gesamte Gottes- und Menschenverhältnis. Ihren fundamentaltheologischen Ausdruck erfährt die Beziehung im

11 Vgl. K.-H. Bieritz, Liturgik, 2004, 5f; P. Dondelinger, Art. Gottesdienst I. Zum Begriff (RGG[4] 3, 2000, 1173).

12 Siehe z.B. WA 6; 50,24.59,27; WA 8; 550,10. Vgl. Ebeling, Notwendigkeit (s. Anm. 10), 233.

13 WA 17,1; 157,26: »Sunst wers am besten gedeutscht gewest ›pietas‹ ›gotsdinst‹«. Vgl. E. Feil, Religio. Bd. 1: Die Geschichte eines neuzeitlichen Grundbegriffs vom Frühchristentum bis zur Reformation, 1986, 239f.

14 WA 19; 215,24: »Denn Gotts dienst heyssen sie Gotts furcht«.

Glauben, ihren ethischen Ausdruck beispielsweise in Luthers Ständelehre, und ihren liturgischen Ausdruck in dem gottesdienstlichen Geschehen der feiernden Gemeinde.

Von dieser allgemeinen Bezeichnung ausgehend nimmt Luther den spezifischen Begriff Gottesdienst bzw. *cultus* in den Blick, den er synonym zu den Begriffen »Messe«, *Missa* und *Communio* verwenden oder durch Bezeichnungen wie »Versammlung«, »Amt des Dieners und des Pfarrherrn« oder »das Wort Gottes« interpretieren kann.[15] Die liturgische Ordnung des Gottesdienstes beschreibt er durch die Wendung »Ordnung Gottesdienst«.[16] Diese Bezeichnung findet sich im Titel von zwei der drei grundlegenden Gottesdienstschriften Luthers wieder: *Von Ordnung Gottesdiensts in der Gemeinde*[17] (1523), *Formula missae et communionis pro Ecclesia Vuittembergensi*[18] (1523) und *Deutsche Messe und Ordnung Gottesdiensts*[19] (1526). Bevor die theologischen Leitgedanken der drei Schriften, welche in gewisser Weise den liturgischen Abschluss der theologischen Reflexion Luthers über den Messgottesdienst darstellen, skizziert werden, gilt es, den Gottesdienstbegriff in fundamentaltheologischer und ethischer Perspektive zu entfalten. Folglich wird in einem ersten Schritt die relationale Dimension von Gott her bestimmt, in einem zweiten auf den Menschen hin orientiert und in einem dritten, die Gottesdienstschriften integrierenden Schritt auf das Wechselgeschehen zwischen Gott und Mensch im Gottesdienst hin konkretisiert.

III Der Gottesdienst als Werk Gottes

Die spätmittelalterliche Gottesdienstauffassung, mit welcher der junge Luther aufwuchs, verstand die Messe als Opfer (*sacrificium*). Der zwischen Gott und den Menschen vermittelnde Priester hatte die Opfergabe, die im zu Leib und Blut Christi gewandelten Brot und Wein bestand, Gott am Altar darzubringen. So bildete die Messe eine priesterliche Kulthandlung,

15 Vgl. F. Kalb, Art. Liturgie I. Christliche Liturgie (TRE 21, 1991, 358–377), 363.
16 Siehe WA 12; 11,12; WA 18; 418,38; WA 19; 72,5.74,22.76,1.
17 WA 12; (31) 35–37.
18 WA 12; (197) 205–220.
19 WA 19; (44) 70–113.

die darauf zielte, Gott gnädig und versöhnlich zu stimmen.[20] Um diese Handlung wirksam vollziehen zu können, musste der Priester von Sünde frei sein und durfte beim Lesen des Messkanons nicht stocken oder stammeln. Sollte der Priester bei der Messliturgie Fehler machen, galt dies als schwere Sünde. Seine eigene Unwürdigkeit vor Augen hatte Luther – wie an seiner ersten Messe exemplarisch gezeigt – stets Angst, den strafenden und daher zu besänftigenden Gott nicht angemessen dienen zu können.[21]

1 Der Gottesdienst als Wortgeschehen

Im Rahmen der Entwicklung seines reformatorischen Gottes- und Menschenverständnisses erfuhr die Messe durch Luther eine fundamentale Neuinterpretation. Es war das den sakramentalen Kern der Messe prägende Abendmahl, an dem Luther seine rechtfertigungstheologische Entdeckung anschaulich machte. In seinem im Sommer 1520 publizierten *Sermon von dem neuen Testament, das ist von der heiligen Messe*[22] bestimmte er die relationale Beziehung von Gott her, indem er den jeglicher menschlichen Tätigkeit zuvorkommenden göttlichen Gabecharakter, die Zusage (*promissio*) durch Gottes Wort, betonte:

> Wen der mensch soll mit gott zu werck kummen und von yhm ettwas empfahen, ßo muß es also zugehen, das nit der mensch anheb und den ersten steyn lege, sondern gott allein on alles ersuchen und begeren des menschen muß zuvor kummen und yhm ein zusagung thun. Dasselb wort gottis ist das erst, der grund, der felß, darauff sich [h]ern[a]ch alle werck, wort, gedancken des menschen bawen, wilchs wort der mensch muß danckbarlich auffnehmen und der gotlichen zusagung trewlich gleuben und yhe nit daran zweyffeln, es sey und gescheh also, wie er zusagt.[23]

20 Vgl. W. Simon, Die Messopfertheologie Martin Luthers. Voraussetzungen, Genese, Gestalt und Rezeption (SMHR 22), 2003, 131–164. Siehe auch H.B. Meyer, Luther und die Messe. Eine liturgiewissenschaftliche Untersuchung über das Verhältnis Luthers zum Meßwesen des späten Mittelalters (KKTS 11), 1965.

21 Vgl. Brecht, Luther 1 (s. Anm. 1), 78–82. Zu Luthers religiösem Perfektionsstreben vgl. B. Hamm, Naher Zorn und nahe Gnade. Luthers frühe Klosterjahre als Beginn seiner reformatorischen Neuorientierung (in: Ders., Der frühe Luther. Etappen reformatorischer Neuorientierung, 2010, 25–64).

22 WA 6; (349) 353–378.

23 WA 6; 356,3–10.

Das Wort Gottes, das für Luther im Verlauf des Abendmahlsstreites und der Auseinandersetzung mit Erasmus in den 1520er Jahren an fundamentaltheologischer Bedeutung gewinnen sollte, ist Medium und Gegenstand der Offenbarung schlechthin.[24] Durch das Wort, das Luther im *Sermon von dem neuen Testament* als Evangelium, später auch als Gesetz und Evangelium charakterisiert,[25] teilt sich Gott den Menschen unzweideutig mit. Er kommuniziert mit ihnen durch sein biblisches und gepredigtes Wort. Gleichzeitig wird für Luther das Wort Gottes als Evangelium selbst zur substanzhaften Zusage, zum in Jesus Christus menschgewordenen Verheißungswort und schöpferischen Vergebungswort. Diese zugesagte Heilsgabe, die Gott in Jesus Christus seiner Gemeinde schenkt, ist sein Dienst am Menschen. So wird der Gottesdienst zum Gabegeschehen, in dem seine Wohltat (*beneficium*) als das Testament (*testamentum*) Christi dem Menschen im Glauben zugeeignet wird.[26] Folglich profiliert Luther als theologisches Zentrum der Messe Gottes Wort, das heißt die Einsetzungsworte des Abendmahls, die er als Vermächtnis und Testament Christi interpretiert.

> Nu sehen wir, wie vil stu^e^ck yn dißem testament odder messe sein. Es ist zum erst der testator, der das testament macht, Christus, zum andernn die erben, den das testament bescheyden wirt, das sein wir Christen, zum dritten das testament an ym selbs, das sein die wort Christi.[27]

2 *Der Gottesdienst als Gabegeschehen*

In Umkehrung des spätmittelalterlichen Messverständnisses, in dem der Priester als Handelnder Gott das ihn besänftigende Opfer darbringt, ist es nun Gott, der als Akteur durch Wort und Sakrament den Gläubigen das Heil vermittelt und schenkt. Weil dieser Gott nicht der strafende, rich-

24 Vgl. A. Beutel, In dem Anfang war das Wort. Studien zu Luthers Sprachverständnis (HUTh 27), 1991, 87–130.

25 Zur Unterscheidung von Gesetz und Evangelium vgl. G. Ebeling, Luther. Einführung in sein Denken. Mit einem Nachwort von A. Beutel, [5]2006, 120–136.

26 Vajta (s. Anm. 10), 43 Anm. 1 interpretiert die Kontrastierung von *beneficium* (*testamentum, donum*) und *sacrificium* (*opus bonum, meritum*) bei Luther als durchgängige Erscheinung in der Schilderung des Gottesdienstes.

27 WA 6; 359,13–16. Zur Abendmahlsfeier als Testamentshandlung Christi vgl. R. Schwarz, Der hermeneutische Angelpunkt in Luthers Meßreform (ZThK 89, 1992, 340–364).

tende oder zornige Gott, sondern der den Menschen in Christus zugewandte barmherzige Gott ist, hat dieses von Luther neu erfasste Gottesbild umstürzende Auswirkungen. Das im Evangelium der Messe, respektiv den Einsetzungsworten oder *verba testamenti*, zugesagte Vermächtnis Christi ist »nit beneficium acceptum, sed datum, es nympt nit wolthat von uns, ßondern bringt uns wolthat.«[28] Auf dieser Zusage der Vergebung aller Sünden, der Gnade und des ewigen Lebens – Gottes Heilsgabe – gründet der gläubige Empfang der Messe: »Alßo auch yn der meß geben wir Christo nichts, sondern nehmen nur von yhm«.[29]

Aufgrund dieser christologisch-soteriologischen Erkenntnis kann für Luther die Messe nicht länger als tätiges Opfer oder Werk des Menschen bzw. der Kirche gelten.[30] Weil der Mensch nach seiner anthropologischen Grundbestimmung Sünder ist, ist er zudem überhaupt nicht in der Lage, sein Heil durch gute Werke und Leistungen zu erlangen. Somit wird im Gegenüber zur römischen Heils- und Gnadenlehre die Werkgerechtigkeit stigmatisiert und der Messopfergedanke im Abendmahl destruiert.[31] Die theologische Tiefendimension des promissionalen Mess- bzw. Gottesdienstverständnisses reflektiert Luther im Herbst 1520 in seiner die reformatorische Sakramentenlehre profilierenden Schrift *De captivitate Babylonica ecclesiae praeludium*[32].

28 WA 6; 364,20f.

29 WA 6; 364,22f. D. Wendebourg, Essen zum Gedächtnis. Der Gedächtnisbefehl in den Abendmahlstheologien der Reformation (BHTh 148), 2009, 47 weist darauf hin, dass für Luther das Abendmahl gebendes Handeln Gottes sei, das der Mensch nur »empfangen«, »nehmen« und »genießen« könne.

30 Im *Sermon von dem neuen Testament* versucht Luther ein Opferverständnis aus evangelischer Sicht zu formulieren, welches das Opfer als die Gott reizende Aktivität des Gläubigen in Loben, Beten und Opfern versteht. Siehe WA 6; 369,11–18. Den Empfangscharakter will Luther mit diesem Erklärungsversuch nicht in Frage stellen. Vgl. D. Wendebourg, Luthers Reform der Messe – Bruch oder Kontinuität? (in: Die frühe Reformation in Deutschland als Umbruch, hg. v. B. Moeller [SVRG 199], 1998, 289–306), 300 Anm. 46.

31 Siehe WA 6; 365,23–26. Vgl. Simon (s. Anm. 19), 262–302. Vgl. zur hoch differenzierten mittelalterlichen Heils- und Gnadenlehre B. Hamm, Promissio, Pactum, Ordinatio. Freiheit und Selbstbindung Gottes in der scholastischen Gnadenlehre (BHTh 54), 1977; V. Leppin, Theologie im Mittelalter (KGE I,11), 2007.

32 WA 6; (484) 497–573. Als dritte und ärgste Gefangenschaft der römischen Kirche kritisiert Luther die Messopferlehre.

Vom göttlichen Gabegeschehen her kann Luther schließlich die Messe als wahren Gottesdienst definieren:

> das nu hinfu^e^rtter keyn ander eußerliche weyß solt sein, gott zu dienen, den die meß, und wo die geu^e^bt wirt, da ist der recht gottis dienst, ob schon kein andere weyß mit singen, orgellen, klingen, kleyden, tzierden, geperden da ist, den alliß, was des ist, ist ein zusatz von menschen erdacht.[33]

IV Der Gottesdienst als Dienst des Menschen

Während Luther in seinen sakramentstheologischen Schriften der frühen 1520er Jahre den Dienst Gottes am Menschen von den Einsetzungsworten her als testamentarische Heilsgabe bestimmen und somit den Gottesdienst als Werk Gottes definieren kann, spricht er in seinen katechetischen Schriften und Predigten verstärkt vom Gottesdienst als Dienst des Menschen an Gott.

1 Der Gottesdienst als Ausdruck des Glaubens

Die erste umfangreiche Ausarbeitung dieser Thematik bietet Luther im *Sermon von den guten Werken*[34], den er im Frühjahr 1520 verfasst. Die klärungsbedürftige Frage, was gute Werke sind, beantwortet er schrifttheologisch mit dem Hinweis auf Gottes Gebote: »Darumb, wer gute werck wissen und thun wil, der darff nichts anders dan gottis gebot wissen.«[35]

Als gutes Werk kann nur das gelten, was Gottes Willen und Gebot erfüllt. Daher entwickelt Luther anhand der Zehn Gebote die von Gott gebotenen und ihn ehrenden Werke, die er von den menschlichen Werken deutlich abgrenzt. Als erstes und höchstes Werk, das alle guten Werke zusammenfasst und vollbringt, bestimmt er nach Joh 6,28f den Glauben an Christus.[36] Allein durch den Glauben wird Gott geehrt und ihm gedient,

33 WA 6; 354,24–28.

34 WA 6; (196) 202–276.

35 WA 6; 204,15f.

36 Siehe WA 6; 204,25–32. Vgl. zur Thematik »Glaube und gute Werke« O. Bayer, Martin Luthers Theologie. Eine Vergegenwärtigung, ²2004, 256–261. Zur rechtfertigungstheologischen Dimension des Glaubens vgl. D. Korsch, Glaube und Rechtfertigung (in: Beutel, Luther Handbuch [s. Anm. 4], 372–381).

so dass alles, was im Glauben geschehen, geredet und gedacht werden kann, Gottes Dienst ist.[37] Somit ist seitens des Menschen der Glaube, den Luther als geschenktes festes Vertrauen auf die göttliche Gnade bestimmt,[38] die angemessene Form der Gottesverehrung und der rechte Gottesdienst. In seiner Schrift *Von der Beicht* betont Luther 1521 pointiert: »Der glawb ist der recht gottis dienst«.[39] Und in einer Predigt von 1530 formuliert er: »denn es ist kein ander Gottesdienst denn allein glauben.«[40]

Im *Sermon von den guten Werken* bestimmt Luther den Glauben und somit den wahren Gottesdienst vom ersten Gebot (Ex 20,3) her. Der Glaube als Zuversicht des Herzens ist die wahrhaftige Erfüllung des ersten Gebotes »Du sollst keine anderen Götter haben«:

> Dan das heisset nit einen got habenn, szo du euszerlich mit dem mund got nennest odder mit den knyen und geberden anbettest, szondern szo du hertzlich yhm trawist und dich alles guttis, gnadenn unnd wolgefallhens tzu yhm vorsichst, es sey in werckenn odder leidenn, in lebenn odder sterbenn, in lieb odder leydt.[41]

Alle übrigen Werke, die von Luthers Zeitgenossen dem ersten Gebot zugerechnet werden, wie beispielsweise die gottesdienstlichen Tätigkeiten Singen, Lesen, Orgelspielen, Messehalten, Metten, Vesper und andere Gebetszeiten, sind nutzlos, wenn sie nicht im Glauben geschehen.[42] Das erste Gebot als höchstes und bestes Gebot wird für das Gottesverhältnis prägend und für das Gottesdienstverständnis entscheidend. Denn ohne den Glauben gilt: »auszwendig got geehret, ynwendig sich selb fur einen abgot gesetzt.«[43] In unzweideutiger Form unterscheidet Luther zwischen Glaube und Unglaube, Gott und Abgott.

Pointiert und wirkmächtig entfaltet er das erste Gebot im *Großen Katechismus*[44] von 1529, indem er die Zusammengehörigkeit von Glaube

37 Siehe WA 6; 205,21f.

38 WA 6; 206,16f: »aber trawenn festiglich, das ehr [d.h. der Mensch] got wolgefalle, ist nit muglich dann eynem Christen mit gnadenn erleucht unnd befestiget.«

39 WA 8; 172,3.

40 WA 32; 53,19f.

41 WA 6; 209,27–31.

42 Siehe WA 6; 211,14–22.

43 WA 6; 211,28f.

44 WA 30,1; 125–238; BSLK[12] 543–733. Zu Luthers Auslegung der Zehn Gebote vgl. A.

und Gott unterstreicht und Gott durch den berühmten Satz profiliert: »Worauf Du nun (sage ich) Dein Herz hängest und verlässest, das ist eigentlich Dein Gott.«[45] Setzt das Herz seine Zuversicht allein auf Gott, wird Gott die rechte Ehre und der rechte Gottesdienst gegeben. Vertraut das Herz auf andere Güter und Gaben, so betreibt der Mensch »falschen Gottesdienst und Abgötterei«.[46]

Die Unterscheidung von rechtem und falschem Gottesdienst, die der Antithetik Glaube und Unglaube, Gott und Abgott folgt, beschreibt Luther im *Großen Katechismus* in zwei Dimensionen. Zum einen weist er auf den allgemeinen oder natürlichen Gottesdienst aller Menschen hin, wenn er betont: »Denn es ist nie kein Volk so rauchlos [d.h. ruchlos] gewesen, das nicht einen Gottesdienst aufgerichtet und gehalten habe.«[47] Weil alle menschlichen Kultformen darin übereinkommen, ihr Gottesverhältnis von der eigenen, menschlichen Gottesvorstellung her zu definieren, anstatt sich dem christlichen Gott zu unterwerfen, verstoßen diese menschlichen Gottesdienste fundamental gegen Gottes Willen. Folglich schreibt er den außerchristlichen Religionen – von Luther als »Heiden« bezeichnet – je eigene Formen der Gottesverehrung zu, die er im Unterschied zum christlichen Gottesdienst als Götzendienst oder falschen Gottesdienst charakterisiert.[48] Zum anderen kritisiert er die christliche Gottesverehrung mit ihren auf Verdienst hin ausgerichteten geistlichen Ständen und Werken als falschen Gottesdienst und »hohiste Abgötterei«, die Gottes Gottsein raubt. »Was ist das anders, denn aus Gott einen Götzen, ja

PETERS, Kommentar zu Luthers Katechismen. Bd. 1: Die Zehn Gebote, hg. v. G. SEEBASS, 1990.

45 BSLK[12] 560,22–24.

46 BSLK[12] 563,36f. Zur Thematik siehe u.a. WA 10,1,1; 273,11–15.532,20–533,6; WA 12; 148,15f.

47 BSLK[12] 563,37–40.

48 BSLK[12] 564,1–28. ARNOLD (s. Anm. 10), 234–236 verwendet unter Bezug auf O. BAYER, Theologie (HST 1), 1994, 395–403 die von Luther m.E. in dieser Form nicht getroffene Differenzierung in »allgemeinen und besonderen Gottesdienst«, die Arnold im Spannungsfeld von natürlicher Theologie und christlicher Theologie entfaltet. In seiner Auslegung zum Propheten Jona aus dem Jahr 1526 expliziert Luther in Bezug auf Jon 1,5 die Antithetik von natürlichem bzw. vernünftigem Gottesdienst und christlichem Gottesdienst. Siehe WA 19; 205,25–209,14.

einen Apfelgott gemachet und sich selbs fur Gott gehalten und aufgeworfen?«[49]

Was der rechte Gottesdienst oder Hauptgottesdienst ist, fasst Luther christologisch pointiert in seiner *Weihnachtspostille* von 1522 folgendermaßen zusammen:

> Szo steht nu gottis dienst darynn, das du gott erkennist, ehrist, liebest auß gantzem hertzen, alle deyn traw und tzuvorsicht auff yhn setzist, an seyner gutte nymmer tzwyffelst, widder ynn leben noch sterben, wider ynn sunden noch wolthun, wie das erst gebott leret, tzu wilchem alleyn durch Christus vordienst unnd blutt wyr gelangen mugen, der uns solches hertz erworben hatt und gibt, wenn wyr seyn wort horen und glewben, und die natur mag eyn solch hertz nit haben von yhr selb. Sihe, das ist der hewbtgottisdienst und das hohist stuck, den wyr nennen eynen auffrichtigen, Christlichen glawben und liebe tzu gott durch Christum; alßo wirtt das erst gepott von uns durch Christus blutt erfullet und gott recht grundlich gedienet.[50]

2 Der Gottesdienst als Ausdruck des christlichen Lebens

Den auf Gott ausgerichteten Dienst bestimmt Luther im *Sermon von den guten Werken* zudem vom zweiten und dritten Gebot her. Das Werk des zweiten Gebotes besteht darin, Gottes Ehre und Namen zu loben, zu preisen und zu predigen.[51] Das Werk des dritten Gebotes beruht in der Heiligung des Feiertages, der durch die gottesdienstliche Übung der Messe, der Predigt und des Betens Struktur erhält.[52]

Weil für Luther die Gottesbeziehung immer den Menschen in seiner gesamten Existenz betrifft, bleibt der Gottesdienst nicht auf die erste Tafel der Zehn Gebote beschränkt, sondern umfasst ebenso die zweite Tafel. In einer Predigt Ende der 1530er Jahre betont er:

> Wol ists war, das der furnemest und hohest Gottes dienst ist Gottes wort predigen und horen, item Sacrament handlen etc. als die werck der ersten tafeln unter den zehen gepoten, Aber doch heisset alles Gott gedienet, auch was der andern taffeln wercke sind, als

49 BSLK[12] 565,11–14.

50 WA 10,1,1; 675,6–15.

51 WA 6; 217,9–11: »Nach dem glauben mugen wir nichts grossers thun, dan gottis lob, ehre, namen preiszen, predigen, singen und allerley weisz erheben und großzmachen.«

52 Siehe WA 6; 229,28–30.

> Vater und mutter ehren, gedultig, keusch und zuchtig leben, Denn wer also lebet, der dienet und ehret den selbigen Gott.[53]

Das gesamte christliche Leben, wenn es im Glauben und in der Liebe geführt wird, wird Luther zum Gottesdienst. Richtet sich der Glaube auf Gott, so die Liebe auf den Nächsten. Folglich gibt es für ihn keinen größeren Gottesdienst, als die christliche Liebe, die dem Bedürftigen hilft und ihm dient.[54] Der Dienst am Nächsten ist Gottesdienst.[55]

Weil der Gottesdienst von Gott geboten wird, erweist sich der rechte Gottesdienst im Gehorsam gegenüber seinen Geboten. Daher erhalten auch gottesfürchtige Eltern und Pädagogen den Auftrag, ihre Kinder durch Worte und Taten zum Glauben und Gottesdienst zu reizen und zu erziehen.[56] Die Umsetzung seitens der Erziehungsberechtigten gilt für Luther ebenfalls als Gottesdienst. Schließlich weist Luther 1530 in seiner Schulpredigt der Schule die Aufgabe zu, Kinder im rechten Gottesdienst aufzuziehen, so dass sie Gott und sein Wort kennen lernen und selbst zu tüchtigen Leuten werden, die »Kirchen, Land und Leute, Heuser, Kind und Gesinde« regieren.[57]

Folglich entfaltet Luther ein Gottesdienstverständnis, das jegliches Handeln des Menschen in Gedanken, Worten und Werken als Gottesdienst versteht, wenn es aus Glauben und Liebe geschieht. Diese ethische Gottesdienstdimension umfasst das Leben des Menschen in allen seinen Lebensbereichen und konkretisiert sich in den verschiedenen Berufen und Ständen und somit im Alltag der Welt. Wie Luther in der *Kirchenpostille* 1522 betont, gilt: »Gottis dienst ist nit an eynß oder tzwey werck gepunden, auch nit ynn eynen odder tzween stend gefasset, ßondernn ynn alle werck und alle stendt geteyllet.«[58]

53 WA 45; 682,22–27.

54 Siehe WA 6; 59,7–13; WA 12; 13,26f.

55 WA 10,1,2; 168,33–169,4 (*Adventspostille*, 1522): »Du aber wisse, das gott dienen ist nichts anders, denn deynem nehisten dienen, und mit lieb wolthun, es sey kind, weyb, knecht, feynd, freund, on alle unterscheydt, wer deyn darff, an leyb und seel, und wo du helffen kanst leyplich und geystlich, das ist gottisdienst und gute werck.«

56 Siehe WA 6; 251,17–30.253,32–35.256,1–4.

57 WA 30,2; 520,33–36. Siehe zur Thematik *Eine Predigt, daß man Kinder zur Schulen halten solle* in: WA 30,2; (508) 517–588.

58 WA 10,1,1; 413,7–9.

Weil die mittelalterliche Unterscheidung von Laien- und Klerikerstand durch die Lehre vom allgemeinen Priestertum der Gläubigen aufgehoben ist, und somit *alle* Gläubigen Priester sind, ist der rechte Gottesdienst *jedem* Christenmenschen geboten. Luther wird nicht müde, in teils argumentativer, teils polemischer Abgrenzung zu den Geistlichen, Mönchen und Papstanhängern seinen Lesern und Predigthörern einzuschärfen, dass jeder Christ aufgrund der Taufe, des Evangeliums und des Glaubens zum Gottesdienst berufen und bestimmt ist.[59] Weil zudem jeder Stand und Beruf durch Gott selbst eingesetzt ist, soll jeder Christ an seinem Ort mit Werken und Taten Gott ehren und ihm dienen, wodurch die Welt erhalten und das Wort Gottes verkündigt wird.

Gilt dieser Dienst im Ehestand, Ackerwerk oder Handwerk, so auch bezüglich der Obrigkeit. In der grundlegenden Schrift *Von weltlicher Oberkeit*[60] aus dem Jahr 1523, in der Luther sein Obrigkeitsverständnis im Rahmen der Unterscheidungslehre der zwei Reiche und Regimente Gottes, dem geistlichen und weltlichen, entfaltet, beschreibt er die obrigkeitliche Gewaltausübung sogar als einen besonderen Gottesdienst. Sie im weltlichen Reich auszuüben komme den Christen vor allen anderen Menschen zu.[61] Die obrigkeitliche Rechtsaufgabe der Christen bestehe darin, als Gottes Diener und Handwerksleute das Böse zu strafen und das Gute zu schützen.[62] Das weltliche Regiment trägt, wenn sie dem Nutzen und der Not

59 In seiner programmatischen und wirkmächtigen Reformschrift *An den christlichen Adel deutscher Nation von des christlichen Standes Besserung* (WA 6, [381] 404–469) vom Sommer 1520 entfaltet Luther erstmals ausführlich seine Lehre vom allgemeinen Priestertum der Gläubigen, siehe WA 6; 407,10–408,35.

60 WA 11; (229) 245–281.

61 WA 11; 257,32–258,3: »Nun were es gar unchristlich geredet, das yrgent eyn Gottis dienst were, den eyn Christen mensch nit thun solt oder müste, ßo Gottis dienst niemant so eben eygent als den Christen. Und auch wol gutt und nott were, das alle fursten rechte gutte Christen weren. Denn das schwerd und die gewallt als eyn sonderlicher gottis dienst gepürt den Christen zu eygen fur alle andern auff erden.« Zur Vertiefung vgl. A. Beutel, Biblischer Text und theologische Theoriebildung in Luthers Schrift »Von weltlicher Oberkeit, wie weit man ihr Gehorsam schuldig sei« (1523) (in: Ders., Reflektierte Religion. Beiträge zur Geschichte des Protestantismus, 2007, 21–44).

62 WA 11; 258,5–9. Den obrigkeitlichen Dienst der Büttel, Henker, Juristen, Anwälte und

des Nächsten und nicht dem Eigennutz verpflichtet ist, als besonderer Gottesdienst zur Welterhaltung bei.

Der Gottesdienst ist somit ein ganzheitliches Geschehen, durch welches der Christenmensch Gott innerlich mit dem Herzen und äußerlich mit den Werken ehrt und wohl gefalle.

> ›Gottes dienst‹ [...] ists nichts denn Gott mit dem hertzen ynwendig und mit auswendigen wesen dienen, wilches darynne stehet, das man yhn ynn ehren halte und sich fur yhm schewe [d.h. scheue], thue und lasse nichts, on was man weys, das yhm wolgefalle.[63]

Oder in Anlehnung an die berühmte Formel des *Kleinen Katechismus* von 1529 formuliert: Gottesdienst geschieht immer dann, wenn der Mensch Gott über alle Dinge fürchtet, liebet und vertraut.[64]

V Der Gottesdienst als liturgisches Geschehen

Nach diesen fundamentaltheologischen und ethischen Grundierungen, die entsprechend des doppelten Genitivs des Gottesdienstes als Dienst Gottes am Menschen und Dienst des Menschen vor Gott entfaltet wurden, gilt es nun die liturgische Umsetzung anhand der gottesdienstlichen Entwicklung in Wittenberg zu skizzieren und die gottesdienstlichen Reformschriften Luthers in den Blick zu nehmen. Ohne – wie in der Liturgiewissenschaft üblich – die liturgischen Stücke detailliert nachzuzeichnen, soll hierdurch die theologische Dimension lutherischen Gottesdienstverständnisses vertiefend aufgezeigt werden.[65]

deren Gehilfen charakterisiert Luther ebenfalls als Gottesdienst. Siehe WA 11; 260,30–261,8.

63 WA 24; 548,29–34.

64 BSLK[12] 507,42f. Siehe auch WA 10,1; 675,6–12. Zur Dialektik von Furcht und Glaube in der Katechismusformel vgl. Th. Dietz, Der Begriff der Furcht bei Luther (BHTh 147), 2009, 281–288.

65 Als liturgiewissenschaftliche Studien seien zur Vertiefung und kritischen Reflexion empfohlen K.-H. Bieritz, Daß das Wort im Schwang gehe. Lutherischer Gottesdienst als Überlieferungs- und Zeichenprozeß (in: Ders., Zeichen setzen. Beiträge zu Gottesdienst und Predigt [PTHe 22], 1995, 82–106); Ders., Liturgik (s. Anm. 11), 447–474; Meyer-Blanck (s. Anm. 5), 29–64; A. Niebergall, Art. Agende (TRE 1, 1977, 755–784; TRE 2, 1978, 1–91), 779–782.5–10; F. Schulz, Der Gottesdienst bei Luther (in: Leben und Werk

Hatte Luther 1520 die Koordinaten für sein reformatorisches Gottesdienstverständnis entworfen, hält er sich mit praktischen Änderungen der Gottesdienstordnung anfangs auffällig zurück. Zwar plädiert er in seinem *Sermon von dem neuen Testament* dafür, dass die Einsetzungsworte im Messkanon vom Priester laut und für die kommunizierende Gemeinde verständlich gesprochen werden – denn Gottes Wort müsse in der Gemeinde klar und deutlich gehört werden.[66] Auch ruft die Bedeutung der Einsetzungsworte als Testament Christi Luthers Wunsch nach einer Messe in deutscher Sprache hervor.[67] Und bereits 1519 stellt er Überlegungen an, den Kelch im Abendmahl den Laien zu reichen, und erwägt die bis dahin dem Priester vorbehaltene Kommunion unter »beiderlei Gestalt«.[68] Dennoch scheut sich Luther, die liturgischen Vorschläge praktisch umzusetzen. Stattdessen hofft er auf Änderungen durch die Bischöfe oder ein allgemeines Konzil.

Mit dem Ausgang des Wormser Reichstages und der Verhängung der Reichsacht über Luther waren diese Hoffnungen geplatzt. Daher stellt der auf der Wartburg verborgene Theologieprofessor Überlegungen an, nach seiner Rückkehr aus dem Exil in Wittenberg das Abendmahl in beiderlei Gestalt und Privatmessen nur noch mit der Gemeinde zu feiern. In seiner Schrift *Vom Mißbrauch der Messe*[69], in der er im Herbst 1521 auf die got-

Martin Luthers von 1526 bis 1546. Festgabe zu seinem 500. Geburtstag, 2 Bde., hg. v. H. Junghans, 1983, 297–302.811–825); R. Volp, Liturgik. Die Kunst, Gott zu feiern. Bd. 2: Theorien und Gestaltung, 1994, 727–747.

66 Siehe WA 6; 362,13–35. Bis zum Zweiten Vatikanischen Konzil wurde der Canon missae, in dem die Konsekrations- bzw. Einsetzungsworte enthalten sind, in der römisch-katholischen Kirche lautlos gesprochen.

67 WA 6; 362,28f: »Aber wolt gott, das wir Deutschen meß zu deutsch leßen und die heymlichsten wort auffs aller hohist sungen!« Vgl. auch WA 6; 524,30–35; WA 7; (689) 692–697 (*Sermon von der würdigen Empfahung des heiligen wahren Leichnams Christi, gethan am Gründonnerstag,* 1521).

68 Siehe WA 2; 742,24–743,1; WA 6; 79,22–31. Im Zusammenhang der Wiedereinführung des Laienkelches verwies Luther 1519/20 auf ein allgemeines Konzil als kirchliche Instanz. Vgl. Ch. Spehr, Luther und das Konzil. Zur Entwicklung eines zentralen Themas in der Reformationszeit (BHTh 153), 2010, 184–194.

69 WA 8; (477) 482–563. Diese Schrift stellte eine deutsche Übertragung der ebenfalls von

tesdienstlichen Änderungen in Wittenberg eingeht, kritisiert er vom zwischen Gott und Mensch vermittelnden Priesteramt Christi her das auf Werk- und Selbstgerechtigkeit angelegte römische Priesterverständnis und ermahnt die Priester, entweder als Prediger das Evangelium zu verkündigen oder den Beruf zu quittieren. Außerdem unterstreicht Luther unter Hervorhebung der Normativität der Heiligen Schrift erneut den Gabecharakter der Messe und mahnt – schärfer als zuvor – das stiftungsgemäße Halten der Messe nach Christi Vorbild mit Reduzierung der Messfeier auf den Sonntag an. Zudem rät er, den römischen Messkanon mit seinen auf menschlichen Satzungen fußenden Opfervorstellungen und die Privat- und Totenmessen zu unterbinden,[70] empfiehlt aber aus Rücksicht auf die Schwachen ein behutsames Vorgehen.[71]

Während Luther mit dem geschrieben Wort um theologische Aufklärung bemüht ist, schreiten der Augustiner-Eremit Gabriel Zwilling und der Theologieprofessor Andreas Bodenstein von Karlstadt in Wittenberg zur gottesdienstlichen Tat. Das Abendmahl wird unter beiderlei Gestalt gereicht, die Privatmessen im Augustiner-Eremitenkloster werden abgeschafft und traditionelle Messen gestört. Entscheidende Wirkung auf das gottesdienstliche Leben der Stadt übt der erste evangelische Gottesdienst aus, den Karlstadt am Weihnachtsfest 1521 in Straßenkleidung und unter Darreichung des Abendmahls unter beiderlei Gestalt ohne ordnungsgemäße Anmeldung und vorangehende Beichte der Kommunikanten in der Stadtkirche feiert.[72]

Luther im Herbst 1521 auf der Wartburg verfassten Schrift *De abroganda missa privata* (WA 8; [398] 411–476) dar. Vgl. ausführlich SIMON (s. Anm. 20), 327–385.

70 WA 8; 537,22–30: »ßo sollen wyr, als die do Christen seyn wollen, solche messen helffen abthun […] und sollen fleyß furwenden, das wyr die weyß und form, wie es Christus eyngesatzt hat, wider erfur brengen, alßo, das alleyn am Sontag eyn eynige messe gehalden werde, wie itzunder am Ostertage geschiet. Und datzu sollen kommen, die duͤrst und hungert nach der speyße, das sind, alle fromme Christgleubige, erschlagen und erschrocken gewissen, welche von hertzen begern, from und gesundt tzu werden.«

71 Siehe WA 8; 562,27–34.

72 Vgl. zur Umgestaltung der Messe und Wittenberger Bewegung N. MÜLLER, Die Wittenberger Bewegung 1521 und 1522. Die Vorgänge in und um Wittenberg während Luthers Wartburgaufenthalt. Briefe, Akten u. dgl. und Personalien, [2]1911; M. BRECHT, Martin

Aus Sorge um die Gemeinde greift der nach Wittenberg zurückgeeilte Luther – wie oben bereits skizziert – mittels der *Invokavitpredigten* im März 1522 ins Geschehen ein und verurteilt die Neuerungen, da sie ohne obrigkeitliche Genehmigung und ohne Rücksicht auf die Schwachen vollzogen worden seien. Für den Reformator ist nicht die äußere Form der gottesdienstlichen Zeremonien entscheidend, sondern die innere Bereitschaft der Gemeinde, d.h. der Glaube und die Liebe. Aufgrund der christlichen Freiheit erscheinen ihm die liturgischen Ordnungen lediglich als menschliche Einrichtungen, die nur dann geändert werden sollen, wenn sie das Wort Gottes verdunkeln.[73] Daher macht Luther die liturgischen Änderungen wieder rückgängig, gestattet aber außerhalb des sonntäglichen Messgottesdienstes die Austeilung des Abendmahls unter beiderlei Gestalt, versagt die Privatmesse, wenn Kommunikanten fehlen, und empfiehlt den Priestern, in der Messe alle Messopferaussagen zu unterlassen.[74]

Luther selbst verfolgt das Konzept, durch die reformatorische Predigt eine breite Bewusstseinsbildung im Kirchenvolk zu erzielen und die einfältigen Gewissen vom Zwang der unevangelischen Frömmigkeit zu befreien. Deshalb konzentriert er seine Bemühungen auf die Predigt des Wortes Gottes und realisiert das, was er immer wieder fordert: Der rechte Gottesdienst werde durch das von Christus eingesetzte Predigtamt vollzogen.[75]

In Folge Luthers wirkmächtigen Handelns etablieren sich zwei Streitgruppen gegen den Reformator: Auf der einen Seite stehen nach wie vor die altgläubigen Gegner, die an der römischen Messopferlehre und Messpraxis festhalten, auf der anderen Seite formieren sich radikale reformatorische Kräfte, die kompromisslos ein urchristliches Gottesdienstverständnis lehren und fordern. Der Gottesdienst, Zentrum des kirchlichen und frömmigkeitspraktischen Lebens, wird zum reformatorischen Streitfall. Luther sieht sich genötigt, seine Theologie in Abgrenzung beider Positio-

Luther. Bd. 2: Ordnung und Abgrenzung der Reformation 1521–1532, 1986, 34–53; KAUFMANN (s. Anm. 8), 380–392.

73 Ausführlich nahm Luther hierzu Stellung in der Schrift *Von beider Gestalt des Sakraments zu nehmen* (WA 10,2; [1] 11–41) vom April 1522. Siehe pointiert: aaO 36,28–37,16.

74 Vgl. R. SCHWARZ, Luther (KiG 3,I), 1986, 123f.

75 Siehe WA 10,2; 679,16–18.

nen als mittleren Weg weiterzuentwickeln und sukzessiv in die Praxis umzusetzen.[76]

2 *Der Gottesdienst als Wortereignis*

Nach einem Jahr intensiver Gemeindeunterrichtung beginnt Luther im Frühjahr 1523 mit konkreten Gestaltungsvorschlägen, die er in dem kleinen Traktat *Von Ordnung Gottesdienst in der Gemeinde* schrifttheologisch begründet.[77] In Abgrenzung zur römischen Position geht er von der Beobachtung aus, dass sowohl Predigtamt als auch Gottesdienst in der Kirche bisher verderbt und daher »ynn rechten schwang tzu bringen« seien.[78] Es gebe drei Missbräuche, die in den Gottesdienst eingedrungen seien. Erstens habe man das Wort Gottes zum Schweigen gebracht, zweitens stattdessen unchristliche Fabeln und Lügen in die liturgischen Stücke eingefügt und drittens den Gottesdienst als verdienstliches Werk getrieben.[79]

Somit ist der theologische Grund, warum die christliche Gemeinde zusammenkommt, verunklart. Unter Bezug auf Ps 102,23 und 1Kor 14,31 wird dagegen als Grund des Gottesdienstes das Wort Gottes betont, welches daselbst »gepredigt und gebet[et]«[80] werde. Alle Bestandteile des schriftgemäßen Gottesdienstes basieren auf dem Wort und zielen auf die Verkündigung des Wortes. »Darumb wo nicht gotts wort predigt wirt, ists besser, das man widder singe noch leße, noch zu samen kome.«[81]

Das lebendige und ewige Wort Gottes, welches den Glauben schafft, die Sünder zurechtweist und die Angefochtenen erquickt, soll in doppelter Weise im Gottesdienst entfaltet werden. In der *Lesung* der Heiligen Schrift wird das Wort Gottes der Gemeinde zu Gehör gebracht und in der *Ausle-*

76 WA 10,2; 24,25–27: »Darumb ist unß nott, das wyr auff der rechten mittel strassen bleyben und got bitten, das er uns drauff helffe und behalte, denn der Satan sucht uns mit ernst.«

77 Kurz darauf ließ Luther auch eine verdeutschte Taufliturgie folgen, siehe WA 12; (38) 42–48 (*Das Taufbüchlein verdeutscht*, 1523). Zu den ersten Gottesdienstordnungen vgl. Brecht, Luther 2 (s. Anm. 72), 123–129.

78 WA 12; 35,6–9.

79 AaO 35,10–18.

80 AaO 35,21.

81 AaO 35,24f.

gung der Gemeinde verständlich gemacht, damit sie es lernt und durch dieses ermahnt wird. Die Antwort der Gemeinde auf dieses Sprachgeschehen besteht darin, dass sie Gott dankt, lobt und um die Früchte des Wortes bittet. Der reformatorische Gottesdienst ist somit ein Wortereignis. »Denn es ist alles zuthun umb gottis wort, das dasselb ym schwang gehe und die seelen ymer auffrichte und erquicke, das sie nicht lassz [d.h. lasch] werden.«[82]

Von dem Grundsatz, dass das Wort im Schwange gehe, entwickelt Luther seine ersten liturgischen Vorschläge für die gemeindlichen Tageszeitgottesdienste, welche die monastischen Stundengebete ersetzen sollen. Grundstrukturen der Morgen- und Abendgottesdienste sind die alttestamentliche oder neutestamentliche Schriftlesung sowie eine Predigt über den gelesenen Text. Dank, Lob und Bitte der Gemeinde sollen in Form von Psalmengesängen und Responsorien gestaltet werden. Teilnehmer der täglichen Versammlung mögen Priester und Schüler sein, die freiwillig »alleyne gott tzu ehren, den nehisten tzu nutz« zum Gottesdienst kommen.[83]

Hinweise auf Lesungen im gemeindlichen Sonntagsgottesdienst unterstreichen die Konzentration des gottesdienstlichen Handelns auf das gelesene und gepredigte Wort. Strukturelle Änderungen des Gottesdienstes können sich mit der Zeit von selbst ergeben. Unverrückbar gilt hingegen: »Es ist alles besser nach gelassen, denn das wort. Und ist nichts besser getrieben denn das wort.«[84]

3 Der Gottesdienst als freiheitliches Handlungsgeschehen

Zum reformatorischen Grundprinzip des Wortes, welches den Gottesdienst zum Gottesdienst macht und in den liturgischen Stücken zum Ausdruck kommen soll, tritt für Luther der evangelische Zentralgedanke der Freiheit. Wie Luther programmatisch in seinem Traktat *Von der Freiheit eines Christenmenschen*[85] im Herbst 1520 formuliert, gründet in der Rechtfertigung des Menschen durch Gott das christliche Freiheitsver-

82 AaO 36,24–26.
83 AaO 36,29–34.
84 AaO 37,29f.
85 WA 7; (1) 20–38.

ständnis, das sich im Glauben an Gott und in der Liebe zum Mitmenschen konkretisiert. Weil der Christenmensch durch Christus vom Zwang aller menschlichen Werke und Gesetze befreit ist, bedarf der Glaube außer dem Wort Gottes keiner zusätzlichen Gebote und Weisungen. Daher ist der Christ auch von der Bevormundung durch die Papstkirche mit ihren als menschliche Zusätze entlarvten Gesetzen und Werken, zu denen auch die liturgischen Ordnungen zählen, befreit.[86]

Der Gedanke der christlichen Freiheit bildet auch eine Konstante in Luthers Äußerungen zu den gottesdienstlichen Reformvorschlägen. So lehnt er Karlstadts radikale Gottesdienstreformen ab, weil sie für ihn eine erneute Gesetzlichkeit implizieren und die reformatorische Freiheit durch neue Zwangsordnungen verhindern.[87] In Frontstellung zur päpstlichen und radikal-reformatorischen Position versteht der Wittenberger Reformator den Gottesdienst als freiheitliches Handlungsgeschehen und unterstreicht seinen mittleren Weg mit den Worten:

> Wyr aber gehen auff der mittel ban und sagen, Es gillt widder gepietens noch verpietens, widder zur rechten noch zur lincken, wyr sind widder Bepstisch noch Carlstadisch, sondern frey und Christlich, das wyr das sacrament auff heben und nicht auff heben, wie, wo, wenn, wie lange es uns gelüstet, wie uns Gott die freyheyt hat geben, Gleich wie wyr frey sind ausser der ehe zu bleyben odder ynn die ehe zu tretten, fleysch zu essen odder nicht, kasel zu tragen odder nicht, kutten und platten zu haben odder nicht, Hie sind wyr herrn und leyden keyn gesetz, gepot, lere n[o]ch verbot.[88]

Wenn die Ausprägung reformatorischer Gemeinden zwischen 1523 und 1526 Luther zu Gestaltungsvorschlägen nötigt, geschieht dies stets unter dem Vorzeichen der Freiheit. Daher betont er in der im Herbst 1523 verfassten *Formula missae et communionis pro Ecclesia Vuittembergensi*,

86 Zum Freiheitsverständnis vgl. Ebeling, Luther (s. Anm. 25), 239–258; B. Hamm, Martin Luthers Entdeckung der evangelischen Freiheit (in: Ders., Luther [s. Anm. 21], 164–182); R. Schwarz, Luthers Freiheitsbewußtsein und die Freiheit eines Christenmenschen (in: Martin Luther – Biographie und Theologie [s. Anm. 6], 31–68); H. Zschoch, Martin Luther und die Kirche der Freiheit (in: Martin Luther und die Freiheit, hg. v. W. Zager, 2010, 25–39).

87 Ausführlich geht Luther auf Karlstadt und die »Schwärmer« 1525 in seiner Schrift *Wider die himmlischen Propheten, von den Bildern und Sakrament* (WA 18; [37] 62–214) ein.

88 WA 18; 112,33–113,4.

die eine Neugestaltung des Messgottesdienstes in lateinischer Sprache und die erste agendarisch ausgeführte Gottesdienstordnung Luthers bildet:

> In allen diesen Dingen sollte vermieden werden, dass wir aus der Freiheit ein Gesetz machen, oder wir nötigen jene zu sündigen, die entweder etwas anderes tun wollen oder etwas weglassen. [...] Denn die Ordnung der Christen, das heißt der Kinder der Freien, die all das willig und aus Überzeugung wahren sollen, müssen geändert werden können, sooft und wie sie wollen. Deshalb ist es nicht [recht], dass irgendwer in dieser Sache irgendeine notwendige Form wie ein Gesetz erbittet oder festlegt, womit er die Gewissen verstrickt und plagt. Denn weder bei den alten Kirchenvätern noch in der frühesten Kirche finden wir ein Beispiel einer allgemein gültigen Ordnung, außer in der römischen Kirche.[89]

Wenn Luther in der *Formula missae* konkrete Vorschläge zur Gottesdienstgestaltung seiner Wittenberger Gemeinde – vom Introitus bis zum Schlusssegen – unternimmt, tut er dieses, um den christlichen Gemeinden zu zeigen, wie man in gottesfürchtiger Weise Messe halten und zur Kommunion gehen kann.[90] Die Liturgie soll weiterhin in lateinischer Sprache gefeiert werden, nur die Predigt wird auf Deutsch gehalten. Das Singen geistlicher Gemeindelieder in deutscher Sprache empfiehlt Luther nachdrücklich und komponiert – da 1523 kaum Kirchenlieder vorhanden sind – bekanntlich selbst geistliche Lieder.[91] Die als menschliche Zusätze charakterisierten liturgischen Handlungen sollen von unchristlichen Formulierungen und Gesten gereinigt und der rechte Gebrauch des Gottesdiens-

89 WA 12; 214,14–22: »In quibus omnibus cavendum, ne legem ex libertate faciamus, aut peccare cogamus eos, qui vel aliter fecerint, vel quaedam omiserint [...] Christianorum enim hii esse debent ritus, id est filiorum liberae, qui sponte et ex animo ista servent, mutaturi quoties et quomodo voluerint. Quare non est, ut necessariam aliquam formam velut legem in hac re quispiam vel petat vel statuat, qua conscientias illaqueet et vexet. Unde et in priscis patribus et primitiva Ecclesia nullum exemplum legimus ritus huius plenum, nisi in Romana Ecclesia.« Die Übersetzung orientiert sich an M. Luther, Lateinisch-Deutsche Studienausgabe (LDStA). Bd. 3: Die Kirche und ihre Ämter, hg. v. G. Wartenberg und M. Beyer, 2009, (649–679), 665,14–25.

90 Siehe WA 12; 206,8f.

91 WA 12; 218,15–32. Zu Luther als Kirchenliederdichter und zum ersten Wittenbergischen Gesangbuch von 1525 vgl. M. Luther, Luthers geistliche Lieder und Kirchengesänge. Vollständige Neuedition in Ergänzung zu Band 35 der Weimarer Ausgabe, bearb. v. M. Jenny (AWA 4), 1985; Brecht, Luther 2 (s. Anm. 72), 132–138. Zur Bedeutung der Musik für Luther vgl. J. Schilling, Musik (in: Beutel, Luther Handbuch [s. Anm. 4], 236–244).

tes aufgezeigt werden. Liturgische Kleider oder die Gestalt des Gottesdienstraumes hält Luther für nebensächlich. Weil die Heilige Schrift in den äußeren Dingen nichts vorschreibe, solle je nach Beschaffenheit des Ortes, der Zeit und der Personen die Freiheit des Geistes wirken.[92]

4 Der Gottesdienst als gemeinschaftliche Glaubensübung

In den Jahren zwischen 1521 und 1525 gewinnt die Reformation an Dynamik und Gestalt. Neben der evangelischen Predigt wird die Messe in deutscher Sprache, später auch das Verbot der römischen Messe, zum Kennzeichen der Reformation. Fragen des Aufbaus evangelischer Gemeinden und der Gestaltung reformatorischer Gottesdienste treten in den Vordergrund. Seit Herbst 1521 experimentieren an verschiedenen Orten reformatorisch gesinnte Prediger mit neuen Gottesdienstformen. 1522 erscheint in Nördlingen als erste erhaltene protestantische Gottesdienstordnung die *Evangelisch Meß* in deutscher Sprache, der u. a. in Nürnberg, Straßburg und Allstedt bis 1525 weitere Gottesdienstordnungen folgen.[93] Luther reiht sich mit seiner *Formula missae* in diese Ordnungsvorschläge ein, ohne – wie von der Liturgiewissenschaft oft übersehen – einen agendarischen Absolutheitsanspruch zu erheben. Statt doktrinärer Durchsetzung geht es Luther um das gemeinsame, evangelische Anliegen.

> Aber wir wollen keinesfalls jemanden daran hindern, etwas anderes anzunehmen und zu befolgen – das steht ja frei. Ja, wir bitten inständig durch Christus, dass, sollte anderen etwas Besseres geoffenbart werden, sie uns Erstere schweigen heißen mögen, um im gemeinschaftlichen Dienst das gemeinsame Anliegen zu fördern.[94]

Da für Luther die Ordnung des Gottesdienstes nicht entscheidend ist, kann er, wie er 1525 in Ablehnung der radikalreformatorischen Kräfte hervor-

92 WA 12; 218,36–219: »Quod supra diximus, in his debere libertatem regnare, et neque legibus neque imperiis liceat conscientias captivare Christianas. Unde et nihil de his rebus scripturae definiunt, sed sinunt libertatem spiritus abundare suo sensu, pro commoditate locorum, temporum et personarum.«

93 Zur historischen Entwicklung des evangelischen Gottesdienstes in den 1520er Jahren vgl. J. Smend, Die evangelischen deutschen Messen bis zu Luthers Deutscher Messe, 1896; Niebergall, Art. Agende (s. Anm. 65), 1–15; Coena Domini I. Die Abendmahlsliturgie der Reformationskirchen im 16./17. Jahrhundert, hg. v. I. Pahl (SFS 29), 1983.

94 WA 12; 206,12–14. Übersetzung nach Luther, LDStA 3 (s. Anm. 89), 651,39–653,2.

hebt, den Gottesdienst in seinem Kloster in anderer Form als in der Stadtkirche feiern.[95] Die Folge des bis dahin freiheitlichen Umgangs mit den liturgischen Ordnungen ist eine unübersichtlich werdende Pluralität und Verwirrung des Gemeindevolkes. Deshalb mahnt Luther jetzt Pfarrer und Prediger trotz Erhaltung der liturgischen Vielfalt zur regionalen Einheitlichkeit.

> Ob nu wol die eusserlichen ordnunge ynn Gottis diensten als messen, singen, lesen, teuffen, nichts thun zur selickeyt, so ist doch das unchristlich, das man druber uneynig ist und das arme volck da mit yrre macht und nicht viel mehr achtet die besserung der leuette denn unsern eygen synn und gut duncken, So bitte ich nu euch alle, meyne lieben herrn, lasse eyn iglicher seynen synn faren und kompt freundlich zu samen und werdet seyn eynes, wie yhr dise eusserliche stu^e^cke wo^e^llet halten, das es bey euch ynn ewrem strich gleich und eynerley seyn und nicht so zu ruttet, anderst hie, anderst da gehalten werde und damit das eynfeltig volk verwirret und unlustig macht.[96]

Am 29. Oktober 1525, kurz vor dem denkwürdigen Jahrestag der Thesenpublikation, beginnt Luther den von ihm weiterhin als Messe bezeichneten Sonntagsgottesdienst in der Stadtkirche in deutscher Sprache zu halten.[97] Erst Weihnachten 1525 – vier Jahre nach Karlstadts Gottesdienstfeier – wird die deutsche Messe in Wittenberg endgültig eingeführt.[98] Gleichzeitig setzt sich Luther an die Abfassung der Schrift *Deutsche Messe und Ordnung Gottesdiensts.* Das Bemühen um regionale Einheitlichkeit, welches auch in Kursachsen Thema ist, die gemeindlichen Anfragen nach autoritativer Orientierung, Probleme mit der musikalischen Gestaltung eines deutschsprachigen Gottesdienstes und die reformfreudige Haltung des seit 1525 regierenden sächsischen Kurfürsten Johann motivieren Luther zu dieser wirkmächtigen Gottesdienstschrift.[99] Mit der Anfang 1526 erschienenen Ordnung, welche durch Notenbeispiele bereichert zum sonntäglichen Gebrauch in den Gemeinden bestimmt ist, gelangt für

95 Siehe WA 18; 113,4–8.

96 WA 18; 418,38–419,6 (*Sendschreiben an die Christen in Livland*, 1525).

97 WA 17,1; 459,15–33 (Predigt vom 29.10.1525). Dort bezeichnet Luther die Messe als »furnemest eusserlich ampt«.

98 Vgl. Brecht, Luther 2 (s. Anm. 72), 246–253.

99 Zu den Hintergründen und der Wirkungsgeschichte vgl. WA 19; 44–69; Schulz (s. Anm. 65), 299–302.

Luther der Einführungsprozess der Messe in deutscher Sprache zum Abschluss.[100]

Die theologischen Grundpositionen des gottesdienstlichen Handlungsgeschehens werden in der höchst lesenswerten Vorrede wiederholt,[101] der Freiheitsgedanke aber nun – nicht zuletzt nach den katastrophalen Erfahrungen des Bauernkrieges – auf den Dienst der Liebe am Nächsten eingeschränkt.[102] Damit im Glauben schwache Menschen nicht angefochten und einfältige Menschen und das junge Volk in Gottes Wort geübt und gelehrt werden, hält Luther eine regional einheitliche Gottesdienstordnung für notwendig. Die liturgische Freiheit endet dort, wo die Gewissen der Gemeindeglieder beschwert werden.[103]

In Anlehnung an seine Wittenberger Praxis präsentiert Luther drei Formen des Gottesdienstes.[104] Die lateinische Messe nach Art seiner *Formula missae* hält er für eine sprachlich universale Gottesdienstform, die für den (ober)schulischen und universitären Kontext geeignet ist. Die deutsche

100 Spätere Schriften, in denen sich Luther zum Thema Gottesdienst äußert, betrafen Teilaspekte und entstanden aufgrund bestimmter Anlässe: WA 30,2; (589) 595–626.691–693 (*Vermahnung zum Sakrament des Leibes und Blutes unseres Herrn*, 1530); WA 38; (171) 195–256 (*Von der Winkelmesse und Pfaffenweihe*, 1533); WA 54; (119) 141–167 (*Kurzes Bekenntnis vom heiligen Sakrament*, 1544); WA 50; (160) 192–254 (*Die Schmalkaldischen Artikel*, 1536/38).

101 Die Vorrede sollte zur Pflichtlektüre im Theologiestudium zählen! Siehe WA 19; 72–78. Eine verkürzte Übertragung der Gesamtschrift bietet MEYER-BLANCK (s. Anm. 5), 39–51.

102 WA 19; 72,20–23: »Wie wol aber eym iglichen das auff seyn gewissen gestellet ist, wie er solcher freyheyt brauche, auch niemands die selbigen zu weren odder zuverbieten ist, so ist doch darauff zu sehen, das die freyheyt der liebe und des nehisten diener ist und seyn sol.«

103 WA 19; 73,10–22: »Denn summa, wyr stellen solche ordnunge gar nicht umb der willen, die bereyt Christen sind; denn die bedurffen der dinge keyns, […] Aber umb der willen mus man solche ordnunge haben, die noch Christen sollen werden odder stercker werden. Gleych wie eyn Christen der tauffe, des worts und sacraments nicht darff als eyn Christen, denn er hats schon alles, sondern als eyn sunder. Aller meyst aber geschichts umb der eynfeltigen und des jungen volcks willen, wilchs sol und mus teglich ynn der schrifft und Gottis wort geubt und erzogen werden, das sie der schrifft gewonet, geschickt, leufftig [d.h. bewandert] und kuendig drynnen werden, yhren glauben zuvertretten und andere mit der zeyt zu leren und das reych Christi helffen mehren«.

104 Siehe WA 19; 73,32–75,30.

Messe nach der Art, wie sie in Luthers Abhandlung ausgeführt wird, gilt den »eynfeltigen leyen« und trägt katechetischen Charakter, so dass der Gottesdienst zur gemeindlichen Glaubensübung wird. Beide Formen müssen öffentlich in den Kirchen für jedermann zugänglich sein und öffentlich zum Glauben und zum Christentum anreizen.[105] Eine »dritte weyse« gottesdienstlicher Versammlung gilt denen, die »mit ernst Christen wollen seyn und das Euangelion mit hand und munde bekennen«.[106] Diese an den urchristlichen Gemeindestrukturen orientierte hauskirchliche Gemeinschaftsform, in der alles auf Wort, Gebet und Liebe ausgerichtet ist, bleibt für Luther Vision. Weil er nicht genug Leute für diese dritte Weise des Gottesdienstes habe, werde er die Versammlung nicht einrichten.[107]

Auch in seiner Ordnung der *Deutschen Messe* bleibt Luther seinem gesetzeskritischen Gottesdienstverständnis treu, wenn er am Ende der Schrift notiert:

> Summa, diser und aller ordnunge ist also zu gebrauchen, das wo eyn misbrauch draus wird, das man sie flux abthu und eyne andere mache […]; denn die ordnung sollen zu fodderung des glaubens und der liebe dienen und nicht zu nachteyl des glaubens. Wenn sie nu das nicht mehr thun, so sind sie schon thot und abe und gelten nichts mehr […]. darumb stehet und gilt keyne ordnung von yhr selbs etwas, wie bis her die Bepstliche ordnunge geachtet sind gewesen, sondern aller ordnunge leben, wirde, krafft und tugent ist der rechte brauch, sonst gilt sie und taug gar nichts.[108]

VI Der Gottesdienst als Dialog

Sieht man abschließend noch einmal auf die rechtfertigungstheologische Grundstruktur, kann das im Gottesdienst zum Ausdruck gebrachte rela-

105 WA 19; 74,23–75,2.

106 WA 19; 75,5f. Den Gedanken der Sammlung ernster Christen formuliert Luther in den 1520er Jahren öfter: WA 12; 215,20–216,30.485,5–16.491,2–6; WA 10,2; 39,11–15; WA 18; 113,5–8.

107 Siehe WA 19; 73,12f.75,15–21. Zu dem Motiv, die Zeit sei für eine derartige Form noch nicht reif, tritt für Luther die Befürchtung einer sektiererischen Fehlentwicklung. Zur Rezeption der dritten Weise im Pietismus und bei Philipp Jakob Spener vgl. M. Matthias, Collegium pietatis und ecclesiola. Philipp Jakob Speners Reformprogramm zwischen Wirklichkeit und Anspruch (PuN 19, 1993, 46–59).

108 WA 19; 113,4–18.

tionale Verhältnis zwischen Gott und Mensch als ein dynamisches Geschehen beschrieben werden. In seiner Programmschrift *De captivitate* unterscheidet Luther das Handeln Gottes und das Handeln des Menschen als katabatische und anabatische Bewegung:

> Man darf also beides nicht durcheinanderwerfen: Messe und Gebet, Sakrament und Werk, Testament und Opfer. Denn das eine kommt von Gott zu uns durch den Dienst des Priesters und fordert den Glauben, das andere nimmt von unserem Glauben den Ausgang, gelangt durch den Priester zu Gott und fordert Erhöhung. Das eine steigt hernieder, das andere empor.[109]

Das katabatische Handeln Gottes geht dem anabatischen Handeln des Menschen stets voran. Diese dynamische Grundstruktur überträgt Luther auch auf das gottesdienstliche Geschehen, wenn er betont: »durch die predig kompt er [d.h. Gott] herab, ßo kommen wir durch den glawben hynauff.«[110]

Neben der Bewegungsmetaphorik gebraucht Luther zur Beschreibung des gottesdienstlichen Geschehens die Sprachmetaphorik. Durch das Wort, entfaltet in Predigt und Sakrament, redet Gott den Menschen an und dieser antwortet ihm in Gebet und Lobgesang. So findet »ein ewig gesprаͤch zwischen Gott und dem menschen« statt.[111] Dieses dialogische Sprachgeschehen von Wort und Antwort pointiert Luther in seiner *Torgauer Kirchweihpredigt.*[112] Die angemessene Art des Menschen auf Gottes Wort zu reagieren besteht für Luther im Gebet sowie in Lob und Dank.[113] Weil Gebet, Lob und Dank die biblisch begründete Form menschlicher

109 WA 6; 526,13–17. Übersetzung nach LUTHER, LDStA 3 (s. Anm. 89), 251,31–36: »Non ergo sunt confundenda illa duo, Missa et oratio, sacramentum et opus, testamentum et sacrificium, quia alterum venit a deo ad nos per ministerium sacerdotis et exigit fidem, alterum procedit a fide nostra ad deum per sacerdotem et exigit exauditionem. Illud descendit, hoc ascendit«.

110 WA 12; 565,20f.

111 WA 47; 758,24f.

112 WA 49; 588,2–5.588,12–18, siehe hierzu oben Kapitel I.

113 Siehe z.B. BSLK[12] 581,15–21. Zu Gebet, Lob und Dank bei Luther vgl. BEUTEL, In dem Anfang (s. Anm. 24), 466–468; M. MIKOTEIT, Theologie und Gebet bei Luther. Untersuchungen zur Psalmenvorlesung 1532–1535 (TBT 124), 2004; W. RATZMANN, Danken, loben und bitten in Luthers Deutscher Messe und in heutigen lutherischen Agenden (LuJ 74, 2007, 91–112); WENDEBOURG, Luthers Reform (s. Anm. 30), 297–300.

Kommunikation mit Gott bilden und folglich wahrer Gottesdienst sind, gehören sie ebenso elementar wie die Predigt zum gemeindlichen Gottesdienst. Der von Gott angeredete Mensch antwortet in doxologischer Weise auf das gehörte Wort, so dass gilt:

> Darumb singen sie allesampt eyn liedlin, loben und benedeyen gott ynn Christo; denn wyr auch nichts anders mugen got geben, denn lob und danck, syntemal [d.h weil] das ander alles wyr von yhm empfangen, es sey gnade, wort, werck, Euangelium, glawbe und alle ding. Das ist auch der eynige, recht, Christlicher gottisdienst, loben und dancken, wie ps. 49 [Ps 50,15] sagt: Ruff mich an, ßo erhore ich dich, und ich helffe dyr, ßo ehristu mich.[114]

114 WA 10,1,2; 61,1–7.

Zum Psalterverständnis bei Athanasius und Luther*

Von Martin Tetz

Mein Thema ist nicht eben selbstverständlich, ja anscheinend sogar eher riskant. Denn schaut man etwa auf den Artikel »Luther« in der TRE, sucht man vergeblich nach einer Erwähnung des Athanasius; das Gleiche gilt übrigens auch umgekehrt für den Athanasius-Artikel in derselben Enzyklopädie. Doch dieser Schein trügt. Die Konstellation Athanasius und Luther ist schon wiederholt ins Auge gefasst worden. Bei Patristikern einerseits wie bei Reformationshistorikern andererseits herrscht allerdings weithin Skepsis. Insofern ist es für einen Kirchenhistoriker in der Tat nicht selbstverständlich und auch nicht ohne Risiko, ein solches komplexes Thema aufzunehmen. Allein, eine schon vor mehreren Jahren gemachte Beobachtung zog mich nebenhin immer wieder zu diesem speziellen Fragekomplex.[1] Bei meinem Bericht darüber sollen im Folgenden zuerst,

* Leicht gekürzter, im Ganzen wörtlich belassener Vortrag, wie er am 29.04.1992 auf Einladung der Düsseldorfer Akademie der Wissenschaften gehalten worden ist. Dass er endlich zum entsprechenden Abschluss kam, danke ich besonders dem entschiedenen Zuspruch und der tatkräftigen Hilfe von L. Abramowski sowie von R. und H. Hübner. Dankbar bin ich O. Bayer und G. Bader (Psalterium affectuum palaestra, 1996; Psalterspiel, 2000), dass sie meine Arbeit von Anfang an mit aufmerksamem Interesse begleitet haben. B. Lohse, Luther und Athanasius (in: L. Grane u.a. [Hg.], Auctoritas Patrum. Contributions on the Reception of the Church Fathers in the 15th and 16th Centuries [VIEG.B 37], 1993, 97–115) bewegte sich auf anderen Wegen, ohne jedoch damit die Ergebnisse der vorliegenden Untersuchung zu tangieren. Überdies besteht m.W. keine Veranlassung, die These dieses Beitrages für überholt zu halten.

1 Vgl. meine Aufsätze: Athanasius und die Einheit der Kirche (ZThK 81, 1984, 208–210); »Mischmasch von Irrtum und von Gewalt«. Zu Goethes Vers auf die Kirchengeschichte (ZThK 88, 1991, 360–362); dazu auch B. Jaspert, Mönchtum und Protestantismus. Pro-

wenigstens mit einem Seitenblick, die bisherigen Bemühungen um das Verhältnis Luthers zu Athanasius gestreift werden; sodann möchte ich der noch kaum behandelten Frage nachgehen, was aus dem athanasianischen Schriftenkorpus zu Luthers Zeiten bereits gedruckt greifbar war und d.h. zu bestimmtem Teile auch Luther in Wittenberg selber bekannt gewesen sein konnte. Vor allem jedoch wird es hier auf das athanasianische Schreiben an Marcellinus ankommen, wie es vor 500 Jahren wieder entdeckt und in den folgenden Jahrzehnten verbreitet wurde; welche auffallende Koinzidenz sich bei Benutzung des Athanasiusschreibens und dem aufkommenden neuen Psalterverständnis im Wittenberg der Jahre 1518/19 ergibt, und wie sich dann für das Jahr 1528 – das ist das Hauptergebnis – an der zweiten Psaltervorrede Luthers eine klare, man kann, bei Ausgrenzung des andersartigen Mittelteils, sagen: durchgehende Relation zum athanasianischen Marcellinus-Brief aufweisen lässt. Da Athanasius selber für das von ihm referierte Psalterverständnis auf Voraussetzungen verweist, soll am Schluss doch auch noch angedeutet werden, was sich hinsichtlich dieser Voraussetzungen auf einem interessanten, nicht nur von der Athanasius-Forschung erstaunlich vernachlässigten Felde ergibt.

Die im 20. Jahrhundert unternommenen Versuche, der Konstellation »Athanasius und Luther« nachzugehen, scheinen mir vor allem von den auch mehrfach zitierten Bemerkungen A. Harnacks in seinem *Lehrbuch der Dogmengeschichte* angeregt zu sein: »Es hat keinen Theologen nach Athanasius gegeben, der die Lehre von der Gottheit Christi für den Glauben so lebendig gemacht hat wie Luther [...]. Der deutsche Reformator hat den Formeln des griechischen Christenthums wieder Leben gegeben; er hat sie dem Glauben wiedergeschenkt.« Freilich setzte Harnack hinzu: »Luther ist der Restaurator des alten Dogmas gewesen.«[2] Er »kämpfte niemals gegen unrichtige Theorien und Lehren als solche, sondern nur gegen solche Theorien und Lehren, welche *offenbar* die puritas evangelii und den Trost desselben verdarben. Damit ist schon das Andere gesagt – er stand nicht im Bunde mit den hellen Geistern, welche die Theologie berichtigen

bleme und Wege der Forschung seit 1877, Bd. 3: Von Karlmann Beyschlag bis Martin Tetz, 2007, 670–695, bes. 678–679.

2 A. Harnack, Lehrbuch der Dogmengeschichte, Bd. 3, ^{4}1910, 814.

und damit eine zutreffende Erkenntnis der Welt und ihrer Ursachen heraufführen wollten.«[3]

W. Maurer wagte es, Luther mit anderen Vorzeichen als Harnack, nämlich von voraugustinischer, namentlich athanasianischer Tradition her unter dem Stichwort »Mysterientheologie«[4] zu erklären; doch er wurde alsbald durch die Kritik daran erinnert, dass der präzise Nachweis für eine solche Sicht noch ausstünde.[5] E. Wolfs genauere Prüfung der Maurerschen Aufstellungen ergab dann *Asterisci und Obelisci*[6]: zwar lasse sich die reformatorische Neuinterpretation überkommener altkirchlicher Formeln als ein echter Rezeptionsvorgang würdigen, zugleich aber müsse die Frage nach der Genuität des als athanasianisch rezipierten Überlieferungsbestandes gestellt werden (Wolf dachte hierbei an die 1532 von Bugenhagen veranstaltete, durch ein Lutherschreiben begleitete Wittenberger Athanasiusausgabe mit überwiegend pseudathanasianischen Schriften, noch dazu genuin lateinischer Herkunft. Von dieser Ausgabe wird noch die Rede sein müssen); und bei Abgrenzung der Luther nicht bekannt gewordenen theologischen Konzeption des ›echten‹ Athanasius gegen Maurers »altkirchliche Mysterientheologie« stünden zwar Athanasius und Luther näher beieinander als es in Maurerscher Sicht wahrgenommen sei, doch dürften bestimmte, nach *Luthers Verständnis des Wortes und des Glaubens* ermittelte Unterschiede nicht übersehen werden. Hatte Wolf einmal konstatiert, dass man »von einer wirklichen Kenntnis des Athanasius aus seinen Schriften […] bei Luther nicht sprechen könne« und dass für Athanasius-Kenntnis bei Luther allenfalls an indirekte exegetische Tradition (hierbei auch schon Hinweis auf Affektenlehre bei Athanasius und Augustinus sowie auch auf die athanasianische *Epistula ad Marcellinum*[7]) neben Nachrichten aus Geschichte und Legende zu denken sei, lässt sich durch einen Vergleich Luthers mit Athanasius ohne direkte Beziehungspunkte

3 AaO 816.

4 W. Maurer, Von der Freiheit eines Christenmenschen. Zwei Untersuchungen zu Luthers Reformationsschriften 1520/21, 1949, 5.

5 Vgl. K.G. Steck, Rez. W. Maurer, Von der Freiheit eines Christenmenschen, 1949 (ZKG 63, 1950/51, 347–350), 349.

6 E. Wolf, Asterisci und Obelisci zum Thema: Athanasius und Luther (ETh 18, 1958, 481–490).

7 AaO 485.

allenfalls bei beiden doch nicht mehr als eine natürlich unverächtliche sachliche Konvergenz ermitteln. Das ist für den Kirchenhistoriker auch ein interessanter, aber viel unsicherer Boden.

Kaum anders steht es noch mit den Voraussetzungen für G. Kretschmars eindringlichen Beitrag zum Kirchberger Gespräch von 1971[8] sowie für W. Bienerts Untersuchung von Luthers Verhältnis zu Augustin und Athanasius von 1989[9].

Neben Kretschmar hat U. Asendorf 1971 die »Einheit von Kreuz und Auferstehung bei Luther« weitergreifend untersucht.[10] Beiden Beiträgen ist das extensiv angelegte Projekt finnischer Lutherforschung verpflichtet, das besonders von T. Mannermaa und seinen Mitarbeitern seit Mitte der siebziger Jahre unter systematisch-theologischer Aufgabestellung betrieben wird. Thema ist »Luther und Theosis« oder auch »Rechtfertigung und Vergottung«, wofür wieder einmal die athanasianische Wendung aus *De incarnatione* 54,3 »er wurde Mensch, damit wir vergottet würden« eine Hauptsäule des projektierten Baus ist. Athanasiusbenutzung Luthers wird hierbei vorausgesetzt, nicht aber eigentlich belegt. Da auf einem solchen Feld – so meint Asendorf – »mit einer Fülle indirekter Beziehungen zu rechnen ist und eine direkte Zitation [...] nur vergleichsweise selten stattfindet«, fordert er, dass »die Bezeichnung struktureller Gleichartigkeiten [...] dem Aufsuchen direkter Abhängigkeiten vorausgehen sollte.«[11] Dem nicht so leichtfüßigen Kirchenhistoriker mag es erlaubt sein, derartigen Bemühungen um strukturelle Gleichartigkeiten einen durchaus interes-

8 Vgl. G. Kretschmar, Kreuz und Auferstehung in der Sicht von Athanasius und Luther (in: Der auferstandene Christus und das Heil der Welt. Das Kirchberger Gespräch [...] zwischen Vertretern der Ev. Kirche in Deutschland und der Russischen Orthodoxen Kirche, 1972, 40–82).

9 Vgl. W. A. Bienert, Im Zweifel näher bei Augustin? Zum patristischen Hintergrund der Theologie Luthers (in: Oecumenica et Patristica. FS Wilhelm Schneemelcher zum 75. Geburtstag, hg. v. D. Papandreou u. a., 1989, 281–294); da in Bugenhagens lateinischer Athanasiusausgabe die Epistula ad Marcellinum nicht »mit abgedruckt wurde«, kann sie auch nicht, wie irrtümlich aaO 285, argumentativ verwendet werden.

10 U. Asendorf, Die Bedeutung der Einheit von Kreuz und Auferstehung bei Luther im Zusammenhang der altkirchlichen und mittelalterlichen Tradition (in: Ders., Gekreuzigt und Auferstanden, 1971, 357–379).

11 AaO 375.

sierten Seitenblick zu gönnen, seinerseits jedoch sich bietende schmalere, aber auf ihre Weise wohl kaum weniger anspruchsvolle Möglichkeiten zunächst einmal wahrzunehmen – zumal sich dadurch auch die Aussicht auf solideren Grund für die Fragestellungen von Maurer bis Mannermaa eröffnen mag. Kurz: ich sehe im Folgenden von diesen Versuchen ab und wende mich nunmehr der Frage zu:

Welche der Athanasius-Schriften waren zu Luthers Zeiten bereits gesammelt und im Druck erschienen?[12] Und was davon konnte Luther selber bekannt gewesen sein?

Als Johannes Bugenhagen, der nahe Lutherfreund, im Jahre 1532 die schon erwähnte Kollektion von Athanasiana und viel mehr noch Pseudathanasiana in Wittenberg herausbrachte – es ist die Ausgabe, die man bisher sozusagen allein für Luthers Athanasius-Kenntnis infrage kommen sah –, waren vorher schon fünf andere Sammelausgaben im Druck erschienen und zwei weitere kamen noch im selben Jahr heraus. Nur zwei davon sind reine Erstpublikationen (Vicenza 1482; Basel 1527); bei den übrigen handelt es sich entweder um die Zusammenfassung von Einzeleditionen (Paris 1519) oder um Neudrucke dieser Sammlung (Paris 1520; Strassburg 1522) oder auch schließlich so etwas wie *opera omnia* (Köln und Lyon 1532). Das sind alle Sammelausgaben von Athanasiana, die zu Luthers Lebzeiten erschienen sind. Unübersehbar ist dabei das humanistische Bemühen, ›neues Altes‹ zu bieten, sei es durch Sammeltätigkeit und Ergänzung, sei es durch Korrektur des Textes. Aber noch waren es ausschließlich Ausgaben von lateinischen Übersetzungen; und daran sollte sich auch im ganzen 16. Jahrhundert nichts ändern.

Die Ausgabe Vicenza 1482 ist der etwas flüchtig arrangierte, lückenhafte Druck einer Übersetzung, die der italienische Humanist Omnibonus Leonicenus ca. 1464–71 Papst Paul II gewidmet hatte. Die Wittenberger Bibliothek hatte anscheinend davon ein Exemplar.[13] Überraschend ist natürlich, hier u. a. schon einen wesentlichen Teil der sogenannten dogmatischen Schriften des Athanasius vorzufinden: besonders *Contra gentes* –

12 Zu den folgenden alten Athanasiusausgaben s. Athanasius von Alexandrien. Bibliographie. Redigiert von C. Butterweck, 1995, 29–31 und 45.

13 Vgl. E. Schäfer, Luther als Kirchenhistoriker, 1897, 173 Anm. 5.

De incarnatione, Orationes I, III *contra Arianos, Epistula I ad Serapionem.* In den folgenden Athanasius-Ausgaben ist diese Version nicht noch einmal abgedruckt.

Die Pariser Sammelausgabe von 15(18)/19/20 wurde von dem auch buchhändlerisch engagierten Pariser Humanisten und Erasmusfreund Nicolaus Beraldus bei Jean Petit herausgebracht. Neu kommt hier an echtem Athanasiusgut nur hinzu: eine andere Übersetzung von *Contra gentes – De incarnatione*, die Ambrosius Traversari 1436 angefertigt hatte, und ein Auszug aus der *Epistula ad Marcellinum*, eine Übersetzung des Florentiner Humanisten Polizian von 1492, auf die ich gleich zurückkommen muss. Sonst ergeben sich hier nur noch einige Pseudathanasiana. Im Ganzen eine Sammlung unter dem Namen des Athanasius, dessen Klang sich die Pariser Humanisten bei ihrer Auseinandersetzung mit den Pariser Schultheologen der Sorbonne zunutze zu machen suchten. Beraldus zieht sich wegen seiner Athanasiusausgabe die Feindschaft der Pariser Theologischen Fakultät zu. Béda schlägt dieser die Einsetzung eines Fakultätssyndikus vor, und die Fakultät beauftragt ihn gleich selber damit. In solcher Funktion um Zensur bemüht, wird Béda dann namentlich auch Erasmus, den er in Kritik von dessen Trinitätslehre Errasmus oder Ariasmus nennt, zu schaffen machen.

1526/27 sieht Erasmus sich genötigt, den gefährlich werdenden Anklagen Bédas zu begegnen, und im Zusammenhang damit kommt es, offenbar ohne die Kenntnis der Ausgabe Vicenza 1482, zu seiner Übersetzung von Athanasius-Schriften nach einem Basler Codex, der vorher ein Jahrzehnt lang in der Bibliothek Reuchlins gestanden hatte. Nach den Mahlzeiten diktiert Erasmus seine Übersetzung der Athanasius-Schriften. Insgeheim scheint er dabei auf der Suche nach einer Bestätigung seiner Vorliebe für Origenes zu sein. Athanasius, den Erasmus in rhetorischer Synkrisis über die berühmtesten Kirchenväter gestellt hatte als den, der *totus est in explicanda re*, tut ihm allerdings nicht den Gefallen. Über dem ersten Serapionbrief verliert Erasmus dann schließlich die Geduld; er erklärt ihn für unecht und bricht bald die Übersetzung ab. Der Zusammenhang seiner Athanasius-Übersetzung, in der die Auswahl trinitätstheologischer Athanasiusschriften erkennbar ist, mit seinen ebenfalls im März 1527 erschienenen *Supputationes errorum in censuris Natalis Bedae*, ist evident. Beides dient Erasmus zur Abwehr des Arianismusverdachtes. Muss er sich gleichzeitig auch noch dagegen wehren, von Béda auf die Seite Luthers geschoben zu werden, wird er doch auch von dem Wittenberger Reformator wegen seiner Trinitätslehre angegriffen werden. Hier ist festzuhalten, dass so durch Erasmus noch eine Reihe genuiner Athanasiusschriften hinzugekommen ist, die Luther bekannt sein konnten: 3. und 4. Serapionbrief, *De fuga sua*, *Apologia secunda* 1–2, *In illud: Qui dixerit verbum.* Auch dass, jedenfalls zu Spalatins Zeiten, die Wittenberger Bibliothek alles, was Erasmus veröffentlichte, anschaffte, ist bekannt.

Ich vermerke nur eben, dass in den 1532 in Köln und Lyon erschienenen Athanasius-Ausgaben die Sammlungen des Beraldus und des Erasmus zusammengefasst wurden.

Luther hat in seinem Brief an Johannes Bugenhagen, der dessen Athanasiusausgabe von 1532 als *Praefatio* vorangestellt ist, das Vorhaben einer Edition von Athanasiusschriften freudig begrüßt. Dabei ist übrigens noch keineswegs vorauszusetzen, dass Luther zum Zeitpunkt seines Briefes den ganzen Schriftenkomplex des Bugenhagen-Projektes schon im Einzelnen kannte. Willkommen ist ihm Bugenhagens Vorhaben vor allem, weil der *articulus de trinitate*, den Athanasius gegen Welt und Teufel gewahrt habe, von einigen »Skeptikern und Epikureern« verspottet werde. Gemeint sind besonders ungenannt bleibende Antitrinitarier (Joh. Campanus) und Erasmus, den Luther schon in seiner großen Schrift *De servo arbitrio* einen Skeptiker und Epikureer genannt hatte. Auch durch Bugenhagen kommen zwei weitere Athanasiana hinzu: *Epistula ad Epictetum* und *Epistula ad Afros*, aber sie laufen nur mit unter, weil die ganze Sammlung aus Sicharts Antidotum von 1528 übernommen wurde. In seinen heute sozusagen unbekannten Vorreden verliert Bugenhagen über sie kein Wort. Ihm liegt besonders an den genuin lateinischen Pseudathanasiana *De trinitate* wie überhaupt an Athanasius als Trinitätstheologen. Im überraschenden Gegensatz zu der vornehmlich erst im 19. Jahrhundert einsetzenden Hochschätzung bzw. Hervorhebung von *De incarnatione* zeigt Bugenhagen nicht nur Reserve, er schließt diese Schrift im Gegensatz zu *Contra gentes* sogar ausdrücklich aus, weil er in ihr ein angemessenes Verständnis der *iustitia Dei* vermisst. Eine Warnung von Seiten der Reformatoren, *De incarnatione* nicht zu unbesehen für die Konstatierung von Übereinstimmungen zwischen Athanasius und Luther heranzuziehen? Hier ist manches zu bedenken.

Rechnen wir nun zu den bisher genannten Athanasius-Titeln auch noch die *Vita Antonii*, die ja in den von Luther bekanntermaßen mehrfach zitierten *Vitae patrum*, einem der verbreitetsten Werke des Mittelalters, vorlag, und die Übersetzung Reuchlins (1515), der ich mich gleich zuwenden möchte.

Insgesamt handelt es sich um einen sehr ansehnlichen Bestand an dogmatischen und asketischen Schriften des Athanasius, der für Luther in erreichbarer Nähe gelegen hat und den er zumindest hätte benutzen können. Der Abstand zwischen dem, was man in dieser Hinsicht wusste, und dem, was man nun weiß, dürfte deutlich sein. Ich halte mich nicht weiter bei dem entsprechenden Stoffzuwachs auf; es stehen noch andere Überraschungen bevor. Denn es ist natürlich ein Unterschied, ob man es, wie zunächst, nur mit Möglichkeiten oder demgegenüber mit einer in der Tat auch wahrzunehmenden Möglichkeit zu tun hat. Ein solcher Fall kommt nun in Betracht. Allerdings muss noch erst von bestimmten Voraussetzungen für solche reformatorische Athanasiusrezeption bei italienischen und deutschen Humanisten die Rede sein.

Es geht nun speziell um die athanasianische *Epistula ad Marcellinum.*[14] Das Schreiben ist uns sowohl durch Handschriften der Athanasius-Überlieferung als auch schon in der Bibelüberlieferung durch den bekannten *Codex Alexandrinus* aus dem 5. Jahrhundert und – allerdings mehr auszugsweise – durch Kettenkommentare erhalten. Athanasius schreibt an einen Rekonvaleszenten, der sich mit dem Psalter befasst (c. 1), und teilt ihm ausführlich mit, was ein gelehrter Alter ihm über den besonderen Charakter und den Gebrauch dieses biblischen Buches vorgetragen hat (c. 2–33). Ein breiter Mittelteil (c. 15–26) ist durch die Form der Mitteilung augenfällig abgehoben; die Psalmen werden der Reihe nach zum Gebrauch empfohlen, zumeist nach dem Schema: ›Wenn du in der oder der Situation bist bzw. dieses oder jenes Problem hast, dann bete bzw. hast du Psalm x!‹ Die Konturen des Mittelteils, der in der Reihung der Psalmen von 1–150 deutlich erkennbar ist, erscheinen namentlich durch Nennung jeweiliger Parallelpsalmen und durch christologisch orientierte Teile etwas ver-

14 MPG 27, 12–45; zu den anderen Ausgaben der Epistula ad Marcellinum: Athanasius Bibliographie (s. Anm. 12), 116–118. – CPG 2097.

wischt. Dafür ist spätestens der Verfasser Athanasius in Betracht zu ziehen. Zugrunde lag dem Mittelteil des Briefes vermutlich ein Exemplar aus dem Genus *De titulis Psalmorum*, in dem die Psalmen von 1 bis 150 aufgezählt und kurz charakterisiert werden; einige Lücken sind wohl eher überlieferungsbedingt.

Es ist nicht eben verwunderlich, dass der dem Hause Medici verbundene Florentiner Humanist Polizian 1492 nur den besagten Mittelteil aus der *Epistula ad Marcellinum* aufgriff, übersetzte und in Bologna drucken ließ. Über die Entstehung dieser lateinischen Übersetzung gibt es keine direkten Zeugnisse. L. Cesarini hat versucht, in dieser Frage weiter zu kommen: Im »clima culturale« eines Savonarola und eines Pico della Mirandola soll für Polizians Aufnahme des biblischen Buches der Psalmen das herrschende philologische Interesse bestimmend gewesen sein.[15] Zwei Codices der Biblioteca Laurenziana habe Polizian für seine Übersetzung kritisch benutzt. Doch es lässt sich m. E. mehr und Genaueres sagen, wenn man einerseits auf die Umstände, die sich aus Polizians Konnex mit dem Hause Medici ergeben, und andererseits auf die handschriftliche Überlieferung des Briefes näher eingeht.

Erinnern wir uns besonderer Ereignisse des Jahres 1492: In Florenz herrschte unbeschreibliche Erregung. Nach vorheriger Ankündigung durch Savonarola waren am 8. April Lorenzo de Medici und am 25. Juli Papst Innocenz VIII. gestorben. Der Franziskaner Ponzo hatte zur Fastenzeit im Dom eine spätestens Ende August desselben Jahres hereinbrechende blutige Katastrophe prophezeit. Am 27. August erscheint die athanasianische Gebrauchsanweisung des Psalters in einer – schematisierenden – Übersetzung Polizians: eine seelsorgerliche ›Handreichung‹ in kasuistischer Form – angesichts einer Notlage, die von sich aus nicht schon rechtes Beten lehrte? Das mochte durchaus sein, auch wenn wir kaum etwas darüber wissen, dass der Priester und Domherr Polizian den Pflichten seiner kirchlichen Pfründe nachgekommen ist. (Auch Savonarola hat übrigens im selben Jahr dann noch seine beiden Abhandlungen über das Gebet zum Druck gebracht.)

15 Vgl. L. Cesarini, La versione del Poliziano di un opuscolo di S. Atanasio (Rinasc. 8, 1968, 311–321).

Nun gibt es über frühere Zeiten Polizians zwei auch um der beteiligten Personen willen für uns interessante Traditionen, aus denen eine ursprünglich reservierte Einschätzung der Psalmen bei Polizian erkennbar wird.

Polizian schrieb am 6. April 1479 an Lorenzo de Medici, einen Monat bevor er auf Befehl von Donna Clarice, dessen Gemahlin und Mutter der Polizianschüler Pietro und Giovanni de Medici, des Hauses verwiesen wurde: »[…] Was Giovanni betrifft, so hat seine Mutter ihn, ich habe das durchaus missbilligt, auf das Lesen des Psalters umgestellt und von uns weggeholt. Wenn sie nicht da war, machte er unglaubliche Fortschritte. Er las schon allein alle Buchstaben und Silben […].« Polizian wird kaum daran gedacht haben, die Psalmen als Gebete vor Gebrauch durch ABC-Schützen zu schützen. Wahrscheinlich hat er sie aus Gründen des Stils für einen nicht geeigneten Lesestoff gehalten. Donna Clarice hingegen war offensichtlich der Stil der Humanisten suspekt und griff deshalb – übrigens nach altem kirchlich-pädagogischen Konzept (Hieronymus bezeugt es) – auf den Psalter zurück. Dass der kleine Giovanni dann der Papst der Reformation Leo X. werden sollte, war damals natürlich noch nicht abzusehen.

Nicht unähnlich rangieren die Psalmen für Polizian auch in einem anderen Fall. Melanchthon berichtet in den Jahren 1553/54, was er von Reuchlin, seinem Grossoheim, aus dessen jüngeren Jahren gehört hat. Reuchlin habe (wohl bei seinem ersten Besuch in Florenz 1482, also drei Jahre nach der eben genannten ›Affäre‹) den berühmten italienischen Humanisten nach den Psalmen Davids gefragt. Polizians Antwort – ich muss sie hier zusammenfassen – sei gewesen: ›Die Psalmen Davids – sehr schön; aber Pindar – kein Vergleich!‹ Melanchthon hat das dann nicht stehen lassen und rief mit seiner Polemik eine Polizian-Apologetik hervor, die sich darauf bezog, dass von Lazarro Bonamico (1479–1552) eine ganz ähnliche Stellungnahme überliefert sei. Aber ein Vergleich Davids mit Pindar war bereits durch Hieronymus, Ep. 53,8 (an Paulinus), nahegelegt. Die Aufnahme des Problems bei den Humanisten gehört zu den Voraussetzungen dessen, was dann anscheinend in der Barockzeit mit entsprechenden Affekten breit diskutiert werden sollte.

Aber zurück zu Polizians Publikation von 1492: In ihr wird jene frühe Beurteilung des Psalters nicht wiederholt. Eher hat es den Anschein, dass implizit auch ein abträglicher Eindruck, den besonders die Auseinandersetzung mit der Mutter von Pietro und Giovanni de Medici hinterlassen haben mochte, durch die Rezeption und Verbreitung des Athanasius-Schreibens aus der Welt geschafft werden soll. Die ehemaligen Schüler sind 1492 in maßgebliche Positionen gerückt. Pietro war Nachfolger Lorenzos geworden und Giovanni gehörte, schon 1489 zum Kardinal ernannt, seit März 1492, also mit gerade 16 Jahren, dem hl. Kollegium an. Man hört, Polizian habe – mit Blick auf die Biblioteca Vaticana – den Wunsch gehegt, dort selber als Kardinal zu wirken, und Pietro soll ihn 1493 auch dazu vorgeschlagen haben. In solchen Zusammenhängen käme dem Erscheinen der Athanasius-Übersetzung Polizians eine Bedeutung zu, die erheblich weiter als das reicht, was bisher zu diesem Fall ins Auge gefasst worden ist. Weniger als Frau Cesarini gemeint hat, kommen allerdings bei der Frage der kritischen Benutzung von Florentiner Handschriften in Betracht. Die Handschriftenbefunde ergeben, dass Polizian nur eine Handschrift, den *codex Laurentianus pluteus* 6,3 aus dem 11. Jahrhundert, benutzt und selber aus ihr den Mittelteil der *Epistula ad Marcellinum* herausgelöst hat. Der Rahmenteil, in dem Athanasius nachdrücklich einschärft, dass man sich an den Wortlaut des Psalters zu halten habe und keine neuen Psalmen erfinden solle, mag von dem humanistischen Literaten auch aus konzeptionellen Gründen beiseite gelassen worden sein.

Polizians Version fand einigen Anklang; sie wurde in dessen *Omnia opera*, beginnend mit der Ausgabe des Aldus Manutius 1498, immer wieder nachgedruckt. In der Wittenberger Bibliothek war Polizian vorhanden.

Von den Einzelnachdrucken sind zwei von besonderem Interesse: die des Jakob Locher Philomusus (1441–1528) von ca. 1500, bei Froschauer in Augsburg erschienen. Locher ist fasziniert, dass der verfolgte Athanasius den entsprechenden Gebrauch des Psalters empfiehlt. Er singt sein Klagelied im Anschluss an die Chöre der verfolgten Gerechten. Als Verfolger erscheinen scholastische Theologen; der Verfolgte ist der mit Hilfe des Athanasius auf den Psalter zurückgreifende Humanist. Damit soll wohl zugleich gegnerischer Zweifel an der Orthodoxie Lochers zurückgewiesen werden. Lochers *rabies*, die sich gegen Zingel, Wimpfeling und Thomas Wolf richtet, entspricht seine Trostbedürftigkeit.

Thomas Wolf (1475–1509), in Strassburg gegen Ende seines Lebens in Wimpfelings Fehden verwickelt und von Krankheit gezeichnet, nützt das Athanasius-Schreiben ebenfalls; er gibt es 1508 zusammen mit Polizians

Übersetzung von Epiktets *Enchiridium* heraus. Dem beigefügten Brief Polizians an Lorenzo de Medici ist die Tendenz des Gebrauchs von *Enchiridium* wie der Psalmenanleitung zu entnehmen: die eigenen Affekte zu erkennen und sie zu bessern. Von hier aus wird zugleich verständlich, wie willkommen für Polizian resp. Wolf nicht nur das stets parat zu haltende *Enchiridium* Epiktets, sondern auch die für alle Fälle des menschlichen Lebens rüstende *Epistula ad Marcellinum* sein musste. Mit Thomas Wolf sind wir übrigens zugleich beim Erfurter Humanistenkreis und damit auch Wittenberg näher gerückt. Polizians Version ist aber nicht die unmittelbare Voraussetzung für Luthers Athanasius-Rezeption in der Psaltervorrede von 1528. Sein Verdienst hierbei bleibt auf die Wiederentdeckung und partielle Verbreitung des Athanasius-Schreibens beschränkt. Wohl aber war Polizians Auszug die Voraussetzung für die Bemühung eines anderen Humanisten, der den vollständigen Text der *Epistula ad Marcellinum* in lateinischer Version herausbrachte. Erst durch ihn werden auch die gewichtigen Rahmenteile des Schreibens bekannt, die dann Luthers Psalmenvorrede zugrunde liegen werden.

Johannes Reuchlin übersetzte die *Epistula ad Marcellinum* nach dem Basler Codex gr. A III 4[16], aus dem er schon 1512 im Zusammenhang seiner, dann auch von Luther benutzten Interpretation der sieben Bußpsalmen zitiert hatte. Der Druck des Athanasius-Briefes bei Anshelm in Tübingen 1515 wurde wohl von dem jungen Korrektor Philipp Melanchthon, dem Großneffen Reuchlins, betreut; auch Reuchlins Übersetzung zeigt im lateinischen Drucke die für Melanchthon typische Akzentsetzung.[17]

Georg Spalatin, von Friedrich dem Weisen unter anderem mit Aufbau und Leitung der Wittenberger Bibliothek beauftragt und auch wiederholt zu Übersetzungen herangezogen, fertigte in der Fastenzeit 1516 für den Kurfürsten eine deutsche Übersetzung jener lateinischen Version seines Lehrers Reuchlin an; sie erschien dann aber erst 1521 im Druck und hat anscheinend für Luther keine sonderliche Bedeutung gehabt.

16 Vgl. »Basil.« im textkrit. App. der Ausgabe von B. de Montfaucon I, 2, 983–1003.

17 Vgl. K. Steiff, Der erste Buchdruck in Tübingen (1498-1534). Ein Beitrag zur Geschichte der Universität, 1881, ND 1963.

Ganz anders aber steht es mit der Übersetzung Reuchlins selber: Zur Erklärung eines Hinweises auf »Athanasius« und »Augustinus« in Luthers zweiter Psalmenvorlesung (Ps. 1), 1518/19, hatte schon E. Wolf unseren Athanasiusbrief genannt.[18] Luther gibt dort einen wichtigen hermeneutischen Hinweis, in dem zugleich auch Gewährsleute namhaft gemacht werden: »*In fine hoc movendum, quod illustrissimi patres, praesertim Athanasius et Augustinus tradiderunt, hoc est, ut affectibus psalmorum affectus nostros accomodemus et attemperemus.*«[19] In der neuen Ausgabe des Textes von Hammer/Biersack, 1981, wurde für Athanasius ebenfalls auf die *Epistula ad Marcellinum* hingewiesen und für Augustinus ein pseudaugustinischer Prolog der Ausgabe von Augustins *Enarrationes in Psalmos* (Basel 1497) angeführt.[20] Der Fall ist delikat: »Augustinus« ist vielmehr der Kappadokier Basilius, in der Übersetzung des Rufinus; und die Basilius-Passage hat mehrere Berührungspunkte mit dem Athanasiusbrief, so dass man hierbei schon Abhängigkeit des Basilius von Athanasius angenommen hat. Ich muss auf diese Frage zurückkommen. Die Affektenlehre, von der Luther redet, begegnet in der angegebenen Weise nur im Athanasiustext, bei Ps.-Augustinus = Basilius aber zumindest nicht explizit. Vielleicht hat Luther eher an Augustintexte gedacht wie diejenigen, die H.-J. Sieben in seinem Beitrag *Der Psalter und die Bekehrung der VOCES und Affectus*[21] aus Augustins *Confessiones* untersuchte, mit der Feststellung: »durch das Lesen des Psalters verändert Augustin seine Affekte, erwirbt er die der Bekehrung entsprechenden inneren Haltungen.«[22] »Augustinus liest den Psalter, um mit den Worten des Psalters die Affekte der Psalmisten zu erwerben.«[23] Das bewegt sich auf der Linie des Athanasius, dessen Psaltergebrauch bei Augustin eine noch ungeklärte Rolle spielt.

In dem Widmungsschreiben Luthers an Friedrich den Weisen und in der Vorrede Melanchthons an die Studierenden der Theologie, die der ers-

18 Vgl. Wolf (s. Anm. 6), 485.
19 WA 5; 46.
20 Vgl. AWA 2; 62,6–8.
21 H.-J. Sieben, Der Psalter und die Bekehrung der VOCES und Affectus (ThPh 52, 1977, 481–497).
22 AaO 486.
23 AaO 488.

ten Lieferung der *Operationes in Psalmos* vom März 1519 vorangesetzt sind, sehen wir beide unter dem Eindruck der *Epistula ad Marcellinum* stehen, Luther greift besonders auf c. 10 zurück: der Psalter sagt im Unterschied zu den anderen Büchern der hl. Schrift nicht nur, *was* zu tun, sondern auch, *wie* es zu tun sei. »Denn wir sind dessen nicht mächtig, das Gesetz Gottes zu erfüllen oder dem Beispiel Christi zu folgen, sondern zu beten und zu begehren, dass wir es tun und folgen; wenn wir es aber erlangt haben, zu loben und zu danken.«[24] Melanchthon, der nach babylonischer Gefangenschaft für die Kirche auf *libertas Christiana* hofft (die Stichworte der beiden Luther-Schriften von 1520 begegnen schon hier durch ihn kombiniert!), greift mehr von Athanasius auf: die Repräsentation der anderen Bücher der hl. Schrift im Psalter; die Erweckung unserer Herzen und die Beruhigung unserer Affekte durch die Harmonie der Psalmen; das Erkennen Gottes an seinen Wohltaten (*beneficia*). Diese Momente nennen, heißt fast schon erkennen, welche besondere Bedeutung die *Epistula ad Marcellinum* des Athanasius für die Grundlegung der theologischen Konzeption Melanchthons gehabt haben dürfte.

»Die Lehre von den Affekten«, so Maurer, die Melanchthon anhand »der Anregungen Luthers entwickelte, hat ihm später das Verständnis der paulinischen Rechtfertigungslehre erschlossen und ist von ihm in seiner Theologie ständig weiter ausgebaut worden.«[25] Bezieht man die *Epistula ad Marcellinum* als wesentliche Quelle der theologischen Konzeption des jungen Melanchthon mit ein, lassen sich wohl auch einige Schwierigkeiten, mit denen Maurer in seinen eingehenden Untersuchungen namentlich von dessen Affektenlehre zu kämpfen hatte, beheben.

Bevor ich jedoch nun zu Luthers zweiter Psaltervorrede komme, möchte ich doch noch auf zwei, wie ich meine, bemerkenswerte Befunde wenigstens in Form von Problemanzeigen aufmerksam machen:

1. Zur Ablösung des vierfachen Schriftsinnes auf dem Wege zwischen der ersten und zweiten Psalmenvorlesung Luthers.

24 S. Raeder, Grammatica Theologica, (BHTh 51), 1977, 31.

25 W. Maurer, Der junge Melanchthon zwischen Humanismus und Reformation, Bd. 2, 1969, 48.

Soviel ich sehe, ist Reuchlins Widmungsschreiben an Questenberg, das Reuchlin seiner Übersetzung der *Epistula ad Marcellinum* 1515 beigab, bisher kaum beachtet worden. Es enthält neben Mitteilungen zu seinem Streit mit den Kölnern über die Bücher der Juden, in dem er sich von Questenberg in Rom Unterstützung erhofft, auch mancherlei zu Athanasius und seinem Schreiben. Nachdem Marsilio Ficino Italien die Platonica und Faber Stapulensis Frankreich die Aristotelica gebracht haben, möchte Reuchlin Deutschland die Pythagorica schenken; dazu greift er entsprechend in die Saiten. Während sich laut Reuchlin alle Kommentatoren des Psalters bemühen, nur den Sinn der Worte herauszubringen und ihren Zusammenhang zu erforschen, indem sie alles historisch, tropologisch, allegorisch oder anagogisch deuteten, ohne eigentlich zu sagen, wie das zu brauchen sei, stelle Athanasius den Psalter den Gläubigen so bereit, dass sie ihn zweckmäßig zu ihrer Besserung gebrauchen könnten: »*Omnes in hoc artificio Athanasius noster, omnes inquam egregie vincit* [...].« Das humanistische Interesse an der *utilitas*, das uns schon bei Polizian, Locher und Th. Wolf begegnete, relativiert hier bei Reuchlin die Ansprüche herrschender Schriftauslegung, die sich am vierfachen Schriftsinn orientiert. Und soviel ist jedenfalls wohl richtig, dass die *Epistula ad Marcellinum* in der alten Kirche eine singuläre Erscheinung und schon als solche von Reuchlin berücksichtigt ist.

2. Eine weitere Beobachtung zum Unterschied zwischen erster und zweiter Psalmenvorlesung Luthers.

E. Vogelsang sprach hier von der »eigenartigen Tatsache, dass bei Luther 1516 ff die formal christologische Deutung der Psalmen mehr und mehr abnimmt, während gleichzeitig der inhaltlich evangelische Charakter seiner Auslegung zunimmt.«[26] Und der ausgezeichnete Kenner von Luthers *Operationes* S. Raeder charakterisiert sie so: »Indem Luther die Psalmen als Anleitung zum Gebet und zum Lobpreis Gottes versteht, tritt natürlich ihr Charakter als direktes prophetisches Christuszeugnis in den Hintergrund. Die meisten der von ihm ausgelegten 22 Psalmen deutet Luther in den *Operationes* in einem allgemeinen, überzeitlichen, exempla-

26 E. Vogelsang, Unbekannte Fragmente aus Luthers zweiter Psalmenvorlesung 1518, 1940, 26.

rischen Sinn [...] Auch was er nach dem ursprünglichen Sinn auf David bezieht, ist ›in einem allgemeinen Sinn zur Lehre von uns allen geschrieben‹.[27] Man könnte sagen, dass in den *Operationes* im Vergleich mit den *Dictata* weniger Christus selbst das zentrale Thema ist als vielmehr der Glaube an Christus mit allen seinen Wirkungen.«[28] Dieses ist aber auch schon in auffallend ähnlicher Weise die Thematik des Athanasius in der *Epistula ad Marcellinum*, im Unterschied zu der altkirchlichen, von Balthasar Fischer herausgestellten Auffassung der Psalmen als *Vox Christi*. Die Koinzidenz der festgestellten Athanasius-Benutzung und des Aufkommens eines veränderten Psalmenverständnisses bei Luther finde ich auffallend und genauerer Untersuchung wert. Es muss wohl kaum hinzugefügt werden, dass ich mit meinen Hinweisen nicht so etwas wie eine monokausale Erklärung Luthers von Athanasius her intendiere. Aber es scheint mir unerlässlich, für die uns noch immer wenig deutlichen Anfänge der Kooperation der beiden Wittenberger Reformatoren, Luther und Melanchthon, den Faktor der Athanasius-Tradition entsprechend näher zu untersuchen.

Als Luther dann 1528 eine revidierte Separatausgabe seiner deutschen Psalmenübersetzung erscheinen ließ, gab er ihr eine ganz neue Vorrede bei, die die vorherige, mehr mit Übersetzungsproblemen befasste, ersetzte und fortan unverändert den neuen Auflagen beigegeben wurde.[29] Sie ist viel zitiert und bewundert, aber soviel ich sehe, bisher gleichwohl noch nie eingehend untersucht worden. So blieben denn auch bestimmte persönliche Voraussetzungen Luthers unberücksichtigt. Durch briefliche Bemerkungen Georg Rörers hört man vom 5. August 1528, dass der Psalter wieder in Arbeit genommen sei, und vom 19. August, dass er in Kürze herauskommen werde; am 7. Oktober lag er dann vor.[30] Die Entstehungsdaten der Psalterausgabe fallen in eine Zeit, da Luther persönlich schmerzlichst bewegt war. Am 5. August 1528 schrieb er an Nikolaus Hausmann[31], wie sehr ihn der Tod seines kaum acht Monate alt gewordenen, am 3. August

27 WA 5; 220,37–39.
28 Raeder (s. Anm. 24), 32.
29 WADB 10,1; 94–105.
30 WADB 20,2; LVI Anm. 64.
31 WAB 4; Nr. 1303; 511,3–7.

gestorbenen Töchterchens Elisabeth getroffen habe, und Rörer schrieb darüber am selben Tage: »Valde perturbatus fuit ex ipsius morte.«[32] Am 8. August beginnt Luther mit Wochenpredigten über Joh. 17, das Gebet Jesu, und spricht dabei aus persönlicher Erfahrung über »ein gut euserlich gepet«[33]: »*Elizeus quando videbat se non bene affectum*, lies er im ein psalter hersingen, *ex hoc acquirebat illuminationem. Sic mihi fit, quando ego sine verbis sum, non lego, non* gedenck: *nemo* ist bey mir da heim, *si lego psalmum, acquiro alias cogitationes.* Ich hoff ein itzlicher solls also bey sich erfaren.«[34] Luther geht es an dieser Stelle gewiss nicht einfach um »Erfahrung mit der Erfahrung«, sondern um die Erfahrung mit der Gott gemäßen Erfahrung der biblischen Heiligen (Elischa, Psalmisten) – und dies ist denn auch im Grunde das Thema der Psaltervorrede von 1528.

Aber ich muss wieder zum Thema meines Beitrages kommen, in dem nach bisheriger, hier schon ein wenig veränderter Lage der Dinge das »und« zwischen Athanasius und Luther in seiner Eigenschaft als kopulative Konjunktion, als Bindewort ja noch immer das Hauptproblem abgibt. Es ist ausgeschlossen, hier die *Epistula ad Marcellinum* des Athanasius und die Psaltervorrede Luthers von 1528 im Einzelnen vorzustellen und zu vergleichen. Dazu sind beide Texte, von denen ja jeder auf seine Art als klassisch gelten kann, viel zu komplex und doch auch noch zu unerschlossene Größen. So bleibt mir im Hinblick auf meine Aufgabenstellung nur, im Folgenden die augenfälligen Konnexe zu nennen, natürlich ohne den Anspruch auf Vollständigkeit der Angabe aller Berührungspunkte in dieser Relation Luther – Athanasius, die vom Reformator ja nicht ausdrücklich offengelegt ist. Er hat, wie es üblich war, aus dem ›Schatz der Kirche‹ geschöpft.

Luthers Vorrede ist im Erstdruck in acht Abschnitte gegliedert, an die ich mich in eigener römischer Zählung von I bis VIII halte; später sind es sechzehn, mit marginal gesetzten, hier nicht infrage kommenden Inhaltsangaben wohl Rörers.

32 AaO Anm. 2.
33 WA 28; 75,14.
34 AaO 75,15–76,4.

Das Exordium bestimmt die Richtung: »Es haben viel heiliger Veter den Psalter sonderlich fur andern büchern der schrifft gelobt vnd geliebt, Vnd zwar lobt das werck seinen meister (Sirach 9, 24) selbs gnug, doch mussen wir vnser lob und danck auch daran beweisen.«[35] Die Bevorzugung des Psalters durch die Väter ist besonders dem c. 1 bei Athanasius, d.h. eigentlich Reuchlin entnommen. Athanasius selber knüpft dort bei Marcellinus an dessen Studium der ganzen hl. Schrift und zumal an dessen sonderlicher Liebe zum Psalter an; er erlaubt sich aber dabei unter der Hand sofort eine freundliche Korrektur: Er, Athanasius, liebe den Psalter *wie* die ganze hl. Schrift; Reuchlin übersetzt mit Zusatz, mit dem Luther den Text nur kennen konnte: Er liebe den Psalter wie kaum sonst (*vix alias*) die ganze hl. Schrift. Für die Augen Luthers gehört Athanasius zu den Vätern, die den Psalter bevorzugt haben. Athanasius geht dann auf 2 Tim 3,16 zu: »Unsere ganze Schrift, alte und neue, ist (*θεόπνευστος*) von Gott eingegeben und nützlich zur Lehre.« Mit diesem Zitat beginnt die Darlegung des Alten; es bestimmt die *Epistula ad Marcellinum*, in der zunächst das wechselseitige Verhältnis von Psalter und ganzer hl. Schrift untersucht wird. Luthers Reden vom Psalter als »kleiner Biblia«, in der »alles auffs schonest und kürzest, so yn der gantzen Biblia stehet, gefasset«, ja, vom hl. Geist selber zusammengebracht worden sei, fußt auf entsprechenden Ausführungen des Athanasius in c. 2–10. Reuchlin hat in c. 1 noch eine weitere ›Präzisierung‹ vorgenommen. Der alexandrinische Bischof redet dort von der Bemühung des Marcellinus, den in jedem Psalm *enthaltenen Sinn* (*νοῦν ἐγκείμενον*) zu verstehen, der – wie erst im Verlauf des weiteren Schreibens deutlich wird, paulinisch als »Sinn Christi« verstanden ist. Reuchlin übersetzt – in origenistischer Tradition – »*latentem sensum*«, den *verborgenen Sinn.* Die Wirkung auf Luther, der damit nichts im Sinn hat, ist etwas verblüffend: er spricht davon, »das der Psalter [...] vnter der banck und ynn solchem finsternis lag, das man nicht wol einen Psalmen recht verstund«[36], aber gleichwohl doch liebte. Schuld daran sei das Aufkommen der Heiligenlegenden, die – wie er schon in einer undatierten Predigt von 1527 (Nr. 748) gesagt hatte – die wahren, auf den Glauben gerichteten Legenden der hl. Schrift verdrängt haben.

35 AaO 98,2–5.
36 AaO 98,7–8.

Die Abschnitte II-V gelten dann der Charakterisierung des Psalters, der sozusagen »seinen Meister selbs gnug« lobt, während daraufhin im Abschnitt VI-VIII die aktuelle, in Lob und Dank zu beweisende Bedeutung der Psalmen *für uns* erklärt wird.

Die Zweiteilung entspricht der Anlage des Athanasiusschreibens nur bedingt; deshalb ergeben sich ein paar Umstellungen. Im ganzen aber ist trotzdem die Reihenfolge der entsprechenden Elemente in beiden Texten von auffallender Übereinstimmung.

Abschnitt I ist an c. 1–10 orientiert; II/III an c. 10 und 28; IV an c. 28; V an c. 29 und 30; VI an c. 30 Ende/31 und 32; VIIa an c. 33 Ende. Da Luther in Abschnitt VIIb eine Summa vorstellt, greift er dort auf c. 12 Anfang zurück. Abschnitt VIII ist dann ein Appell, die Gaben des Psalters nicht zu verachten (ohne eine Entsprechung bei Athanasius). Bemerkenswert ist, wie Luther – im Unterschied zu Neueren, die sich um eine Inhaltsangabe für das Athanasiusschreiben bemüht haben – wirklich bei dessen Anfang einsetzt und auch selbst die Schlussworte nicht vernachlässigt.

Ich muss hier aber noch von den Sachelementen der *Epistula ad Marcellinum* sprechen, die Luther vor allem in Abschnitt II-VII aufgenommen hat. Abschnitt II: »Aber vber das alles ist des Psalters edle tugent vnd art das ander bücher [Athanasius meinte hier andere Bücher der hl. Schrift, Luther denkt an Heiligenlegenden] wol viel von wercken der heiligen rumpeln, aber gar wenig von yhren worten sagen, Da ist der Psalter ein ausbund […] das er nicht alleine die werck der heiligen erzelet, sondern auch yhre wort, wie sie mit Gott gered vnd gebettet haben« und statt stummer Heiliger »rechte wacker, lebendige heiligen vns einbildet […].«[37] In c. 10, also jenem Kapitel, von dem sich Luther schon 1518/19 besonders beeindruckt gezeigt hatte, war das alles in verschiedenen Hinsichten von Athanasius ausgeführt worden.

Τυποῦν/ τυποῦσθαι ist besonders das Prädikat: prägen, geprägt werden, so denn: *ἐν τοῖς ψαλμοῖς τυπούμεθα*, Reuchlin: *ex psalmis instituimur*, das ist mehr als »ausgelegt werden«, es ist »geprägt werden«, ja vielleicht – um auch pythagoreischen Klang einzubeziehen – : »be-stimmt werden«.

37 AaO 100,3–10.

Abschnitt III: Der Psalter präsentiert aber nicht nur das Wort der Heiligen »vber yhr werck, sondern auch yhr hertz und gründlichen schatz yhrer seelen«[38], »das wir ynn den grund vnd quelle yhrrer wort und werck, das ist ynn yhr hertz, sehen können, was sie fur gedancken gehabt haben, wie sich yhr hertz gestellet und gehalten hat ynn allerlei sachen, fahr vnd not [...]«[39], also: »wie yhr hertz gestanden, vnd yhre wort gelautet haben gegen Gott vnd yderman.«[40] Herz und Seele: Luther spricht mehr vom Herzen; Athanasius mehr von der Seele, ihren *κινήματα* und ihrer *κατάστασις*; Reuchlin übersetzt: *motus* und *status*. Das ist die Voraussetzung dafür, dass Luther in Abschnitt I sagen konnte, der Psalter bilde »der gantzen Christenheit stand vnd wesen«[41] vor.

In Abschnitt IV und V sind die vier Sturmwinde, denen das menschliche Herz ausgesetzt ist: Furcht und Traurigkeit, Hoffnung und Freude, klar auch von Athanasius c. 28 vorgegeben.

Abschnitt VI: »Daher kompts auch, das der Psalter aller heiligen büchlin ist, vnd ein ieglicher, ynn waserley sachen er ist, Psalmen vnd wort drinnen findet, die sich auff seine sachen reimen, vnd yhm so eben sind, als weren sie alleine vmb seinen willen also gesetzt [...]«[42], geht auf c. 30 zurück, wo Athanasius zunächst erklärte, dass der Psalter das ganze Leben der Menschen enthalte und dass sich darüber hinaus im Menschen nichts mehr finden lasse. Der zitierte Luther-Passus ist fast wörtlich aus dem letzten Satz von c. 30 übernommen. Auch das Übrige in Abschnitt VI entspricht dem Athanasius-Text. Während Luther allerdings sagt, man könne selber die Worte nicht besser setzen, hatte Athanasius jede Veränderung des Wortlauts untersagt; man solle das Geschriebene so schlicht sprechen und psallieren, wie es gesagt ist, damit die Heiligen, die es auftragsgemäß ausrichteten, es als ihre eigenen Worte erkennen und mit uns beten, vielmehr dass der Geist, der in den Heiligen gesprochen hat, beim Vernehmen der Worte, die er ihnen eingegeben hat, sich unserer ›annehme‹ (vgl. Röm 8,26). Bei Luther heißt das so: »wenn einem solche wort gefallen vnd sich

38 AaO 100,21–22.
39 AaO 100,22–24.
40 AaO 100,31–32.
41 AaO 98,21–22.
42 AaO 102,23–26.

mit yhm rejmen, das er gewis wird, er sey ynn der gemeinschafft der heiligen, vnd hab allen heiligen gangen, wie es yhm gehet, weil sie ein liedlin alle mit yhm singen [...].«[43] Und das Schlusselement von Abschnitt VI, dass das Wort zu Gott »ym glauben geschehen mus, Denn einem Gottlosen menschen schmecken sie nichts«[44] ist die knappe Zusammenfassung von c. 31 Ende und 32.

Abschnitt VIIa: »Zu letzt ist ym Psalter die sicherheit vnd ein wol verwaret geleit, das man allen heiligen on fahr drinnen nachfolgen kann.«[45] »Zu letzt« meint hier buchstäblich den letzten Satz der *Epistula ad Marcellinum*, an den Luther sich wiederum hält.

Abschnitt VIIb: In der *Summa* bezeichnet Luther den Psalter als »einen feinen, hellen, reinen spiegel, der dir zeigen wird, was die Christenheit sey, ia du wirst auch dich selbs drinnen, vnd das rechte Gnotiseauton finden, dazu Gott selbs vnd alle Creaturn.«[46] Luther hat hierfür auf Athanasius c. 12 zurückgegriffen.

Aufgrund dieser – gewiss nur erst sehr kompakt mitgeteilten – Befunde halte ich es aber doch schon für unwiderleglich, dass die *Epistula ad Marcellinum* die Hauptquelle für Luthers Psaltervorrede von 1528 war. Es bleibt mancherlei zu tun, um ein noch schärferes Bild zu gewinnen, wie es sich mit dem Weg von Athanasius (über die handschriftliche Tradition, besonders des Codex Basiliensis gr. A III 4, und die lateinische Version Reuchlins) zu Luther und mit dessen Athanasius-Rezeption im Einzelnen verhält.

Es war vorhin davon die Rede, dass die *Epistula ad Marcellinum* in der alten Kirche eine singuläre Erscheinung ist. Es bleibt dabei ja noch die Frage, ob denn Athanasius in seinem Brief wirklich so allein dastand, wie es heute beinahe *opinio communis* ist. Ist denn der Alte, über dessen Psaltervortrag Athanasius berichtet, nur ein angeblicher Gewährsmann, eine lediglich literarische Figur, nur aus Gründen des literarischen Effektes in Prosopopöie erfunden? Kennen wir denn Athanasius, bei allem rhetori-

43 AaO 102,27–30.
44 AaO 102,31–32.
45 AaO 102,33–34.
46 AaO 104,5–9.

schen Geschick, das er zeigt, als einen Literaten, der mit solchem Mittel arbeitet? Gerade auch im Blick auf die *Vita Antonii* meine ich das verneinen zu müssen.[47] Mag man es übrigens so oder so sehen, Athanasius, der selber als Asket galt, zeigt sich in jedem Falle auch hier wieder im Konnex mit nicht ungebildeten Asketen, und damit meine ich weniger den Adressaten Marcellinus als diejenigen, von denen und mit denen ihm ein solches Psalterverständnis überkommen ist.

Durch Polizian waren wir auf den großen Mittelteil des Athanasius-Schreibens aufmerksam geworden; er ist relativ leicht abhebbar und fällt jedenfalls schon der Form nach ins Auge. In Hieronymus-Tradition heißt es, dass durch den *titulus* ein jeder Psalm verstanden wird. »*Quid est titulus nisi clavis?*«[48] Angesichts dessen ziehe ich in Erwägung, ob nicht Hieronymus in *De viris illustribus* 87, wo er von den Werken des Athanasius spricht, mit Blick auf die *Epistula ad Marcellinum* 15–26 und die dort gegebenen Schlüsselaussagen zu den einzelnen Psalmen doch dieses Athanasius-Schreiben als *De psalmorum titulis* bezeichnen konnte. Merkwürdigerweise nennt Hieronymus, *De viris illustribus* 99, für den Athanasiusfreund Serapion von Thmuis eine Schrift gleichen Titels, von der wir sonst nichts weiter wissen. Es legt sich mir bei meiner Auffassung der athanasianischen *Vita Antonii*, für die ich eine Vorlage des Serapion annehme, natürlich die Frage nahe, ob Athanasius eine Serapion-Schrift *De psalmorum titulis* verwendet hat, die Serapion dem verfolgten Athanasius als ein Stück Trostliteratur zugeschickt hatte, denn die Anspielungen auf persönliche Situationen des Athanasius passen als athanasianische Selbstaussagen nicht recht zu dem alexandrinischen Bischof.

Die Ausführungen des Alten in *Epistula ad Marcellinum* 2–14 und 27–33 werfen ihrerseits auch Probleme auf, denn sie berühren sich – es war schon davon die Rede – auffallend mit der Einführung des Basilius von Caesarea in seine Psalmen-Homilien. Unklar ist noch, ob es sich dabei um Abhängigkeit des Basilius von Athanasius handelt oder ob beide von einer gemeinsamen Quelle abhängen; wobei Basilius die ursprüngliche Tendenz möglicherweise reiner bewahrt als Athanasius, denn man kann ja sehen, wie Basilius die musikalische Seite des Psalmengesangs als Versüßung

47 Vgl. M. Tetz, Athanasius und die Vita Antonii (ZNW 73, 1982, 1–30).

48 Raeder (s. Anm. 24), 17 Anm. 47.

einer bitteren Medizin wohlwollend ins Auge fassen kann, während dergleichen für Athanasius nicht nur fernliegt, sondern von ihm sogar ausdrücklich ausgeschlossen wird. Ein Echo davon findet sich auch in Augustins *Confessiones* X, 33,50.

Was waren es für Kreise, aus denen Serapion stammte und in denen solche Auffassungen gepflegt werden konnten? Von Serapion wird angenommen, dass er, bevor er von Athanasius zum Bischof eingesetzt wurde, Leiter eines Mönchsverbandes in der Nitrischen Wüste gewesen ist. Das dortige Mönchtum ist eine Gründung des Amun, zu dem wie auch zu Serapion selber Athanasius anscheinend die besten Konnexe gehabt hat. Ein kaum beachtetes, recht aufschlussreiches Schreiben des jungen Bischofs Athanasius an Amun ist erhalten.

In der *Vita Antonii* des Athanasius ist Amun der einzige Mönchsvater, der außer Antonius ausführlicher genannt wird – wie ich meine – von Serapion und dann von Athanasius. Die bildungsfeindlichen, mit dem nitrischen Mönchtum konkurrierenden Mönche der südlicher gelegenen Sketischen Wüste, auf die die berühmten *Apophthegmata Patrum* zurückgehen, haben die Amun-Überlieferung sehr abschätzig behandelt, ja konstruiert. Amun wird dort z.B. von einem Mönchsvater belehrt, man solle sich in Mönchsgesprächen nicht an die gefährliche hl. Schrift, sondern an Väterworte halten (Apophth. Patr. 136). Man rechnete in der Sketis also mit einer sonderlichen Hochschätzung der hl. Schrift im nitrischen Mönchtum. Wir wissen durch einen für das Amts- und Mönchsverständnis des Athanasius außerordentlich wichtigen Brief an Dracontius, einen ehemaligen nitrischen Mönchsvorsteher, wie engagiert der alexandrinische Bischof die Besetzung des Bischofssitzes von Hermupolis parva wegen seiner Schlüsselposition betrieb, um von Alexandrien aus den Zugang vor allem zur Nitrischen Wüste offen zu halten. Da die dort lebenden Mönche am Ende des 4. Jahrhunderts von Bischof Theophilus von Alexandrien als Origenisten verfolgt und verdrängt wurden, sind sie auch dem Blick der Kirchengeschichtsschreibung weithin entrückt. Bei ihnen war aber anscheinend jene Spiritualität zu Hause, die einen Athanasius zu attrahieren vermochte und die, wie ich annehme, besonders die Konstellation in der *Vita Antonii* und in der *Epistula ad Marcellinum* wesentlich mitbestimmte.

Luther als Junker Jörg

Von Ute Mennecke

»Luther als Junker Jörg«: Der Titel[1] bezieht sich auf zweierlei. Zum einen ist er eine Kapitelüberschrift über einer Episode aus Luthers Lebensgeschichte, seinem zehnmonatigen Wartburgaufenthalt vom 4. Mai 1521 bis zum 1. März des folgenden Jahres. Zum andern bezieht er sich auf ein Cranach'sches Lutherporträt, das zum Abschluss dieser Zeit entstand.

Wenn ich diese in einem Porträt festgehaltene biographische Episode zum Gegenstand einer Untersuchung mache, dann befasse ich mich damit mit einem neuen, reformationsspezifischen Umgang mit dem Bild. Die Gattung des Porträts ist an und für sich besonders geeignet, die bildliche Darstellung einer bestimmten Person mit einer inhaltlichen Aussage zu verbinden. In der Reformationskunst wurde diese Möglichkeit besonders intensiv genutzt, um das Einstehen einer Person für ihre »Botschaft« darzustellen. Im Falle Luthers nun begegnet der einzigartige Fall, dass im Zeitabstand von nur wenigen Jahren, ja Monaten, mehrere Porträts ein- und derselben Person aus der Feder eines Künstlers entstanden, die jeweils versuchen, ein neues Verständnis – wohl auch Selbstverständnis – dieser Person (und ihrer Botschaft) festzuhalten.[2] Das Porträt Luthers als »Junker Jörg« gehört in diesen höchst interessanten ikonographischen Zusammenhang. Da nun gerade dieses Junker-Jörg-Porträt bislang weder von kunst- noch von kirchenhistorischer Seite die Aufmerksamkeit gefunden hat, die

1 Ausgearbeiteter Text meiner Antrittsvorlesung an der Evangelisch-Theologischen Fakultät der Rheinischen Friedrich-Wilhelms-Universität Bonn am 5.12.2007.

2 Vgl. M. Warnke, Cranachs Luther. Entwürfe für ein Image (Fischer-TB 3904), 1984.

ihm zusteht, möchte ich es genauer betrachten. Doch zunächst zum biographischen Hintergrund des Bildes.

I Historischer Hintergrund

Nachdem auf dem Wormser Reichstag entschieden war, dass Kaiser Karl V. die Reichsacht über Luther und seine Anhänger verhängen würde, hatte Luther vom Kaiser die Aufforderung erhalten, sich »von dannen [zu] machen«[3], und noch gnädig zwanzig Tage Geleit gewährt bekommen. Schon am Tag darauf – am 26. April 1521 – war er aufgebrochen. Erst ganz kurz vor seiner Abreise, am 25. April, hatte aber der sächsische Kurfürst Friedrich der Weise mit seinen Räten den Plan besprochen, Luther für unbestimmte Zeit in Sicherheitsverwahrung zu nehmen. Dieser Plan wurde ihm noch vor seinem Aufbruch durch kurfürstliche Räte (Ritter Friedrich von Thun, Philipp von Feilitzsch) und den Geheimsekretär Spalatin mitgeteilt.[4] So schreibt Luther dann von unterwegs aus Frankfurt am 28. April an seinen »Gevatter« Lucas Cranach[5]:

»Lieber Gevatter Lucas, ich segne und befehl euch Gott. Ich laß mich eintun [einsperren] und verbergen, weiß selbst noch nicht wo.«[6]

Knapp eine Woche später, am 4. Mai, als Luthers Reisetrupp (bei ihm war u.a. der Wittenberger Kollege Nikolaus von Amsdorf) wieder auf kursächsischem Territorium war, wurde es dann Ernst: Beim Erblicken der auf sie zukommenden Ritter schlug sich Luthers Reisebegleitung rechtzeitig ins Gebüsch. Nach einem »vorgetäuschten Überfall« wurde Luther selbst auf die nahegelegene Wartburg gebracht. Dort kam er offenbar noch am selben Tag spätabends an.[7] Am 12. Mai schreibt er in einem der ersten

3 Luther an Graf Albrecht von Mansfeld, Eisenach, 3. Mai 1521 (WAB 2; 327,225f).

4 Zur Planung von Luthers Wartburgaufenthalt vgl. I. Höss, Georg Spalatin (1484–1545). Ein Leben in der Zeit des Humanismus und der Reformation, [1956] 1989, 199–203; zu Spalatins Rolle während Luthers Wartburgaufenthalt vgl. weiter aaO 203–220.

5 Vgl. H.-G. Thümmel, »du rühmst immer deinen Mönch zu Wittenberg«. Lucas Cranach – Maler der Reformation, in: Luther und seine Freunde.. »...damit ich nicht allein wäre«. Wittenberger Sonntagsvorlesungen, hg. v. Evangelische Predigerseminar, 1998, 28–55: »Bereits 1520 wurde Luther Taufpate bei Cranachs« (aaO 29).

6 WAB 2; 305,65.

7 Bericht im Brief an Spalatin vom 14. Mai 1521 (WAB 2; 338,51).

Briefe von der Wartburg an den Weggenossen des ersten Teils dieser dramatischen Reise, Nikolaus von Amsdorf: »An dem Tag, an dem ich von dir fortgerissen wurde, gelangte ich fast zur elften Stunde, im Dunkeln, zu meinem Nachtquartier, durch den langen Weg als ein ungeübter Reiter [novus eques] erschöpft«.[8]

Luther als »novus eques«: Dieses ist auch die Geburtsstunde des »Junker Jörg«[9]. Denn zunächst einmal erschien es als vordringlich, Luthers Identität zu verbergen. Dazu musste er sein Äußeres verändern: Wie, das schreibt er zwei Tage später im ersten Brief an Spalatin: »So wurden mir

8 Stationen der Reise waren nach demselben Brief Hersfeld und Eisenach, wo Luther jeweils predigte. Luther zog zu seinen Verwandten in Möhra, dann Richtung Waltershausen/Gotha; bei Schloß Altenstein fand die Gefangennahme statt. Zum Itinerar vgl. J. Köstlin, Luthers Leben, [6]1888, 263.

9 Die Herkunft dieses Pseudonyms ist offenbar nicht eindeutig geklärt. In Luthers Wartburgkorrespondenz begegnet es nicht. Auf seinem frühen Lebensweg gibt es aber zahlreiche Berührungen mit der Figur des Hl. Georg. Denn dieser war als Schutzpatron der Mansfelder Grafen auch der Patron der dortigen Pfarrkirche, in der Luther als Ministrant diente, und der Pfarrschule, die er von 1491 bis 1496 (1497?) besuchte. Eine lebensgroße Figur des Hl. Georg trägt die Kanzel der Georgskirche. Vgl. die Sage von Schloß Mansfeld in L. Bechstein, Deutsches Sagenbuch, 1853, ND 2003, Nr. 414: »Die Sage geht, daß auf der Stätte, darauf Schloß Mansfeld sich erhob, jener Lindwurm hauste, und zwar in einem ungeheuerlichen Lindenwalde, den der Ritter St. Georg erlegte. Der Berg heißt noch bis heute der Lindberg, und St. Georg wurde als der Grafschaft Mansfeld Schutzpatron gar eifrig verehrt und sein Bild, den Lindwurm erlegend, zu Roß und zu Fuß auf die mansfeldischen Münzen geprägt, nicht minder war ihm die Kirche des Städtleins Mansfeld geweiht. Ja die Einwohnerschaft ehrte diesen Heiligen so hoch, daß sie ihn für einen Grafen und Herrn von Mansfeld hielt und überall sein Bildnis, selbst in Fensterscheiben und an Öfen, wie an Gebäuden, Säulen und Brücken, anbringen ließ.« St. Georg ist auch der Schutzpatron der Kirche und Pfarrschule in Eisenach, die Luther anschließend von 1497 bis 1501 besuchte. – Luther könnte sich selbst das Pseudonym »Georg« gewählt haben, einerseits aufgrund dieser biographischer Reminiszenzen, andererseits aber auch, weil er sich, den Mansfelder »Ritter«, der das Papsttum angegriffen hatte, als neuen »Drachentöter« verstehen konnte. WAT 1, Nr. 1220 überliefert eine allegorische Deutung Luthers, in der die bedrängte Jungfrau als die *politia* verstanden wird, die durch den Drachen – Satan – bedroht wird, »donec veniat aliquis caesar sanctus, qui eam restituat«. Unschwer könnte man dieses Verständnis auch auf die *ecclesia* beziehen. Der Hinweis auf die Tischrede bei: M. Brecht, Martin Luther. Bd. 1: Sein Weg zur Reformation 1483–1521, [3]1990, 22.

dann meine Kleider abgenommen, und ritterliche habe ich angelegt, und Haupthaar und Bart lasse ich wachsen [lat.: comam et barbam nutriens], so dass du mich schwerlich erkennen würdest, da ich selbst mich schon längst nicht mehr kenne [...].«[10]

Der Mönch und Priester Luther sollte also durch die ritterliche Verkleidung unkenntlich gemacht werden. Das wird, sofern es den Haarwuchs betrifft, seine Zeit gebraucht haben, und so wurde Luther dann auch in den ersten Wochen seines Wartburgaufenthaltes ziemlich streng isoliert, bis man ihm als vollendetem »Junker Jörg« wieder eine gewisse Freizügigkeit gewähren konnte.[11] Anfang Dezember war Luther auch für wenige Tage incognito in Wittenberg.

II Das Cranachporträt

Möglicherweise schon im Dezember 1521 hat Cranach anlässlich dieses Wittenberger Zwischenstopps eine Handzeichnung von Luther angelegt,[12]

10 Luther an Spalatin, 14. Mai 1521 (WAB 2; 338,61).

11 Er konnte sich dann in der Umgebung der Burg freier bewegen und war auch mindestens einmal an einer zweitägigen Jagd beteiligt, von der er zwiespältige Eindrücke an Spalatin weitergibt – denn die Figur des Jägers hat für ihn allegorische Bedeutung als Verfolger unschuldigen Lebens (vgl. Brief vom 15. Aug. 1521: WAB 2; 380,56–65). Zudem war die Teilnahme an einer Jagd einem Ordensmann untersagt.

12 Nach Matthäus Ratzebergers Chronik sei Luther »in der ungewonlichen gestalt« als Junker bei Justus Jonas eingekehrt; »da wardt er von seinen besten freunden nicht erkant, biß er sich Ihnen an seiner rede zu erkennen gab, [...] Also ließ auch D. Jonas Meister Lucas Malern holen, einen fremden Junckern abzumalen, Meister Lucas fragete Ihn, ob er das Contrafait von Oel oder wasserfarben zurichten sollte, und Juncker George antworten musste, wardt er In dieser unkentlichen gestalt An der rede von meister Lucas auch erkant« (Die handschriftliche Geschichte Ratzebergers über Luther und seine Zeit, mit literarischen, kritischen und historischen Anmerkungen zum ersten Male hg. v. J. Ch. G. Neudecker, 1850, 57). Die Aussage wurde so verstanden, als ob dies anlässlich des Wittenberger Zwischenaufenthalts im Dezember geschehen sei. Ratzeberger berichtet aber nur von einem »verkleideten« Auftritt Luthers bei seiner endgültigen Rückkehr nach Wittenberg. Der sehr authentische, älteste Wittenberger Bericht von Luthers Aufenthalt in der Stadt, der vermutlich Ratzebergers Bericht auch zugrunde liegt, stammt von einem Ambrosius Wilken, Priester und u.a. Kaplan der Wittenberger Bäckerbruderschaft. Er berichtet, dass der selbst von seinen Freunden nicht wiedererkannte Luther in Wittenberg ›seine Possen trieb‹: er »war zu einem goldtschmidt kumen vnd hett ein

wahrscheinlich aber doch erst im März 1522 den Holzschnitt – vermutlich nach einer handgezeichneten Vorlage – ausgeführt,[13] als dieser von seinem »Pathmos«[14] endgültig nach Wittenberg zurückgekommen war. Gemäß der diesem Holzschnitt im Original beigegebenen Titelzeile zeigt er Luthers äußeres Erscheinungsbild – *habitus* – bei seiner Rückkehr von der Wartburg.[15] Es scheint mit diesem *habitus* eine besondere Bewandtnis zu haben.

Schauen wir uns daraufhin dieses Portrait genauer an, ein Dreiviertelprofil (Abb. 1). Durchgearbeitet ist an diesem Portrait vor allem der Kopf; man sieht einen Mann, dem tatsächlich Haupt- und Barthaare so lang gewachsen sind, dass sie sich kringeln; vor allem der sich teilende, mächtige Oberlippenbart fällt ins Auge. Der letzte Besuch des Barbiers liegt offensichtlich schon eine Weile zurück. Ausgearbeitet ist auch die Augen- und die Mundpartie. Die Nacken- und Schulterlinie erscheint hingegen

guelden ketten verdingt etc., So den zu lucas maller ein taffel etc.« (Zeitung aus Wittenberg, [1522 bald nach Januar 6], in: N. Müller, Die Wittenberger Bewegung 1521 und 1522. Die Vorgänge in und um Wittenberg während Luthers Wartburgaufenthalt. Briefe, Akten u. dgl. und Personalien, [2]1911, 159). Zu diesem Bericht vgl. auch Anm. 23. – Auf Ratzebergers Schilderung geht auch die Vorstellung zurück, Cranach habe zuerst ein Ölbild von Luther angefertigt; vgl. H. Bornkamm, Martin Luther in der Mitte seines Lebens. Das Jahrzehnt zwischen dem Wormser und dem Augsburger Reichstag. Aus dem Nachlass hg. v. K. Bornkamm, 1979, 44f: »Wir verdanken es seinem Ölbilde und den danach gefertigten Holzschnitt, dass wir uns den Luther der Wartburgzeit lebendig vor Augen stellen können«. Die Reihenfolge Ölbild-Holzschnitt ist entstehungsgeschichtlich aber ganz unwahrscheinlich.

13 Die zu diesem Holzschnitt vermutlich angefertigte Vorlage ist verloren; vgl. D. Koepplin/T. Falk, Lukas Cranach. Gemälde, Zeichnungen, Druckgraphik, Bd. 1, 1974, Kat. Nr. 42 / Abb. 38, 98 (Ex. der Bamberger Staatsbibliothek).

14 Mit »Ex insula pathmos« bezeichnet Luther nur einmal, im Brief vom 10. Juni 1521 an Spalatin, nach Apk 1,9 seinen Aufenthaltsort auf der Wartburg (WAB 2; 355,37f). Spalatin griff dies auf. Unter die Adresse von Luthers Brief an ihn vom 17. September 1521 (WAB 2; 391,2) trug er ein: »Doct. M. L. theologos ex tou pathmou MDXXI.«, und unter der Adresse von Luthers Brief an Kurfürst Friedrich vom 12. 3. 1522 (WAB 2; 467,6f): »Do doctor Martinus wider auß seiner Patmo kommen ist. 1522.«

15 Kopfzeile: »Imago Martini Lutheri, eo habitu expressa, quo reversus est ex Pathmo Vittenbergam. Anno Domini. 1522. [Das Bildnis Martin Luthers, das wiedergibt, wie er aussah, als er aus seinem Pathmos nach Wittenberg zurückgekehrt war. Im Jahre des Herrn 1522.]«

wenig ausgearbeitet, unanatomisch weich. Auch die Bekleidung ist nur angedeutet;[16] ein identifizierbares Kleidungsstück, etwa ein ritterliches Wams, soll nach meinem Eindruck nicht gezeigt werden. Der Hintergrund besteht aus Himmel mit der Andeutung von ein paar Wölkchen.[17]

Abb. 1

Die Bezeichnung »Luther als Junker Jörg« trifft diese Darstellung des Reformators kaum. Denn ritterliche Accessoires sind hier gerade nicht zu erkennen, und auch das wilde Kopf- und Barthaar ist nicht charakteristisch für den ritterlichen Stand.[18] Auch ein Bauer könnte so aussehen. Machen wir die Gegenprobe: Wie hätte Cranach den Ritter Luther darstellen können, wenn er beabsichtigt hätte, »Luther als Ritter« darzustellen?

Es gibt nun tatsächlich eine Beschreibung Luthers in seiner ritterlichen Kleidung, wie er auf seiner Rückkehr von der Wartburg nach Wittenberg, in Jena im Schwarzen Bären Station machend, von dem St. Gallener Studenten Johann Kessler und seinem Gefährten beobachtet und dann erkannt wurde:

»Da funden wir ainen man bey dem tisch allain sitzend und an buochli vor im ligend. Der gruotzet uns fruntlich, hieß uns herfur zuo im an den

16 Anders KOEPPLIN (wie Anm. 13): »Der bärtige Kopf des ritterlichen Luther wurde von Cranach so massiv angelegt und kräftig durchgezeichnet, das Wams so schmissig angegeben, dass das Bild Respekt einflößen sollte«.

17 Vgl. dazu die Interpretation von KOEPPLIN (wie Anm. 13), der zunächst Jahn zitiert: »›Cranach hatte wohl das Gefühl, dass der offene Himmelsraum diesem mächtigen Haupt besonders gemäß sei‹ (Jahn) – einem kämpferischen, reisigen, ritterlichen Mann, kann man präzisieren […]«.

18 Nach Ratzebergers Bericht habe sich Luther vor seinem Verlassen der Wartburg noch einmal das ausgewachsene Haupt- und Barthaar stutzen lassen (RATZEBERGER [s. Anm. 12], 55), um ein gepflegtes Äußeres aufzuweisen.

tisch sitzen [...Wir] vermeintend aber nitt anderst, dan es were an ruter, so er nach lands gewonhait da saß in einem roten schlepli, in bloßen haßosen und wammes, an schwärt an der siten, mitt der rechten Hand uff des schwerts knopff, mit der anderen das hefft umbfangen [...]«.[19] Beim Aufstehen warf er sich dann seinen »waffenrock« über die Schulter.

Was hier beschrieben wird, ist wirklich eine Art Verkleidung des Augustinermönchs als Ritter, allerdings ohne Erwähnung des Barts, vielleicht weil er nicht auffiel, oder weil er schon wieder ab war.

Es gibt aber noch zwei weitere Beschreibungen einer Person »in weltlichen Kleidern« und mit Bart, in der man Luther erkannte, als er Anfang Dezember 1521 nach Wittenberg und wieder zurück auf die Wartburg unterwegs war. Eine Beschreibung aus Leipzig, durch das er zweimal, auf der Hin- und Rückreise, kam, erwähnt ebenfalls die rote Kopfbedeckung. Der Gastwirt Johannes Wagner, vom Rat befragt, der im Auftrag des Herzogs Nachforschungen nach Luthers Aufenthaltsort anstellen sollte, berichtete:

> Es sey wol in vigilia Barbara [3.12.1521] zu mittag eyn reytender mit eynem Knechte in grauen reuterskleydern in seyn haus kommen, [...] derselbig hab eyn bart gehabt und ein rot birretlein, wie itzo gewonlich, under dem hute, dasselbig birret hab er nicht wollen abethun, sundern fest aufgezogen und, als er weg wollen ziehen, hab er die reuterskappe im stalle angethan, sey also nach gehaltener malzeit wider weggeritten.

Derselbe Reiter sei »ungeferlich uber acht tage« mit demselben Knecht noch einmal zu einer Mittagsmahlzeit vorbeigekommen.[20]

Dass der Reiter sein Barrett nicht abnehmen wollte, erwähnt der Gastwirt offensichtlich, um zu betonen, dass er nicht habe sehen können, ob der vermeintliche Reitersmann eine Tonsur trug oder nicht. Er wurde ja verdächtigt, wissentlich Luther beherbergt und sich damit strafbar gemacht zu haben. In Leipzig konnte man wohl nicht wissen, dass Luthers Tonsur inzwischen längst ausgewachsen war.

19 E. Groetzinger (Hg.), Johann Kesslers Sabbata (in: Mitteilungen zur vaterländischen Geschichte, hg. vom historischen Verein St. Gallen 5, 1866), 145.151. – Vgl. M. Brecht, Martin Luther. Bd. 2: Ordnung und Abgrenzung der Reformation, 1986, 50.

20 F. Gess (Hg.), Akten und Briefe zur Kirchenpolitik Herzog Georgs von Sachsen. Bd. 1, 1517–1524, 1905, Nr. 302 (Rat zu Leipzig an die Herzöge von Kursachsen v. 16. Februar 1522), 273.

Die beide Male unabhängig voneinander erwähnte rote Kopfbedeckung – als »Schlepli« bzw. Birett bezeichnet[21] – wäre jedenfalls auch auf Cranachs Porträt geeignet gewesen, Luther als Ritter verkleidet darzustellen.[22]

Eine dritte Beschreibung Luthers stammt aus einem Bericht über die Wittenberger Ereignisse, »wie es Anno 1521 vnd 22, als Lutherus in Pathmo war vnd Carlstatt anfieng zu stürmen, sey zugangen«, die vermutlich Ambrosius Wilken, Kaplan der Antoniusbruderschaft, bald nach dem 6. Januar 1522 niederschrieb:

> Doctor Martin ist im Aduent letzt drey tag heymlich zu Wittenberg gewest, wie ein Edelman in einem Wappen Rock, hat eben ein dicken partt vber all sein mundt vnd wange, das in erstlich seine allergehammeste freundt nicht kandt haben; war zu einem Goldtschmidt kumen vnd hett ein gülden ketten verdingt etc., So denn zu lucas maller ein taffel etc., also sein bossen getriben [...].[23]

21 Zu den erwähnten Kopfbedeckungen vgl. H.-F. Foltin, Die Kopfbedeckungen und ihre Bezeichnungen im Deutschen (Beiträge zur deutschen Philologie 26), 1963; zu Barett/Birett: aaO 59.79f.159f; zu Schlappe, Schleppe, Schlibb: aaO 255f. Danach ist Birett zu dieser Zeit noch als gleichbedeutend mit Barett anzusehen; erst im 17. Jahrhundert wird es speziell zur vierkantigen, mit Knopf verzierten liturgischen Kopfbedeckung der Priester. Das Barett war meist aus Samt und oft kostbar verziert; vermögenden Leuten vorbehalten, den niederen Ständen sogar ausdrücklich untersagt. Erst zum Ende des 16. Jahrhunderts wird es zur Amtstracht von Professoren, Doktoren, Richtern und Räten. »Schlappe« ist im 16. Jahrhundert als Bezeichnung für Barett allgemein gebräuchlich, naheliegend wohl, wenn dieses eine besonders voluminöse Form hatte. Seine Farbe war meist schwarz, grau oder braun. Das als Junker Jörgs Kopfbedeckung beschriebene rote Barett ist vermutlich als auffälligere und kostbarere Variante anzusprechen. Vgl. E. Nienholdt, Kostümkunde. Ein Handbuch für Sammler und Liebhaber (Bibliothek für Kunst- und Antiquitätenfreunde 15), 1963, 45.37, die Beschreibung und Abbildung eines aus der 1. Hälfte des 16. Jahrhunderts erhaltenen Baretts, das aus roter Wolle gestrickt ist, mit flachem Kopf und breiter Krempe, die mit kleinen roten Seidenschleifen besetzt ist, als Bestandteil der Tracht eines Adligen. – Für weiterführende Literaturhinweise danke ich Elke Brüggen, Bonn.

22 Ratzeberger erwähnt in seiner Chronik überdies eine »guldene kette«, mit der ihn der Hauptmann von Berlepsch zusätzlich zu »reitt Rock«, »schwert« und Reitknecht ausgestattet habe, damit man ihn »fur einen Juncker ansahe«. Der Reitknecht habe ihn angewiesen »wie er sich in den Herbergen uff Adelisch mit geberden Bardtstreichen und Vorsehung der Wehre halte sollte« (Ratzeberger [s. Anm. 12], 56).

23 Müller (s. Anm. 12), Nr. 68, 159. Über den von Müller ermittelten Verfasser vgl. aaO 151 Anm. 3. Er besitzt offenkundig Informationen aus allererster Hand. Leider erfährt man

Auf Cranachs Porträt-Stich ist, das macht der Vergleich mit den erstaunlich zahlreich überlieferten Beschreibungen besonders deutlich, konsequent auf jedes die personale Identität verhüllende Attribut, etwa eine auffällige Kopfbedeckung, verzichtet, beziehungsweise auch auf jegliches Attribut, das eine ständische oder berufliche Festlegung erlaubt. Am meisten Ähnlichkeit weist Cranachs Holzschnitt mit dieser letzteren Wittenberger Beschreibung auf, die besonders den wuchernden Bart betont.

Wenn man dieses Porträt mit dem ersten Porträtstich Cranachs von 1520 vergleicht, der Martin Luther als Augustinermönch zeigt (Abb. 2), wird zunächst einmal nur deutlich: Luther ist hier als eine *weltliche Person* dargestellt. Diese Aussage« entspricht genau der Art und Weise, wie zu jenem Zeitpunkt nicht nur Luther in Leipzig, sondern auch andere aus dem Kloster ausgetretene Mönche in der Öffentlichkeit wahrgenommen wurden: als Personen »in weltlichen Kleidern«. Sie haben »den habit oder die kleidunge yres ordens von sich geleget, die platten vorwachsen lassen und ziehen von eim ort zu dem andern«.[24]

Cranach war allerdings auch schon bei seinem zweiten, vermutlich vor Luthers Abreise zum Wormser Reichstag am 2. April 1521 entstandenen, Lutherprofil (Abb. 3)[25] von seiner Darstellung Luthers als des vergeistigten Mönchs nicht unwesentlich abgerückt. Dort ist der obere Teil der Mönchskutte sichtbar, aber von dem mächtigen Doktorhut wird die (vorhandene) Tonsur fast ganz verdeckt. Luther ist eher der theologische Gelehrte, aber

nichts über den Empfänger des Berichts. Die offensichtlich nachträgliche Überschrift erfolgte möglicherweise – wegen der Erwähnung von Luthers Aufenthalt »in Pathmo« – durch Spalatin. – Vgl. außerdem noch die »Newe tzeitung«, die Thomas von der Heyde in Dresden zwischen 1. und 19. Januar 1522 an Herzog Georg von Sachsen schickte: »Martin Lutter hat die kappe außgetzogen, die platt vorwachssen lassen, eyn langen bart getzogen, geht jn gantz wertlichen kleydern, reyt mit dreyen pferden jm harnisch, jst kurtzlich alßo zu wittenbergk gewesen; solhes haben mir glaubhafft Edel vnd andre leut, die yn alßo geßehn, fur gantze warheit angesaget« (aaO Nr. 73, 170).

24 Gess (s. Anm. 20), Nr. 299, 270f.

25 Kat. Basel 1 (s. Anm. 12), Nr. 38, Abb. 34, S. 93/95. Vgl. auch M. Warnke (s. Anm. 2), 45 zu diesem Bildnis in der Tradition italienischer Profilbildnisse: »Im Jahre 1521 musste es noch auffallen, dass Cranach das Bildnis Luthers durch das Profil in eine Reihe mit der hohen Prominenz des Reiches stellte. Der Reformator war von der geistlichen Sphäre in die politisch-staatliche entrückt«. Außerdem sei zu beobachten, dass Cranach das Profilbildnis Luthers mit Versatzstücken der Heroenphysiognomie ausstattet (vgl. aaO 49).

Abb. 2

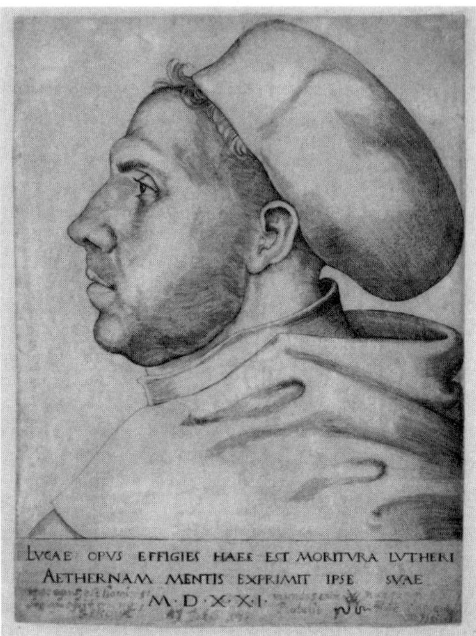

Abb. 3

es besteht doch kein Zweifel, dass er auch Mönch ist. Hier hingegen nun die offen gezeigte ausgewachsene Tonsur, und der unmöglich zu verbergende Bart.

III Der Priesterbart

Luther hat offensichtlich nie wieder in seinem Leben einen Bart getragen, jedenfalls zeigen ihn alle späteren Porträts zwar mit vollem Haupthaar, aber rasiert.[26] Dass er ihn also offensichtlich nicht freiwillig getragen hat,

26 Vgl. Kat. Basel (s. Anm. 12), 100, Nr. 43 u. Abb. 39: Lukas Cranach d. Ä., Martin Luther als Augustinermönch mit Doktorhut. Das Ölbild zeigt Luther mit schwarzem Doktorhut und offensichtlich ausgewachsener Tonsur, doch bartlos, und in der Kutte. Die Herausgeber datieren es auf »um 1520 oder wenig später«, vermutlich vor dem »Junker Jörg«-

verstärkt beim heutigen Betrachter den Eindruck, dass er als Teil der ihm vorübergehend auferlegten Maskerade gesehen werden soll. Freilich haben Cranachs Zeitgenossen diesen Bart höchstwahrscheinlich ganz anders gesehen, und sollten dies auch. Denn sie wussten, was uns heute nicht mehr so selbstverständlich bekannt ist, dass für Mönche und Kleriker nicht nur die Tonsur, d.h. eine Rasur des Haupthaares, die einen Haarkranz stehen lässt, vorgeschrieben war, sondern auch die Rasur des Bartes. Zumindest in der westlichen Kirche hatte sich nämlich – zusammen mit der Tonsur – für den Mönch und den Kleriker auch das Verbot durchgesetzt, einen Bart zu tragen bzw. wachsen zu lassen. Und wie alle solche »Äußerlichkeiten« hatte auch diese im Mittelalter ihre geistlich-symbolische Bedeutung.

Wie war es zu diesem Bartverbot gekommen? Die Kulturgeschichte des Bartes und seiner Bedeutung ist kompliziert, variantenreich und widersprüchlich, sie ist auch ein Ausdruck der Abfolge von Moden. Grundsätzlich gilt allerdings, dass der Bart zur geschlechtlichen Identität des Mannes gehört, auch von den Kirchenvätern als ein Schmuck der Männlichkeit, Symbol der Manneskraft und Zeichen der Stärke verstanden wurde.[27] Den Bart zu tragen, war sozusagen das Normale, demgegenüber das Abnehmen des Bartes eher Schnittstellen, Umbrüche im Leben des Mannes markierte oder aber auch, wenn es nicht freiwillig geschah, gewaltsame Verletzung, Demütigung eines Menschen bedeutete.[28]

Stich, doch eine Datierung bis Dezember 1524 (endgültiges Ablegen des Ordensgewandes) scheine möglich. Da Luther aber vor dem Reichstag zu Worms die Tonsur nicht hatte auswachsen lassen, dürfte das Bild eher Luther darstellen, wie er nach seiner Rückkehr von der Wartburg sein Wittenberger Amt wieder angetreten hatte. – Ein weiteres Bildnis Martin Luthers als Augustinermönch aus der Cranach-Werkstatt zeigt Luther ebenfalls »in der Periode nach dem Wartburg-Aufenthalt, noch in der Mönchskutte, aber ohne Tonsur«. Das ist in diesem Fall eindeutig und soll wohl auch gesehen werden, weil Luther keinen Doktorhut trägt. Vgl. Martin Luther. Sein Leben in Bildern und Texten, hg. v. G. Bott/G. Ebeling/B. Moeller, 1983, 209, Nr. 176.

27 Vgl z.B. Clemens Alexandrinus, Paed. 3,3,15, in: Ders., Werke Bd. 1, hg. v. O. Stählin, (GCS 12), ³1972; übers. v. O. Stählin in: Des Clemens von Alexandrien ausgewählte Schriften. Bd. 1 (BKV 2. Reihe, Bd. 7), 1934, 299: die Sitte, sich den Bart, »die Zierde des Mannes«, total entfernen zu lassen, wird von ihm als weibisch und lasterhaft verurteilt.

28 Vgl. B. Kötting, Art. Haar (RAC 13, 1986, 193–203); H. Leclercq, Art. Barbe (Dictionn-

Die Ostkirche hat diese Sichtweise, dass der Bart das Normale und ein Schmuck des Mannes sei, auch für die Geistlichen beibehalten und sich dafür auf alttestamentliche Bibelstellen wie Lev 19,27, »Ihr sollt euer Haar am Haupt nicht rundherum abschneiden, noch euren Bart gar abscheren«, berufen können.[29]

Es gibt aber auch die Tradition der Bartlosigkeit.[30] Denn ist der Bart das Zeichen der Mannesreife und Männlichkeit, so auch des Alterns und insofern Ausweis des Patriarchen, der Respekts- und Autoritätsperson. Die knabenhafte Bartlosigkeit ist hingegen Zeichen der Jugend, der noch nicht eingetretenen Geschlechtsreife, und sie erinnert an den bartlosen Gott Apollo. Die antiken Götter waren bartlos. Alexander der Große, der meinte, von den Göttern abzustammen, war es, der zur Bartlosigkeit überging und damit die bartlose Phase der griechisch-römischen Antike inaugurierte.[31] Alexanders Ablegen des Bartes lässt sich verstehen als Ausdruck seines Wunsches nach ewiger göttergleicher Jugend, seiner erstrebten Apotheose.[32]

In Rom hat sich im 3. Jahrhundert v. Chr., ausgehend vom griechischen Sizilien, die Praxis der regelmäßigen Bartrasur als Ausdruck des freien, zivilisierten Mannes durchgesetzt, gegenüber dem bärtigen Unfreien und den bärtigen »Barbaren«.[33] Dass die Germanen Bärte trugen, zeigt z. B. noch eine Stammesbezeichnung wie die der Langobarden.

Vermutlich wurde aus diesem zweifachen Grund auch im (west-)römischen Bereich die Bartlosigkeit des Klerus in Analogie zum freien Römer

aire d'Archéologie Chretienne 2/1, 478–493); H. Hundsbichler, Art. Bart (LMA 1, 1980, 1490f).

29 Vgl. V. Thalhofer, Ueber den Bart des Geistlichen (in: Archiv für katholisches Kirchenrecht 10, 1863, 93–109); P. Hofmeister, Der Streit um des Priesters Bart (ZKG 62, 1943/44, 72–94), hier bes. 73.

30 Freilich, so muss man wohl sagen, mit gewissen technisch bedingten Risiken und Mühsalen behaftet. Sicher war es leichter, den Bart wachsen zu lassen, als ihn zu entfernen. So ist »Bartlosigkeit« in Antike und Mittelalter als etwas Relatives zu verstehen, weil tägliche Rasur nicht möglich war.

31 Vgl. Hofmeister (s. Anm. 29), 74; Thalhofer (s. Anm. 29), 94.

32 Zu Alexander vgl. Kötting (s. Anm. 28), 191; zur Nachahmung Alexanders bei römischen Kaisern vgl. aaO 194.

33 Ebd.

zur Regel. Eine biblische Orientierung hatte man immerhin für die christliche Haartracht durch des Apostel Paulus Hinweis (1Kor 11,14): »Ist es nicht eine Schande für den Mann, wenn er sich die Haare wachsen lässt?« Zum Bart sagt er nichts, aber es lässt sich vermuten, dass auch dieser gemäß römischer Sitte analog zum Haar relativ kurz gestutzt getragen werden sollte. In der christlichen Gemeinde wurden also die Sitten der Umwelt übernommen. In Anknüpfung daran bezog schon im 2. Jahrhundert Papst Anicetus von Rom diese Forderung auf den Klerus: dass der Klerus das Haar nicht wachsen lassen soll, gemäß der Vorschrift des Apostels – »ut clerus comam non nutriret, secundum praeceptum apostoli«[34].

Den ersten ausdrücklichen Beleg dafür, dass sich auch die Bartlosigkeit im Klerus, anders als bei den Asketen, tatsächlich in Rom durchgesetzt hat, gibt eine Äußerung des Hieronymus aus der Zeit um 400 n. Chr. Er schilt den zunächst als Mönch asketisch lebenden Jovinian, der sein Kloster verlassen hatte, nach Rom gekommen und Kleriker geworden war, dafür heftig: »Obgleich du deinen Bart rasiert hast, wirst du unter die Böcke gezählt werden!«[35]

Ausdrückliche kirchenrechtliche Regelungen den Bart betreffend finden sich dann im Lauf des 5. Jahrhunderts.[36] Die älteste diesbezügliche Vorschrift ist can.25 der *Statuta ecclesiae antiqua* (um 475, zw. 442 und 506): »clerus nec comam nutriat nec barbam radat« – der Klerus soll sich weder das Haar lang wachsen lassen noch den Bart rasieren. Also: zugeschnittenes Haar und langer Bart für den Klerus. Ein solches Verbot der Bartrasur, das an sich der westlichen Praxis widerspricht, findet sich auch in der syrischen *Didaskalia* und in den Apostolischen Konstitutionen, die ostkirchlichen Ursprungs sind. Als Kanon 44 wurde die Anweisung dem 4. Konzil von Karthago von 436 (nachträglich) zugeschrieben.[37] Die letzten Worte

34 L. Duchesne (Hg.), Liber pontificalis. Texte, Introduction et Commentaire I, 1955, 134; vgl. III, 73.

35 Hieronymus, Adversus Jovinianum II,21 (PL 23, 330A): »velis nolis, quanquam barbam raseris, inter hircos numeraberis.«

36 Zum Folgenden vgl. R. B. C. Huygens/G. Constable, Einleitung zu: Burchardi, ut videtur, Abbatis Bellevallis Apologia de Barbis, hg. von dens. (CChr Continutatio Medievalis LXII), 1985, 46–150, bes. 103 (The Clergy).

37 Ein ähnliches Schicksal hatte der 3. Kanon des 1. Konzils von Barcelona 540; vgl. Huygens/Constable (s. Anm. 36), 105–108.

des Kanons, »nec barbam radat«, wurden allerdings in der frühmittelalterlichen Textüberlieferung verändert. Man änderte das »nec« in ein »sed«, oder man ließ das letzte Wort einfach fort. So kam das Gegenteil der ursprünglichen Aussage heraus: die westkirchliche Forderung »Clerus non nutriat comam et barbam«.[38] In dieser Gestalt begegnet der Kanon schließlich auch in den Dekretalen Gregors IX. (1227–1241) und wanderte von dort ins *Corpus iuris canonici.* Auch andere *Canones,* die ursprünglich nur das Wachsenlassen der Haare verboten, wurden ausdrücklich auf den Bart ausgedehnt.[39]

Pastorale Anweisungen für das Leben des Klerus bzw. von Mönchen zeigen den Sinn solcher Regelungen auf. Hieronymus macht in seinem Hesekiel-Kommentar in der Auslegung von Hes 44,20 deutlich, dass die Forderung an die Priester, sich die Haare kurz zuzuschneiden, den christlichen Klerus unverwechselbar von anderen gesellschaftlichen und religiösen Gruppierungen abheben sollte: »[Die Priester] sollen nicht mit geschorenem Kopf herumlaufen wie die Priester und die Verehrer der Isis und des Serapis, aber wiederum auch nicht mit langen Haaren, so wie den Unzüchtigen, den Barbaren und den Soldaten eigentümlich ist, sondern so, dass die ehrwürdige Erscheinung des Priesters auch im Gesicht gezeigt wird«. D.h. sie sollen es so wachsen lassen, dass die Haut bedeckt ist.[40] Der asketisch lebende Papst Gregor der Große (590–604) gibt in seiner für den Klerus gedachten *Regula pastoralis* ebenfalls Hes 44,20 als Regel für die Haupthaare an: Die Priester sollen ihr Haupt nicht kahl scheren, noch sich das Haar wachsen lassen, sondern sich die Haare nur zuschneiden.[41] Dieses

38 Mansi III, 955A .

39 Kanon 20 des 1. Konzils von Agde (506) »Clerici qui comam nutriunt, ab archidiacono, etiam si noluerint, inviti detundantur«. Von Papst Alexander III. wurde dies auf den Bart ausgedehnt, und so wurde der Kanon unter den Dekretalen Gregors IX. ins Corpus iuris canonici (II,450) aufgenommen. – Kanon 17, Rom 721: » si quis ex clericis relaxaverit comam, anathema sit.« In Kanon 8 Rom 743 auf Mönche ausgedehnt: »Si quis clericus aut monachus…«, auch ausgedehnt auf Bärte.

40 Hieronymus, In Ez. 44,20 (PL 25,437): »nec rasis capitibus, sicut sacerdotes, cultoresque Isidis atque Serapidis nos esse debere: nec rursum comam demittere, quod proprie luxoriosum est, barbarorumque et militantium; sed ut honestus habitus sacerdotum facie demonstretur […].« Das bedeutet praktisch: »in tantum capillos dimittendos, ut operta sit cutis.« – Vgl. Kötting (s. Anm. 28), 199.

41 S. Gregorii Papae cognomine magni Regulae pastoralis seu Curae Pastoralis Liber. Ex

Gebot, die Haare kurz zu tragen, erfährt sodann bei ihm eine allegorische Interpretation: »Die Haupthaare aber sind die auf das Äußere gerichteten Gedanken, [...] und so deuten sie die Sorgen für das zeitliche Leben an«. Sorgen um das äußere Leben sind einerseits für die, denen das Leben von Untergebenen anvertraut ist, notwendig, andererseits darf man ihnen aber auch nicht allzu sehr nachgeben; deshalb gilt es, sie im Zaum zu halten, so wie die Haare »zuzuschneiden« sind.[42] Es lässt sich vorstellen, dass in diese Forderung des Zuschneidens auch der Bart einbezogen wurde.

Während Gregor mit der spezifischen Haartracht des Klerikers das richtige, ausgewogene Maß von nicht zu viel und nicht zu wenig irdischer Sorge zum Ausdruck bringt, ist für Benedikt von Nursia die »Tonsur« – d.h. das zugeschnittene Haar –, die er ganz selbstverständlich als Tracht des Mönchs erwähnt, das Zeichen dafür, dass dieser sich ganz von der Welt ab- und Gott zugewandt hat. Auf den Bart geht auch er nicht näher ein;[43] wohl weil die Gleichbehandlung von Kopf- und Barthaar vorausgesetzt war.

In frühmittelalterlichen Liturgien findet sich gemäß dieser Forderung die Zeremonie des »Bartopfers« bei der Klerikerweihe. In dem spanischen »Ordo super eum qui barbam tangere cupit« wird etwa mit den Worten von Ps 132,1f Christus gebeten, seinen Segen gleich dem Salböl vom Haupt des Priesters – Aaron – auf dessen ganzen Bart herabfließen zu lassen. Dann werden einige der so geweihten Haare abgeschnitten. Nach der Messe muss der frisch Geweihte dann den Bart rasieren.[44] In der latein-

Benedictinorum Recensione, 1873, Kap. II,7: »Sacerdotes caput suum non radent neque comam nutrient, sed tondentes attondeant capita sua.« (39).

42 »Capilli vero in capite exteriores sunt cogitationes in mente. Qui dum super cerebrum insensibiliter oriuntur, curas vitae praesentis designant, quae ex sensu neglenti, quia importune aliquando prodeunt, quasi nobis non sentientibus procedunt. Quia igitur cuncti qui praesunt, habere quidem sollicitudines exteriores debent nec tamen vehementer eis incumbere, sacerdotes recte et caput prohibentur radere et comam nutrire: ut cogitations carnis de vita subditorum nec a se funditus amputent nec rursum ad crescendum nimis relaxant Ubi et bene dicitur: Tondentes tondeant capita sua [...].« (39f).

43 Vgl. Regula Benedicti. Die Benediktinerregel lateinisch/deutsch, hg. im Auftrag der Salzburger Äbtekonferenz 1992, 72. In Kap I,6f werden die Sarabaiten erwähnt, falsche Mönche, die noch immer in ihren Werken der Welt anhängen und so durch ihre Tonsur Gott verraten.

44 »Ecce quam bonum et quam jucundum habitare fratres in unum sicut unguentum in capite quod descendit in barbam Aaron.« – Vgl. Huygens/Constable (s. Anm. 36), 109f.

ischen Kirche wurde so im Laufe des frühen Mittelalters zusammen mit der Tonsur[45] die (ältere, an die Bartlosigkeit der freien Römer anknüpfende) Forderung der Bartlosigkeit für Kleriker und Mönche als Unterscheidungszeichen und zugleich im Sinne eines asketischen Ideals mit zunehmendem Nachdruck durchgesetzt – im Gegensatz zur ostkirchlichen Tradition, im Gegensatz auch zur Tradition der germanischen Völker,[46] und sicherlich auch (nicht zuletzt wegen der Schwierigkeiten der Durchführung) im häufigen Widerspruch zur Praxis. Andernfalls hätte diese wohl nicht immer wieder so eingeschärft werden müssen.

Mit besonderer Vehemenz wurde das Verbot des Barttragens erneut im 11. Jahrhundert forciert, in der Zeit der Kirchenreform unter Gregor VII., in der es darum ging, die Kirche in ihrer überweltlichen Andersartigkeit und institutionellen Eigenständigkeit gegenüber der Welt sichtbar zu machen. Der gesamte Klerus, nicht nur die Mönche, sollte als eigener Stand auch äußerlich deutlicher vom Laienstand unterscheidbar sein. Der geistliche Stand sollte sich einerseits als ein asketischer in seiner Überweltlichkeit ausweisen, andererseits sollte er aber auch durch sein äußeres Erscheinungsbild »würdig« den Herrschaftsanspruch der Kirche zum Ausdruck bringen. Der 1054 zum Schisma führende Konflikt mit der Ostkirche schloss auch eine Auseinandersetzung über das Barttragen des Klerus ein.[47]

In der Standesliteratur über den Kleriker, etwa im *Rationale Studiorum* Wilhelm Durandus' des Älteren (um 1230–1296) finden sich nun auch breite Ausführungen nicht nur über die Tonsur, sondern auch über den nicht vorhandenen Bart des Klerikers – die sich umfangsmäßig etwa wie 3/4 zu 1/4

45 Vgl. H. Lutterbach, Art. Tonsur (LThK 10, 2001, 107f). Ab dem 7. Jahrhundert setzt sich die römische Corona-Form durch gegenüber keltischen Gebräuchen: Schur der vorderen Hälfte bis zu einer Linie von Ohr zu Ohr.

46 Vgl. P. E. Schramm, Zur Haar- und Barttracht als Kennzeichen in germanischem Altertum und Mittelalter (in: Herrschaftszeichen und Staatssymbolik. Beiträge zu ihrer Geschichte vom dritten bis zum sechzehnten Jahrhundert. Bd. 1 [Schriften der Monumenta Germaniae Historica 13,1], hg. v. Dems., 1954, 118–127).

47 Vgl. Huygens/Constable (s. Anm. 36), 110–113. Der Patriarch Cerularios beschuldigte die lateinische Kirche, gestützt auf die Didaskalia, die Natur des Mannes durch die Rasur zu verändern. – Hofmeister (s. Anm. 29), 82–85.

verhalten – und die verschiedenen Möglichkeiten werden zusammengetragen, beides symbolisch zu deuten. Das Rasieren des Bartes bedeutet das Abschneiden der übermäßig »sprießenden« Sünden. Es bedeutet auch, dass der Kleriker Zeit seines Lebens so bleibt wie die noch sündlosen bartlosen Jungen bzw. wie die reinen Engel. Die Bartlosigkeit ist also zum einen Zeichen der Jugend und Keuschheit im Gegensatz zum erwachsenen Mann und zum andern wird sie wie die Tonsur auf das asketische Leben, auf die Verpflichtung zum Kampf gegen die Sünde bezogen.

IV Luthers Selbstdeutung

Zurück zu Cranachs Lutherportrait. Noch zum Wormser Reichstag war Luther mit extra groß geschorener Tonsur in der Öffentlichkeit erschienen, und sicher auch frisch rasiert, also demonstrativ als Mönch, um zu zeigen, dass es ihm bei der Freiheit, die er reklamierte, nicht um die »fleischliche« Freiheit ging, und schon gar nicht um die eigene.[48] Wenn Luther nun wenige Tage nach seiner »Gefangennahme« an den kurfürstlichen Kanzler Georg Spalatin über sich schreibt: »comam et barbam nutriens«, so gebraucht er geradezu demonstrativ das Vokabular des Kirchenrechts, in dem es hieß, es sei verboten, »comam et barbam nutrire«. Dass sich Luther sehr wohl der kirchenrechtlichen Bedeutung seines Tuns bewusst ist, zeigt auch der folgende Satz:

»Iam in christiana libertate ago, absolutus ab omnibus tyranni istius legibus«[49] –»Jetzt lebe ich in christlicher Freiheit, befreit von allen Gesetzen jenes Tyrannen«. Gemeint ist damit das päpstliche Kirchenrecht.[50]

Luther beschreibt in demselben Brief demonstrativ auch das Ablegen der alten Kleider und das Anlegen der neuen ganz in Analogie zur Zeremo-

48 Vgl. U. Köpf, Martin Luthers Lebensgang als Mönch (in: Kloster Amelungsborn, hg. v. G. Ruhbach, 1985, 187–208), bes. 195 Anm. 26.

49 WAB 2; 338,61f.

50 Vgl. den diesen Zusammenhang nicht erkennenden Kommentar zu Luthers Formulierung »tyranni istius«: »Wohl: des Kaisers«. In: Martin Luther (s. Anm. 26), 167 zu Nr. 131: Martin Luther als Junker Jörg. Gemeint ist aber eindeutig das Kirchenrecht als Gesetz des päpstlichen Tyrannen.

nie der monastischen »Investitur«, nur eben andersherum, denn das Mönchsgewand wird ja nicht an-, sondern abgelegt.

Freilich besteht die Ironie dieses demonstrativen Missachtens des Kirchenrechts darin, dass es erzwungen geschehen war – Luther war ja kein »ausgelaufener Mönch«, hatte es geschehen lassen müssen, während er selber lieber den Weg öffentlicher Verantwortung des Evangeliums, der vielleicht ins Martyrium geführt hätte, gegangen wäre. Freilich schließt er auch nicht die Möglichkeit aus, dass in diesem Geschehen gegen seinen, Luthers Willen doch letztlich Gott am Werk ist, der ihm einen neuen, ihm zunächst noch fremden Weg aufweist. So hat sich Luther, obwohl ihm sehr bewusst war, dass er sein Mönchsein nicht mit dem Gewand ablegte, doch auf den zunächst äußerlichen Identitätswechsel und auf die neue Erfahrung, die seine äußerlich veränderte Situation mit sich brachte, sozusagen probeweise eingelassen.

Beides hatte auch das Potential, neue religiös-theologische Einsichten zu vermitteln, wie ein Blick in Luthers Wartburg-Korrespondenz verdeutlicht.

Auf der Wartburg macht Luther zunächst die ihm aufgenötigte, aber den äußerlichen Anschein total umkehrende Erfahrung, unter lauter Gefangenen selbst frei zu sein – frei im Sinne von müßig, pflichtenlos, freigestellt, wie er schon am 12. Mai an Nikolaus Amsdorf schreibt.[51] Der Ort seines Gefängnisses wandelt sich in seiner Beschreibung recht bald in einen exponierten Ort der Freiheit: Befindet er sich doch »im Reich der Vögel«[52], »im Reich der Luft«, »auf dem Berg«[53], »mitten unter den Vögeln, die süß von den Ästen herab singen und dem Herrn mit aller Kraft Tag und Nacht lobsingen«.[54]

51 »Nunc sum hic otiosus, sicut inter captivos liber« (WAB 2; 335,13). – Vgl. WAB 2; 336,9f vom selben Tag an Agricola: »Ego mirabilis captivus, qui et volens et nolens hic sedeo.«

52 So schon am 12. Mai an Melanchthon (WAB 2; 333,44): »in regione avium.«

53 An Amsdorf am 12. Mai 1521 (WAB 2; 335,16): »in regione aeris; an Agricola vom selben Tag« (WAB 2; 336,17): »in regione volucrum«; an Spalatin vom 14. Mai 1521 (WAB 2; 338,67): »in monte«.

54 An Melanchthon vom 26. Mai (WAB 2; 349,100f): »inter volucres de ramis suave cantentes Deumque totis viribus landantes die ac noctu.«

Doch alsbald drängt sich Luther ein anderes Bild für die Bezeichnung seines exponierten Aufenthaltsortes in den Vordergrund: Schon gegenüber Melanchthon spricht er von seiner Anachorese, und in späteren Briefen meldet er sich dann (mit einer Ausnahme: »ex insula pathmos«[55]) im Allgemeinen »ex eremo« – aus der Einöde.[56] Und diese Lebenssituation der Abgeschlossenheit von der Welt macht ihn nun wahrhaft zum Eremiten – während seine Klage in den Jahren zuvor eher lautete, dass er gar nicht mehr dazu komme, so wie ein Mönch zu leben. Luther schreibt am 1. November 1521 (!) an Spalatin: »Ich habe nichts zu schreiben, ihr, die ihr mit Weltgeschäften umgeht, müsst mir schreiben, der ich nun wiederum wahrhaft und recht eigentlich zum Mönch geworden bin«.[57] So wie der von Benedikt in seiner Mönchsregel beschriebene Anachoret tritt er im »Einzelkampf« gegen die Dämonen an,[58] »böse und dumme Dämonen«, wie er oft schreibt, »die mir, wie sie sagen, die Zeit vertreiben, wenn auch auf eine höchst lästige Art«.

Ein seltsamer Mönch also ist das Ergebnis der aufgezwungenen Verwandlung: ein »Eremit, Anachoret, und wahrhaft ein Mönch, aber nicht durch Rasur und Gewand, einen Ritter würdest du sehen, und selbst du würdest ihn kaum erkennen«.[59]

Ein höchst vielschichtiges, verwirrendes Nachdenken über sich selbst, die eigene Person und ihren Stand, über innen und außen, ist hier in Gang gekommen: einerseits gefangen, andererseits freier denn je, einerseits weltlicher denn je, andererseits auch mehr Mönch denn je – was ist er denn nun eigentlich? Das Äußere hat aufgehört, Ausdruck des Inneren zu sein.

Gerade in dieser Situation musste sich Luther nun mit einer – brennend aktuellen – Problematik beschäftigen, nämlich der Geltung des Keuschheitsgelübdes von Klerikern und Mönchen.

55 An Spalatin vom 10. Juni 1521 (WAB 2; 355,38).

56 Einmal deutsch gegenüber Albrecht von Mainz: »in meiner Wüstung« (Wartburg, 1. Dez. 1521: WAB 2; 408,111).

57 An Spalatin vom 1. Nov. 1521 (WAB 2; 399,6f): »mihi iam nunc demum vere & proprie monacho«.

58 Vgl. Regula Benedicti (s. Anm. 43), 72f,3–5.

59 An Melanchthon vom 26. Mai 1521 (WAB 2; 348,77f): »eremita, anachorita, vereque monachus, sed neque rasura neque veste; equitem videres, ac ipse vix agnosceres.«

Allerdings hatte er diese Diskussionen selbst heraufbeschworen. Er hatte in der Schrift an den Adel konkubinarischen Priestern den Rat zur Eheschließung gegeben.[60] Nun, im Mai 1521, waren die ersten Kleriker öffentlich in den Ehestand getreten.[61] Daraufhin hatten Luthers Wittenberger Kollege Andreas Karlstadt und Melanchthon die öffentliche Diskussion zum Thema in Luthers Abwesenheit losgetreten. Karlstadt hatte (am 21. Juni) eine Disputation über sieben Thesen veranstaltet,[62] in denen er die Keuschheit der Witwen, Mönche und Nonnen zusammen behandelte. Luther, der mit Melanchthon in engem Briefaustausch steht,[63] ist von Karlstadts Argumentation, der sich Melanchthon teilweise angeschlossen hat, nicht überzeugt. Er übt an dessen Thesen in mehrfacher Hinsicht Kritik. Sein Haupteinwand ist,[64] das Keuschheitsgelübde der Kleriker und der Mönche könne man nicht miteinander vergleichen, denn der Priesterstand sei von Gott als ein freier eingesetzt (*sacerdotum ordo a Deo institutus est liber*), der Mönchsstand hingegen nicht, weil die Mönchsgelübde freiwillig abgelegt und Gott angeboten werden (ausgenommen jene, die noch als Kinder ins Kloster gekommen sind).

In Bezug auf den Priesterzölibat steht ihm die Argumentation ganz klar vor Augen: Paulus bestimmt 1Tim 4,1.3 auf eine höchst freie Art und Weise (*liberrime definiat*), dass es der Teufel ist, der den Priestern die Ehe verbiete. Der Zölibat ist nicht von Gott vorgeschrieben, mithin ein menschliches Gesetz, das der Mensch, der es aufstellt, auch aufheben kann, und zwar kann das auch ein jeder Christ.

Mit den Mönchen, die nicht gezwungenermaßen, sondern freiwillig ewige Gelübde ablegen, verhält es sich aber anders: »Da ich einen so klaren Satz Gottes über die Mönche nicht habe, ist es nicht sicher, dasselbe

60 WA 6; 442,10–15.

61 Vgl. S. E. Buckwalter, Die Priesterehe in Flugschriften der frühen Reformation (QFRG 68), 1998, 79f; Brecht (s. Anm. 19), 30f: Allen voran sein Schüler, der Kemberger Propst Bartholomäus Bernhardi, Heinrich Fuchs, Pfarrer in Hersfeld, und Jakob Seidler, Pfarrer in Glashütte.

62 Buckwalter (s. Anm. 61), 81–101.

63 Vgl. vor allem die Briefe vom 1.8. (WAB 2; 370–373), 3.8. (WAB 2; 373–375) und 9.9.1521 (WAB 2; 382–386).

64 Luther an Melanchthon vom 1. August 1521 (WAB 2; 370,1–5).

von ihnen auszusagen«.[65] Das von Karlstadt angeführte biblische Argument, dass es besser sei, zu heiraten als zu brennen bzw. die Sünde der Hurerei zu vermeiden (1Kor 7,9), also das kleinere Übel vorzuziehen, reiche nicht, um das freiwillig geleistete Keuschheitsgelübde freizugeben. Denn wer weiß, ob der, der heute brennt, morgen auch noch brennt.[66] Ihm ist hier schon klar, dass er eine *gewisse* schriftgemäße Argumentation auch gegen die Mönchsgelübde sucht: »Auch ich würde gerne den Mönchen und Nonnen helfen, so sehr wie nichts anderes. So sehr berührt mich das Elend der von Pollutionen und Brennen geplagten jungen Männer und Frauen«.[67]

Luther ist sich dessen bewusst, dass in der Debatte um die Gültigkeit der Gelübde die bereits thematisierte Freiheit der Taufe zum Ausdruck kommen muss.[68] »Gewiß sind wir ein Volk, dem kein Gesetz auferlegt werden darf, während des ganzen Lebens nicht, sondern dem alle Dinge frei zu lassen sind. Wo man davon abweicht, ist zu fürchten, dass dabei kein guter Geist waltet«.[69] Aber wie er dafür im Sinne des Gottesworts argumentieren könne, das steht ihm noch nicht fest. Daran arbeitet er in den folgenden Wochen. In einem Brief an Melanchthon von Anfang Sep-

65 »Talem sententiam Dei de monachis cum non habeam, non est tutum idem de iis asserere« (WAB 2; 371,29f).

66 »Iam ista ratio, quod melius est nubere quam uri, seu, ut peccatum fornicationis vitetur, matrimonium in peccato fidei fractae ineunt, quid est nisi ratio? [...]. Quis scit, si cras uratur, qui hodie uritur?« (WAB 2; 371,40–42).

67 »Vellem enim et ego monachis et monialibus succurrere, ut nihil alius aeque. Adeo me miseret miserabilium hominum, pollutionibus et uredinibus vexatorum iuvenum et puellarum« (WAB 2; 371,48–50).

68 Vgl. bes. die kritischen Ausführungen über die der Freiheit der Taufe entgegenstehende Gelübdepraxis in *De captivitate Babylonca ecclesiae praeludium* von 1520 (WA 6; 538,26–543,3). Von den Gelübden, wenn sie denn rechtmäßig seien, könnten weder Menschen noch Engel dispensieren. Luther ist sich jedoch nicht sicher, welche Kriterien für rechtmäßige Mönchsgelübde gelten, da der Mensch sich selbst niemals genügend kenne, und hält diese daher insgesamt für »ungewiß und höchst gefährlich« (aaO 542,36). Er gibt den Rat, keine Gelübde abzulegen. Wie mit bereits abgelegten Gelübden umzugehen sei, erörtert er hier noch nicht.

69 »Certe nos populus sumus, cui nulla lex debeat imponi, presertim in totam vitam, sed libera omnia relinqui. Quod secus fit, non bono spiritu fieri timendum est« (WAB 2; 375,88f).

tember 1521 legt er ausführlich seine Überlegungen dar, die aus der Auseinandersetzung mit Karlstadts Schrift *De coelibatu, monachatu et viduitate* (der ausgearbeiteten Version seiner Disputation vom 21. Juni) und Melanchthons Ausführungen über die Gelübde in den inzwischen erschienenen *Loci*[70] resultieren. In einem verlorenen Brief argumentiert Melanchthon ebenfalls mit der Unerfüllbarkeit des Keuschheitsgelübdes. Luther antwortet: »Du schreibst, dass Du soweit bist, dass du das Gelübde für auflösbar hältst, wenn es nicht gehalten werden kann, damit nicht das Gelübde zusammen mit der Sünde besteht«.[71] Das überzeugt ihn nicht: Wenn die Einhaltbarkeit eines Gebotes das Kriterium für dessen Gültigkeit sei, dann könne kein göttliches Gebot Bestand haben. Ihn beschäftige nicht die Frage, ob ein Gelübde gehalten werden könne oder nicht, sondern allein die, »ut valeat, aut non valeat votum« – unter welchen Bedingungen das Gelübde an sich Geltungskraft habe.[72] Wenn Melanchthon dazu in seinen *Loci* ausführe, dass die Knechtschaft der Gelübde dem Evangelium und dem Geist der Freiheit entgegengesetzt sei, sei das, so Luther, zwar »non stulte« gesagt, aber der Punkt sei trotzdem nicht ausschlaggebend. Denn die Freiheit bzw. Gefangenschaft sei nicht im Gelübde, sondern im Geist, weil der Freie sich allen Gesetzen und der Herrschaft aller freiwillig

70 Vgl. Melanchthons Werke. Studienausgabe, Bd. II,1, bearbeitet v. H. Engelland, fortgeführt von R. Stupperich, 1978, 67–75. Melanchthon entwickelt hierzu verschiedene Gedanken. Zum einen bedeute das Evangelium eine »Freiheit des Geistes«; ihm sei deshalb die Knechtschaft der Gelübde unbekannt, zumal diese zur Freiheit des Geistes und zum Glauben in Widerspruch stünden. Außerdem sei es Ausdruck von Werkheiligkeit, Werke, die unter Gelübde ausgeführt wurden, höher zu schätzen als Taten ohne Gelübde. Speziell zum Gelübde des Zölibats sagt Melanchthon: »Coelibatum non nego consuli [ich stimme zu, dass man den Zölibat in Betracht ziehen kann].« Aber nur die allerwenigsten Asketen seien aufgrund der Schwachheit des menschlichen Fleisches fähig, ihn zu halten. Warum soll man also den Menschen etwas so Gefährliches auferlegen, zumal die Schrift es nicht fordert? Melanchthon sandte Luther die Bögen der ersten Bearbeitung der *Loci* in den ersten Septembertagen zu (vgl. WA 8; 316); der verlorengegangene Begleitbrief ist vermutlich der Brief, auf den sich Luthers Antwort vom 9.9.1521 (s.u. Anm. 71–74) bezieht.

71 Luther an Melanchthon am 9.9.1521 (WAB 2; 382,10f): »Scribis, te in eo esse, ut votum solvendum credas, si servari non possit, ne votum stet cum peccato.«

72 AaO 383,22f.

unterordnen könne. Denn es sei ein Teil der evangelischen Freiheit, sich willig den Gesetzen zu unterwerfen. Ähnliches gelte auch für das Gesetz des Gelübdes. Es könne zusammen mit der evangelischen Freiheit bestehen, ja es werde durch sie sogar befestigt.[73]

Dieses ist der Stand von Luthers Überlegungen Anfang September 1521. Der durch den Glauben im Gewissen vom Zwang des Gesetzes Befreite kann sich nun freiwillig den Forderungen des Gesetzes unterwerfen. Aus diesem Verständnis heraus musste es schwer werden, die Berechtigung von Klostergelübden grundsätzlich zu bestreiten.

Dem Brief an Melanchthon vom 9. September legte er auch eine erste Reihe von ihm verfasster, ausdrücklich zum Druck bestimmter Thesen *De votis* bei.[74] Diese Thesen machten in Wittenberg schon bei ihrem Eintreffen Furore: Melanchthon saß mit Bugenhagen und Peter Swaven beim Mittagessen, als der Brief eintraf. Bugenhagen las die mitgeschickten Thesen sorgfältig, bedachte sie schweigend und äußerte dann: »Dies wird eine Umwandlung des öffentlichen Lebens bewirken.«[75] In diesen Thesen werden die herkömmlichen Gelübde nun im Licht des Satzes beleuchtet, dass alles, was nicht aus Glauben geschieht, Sünde sei. Deshalb sei man von solchen nicht im Glauben abgelegten Gelübden befreit, es sei denn, man erneuere sie freiwillig aus dem Glauben heraus.[76] Diese Möglichkeit wird als Verhaltensweise beschrieben, die sich mit der evangelischen Freiheit verträgt.[77]

Anfang Oktober 1521 wurde ein Druckexemplar der Thesen aus Wittenberg versandt.[78] Anfang November erfasste, nicht zuletzt auf die eben-

73 AaO 383,40f: »Quare et votorum lex stabit cum euangelii libertate, imo firmabitur per eam.«

74 Ebd.; Text des Iuditium Martini Lutheri de Votis in WA 8; 323–329.

75 So berichtet Melanchthon 1558 in seinem Nachruf auf Bugenhagen (CR XII, 299f) dessen Äußerung: »Haec res mutationem publici status efficiet, doctrina ante has propositiones tradita non mutasset publicum statum.«

76 These 61: »Ideo nisi novo voto in fide pia voveris, liber es et fuisti ab omni voto« (WA 8; 326,6).

77 These 77: »Ita ad eandem libertatem pertinere, sese posse perpetuo voto aut cuicunque legi subdere« (aaO 326,29f).

78 Sebastian Helman in Wittenberg erwähnt in einem Brief an Johann Heß vom 8. Oktober 1521, in dem er ihm mitteilt, welche buchhändlerischen Novitäten er ihm zuzusenden gedenke, auch »quasdam posiciones Martini«. Text: Müller (s. Anm. 12), Nr. 4, 16.

falls an den Themata orientierten Predigten von Luthers Wittenberger Mönchskollegen Gabriel Zwillings hin,[79] eine Austrittswelle den Konvent der Augustinereremiten. Am 12. November teilt der Prior des Wittenberger Augustinerkonvents dem Kurfürsten mit, dass »auß solchen milden predigen [...] mir vast alle bruder uber reth vnd verfurt worden, also das auß in xiii wider den eidt, den si got vnd dem orden geschworenn, vnnd an ersuchung vnnd erlaubung irer obersten auß dem closte[r] gangen vnnd das kleidt des ordens von sich geworffen [...]«[80]. Luther meldet daraufhin[81] am 11. November an Spalatin, dass er nun auch schon an einer eigenen Schrift sitze, »um die Heranwachsenden aus diesem höllischen Brennen und den Flüssen des unreinen und verdammenswerten Zölibats zu befreien«.[82] Karlstadts Argumentation, schon die Unerfüllbarkeit des Keuschheitsgelübdes mache dieses ungültig, hält er für theologisch ungenügend, denn dies gelte für einzelne Menschen zu unterschiedlichen Zeiten in unterschiedlicher Weise. Eine so gravierende Entscheidung wie die, ein geleistetes Gelübde zu brechen und für immer das Kloster zu verlassen, auf eine subjektive Selbsteinschätzung zu gründen, erscheint ihm als gefährlich, weil es spätere Gewissenkonflikte nicht ausschließt. Deshalb muss die Aussage der Ungültigkeit des Gelübdes theologisch, d.h. im Licht des Gottesverhältnisses des Menschen, als grundsätzlich richtig nachgewiesen werden.

Luther blendet deshalb die Unerfüllbarkeit aufgrund des »Brennens« in *De votis monasticis* als mögliches Argument gegen das Keuschheitsgelübde in der 1. Auflage konsequent aus,[83] zum einen, weil er es als Argu-

79 Zum Inhalt von Zwillings Predigt vgl. den Bericht des Priors Konrad Helt an Kurfürst Friedrich vom 12. November 1521 (Müller [s. Anm. 12], Nr. 28, 67).

80 Konrad Helt an Kurfürst Friedrich den Weisen, Wittenberg, 12. Nov. 1521 (aaO 68).

81 Der Zusammenhang zwischen den Wittenberger Klosteraustritten und Luthers Abfassung der Schrift erhellt aus seinem Brief an Spalatin vom 22. November 1521, mit dem er ihm zugleich das Manuskript übersendet. Dort heißt es: »Vaga et incerta relatione didici deposuisse apud nostros quosdam cucullum, quod ne forte non satis firma conscientia facerent, timui. Hic timor extorsit mihi eum libellum« (WAB 2; 403,6–8).

82 Vgl. Brief vom 11. November 1521 an Spalatin (WAB 2; 403,45–47): »Iam enim et religiosorum vota aggredi statuo et adulescentes liberare ex isto inferno celibatus vredine et fluxibus immundissimi et damnatissimi«.

83 Vgl. Buckwalter (s. Anm. 61), 107. In der zweiten Auflage (Druck C von 1522; vgl. WA 8;

ment nicht braucht, und zum andern vermutlich auch, weil er fürchtet, dieses Argument könne für die Demonstration einer falschverstandenen »fleischlichen Freizügigkeit« missbraucht werden.

Nach zehn Tagen, am 21. November, ist, der Datierung des Widmungsbriefs an den Vater und dem Datum des Begleitbriefs zufolge, den Luther zusammen mit dem Manuskript an Spalatin sandte, die Schrift *De votis monasticis* im Manuskript abgeschlossen.[84] Allerdings hielt Spalatin, an den er das Manuskript gesandt hatte, dieses neben anderen zurück, so dass die Schrift erst im Februar 1522 öffentlich erscheinen konnte.

In der Ordensleitung war man über die Ereignisse des Herbstes entsetzt, musste aber hilflos zuschauen. Konrad Helt bittet den Kurfürsten, zu veranlassen, dass die ausgetretenen Mönche entweder zur Rückkehr ins Kloster gezwungen oder aus der Stadt gewiesen werden.[85] Aus Briefen, die Luther am 18. Dezember an seinen Erfurter Konventsbruder und Freund Johann Lang und den Generalvikar der Augustinereremiten Wenzeslaus

570) werden dann Überlegungen zur Auslegung von Gesetzen gemäß der von Jesus Christus Mk 2,25–28 aufgestellten Forderung der Billigkeit (*epieikeia*) angefügt (WA 8; 662,1–666,14). Sie besagt, dass eine zwingende Notwendigkeit (*necessitas*) die Verpflichtung durch das Gesetz auflöst (*solvit*). Dieses gilt auch für das *votum castitatis*, das eine *lex [...] mere corporalis de re corporalissima* darstellt (aaO 663,3). Darum sei es mit gutem Gewissen (*cum fiducia*) aufzulösen, wenn eine Gefahr für Körper und Seele durch dieses entsteht, »imo nunquam ligavit nec ligare potuit«. Eine solche Gefahr für Körper und Seele stellt aber das »Brennen« dar. Wenn dieses eintritt, gilt: »iam votum nihil est« (aaO 663,9). – Buckwalters Interpretation, die Paulus-Aussage 1 Kor 7,9 habe Luther zunächst noch Unbehagen bereitet, während er in der zweiten Auflage sich nun doch »zu dem Argument Karlstadts hinreißen [lasse], schon die Feststellung eigener Regungen geschlechtlicher Begierde erlauben es einem Mönch, sein Keuschheitsgelübde zu brechen und zu heiraten« (aaO 108), verkennt, dass Luther zunächst ganz bewusst darauf verzichtet, das »Brennen« als Begründung für den Gelübdebruch anzuführen, obwohl ihm die subjektive Bedeutung dieses Faktors, wie die Briefe zeigen, sehr bewusst ist, weil dies als theologisches Argument nicht ausreicht. Aber er kann das »Brennen« in der 2. Auflage gewissermaßen als zusätzliche, seelsorgerliche Konkretion hinzufügen (*iam votum nihil est*).

84 Text des Briefs an den Vater Hans Luther vom 21. November 1521 (WA 8; 573–576). – Luther an Spalatin vom 22. November 1521 (WAB 2; 404f).

85 Konrad Helt an Kurfürst Friedrich vom 12. November 1521, in: Müller (s. Anm. 12), Nr. 28, 67.

Link in Nürnberg schreibt, wird deutlich, dass auch er die Art und Weise des Geschehens, das er als *egressus tumultuosus* bezeichnet, nicht gutheißen kann, dass man sich vielmehr friedlich und schiedlich hätte voneinander trennen müssen. Aber er verteidigt prinzipiell den Klosteraustritt als zwangsläufige Konsequenz aus der Evangeliumspredigt. Dass man die Ausgetretenen mit Zwang zurückholen könne, erscheint ihm weder richtig noch gut. Stattdessen empfiehlt er, auf einem offenbar schon geplanten außerordentlichen Ordenskapitel »publico edicto libertatem dari his, qui volunt egredi, neminem extendendo, neminem vi retinendo«.[86] Diese außerordentliche Ordensversammlung, zu der Wenzeslaus Link aus Nürnberg kam, tagte Anfang Januar 1522 in Wittenberg. Man faßte dort den Beschluss, den Brüdern die evangelische und christliche Freiheit einzuräumen, womit man ihnen freistellte, im Kloster zu bleiben oder es zu verlassen.[87] Die Alternative wird jeweils aus der Sicht der jeweiligen Befürworter beschrieben: [*vivere*] *secundum puritatem Evangelicae doctrinae – perfectiori modo Christo vivere.* Einem Anlass für das Ausleben fleischlicher Freiheit wolle man damit aber niemandem geben.

Während dieser Wochen von Anfang August bis Ende November hatte Luther, wie aus den Briefen deutlich wird, auch der Aspekt beschäftigt,

86 Brief an Wenzeslaus Link vom 18. Dezember 1521 (WAB 2; 415,23–25). – Vgl. auch den Brief an Johann Lang vom selben Tag (WAB 2; 413).

87 Die Beschlüsse des zu Wittenberg gehaltenen Generalkapitels der deutschen Augustiner-Kongregation (um den 6.1.1522) sind in doppelter Textgestalt überliefert in: Müller (s. Anm. 12), Nr. 67, 147–151. Dokument A überliefere den offiziellen Text der Beschlüsse: »Primo, Quantum per nos stat, omnibus fratribus nostris Evangelicam et Christianam permittimus libertatem, Quatenus ii, qui nobiscum vivere derserto corrupto vitae nostrae fuco, secundum puritatem Evangelicae doctrinae velint, possint. Si qui vero perfectiori modo Christo cupiant vivere, salvum sit et liberum. Nolumus tamen per hoc cuiquam administrasse carnalis libertatis ansam.« Dokument B (Text auch in: CR 1, Nr. 136) sei im Anschluss an das erstere für die Verbreitung in der Öffentlichkeit als gedruckte Version wohl von Melanchthon bearbeitet. Beim Vergleich der Fassungen von A und B fallen vor allem die Bezugnahmen auf Luthers *Themata de votis* in B auf: Die Aussage »Nam quod ex fide non fit, peccatum est«, entspricht Luthers erster These: »Omne quod non est ex fide, peccatum est« (WA 8; 323,6). – Vgl. ebenfalls: »Et votum contra Evangelium non votum, sed impietas est« (aaO 150). – »Est itaque vovere virginitatem, coelibatum, religionem et quodlibet sine fide.Tale votum sacrilegum, impium, idolatricum demonibus vovetur« (WA 8; 324,28–30).

welche Konsequenzen die Auseinandersetzung für seine eigene Lebensform haben könnte.

Als man ihm Anfang August Karlstadts Schrift *De coelibatu, monachatu et viduitate* zugeschickt hatte, in der Karlstadt die Forderung der Priesterehe auch auf den Mönchsstand ausgedehnt hatte, hatte Luther Spalatin geantwortet:

»Himmel! Unsere Wittenberger wollen auch den Mönchen Frauen geben? Aber mir werden sie keine andrehen!« Und auch Spalatin wird gewarnt: »Hüte dich, dass du nicht auch eine Frau nimmst, damit du nicht in leibliche Trübsal fällst.«[88]

Gegenüber Melanchthon hatte Luther von Anfang an freimütig auch von seinen »fleischlichen« Anfechtungen berichtet, denen er möglicherweise auf der Wartburg häufiger ausgesetzt war. Melanchthon, den Luther schon 1520 verheiratet hatte, scheint nun diesem gegenüber den Vorschlag gemacht zu haben, selbst doch jetzt auch zu heiraten. Möglicherweise hat er ihm sogar dargelegt, dass er regelrecht dazu verpflichtet sei.[89] Denn Luther antwortet im September: »Was nun? Bin nicht auch ich jetzt frei und kein Mönch? Willst du dich jetzt etwa an mir rächen und mir das gleiche tun?«[90]

Luther äußert, wie schon in der Schrift von der Babylonischen Gefangenschaft der Kirche, dass das »Brennen« nicht immer gleich stark sei, so dass es nicht grundsätzlich den Schritt in die Ehe notwendig mache.[91]

88 Brief vom 6. August 1521 (WAB 2; 377,4f): »Deus, Nostri Wittenbergenses etiam Monachis dabunt vxores? At mihi non obtrudunt vxorem.« – AaO 377,19f: »Vale et ora pro me atque caue, ne tu quoque vxorem duxeris, ne incurras tribulationem carnis« (1 Kor 7,28).

89 Dies dürfte der in Anm. 70 erwähnte verlorene Brief sein.

90 Brief vom 9. Sept. 1521 (WAB 2; 385,128f): »Quid igitur? Sumne et ipse iam liber et non monachus? Cogitasne, ut fias mihi Demea, et Midioni huic tandem Sostratam parabis, ut vindices te in me, qui tibi uxorem dederit, ut dicunt? Sed ego pulchre te cavebo, ne quid possis.«

91 AaO 134–136. Der schwer verständliche und in anderen Übersetzungen, soweit ich sehe, ausgelassene Passus sei hier zitiert und versuchsweise übersetzt: »Uri vero, quod non vis extenuari, ego interim magis extenuavi, ut putem, esse sola incendia libidinis praefervida. Nam pollutiones ipse vocat immunditiam, ut nosti. Et in 2 dicit: Quis scandalisatur, et ego non uror? Difficile autem tibi fuerit aliquid crassius (uri) probare. [Das ›Brennen‹ aber, das du nicht abgeschwächt haben willst (1 Kor 7,9), habe ich inzwischen stär-

In einem Brief an den Straßburger Humanisten Nikolaus Gerbel, der ihm seine Ausgabe des griechischen Neuen Testaments gesandt hatte, gratuliert er diesem jedoch persönlich zu dessen Heirat, von der er gehört hat, mit der Begründung:

»Glücklich bist du, der du diesen unreinen Zölibat, der durch das ständige Brennen bzw. die unreinen Flüsse verdammenswert ist, durch eine ehrenhafte Heirat überwunden hast! Nimm also geduldig hin, was diese von Gott eingesetzte Lebensform mit sich bringt, und sei deinem Gott dankbar. Dieser elendige Zölibat von Jungen und Mädchen stellt mir tagtäglich solche Ungeheuerlichkeiten vor Augen, dass inzwischen schon nichts mehr meinen Ohren hassenswerter klingt als die Wörter Nonne, Mönch, Priester, und ich halte die Ehe für ein Paradies, auch wenn in ihr der höchste Mangel herrscht.«[92]

Luther selber hatte nun allerdings vorerst nicht vor, dieses Paradies zu betreten. In seinem Brief an Wenzeslaus Linck vom 20. Dezember 1521 äußert er sich zwar zustimmend zur Wittenberger Austrittsbewegung. »Wer den Vordersatz einer guten Folgerung zugibt, kann nicht leugnen, was daraus folgt. Aber was daraus folgt, ist genau das, was du jetzt in jenem Kloster siehst«. Aber er, Link, ebenso wie Luther selbst, würde wohl diese Konsequenzen für sich nicht ziehen. »Du aber wirst in der Zwischenzeit mit Jeremia im babylonischen Dienst bleiben,[93] denn auch ich werde nämlich in diesem habitus und ritus [sc. der Augustiner] bleiben, wenn nicht die Welt eine andere wird«.[94]

ker abgeschwächt, so dass ich eher glaube, dass damit nur die besonders heißen Brände des geschlechtlichen Begehrens gemeint sind. Denn die Samenergüsse nennt er (sc. Paulus) Unreinheit (vgl. Gal 5,19, Eph 4,19), wie du weißt. Und in 2 Kor 11,29 sagt er: ›Wer wird geärgert, und ich brenne nicht?‹ Es würde aber für dich schwierig werden, etwas Derberes (Brennen) zu beweisen]«.

92 Luther an Nikolaus Gerbel in Straßburg, 1. Nov. 1521 (WAB 2; 397,51–53): »Felix tu, qui impurum istum caelibatum et vel uredine perpetua vel immundis fluxibus damnabilem honorabili coniugio superasti!«

93 Vgl. Jer 40,6. Jeremia wird nach der Eroberung Jerusalems als Gefangener von dem Hauptmann Nebusaradan vor die Wahl gestellt, als Freigelassener und Schützling des Hauptmanns nach Babel zu gehen oder unter der babylonischen Herrschaft im Lande zu bleiben. Jeremia »blieb unter dem Volk, das im Lande noch übrig war«.

94 Brief vom 18. Dezember 1521 (WAB 2; 415,24–26). – Luthers briefliche Äußerung zitiert

Luthers Entscheidung, im »babylonischen Dienst« zu bleiben, ist, wie diese biblische Begründung zeigt, vielschichtig. Sie hat wohl auch etwas zu tun mit der Treue gegenüber den Menschen in einer Lebensgemeinschaft, denen er sich möglicherweise auch seelsorgerlich verpflichtet fühlte. Auch fehlte wahrscheinlich die konkrete, seinem Stand angemessene Alternative. Und seine Auseinandersetzung mit 1Kor 7,9 zeigt wohl auch, dass er selber mehr Skrupel hatte, die freiwillige Selbstverpflichtung durch das Votum abzustreifen, als er anderen zugestand. Denn dies ist eine Entscheidung, die nur ein jeder für sich treffen kann, und zwar aufgrund absoluter Gewissheit. Luthers theologische Arbeit bestand darin, die prinzipielle Freigabe des Gelübdes und damit die Entscheidung des Einzelnen zu ermöglichen.

In der Widmungsvorrede an seinen Vater zieht Luther diese Einsicht als persönliches Fazit: »Mein Gewissen ist frei geworden, und das heißt in vollstem Sinne frei geworden. Darum bin ich noch ein Mönch und doch kein Mönch, eine neue Kreatur, nicht des Papstes, sondern Christi«.[95] Diese paradoxe Formel besagt, *habitus* und *ritus*, d.h. die zölibatäre Lebensform aus freien Stücken, nicht aufgrund der geleisteten Gelübde, beizubehalten bei Verzicht auf die Tonsur als Ausweis des geweihten Priestertums, das konstitutiv zum »alten« Mönchtum gehörte.[96]

Kaspar Güttel in einem Brief an Georg Phil. [sic!] vom 8. Januar 1522: »Es schreibt auch Doctor martinus, wie er, ob Goth wol, in dem cleide vnd standt gedenkt tzu sterben« (in: Müller [s. Anm. 12], Nr. 70, 168).

95 WA 8; 575,28f: »Itaque iam sum monachus et non monachus, nova creatura, non Papae, sed Christi.«

96 W.-F. Schäufele, »…iam sum monachus et non monachus«. Martin Luthers doppelter Abschied vom Mönchtum (in: Martin Luther. Biographie und Theologie, hg. v. D. Korsch / V. Leppin, 2010, 119–139), bes. 129–131, spricht hier von »Luthers Experiment eines evangelischen Mönchtums«: Luther wechselte nicht sofort in eine weltliche Lebensweise über, sondern praktizierte noch bis 1524/25 eine Lebensform, die als »evangelisches Mönchtum« bezeichnet werden könne. Ich halte diesen Begriff für problematisch, denn schon in *De captivitate* (1520) rät Luther entschieden davon ab, auf die *vota* ein *publicum vitae genus*, d.h. einen Stand zu gründen; es sei ausreichend, wenn jemand *privatim arbitrio suo* bzw. *periculo suo* Gelübde ablegen wolle (WA 6; 539,35ff). Diesem »evangelischen Mönchtum« fehlt also die positive Ausstrahlungskraft einer neu gegründeten Lebensform, zu der man sich und andere ermuntern könnte. Vielmehr scheint es

V *Cranachs Lutherinterpretation*

a) Einfluss der Wittenberger Theologie

Zurück nun zu Cranachs Lutherporträt und zu der Frage, als wen Cranach Luther hier dargestellt hat. Luthers Bart, nicht nur weltlich-ritterliche Maskerade, sondern ein zunächst aufgenötigter Verstoß gegen das Kirchenrecht, konnte für Luther zum gar nicht unpassenden Ausdruck seiner weltlich-geistlichen Mischexistenz als »noch ein Mönch und doch kein Mönch« werden und schließlich sogar zum äußeren Zeichen der inneren Gewissheit, als *nova creatura Christi* auch von der ewigen Geltung des geleisteten *votum* befreit zu sein.

Genau dieses Selbstverständnis als »neue Kreatur, nicht des Papstes, sondern Christi«[97] zum Ausdruck zu bringen, darf denn auch als die eigentliche Intention des Cranachporträts bezeichnet werden. Es stellt den von der Wartburg kommenden Luther völlig eindeutig, ohne jede Skrupulosität oder Ambivalenz, als den durch Christus vom Gesetz des *votum* Befreiten dar. Aber wie stellt man Freiheit dar? Zwei bildnerische Elemente sind zu nennen.

Dass Luther auf Cranachs Holzschnitt nur den Himmel hinter und über sich hat, ist vielleicht auch eine Reminiszenz an die brieflichen Ortsangaben von Luthers Wartburgbriefen wie »aus dem Reich der Luft«[98]. Diese Darstellung bringt darüber hinaus aber auch genau diese Freiheit als Freiheit des Gewissens im unmittelbaren Bezogen Sein auf Gott zum Ausdruck. Indem sich Cranach des Weiteren nur auf Haar und Bart konzentriert und nicht auf Accessoires ritterlicher Maskerade ausweicht, stellt er den Menschen Luther in seiner schöpfungsgemäßen Natur als Mann dar, die die Freiheit impliziert, auch gemäß dieser Natur zu leben.

Bestätigt wird diese Interpretation durch Überlegungen Luthers, während seiner Abwesenheit Melanchthon an seiner Stelle zum öffentlichen Prediger berufen zu lassen – auch wenn oder gerade weil dieser nicht geweiht und nicht rasiert und zudem verheiratet sei. Dies könne eine gute

mir bei Luthers Zwischenexistenz um seine eigene, private Form der Auseinandersetzung mit dem selbst abgelegten Dauergelübde zu gehen.

97 S. Anm. 95.

98 Vgl. Anm. 51–54.

Einübung in die Wiederaufrichtung der Freiheit und in die Wiederherstellung des ursprünglichen Antlitzes der Kirche sein, denn:

»Wenn wir alle menschlichen Gesetze gebrochen und ihr Joch abgeworfen haben, was ärgert es uns noch, wenn er nicht gesalbt und rasiert ist und eine Frau hat? Dennoch ist er doch wahrhaft ein Priester, und er handelt wie ein Priester, es sei denn, dass das Wort zu lehren nicht das Amt des Priesters ist«.[99]

Luther und Melanchthon sind aus dieser Perspektive komplementäre Erscheinungen: Der Mönch, der weltlich wurde, und der weltliche Gelehrte, der zugleich ein Geistlicher ist, vertreten beide gewissermaßen die priesterliche und königliche Freiheit des Glaubens. Cranach hat beide noch an anderer Stelle – wohl programmatisch – so festgehalten: Auf dem Reformationsaltar der Wittenberger Stadtkirche (1547) sieht man Melanchthon taufend und Luther als Junker Jörg mit Bart, den Abendmahlskelch herantragend. Hier zitiert Cranach regelrecht die Anfangsjahre des reformatorischen Aufbruchs in Wittenberg, die er als Zeitzeuge miterlebt hat.[100]

Luther selbst dürfte sich allerdings bald nach seiner Rückkehr von der Wartburg seinen Bart wieder abrasieren lassen haben.[101] Der »Junker Jörg« mit Rauschebart blieb also Episode. Dass Cranach diesen aber in seinem Holzschnitt so gebührend in Szene setzt und darüber hinaus an so prominenter Stelle im Porträt festgehalten hat, zeigt, dass für ihn bzw. für seine Berater dieser Bart eine über die Episode hinausreichende gültige geistlich-theologische Aussage hatte.

Mit solchen Überlegungen stellt sich freilich zugleich auch die Frage, inwiefern Cranachs Beitrag zur reformatorischen Bildpublizistik tatsäch-

99 Brief an Spalatin vom 9. Sept. 1521 (WAB 2; 388,43–49): »Valde vellem, vt Philippus et vulgo concionaretur alicubi in oppido diebus festis post prandium loco compotationum et ludorum, ut fieret consuetudo libertatis introducendae et in priscae Ecclesiae faciem et mores libertatis restituendae. Si enim omnia hominum iuga fregimus et iuga eorum abiecimus, quid adhuc moretur nos, si vnctus rasus non sit et coniux sit? Vere tamen et est sacerdos et agit de facto sacerdotem, nisi non est sacerdotis officium docere verbum.«

100 Abb. in: O. THULIN, Cranach-Altäre der Reformation, 1955, 9–32.

101 Er trug aber keine Tonsur mehr (s. Anm. 23).

lich eigenständig ist und in ihr eine eigene religiöse Position zum Ausdruck kommt.[102] Die reformatorische Konzeption seiner Kunst wird man durchaus als Ergebnis gemeinsamer Beratungen ansehen dürfen. Cranachs bildnerische Gestaltung von Luthers Bart greift erkennbar Aussagen Luthers und Spalatins bzw. auch Erfahrungen aus ihrem Umfeld auf.[103]

Es gibt aber darüber hinaus noch eine weitere Schicht der Bedeutung von Luthers Bart, die zu bedenken ist.

b) Die ikonographische Bedeutung des Priesterbartes

Wie schon dargelegt, war das zugeschnittene Haupt- und Barthaar zunächst Kennzeichen des Klerikerstandes und wurde von den Mönchsorden übernommen. Aber für die asketisch lebenden Eremiten, Anachoreten und Reklusen, die in der Regel nicht Mönche im strengen Sinn waren, blieb das Tragen von langem (d.h. ungepflegtem) Haupt- und Barthaar gemäß den Vorbildern der Alten Kirche auch im frühen Mittelalter üblich.[104]

102 Vgl. A. Tacke, Cranach im Dienste der Papstkirche. Zum Magdalenen-Altar Kardinal Albrechts von Brandenburg (in: Cranach im Exil. Aschaffenburg um 1540: Zuflucht, Schatzkammer, Residenz, hg. v. G. Ermischer/A. Tacke, 2007, 107–121): Cranach, Diener zweier Herren, »formuliert in seiner Wittenberger Werkstatt das Pro und Contra im Glaubensstreit. Hiermit manifestiert sich eine konfessionelle Ungebundenheit des Malers, welche die Regel darstellte« (aaO 109f). – Cranach hatte sich als Künstler nicht für die eine oder die andere Seite zu entscheiden; er »konnte noch Anhänger Luthers wie des Papstes glaubwürdig beliefern. So entstanden in seiner Wittenberger Werkstatt jene Kunstwerke, die für die Positionen der Alten wie Neuen Lehre warben« (aaO 118). Dem ist u.a. entgegenzuhalten, dass Cranachs »altgläubige« Werke an die Motive anknüpfen, die er vor seiner Indienstnahme durch die Reformation gestaltete, also Gewohntes und Bekanntes aus dem Bereich der Heiligenverehrung und Passionsfrömmigkeit fortsetzen. Ein neuer gegenreformatorischer Impuls, der in ihnen nicht spürbar ist, wäre davon zu unterscheiden.

103 Die Überschrift des Junker-Jörg-Holzschnittes mit ihrer Verwendung des Pathmos-Motivs etwa dürfte wohl auf Spalatin zurückgehen (vgl. Anm. 11).

104 Vgl. Huygens/Constable (s. Anm. 36), 119f. Dort wird auch auf pagane Vorbilder wie Pythagoras, Appollonius von Tyana und die von Philo beschriebenen Serapisjünger hingewiesen: »The connection between long hair and holiness was of great antiquity [...]. The early Christian ascetics therefore fitted into an accepted pattern when they were

Robert von Arbrissel, der um 1100 den urchristlichen Wanderapostolat wiederzubeleben suchte, und seine Anhänger erregten Aufsehen und die Kritik der kirchlichen Obrigkeit mit ihren langen, ungepflegten Bärten, obwohl sie, laut ihrer Regel, die hier vermutlich das apostolische Gebot aufgreift, die Haare nicht wachsen ließen.[105] Dieser Bart der Wanderapostel war, zusammen mit ihrer sonstigen ungepflegten Kleidung, ein Zeichen der Buße, aber auch des Protests gegen ein Verständnis des Klerus als eines hierarchischen *ordo*, der nun die Würde der katholischen Kirche repräsentierte, aber damit zugleich den Gedanken der Apostelnachfolge in den Hintergrund hatte treten lassen.

Auch Franziskus von Assisi, der im 13. Jahrhundert an den Wanderapostolat anknüpfte, trug einen Bart.[106] Allerdings wurde er zusammen mit den elf Gefährten der Anfangszeit vom Kardinal von Johannes von St. Paul tonsuriert und dadurch in den Klerikerstand erhoben. Er akzeptierte die Tonsur anscheinend als von der Kirche auferlegte äußerliche Bezeugung seines kirchlichen Auftrags, durch den er sich von den Ketzern unterschied, wohl wissend, dass er sich dadurch zugleich aber von den *fratres simplices* absonderte.[107] Der Bart scheint bei Franziskus Zeichen der Askese, der Geringachtung und Vernachlässigung des Körpers, zu sein (und damit eben auch der Buße). Mit der Klerikalisierung des Ordens der Minderbrüder wurde dann der Bart für die Laienbrüder üblich als Unterscheidungskennzeichen von den Ordensklerikern. Die Einrichtung des Laienbrüderinstituts war um das Ende des 11. Jahrhunderts bei den Zisterziensern eingeführt worden, und die Laienbrüder – regelrecht als *barbati* bezeichnet – trugen Bärte, um sie von den geweihten Mönchen unterscheidbar und sie als Laien identifizierbar zu machen.[108] Bärte trugen auch die Mitglieder der Ritterorden,[109] gerade jene Religiosen also, die bewusst

described as having long hair and a barba prolixa, as was common in early monastic texts in both the East and the West.«

105 AaO 122 (Marbod von Rennes, an Robert von Arbrissel, Ep. 6, PL CLXXII.1393BC).

106 Vgl. H. Feld, Franziskus von Assisi und seine Bewegung, 1994, 279–281.

107 AaO 176, mit Quellennachweisen.

108 Vgl. Huygens/Constable (s. Anm. 36), 124–130.

109 Vgl. M. Perlbach, Die Statuten des Deutschen Ordens nach den ältesten Handschriften, [1890], 1975, 39f. Art. 12 – De rasura: »Omnes fratres ita tonsos capillos habeant, ut ante

als Laien, nicht als Mitglieder des Standes der Kleriker, eine geistliche Sendung für sich in Anspruch nahmen.

Allerdings war der Bart nicht nur bei den letztlich kirchentreuen Gruppierungen der Armutsbewegung verbreitet, sondern auch bei den Katharern, wo er von den Vollkommenen getragen wurde, möglicherweise vermittelt über die Bogumilensekte in Anknüpfung an ostkirchliche Traditionen.[110] Bärtig und nicht tonsuriert waren auch die Prediger der Taboriten im 15. Jahrhundert, die ebenfalls verheiratet waren.[111] Das religiöse Protestpotential, das sich in einem Priesterbart manifestiert, ist also nicht ganz ungefährlich, weil es eine Affinität zur Ketzerei hat.

Dass solche Überlegungen nicht zu weit hergeholt sind, zeigt eine von Johann Agricola verfasste reformatorische Flugschrift aus dem Jahr 1525, die gegen die aufständischen Bauern gerichtet ist. Sie unterstellt Thomas Müntzer und seinen Anhängern, sie hätten Bärte gehabt, die sie sich aber nach der Niederlage von Frankenhausen ganz schnell wieder hätten abnehmen lassen, um nicht erkannt zu werden.[112] Ein authentisches Müntzer-

et retro regulariter considerari possint, et in barba ac granonibus eadem regula observatur, ne superfluitas ibi dominetur. Fratres vero clerici coronam et tonsuram habeant non modicam, ut religiosos decet. Sed propter sacramentorum reverenciam, quae tractant, barbas in novacula radant.« – Vergleichbares gilt für die Regel der Templer.

110 Vgl. A. Borst, Die Katharer (Schriften der Monumenta Germaniae Historica 12), 1953, 206 und Anm. 16.

111 Vgl. R. Friedenthal, Ketzer und Rebell. Jan Hus und das Jahrhundert der Revolutionskriege, 1977, 399f: »Der Priester kennt keine Tonsur mehr, er trägt den Bart, sonst streng untersagt für den Geistlichen und auch noch von den hussitischen Magistern zu Prag als ›barbarisch‹ bezeichnet«.

112 Johann Agricola, Ein nutzlicher Dialogus odder gesprechbuchlein zwischen einem Müntzerischen Schwermer und einem Evangelischen frumen Bawern / Die straff der auffrurischen Schwermer zu Franckenhausen geschlagen / belangende, 1525 (in: L. Fischer, Die lutherischen Pamphlete gegen Thomas Müntzer [Deutsche Texte 39], 1976, 90,8–19): »BAWER: yr schwermer seit also gesinnet / das yr euch duncken lisset man solt sich fur ewern langen bertthen furchten. SCHWERMER. Nein darumb haben wir sie nicht lassen wachssen. BAWER Warumb denn? SCHWERMER. Ey der Müntzer predigt / das ein christen mensch seinen bart nicht sollt barbiren lassen / sonder solt yhn lassen wachssen wie die altvetter haben gethan / denn wir lesen das Samson sich sein leben langk nicht hatt lassen barbiren Judicum am ein und dreisichsten Capittel. [Ri 13,5; möglicherweise absichtlich falsche Bibelstellenangabe?]. BAWER Semper sane / so hör ich woll yr

Porträt gibt es leider nicht.[113] Die Forderung, den Bart nicht zu rasieren, begegnet tatsächlich in Flugschriften des Bauernkriegs,[114] was darauf hindeutet, dass hier, biblisch begründet, möglicherweise eine Forderung der Hussiten aufgenommen worden war.

Schauen wir uns vor diesem Hintergrund noch einmal Cranachs Lutherporträt an, so wird es erst vollends in seiner Kühnheit deutlich – stellt der Bart doch seinen Träger auch in die Reihe derjenigen, die als demütige Büßer, predigend und Seelsorge übend, die wahre Nachfolge Christi zu verwirklichen beanspruchten, dies aber den offiziellen Vertretern der Kirche, dem Klerus, absprachen und wegen ihrer Kirchenkritik in die Gefahr gerieten, als Ketzer verurteilt zu werden.

Dieses Lutherporträt konnte also für den Hof durchaus von politischer Brisanz sein. Dieser Eindruck wird bestätigt, wenn man den Holzschnitt mit den zwei repräsentativen Porträts in Öl von Luther als »Junker Jörg« vergleicht, die Cranach ganz sicher nach dem Holzschnitt angefertigt hat. Eins hängt heute in Weimar, eins in Leipzig.[115] Da Cranach der Hofmaler beider sächsischer Herrscherhäuser war, waren möglicherweise beide von Anfang an für den jeweiligen Hof bestimmt. (Abb. 4 u. 5) Die beiden Ölbilder nehmen die religionspolitisch brisante Aussage des Stiches deutlich zurück, indem sie Luther nun tatsächlich historisch auf die Wartburgepisode zurückblickend als »Junker Jörg« darstellen, bekleidet mit schwar-

schwermer wollet Samsons kinder / nicht Christi kinder sein / wenn das Evangelium auff langen bertthen tragen stund / so musten die zigenböck die besten Christen sein [...]«; aaO 22–24: »tragen ewere gesellen odder bundgenossen auch noch lange berthe? SCHWERMER Ich halt ya und ynn sonderheit zu Alstett / die mit ym bunde sind [...] aber sie haben sie nu lassen alle abscheren weil das wasser uber die körbe wolt gehen.«

113 Vgl. G. Franz, Die Bildnisse Thomas Müntzers (AKuG 25, 1937, 21–37).

114 Auch nach der wohl von Melanchthon verfassten »Histori Thome Muntzers / des anfengers der Döringischen vffrur / seer nutzlich zulesen«, Hagenau 1525, habe Müntzer gepredigt, man solle »den bart nicht abschneiden« (s. Anm. 112, 30,14) vgl. aaO 138f den Kommentar dazu.

115 Vgl. W. Schade, Die Malerfamilie Cranach, 1977, 52 u. Abb. 111. – M. J. Friedländer / J. Rosenberg, Die Gemälde von Lucas Crananch, 1979, Kat. Nr. 148 u. 149, Abb. 149. – Kunst der Reformationszeit, 1983, 321.

Abb. 4

Abb. 5

zem Wams und ein Schwert haltend. Auch schweift nun der Blick der Augen fast melancholisch in die Ferne – ohne Himmel im Hintergrund.

Noch eine weitere Abänderung fällt in dem Leipziger Gemälde auf: Hier war nämlich der Barbier am Werk, anders als auf dem Weimarer Bild, das, dem Holzschnitt folgend, Luther mit einem deutlichen Schnurrbart zeigt. Es ist nun die Partie des Oberlippenbarts deutlich gestutzt, und damit ist wiederum einem klerikalen Anliegen Raum gegeben. Als besonders anstößig und keineswegs duldbar galt dem Mittelalter nämlich der wuchernde und sich in zwei Flügel teilende Oberlippenbart. Ihn galt es mindestens zu stutzen, damit nicht beim Zelebrieren der Messe das heilige Blut Christi durch Berührung verunehrt würde.[116] Diesem Anliegen hat

116 Vgl. z.B. die Strafandrohung der Regel des Kolumban: »Diaconus, cui barba tonsa non fuerit, ad calicem accedentes, sex percussionibus« (PL 80, 217). – Perlbach (s. Anm. 109), Art. 13 – De rasura: »fratres vero clerici [...] propter sacramentorum reverenciam, quae

Cranach in der Folgeversion des »Junker Jörg« offensichtlich Rechnung getragen. In seinem Kontext ist für eine theologische, das Amtsverständnis betreffende Bildaussage kein Platz.

In seinem ersten Stich vom »Junker Jörg«, auf dem Luther den Betrachter mit einer großen inneren Festigkeit anblickt, ist Cranach demgegenüber ein Lutherporträt mit einer eigenen, über die Wartburgepisode hinausreichenden Aussage geglückt: Als die Verkörperung der »christlichen Freiheit« ist dieses erst eigentlich der reformatorische Luther. Sein historischer Hintergrund ist die Auseinandersetzung mit den Mönchsgelübden in den einsamen Wochen und Monaten auf der Wartburg, in denen Luther die christliche Freiheit auch sich persönlich theologisch erarbeitete. Auch wenn sich Luther den Bart wieder abnehmen ließ, wieder in seine Mönchskutte schlüpfte, die er erst 1524 endgültig ablegte,[117] und erst 1525 heiratete – Cranach hat etwas Grundsätzliches gesehen und verstanden und in einem Porträt eingefangen.

tractant, barbas in novacula radant« (aaO 39f). Thalhofer (s. Anm. 29), 101, weist diese Forderung vor allem für altgläubige Synoden des 15. und 16. Jahrhunderts nach.

117 Köpf, Martin Luthers Lebensgang als Mönch (s. Anm. 48), bes. 196f.

Luther und die Bilder: Von Bildern, die man sieht, und solchen, die man nicht sieht

Von Angelika Michael

Unter den Begriff des Bildes fallen in der deutschen Sprache heute und auch schon bei Luther ganz unterschiedliche Dinge:[1] Zwei- oder dreidimensionale Bildwerke, innere Vorstellungsbilder sowie komplexe Gesamtheiten von Vorstellungen und Wertungen, verschiedene Formen sprachlicher Veranschaulichung, dazu biblische Ereignisse (insbesondere im Hinblick auf typologische Verhältnisbestimmungen) und etwa auch die Sakramente[2] kann Luther als »Bilder« (*imagines*) bezeichnen.

Ziel dieses Aufsatzes ist es zunächst, der Verwendung des Bildbegriffs bei Luther nachzugehen und festzuhalten, wovon unter dem Begriff des Bildes jeweils eigentlich die Rede ist. Besondere Aufmerksamkeit gilt den Stellen, an denen Luther unvermittelt von Aussagen über geistige oder sprachliche Bilder zu Aussagen, Bildwerke betreffend, übergeht (und umgekehrt), denn diese Übergänge sind bisher kaum registriert und für das Verständnis seiner Haltung in der Bilderfrage ausgewertet worden. Die Analyse der Texte Luthers erschließt wichtige Aspekte seines Umgangs mit Bildern (aller Art), insbesondere die Tendenz Luthers, durch sie »hindurchzusehen«. Um die Tragweite dieser Tendenz zu verdeutlichen, stelle ich komplementär neben eine »Bildbetrachtung« Luthers die Betrachtung

1 Zur Vielfalt der unter den Bildbegriff fallenden Phänomene vgl. W. J. T. MITCHELL, Was ist ein Bild? (in: Bildlichkeit, hg. v. V. BOHN, 1990, 17–68); O. R. SCHOLZ, Art. Bild (Ästhetische Grundbegriffe 1, 2000, 618–669), insbes. 620–623. – Zu Luthers Umgang mit Sprache vgl. A. BEUTEL, B. IV. 4. Sprache (in: Luther Handbuch, hg. v. A. BEUTEL, 2005, 249–256); J. WOLFF, Metapher und Kreuz. Studien zu Luthers Christusbild (HUTh 47), 2005.

2 Vgl. z. B. WA 42; 294,32–35 (Genesis-Vorlesung 1535–45).

einer zeitgenössischen Altartafel (Exkurs I: Der Tauberbischofsheimer Altar). Etliche Texte aus den 1530er Jahren – nach dem Ende der unmittelbaren Auseinandersetzung mit den Ereignissen des Wittenberger Bildersturms – setzen neue Akzente, sowohl im Umgang mit Bildern, als auch hinsichtlich der Rechtfertigung des Bildgebrauchs. Besonders interessant sind die Bezugnahmen Luthers auf einen aristotelischen erkenntnistheoretischen Grundsatz, dessen Inhalt und Rezeptionsgeschichte in einem weiteren Exkurs zu umreißen ist (Exkurs II: …οὐδέποτε νοεῖ ἄνευ φαντάσματος ἡ ψυχή).

1519: 14 Trostgründe wie Bilder auf einer Tafel und Christus am Kreuz als Bild des Lebens

Für beide Trostschriften, die Luther im Jahr 1519 als Auftragswerke verfasst hat, ist der Begriff des Bildes ein zentraler. Luther selbst vergleicht die »Tessaradekas Consolatoria pro laborantibus et oneratis« (WA 6; 104–134) in seinem Widmungsbrief an Friedrich den Weisen mit einer Tafel (*tabula*), auf der (anstelle der 14 Heiligen) 14 Kapitel wie Bilder (*imagines*) angeordnet sind. Nicht silbern jedoch sei die Tafel und Schmuck der Wände, sondern geistlich (*spiritualis*). Durch die »Betrachtung« (*consideratio*) der »Bilder« soll das gegenwärtige Unglück gelindert werden.[3] Anschließend betrachtet Luther die Übel (*mala*) und die Güter (*bona*) »in mir«, »vor mir«, »hinter mir«, »unter mir«, »zu meiner Linken«, »zu meiner Rechten« und »über mir«. Es handelt sich jeweils um komplexe Inhalte (Erwägung des *infernum*, das der Mensch in sich selbst hat, der zukünftigen Übel usw.),[4] die Luther in den Überschriften *spectra* nennt. Luthers Ausführungen sind fast überall sehr allgemein, enthalten nur wenige konkrete Beispiele und keine detaillierten Schilderungen. Insgesamt sind diese *spectra* also eher unanschaulich,[5] obwohl Luther einzelne Gedanken bildhaft aus-

3 WA 6; 106,6–14.

4 Vgl. die Übersicht bei Th. Heckel, D. Martin Luther: Vierzehn Tröstungen für Mühselige und Beladene, 1948, 28f.

5 F.W. Kantzenbach, Bild und Wort bei Luther und in der Sprache der Frömmigkeit (NZSThR 16, 1974, 57–74), 63: »Das Bildhafte tritt zurück, […] Man kann von einer Entsinnlichung und Vergeistigung der Bilder sprechen.«

drückt. Die Betrachtung des Gekreuzigten (*Caput septimum de septimo spectro quod est malum supernum seu supra nos*) beginnt in der Sprache des Hohenliedes mit der Erhebung des Herzens als Aufstieg *in montem myrrhae.* Trostgrund ist für Luther zunächst, dass durch Christi *passio* alles Leid und sogar der Tod geheiligt und »mit Süße erfüllt«[6] sei. Deshalb gleichen nun Leid und Tod der Christen zwar der *species* nach, in ihrer Gestalt bzw. Erscheinung, allem anderen Leid und Tod, tatsächlich aber ist für die Christen der Tod Beginn des Lebens.[7] Luther will hier also in eine »Betrachtung« des Todes »gegen den Augenschein« einüben. Am Leser selbst allerdings liegt es, sich die *consideratio* anzueignen und zu konkretisieren. Abgeschlossen wird die Trostschrift durch die Betrachtung des Auferstandenen (*Caput septimum de spectro septimo quod est bonum supernum seu super nos*). Luther spricht von der Vernichtung der Sünde, dem Sieg über Hölle und Tod und von Christus dem König der Herrlichkeit, der uns dies alles zueignet. All das bleibt völlig unanschaulich; dennoch gilt: »vel hoc unum spectrum, si nulla sint alia, tanta nos potest consolatione imbuere, si bene et corde intento spectetur, ut non modo malis nostris non doleamus sed etiam gloriemur in tribulationibus.«[8]

Auch im »Sermon von der Bereitung zum Sterben« (WA 2; 685–697) geht es zentral um die Betrachtung von Bildern. Im Sterben soll der Mensch die schrecklichen, grässlichen, unerträglichen Bilder des Todes, der Sünde und der Hölle nicht so betrachten, dass sie ihn überwältigen. – Der Begriff des Bildes bezeichnet hier eine Gesamtheit von Erfahrungen, die jeder Einzelne mit dem Tod, der Sünde, der Hölle gemacht hat, alle Erinnerungen, Vorstellungen und Ängste, die sich mit den Gedanken an Tod, Sünde und Hölle verbinden. Diese »Bilder« haben also überhaupt keine bestimmte Gestalt (obwohl sie für jeden Einzelnen auch Konkretes umfassen können), und Luther umreißt sie nur sehr allgemein, sie sind

6 WA 6; 117,36f: »Nihil est quod haec passio non dulcoret, etiam mortem.«

7 WA 6; 118,28–32: »Ita iusti visi sunt oculis insipientium mori, illi autem sunt in pace, similes sumus morientibus, nec alia est species nostrae mortis quam aliorum, res tamen alia est: nobis enim mortua est mors. Ita et omnes aliae passiones similes sunt passionibus aliorum, sed specie tantum, verum reipsa passiones nostrae sunt impassibilitatis initia, sicut mors initium vitae.«

8 WA 6; 134,5–7.

auch so eindringlich genug. – Gerade im Sterben also soll man diese »Bilder« nicht ansehen, ohne durch sie »hindurchzusehen«,[9] was nicht anders als im Blick auf Christus geschehen kann: »Wie geht aber das zu? Es geht alßo zu Du must den tod yn dem leben die sund yn der gnadenn die hell ym hymell ansehen.«[10] Denn Christus hat den Tod erlitten und doch überwunden, er hat am Kreuz die (»deine«) Sünde getragen und überwunden, er hat »deine« Hölle erduldet und überwunden: Am Kreuz hat er so sich selbst zum dreifältigen Bild des Lebens, der Gnade und des Himmels gemacht.[11] Dem Glauben ist Christus das lebendige »Gegen-Bild« gegen die Bilder des Todes, der Sünde und der Hölle.[12] Luther stellt gleichsam den Gekreuzigten »vor Augen«, das heißt: vor die inneren Augen der Vorstellung; Voraussetzung, sich dem »Bild« Christi zuzuwenden, ist keineswegs, dass etwa durch irgendein Bildwerk (ein Kruzifix oder eine Tafel mit einer Darstellung des Gekreuzigten) irgendetwas (ein Mann an einem Kreuz) tatsächlich sichtbar sein müsste.[13] Und der »Inhalt« des Bildes –

9 WA 2; 688,29f: »Ja wo sie allein seyn an [ohne] durch sehen yn ander bild gehoren sie nyrgen hin.«

10 WA 2; 688,34–36; vgl. aaO 689,3–10: »Du must den todt nit yn yhm selbs noch in dir odder deyner natur noch yn denen die durch gottis zorn getodtet seyn die der todt vbir wunden hatt ansehen odder betrachten du bist anders vorloren vnd wirst mit yhm vbir wunden Sondern deyn augen deyns hertzens gedancken vnnd alle deyne syn gewaltiglich keren von dem selben bild vnd den todt starck vnd emsig ansehen nur yn denen die yn gottis gnaden gestorben vnd den todt vbir wunden haben furnemlich yn Christo darnach yn allen seynen heyligen.«

11 WA 2; 691,12f: »Am Creutz dan doselb hatt er vnß sich selbs bereyt eyn dreyfeltig bild vnßerm glauben furzuhalten.«

12 WA 2; 691,15–21: »Er ist das lebendig vnd vnsterblich bild widder den tod den er erlitten vnd doch mit seyner vfferstand von den todtenn vbirwunden yn seynem leben. Er ist das bild das gnaden gottis widder die sund die er auff sich genommen vnd durch seynen vnuberwindlichen gehorsam vbirwunden. Er ist das hymelisch bild der vorlassen von gott alß ein vordampter vnd durch seyn aller mechtigist liebe die hell vbirwunden bezeugt daß er der liebst sun sey vnd vnß allen dasselb zu eygen geben ßo wir alßo glauben.«

13 Die Frage nach dem Recht oder Wert von Bildwerken beschäftigt Luther hier noch nicht. Von seinen späteren Äußerungen her könnte man allgemein sagen, dass Luther nichts gegen ein entsprechendes Bildwerk einzuwenden hätte bzw. dass er es für nützlich halten könnte.

»vnßer tod sund vnd hell sey vnß yn yhm [in Christus] vbirwunden vnd mug vns nit schaden«[14] – ist sowieso nicht etwas, das irgendwo unmittelbar sichtbar sein könnte. Das Bild Christi, das Bild des Gekreuzigten, das »yn vnß alleyn sey«,[15] ist also ein Bild des Glaubens, ein seinem Wesen nach unsichtbares, nicht mit den Sinnen wahrnehmbares »Bild«.

Bevor die späteren Differenzierungen Luthers erörtert werden, ist nun zunächst, der Chronologie entsprechend, die Phase der unmittelbaren Auseinandersetzung mit den Bilderstürmern zu rekapitulieren. In diesem Bilderstreit ging es nun ganz handgreiflich um tatsächlich vorhandene Bildwerke.[16] Im Zusammenhang dieses Aufsatzes interessiert weniger die theologische Argumentation als Ganze,[17] sondern vor allem Luthers persönliches Verhältnis zu Bildwerken.

1522–1525: Luther im Bilderstreit

Mit den Invocavitpredigten (WA 10,3; 1–64) vom 9.–16. März 1522 greift Luther direkt in die Wittenberger Unruhen ein, seine Ausführungen zur Bilderfrage reagieren insbesondere auf den Bildersturm in der Stadtkirche.[18] Grundsätzlich wird klargestellt, dass Bildwerke zu den Dingen gehören, die man als Christ haben oder nicht haben kann; »wie wol es besser were wir hetten sie gar nicht.«[19] Bildwerke zu verehren, ist verboten. Aber gegen die Behauptung, ihre Zerstörung wäre geboten und notwendig, betont Luther, dass äußere Dinge dem Glauben keinen Schaden zufügen können. Das

14 WA 2; 692,19f.

15 AaO 692,20.

16 Aus der Fülle der Literatur zum Bilderstreit der Reformationszeit seien genannt: Bilder und Bildersturm im Spätmittelalter und in der frühen Neuzeit (hg. v. B. Scribner), 1990; Bildersturm – Wahnsinn oder Gottes Wille? (hg. v. C. Dupeux/P. Jezler/J. Wirth), 2000.

17 Zu Luthers Haltung in der Bilderfrage vgl. H. von Campenhausen, Die Bilderfrage in der Reformation (in: Ders., Tradition und Leben. Aufsätze und Vorträge, 1960, 361–407); M. Stirm, Die Bilderfrage in der Reformation, 1977; W. von Loewenich, Art. Bilder VI. Reformatorische und nachreformatorische Zeit (TRE 6, 1980, 546–557); C.M.N. Eire, War against the Idols, 1986, 54–73; J. Cottin, Das Wort Gottes im Bild, 2001, 251–273.

18 Vgl. H. Junghans, Acht Sermone D.M. Luthers von ihm gepredigt zu Wittenberg in der Fasten (in: Martin Luther Studienausgabe, Bd. 2, hg. v. H.-U. Delius, 1982, 520–525).

19 WA 10,3; 26,6.

Hauptproblem der bisherigen Praxis sieht Luther in der Meinung der Stifter, das Aufstellen eines Bildwerkes in der Kirche sei ein verdienstliches Werk, »welchs dann rechte abgoetterey ist.«[20] Demgegenüber hält Luther die Gefahr wirklicher Anbetung für gering, »dann ich vermeyn es sey kein mensch oder jr gar wenig, der nit den verstandt hab, das crucifix das da steet ist mein got nicht, [...] sonder nur ein zeychen.«[21] Bilder an sich sind weder gut noch böse. Die einzige positive Aussage über die Bildwerke lautet, »das ein mensch mag sein, das die bilde mag recht gebrauchen.«[22]

Auch 1525, in »Wider die himmlischen Propheten, von den Bildern und Sakrament« (WA 18; 62–125), steht die Auseinandersetzung mit den Argumenten und Forderungen der Gegner im Vordergrund. Luther hält noch einmal fest: »wo sie [die Bildwerke] aus dem hertzen sind, thun sie fur den augen keynen schaden.«[23] Falsch sei es, Bildwerke aufzustellen in der Meinung, damit ein verdienstliches Werk zu tun; genauso falsch aber, Bildwerke zu beseitigen in der Meinung, damit ein verdienstliches Werk zu tun. Das erste Gebot zielt auf die alleinige Verehrung Gottes und verbietet Bildwerke, die angebetet werden, »Wo aber bilde odder seulen gemacht werden on abgötterey, da ist solchs machen nicht verbotten,«[24] »sofern ichs nicht anbete, sondern eyn gedechtnis habe.«[25] Eine Zusammenfassung lautet schließlich: »Nu begeren wyr doch nicht mehr, denn das man uns eyn crucifix odder heyligen bilde lasse zum ansehen, zum zeugnis, zum gedechtnis, zum zeychen.«[26] Während die westliche theologische Tradition von Funktionen der Bildwerke in der Kirche für *instructio, memoria* und *devotio* spricht,[27] bleiben Luthers Bestimmungen hier ziemlich

20 AaO 31,4f.
21 AaO 31,6–9.
22 AaO 35,10f.
23 AaO 67,12f.
24 WA 18; 69,26–28.
25 AaO 70,25f.
26 AaO 80,6f.
27 Vgl. z.B. THOMAS VON AQUIN, Super Sent., lib. 3 d. 9 q. 1 a. 2 qc. 2 ad 3: »Fuit autem triplex ratio institutionis imaginum in Ecclesia. Primo ad instructionem rudium, qui eis quasi quibusdam libris edocentur. Secundo ut incarnationis mysterium et sanctorum exempla magis in memoria essent, dum quotidie oculis repraesentantur. Tertio ad excitandum devotionis affectum qui ex visis efficacius incitatur quam ex auditis.«

undeutlich, im Vordergrund scheint für ihn zunächst die Gedächtnis-Funktion der Bildwerke zu stehen. Weiter unten im Text heißt es dann in Hinblick auf Illustrationen zu biblischen Geschichten, diese könnten an den Wänden so wenig schaden wie in den Büchern, eingefügt ist der Hinweis auf ihre Funktionen »umb gedechtnis und besser verstands willen«.[28] Bemerkenswert ist die anschließende Rechtfertigung des Kruzifix:

»So weys ich auch gewiss, das Gott will haben, man solle seyne werck hören und lesen, sonderlich das leyden Christi. Soll ichs aber hören odder gedencken, so ist myrs unmöglich, das ich nicht ynn meym hertzen sollt bilde davon machen, denn ich wolle, odder wolle nicht, wenn ich Christum hore, so entwirfft sich ynn meym hertzen eyn mans bilde, das am creutze henget, gleych als sich meyn andlitz naturlich entwirfft yns wasser, wenn ich dreyn sehe, Ists nu nicht sunde sondern gut, das ich Christus bilde ym hertzen habe, Warumb sollts sunde seyn, wenn ichs ynn den augen habe?«[29]

Luther spricht zunächst von inneren Vorstellungen, die sich unvermeidlich einstellen, wenn von Geschehnissen oder Personen berichtet wird. Er vergleicht sie mit dem Spiegelbild des eigenen Antlitzes im Wasser, das nach den Gesetzen der Optik entsteht. Der Vergleich von Vorstellungsinhalten mit optischen oder mechanischen Abbildern ist in der mittelalterlichen Tradition geläufig, er dient der Beschreibung des Verhältnisses zwischen Vorstellungsinhalten und Sinneswahrnehmungen bzw. Wahrnehmungsobjekten.[30] Das Entstehen komplexer innerer Vorstellungen ist durch diese Beschreibung nicht erfasst. Christus ist nun sowieso

28 WA 18; 82,27–29: Luther gewinnt ein Argument gegen die Bilderstürmer daraus, dass auch sie seine Bibelübersetzungen besitzen, ohne sich an den in den Büchern befindlichen Holzschnitten zu stören. – Das Septembertestament von 1522 war mit Autorenbildern der Evangelisten, einem Pfingstbild vor der Apostelgeschichte, Autorenbildern vor den Briefen und vor allem mit einem umfangreichen Bildzyklus zur Apokalypse ausgestattet. Auch die 1523–1524 erschienenen Teil-Ausgaben des Alten Testamentes enthielten etliche illustrierende Holzschnitte, vgl. Ph. SCHMIDT, Die Illustration der Lutherbibel, 1962.

29 WA 18; 83,6–13.

30 Im Mittelalter wurde sowohl die Entstehung von Vorstellungsbildern als auch deren Bedeutung für Erinnern, Denken und Streben in den Kommentaren zu den entsprechenden Werke des Aristoteles erörtert, zum Ganzen s.u. Exkurs II.

nicht Objekt der Sinneswahrnehmung, und es ist auch keineswegs selbstverständlich oder notwendig, sich die Gestalt oder das Antlitz Jesu, von dessen Aussehen die Evangelien ja nichts berichten, beim Hören oder Lesen dieser Texte in festgelegter Weise (oder überhaupt bildnishaft-individuell) vorzustellen.[31] Dass auch für Luther der entscheidende Aspekt des »Christus bilde ym hertzen« gerade nicht irgendeine Vorstellung von seiner äußeren Gestalt ist, wird die weitere Analyse seiner Texte immer wieder erweisen. Seine eigene, sich selbstverständlich einstellende Vorstellung eines »mans bilde, das am creutze henget«, ist wohl in erster Linie geprägt durch die Bildwerke, denen er begegnet ist. Der letzte Satz schließlich zeigt, dass Luther die Bildwerke als solche, als materielle Dinge, die ›etwas‹ durch ›etwas‹ in einer spezifischen Weise sehen lassen,[32] gar nicht richtig bemerkt.

1529: Luther als Herausgeber einer Bilderbibel

In die Ausgabe seines Betbüchleins von 1529 hat Luther das »Passional« mit aufgenommen, einen Zyklus von 50 Holzschnitten, der die ganze biblische Geschichte von der Schöpfung bis zum Jüngsten Gericht umfasst, jedem der Holzschnitte hat Luther einen kurzen zusammenfassenden Text gegenüber gestellt.[33] In seiner Vorrede zu dieser »Bilderbibel« heißt es: »Ich habs für gut angesehen, das alte Passional büchlein zu dem bettbüchlein zu thun, allermeist umb der kinder und einfeltigen willen, welche durch bildnis und gleichnis besser bewegt werden, die Göttlichen geschicht zu behalten, denn durch blosse worte oder lere, wie Sant Marcus bezeuget, das auch Christus umb der einfeltigen willen eitel gleichnis fur ihn gepredigt habe.« Luther erläutert den Nutzen der Holzschnitt-Folge mit dem traditionellen Verweis auf die Gedächtnis-Funktion von Bildwer-

31 Vgl. G. Lange, CHRISTOS POLYMORPHOS. Die Vorstellung von der Vielgestaltigkeit Jesu und ihre religionspädagogische Relevanz (in: … kein Bildnis machen: Kunst und Theologie im Gespräch, hg. v. Ch. Dohmen u. Th. Sternberg, 1987, 59–67).

32 Vgl. z. B. G. Boehm (Hg.), Was ist ein Bild?, 1994.

33 WA 10,2; 458–470; vgl. die Faksimile-Ausgabe des Betbüchleins nach dem Exemplar der Stadtbibliothek Lindau: Martin Luther, Ein Betbüchlein mit Kalender und Passional, mit einem Nachwort von F. Schulz, 1982.

ken gerade für die »kinder und einfeltigen«. Konkret geht es um die Darstellung biblischer Geschichten in zweidimensionalen »Bildnissen«, was Luther für unproblematisch hält: »Die [...] Bilder, da man allein sich drinne ersihet vergangener Geschicht und Sachen halben als in einem Spiegel, Das sind Spiegel Bilde, die verwerffen wir nicht.«[34] Luther kennzeichnet hier also ein Bildwerk, das eine vergangene Geschichte darstellt, einfach als »Spiegelbild« dieser Geschichte, das quasi nicht von einem nach den Gesetzen der Optik entstehenden zu unterscheiden ist. Auch in der Kunsttheorie der Renaissance findet sich der Gedanke, dass »das Kunstwerk die unmittelbare und getreue Darstellung eines Naturgegenstandes« sei.[35] Die Künstler nutzten mathematisch-physikalische, anatomische und botanische Kenntnisse zur Darstellung des Raumes und der Einzeldinge; erörtert wurde aber auch, dass bloße mechanische Wiedergabe vorhandener Wirklichkeit kein Kunstwerk ergibt.[36]

Klar ist, dass Darstellungen »vergangener (biblischer) Geschichten« nichts anderes als konkrete »ausgewählte« Ansichten bieten. Sie sind vom Künstler als »Abbilder« gemäß seiner inneren Vorstellung, unter den Bedingungen des Materials und seiner »Zeit« gestaltete Dinge,[37] die den zunächst nur durch das Wort zur Sprache gebrachten *historien* überhaupt erst Sichtbarkeit verleihen. Luther scheint quasi durch die Bildwerke »hindurch« die Geschichten selbst zu »sehen« – ohne das, was dem Auge tatsächlich dargeboten wird, wirklich wahrzunehmen.

34 WA 28; 677,31–33 (1529), im Zusammenhang der Polemik gegen die Bilderstürmer.

35 E. Panofsky, Das Leben und die Kunst Albrecht Dürers, 1977, 325. – Alberti definierte 1435 das Bild (*pictura*) als künstlerische Darstellung eines Querschnittes der Sehpyramide und verglich es mit einem offenen Fenster; in Leonardos (erst 1651 veröffentlichten) Malerei-Traktat von 1490–98 findet sich der Vergleich des perspektivischen Bildes mit einer Spiegelfläche, vgl. Scholz (s. Anm. 1), 645–649. Für einen Überblick über die ältere Kunsttheorie vgl. E. Panofsky, Idea, ²1960.

36 Vgl. z.B. R. Kuhn, Albertis Lehre über die *Komposition* als die *Kunst* in der Malerei (Archiv für Begriffsgeschichte 28, 1984, 123–178); Panofsky, Dürer (s. Anm. 35), 357–378.

37 Luther kann (polemisch) feststellen, dass Bildwerke bloße Gegenstände sind, vgl. z.B. WA 28; 678,21f: »warumb wolt ich nicht ein gemalet tuch ansehen, sehe ich doch wol ein Sawe, Kuhe oder Hund an?« – Eine Bemerkung bei Tisch (WAT 6, Nr. 7035) zeugt von seiner Hochschätzung von Gemälden, die »der Natur so meisterlich und eigentlich nachfolgen, dass sie nicht allein die rechte natürliche Farbe und Gestalt an allen Gliedern geben, sondern auch die Geberde, als lebten und bewegten sie sich.«

Er vergleicht die Bildwerke weiter mit den Gleichnissen Jesu, also mit der »Lehre« vom Himmelreich in geistigen oder sprachlichen Bildern. Seine Auffassung der Gleichnisse als »Bilder« wird weiter unten ausführlicher zu behandeln sein. An dieser Stelle ist noch darauf hinzuweisen, dass Luther die Holzschnitte nicht nur in Hinsicht auf das »Wie« ihres Zeigens, sondern auch in Hinsicht auf die dargestellten Gegenstände offensichtlich mit erstaunlich wenig Sorgfalt betrachtet hat: In einem Fall entspricht die Darstellung überhaupt nicht dem gegenüber stehenden Text,[38] und das Gerichtsbild des Zyklus ist einfach das traditionelle, einschließlich der großen Fürbitter der Menschheit Maria und Johannes.[39] Neu gegenüber der Tradition sind nur der Holzschnitt zur Apostelgeschichte, der als das Wirken der Apostel nichts anderes als Predigt, Taufe und Mahl des Herrn zeigt, und der Abschluss des Zyklus durch eine Darstellung der durchs Land ziehenden Prediger zu Mk 16,16 und Ps 19,5.

Wenigstens erwähnt werden sollen hier noch die in Hinblick auf die von Luther geförderte Praxis des Bildgebrauchs besonders wichtigen, seit Ende der 1520er Jahre in der Cranach-Werkstatt produzierten und vielfach verwendeten Lehrtafeln über das Thema »Gesetz und Evangelium«, auf denen kleine Bild-Zeichen zusammengestellt werden, deren jedes für ein biblisches Ereignis bzw. einen Lehrsatz steht.[40] Für anderes sei auf die Literatur verwiesen.[41]

38 Zum Zyklus gehört – der mittelalterlichen Tradition entsprechend – das Bild des auferstehenden Christus über dem geöffneten Sarkophag; der gegenüberstehende Text spricht vom Engel, der den Stein von des Grabes Tür wegwälzt. – Andernorts, etwa bei den »archäologischen« Holzschnitten zu den Mose-Büchern (Noahs »Kasten« im Passional) ist das Bemühen um genaue Wiedergabe des im Text Beschriebenen erkennbar. – Zeitgenossen berichten über das Mitwirken Luthers bei der Gestaltung der Wittenberger Bibel-Ausgaben (WADB 6; LXXXVII), dass er »die Figuren« zum Teil selber angegeben habe, »wie man sie hat sollen reissen oder malen, Und hat befohlen, das man auffs einfeltigst den inhalt des Texts solt abmalen und reissen, Und wolt nicht leiden, das man uberlei und unnütz ding, das zum Text nicht dienet, solt dazu schmiren.«

39 Dieses traditionelle Gerichtsbild lehnt Luther öfter ausdrücklich ab, vgl. die Auflistung bei Ch. Weimer, Luther, Cranach und die Bilder, 1999, 33.

40 Vgl. H. Belting, Bild und Kult, 1990, 520–522; Weimer (s. Anm. 39), 79–113; H. Reinitzer, Gesetz und Evangelium, Bd. 1 u. 2, 2006.

41 J. Wirth, Le dogme en image: Luther et l'iconographie (Revue de l'art 52, 1981, 9–23);

1531: Christus »in zweyen bylden«

Wir wenden uns wieder Luther dem Prediger zu, der das »Bild« Christi, das »Bild« des Gekreuzigten, »betrachtet«, ohne sich dabei auf irgendein Bildwerk zu beziehen. In der Predigt vom Ostersonntag 1531 (WA 34,1; 271–277) differenziert er die Betrachtung und spricht nicht nur von dem Gekreuzigten als dem Bild des Lebens, der Gnade und des Himmels, sondern lehrt, Christus sei »in zweyen bylden, Mortis et vitae anzusehen.«[42] Das erste Bild, das Todesbild, soll ich so ansehen, dass ich meine Sünden erkenne, die »auff seinem hals liegen«,[43] dass ich mich also als Sünder erkenne, der den Tod verdient hat. »Sed haec effigies est horrenda«, »si so bleiben sol, were der anblick seer bos und schrecklich.«[44] An Ostern jedoch ist diesem Bild ein anderes hinzugefügt worden, das Bild des Lebens und der Gerechtigkeit: »In altera bild video ea [peccata mea] abesse ablataque, ibi non peccatum, sed iustitia, non mors, sed vita«[45], und durch dieses Bild wird mein Herz aufgerichtet. Luther gibt noch eine ausdrückliche Anweisung zur »Bildbetrachtung« (»Igitur haec duo simulachra bene consideretis«[46]): Beide Bilder, Tod und Leben, soll der Christ auf selbst beziehen. Dies ist nicht leicht, da er an sich selbst täglich das Fortbestehen des alten »Bildes« der Sünde und des Todes erfährt.

Luther spricht von den zwei »bylden«, »imagines«, »effigies« oder »simulachra« Christi, von ihrem Anblick usw. – und denkt dabei nicht an materielle Dinge (Bildwerke). Er beschreibt auch keine konkreten Vorstellungsbilder; ›selbstverständlich‹ steht ihm wohl Christus am Kreuz vor dem inneren Auge, »et ista persona ist gleich tod und lebend.«[47] Die

Luther und die Folgen für die Kunst (Kat. Hamburger Kunsthalle, hg. v. W. Hofmann), 1983; R. Wohlfeil, Lutherische Bildtheologie (in: Martin Luther. Probleme seiner Zeit, hg. v. V. Press u. D. Stievermann, 1986, 282–293); I. Schulze, Lucas Cranach d.J. und die protestantische Bildkunst in Sachsen und Thüringen, 2003.

42 WA 34,1; 272,23.

43 AaO 272,13; aaO 272,23–25: »Dis todtsbylde ist alßo anczusehen, das ich also sehe: Das syndt meyne sunden. Si eam sic inspexero, tunc video peccatum.«

44 AaO 272,25; aaO 272,8.

45 AaO 272,13f.

46 AaO 275,26.

47 AaO 273,16; aaO 273,30f: »Credas hanc personam simul mortuam et vivam. Homo moritur, aber der todt bleybet myt seynen zcenen hangen.« – Luther erläutert den Sieg über

wesentlichen Aspekte beider »Bilder« (»meine Sünden« – »mein Leben«) sind nicht visueller Natur.[48]

Im Sinne einer »Gegenprobe« soll nun eine zeitgenössische Altartafel betrachtet werden, die »ebenfalls« Christus *»in zweyen bylden«* zeigt.

Exkurs I: Mathis der Maler, Die Tafeln des Tauberbischofsheimer Altares in Karlsruhe

Die beiden heute in Karlsruhe aufbewahrten Bilder (je 195,5 x 142,5 cm) bildeten ursprünglich Vorder- und die Rückseite einer Altartafel, sie gehören zum Spätwerk des Mathis Gothart Nithart, genannt Matthias Grünewald, um 1475/80–1528, tätig in Franken, am Mittel- und Oberrhein, und werden in die Zeit zwischen 1523 und 1525 datiert.[49] Die Altartafel war zentraler Bestandteil des Aufsatzes des frei am östlichen Ende des Mittelschiffs stehenden Kreuzaltares der Tauberbischofsheimer Pfarrkirche St. Martin (1910 abgebrochen), vom Kirchenschiff aus war Christus am Kreuz zwischen Maria und Johannes (die Vorderseite) zu sehen, während vom Chorraum aus die Kreuztragung Christi vor Augen stand.

Die Vorderseite zeigt keine weiteren Personen außer Christus am Kreuz zwischen Maria und Johannes. Das hoch aufragende Kreuz aus roh behauenen Balken ist nach vorn, ganz nah an Bildrand gerückt, Christus hängt schwer an dem sich durchbiegenden Querbalken. Die von den großen Nägeln durchbohrten Hände sind gespreizt nach oben geöffnet, Christi Haupt ist tief nach vorn und zur Seite gesunken, nur noch im Halbprofil sichtbar und trägt eine mit ihren spitzen Dornen übergroße Dornenkrone.

den Tod mit Hilfe der Unterscheidung der beiden in der Person Christi verbundenen Naturen, der menschlichen, die vom Tod verschlungen wird, und der göttlichen, die den Tod besiegt. Vgl. allgemein M. Plathow, Der geköderte Leviathan (LuJ 70, 2003, 127–147).

48 Die beiden Bilder entsprechen den beiden Weisen, in denen das Wort begegnet (Gesetz und Evangelium). – In der Regel sieht Luther allerdings in Christus allein das Bild des Lebens. Er unterscheidet von dieser Gestalt Christi dann eine weitere, seine Gestalt als unser Vorbild, vgl. WA 41; 55,12–23 (Predigt 11. April 1535), weiteres s. u. Anm. 78.

49 H. Ziermann, Matthias Grünewald, 2001; Grünewald und seine Zeit, Kat. Staatliche Kunsthalle Karlsruhe, 8. Dezember 2007–2. März 2008, 2007 (mit der älteren Literatur).

Über ihm, noch unterhalb des Querbalkens, die Tafel mit der Aufschrift INRI. Der kräftige Körper ist über und über mit Wunden bedeckt, die Haut im Tode bleich und ins grünliche verfärbt. Das hell-weiße Lendentuch ist (noch stärker als im Isenheimer Kreuzigungsbild) zerfetzt, die gestreckten Beine erscheinen verkrampft, die Füße sind mit einem riesigen Nagel an den Block am Balken genagelt. Links Maria, mit geneigtem Haupt unter dem Kreuz stehend, rechts Johannes, fassungslos zu seinem Herrn aufsehend, durch tief zerklüftete Faltenwürfe seines zerrissenen Gewandes charakterisiert. Hinter den Figuren eine karge düstere Landschaft, oben der total verfinsterte Himmel. Sichtbar ist nichts als Leiden und Tod.

Die infolge einer ungünstigen neuzeitlichen Aufstellung stark beschädigte Rückseite zeigt den sein Kreuz tragenden Christus im Augenblick seines Zusammenbrechens, unter den wilden Schlägen der Schergen, die auf ihn eindringen. Das Geschehen, an dem der Betrachter gleichsam teilnimmt,[50] ereignet sich vor einer Architekturkulisse, einer Gebäudefront mit drei Pfeilern und Architrav, zwischen zwei Toren, von denen das linke dunkel ist, während das rechte sich hell in die Landschaft, zur Hinrichtungsstätte hin, öffnet. Der Architrav fungiert als Träger einer Inschrift, man liest: ESAIAS 53 ER IST UMB UNSER SUND WILLEN GESCLAGEN. Grünewald, in dessen Nachlass sich Predigten und Schriften Luthers befanden,[51] könnte Verse aus Jes 53 in deutscher Sprache bei Luther gelesen haben, insbesondere im »Sermon von der Betrachtung des heiligen Leidens Christi« von 1519, allerdings stimmt die Inschrift mit keiner der dort gegebenen Formulierungen völlig überein.[52] Der Vers aus Jes 53 ist dort Anleitung zur rechten Betrachtung des Leidens Christi: »Die bedencken das leyden Christi recht, die yhn also ansehn, das sie hertzlich darfur erschrecken […]. Das erschrecken sol da her kummen, das du sihest den

50 Vgl. K. van den Berg, Die Passion zu malen: zur Bildauffassung Grünewalds, 1997.

51 Das Nachlass-Verzeichnis von 1528 notiert »[…] item 27 predig Lutters ingebunden … item das nu testament ingenbunden und sunst viel scharteken luterich […]«, vgl. R. Marquard, Mathias Grünewald und die Reformation, 2009, Anhang. – Luthers Jesaja-Übersetzung erschien erst im Herbst 1528.

52 Zur Frage der Herkunft des Jesaja-Zitates vgl. K. Arndt u. B. Moeller, Die Bücher und letzten Bilder Mathis Nithardt-Gothardts, des so genannten Grünewald (in: Kat. Das Rätsel Grünewald, 2002, 45–60).

gestrengen zorn und unwanckelbaren ernst gottis uber die sund und sundere, das er auch seynem eynigen allerliebsten sun hat nit wollen die sunder loß geben, er thette dan fur sie eynn solche schwere puß, als er spricht durch Isaiam 53. Umb der sund willen meyns volcks hab ich yhn geschlagen.«[53] Die Betrachtung des Leidens Christi bewirkt so die Erkenntnis der eigenen Sünde. Diese Selbsterkenntnis »erwürgt den alten Adam«.[54]

Die Inschrift auf dem Architrav also deutet das Geschehen – ohne das Wort wäre nichts als Grausamkeit und Ausgeliefertsein wahrnehmbar. Der Betrachter erkennt sich nun angesichts des leidenden Christus (wenn er sich an das Wort hält) als der Sünder, der den Tod verdient. Ein traditionelles Thema der Retabel-Rückseiten, das Gericht Gottes (an das an dieser Stelle häufig eine Darstellung des Jüngsten Gerichtes erinnerte), ist hier also auf neue Weise behandelt. Die Vorderseiten der Retabel stellten traditionell die Gegenwart des Heils vor Augen. Hier zeigt das Bild den toten Christus am Kreuz, es zeigt das Perfekt des »Es ist vollbracht.« Ein deutendes Wort jedoch fehlt auf der Kreuzigungstafel. Es gibt in diesem Bild keinen Hinweis auf die Bedeutung dieses Todes oder die Zukunft der Auferstehung. (Noch im Isenheimer Kreuzigungsbild gibt es solche Hinweise – nicht in der Darstellung des Gekreuzigten selbst, aber in Johannes dem Täufer, im Lamm und im Wort der Inschrift.) Hier zeigt der Maler nichts als den Tod. Am Betrachter allein liegt es, gegen den Augenschein zu glauben. Denn auch nach dem »Es ist vollbracht« ist die Erlösung nicht sichtbar,[55] vor diesem Bildwerk gilt gerade nicht, »[…] unnd sihest itzt keyne wunden, keyne schmertzen an yhm«,[56] dieses Bildwerk konfrontiert den

53 WA 2; 137,10–16.

54 AaO 139,15f: »Hie wircket das leyden Christi seyn rechtes naturlich edels werck, erwurget den alten Adam.« – Aus Jesaja 53 wird im Traktat noch ein zweites Mal zitiert, und zwar im Zusammenhang der Wendung zum Gedanken der Rechfertigung durch Christi Auferstehung (AaO 140,6–9.20–22): »Da wirffestu deyn sunde von dir auff Christum, wan du festiglich gleubst, das seyne wunden und leyden seyn deyn sunde, das er sie trage und bezale, wie Jsa: 53. sagt: Gott hatt unßer aller sund auff yhn gelegt, […] sie seynd durch seyn aufferstehend vorschlungen unnd sihest itzt keyne wunden, keyne schmertzen an yhm, das ist keyner sunde anzeygung.«

55 Ziermann (s. Anm. 49), 184, sieht die »zu glühender Farbe geronnene Klage über das Elend einer Welt, die auch nach diesem Tod auf Golgotha nicht erlöst ward.«

56 WA 2; 140,21f, s.o. Anm. 54.

Betrachter mit der radikalen Verborgenheit des »Bildes des Lebens, der Gnade und des Himmels«. Indem es sozusagen der Verborgenheit Gottes Sichtbarkeit verschafft, fordert es bei dem Betrachter, der sich bewegen lässt, die Frage nach Gott heraus, »ruft« es »nach dem Wort«,[57] durch das allein das Evangelium verkündet wird, denn das Bildwerk selbst predigt nicht. Luther predigt, und seine Predigt ist öfter nichts anderes als die Aufforderung, mit Hilfe von Bildern durch ein Bild hindurch »ein anderes Bild« zu sehen.

1532: Bilder in der Natur und im Leben des Menschen

Die Predigt vom 4. Adventssonntag 1532 über 1Kor 15,36f,[58] über die Antwort des Paulus auf die Frage nach dem Auferstehungsleib mit der Metapher vom Samenkorn, würdigt diese metaphorische Rede ganz ausdrücklich als ein Bild: »Und sihe, wie S. Paulus hie ein köstlicher Maler wird, malet und schnitzet die Aufferstehung jnn alles, was da wechst auff erden, [...] Das nimpt er alles zum exempel odder gemeld, darinn er diesen Artikel will einbilden und allenthalben fur augen stellen.«[59] Die Begriffe »Bild«, »Gleichnis«, »similitudo«, »Exempel« und auch »Gemälde« sind in diesem Zusammenhang äquivalent: Paulus stellt den Glaubensartikel von der leiblichen Auferstehung »vor Augen«, indem er auf Dinge der Natur – das Samenkorn, dessen Aussaat und Aufwachsen – weist und behauptet, der irdische Leib sei so ein Samenkorn. Damit »malt« und »schnitzt« er die Auferstehung: Die Aussaat des Kornes ist – bei rechter Betrachtung – ein Bild des Todes, dem die Auferstehung verheißen ist. Das, was hier zum Bild wird, sind Dinge bzw. Vorgänge der Natur, die jeder mit seinen Sinnen wahrnehmen kann. Dem allerdings, der nicht glauben will, »dem predigt man auch wohl vergeblich durch gleichnis und bild.«[60] Von sich aus verkünden die Dinge der Alltagswelt nichts. Auch die Heiden und Philoso-

57 Vgl. F. Boespflug O.P., Das Bild und die Stimme (in: Wozu Bilder im Christentum, hg. v. A. Stock, 1990, 161–173).

58 WA 36; 638–649. Zur Predigt vgl. G. Ebeling, Des Todes Tod. Luthers Theologie der Konfrontation mit dem Tode (1987) (in: Ders., Theologie in den Gegensätzen des Lebens [Wort und Glaube Bd. 4], 1995, 610–642).

59 WA 36; 639,24–28.

60 AaO 639,31f.

phen haben diese Vorgänge der Natur gesehen und beschrieben, ohne sie doch als Gleichnis der Auferstehung zu verstehen; sie konnten nicht sehen, »das dieser Artikel darinn fürgemalet sey.«[61] Ohne das Wort der Verkündigung also sind diese »Bilder« nicht verständlich, sind sie gar keine Bilder der Auferstehung.

Dem aber, der dem Wort glaubt, dass »Christus aufferstanden sey, und wir durch jn auch aufferstehen werden, dem dienen solche bild auch wol, gleich als seiden tüchlin odder scharnützlin, darein er diesen Artikel fasse und mit sich trage, Denn dazu pflegt man gleichnis und bilde zu füren, das man die lere deste bas fasse und stets jm hertzen trage.«[62] Luther unterscheidet also zwischen dem Wort, das die Auferstehung direkt verkündet, und dem »Bild« (die Rede ist hier wohlgemerkt nicht von Bildwerken!), in welches dieser Glaubenssatz wie ein köstliches Kleinod, das in ein Tüchlein gewickelt wird, eingefasst werden kann:[63] »Al die gleichnis sunt scharnitzel und thuchlein, da mans fein ein fassen kann pro vulgo.«[64] Solche Bilder, die »Tüchlein«, in welche das Kleinod des Glaubenssatzes gefasst wird, sind nach Luthers hier greifbarer Auffassung sehr nützlich, aber doch nicht unbedingt notwendig.[65]

61 AaO 646,24.

62 AaO 640,15–19.

63 Vgl. auch aaO 646,16–20: »sie [die Christen] sehen nicht daran [an den Dingen der Natur], wie sie fressen wollen als die sew, sondern Gottes werck darinn furgemalet, das er uns thun wil, und diesen Artikel also darinn fassen als ein köstlich kleinot, jnn ein tüchlin gewicklet, damit unsern glauben zu stercken und befestigen, den wir zuvor jnn der schrifft gegründet haben.«

64 AaO 640,10–641,11.

65 Der Gedanke, dass »ein Schatz« in »Tüchlein« zu finden ist, war für Luther auch schon in einem anderem Zusammenhang wichtig, in Weihnachtspredigten der frühen 1520er Jahre: Das Zeichen, das die Engel den Hirten gegeben haben (Lk 2,12), hat einerseits seinen historischen Sinn, darüber hinaus auch eine übertragene Bedeutung: »Maria ist ein figur der Christenheit, das ist aller Christen, faßett und wickellt das newgeporen kindt in eyn leiplich wortt des Euangelii und der zcusagung« (WA 9; 534,18–20). – Die Tüchlein, in die Christus eingewickelt ist, sind also die Worte der hl. Schrift. – Luther kann den Gedanken zwar auf das AT beschränken: »Die tüchle sind nit anders denn die heylige schrifft, darynnen die Christliche warheyt gewickellt ligt, da findt man den glauben beschrieben. Denn das gantz allte testament hatt nitt anderß ynn sich denn Christum, wie er von Euangelio gepredigt ist« (WA 10,1,1; 80,4–7), dann gilt wiederum: »Christus

Auch aus weiteren Dingen des täglichen Lebens macht die Schrift Bilder: So »malt« sie Christus und seine Christenheit als Bräutigam und Braut.[66] Solche Bilder prägen sich dem Herzen ein, »das es lieblich und fein zu behalten ist denen, die da gleuben.«[67] Wer die Dinge der Welt so dem Wort der Schrift nach als Bilder der Glaubensartikel ansieht, dem stellt ihr Anblick das vor Augen, was nicht sichtbar ist.

Diesen Bildern der Glaubensartikel eignet darüber hinaus eine spezifische Wirkkraft: Dem in diese Bilder »hineinversetzten« Menschen (der sich selbst als ein Saatkorn versteht, oder als Braut Christi usw.) vermitteln diese eine neue Erfahrung des eigenen Lebens und Sterbens. Denn mit seinen Sinnen kann der Mensch etwa an den toten Leibern seiner Lieben nichts weiter wahrnehmen als eben den Tod, und es gilt, »nicht nach unserm sehen und fülen zu richten, sondern nach Gottes wort.«[68] »Darumb ist S. Paulus ein köstlicher meister, das er diesen Artikel so fein und lieblich fur bilden kann, Denn solch gemeld hette kein mensch nimer mehr konnen treffen, das er aus dem, so alle welt fur tod achtet, ein bilde des lebens machete.«[69] Wir müssen entsprechend »die augen leutern, das

muß tzuuor ym Euangelio gehortt werden, alß denn sihet man, wie feyn das gantz allt testament auff yhn alleyn stymmet und reymet sich ßo lieblich« (aaO 81,20–22); Luther kann den Gedanken aber auch in Bezug auf die ganze Schrift festhalten: »Christus ist ynn der schrifft eyngewickelt durch und durch, gleych wie der leyb ynn den tuchlein. Die krippen ist nu die predigt, darynn er ligt und verfasset wirt, und daraus man essen und futter nympt« (WA 12; 418,24–26). Dann sind die »Tüchlein« quasi das *verbum externum*, und Christus ist nicht woanders als in diesen »Tüchlein« zu finden; zum Thema des äußeren und inneren Wortes als ganzem vgl. A. BEUTEL, In dem Anfang war das Wort. Studien zu Luthers Sprachverständnis (HUTh 27), 1991, 372–406.

66 WA 36; 640,20–23; vgl. auch WA 27; 387,1–5 (Hochzeitspredigt 26. Oktober 1528): »Sic facit [Christus] in isto Eungelio: hat er ein bild fur sich genomen, quod teglich fur augen ist et mundo frolich. Quando vides sponsam et sponsum, inspice pro bild, das got gemallet hat, [...] Multi sunt qui in nuptiis sunt, sed quot, qui cogitant quid significant nuptiae, quae sunt dei gemelt und bilde?«

67 AaO 640,22f. – Weitere aus der Natur und dem täglichen Leben genommene Bilder sind etwa die Glucke, die ihre Küken unter ihre Flügel nimmt, z.B. WA 10,3; 136,26f (Predigten des Jahres 1522), oder unser tägliches Aufstehen vom Schlaf am Morgen, WA 49; 360,2–7.18–21 (Predigten des Jahres 1544).

68 AaO 642,23.

69 AaO 642,38f-643,17f.

wirs nach Gottes wort ansehen und davon reden können.«[70] Eine neue Sprache also ist zu lernen,[71] aber Luther spricht eben auch von einem neuen »Sehen«[72] – einem »Sehen«, das allerdings nur mit »weiter aufgesperrten Augen« geschieht,[73] und für das die schöpferische Energie des Bildes,[74] in welches der Mensch hineinversetzt wird und in welchem er sich selbst auf neue Weise sieht, eine entscheidende Rolle spielt: »Ipse [Paulus] optime pingit, ut sinnlich gedanken exueret et divinas indueret, quae sunt non sepeliri, verwesen, sed seminare, quia pingit seminantem et facit [!] nos omnes grana et non morientes.«[75]

Ereignisse des Lebens Jesu als Bilder

Auch Berichte von Ereignissen des Lebens Jesu in den Evangelien kann Luther als »Bilder« auffassen.[76] Grundsätzlich wird uns Christus hier in »zweierlei Gestalt« vor Augen gestellt.[77] Nicht nur die Gestalt Christi als Vorbild,[78] sondern auch die Gestalt Christi als unsere Zuversicht gewinnt

70 AaO 644,28f.

71 Vgl. G. Ebeling (s. Anm. 58), 632; A. Beutel, Martin Luther. Eine Einführung in Leben, Werk und Wirkung, 2006, 159–161.

72 Luther führt den Gedanken an dieser Stelle nicht weiter aus, in den Osterpredigten zur Höllenfahrt Christi (dazu genauer s.u.) heißt es dann ganz explizit (WA 37; 68,15–20): »Das, wenn du sihest einen Christen sterben und begraben werden und nichts denn ein tod als da ligen und beide, für augen und ohren eitel tod ist, doch durch den glauben inn und darunter ein ander bild ersehest für jenes toden bilde, als sehestu nicht ein grab und tod ass, sondern eitel leben und einen schönen, lustigen Garten odder eine grune wiesen und darin eitel newe, lebendige, fröliche menschen.«

73 Vgl. WA 36; 643,10.

74 Vgl. J. Ringleben, Luther zur Metapher (ZThK 94, 1997, 336–369).

75 WA 36; 643,1f; vgl. aaO 643,13f: »Is [Christianus] sol cor illuminatum habere et oculos, quae videant, et sentiat, quid deus.«

76 Vgl. schon Ambrosius, De officiis I, XLVIII, 239: »umbra in Lege, imago in Euangelio, ueritas in caelestibus« (CChrSL XV, 88).

77 WA 41; 55,10–23.

78 Christus ist Exempel und Bild darin, dass er diente (WA 12; 469). – Die Fußwaschung ist ein »Bild und Siegel«, das er in das Herz seiner Jünger einprägen wollte, dass sie nicht Herren, sondern Diener seien (WA 41; 47) usw.; allgemein zu den beiden Gestalten, in denen Christus für uns Bedeutung hat, vgl. O. Bayer, Martin Luthers Theologie. Eine

dadurch Kontur, so könnte man sagen, dass die Evangelien von seinem Leben und Wirken berichten, für letzteres einige Beispiele: Das Evangelium von Martha und Maria »malet uns got also ab, das er ain fein gelind freündtlich mann sey, der da fein gelind mit uns umbgee, ob wir gleich zuzeiten strauchlen und nit thun was da recht ist, [...] dann ein solch bild muß das hertz haben darauß es den glauben schöpfen kan.«[79] Der »Kern« dieses »Bildes« ist für Luther das freundliche Wort Jesu – das man nicht sehen kann.

Die Evangelien berichten vom Einzug Christi in Jerusalem: Christus reitet auf einem Esel, dieser Einzug ist sanftmütig und freundlich. Während das Gesetz Gottes die Menschen erschrecken lässt, das Gesetz also »mit einem erschrecklichen ansehen und bild« kommt,[80] zeigt das Bild des Einzugs in Jerusalem, dass der »andere Einzug« Gottes, das Wort des Evangeliums, »süsse und lieblich« ist.[81]

Die Evangelien berichten von Christi Geburt: Niemand fürchtet sich vor einer stillenden jungen Frau, »ist ja ein freundlich bild«.[82] Dieses Bild allein lässt allerdings nicht erkennen, dass der, der hier in einer fremden Krippe liegt, der Herr der Welt ist, dazu bedarf es des hinzutretenden Wortes.[83] In der jährlichen Festfeier am Weihnachtstag wird das Evangelium zu Gehör gebracht, das »Bild« eingeprägt. Jedoch wird der Mensch nur dann durch das Bild erfreut, wenn er es recht betrachtet: »Wenn du dir nicht einbildest, das diese Geburt dein eigen sey und umb deinen willen sey geschehen, ists umbsonst, das du die Historien viel bedenckst.«[84] Dennoch bemerkt Luther später, dass die Geschichte der armen Geburt schon als

Vergegenwärtigung, ³2007, 57f. – Auch andere biblische Personen bzw. die von ihnen berichteten Verhaltensweisen können zu solchen »Vor-Bildern« werden, so sind z.B. die Frauen am Ostermorgen ein »Bild« bzw. »figura« und »typos« aller Hörer des Evangeliums (WA 29; 276f).

79 WA 10,3; 270,19–24.

80 WA 21; 10,11.

81 AaO 10,34–39.

82 WA 29; 667,15.

83 AaO 667,18–20: »Et ideo quia tam absurda res et occulta, ideo oportet veniat angelus et praedicet, das mans doch mit dem wort fasse, si aliter non potest capi.«

84 AaO 650,23f; aaO 650,7f: »Si recte inspexeris, dabit gaudium, ... si non intelligis tua caussa fieri, est frustra cognitio historiae.«

solche das Herz berührt. Aber erst durch die der Einsicht in ihre Bedeutung für mich wird diese Bewegung des Herzens zu Freude und Dankbarkeit.[85]

Zusammenfassend kann Luther in Hinblick auf das in den Evangelien berichtete Leben Jesu sagen, »Das man kein leutseliger bild von menschen nit kontt bilden, dienet den Leuten, hilfft ihnen, will ihnen wol thun … nimbt kein gelt, dienet nur ihnen, leßt sich darnach auch so herzlich gern ans kreutz schlahen.«[86]

Was Christus für uns sei, das kann auch in alttestamentlichen Bildern, etwa der Geschichte der Arche Noah oder der Ehernen Schlange und vielen andern, wie in einer Summe vor Augen stehen,[87] und so ist Christus auch »in der Histori furgebildet«[88]. Luther verwendet den Begriff des Bildes also für die in der Bibel berichteten Ereignisse, Begegnungen usw., die – einschließlich aller Gesten und gesprochenen Worte – durch Lesung und Predigt der Vorstellung lebendig vergegenwärtigt werden. Recht erfasst wird so ein Bild erst, wenn der Mensch die ihn selbst betreffende Bedeutung des darin »vor Augen« gestellten Geschehens begreift, wenn er gewissermaßen seinen Platz in dem Bild findet.

1532–38: Die Osterpredigten über die Höllenfahrt Christi: Bildwerke und ihre Bedeutung

In den drei Predigten über die Höllenfahrt Christi von 1532, 1533 und 1538 (WA 36; 159–165; WA 37; 62–72; WA 46; 305–313) spielt nun der Bezug auf Bildwerke eine wesentliche Rolle (wobei Luther in den die Gemälden, die die Höllenfahrt Christi darstellen, eigentlich nur die gegenständlichen Inhalte betrachtet und Bildstrukturen oder Farbwerte gleichsam nicht

85 WA 52; 37,34–37: »Solches ist die Historia, welche on zweyffel der Euangelist also eygentlich uns hat wöllen fürmalen, die wir sonst so kalt sind, ob er doch ein wenig unsere hertzen erwermen köndt […]«, aaO 38,5–8: »Warumb malet der Evangelist diese geburt so arm unnd ellend? Darumb, das du es nicht vergessen solt, sondern solt drüber etwas weich werden, Und weyl du hörest, es sey dir zu gut geschehen, das du drüber frölich und Gott auch danckbar solt sein.«

86 WA 49; 642,26–28.

87 WA 12; 370.

88 WA 21; 548,38.

bemerkt). 1532 setzt Luther mit dem Gedanken ein, dass man, wenn man sich den Artikel der Auferstehung unseres Herrn vornimmt, seine auf den Sinneswahrnehmungen beruhende Meinung hinter sich lassen müsse.[89] Das gilt besonders für die Frage, auf welche Weise Christus hinabgestiegen sei *ad inferos*. Darauf folgt der Hinweis auf die Bildwerke (und das diesen entsprechende Osterspiel!): »Videtis, wie mans malet an die wand, quomodo descendat ad inferos et hat ein Chor kappen an et einen fannen in der hand, Et die Teufel wehren sich, sed ipse eiicit, et sic gespielt in ista nocte, quicquid huius picturae est, ist recht et placet.«[90] Luther stellt klar, dass diese Gemälde nun nicht »Spiegelbild« vergangener Realität sind: Christus trug keine Fahne aus irgendeinem Stoff (so dass man überlegen könnte, warum sie nicht im Feuer der Hölle verbrannte), die Pforten der Hölle waren nicht hölzerne, von einem Zimmermann verfertigte, mit eisernen Riegeln, »putas habere inferos ianuam etc?«[91] Dennoch bleibt nichts anderes übrig, als an dem einfachen Bild festzuhalten, denn da versteht der einfache Mensch das, worauf es ankommt, nämlich: Christus hat Hölle und Teufel besiegt.[92] Wollte man *propriis verbis* davon reden, würde er es nicht verstehen.[93] Auch »für mich« wäre es besser, die Sache wie ein *puer* anzusehen, denn »quomodo man yhn die hell fart, [...] das bleib wol verborgen nach dem scharffen verstand, si etiam loquor, non intelligis.«[94]

Die Bildwerke (oder mindestens entsprechende Vorstellungsbilder)[95] sind also für die einfachen Leute unentbehrlich und auch für die Gelehrten

89 WA 36; 159,9f: »Volumus nostram sententiam hinder uns lassen, quia fuerunt multi, qui voluerunt 5 sensibus treffen etc.«

90 AaO 159,11–14. Zur Ikonoraphie des *Descensus* vgl. E. LUCCHESI PALLI, Art. Höllenfahrt Christi (LCI 2, 1970, 322–331).

91 WA 36; 160,28–31. Dass dieses Gemälde nicht »Spiegelbild« vergangener Realität ist, betrifft nicht nur seine Details, vgl. aaO 161,16f, wo es heißt: »Si wil scharff da von reden, ist er nirgend hin gefarn etc. Er ist wol am kreuz, grab vel yhm himel blieben, vel noch hoher da von reden.«

92 AaO 160,4–7.

93 AaO 159,28–160,1.

94 AaO 161,4–6.

95 Luther überspringt bei allem die den Gemälden (und dem Osterspiel) zugrunde liegenden literarischen »Bilder« des *Descensus* (im Nikodemus-Evangelium, in der *Legenda aurea* usw.), die ja viele Einzelzüge wiederum aus biblischen »Bildern« gewinnen, so etwa das Zerschlagen der eisernen Riegel aus Ps 107,16 etc.

nützlich. Ein Jahr später wird es heißen, dass wir überhaupt »nichts on bilde dencken noch verstehen können«[96]. Vor der Erläuterung dieses Satzes sei der weitere Gedankengang der Predigt von 1532 rekapituliert: Nachdem Luther in ihrem ersten Teil den Artikel der Höllenfahrt behandelt hat, folgt in ihrem zweiten Teil die Auferstehung. Diesen Teil beginnt Luther radikal unanschaulich: »Die buchstaben sol man auch mercken et magnis literis signandae: Resurrexit. Una litera sit tam magna ut turris.«[97] Das Schreiben eines Wortes mit riesigen Buchstaben soll die Botschaft einprägsam machen. Im folgenden betont er immer wieder, dass am Wort gerade gegen das, was die Augen sehen, festzuhalten ist. Gegen den Anblick des Grabes und der Toten steht dann ein anderer: »Non video sepulchrum, sed hortulum pulcherrimum et paradisum.«[98] Auch die Märtyrer haben den Tod so angesehen und sind uns darin ein Vorbild.[99]

In der Predigt über die Höllenfahrt des folgenden Jahres greift Luther viele Gedanken, die sich schon 1532 finden, wieder auf; er beginnt: »Ich will aber diesen Artikel nicht hoch und scharff handlen, wie es zugegangen sey, odder, was da heisse zur Helle faren, Sondern bey dem einfeltigsten verstand bleiben, wie diese wort lauten.«[100] Das Geschehen ist kein leibliches, es ist »doch nicht mit gedancken zu erlangen noch zu ergrunden.«[101] Aber es lässt sich »jnn ein bild fassen«,[102] und gerade die Gemälde der Höllenfahrt Christi zeigen – obwohl wir nicht »gleuben odder sagen, das es leiblich so zugegangen sey mit eusserlichem gepreng odder hültzen fahnen und tuch odder das die Helle ein hültzen odder eisern gebew sey,«[103] – »fein die krafft und nutz dieses Artikels, darumb er geschehen, gepredigt und gegleubt wird, wie Christus der Hellen gewalt zustoret und dem Teuf-

96 WA 37; 63,26.
97 WA 36; 161,19–21.
98 AaO 161,30f; Anleitung zu diesem »neuen Sehen« gibt Luther mit Hilfe der Saatkorn-Metapher (aaO 162f).
99 AaO 163.
100 WA 37; 62,34–36.
101 AaO 63,12.17f.
102 AaO 65,22.
103 AaO 64,3–5.

fel alle seine macht genomen habe, Wenn ich das habe, so habe ich den rechten kern und verstand davon.«[104]

Neu ist jedoch die Behauptung der grundsätzliche Unvermeidbarkeit von (Vorstellungs-) Bildern: wir »müssen gedancken und bilde fassen des, das uns jnn worten fürgetragen wird« und können »nichts on bilde dencken noch verstehen,«[105] durch welche die Betrachtung der Gemälde gerechtfertigt wird. Der Hinweis auf die Gleichnisreden wird nachgeschoben: »[...] Wie Christus selbs allenthalben im Euangelio dem volck das geheimnis des himelreichs durch sichtige bild und gleichnis fur hellt«[106] – als eigentlichen Rechtfertigungsgrund zitiert Luther hier zunächst einen Lehrsatz der aristotelischen Erkenntnistheorie.

Exkurs II: ...οὐδέποτε νοεῖ ἄνευ φαντάσματος ἡ ψυχή

Dieses Theorem, die Seele denke nicht ohne Vorstellungsbilder, *De anima* III, 431a 14–17; 431b 2; 432a 8f. 13f, wiederholt in *De memoria et reminiscentia* I, 449b 31–450a 1, steht im Kontext der Erörterung des Zusammenhangs zwischen Wahrnehmung und Erkenntnis. Für Aristoteles steht am Anfang aller Erkenntnis die Wahrnehmung. Vorstellungen (φαντάσματα) sind Bewegungen in der Seele, die aus den sinnlichen Wahrnehmungen (αἰσθήματα) hervorgehen und die im Lebewesen bleiben, auch wenn die Wahrnehmungen vorüber sind.[107] Aristoteles vergleicht die Vorstellungen (in Hinsicht auf ihren Zusammenhang mit Wahrnehmungen) mit Abdrücken, wie sie beim Siegeln mit Siegelringen entstehen, oder mit Bildern (insofern sie Vorstellungen von wahrgenommenen Dingen sind). Diese Vergleiche beschreiben die Beziehung zwischen Vorstellungen und Wahr-

104 AaO 63,30–33.
105 AaO 63,25f.
106 AaO 64,9f.
107 ARISTOTELES, Über die Seele. Mit Einleitung, Übersetzung und Kommentar hg. v. H. SEIDL (Philosophische Bibliothek 476), 1995; Aristoteles, De memoria et reminiscentia, übersetzt u. erläutert v. R.A.H. KING (Aristoteles, Werke in deutscher Übersetzung Bd. 14 II), 2004; M.V. WEDIN, Mind and Imagination in Aristotle, 1988; D. FREDE, The Cognitive Role of *phantasia* (in: Essays on Aristotle's *De Anima*, hg. v. M.C. NUSSBAUM, 1992, 279–295); Charles H. KAHN, Aristotle on Thinking (aaO 359–379).

nehmungen bzw. Wahrnehmungsobjekten, nicht eigentlich die Vorstellungen selbst, so können Vorstellungs-»Bilder« selbstverständlich sowohl aus visuellen als auch aus akustischen und allen anderen Sinneswahrnehmungen hervorgehen, sodann auch aus der Kombination oder Überlagerung vieler einzelner φαντάσματα. Vorstellungs-»Bilder« treten also in unterschiedlicher Art und Qualität auf (insbesondere in mehr oder weniger großer Allgemeinheit) und in unterschiedlichen Zusammenhängen: in Träumen, Halluzinationen, aber auch im Gedächtnis, im Streben und im Denken. Sie repräsentieren in der Seele Wahrnehmungen und Wahrnehmungsobjekte. Gedächtnis ist der Besitz eines Vorstellungs-»Bildes« als ein Abbild dessen, wovon es »Bild« ist; dem Streben wird das zu Erstrebende oder zu Vermeidende durch ein Vorstellung-»Bild« vermittelt, und eben auch das Denken bezieht sich in schöpferischer Aktivität auf Vorstellungs-»Bilder«.[108]

Der mittelalterliche Aristotelismus übernimmt das Theorem.[109] Es wird in den Kommentaren zu *De anima* und *De memoria* erläutert[110] und Thomas von Aquin nimmt es in seine *Summa theologiae* auf – hier hat es seinen Ort in der Antwort auf die 84. Frage des ersten Buches, wie die mit dem Leib verbundene Seele durch den Verstand die unter ihr stehende Körperwelt erkenne.[111] Im Sentenzenkommentar des Gabriel Biel heißt es:

108 Aristoteles gibt ein Beispiel: Erkenntnisse über das Dreieck gewinnt die Seele nicht ohne sich ein konkretes Dreieck (ein Dreieck bestimmter Größe) vorzustellen.

109 S. Knuuttila, Aristotle's Theory of Perception and Medieval Aristotelianism (in: Theories of Perception in Medieval and Early Modern Philosophy, hg. v. S. Knuuttila u. P. Kärkkäinen, 2008, 1–22).

110 Vgl. z.B. Thomas von Aquin, Sent. De anima lib. 3, lectio 12 n. 17: »dixerat philosophus, quod nequaquam sine phantasmate intelligit anima, phantasmata autem a sensu accipiuntur, vult ostendere, quomodo intellectus noster intelligit ea quae sunt a sensibus separate«, sowie Ders., Sent. De sensu, tr.2 De memoria et reminiscentia, lectio 2.

111 Thomas von Aquin, Summa theologiae I, 84,6: Die Erkenntnis nimmt ihren Anfang bei den Sinneswahrnehmungen, der tätige Verstand abstrahiert aus den durch die Sinne empfangenen *phantasmata* die *intelligibilia in actu*; 84,7: Im Zustand des gegenwärtigen Lebens erkennt unser Verstand nicht, ohne sich zu den *phantasmata* hinzuwenden (*nisi convertendo se ad phantasmata*), »necesse est ad hoc quod intellectus actu intelligat suum objectum proprium, quod convertat se ad phantasmata, ut speculetur naturam universalem in particulari existentem.« – Thomas hält darüber hinaus im Anschluss an

»Etiam intellectus noster coniunctus est corpori, et propter colligantiam cum viribus sensitivis non potest cognoscere nisi ad quorum cognitionem assurgit ministerio sensitivarum virium, sicut habetur III De anima: Necesse est quemcumque intelligentem phantasmata speculari.«[112]

Luther hat *De anima* intensiv studiert, davon zeugen u.a. die philosophischen Thesen der Heidelberger Disputation – in welchen allerdings das in Frage stehende Theorem nicht zur Debatte stand.[113] Die polemische Haltung gegenüber Aristoteles dieser frühen Jahre führte zu seiner Empfehlung, neben Physik, Metaphysik und Nikomachischer Ethik des Aristoteles auch *De anima* an den Universitäten nicht mehr zu unterrichten.[114] Anfang der 1530er Jahre ist jedoch eine neue Rezeption der aristotelischen Erkenntnistheorie greifbar:[115]

In der Vorlesung über Jesaja (1532/34) verwendet Luther den Grundsatz, dass die Vernunfterkenntnis zu ihren Einsichten nicht ohne vorausgegangene sinnliche Wahrnehmungen komme (De anima 432a 7f: *qui non sentit nihil discere vel intellegere potest*), als ein Modell zur Erläuterung seiner theologischen »Erkenntnistheorie«, nach der das Hören des Evangeliums der – durch den das Herz erleuchtenden Geist bewirkten[116] – glaubenden Aneignung Christi vorausgeht: »Ergo iustitia Christiana non accipitur, nisi ante cognoscatur Christus. Porro Christus non cognoscitur nisi per doctri-

Augustinus fest (84,6), dass es eine Tätigkeit der Seele gibt, die »dividendo et componendo format diversas rerum imagines, etiam quae non sunt a sensibus acceptae.« Das Unkörperliche, von dem es keine phantasmata geben kann, (84,7) wird erkannt »per comparationem ad corpora sensibilia, quorum sunt phantasmata«; zur Unvollkommenheit dieser Erkenntnis vgl. Frage 88,2.

112 Gabrielis Biel, Collectorium circa quattuor libros Sententiarum I, dist. 35, qu. 2, E.

113 Vgl. hierzu Th. Dieter, Der junge Luther und Aristoteles, 2001 (der Luthers erst 1532 greifbare Rezeption von *De anima* III, 431a 14–17, nicht behandelt).

114 WA 6; 457,31–38 (An den christlichen Adel deutscher Nation, 1520); Logik, Rhetorik und Poetik des Aristoteles hielt Luther dagegen für weiterhin nützlich (aaO 458,26–31).

115 Vgl. S. Salatowsky, De Anima. Die Rezeption der aristotelischen Philosophie im 16. und 17. Jahrhundert (Bochumer Studien zur Philosophie 43), 2006, 38f: »Im Verlauf der späten zwanziger, frühen dreißiger Jahre des 16. Jh.s kam es dann zu einer Neubewertung der aristotelischen Philosophie durch Luther und Melanchthon.« (Der Autor behandelt dann ausschließlich Melanchthons *Commentarius De anima* von 1540 bzw. 1552).

116 Vgl. WA 25; 337,24–30 (Vorlesung über Jesaja, 1532/34).

nam et externum verbum. Euangelion igitur est ceu vehiculum quoddam, per quod ad nos defertur Christus cum iustitia sua et omnibus donis suis. Sicut Aristoteles quoque dicit cognitionem intellectivam requirere ante sensitivam. Necesse igitur est prius audiri verbum, quam credere illud possimus et iustificemur.«[117] Auch in der Auslegung der 15 Stufenpsalmen aus derselben Zeit findet sich eine Spur seiner erneuten Beschäftigung mit der aristotelischen Erkenntnislehre: »Necesse est hominis intellectum phantasmata speculari, certum in philosophia«[118], stellt Luther zum »Qui confidunt« des 125. Psalms zunächst fest, um dann mit einem »sed« fortzufahren: Zwar gilt im Bereich der Philosophie, also für die Erkenntnis der Dinge der Welt durch die Vernunft, dass der Intellekt der *phantasmata*, also der »Abdrücke« von Sinneswahrnehmungen bedarf, um Erkenntnisse zu gewinnen, »Sed Christianum nihil oportet ullum habere phantasma, et tamen mus klug sein, tamen audit et speculatur impossibilia.«[119] Der Glaube kann sich nicht auf *phantasmata* stützen. Auch wenn der Christ mit all seinen Sinnen den nahenden Tod wahrnimmt und seinen vernunftgemäßen Betrachtungen nichts anderes als das Vorstellungsbild des Todes zugrunde liegen kann, so urteilt er nicht nach seinen Sinneseindrücken, sondern nach dem Wort der Verheißung und sieht(!) *obmisso eo phantasmate* im Tod nichts anderes als Leben.[120] Der Christ gelangt, indem er sich auf das Wort der Verheißung verlässt, ohne zugrundeliegende Sinneserfahrung zu Erkenntnis und Erfahrung der Schöpfermacht Gottes.[121]

117 AaO 336,32–38.

118 WA 40,3; 152,12f (In XV Psalmos graduum, 1532/33 [1540]).

119 AaO 152,14f.

120 AaO 153,11–19: »Nam Christianum necesse est plane nihil speculari et tamen intellectum habere et sapere, si quidem videt, audit et experitur contraria. Qui decumbit in lecto morti vicinus, is secundum rationem suam aliud nihil potest speculari quam phantasma mortis. Atqui Christianus, obmisso eo phantasmate, scit ibi veram vitam esse. – Atqui, inquis, mortem videt, sentit et experitur, vitam non sentit. – Recte, sed quia in verbo haeret et secundum verbum, non secundum suum sensum iudicat, ideo nihil aliud in ipsa morte quam vitam videt [!] et in ipsis tenebris nihil quam clarissimam lucem.«

121 AaO 153,21–23, zur Bedeutung von »Bildern« hierfür s.o., zum ganzen Thema vgl. A. Beutel, C. III. 3. Theologie als Erfahrungswissenschaft (in: Luther Handbuch (s. Anm. 1), 454–459).

Bleibt noch die Frage nach Luthers »Übersetzung« von *De anima* 431a 16f »ipsa anima sine fantasmate numquam intelligit« oder 432a 8f »qui contemplatur necesse est una cum fantasmate contempletur«[122] in »[wir können] nichts on bilde dencken noch verstehen«.[123] Mit dem Begriff *phantasmata* sind in der Aristotelischen Erkenntnislehre, wie oben erläutert, die inneren Vorstellungs-»Bilder« bezeichnet, die aus Sinneseindrücken resultieren, und Luther übernimmt den Begriff entsprechend im Zusammenhang der Auseinandersetzung mit der Aristotelischen Erkenntnislehre. Ansonsten hat der Begriff *phantasma* bei Luther eher die Bedeutung »Gespenst« oder »Hirngespinst«.[124] Die lateinischen Übersetzungen von *De anima* geben »φαντάσματα« nie mit »imagines« wieder, der Wortstamm taucht dennoch regelmäßig auf, denn »Vorstellung« (φαντασία) heißt im Lateinischen *imaginatio.*[125] Bei Augustinus heißen die im Gedächtnis aufbewahrten Vorstellungs-»Bilder« (der platonischen Tradition entsprechend) »imagines« – womit nicht etwa nur die visuellen, sondern alle durch die verschiedenen Sinnesorgane empfangenen »Abdrücke« bezeichnet sind.[126] Die Wiedergabe des Aristotelischen Terminus *phantasma* (»Vorstellung«) mit »bilde« wird also für Luther eine nahe liegende gewesen sein.

122 So die Übersetzungen des Johannes Argyropulus, zu den mittelalterlichen lateinischen Aristoteles-Übersetzungen vgl. Aristoteles Latinus Database (www.nationallizenzen.de).

123 WA 37; 63,26.

124 Vgl. z.B. WA 20; 602,12; 728,9 (Vorlesung über den 1. Brief des Johannes, 1527); WA 40,1; 516,1 (Galater-Kommentar, [1531] 1535).

125 Thomas spricht regelmäßig von ›phantasia sive imaginatio‹, bei Iacobus Veneticus lautet z.B. *De anima* III 427b 14f (»φαντασία γὰρ ἕτερον καὶ αἰσθήσεως καὶ διανοίας«): »Phantasia enim, id est imaginatio, alterum est et a sensu et ab intellectu.«

126 Vgl. Augustinus, Confessiones X, 8: »venio in campos et lata praetoria memoriae, ubi sunt tesauri innumerabilium imaginum […] Ibi sunt omnia distincte generatimque servata, quae suo quaeque aditu ingesta sunt […] rerum sensarum imagines illic praesto sunt cogitationi reminiscenti eas.« – Bei Augustinus folgen Überlegungen, wie Dinge ins Gedächtnis gelangen, »von denen wir nicht durch die Sinne Bilder schöpfen« (X, 10–14), die Frage, ob Bilder hier die Mittler seien (X, 15: »Sed utrum per imagines an non, quis facile dixerit«), die Feststellung, dass das Gedächtnis die Erfahrung der *vita beata* enthalte (X, 20f: »[…] Ubi ergo et quando expertus sum vitam meam beatam, ut recorder eam et amem et desiderem?«), und schließlich die Frage nach dem Ort Gottes im Gedächtnis (X, 24–26: »[…] non ibi te inveniebam inter imagines rerum corporalium«.

Die Osterpredigten über die Höllenfahrt Christi: Bildwerke und ihre Bedeutung II

Weil wir also »ja müssen gedancken und bilde fassen des, das uns jnn worten fürgetragen wird, und nichts on bilde dencken noch verstehen können, So ists fein und recht, das mans dem wort nach ansehe, wie mans malet.«[127] Weil sich also beim Verstehen des »in Worten Vorgetragenen« unvermeidlich Vorstellungs-»Bilder« einstellen und – wie Aristoteles lehrt – Denken nicht ohne Vorstellungen möglich ist, hat auch die Betrachtung eines Gemäldes ihr Recht. Luther übernimmt den Aristotelischen Lehrsatz und schließt von der Unvermeidlichkeit innerer Vorstellungen auf das Recht von Bildwerken. Tatsächlich ist es ein weiter Weg, der etliche »Sprünge« und vielfache Möglichkeiten der Wahl enthält, von den dem Denken und Verstehen »des Wortes« zugrunde liegenden Vorstellungen, die ja nicht unbedingt visueller Art und vor allem nicht unbedingt konkret sind, zu einem Bildwerk, das ein konkretes materielles Ding ist. Und Luther sichert sozusagen den Weg »zurück«, das Verständnis des Bildwerkes, durch eben »das Wort« ab, das Richtschnur der Betrachtung des Bildwerkes sein soll. Im Blick auf vorhandene Gemälde gesteht Luther zu, dass diese Gemälde »fein die krafft und nutz dieses Artikels«, also »Wahres«, zeigen – obwohl sie »Falsches« darstellen, obwohl sie der tatsächlichen Realität nicht (wie ein Spiegelbild) ähnlich sind.[128] »Spiegelbilder« der

127 WA 37; 63,25–27.

128 Analog lobt Luther auch die Fabel von Christophorus als ein »fein gemaltes« (literarisches) »Bild« des christlichen Lebens – obwohl sie frei erfunden ist, vgl. zunächst WA 1; 413 (Ablehnung des Aberglaubens, der dem gemalten oder geschnitzten Bild des Christophorus die Macht zuschreibt, vor dem plötzlichen zu Tod schützen); dann WA 27; 385,5f (Wer ein Christ sein will, »mus auch ein Christoffel sein und Christum tragen«); WA 29; 504,25–35 (Ein Christ muss getauft werden, muss »leiden und creutz haben, so schwer mus er tragen, das er sich duncken lasse, es sei mit ihm verloren. Das ist die historie von St. Christoff. […] das hat man also kleinen kindern, den jungen christen furgemalet, damit es wol gelernt und gemerckt werde: gleich als wen ich ein ding wol mercken und behalten will, mach ich mir ein bilde«); WA 32; 32,20–26: »Ir wisset alle wol, wie man S. Christoffel malet hin und widder […] Ir solt aber nicht gedencken, das jhe ein man gewesen sey, der also geheissen habe oder leiblich das getan, das man von S. Christoffel sagt, sondern der die selbige Legend oder fabel gemacht hat, ist on zweifel ein feiner vernunff-

»tatsächlichen Realität« kann es in diesem Fall auch gar nicht geben, denn diese Realität (dass Christus der Hölle und dem Teufel die Macht genommen hat) ist keine leibliche, ist also prinzipiell der Anschauung entzogen. Sie ist aber in den Bildern (zunächst in den literarischen, die Luther überspringt, dann in den von den Malern hergestellten) anschaulich dargestellt, der Glaubensartikel der Höllenfahrt in die Bilder wie ein Kleinod in »Tüchlein« eingefasst. (Am Betrachter liegt es, diese »Tüchlein« »dem Wort nach« anzusehen.) Und Luther kann nun das, was er von den biblischen Metaphern und Gleichnissen sagt, dass sie sich nämlich dem Herzen einprägen, »das es [ein Glaubensartikel] lieblich und fein zu behalten ist denen, die da gleuben,«[129] auch von den Gemälden der Höllenfahrt (und anderen Bildwerken) sagen: Auch sie »sind fein helle und leicht, ein ding [einen Glaubensartikel] da durch zu fassen und behalten, und dazu lieblich und tröstlich.«[130] Luther nennt noch weitere »grobe, eusserliche bilde«, durch die man die »lere von Göttlichen sachen« vor Augen stellt: »Wie Christus selbs allenthalben im Euangelio dem volck das geheimnis des himelreichs durch sichtige bild und gleichnis fur hellt, Odder wie man das kindlin Jhesum malet, das er der Schlangen auff den kopff tritt, Und wie jn

tiger man gewesen, der hat solch bild dem einfeltigen volck wollen fur malen, das sie hetten ein Exempel und ebenbild des Christlichen lebens.« – Das Bildwerk, das Christophorus als Christusträger zeigt, vergegenwärtigt für Luther dann einfach die lebendig vorgestellte Geschichte.

129 WA 36; 640,22f.

130 WA 37; 64,14f. Das Lob der Bilder, d.h. hier der Gleichnisse Jesu, der biblischen »Bilder« und Bildworte und eben auch der Bildwerke wird noch fortgeführt (aaO 64,15–19): »Und dienen ja da zu, ob sie sonst nirgend zu gut weren, das dem Teuffel gewehret were mit seinen ferlichen pfeilen und anfechtungen, der uns mit hohen gedancken will vom Wort füren, das wir mit der vernunfft klettern und klügeln jnn den hohen Artikeln, bis er uns zuletzt stürze.« – Eine solche Aussage Luthers im Zusammenhang seiner Bezugnahme auf Bildwerke (die Gemälde des *Descensus*) wäre eventuell dahin zu interpretieren, dass Luther auch Bildwerke zu den Dingen *extra nos* rechnen kann, die unseren Glauben stärken, vgl. Th. Jørgensen, Wort und Bild bei Luther (in: Luther und Ontologie, hg. v. A. Ghiselli u.a., 1993, 142–154). – Im »Sermon von der Bereitung zum Sterben« allerdings (auf den Jørgensen sich bezieht) geht es überhaupt nicht um die Betrachtung von Bildwerken, sondern um das Bild des Glaubens in uns; und Luther stellt hier dem Wort (welches dieses Bild in uns schafft) als sichtbares Zeichen das Sakrament zur Seite; vgl. auch das Korreferat von J. Martikainen (aaO 155–166, insbes. 165).

Moses den Jüden für malet inn der wüsten durch die Ehrne schlange. Item Johannes der Teuffer durch ein lamb, da er jn das Lamb Gottes nennet.«[131] Er stellt hier also ganz unterschiedliche Dinge quasi gleichwertig unter dem Begriff des Bildes nebeneinander: An erster Stelle steht Christi Gleichnisrede. Es folgt ein im Spätmittelalter vor allem in Einblattdrucken verbreitetes Sinnbild, die Darstellung des Jesus-Kindes, das der Schlange den Kopf zertritt (Gen 3,15); dann die Eherne Schlange, ein – nicht »mehr« vorhandenes – Bildwerk, von dem eine alttestamentliche Geschichte berichtet, traditionell als Typos Christi (und des Kruzifix) verstanden; und das Bildwort vom Lamm Johannes' des Täufers.[132]

In der Predigt von 1538 schließt Luther Gedanken zum Bild Gottes als eines alten Mannes nach Daniel 7,13 an: »Daniel depingit Deum tanquam senem. Meinet ihr, das Gott sey, das Er alt sey? noch mus man Gott ein solch bilde malenn umb unsernt willen, das wir ihn begreiffen unnd an ihn klebenn. Sicut Christus etiam descendit in humanum corpus, ut imaginem patris repraesentaret, das wir ihn kontten fassen.«[133] Die Erscheinung der Daniel-Vision ist jedoch nach Luthers eigener Auffassung eine Erscheinung Gottes »per velamen et involucrum«,[134] während in Christus, dem Menschgewordenen, Gott selbst sichtbar wird – nicht jedoch weil uns einfach der menschliche Körper Christi *imago patris* wäre, sondern weil Christus die Werke des Vaters wirkt. Diese Werke gilt es zu begreifen.[135]

131 WA 37; 64,8–14.

132 Vgl. WA 46; 676,21–25: »Das [...] sind deutliche helle worte, darinnen Joannes klerlich heraus druckt, was man von Christum halten solle, und ist ein gewaltiger Spruch.« Dieses Bild-Wort ist auch in Bildwerken wiedergegeben – und dann nicht mehr verstanden worden, vgl. aaO 678,33–38: »Man hat im Bapsthum S. Joannem an alle wende gemalet und sein Bilde und das Lemlin in Holtz und Stein, in Silber und Golt gehawen und davon Bilder gemacht [...], aber es ist nicht ins Hertze komen. Es hats niemand verstanden, was dis gemeld und figur bedeutet.«

133 WA 46; 308,19–23; vgl. aaO 208,3–8: »Deus ist non menschlich bild, ut Daniel malet: Ein schon, alt man, hat schne weis har, bard, rotae etc. et strale giengen etc. Non habet nec barbam, har etc. et tamen sic pingit deum verum in imagine viri antiqui. Sic mus man unserm herr Gott ein bild malen propter pueros et nos, si etiam docti. Ipse met se dedit in humanitatem, qui unbegreifflich gewest. Christus dicit: ›qui me‹, ›et patrem vidit‹ etc.«

134 Vgl. WA 42; 12,22 (Genesis-Vorlesung, 1535–45).

135 In der Genesis-Vorlesung führt Luther aus, dass Menschen untereinander nicht anders

Luther bleibt die Erklärung schuldig, inwiefern uns im Bild eines alten Mannes die Werke Gottes begreiflich werden. Er steht wohl einfach den spätmittelalterlichen Darstellungstraditionen unkritisch gegenüber.[136] Die Aristotelische Erkenntnistheorie zitiert Luther 1538 nicht noch einmal, jetzt heißt es: »Man kan die geistlichen sachen nicht begreiffen, nisi in bilder fasse. / Man mus so geistliche ding inn windelein legen.«[137] Damit ist der Gedanke von den Bildern als den »Tüchlein«, in welche das Kleinod eines Glaubenssatzes gefasst wird, wieder aufgenommen.

Imago Dei – Gottesbild und Ebenbildlichkeit des Menschen

Im Zusammenhang der Verhältnisbestimmung einerseits zwischen Gott, dem Vater, und Gott, dem Sohn, andererseits zwischen Gott, dem Schöpfer, und dem Menschen, seinem vor allen anderen ausgezeichneten Geschöpf, spielt der Begriff des Bildes je eine zentrale Rolle. Gemäß biblischer und kirchlicher Tradition ist auch für Luther der Sohn, die zweite Person des dreieinigen Gottes, das Bild des Vaters, das mit diesem eines Wesens ist – im Unterschied etwa zu einem von einem Künstler hergestellten Bildnis eines Menschen, das natürlich nicht menschlichen Wesens ist, sondern Holz oder Stein.[138] Christus, wahrhaftiger Gott und Mensch, sagt: »Wer mich sieht, sieht den Vater,« und also gilt: »Ich wil keinen andern Gott wissen noch hören, sondern allein auff diesen Christum sehen und hören, So ich nu jn höre, so weis ich schon, wie ich mit Gott daran bin

von Gott sprechen können als »tamquam de homine«. Zum Problem des Anthropomorphismus heißt es weiter, dass auch die Propheten Gott auf einem Thron sitzend »malen« (pingunt), »quia Deus in absoluta seu intuitiva visione non potest pingi nec cerni. Ideo tales figurae Spiritui Sancto placent et opera Dei proponuntur, quae apprehendamus. Talia sunt, quod condidit coelum et terram, quod misit Filium, quod per Filium loquitur, quod baptisat, quod per verbum a peccatis absolvit. Haec qui non apprehendit, is Deum numquam apprehendet.« (WA 42; 12,36–13,7).

136 Luther scheint auch der Verwendung dieses Bildes in der Bibel-Illustration, auch außerhalb des Zusammenhangs der Daniel-Vision, unkritisch gegenübergestanden zu haben, so sieht man beispielsweise auf dem Titelblatt der Wittenberger Vollbibel von 1534 einen schreibenden alten Mann – quasi ein Autorenbild Gottes.

137 WA 46; 308,8f.18f.

138 Vgl. z.B. WA 10,1,1; 154–157.

[…], Denn inn diesem bilde verschwindet aller zorn und schrecken und leuchtet nichts denn eitel gnade und trost, Und kan nu ein rechte hertzliche zuversicht gegen Gott fassen.«[139] Denn hier sehe ich, was Gott für mich tut, »das er sein blut für mich vergeusst und stirbet und wider aufferstehet und mir seine Tauff und Sacrament gibt.«[140] Der entscheidende Aspekt dieses Bildes ist also nicht irgendeine äußere Gestalt, überhaupt nichts Visuelles, sondern die Erfahrung von Gottes Zuwendung zum Menschen. Das Bild zeigt, wie Gott dem Menschen – mir – als Vater begegnet. Von selbst kommt der Mensch nämlich nicht darauf, sich Gott als einen solchen Vater vorzustellen; das, was sich dem Menschen nach Luther quasi »natürlicherweise« nahe legt, ist vielmehr die Vorstellung, er müsse sich Gottes Liebe durch Werke verdienen: »Denn das ist allen menschen auff erden angeborn, wenn man von Gott höret, das ihm ein iglicher ein eigen bilde und gedancken machet, damit er Gott eine gestalt und farbe will abgewinnen, wie er sey, was er dencke und im sinn habe, wie man ihm gefallen solle, und kann doch keine vernunfft höher komen […], denn das sie ihm mit wercken dienen müsse […] Sol man ihn aber recht erkennen, so mus Christus komen mit seinem wort und ihn offenbaren.«[141]

»Gestalt und Farbe« Gottes sind keine ästhetischen Qualitäten, hier geht es um das Verhältnis Gottes zum Menschen, um etwas völlig Unanschauliches. Bezüglich dieser Relation macht sich der Mensch seine eigenen Gedanken und Vorstellungen, sein Gottesbild. Diese Vorstellungen – in denen es eigentlich ganz unanschaulich um die Frage nach Gottes Zorn oder Erbarmen geht – können sich zu konkreten Bildern der inneren Vorstellung verdichten, so zum Bild Gottes, der »mit der keulen hindter der thuer stehe und dich richten und verdammen wolle.«[142] Das Papsttum hat nach Luther Christus nicht nur gepredigt, »als were er ein grimmiger Tyran, ein wütender und strenger Richter, der viel von uns fodderte und gute werck zur bezalung fur unser sünde uns aufflegte«, sondern den Leu-

139 WA 45; 550,13–19 (Predigten 1537).

140 AaO 550, 31f.

141 WA 28; 113,31–114,12 (Wochenpredigten über Joh 16–20, 1528/29).

142 WA 33; 83,10–12 (Wochenpredigten über Joh 6–8, 1530/32); vgl. aaO 86,27–31: »das hertz ist sonst von natur so blöde, das es jmer dahin arbeitet, als sey Christus ein Hencker oder Richter und werde mit uns handeln nach dem Gesetze mit der scherffe.«

ten auch entsprechende Gemälde vor Augen gestellt – von denen Luthers Vorstellungs-Bilder geprägt wurden – und die man »wegthun« sollte.[143] Christi eigene Worte korrigieren unsere falschen Vorstellungen von Gott: »Das nu der HErr spricht ›Wer zu mir kömet, den werde ich nicht hinaus stossen‹, damit will er sich uns gar freundlich furbilden undt abmalen, auff das wir wüsten, wofur man jn halten sollte.«[144] Christus selbst also stellt sich uns vor Augen als ein Gegen-Bild gegen unser Bild von Gott. Dieses freundliche »furbilden undt abmalen« geschieht allerdings nicht mit dem Pinsel, sondern durch das Wort.

Die Vorstellungen, die der Mensch sich von Gott macht – genauer: davon, wie Gott sich zu ihm verhält – entscheiden über seine Gottesbeziehung: »Wie du Gott denkst und glaubst, so hast du ihn«, ist nach Luther eine allgemein gültige Regel,[145] die er in Predigten des Jahres 1534 in metaphorischer Rede erläutert. »Also (spricht er) wil ich dich recht leren mich kennen und treffen, wie dir solle geholffen werden, nemlich, wenn du nur gleubest. Denn Gott hat uns alles fürgelegt und gegeben durch sein liebes Euangelium, wie er sich auch selbs gemalet hat jnn das bilde, welchs ist das wort des lebens [...] Da gehört nu zu, das du solch bilde wol fassest und als ein guter spigel rechten widerblick gebest, Denn darnach der spiegel ist, so sehet er auch.«[146] Wenn der Spiegel das rechte »bilde« »bildet«, dann muss Gott sagen: »Das ist ein bilde, das mir gleich ist«, und genau so entspricht der Mensch seiner Schöpfungsbestimmung.[147] Luther fasst hier also die Bestimmung des Menschen zum Ebenbild Gottes relational: Wenn der »Spiegel« das »bild« Gottes so »bildet«, wie es sich zeigt, dann »ist«

143 AaO 83,20–42.

144 AaO 82,37–83,1.

145 WA 37; 589,31–590,30: »Wie du denckest und glewbst, so hastu jn. [...] Wer jn gnedig odder zornig, suss odder sawr malet inn seinem hertzen, der hat ihn also, Darumb ist er nicht zu betriegen, Denckest du, er zurne mit dir und wolle dein nicht, so widderferet dir also, Kanstu aber sagen: Ich weis, das er will mein gnediger vater sein und die sunde vergibt etc., so hastu es auch also [...] Und geschicht dir billich und recht also, Worumb sihestu jm nicht recht unter augen und urteilest, wie er ist, odder glewbest, wie an jn zu gleuben ist, und wie er sich durch sein wort furstellet? Nemlich einen lerer und heiland aller, die jre sunde drucket, und gerne wolten from sein, Wenn dir solch bilde nicht gefellet, und dafur ein anders dir selbs fur malest, so hab dirs auch.«

146 AaO 452,18–29.

147 AaO 452,32–453,18.

der Mensch *imago Dei.* Das Bild-»Sein« ist Metapher für das (je aktuelle) antwortende Sich-ins-Verhältnis-Setzen. Aber des Menschen Herz ist ein verderbter Spiegel, der das richtige Bild nicht ohne weiteres erfasst. Luther erzählt nun die Geschichte von Sündenfall und Erlösung als die Geschichte von Verlust und Wiederherstellung des Spiegelbildes: Der zum Ebenbild geschaffene Adam sah Gott ähnlich, »Wo mit? damit, das sein hertz nicht anders gedacht denn also: Er hat mich geschaffen und ist mein lieber Vater, der mir alles gibt.«[148] Der Verlust des ursprünglichen Gottesverhältnisses ist der Verlust des rechten »Bildes«: »Aber da der teuffel kam, der richtet das hertzleid an, verderbet das bilde und zoch eine larven drüber, keret das wort umb und malets also für: Meinstu das war sey, das Gott dein lieber Vater sey [...] Da verleuret er das bilde, das Gott gemalet hat, und bildet sich nach dem bild, das der Teuffel gemalet hat«[149]; das Vertrauen auf Christus ist die Erneuerung des Ebenbildes: »Widerumb, wenn du Christum recht ansihest und sein wort mit dem glauben fassest, und dein hertz also stehet: Ich bin ein armer sunder, das weistu, mein lieber herr, aber du hast dich mir lassen für bilden durch deinen lieben son Jhesum Christum, das du wollest mir gnedig sein [...] darauff verlasse ich mich [...], Sihe so hastu das rechte bilde gefasst.«[150]

Das rechte Gottesbild zu erfassen, bedeutet die Wiederherstellung des Menschen, seine Wiederherstellung eben zum Bild Gottes.[151] Gottes »Gestalt« ist, wie er »gesinnet ist gegen uns«; das »Bild«, das es »widerzuspiegeln« gilt,[152] ist also kein visuelles, überhaupt nicht etwas, das die

148 AaO 454,17–19.

149 AaO 454,22–30.

150 AaO 456,27–33.

151 AaO 458,13–23: »Sihe, wenn du jn so ansihest, so ist dein geist gestalt wie Gott, und stehet sein hertz, bilde und angesicht rechtschaffen und lebendig jnn deinem hertzen, das er zu dir sagt: Das ist mein kind [...] Darumb ligts alles daran, das wir uns allein des falschen bild entschlahen und das Göttlich bilde recht fassen und dabey bleiben, Denn er hat sich wol recht gebildet und gethan alles, was er sol, aber an uns ligts, das wir nicht einen scheuslichen potzman oder vogelschew fur jn jnn unser hertz setzen, sondern malen jn recht, wie er sein wil und sich selbs hat fürgestellet.«

152 AaO 453,18–24: »Also auch, wenn wir solch bilde fassen, spricht Sanct Paulus ij. Cor. iij, so spiegelt oder malet er sich jnn unser hertz, [...] das wir jmer jhe mehr und mehr lernen verstehen, wie er gestalt und gesinnet ist gegen uns.«

Sinne wahrnehmen könnten. Gottes Vormalen seines »Bildes« ist seine Offenbarung und Zuwendung. »Vormalen« und »Widerspiegeln« (bzw. das »bilde« im Herzen »bilden«) sind also Metaphern für ein lebendiges Verhältnis der Entsprechung: Gott begegnet dem Menschen in seinem Wort, und der Mensch antwortet, indem er glaubt oder nicht glaubt. Christus, *imago Dei*, wendet sich nicht an den Gesichtssinn, »wie ich gesagt habe, er hat dirs nicht jnn die hand oder fur augen, sondern jnn dein hertz gemalet mit dem wort, das er spricht.«[153] Die »Sache«, die mit der Metapher des Vormalens und Widerspiegelns bezeichnet ist, die Relation Gott-Mensch, ist ihrem Wesen nach völlig unanschaulich.[154] Obwohl diese »Sache« im Kern also nicht anschaulich ist, gewinnt sie für Luther doch Anschaulichkeit, wenn dieser »Kern« in »Tüchlein« gefasst wird, d.h. wenn sich die Erfahrung der Gottesbegegnung in einzelnen Bildern (zunächst Bildern der inneren Vorstellung) konkretisiert.[155]

153 AaO 456,37f.

154 Darin, dass es um die Wiederherstellung der Relation Gott – Mensch geht, kann also streng genommen nicht der Grund für Luthers Tendenz liegen, das Gemeinte immer wieder auch anschaulich zur Sprache zu bringen, gegen J.A. Steiger, Fünf Zentralthemen der Theologie Luthers und seiner Erben, 2002, 118: »Weil es also um die Wiederherstellung der imago geht, bedient sich Luther als Pädagoge, Prediger und Seelsorger immer wieder der Bilder, um nicht nur das Gehör, sondern auch den Gesichtssinn des Menschen anzusprechen«; wiederholt in: Ders., Luthers Bild-Theologie als theologisches und hermeneutisches Fundament der Emblematik der lutherischen Orthodoxie (in: Die Domäne des Emblems, hg. v. G.F. Strasser, 2004, 119–133), hier 123.

155 In der eben besprochenen Predigt konkretisiert Luther nur die ›bilde‹ des Teufels, das Gottes-›bild‹ bleibt eher unanschaulich, vgl. z.B. WA 37; 455,16–24: »alle abgötterey und falsche Gottes dienst [...] komen noch jmerdar daher, das man Gott also malet und bildet, wie die Maler den Teuffel malen, mit langen hörnern und scheuslichen, feurigen augen etc. Solch bilde fünde man gewislich jnn aller Monchen hertz, wenn mans auff schneiten solt, Denn ein solcher kan nicht anders dencken weder also: [...] Ich mus also beschoren gehen und eine henffen strick umb mich legen etc., das er [Gott] mir gnedig werde«; und aaO 357,32–35: »Darumb male jn zum ersten recht [...], und mache solch bild, das jm ehnlich sey, welchs heisst also: Ich vergebe dir deine sunde durch meinen lieben Son Christum, fur dich gecreutzigt und gestorben etc.«

In Bildern Denken[156]

»Ecce vide si potes, deus veritas est. Hoc enim scriptum est: quoniam deus lux est, non quomodo isti oculi vident, sed quomodo videt cor cum audit, veritas est. Noli quaerere quid sit veritas, statim se opponent caligines imaginum corporalium et nubila phantasmatum et perturbant serenitatem quae primo ictu diluxit tibi cum dixerem, veritas«, schreibt Augustinus.[157] Luther dagegen bejaht das bildhafte Denken der Gottesbeziehung, insbesondere eignet er sich die Bilder an, die Christus selbst vorgibt. Diese Bilder (d.h. die biblischen Metaphern, Gleichnisse und Geschichten) sind »Tüchlein«, in die ein kostbarer Schatz – ein Glaubensartikel bzw. Christus – gefasst ist, und sie eröffnen dem Menschen, der die Bedeutung dieser Bilder für seine eigene Existenz versteht, der seinen Ort in diesen Bildern findet, die Erfahrung dessen, was sich der sinnlichen Wahrnehmung entzieht. Deshalb sind sie mehr als Redeschmuck[158] oder poetisches Ausdrucksmittel.[159] All diese Bilder werden durch das Wort vor Augen gestellt, und sie werden als Bilder allein durch das Wort erschlossen. Deshalb gilt: »Und ist Christi Reich ein hör Reich, nicht ein sehe Reich. Denn die augen leiten und füren uns nicht dahin, da wir Christum finden und kennen lernen, sondern die ohren müssen das thun.«[160] Die Augen, die allein das

156 Titel eines Aufsatzes von I. U. Dalferth (EvKomm 30, 1997, 165–167), dort heißt es (165): »Theologie ist nicht einfach Begriffsarbeit, sondern in entscheidender Hinsicht ›image-thinking‹ (A. Farrer, J. McIntyre), kritische Beschreibung, Entfaltung und Auslotung der (sprachlichen) Bilder, in denen sich der christliche Glaube artikuliert und sich unserer Welt und Erfahrung erschließt und verständlich macht.«

157 Augustinus, De trinitate VIII, 2.3.

158 Quintilian rechnet die Anschaulichkeit (ἐνάργεια) zu den *ornamenta* der Rede (Inst. VIII, 3, 61). Der Redner, der Vorgänge lebendig vergegenwärtigt, ruft Gefühlswirkungen hervor und bewegt so den Richter (Inst. VI, 2, 29–32).

159 Erasmus von Rotterdam zählt in seiner Vorrede zum NT von 1518 (Ratio seu Methodus compendio perveniendi ad veram Theologiam) die Parabeln zu den poetischen Ausdrucksmitteln (Erasmus von Rotterdam, Ausgewählte Schriften Lateinisch-Deutsch. Acht Bände, Hg. v. W. Welzig, Bd. 3, 160: »Parabolis omnia paene convestivit Christus, id quod poetis est peculiare.«), in Bezug auf andere Bildworte Christi heißt es (aaO 364), dass es Dinge gibt, die durch Kristalle oder Bernstein lieblicher hindurchleuchten, als wenn sie mit freiem Auge angeschaut werden, »et nescio quo pacto quae sacra sunt plus habent maiestatis, si sub involucro proferantur oculis, quam si prorsus retecta visantur.«

160 WA 51; 11,29–32 (Predigt vom 6. August 1545).

Äußere der Dinge wahrnehmen, können Christus nicht erkennen, zur Erkenntnis Christi bedarf es vielmehr der Augen, die die Dinge »dem Wort nach ansehen«.[161] Dieser Satz gilt auch für die von Künstlern geschaffenen Bildwerke, die Luther bisweilen mit Bildern ganz anderer Art in einem Atemzug nennen kann. Aber Bildwerke sind für Luther nichts anderes als »Spiegelbilder« des ohnehin Sichtbaren oder sichtbare Zeichen für komplexe theologische Inhalte. Er selbst scheint gleichsam durch sie hindurchzusehen, ohne sie wirklich wahrzunehmen, und unterschätzt deshalb wohl die Macht der Bildwerke.[162]

161 Zur Tradition und den unterschiedlich gefassten Unterscheidungen zwischen den *oculi carnales* und *spirituales* o.ä. vgl. G. Schleusener-Eichholz, Das Auge im Mittelalter (Münstersche Mittelalter-Schriften Bd. 35), Bd. II, 1985 – vgl. noch ein Beispiel bei Luther (WA 45; 490,28–491,16): »[Christus spricht:] jr müsset mich nicht also ansehen [...] wie ich augen, maul und nasen habe als ewer einer, Sondern müsset die augen leutern, die ohren fegen und anders sehen, hören, dencken und verstehen denn nach fleischlichem sinn und verstand. Denn hie ist zweierlei sehen und hören, Eines, das da geschicht allein mit leiblichen augen und ohren gar on geist, [...] Also kan man Christum nicht kennen (noch seien Christen), ob wir jn gleich alle stunde fur unsern augen sehen und höreten, Das ander ist ein geistlich sehen, welchs allein die Christen haben, und geschicht mit dem glauben des hertzens. Also mustu Christum auch ansehen, wenn du jn wilt kennen und wissen, wer er sey, nicht wie dich deine augen und sinne weisen, sondern wie dir sein wort jn zeigt und für malet, von der jungfraw geborn, fur dich gestorben und wider aufferstanden und zum Herrn gesetzt uber alle Ding. Da sihestu nicht allein seine gestalt (so die augen sehen), sondern die krafft und gewalt seines sterbens und aufferstehens.« Vgl. noch aaO 492,3–12.

162 So ahnt er weder etwas von der Problematik von Banalität und Kitsch, noch bemerkt er, dass die Bildwerke selbst Dinge neu sehen lassen und mehr als nur das Äußere der Dinge zeigen können, vgl. Mitchell (s. Anm. 1), 51; und G. Boehm, Die Lehre des Bilderverbotes (Kunst und Kirche 56, 1993, 26–32).

Kreuz und Rose

Ihre Symbolik in Goethes Dichtung, in Hegels Philosophie und in Luthers Kreuzestheologie für die Beziehung von Glaube und Vernunft

Von Michael Plathow

Als Stuckornament schmückt sie das Kreuzgewölbe im »Schwarzen Kloster« der Lutherstadt Wittenberg und als gemalter Wandteller die Luthermansarde in der Eisenacher Wartburg. Am Revers des Jacketts sichtbar, bringt sie lebensgeschichtliche Herkunft, Konfessionszugehörigkeit und Selbstverpflichtung zum Ausdruck. Mit und durch die nach ihr gestalteten Gartenkultur im Zentrum der Reformation verbindet sie weltweit Christen in Nord und Süd, Gemeinden und Kirchen in Ost und West: die sog. *Lutherrose*, Luthers Petschaft, Siegel und Familienwappen, aber noch mehr.

Auch durch seine nachhaltige Verbreitung stellen sich Fragen nicht nur nach dem biographischen Hintergrund und der Charakterisierung von Luthers allegorischer Interpretation des Lehr- und Merkbildes, sondern auch nach der geistesgeschichtlichen Beziehung – man denke an Goethe und Hegel – der Symbole Kreuz und Rose für das Verhältnis von Glaube und Vernunft oder Theologie und Philosophie. Zudem ist zu fragen nach der semiotischen Relevanz der sog. *Lutherrose* im heutigen Pluralismus.

Die Suche nach Profil und Identität im heutigen Pluralismus ansprechend und am Schluss der Darlegungen wieder aufnehmend, wird im I. Teil M. Luthers Petschaft und Familienwappen kurz *historisch-biographisch* skizziert. Der II. Teil bedenkt die Semiotik von *Allegorie* und *Symbol.* Diese wird im III. Teil mit der Symbolik von Kreuz und Rose für das Verhältnis von Glaube und Vernunft oder Theologie und Philosophie entfaltet; dabei werden zunächst kulturhistorische Aspekte von Kreuz und Rose gezeigt, sodann Kreuz und Rose in Goethes dichterisch zum Ausdruck kommende Humanitätsreligiosität und in Hegels System geistphilosophischer Vermittlung. Der IV. Teil geht ein auf die Allegorisierung der *sog. Lutherrose* für die Beziehung von *Glaube und Vernunft* im Kontext der Kreuzestheologie Luthers, wobei zum einen die Symbole *Kreuz und Rose* in kreuzestheologischer Leitdifferenz expliziert und zum andern in den Zusammenhang von Wort und Bild gestellt werden. Der letzte Teil will die einführenden Fragen aufnehmen und die *semiotische Funktion* der sog. *Lutherrose* mit den interaktiven, intersubjektiven und repetitiven Bezügen aufzeigen in der säkularen, sich religiös pluralisierenden Gesellschaft.

I. M. Luthers Petschaft und Familienwappen

Zum genetischen und historisch-biographischen Aspekt der sog. *Lutherrose* liegen schon verschiedene Forschungsbeiträge vor, wie Korsch in seinem erhellenden Aufsatz *Luthers Siegel. Eine elementare Deutung seiner Theologie*[1] nachweist: Historisch-biographisch war Luther selbst es, der das bürgerliche »Berufs-Siegel« väterlicher Tradition umgestaltete zur sog. *Lutherrose* wohl anlässlich der Amtsübernahme als Distriktvikar seines Augustinerordens 1516. Die Petschaft diente zunächst als Identitätszeichen und Schutzmarke seiner publizierten Schriften.[2] Die im Zusammenhang des Geschenks eines Siegelrings von Kurprinz Johann Friedrich von Sachsen am 14.09.1530 auf der Veste Caburg[3] auf Anfrage von Lazarus Spengler in Luthers Brief vom 08.07.1530 beschriebene Interpretation bringt Luthers allegorische Eigendeutung der sog. *Lutherrose* als elementares Bekenntnis seiner Theologie zum Verstehen.[4] Sowohl der Zeitpunkt dieses Briefs von der Coburg während der konfessionellen Kontroversen über die *Confessio Augustana* als auch des Siegels Umschrift: »Des Christen Herz auf Rosen geht, wenn's mitten unterm Kreuze steht« eröffnen den hermeneutischen Horizont.

1 D. Korsch, Luthers Siegel. Eine elementare Deutung seiner Theologie (Luther 67, 1996, 67–87), bes. 70–75 und Anm. 5. Er bezieht sich u.a. in Anm. 2 auf: O. Thulin, Vom bleibenden Sinn der Lutherrose (Luther 39, 1968, 41f); M. Freund, Zur Geschichte der Lutherrose (Luther 42, 1971, 39–47).

2 Vgl. Korsch (s. Anm. 1), 69.

3 Vgl. WAB 5; 445,5–23.

4 Vgl. Korsch (s. Anm. 1), 75.

Das in der Folgezeit immer neu erinnerte und vergewisserte Losungs- und Verheißungswort[5] entspricht der »Sache«[6] der Theologie des existentiell denkenden Frömmigkeitstheologen Luther. In der Symbolik des Siegelrings als Lehr- und Merkzeichen des reformatorischen Glaubens wird sie zum Ausdruck gebracht: die Rechtfertigung des Sünders durch den Glauben allein aus Gottes erbarmender Liebe in der Heilstat des gekreuzigten Christus.

Im Brief vom 08.07.1530 an Spengler gibt Luther durch die Symbolik der sog. *Lutherrose* seinem *Compendium Theologiae* folgende Auslegung:

Luther grüßt zum Anfang und knüpft beim Briefanlass an, wenn er schreibt:

> Gnade und Friede vom Herrn. Als Ihr begehrt zu wissen, ob mein Wappen oder Petschaft im Gemälde, das Ihr mit zugeschickt habt, recht getroffen sei, will ich Euch mein erste Gedanken und Ursachen solchs meins Petschafts zu guter Gesellschaft anzeigen, die ich darauf fassen wollt als ein Merkzeichen meiner Theologie.

Sodann folgt seine Interpretation:

> Das erste soll ein schwarz Kreuz sein im Herzen, welches Herz seine natürliche Farbe hat, damit ich mir selbst Erinnerung gebe, dass der Glaube an den Gekreuzigten uns selig macht. ›Denn so man herzlich glaubt, wird man gerecht.‹ (Röm 10, 10)
> Ob's nun wohl auch ein schwarz Kreuz ist, mortifiziert und soll auch weh tun, dennoch lässt es das Herz in seiner Farbe, verderbt die Natur nicht, das ist, es tötet nicht, sondern es erhält lebendig. ›Iustus enim ex fide vivet‹ (Röm 1, 17), sed fide crucifixi.
> Solch Herz aber soll mitten in einer weißen Rose stehen, anzuzeigen, dass der Glaube Freude, Trost und Friede ist und sogleich in eine weiße, fröhliche Rose setzt, nicht wie die Welt Friede und Freude gibt (Joh 14, 27), darum soll die Rose weiß und nicht rot sein, denn weiß ist der Geister und aller Engel Farbe (vgl. Mt 28, 3; Joh 20, 12).
> Solche Rose stehet im himmelfarbenen Felde, dass solche Freude im Geist und Glauben ein Anfang ist der himmlischen, zukünftigen Freude, jetzt wohl schon darinnen begriffen und durch Hoffnung gefasset, aber noch nicht offenbar.
> Und um solch Feld einen güldenen Ring, dass solche Seligkeit im Himmel ewig währet und kein Ende hat, auch köstlich und über alle Freude und Güter [ist], wie das Gold das höchst, edelst und best Erz ist.

5 Vgl. FREUND (s. Anm. 1), 40f.
6 WA 40,2; 327,11–328,2.

Luther beendet den Brief:

> Dieses mein Compendium Theologiae hab ich Euch in guter Freundschaft wollen anzeigen, wollet mir's zugut halten. Christus, unser lieber Herr, sei mit Eurem Geist bis in jenes Leben, Amen.
> Aus der Wüste Grubok, am 8. Juli 1530.[7]

Die elementare Skizzierung von Luthers *Compendium Theologiae* stellt im hermeneutischen Geschehen die eigene Auslegung und gedankliche Übertragung der sog. *Lutherrose* als Bildzeichen dar.

II. Zur Semiotik: Allegorie und Symbol

Hermeneutik erweist sich für Gadamer bekanntlich nicht als die Methode historischer Rekonstruktion, sondern als Geschehen des Verstehens[8]; es bezieht den Verstehenden mit seinen Fragen und Vorverständnissen ein und eröffnet im Prozess von Auslegen und Anwenden wirkungsgeschichtliche Horizontverschmelzungen.[9] Das gilt auch für das Verhältnis von Wort und Bild und für die hermeneutische Begegnung mit dem Bildzeichen der sog. *Lutherrose.* Der Verweisungscharakter des Bildzeichens hat im wirklichkeitseröffnenden Sprachgeschehen entscheidende Bedeutung; »aufgrund seines unmittelbaren Seins erst ist es zugleich Verweisendes, Ideelles.«[10] So erschließen das Symbol und die Allegorie, deren innere Bedeutung »über sie hinaus gelegen ist«, als Herausstellen im Darstellen Wirklichkeit in Sprache.[11] Hat beim Symbol das »eigene sinnfällige Sein« Bedeutung, so geht es bei der Allegorie um die »verstandesmäßige« Darstellung in der »Sphäre des Logos.«[12]

Luthers theologische Auslegung des Familienwappens mit seinen Symbolen erweist sich als gedankliche Übertragung in der Sprachgestalt der *Allegorie.* Für das Verstehen des Bildkomplexes der Symbole schwarzes Kreuz im roten Herz, eingezeichnet auf weißer Rose im blauen Feld und

7 WAB 5; 445,5–43; hier: Insel-Luther. Bd. 6: Briefe, Übersetzung und Erläuterung von J. Schilling, 122f.

8 Vgl. H.-G. Gadamer, Wahrheit und Methode, ^{3}1972, 439.465.

9 AaO 289f u.ö.

10 AaO 391.

11 AaO 68.

12 AaO 68f.

eingerahmt vom goldenen Ring, setzt er das Einverständnis der reformatorischen Kreuzes- und Rechtfertigungsbotschaft voraus und verweist auf diese.

III. Die Symbole Kreuz und Rose und ihre Bedeutung für die Beziehung von Vernunft und Glaube

1. Kulturhistorische Aspekte der Symbole Kreuz und Rose

Die Symbole Kreuz und Rose sind tief im kulturhistorischen Gedächtnis der Menschheit verwurzelt; sie prägen Mythen, Dichtung, Malerei, Lieder, religiöse Ausdrucks- und Verstehensformen.

Das Symbol des Kreuzes ist seit der Frühzeit der Menschheit bekannt, etwa bei Sumerern, Babyloniern und Ägyptern. Als Verbindung von Horizontaler und Vertikaler verweist es auf Erde und Himmel, mit der Vierung auf die vier Himmelsrichtungen und symbolisiert so das Kreuz des Universums räumlich – wie etwa in Platons Timaios, Kap. 8 – und jahreszeitlich als Sonnenrad. Im christlichen Glauben wird es im Verstehenshorizont von Christi Leiden, Tod und Auferstehung Zeichen des Heils für die Welt und seit Kaiser Konstantins Sieg an der Milvischen Brücke 312 und dem Konzil von Ephesus 431 kulturhistorisches Symbol des Christentums.

Die Rose, eine Kulturpflanze in Persien, China und Rom, wird seit Alters als Symbol der Liebe gedacht: Die Rose der Aphrodite war dem Eros und Dionysos geweiht; die rosenfingrige Eos führte den neuen Tag herauf. Im christlichen Glauben verwies die Rose mit Jes 11, 1 auf das Heil in Jesus Christus und schloss mit den Dornen der Rose auch Schmerz und Tod ein. Als Heilpflanze wurde die Rose im Mittelalter mit Maria in Verbindung gebracht. Die Rosetten gotischer Kathedralen ließen das Licht der Liebe Gottes transluzent erstrahlen.

In Gedichten und Liedern über Schillers Ode »An die Freude«: »Freude trinken alle Wesen/An den Brüsten der Natur/Alle Guten, alle Bösen/ Folgen ihrer Rosenspur« wie Faust den von Engeln gestreuten Rosen auf dem Weg der Verklärung[13], und über die musikalische Interpretation dieser Ode

13 J.W.v. GOETHE, Faust II (HA 5; 11699f), vgl. auch: G. SCHAEDER, Gott und Welt. Drei Kapitel Goethescher Weltanschauung, 1947, 340f.

in Beethovens Symphonie d-moll erschließt die Rosensymbolik bis heute bedeutungsvoll die ästhetische Ausdruckwelt von Liebe, »Friede und Freude«[14].

Erwähnt sei, dass auch die anderen Symbole von Luthers Petschaft kulturhistorische Bedeutung entbergen. Das Symbol des Herzens steht in vielen Kulturen für das Organ Leben erhaltender Systole und Diastole. Im Herzen fokussieren sich weiter Vernunft und Wille, auch Gefühle und Affekte.

In der biblisch-theologischen Tradition verbindet sich mit dem Herzen das Personzentrum in seiner Beziehung als Selbstsein mit Selbstbewusstsein vor sich selbst, vor Gott und vor anderen (Jer 24, 7; Hes 36, 26f; Mt 6, 21; 2. Kor 4, 6 u. a.). Schließlich weist wie der Kreis der Ring als Spiegel der Sonnenscheibe etwa bei Indogermanen und Ägyptern auf Ganzheit und Vollkommenheit und damit – wie auch in biblischer Überlieferung – auf Vollendung (Jes 40, 22; Offb 7, 11).

Indem das kulturhistorische Gedächtnis der Symbole Kreuz und Rose sich Goethe, Hegel wie Luther zueigen machen, stellen sie diese Bildzeichen in einen je eigenen und unterschiedlichen Verstehenszusammenhang für das Verhältnis von Glaube und Vernunft, Theologie und Philosophie.

2. *Die Symbole Kreuz und Rose in Goethes dichterischer Ausdruckswelt des Humanums und ihre Bedeutung für das Verhältnis von Glaube und Vernunft*

In *Die Geheimnisse. Ein Fragment* (1784/85)[15] verleiht Goethe mit dem Bildzeichen des Kreuzes »mit Rosen dicht umschlungen« dem *Humani-*

14 Vgl. u. a.: R. M. Rilke, Die Rosenschale, 1907; H. Domin, Nur eine Rose als Stütze, 1977.

15 HA 2; 271–281. Zu J. W. v. Goethes Religion und Religiosität in diesem Zusammenhang sei genannt: K. Löwith, Von Hegel zu Nietzsche, 1988, 27–45; K. Hübner, Eule – Rose – Kreuz. Goethes Religiosität zwischen Philosophie und Theologie (Berichte aus den Sitzungen der Joachim Jungius-Gesellschaft der Wissenschaften e. V. Hamburg 17, 1999, 3–29). Aus der Fülle theologischer Beiträge der Nachkriegszeit und der Folgen nationalsozialistischen Schreckens sei verwiesen auf u. a.: P. Althaus, Goethe und das Evangelium (in: FS Hans Meiser, 1951, 99–118); K. Beyschlag, Goethe im Urteil der neueren evangelischen Theologie (in: Humanitas – Christianitas. FS W. v. Loewenich, 1968, 205–234); J. Bauer, Alles Vereinzelte ist verwerflich. Überlegungen zu Goethe (NZSTh 33, 1991, 152–

tätsglauben dichterischen Ausdruck. In Stanzen-Form erzählt das Epen-Fragment den Weg der Selbstfindung des jugendlichen Marcus; auf seinem Bildungspfad nach oben gelangt er zu einem Bergkloster, erfährt von den Sorgen um die Nachfolge des wegen seiner reinen Menschlichkeit und edlen Sittlichkeit hochgeachteten, greisen Vorstehers. Er ist es nun, der stufenweise in die Geheimnisse des Kreises der zwölf Mönchsritter als Repräsentanten gleichberechtigter religiös-sittlicher Wege zum *Humanus* eingesetzt werden soll. Jeder der Zwölf verehrt »entselbstend verselbstend«[16], d.h. »sich selbst« überwindend (Z. 180f; 191f), in »eigenster Weise« »auf seinem eigenen Montserrat« Gott, wie Goethe am 27.04.1816 im »Morgenblatt für gebildete Stände« auf die Anfrage eines studentischen Vereins in Königsberg schreibt.[17] Das Göttliche durchwirkt als Urreligion eines »religiös-universalistischen Theismus« alle religiösen Erscheinungen und kulturellen Gestalten mit der Kraft der Humanität.

Marcus begegnet im Rittersaal – entsprechend den humanistisch-religiösen Zielen der Rosenkreuzer, mit denen sich Goethe durch Gottfried Arnolds *Unparteiischer Kirchen- und Ketzerhistorie* beschäftigte[18] – inmitten von zwölf Schilden erneut dem »Kreuz mit Rosenzweigen« (Z. 280). Es ist – im Kontrast zum »schroffen Kreuz« – das »geheimnisvolle Bild […] mit Rosen dicht umschlungen« (Z. 69; 72)[19], das »aller Welt zu Trost und Hoffnung steht« (Z. 58); »aus der Mitte quillt ein heilig Leben,

166); DERS., Goethe und das Christentum in der Sicht des Theologen (NZSTh 42, 2000, 140–159); DERS., Art. Theologie (in: Goethe Handbuch 4/1, hg. v. H.-D. DAHNKE u. R. OTTO, 1998, 1044–1048); H. BORNKAMM, Das Christentum im Denken Goethes (ZThK 96, 1999, 177–206); M. PLATHOW, Wir heißen's Frommsein. Zu Goethes Religiosität und christlichem Glauben (MD-EZW 62, 1999, 225–237); G. SEEBASS, Goethe und der christliche Glaube (HdJb 31, 1987, 103–114); E. SEEBERG, Goethes Stellung zur Religion (ZKG 51, 1932, 202–227); J. ROLFS, Goethe und die Theologie (KuD 45, 1999, 158–181); G. SÖHNGEN, Goethes Christenheit (in: DERS., Ges. Abhandlungen. Aufsätze und Vorträge, 1952, 372–392); H. THIELECKE, Glauben und Denken in der Neuzeit. Die großen Systeme der Theologie, 1988, 295.362.

16 HA 9; 353,22–24.

17 HA 2; 281f.

18 Dichtung und Wahrheit VIII (HA 14).

19 Vgl. auch: H.-J. IWAND, Tod und Auferstehung. Christologie II. Vorlesung 1959 (in: DERS., Nachgelassene Werke. Neue Folge, Bd. 2: Christologie. Die Umkehr der Menschen und Menschlichkeit, hg. v. E. LEMPP u. E. THAIDIGSMANN, 1999), 407.

dreifacher Strahlen, die aus einem Punkte dringen« (Z. 75f). Im Spiegel des »Geheimnisse dieses Rosenkreuzes« fühlt Marcus »sich erbauet« (Z. 80) zu edler Menschlichkeit.

In der »pädagogischen Provinz« in *Wilhelm Meisters Wanderjahren* (II,1f)[20], beantwortet Goethe die epistemische und semantische Frage, »worauf alles ankommt, damit der Mensch nach allen Seiten zu ein Mensch sei«, mit der den »dreifachen Strahlen« aus dem Kreuz des *Humanums* entsprechenden »dreifachen Ehrfurcht«: »vor dem, was über uns ist«, die ethnische, von Furcht befreiende Religion; »vor dem, was uns gleich ist«, die Religion des Philosophen, der durch rationale Vernunft »im kosmischen Sinne« Wahrheit erlebt; »vor dem, was unter uns ist«, die christliche Religion, die offenbar macht, »auch Niedrigkeit und Armut, Spott und Verachtung, Schmach und Elend, Leiden und Tod als göttlich anzuerkennen, ja Sünde selbst und Verbrechen nicht als Hindernisse, sondern als Fördernisse des Heiligen zu verehren und lieb zu gewinnen.« Auf Wilhelms Frage: »Zu welcher von diesen Religionen bekennt Ihr Euch denn insbesondere?« lautet die Antwort: »Zu allen dreien, denn sie zusammen bringen eigentlich die wahre Religion hervor; aus diesen drei Ehrfurchten entspringt die oberste Ehrfurcht vor sich selbst«, d.h. vor der dem Humanitätsideal edlen Menschentums entsprechenden eigenen Selbstwerdung.

Dieser widerfährt die letzte Tiefe in der Erfahrung von Elend, Leiden und Tod, im »Heiligtum des Schmerzes«. Als »Vorbild erhabener Duldung« steht das Leben des »göttlichen Mannes«, »Lehr- und Meisterbild« eines Weisen – der Name Jesus wird nicht ausgesprochen oder genannt. »Aber wir ziehen einen Schleier über diese Leiden«; »verdammenswürdige Frechheit« ist es, »…mit diesem tiefen Geheimnis, in welchem die göttliche Tiefe des Leidens verborgen liegt, zu spielen.«[21] »Nur einmal« wird beim Feiern der Auferstehung das christusresistente Kreuz des *humanen Karfreitag*[22] »mit Rosen umschlungen« zur Erhöhung und Verklärung edler Menschlichkeit unter den Menschen.[23]

20 HA 8; 156,26–158,8.

21 HA 8; 164,22–32.

22 Löwith (s. Anm. 15), 31.

23 Vgl. M. Plathow, Wahrheitsgewissheit und Toleranz. Zu J.W.v. Goethes »Geheimnisse. Fragment« (Oecumenica 22, 2010, 4–11).

Für Goethe besteht ein *kontradiktorischer Gegensatz* zwischen einerseits dem Glauben an den gekreuzigten Christus, in dem Gott *sub contrario* seine Liebe zu Menschen und Welt erschließt, und andererseits der staunenden Ehrfurcht vor dem Kreuz »mit Rosen umschlungen«, Bildzeichen der Tiefe menschlicher Humanität.

Doch Goethe kennt auch die *Asymmetrie* zwischen der Ehrfurcht »vor dem, was uns gleich ist« im vernünftigen Denken philosophischer Systeme und der »obersten Ehrfurcht, der Ehrfurcht vor sich selbst«, die der Dichter in der symbolischen Ausdruckswelt an konkreten Vorbildern edler Menschlichkeit wie Marcus und Iphigenie Gestalt werden lässt.

Schließlich weiß Goethe um die *Grenze* zwischen dem Faustischen Selbstverwirklichungsdrang[24] und dem Geheimnis der »Verselbstung« als »Entselbstung« durch die Selbstüberwindung in der humanen Tat. Entsprechend lässt er die forschende Vernunft die Grenze des Unerforschlichen und Unbedingten gegen naturalistische Verabsolutierung anerkennen[25] und lässt gegen deistische Reduktion in den Erscheinungen der Natur[26], in Gestaltungen der Kunst und in herausragenden Persönlichkeiten das gleichnishaft widergespiegelte »Geheimnis« ehrfürchtig verehren durch einen allgemeinen und inhaltsfrei von ihm verstandenen »Glauben«. Denn die rationale Vernunft vermag nicht zu zeigen, was das »Geheimnis« ist, nur was es nicht ist.

Goethe begrenzt also die rationale Vernunft philosophischer oder naturwissenschaftlicher Provenienz durch die *Ehrfurcht* vor der *Schranke* des »Geheimnisses«. Als Dichter unterscheidet er qualitativ zwischen philosophischer Vernunft und Glaube, einem »Glauben«, für den sich das »Dass«, nicht das »Was« von Bedeutung erweist.[27]

24 Vgl. W. KELLER, Größe und Elend, Schuld und Gnade. Fausts Ende in wiederholter Spiegelung (in: Aufsätze zu Goethes Faust II, hg. v. DERS., 1992, 316–344).

25 Maximen und Reflexionen (HA 12; 467, Nr. 718; 471, Nr. 752); vgl. auch: Brief an Boisserée vom 25.02.1832 und das Gespräch mit ECKERMANN am 18.02.1829.

26 Maximen und Reflexionen (HA 12; Nr. 303; 574; 557; 686; 720; 752); Proömium (HA 1; 357); Epirrhema (HA 1; 358).

27 Dichtung und Wahrheit III (HA 14); Gespräch mit ECKERMANN vom 11.03.1832.

3. *Die Symbole von Kreuz und Rose in Hegels vermittelnder Geistphilosophie und ihre Bedeutung für das Entsprechungsverhältnis von Vernunft und Glaube*

Ein von Goethes dichterischer Ausdruckswelt unterschiedliches Verständnis erfahren die Symbole Kreuz und Rose in Hegels *Geistphilosophie.* In der Vorrede von Hegels *Philosophie des Rechts* vom 25.06.1820 findet sich die Verbindung von Kreuz und Rose wie folgt: »Die Vernunft als die Rose im Kreuz der Gegenwart zu erkennen und damit dieser sich zu erfreuen, diese vernünftige Einsicht ist die Versöhnung mit der Wirklichkeit, welche die Philosophie denen gewährt, an die einmal die innere Anforderung ergangen ist, zu begreifen und in dem, was substantiell ist, ebenso die subjektive Freiheit zu erhalten sowie mit der subjektiven Freiheit … in dem, was an und für sich ist, zu stehen.«[28] Die Vernunft im Symbol der Rose lässt sich als vernünftige Einsicht erkennen im Kreuz der Gegenwart mit all ihrem Leid; im dialektischen Prozess durch den Widerspruch des *Andersseins* hindurch hebt sie diesen auf im *An-und-für-sich-Sein* der Verwirklichung der Freiheit, wie der Philosoph in der Tradition der *Freiheit eines Christenmenschen* darlegt.[29] Anders gesagt: Im Zusammenhang der Einheit von Denken und Wirklichkeit wird im Werdensprozess des Geistes das *Aus-sich-Sein* durch die Entäußerung als *Anderssein* im *An-und-für-sich-Sein* aufgehoben. Als momenthafte Verknüpfung werden Gegensätze der Wirklichkeit im Vernunftdenken *vermittelt* und versöhnt.

So erweist sich zum einen im dialektischen Werden der trinitarischen Geschichte Gottes das Kreuz, d.h. der Tod Christi als »Tod des Todes«, als die zur Aufhebung des Negativen bestimmte *Negation der Negation.* »Moment der göttlichen Natur« ist die Negation der Negation und das Negative »in Gott selbst«, wie Hegel in *Vorlesungen über die Philosophie der Religion* expliziert.[30]

28 G.W.F. Hegel, Grundlinien der Philosophie des Rechts. Werke 7, 1970, 26f.

29 Vgl. Ders., Vorlesung über die Philosophie der Geschichte. Werke 12, 1970, 491; Ders., Universitätsrede am Augustana, 25.06.1830 (in: H. Glockner, Hegel I, 1954, 161f) und Ders., Hegel. Universitäts-Reden. Sämtliche Werke XX, 532–544.

30 Ders., Vorlesungen über die Philosophie der Religion II. Werke 17, 1969, 292f.

So wird zum andern in diesem philosophischen System der »unendliche Schmerz« oder »das absolute Leiden oder der spekulativen Karfreitag« – wie es am Schluss von *Glauben und Denken* heißt[31] – als Moment der »höchsten Idee« vermittelnd aufgehoben. Indem das Kreuz mit seiner »Härte« und »Totalität« momenthaft integriert ist in den dialektischen Prozess der Weltvernunft wird es versöhnerisch aufgehoben hin zur Verwirklichung der Freiheit.

Im trinitarischen Werden Gottes wie im dialektischen Vernunftprozess der Geistphilosophie verbindet die im »Kreuz der Gegenwart« eingezeichnete »Rose« Glauben und Vernunft; in entschränkter Weise *entsprechen* sich Theologie und Philosophie. Das Symbol der Rose im Kreuz verweist auf die entgrenzte Verbindung von theologischer Philosophie und philosophischer Theologie.

Löwith hat auf die Abneigung des Dichters Goethe gegen diese Vermittlung von Glaube und Vernunft durch die Philosophie Hegels aufmerksam gemacht.[32] Er erinnert an Goethes zurückweisende Reaktion auf die ihm von Hegel übersandte Medaille, die Hegel als Unikat geprägtes Geschenk von Schülern zum 60. Geburtstag erhielt. Das Bildzeichen auf der Rückseite der Medaille zeigt eine männliche Gestalt, die sitzend in einem Buch liest. Dahinter auf einer Säule ist eine Eule zu erkennen. Daneben steht eine Frau, die ein sie überragendes Kreuz hält. Dazwischen in der Mitte sieht der Betrachter einen Genius, der rückwärts auf das Kreuz weist; vermittelnd zwischen dem Kreuz als Symbol christlichen Glaubens und der Eule der Minerva als Sinnbild philosophischer Vernunft – anders als im Schuss von *Glauben und Wissen* wird hier nicht »die Vernunft als Rose«, sonders als die Eule der Minerva dargestellt – verweist die Allegorie auf die Entsprechung von Theologie und Philosophie.

Gegen diese Mediatisierung, »Kontignation, Überbalkung« von ehrfürchtigem Glauben und philosophischer Vernunft macht Goethe seine

31 Ders., Glauben und Wissen oder die Reflexionsphilosophie der Subjektivität in der Vollständigkeit ihrer Formen als Kantische, Jacobische und Fichtesche Philosophie, 1962, 124.

32 K. Löwith, Von Hegel zu Nietzsche, 1950, 27–45; vgl. ebenfalls: Hübner (s. Anm. 15), 3–29; H. Ottmann, Die Rose im Kreuz der Gegenwart (Hegel-Jb. 1999, 142–148).

Abneigung geltend etwa im Brief an Zelter vom 01.06.1831: »Man weiß gar nicht, was es heißen soll. Dass ich das Kreuz als Mensch und als Dichter zu ehren und zu schmücken verstand, habe ich in meinen Stanzen bewiesen; aber dass ein Philosoph durch einen Umweg über die Ur- und Ungründe des Wesens und Nichtwesens seiner Schüler zu dieser trockenen Kontignation hinführt, will mir nicht behagen.« Im Hegelschen System der dialektischen Vernunft behält der Satz des Widerspruchs fundamentale Geltung wie überhaupt alles Widersprüchliche in der Wirklichkeit vermittelnd aufgehoben wird.

Unterschieden sind Goethe und Hegel in der Verhältnisbestimmung von ehrfürchtigem Glauben und philosophischer Vernunft. Auch steht der dichterischen Veranschaulichung von begrenzendem Geheimnis, die auf die Erfüllung edler Menschlichkeit in der selbstüberwindenden Tat zielt, gegenüber das entgrenzend-vermittelnde System dialektischer Geistphilosophie zur Verwirklichung von Freiheit.

Gemeinsam ist ihnen die verallgemeinernde Funktionalisierung von Kreuz und Leiden zum einen als »Hindernis« und »Fördernis« der Humanisierung, sozusagen als defizienter Modus und Impuls edler Vermenschlichung, zum andern als logische Antithese und aufzuhebendes Moment der Vernunftwerdung der Welt- und Freiheitsgeschichte.

Dem entgegen lässt jedoch die Erfahrungen der Schrecken von zwei Weltkriegen mit Hekatomben, von einzelnen grauenvoll leidenden und getöteten Menschen in Rußland, von Jahrzehnte nachwirkendem schmerzvollem Sterben konkreter Menschen durch die Atombombe von Hiroshima, von sinnlosem Leid je einzigartiger Menschen, mit Menschenwürde begabt, durch die Gigantomanie der Rassenidcologie mit in der Folge Inhumanität und Brutalität in der Schoah unweit von Weimar und mitten in Berlin die Rede vom *humanen Karfreitag* zum zynischen Wortspiel werden und das Vernunftprodukt des *spekulative Karfreitag* als unwirkliche, gleichwohl sarkastische Gedankenblase zerplatzen.

IV. *Die Symbole Kreuz und Rose im Zusammenhang von Luthers Kreuzestheologie als Entsprechung und Widerspruch von Glaube und Vernunft, Theologie und Philosophie*

1. M. Luthers kreuzestheologische Leitdifferenz

Wie Goethes dichterische Ausdruckswelt und Hegels mediatisierende Geistphilosophie so hatte auch Luther die kulturhistorischen Symbole Kreuz und Rose in seine Petschaft und deren Auslegung integriert. Im Gegensatz zu beiden aber verweist die sog. *Lutherrose* mit dem »schroffen Kreuz« auf das Heil für die Menschen unter der Totalität der Sünde, des Schmerzes und des Todes in der Historie des *gekreuzigten Jesus von Nazareth als einmal und einfürallemal geltende Tat des Erbarmens und der Liebe Gottes.* Der gekreuzigte Christus wird nicht christusresistent als Vorbild humanisiert oder in der Geistphilosophie allgemeinen Werdens dialektisch rationalisiert und funktionalisiert. Luthers allegorische Auslegung des Bildzeichens als elementarisierendes *Compendium theologiae* erfährt zusammen mit der Umschrift der Losung: »Des Christen Herz auf Rosen geht, wenn's mitten unterm Kreuze steht« die assertorische und konfessorische Bedeutung seiner existentiell ausgerichteten *Kreuzes- und Frömmigkeitstheologie.* Zusammengefasst ist sie in der *Sache der Theologie,* dem »subjectum theologiae«, als »homo reus et perditus et deus iustificans vel salvator.«[33] Wahrer und glaubwürdiger Theologe ist der »theologus crucis«, denn er weiß um diese »Sache« und ist ihrer gewiss, wie Luther in seinen frühen Schriften betont.[34] Für Luther erfährt die Kreuzestheologie als *Erkenntnisprinzip* konstitutive und kriteriologische Bedeutung für das Verhältnis des Menschen *vor Gott, vor sich selbst* und *vor der Welt.*[35] Sie eröffnet das andere Menschen- und Wirklichkeitsverständnis

33 WA 40,2; 327,11–328,2; vgl. G. Ebeling, Cognitio Dei et hominis (in: Ders., Lutherstudien I, 1971, 221–272).

34 21. These der Heidelberger Disputation (WA 1; 354,2f).

35 W. v. Loewenich, Luthers Theologia crucis, (1929), [6]1982; I. U. Dalferth, Das Wort vom Kreuz in der offenen Gesellschaft (in: Ders., Gedeutete Gegenwart, 1997, 57–85); Th. Dieter, Der junge Luther und Aristoteles, 2001; H.-J. Iwand, Theologia crucis (in: Ders., Nachgelassene Werke V, [3]2000); M. Kähler, Das Kreuz (BFChTh 15, 1911, 5–14); M. Kor-

des im Wort Gottes heiliger Schrift begründeten reformatorischen Glaubens.[36] Denn im paradoxen »Geheimnis« des gekreuzigten Christus (I Kor 2, 8; 1, 17f) als freie Selbstzurücknahme erschließt Gott *sub contrario* seine erbarmende Liebe zur Erlösung und Befreiung von der Macht der Sünde, des Bösen und des Todes; Gott schenkt den Menschen und der Welt seine Gerechtigkeit allein aus Gnade um Christi willen durch den Glauben; der *Mensch vor Gott* hat durch Anfechtungen hindurchdringend und getragen schon Anteil an Christi Sterben und Auferstehung im Licht der entgültigen Erlösung; er ist in der Glaubens- und Geistgemeinschaft »gleichförmig« und »gleichgestaltet« (Phl 3, 10) mit dem gekreuzigten und auferstandenen Christus in der Nachfolge und geht »auf Rosen« »unter dem Kreuz« mit freudigem Herzen, getröstetem Gewissen und Frieden mit Gott, wie Luthers Interpretation des Merkbildes der sog. *Lutherrose* verdeutlicht, auf die Zukunft Gottes im ewigen Leben zu. Die Beziehung und Gemeinschaft mit Christus ist konstituiert durch »die Liebe des Kreuzes, aus dem Kreuz geboren, die sich dorthin wendet, nicht, wo sie Gutes findet, das sie genießen könnte, sondern wo sie dem Schlechten und Bedürftigen Gutes bringen kann«, so Luther in der 28. These der Heidelberger Disputation (1518).[37]

M. Luther *übernimmt und anerkennt* bei der Auslegung seiner Petschaft als *compendium* seiner Theologie die kulturhistorischen Symbolik von Kreuz und Rose wie auch von Herz und Ring. Entsprechend redet er mit Respekt von der Vernunft und ihren Fähigkeiten als Schöpfungsgabe Gottes in den natürlichen Bereichen und Aufgaben *coram mundo* (vor der Welt). Selbst eine allgemeine Kenntnis von Gott ist ihr möglich: »die Vernunft weiß, dass Gott ist«.[38]

Als Erkenntnis a posteriori greift er in der Disputation *De homine* (1536) in den Thesen eins bis zehn die rationalen, technischen und kultur-

THAUS, Kreuzestheologie. Geschichte und Gehalt eines Programmbegriffs in der evangelischen Theologie (BHTh 142), 2007; M. PLATHOW, Crux probat omnia (in: DERS., Freiheit und Verantwortung, 1996, 351–374).

36 Vgl. M. PLATHOW, Wirklichkeit – erschlossen im Kreuz (KuD 47, 2001, 180–202).

37 M. LUTHER, 28. These der Heidelberger Disputation (WA 1; 365,1–30), bes. 13–15.

38 WA 19; 206,32.

ellen Fähigkeiten des Menschen und der menschlichen Vernunft in den verschiedenen Wissensbereichen auf; rationale Erklärung gelingt durch die wissenschaftliche Methode und mit den Denkformen und der Begrifflichkeit des Aristoteles. These elf stellt dann aber für die Philosophie und die Ratio fest: »paene nihil scire«, was das Menschen- und Wirklichkeitsverständnis in seiner Umfassendheit und Komplexität betrifft.[39]

In der Disputation *Contra scholasticam theologiam* (1517), These 43–53[40], zieht Luther die Grenze zur Aristotelischen Syllogistik bei einer Ableitung der Offenbarung des dreieinen Gottes. Und in der *Heidelberger Disputation* (1518), These 19–24, hat er der menschlichen Weisheit, die entschränkt sich selbst verherrlichend »genießt«, Gottes Weisheit im Kreuz Christi kontrastiert.

Die Schöpfungsgabe der natürlichen Vernunft, in der Welt unter der Macht der Sünde von Gott erhalten, ist der ambivalente Gebrauch eigen zum Segen oder, sich eigenmächtig verabsolutierend, zum Fluch für die Menschen, zum Aufbauen oder zum Zerstören von Zukunft, zur Freiheit der Forschung oder zur Knebelung des Geistes. Das meint M. Luther, wenn er die Vernunft als »Hure« und »Herrin Vernunft« bezeichnet.[41]

Durch das geistgewirkte »Wort vom Kreuz« (1 Kor 1, 17ff) gerechtfertigt, wird die Vernunft als *intellectus fidei* frei für die Erkenntnis der Offenbarung des dreieinen Gottes im »Geheimnis« des Kreuzes Christi (1 Kor 2, 7) und zum neuen Menschen- und Wirklichkeitsverständnis *vor Gott, vor sich selbst* und *vor der Welt,* d.h. zu verantwortlichem Gebrauch in der Liebe.

Das Wort Gottes als *Gesetz und Evangelium* bestimmt das Verhältnis von *Vernunft und Glaube* wie auch von Theologie und Philosophie konjunktiv und disjunktiv als *Entsprechung und Widerspruch.* Das im Widerspruch zur eigenmächtigen Vernunft stehende »Wort« von der Offenbarung der Weisheit Gottes im Kreuz Christi befreit, die ambivalente Vernunft als *intellectus fidei* entsprechend ihrer geschöpflichen Fähigkeiten zu gebrauchen zur Erkenntnis Gottes und des Menschen *coram deo* in der

39 M. Luther, Disputatio de homine (1536), These 11 (WA 39,1; 175,25).

40 WA 1; 226,14–31.

41 Vgl. u.a. WA 10,1; 326,16; WA 18; 182,11; WA 51; 126,7–9.

»Liebe des Kreuzes aus dem Kreuz geboren« und zum gesegneten Gebrauch *coram se ipse* und *coram mundo* vor Gott für Leben und Zukunft der Menschen.[42]

Der Widerspruch und die Entsprechung zwischen Glaube und Vernunft, Theologie und Philosophie spiegelt sich in der Symbolik der von Luther als *Compendium theologiae* in kreuzestheologischer Leitdifferenz ausgelegten sog. *Lutherrose* wider.

Luthers theologische Zuordnung von Glaube und Vernunft als Entsprechung und Widerspruch unterscheidet sich so von der entschränkten Vermittlung in Hegels Geistphilosophie und von der die Vernunft begrenzenden Ehrfurcht vor einem allgemeinen Geheimnis humaner Selbstverwirklichung in Selbstüberwindung beim Dichter Goethe.

2. *Wort und Bild*

Typologisch könnte man Luthers *theologia amoris crucis ex cruce nata* gegenüber Hegels *theologia crucis speculativa* und Goethes *theologia crucis humanitatis* abgrenzen. Der Theologe, der Philosoph und der Dichter stellen die Symbole Kreuz und Rose in einen je eigenen Horizont und Sprachraum, sprechen sozusagen *eine andere Sprache.* Gadamer schreibt im Blick auf die Sprache: »In der Sprache stellt sich die Welt dar [...]. Die Sprachlichkeit unserer Welterfahrung ist vorgängig gegenüber allem, das als seiend erkannt und angesprochen wird. Der Grundbezug von Sprache und Welt bedeutet daher nicht, dass die Welt Gegenstand der Sprache werde. Was Gegenstand der Erkenntnis und der Aussage ist, ist vielmehr immer schon von dem Welthorizont der Sprache umschlossen.«[43] Das gilt auch für das Verhältnis von Sprache, Wort und Symbol, Metapher, Bild, Zeichen. Symbole, Bilder, Zeichen sind zunächst unklar und uneindeutig; erst im Deutungszusammenhang von Sprache und Wort werden sie klar und eindeutig.

42 Vgl. B. Lohse, Ratio und Fides, 1958; G. Ebeling, Studium der Theologie. Eine enzyklopädische Orientierung, Tübingen 1975, 54–60; Ders., Art. Theologie und Philosophie dogmatisch (RGG³ 6, 1962, 819–830).

43 Gadamer (s. Anm. 8), 426.

Die Ikonographie der Petschaft Luthers mit ihrer figürlichen und farblichen Symbolik erfährt Klarheit und Eindeutigkeit im »Welthorizont« des »Wortes vom Kreuz«, im Verweisungszusammenhang von Luthers im »Wort vom Kreuz« konzentrierten »Sache« der Theologie als Rechtfertigung des Sünders allein aus Gottes Erbarmen um des gekreuzigten Christus willen durch den Glauben.

Dabei erhalten für Luther die Symbole und Bilder – wenn ihnen nicht vergötzend verabsolutierte Anbetung zuteil wird[44] – sowohl pädagogische als auch theologische Bedeutung. Erinnert sei, dass ihm die Illustration der *Bilderbibel* von 1534 nach dem Vorbild der *Biblia pauperum* ein Anliegen ist.[45] Andererseits ist das Geschöpfsein des Menschen in der leib-seelisch-geistigen Einheit verknüpft mit seiner Sprach- und Bildfähigkeit. In der Menschwerdung Jesu Christi ist dies vorgegeben. In der Selbstzurücknahme im gekreuzigten Christus schenkt Gott aus Liebe neues Leben und unbegrenzte Zukunft. In der Glaubens- und Geistgemeinschaft mit Jesus Christus, dem *sacramentum* und *exemplum*[46], erfahren die Menschen Heil und Bestimmung. Im geistgewirkten »Wort vom Kreuz« in, mit und unter menschlichen Wörtern, erweist Gott seine Weisheit und Kraft. Dabei werden in das Sprachereignis des »Wortes vom Kreuz« die kulturhistorischen Symbole, Bilder und Zeichen als »getaufte«[47] eingezeichnet wegen der Sinnenbegabtheit der geschöpflichen Menschen. In ihrer dem Wort *dienenden* Funktion eröffnen Symbole, Bilder und Zeichen Wirklichkeit und Perspektiven; sie führen über rationales Verstehen hinaus zum glaubenden Einverständnis; sie setzen den gerechtfertigten Sünder ins Bild; sie leiten in der Seh- und Hörschule den Glaubenden zur Liebe und Hoffnung und erfüllen mit »Freude, Trost und Frieden«, wie Luther in der Auslegung der sog. *Lutherrose* als *Compendium theologiae* schreibt.

44 M. Luther, Wider die himmlischen Propheten von den Bildern und Sakrament (WA 18; 134–214); vgl. M. Brecht, Martin Luther. Bd. 2: Ordnung und Abgrenzung der Reformation 1521–1532, 1986, 158–172.

45 WADB 6, LXXXVII; vgl. M. Plathow, Bildhafter Glaube. Martin Luthers Theologie in Bildern (in: Ders., Freiheit und Verantwortung, 1996, 329–350).

46 WA 2; 745,36–746,5; 747,4–9.

47 WA 39,1; 229,16–19.

VI. Die semiotische Bedeutung der sog. Lutherrose heute

Die Ausgangsbeobachtungen zur Wirkungsgeschichte der sog. *Lutherrose* aufnehmend, soll im hermeneutischen Prozess durch die kreuzestheologische Leitdifferenz das Lehr- und Merkbild der sog. *Lutherrose* als interaktives, intersubjektives und repetitives Kennzeichen angezeigt werden in einer pluralistischen Zivilgesellschaft. Diese gestaltet sich als säkularisierende und zugleich religiös pluralisierende Sozialität, in der Parteien, Wirtschaftsunternehmen, Institutionen, Organisationen, Vereine, soziale Assoziationen und Individuen, und auch religiöse Gemeinschaften und Kirchen in differenzierter Weise Identität und Profil zeigen in den Öffentlichkeiten.[48] Im Visualisierungstrend geschieht das gerade auch durch das Symbol, das Emblem, das Logo, das Kennzeichen.

Dem Lehr- und Merkzeichen der sog. *Lutherrose* ist von der Deutung gebenden und Verstehen eröffnenden Umschrift her *identitätsstiftende und identifikatorische* Bedeutung eigen: sozusagen nach innen den Glauben vergewissernd, nach außen bekennend. Einerseits wird versichert und versichert sich der Glaubende – entsprechend rezeptionsästhetischer Prozesse – durch das Lehr- und Merkzeichen des eigenen Glaubens vor dem inneren Auge und profiliert ihn vernunftgerecht und zeitkritisch. Andererseits setzt der Glaubende mit dem Lehr- und Merkzeichen den Glauben identifizierbar und sichtbar nach außen ins Bild, Identität und Differenz, Differenz und Verständigung, Verständigung und Gemeinschaft öffentlich signalisierend.

Synchron und diachron wird diese semiotische Bedeutung des Lehr- und Merkzeichens der sog. *Lutherrose* rezipiert: der gemeinsame Glaube und das gemeinsame Bekenntnis des *Compendium theologiae*, visualisiert in der sog. *Lutherrose*; weltweit verbindet sie die Gemeinschaft von Christen, gelebt in Gottesdienst und Gebet, in Zeugnis und Dienst, in Konvoka-

48 Vgl. u.a. M. Plathow, Heute evangelisch sein. Identität und Ökumene (in: 100 Jahre Evangelischer Bund in Österreich, hg. v. K.R. Trauner u. B. Zimmermann, 2003, 146–165); A. Assmann u. H. Friese (Hg.), Identitäten, Erinnerung, Geschichte, 1998; K. Gloy u. M. Klessmann, Art. Identität (TRE 16, 1987, 25–32); Lutherische Identität, hg. v. Institut für ökumenische Forschung in Straßburg, 1977.

tion und Visitation, sichtbar gemacht im Lehr- und Merkbild des Wittenberger Luthergartens.

Melanchthons theologisch ausdrucksstarkes Familienwappen erfährt diese intersubjektiv-sozialisierende Bedeutung nicht so.[49]

In diachroner Hinsicht erweist sich die repetitive Bedeutung der sog. *Lutherrose* als Zeichen- und Merkbild der zu *memorierenden* und in die Zukunft zu *reformulierenden* Erinnerungskultur reformatorischen Glaubens und Bekennens.

Dabei ist in das kollektive Gedächtnis der sog. *Lutherrose* mit ihrer kreuzestheologischen Leitdifferenz und Symbolik eingezeichnet das konjunktive und disjunktive Verhältnis von Glaube und Vernunft als Entsprechung und Widerspruch verantwortlich vor Gott zum Segen der Menschen und ihrer Mitwelt.

49 Vgl. G. Schwinge, Melanchthons Wahlspruch und Melanchthons Wappen (Luther 68, 1977, 4–11).

Johannes Bugenhagen und England

Von Ferdinand Ahuis

I Die Tafelbilder von Sevenoaks

In der Brown Gallery im Knole House, Sevenoaks, Kent, befinden sich drei Tafelbilder, die an einen Flügelaltar erinnern (Abb. 1). In der Mitte sind die Reformatoren *Philipp Melanchthon*, *Martin Luther* und *Johannes Bugenhagen*,[1] auf den beiden Flügeln die Humanisten *Rudolph Agricola* und *Erasmus von Rotterdam* im Gürtelporträt dargestellt.[2]

Luther, Bugenhagen und Erasmus blicken – vom Betrachter aus gesehen – von rechts nach links, Agricola und Melanchthon von links nach rechts. Im Mittelteil dominiert Luther; Johannes Bugenhagens Kopf aber überragt diejenigen Luthers und Melanchthons und auch Agricolas und des Erasmus. Er schiebt sich von rechts her in das Bild hinein, was einen noch größeren Bugenhagen erahnen lässt.

1 Melanchthon links, Luther in der Mitte und Bugenhagen rechts bestimmen auch die Komposition auf dem Reformationsaltar von 1547 in der Wittenberger Stadtkirche und dem »Croy-Teppich« von 1554 im Pommerschen Landesmuseum in Greifswald; vgl. H. Reinitzer, Tapetum Concordiae. Peter Heymans Bildteppich für Philipp I. von Pommern und die Tradition der von Mose getragenen Kanzeln (Abhandlungen der Akademie der Wissenschaften Hamburg 1), 2011. Hingewiesen sei auch auf das Weimarer Luther-Triptychon (»Lutheraltärchen«) von Veit Thimm aus dem Jahre 1572. Auf dem linken Flügel ist Luther als Mönch, auf dem rechten als Junker Jörg dargestellt. Die Mitte wird von dem älteren Luther als Ausleger der Heiligen Schrift ausgefüllt.

2 N. Buske, Ein Bugenhagen-Bildnis in England. Die Wittenberger Reformatoren eingebettet in den Humanismus (Pommern 2/2001, 24–27).

Abb. 1: Tableaus at Brown Gallery Knole House, Sevenoaks, Kent (© Knole Estate)

Damit wird seine Bedeutung für das Bild unterstrichen.[3] Bugenhagens ineinandergelegte Hände sind (fast) vollständig dargestellt,[4] während sie bei den anderen Porträtierten abgeschnitten wirken;[5] aber das ist bei anderen Cranach-Bildern nicht anders.[6] Das untere Fünftel der Bilder wird von lateinischen Versen[7] eingenommen. *Norbert Buske* setzt sie deutlich vor dem Tode Luthers (1546) und dem Schmalkaldischen Krieg (1546–47), aber nach der Entstehung des Cranach-Bildes von Johannes Bugenhagen im Jahre 1537 an.[8] Man kann den Zeitrahmen noch enger fassen: Die Entscheidung des ernestinischen Kurfürsten Johann Friedrich von Sachsen, *Nikolaus von Amsdorf* im Jahre 1542 zum Gegenbischof *Julius Pflug*s in Naumburg zu machen,[9] war einer der Auslöser für den Schmalkaldischen

3 AaO 24.

4 Die rechte Hand bis hin zu den Fingerspitzen der linken Hand wird teilweise verdeckt durch den rechten Ärmel der Schaube. Auch Bugenhagens Hände sind höher angesetzt als diejenigen Luthers und Melanchthons.

5 Buske (s. Anm. 2), 26, führt dies als Argument dafür an, dass die Texte erst in England hinzugefügt wurden.

6 S. Abb. 2 und 3.

7 Übersetzung ins Deutsche durch Boris Dunsch und Haik Thomas Porada bei Buske (s. Anm. 2), 24f.

8 Buske (s. Anm. 2), 25.

9 D. Gehrt, Der »Erzbischof« von Thüringen? Nikolaus von Amsdorf und die Genese der

Krieg.[10] Im selben Jahr befreite der Schmalkaldische Bund mit Waffengewalt Braunschweig-Wolfenbüttel von seinem antireformatorischen Herzog *Heinrich von Braunschweig.*[11] Anschließend organisierte Bugenhagen die Reformation in Braunschweig-Wolfenbüttel und in Hildesheim und brachte damit sein reformatorisches Wirken außerhalb von Wittenberg zum Abschluss.[12] Vorher war Bugenhagen von Christian III. von Dänemark und Norwegen zum Landtag in Rendsburg eingeladen worden, wo 1542 die dänische Kirchenordnung (*Ordinatio Ecclesiastica*) für die Herzogtümer Schleswig und Holstein angenommen wurde.[13] So dürften die lateinischen Verse auf den Tafelbildern von Sevenoaks nach 1542 verfasst worden sein. Das betrifft vor allem die letzten beiden Zeilen des Verses auf Luther:

> »Mit soviel Eifer beschwört er Krieg
> Für eine heilige Sache herauf«,

und des Verses auf Bugenhagen:

> »An fremde Küsten hat
> Pomeranus das Evangelium gebracht
> Und die frommen
> Riten eingeführt«,

womit die Kirchenordnungen gemeint sein dürften, möglicherweise schon in ihrer Einengung von »Christlichen Ordnungen«[14], d.h. Ordnungen für

ernestinischen Landeskirche nach dem Schmalkaldischen Krieg (in: Nikolaus von Amsdorf [1483–1565]: zwischen Reformation und Politik. Frühjahrstagung zur Wittenberger Reformation 2007, hg. v. I. Dingel, 2008, 217–236), hier 217.

10 U. Schirmer, Sachsen und die Reichspolitik, (in: Das Jahrhundert der Reformation in Sachsen, hg. v. H. Junghans, ²2005, 219–237), 229.

11 F. Spehr, Art. Heinrich der Jüngere (ADB 11, 1880, 495–500), 498.

12 K. Bauermeister, Johannes Bugenhagen und sein reformatorisches Wirken im Stift Hildesheim, 2004. Noch einige Nachfolgearbeiten waren erforderlich: die Kirchenordnung von Braunschweig-Wolfenbüttel (1543) und der Druck der Hildesheimer Kirchenordnung (1544).

13 T. Lorentzen, Johannes Bugenhagen als Reformator der öffentlichen Fürsorge (SMHR 44), 2008, 39.

14 Der Erbarn Stadt Brunswig Christlike ordeninge/ to dẽnste dem hilgen Euangelio/Christliker lèue/ tucht/ freede vnde eynicheit : Ock dar vnder veele Christlike lẽre vor de bor-

die ganze Stadt mit den Bereichen Schule, Gottesdienst und Armenfürsorge,[15] hin zu »Kirchenordnungen«[16].

Die Tafelbilder dürften zusammen mit der graphischen Ausführung der Verse in der Cranach-Werkstatt in Wittenberg entstanden sein. Die Reformatoren werden nicht nur von den Humanisten Rudolph Agricola und Erasmus von Rotterdam eingerahmt, sondern auch Melanchthon wird als Humanist gezeichnet:

»Melanchthon versucht,
den kleinen Künsten Glanz
zu verleihen.
Glaube dennoch nicht,
dass dies Verdienst gering ist.«

Das bedeutet aber nicht, dass die Tafelbilder von Sevenoaks nur »geistesgeschichtliche Voraussetzungen zur Darstellung«[17] bringen; vielmehr sind diese auch im Rahmen der »politisch-dynastische[n] Hintergründe«[18] zu sehen.[19] Außerdem ist zu fragen, ob nicht nur mit Agricola und Erasmus,[20]

gere / Dorch Joannem Bugenhagen Pomerñ bescreuen, Wittenberg 1528; Der Erbarenn Stadt Hamborgh Christlike Ordeninge tho dienste dem euangelio Christi / christliker leve / tucht unnd einicheit, handschriftlich 1529 (erster Druck: Hamburg 1771); [D]er Keyserliken Stadt Lübeck Christlike Ordeninge/ tho denste dem hilgen Euangelio/ Christliker leue/ tucht/ frede vnde enicheyt/ vor de yöget yn eyner guden Scholẽ tho lerende. Vnde de Kercken denere vnd rechten armen Christlick tho vorsorgende, Lübeck 1531.

15 T. Koch, »Der ehrbaren Stadt Hamburg Christliche Ordnung« durch Johannes Bugenhagen (1529) (in: 500 Jahre Theologie in Hamburg. Hamburg als Zentrum christlicher Theologie, hg. v. J. A. Steiger, 2005, 1–15).

16 Christlike Kerckenordeninge der löffliken Stadt Hildenssem (1542, gedruckt 1544 bei Hennig Rüdem in Hannover), vgl. auch die dänische *Ordinatio Ecclesiastica*.

17 Buske (s. Anm. 2), 24.

18 AaO 24, baut hier eine falsche Alternative auf, wenn er auf dem »Croy-Teppich« von Greifswald (Tapetum Concordiae; s. o. Anm. 1) die politisch-dynastischen Hintergründe, auf den Tafelbildern von Knole die geistesgeschichtlichen Voraussetzungen abgebildet sieht.

19 Auch das Greifswalder Tapetum Concordiae bringt nicht nur politisch-dynastische Hintergründe, sondern die ersehnte Einheit lutherischer Kirche nach 1550 zum Ausdruck; Reinitzer (s. Anm. 1).

20 S. u. Anm. 31.

sondern auch mit Melanchthon und sogar Bugenhagen bewusst Humanisten um Luther geschart werden, damit diese sich an ihm orientieren.[21]

Bis auf Philipp Melanchthon tragen die Porträtierten eine Kopfbedeckung, Luther und Bugenhagen die Barette von Theologen, Erasmus das Barett des Humanisten und Agricola eine davon deutlich unterschiedene Haube.[22]

Offensichtlich liegen den Bildnissen Melanchthons und Luthers die »Regensburger«[23] Cranach-Porträts aus dem Jahre 1532[24] zugrunde; nur sind sie spiegelverkehrt wiedergegeben.

Das ist allerdings nicht mechanisch geschehen: Melanchthons Hände (Abb. 2) sind nicht gespiegelt, wohl aber diejenigen Luthers (Abb. 3). Außerdem zeigen diese deutlicher das Buch, wahrscheinlich die Bibel, in seinen Händen. Bei Bugenhagen ist überhaupt erst aus einem Brustporträt[25] ein Gürtelporträt geworden; seine Hände befinden sich nicht mittig in einer Linie unter seinem Kinn, sondern seitlich nach rechts versetzt.[26] So erhält die Statur Bugenhagens mehr virtuelle Breite. Luther hat man einen Ober-

21 Vgl. die Bemerkung Melanchthons vom 31. Oktober 1524, dass »erst Wittenberg seine geistige Entfaltung ermöglicht habe«, H. A. Oberman, Werden und Wertung der Reformation. Vom Wegestreit zum Glaubenskampf, 1977, 23. Auch Bugenhagen hatte sich erst nach der Lektüre von Luthers *De Captivitate Babylonica Ecclesiae* und *De Libertate Christiana* vom Humanismus lösen können; vgl. A. Bieber, Johannes Bugenhagen zwischen Reform und Reformation. Die Entwicklung seiner Theologie anhand des Matthäuskommentars und der Passions- und Auferstehungsharmonie (FKDG 51), 1993.

22 Nicht Geiler von Keisersberg, vgl. W. Schade, Die Malerfamilie Cranach, 1974, Abb. 146; D. Koepplin/T. Falk, Lucas Cranach. Gemälde, Zeichnungen, Druckgraphik, ²1974, 258f; P. Eikemeier (Red.), Alte Pinakothek München. Erläuterungen zu den ausgestellten Gemälden, 1983, 154f.

23 Damit ist nichts über den Entstehungsort der Bilder ausgesagt, sondern nur der derzeitige Präsentationsort bezeichnet.

24 Im selben Jahr gibt es noch das Frankfurter, Augsburger und Breslauer Doppelbildnis: F. Ahuis, Das Porträt eines Reformators. Der Leipziger Theologe Christoph Ering und das vermeintliche Bugenhagenbild Lucas Cranachs d. Ä. aus dem Jahre 1532 (VB 31), 2011, 104.

25 Vgl. das Bugenhagen-Porträt Cranachs aus dem Jahre 1537.

26 Wie Cranach und seine Werkstatt Bugenhagen mit Händen darstellen konnten, zeigen die sog. »Stammbücher«: Die Hände befinden sich mittig unter dem Kinn; vgl. Ahuis, Porträt (s. Anm. 24), 118.130.

Abb. 2: Martin Luther 1532 (Regensburg, Historisches Museum, Bayerische Staatsgemäldesammlungen, Nr. 713a) (© bpk / 1415-p / Foto: Lutz Braun)

Abb. 3: Philipp Melanchthon 1532 (Regensburg, Historisches Museum, Bayerische Staatsgemäldesammlungen, Nr. 713b) (© bpk / 1412-p / Foto: Lutz Braun)

und einen kleinen Unterlippenbart verpasst.[27] Er macht dadurch einen jüngeren Eindruck als Melanchthon, obwohl er gut 13 Jahre älter als dieser war. Bezeichnenderweise hat man nicht den Versuch unternommen, Melanchthon zu verjüngen, wie dies auf dem Dresdner Melanchthon-Porträt von 1532 und dem Karlsruher Porträt von 1537 geschah, auf denen Cranach bzw. seine Werkstatt Melanchthon bewusst weiter im Alter von 30 Jahren, d. h. auf dem Stand von 1527, darstellte.[28] Allerdings tragen auch er und Bugenhagen einen Oberlippenbart.

Am jüngsten wirkt Johannes Bugenhagen. Das zeigt auch ein Vergleich mit dem zugrunde liegenden Cranach-Bildnis Bugenhagens aus dem Jahre 1537 (Abb. 4).[29] Bugenhagen schaut nicht den Betrachter an wie auf diesem

27 Einen ähnlichen Bart trägt Luther auch auf dem Greifswalder *Tapetum Concordiae.*

28 Ahuis, Porträt (s. Anm. 24), 118.130.

29 Buske (s. Anm. 2), 27.

Abb. 4: Johannes Bugenhagen Lucas Cranach d. Ä. 1537 (Wittenberg, Lutherhalle) (Format: 36,5×24 cm^2) (© Evangelisches Predigerseminar Wittenberg)

Bild, sondern hat auf dem mittleren Tafelbild von Sevenoaks die gleiche Blickrichtung wie Luther.[30]

Der Darstellung der Humanisten Rudolph Agricola und Erasmus von Rotterdam lagen die Cranach-Porträts für das Wappen des Professors Dr. *Ulrich Schilling von Cannstatt* (Abb. 5) zu Grunde, wie es in das Wittenberger Immatrikuliertenbuch vom Sommer 1532 aufgenommen ist.[31]

Obwohl Rudolph Agricola schon 1485 gestorben ist, scheint alles darauf anzukommen, die Situation des Jahres 1532 zu erfassen.[32] Es war

30 So auch auf dem Reformationsaltar von 1547 und dem *Tapetum Concordiae* von 1554.

31 Ahuis, Porträt (s. Anm. 24), 117. Es können hier durchaus fremde Vorbilder vorliegen, insbesondere bei Rudolph Agricola: Schade (s. Anm. 22), 54. Auch ist an Vorbilder von Hans Holbein d. J. zu denken, so an dessen Erasmus-Porträt von 1523: S. Foister, Holbein in England, 2006, 24 (Abb. 12), vgl. auch das Bild von 1532: aaO Abb. 14. Zu Rudolph Agricola vgl. auch das Cranach-Porträt von 1532 (?): Schade, Abb. 146.

32 Am 6. September 1531 war laut Erlass der Universität Tübingen allen, die an den Bursen unterrichteten, »unter Androhung der Amtsenthebung untersagt [worden], weiterhin

das Jahr des Durchbruchs der Reformation in England[33] und der Resignation *Thomas Mores*, des bedeutendsten Humanisten Englands, als Lord-Kanzler *Heinrichs VIII*. Die Tatsache, dass Rudolph Agricola und Erasmus von Rotterdam in den Tafelbildern Berücksichtigung finden, nicht aber Thomas More, spricht für sich.

Der Tod Thomas Mores (6. Juli 1535) wird zum Zeitpunkt der Entstehung des Bildes ebenso vorausgesetzt wie derjenige des Erasmus (12. Juli 1536) und erst recht Agricolas (27. Oktober 1485); aber sie stellen den Rahmen dar, innerhalb dessen lutherische Reformation interpretiert wird.

II Johannes Bugenhagens Epistola ad Anglos aus dem Jahre 1525 und die Übersetzung ins Englische 1536

1536 war auch endlich Bugenhagens *Epistola ad Anglos* aus dem Jahre 1525 in englischer Sprache erschienen: »A compe[n]dious letter which Jhon [sic!] Pomerane curate of the congregation at Wittenberge sent to the faythfull christen congregation in Englande«.[34] Es wird angenommen, dass *William Tyndale* diese Übersetzung angefertigt hat;[35] aber Tyndale hatte möglicherweise schon während seines Aufenthalts in Wittenberg in den Jahren 1524 und 1525 Bugenhagen bei der Abfassung des Sendbriefs die Feder geführt.[36] Dieser Brief ist 1525 in drei lateinischen[37] sowie drei hochdeut-

den modernen Agricola zu verwenden«, OBERMAN (s. Anm. 21), 315, und auch Erasmus zeigte sich in dieser Zeit unzufrieden mit den Verhältnissen an der Universität Freiburg (aaO 316).

33 Das *House of Parliament* beschloss in diesem Jahr den *First Act of Annates* und die *Supplication Against the Ordinaries* sowie den Suprematseid. Unter dem Begriff der Reformation in England sind politische Akte im Interesse Heinrichs VIII. und Reformen der englischen Kirche auf Grund von Impulsen der Wittenberger und Genfer, z. T. auch anderer Reformatoren, subsumiert. R. MARIUS, Thomas Morus. Eine Biographie, 1987, 394, hält das Jahr 1525 für das Jahr, in welchem »die englische Reformation definitiv begann«. Er scheint damit einer Fehleinschätzung zu folgen, s. u., Anm. 71.

34 O. O. 1536.

35 F. MANLEY, Einleitung zu: The Complete Works of St. Thomas More, Volume 7, hg. v. F. MANLEY/G. MARC'HADOUR/R. MARIUS/C. H. MILLER, 1990, XVII.

36 J. F. MOZLEY, William Tyndale, 1937, 53; H.-G. LEDER, Johannes Bugenhagen Pomeranus, Leben und Wirken (in: Johannes Bugenhagen – Gestalt und Wirkung. Beiträge zur Bugen-

Abb. 5: Wappen des Professors Dr. Ulrich Schilling von Cannstadt Wittenberger Matrikelbuch, Yo 1 (fol. 107v) Lucas Cranach d. Ä. 1531/2 (© Universitäts- und Landesbibliothek Sachsen-Anhalt, Halle [Saale])

schen[38] Auflagen gedruckt worden. Es folgten weitere lateinische Auflagen, eine 1526 mit der Antwort des extrem papsttreuen *Johannes Cochlaeus*[39] und eine 1530 oder später.[40] Innerhalb von etwa elf Jahren erfuhr

hagenforschung aus Anlaß des 500. Geburtstages des Doctor Pomeranus, hg. v. H.-G. Leder, 1984, 8- 37), 29.

37 Epistola Joannis Bugenhagij Pomerani ad Anglos, Simprecht Ruff, Augsburg 1525; G. Geisenhof, Bibliotheca Bugenhagiana. Bibliographie der Druckschriften des D. Joh. Bugenhagen, 1908, Nr. 181; Nickel Schirlentz, Wittenberg 1525, aaO Nr. 182; Johan Herwagen d. Ä., Straßburg 1525, aaO Nr. 183.

38 Ein Sendbrieff an die Christen ynn Engeland warynnen ein Christlich leben stehet, Johan Bugenhagen Pomer, Josef Klug, Wittenberg 1525, Geisenhof, aaO Nr. 186; Ainn sendprieff Herr Johā Bugenhag Pomeran an dye Christen inn Engelād, o. O. 1525, aaO Nr. 187, Ein Cristliche verteutschte schrifft Her Johañ Bugenhagen Põmern An die Christen yn Engellandt von der Christlichen Schul zu Wittemberg Lere, Gabriel Kantz, Altenburg 1524–1525, vgl. aaO Nr. 185.

39 Epistola Iohannis Bvgenhagii Pomerani ad Anglos. Responsio Iohannis Cochlæi, Peter Quentel, Köln 1526, Geisenhof, aaO Nr. 189, vgl. Johannes Cochlaeus, Reponsio ad

der acht Seiten umfassende Brief also neun Auflagen. Rechnet man für eine Auflage tausend Exemplare, so fand der Brief in 9.000 Exemplaren Verbreitung, nicht nur in England, sondern auch auf dem Festland und da besonders im deutschsprachigen Bereich.

Frank Manley weist darauf hin, dass Thomas More in seiner Antwort an Bugenhagen nicht auf eine gedruckte Fassung des Briefes Bezug nimmt, sondern auf ein bei ihm persönlich abgegebenes Manuskript.[41] Manley schildert die Umstände der Entstehung und der ersten Rezeption von Bugenhagens *Epistola ad Anglos* von 1525.[42] Er zeigt sich verwundert über die hohe Zahl der Auflagen und die späte Übersetzung ins Englische und vermutet, Bugenhagen habe zunächst bei einer deutschen (sic!) Leserschaft den Eindruck erwecken wollen, England sei längst lutherisch geworden.[43] Doch liegen die Gründe tiefer. Sie sind in William Tyndales Studienaufenthalt in Wittenberg zu suchen.

Preserved Smith,[44] *James Frederick Mozley* sowie *Arne Dembek*[45] identifizieren den am 27. Mai 1524 unter dem Namen *Guillelmus Daltici ex Anglia* in Wittenberg Immatrikulierten mit William Tyndale,[46] der möglicherweise zusammen mit dem Hamburger *Matthias von Emersen* (Eintrag: 30. Mai 1524) nach Wittenberg gekommen war. Tyndale hat sich bis Juli/August 1525 in Wittenberg aufgehalten,[47] wo er auch auf seinen späteren Mitarbeiter *William Roye* aus London (Eintrag: 10. Juni 1525)

Iohannem Bugenhagium Pomeranum, Bibliotheca Humanistica & Reformatorica XLIV, hg. v. R. Keen, 1988, 157.159.161.153.

40 Epistola Iohannis Bvgenhagii Pomerani ad Anglos, o. O. 1530?; Geisenhof, aaO Nr. 184.

41 Manley (s. Anm. 35), XLIVf. Zu den rhetorischen Strategien Bugenhagens vgl. aaO XXXVI-XLII.

42 AaO XVII-XXIX.

43 AaO XXVIIf. Manley bezieht sich auf die drei Übersetzungen ins Hochdeutsche.

44 P. Smith, Englishmen at Wittenberg in the Sixteenth Century (The English Historical Review 36, 1921, 422–430), 422.

45 A. Dembek, William Tyndale (1491–1536). Reformatorische Theologie als kontextuelle Schriftauslegung (SMHR 50), 2010, 47.

46 Das *ci* am Ende wird als Verschreibung eines *n* angesehen, der Name Daltin als Anagramm von Tindal (= Tyndale).

47 Dembek (s. Anm. 45), 49.

getroffen ist.[48] Tyndale nahm bei einer Kurzvisite in Hamburg im März oder April 1525 die *Epistola ad Anglos* mit,[49] um dann für weitere fünf Monate nach Wittenberg zurück zu kehren.[50] In die Zeit des Aufenthalts Tyndales in Wittenberg fiel der Druck von Bugenhagens »Interpretatio in librum psalmorum« in Basel, Mainz, Nürnberg, Straßburg und Wittenberg.[51] 1524 las Bugenhagen den Psalter sowie den Römerbrief und war 1524/25 mit der Auslegung des Hiobbuches und des 2. Königebuches (=2. Sam) beschäftigt.[52]

48 AaO 47.

49 Terminus a quo für die Fertigstellung des Sendbriefs an die Hamburger ist der 14. Oktober 1525: R. Kötter, Johannes Bugenhagens Rechtfertigungslehre und der römische Katholizismus. Studien zum Sendbrief an die Hamburger (1525) (FKDG 59), 1994, 98. Er ist auf anderem Wege nach Hamburg gelangt.

50 Mozley (s. Anm. 36), 53; Dembek (s. Anm. 45), 48, Anm. 210.

51 In librum psalmorum interpretatio, Basel 1524; Mainz 1524; Nürnberg 1524; Straßburg 1524; Wittenberg 1524.

52 Dembek (s. Anm. 45), 51. Das Urteil von Manley (s. Anm 35), XIX, Bugenhagen sei »neither an original thinker nor a theologian« sondern »best known for his friendship with Luther and his official, almost symbolic position as chief patriarch of Wittenberg,« verkennt die theologischen Leistungen schon des frühen Bugenhagen, die spätestens durch die Dissertation von H.-H. Holfelder, »Tentatio et Consolatio«. Studien zu Bugenhagens »Interpretatio in librum psalmorum« (AKG 45), 1974, ans Tageslicht gebracht worden waren, vgl. danach auch Bieber (s. Anm. 21), V. Gummelt, Lex et evangelium. Untersuchungen zur Jesajavorlesung von Johannes Bugenhagen (AKG 62), 1994, und Kötter (s. Anm. 49). Manley vertritt noch das Bugenhagen-Bild des 19. Jahrhunderts So tut K. A. T. Vogt, Johannes Bugenhagen – Pomeranus – Leben und ausgewählte Schriften, 1875, 55, Bugenhagens Psalmen-Auslegung bei aller Anerkennung mit Abraham Calov als »hallucinatio« ab, während H. Hering in seiner Standardbiographie: Doktor Pomeranus, Johannes Bugenhagen (SVRG 22), 1988, 30, Bugenhagen als »minder bedeutenden Gehülfen« Luthers bezeichnet, vgl. F. Ahuis, De litera et spiritu. Johannes Bugenhagens Jeremiakommentar von 1546 als Krönung seiner exegetischen Arbeit (LuJ 77, 2010, 155–182). Vgl. auch die positive Darstellung Bugenhagens durch Melanchthon in seiner Elegie kurz vor dessen Tode: J. Löhr, »… jetzt, da dein Leben vollbracht ist, lebst du auf dem Gipfel des Himmelspols …« Melanchthons Gedicht auf Bugenhagen (in: Der späte Bugenhagen, [Schriften der Stiftung Luthergedenkstätten in Sachsen-Anhalt 13], hg. v. I. Dingel/S. Rhein, 2011, 95–106). Die Entstellung Bugenhagens hatte schon mit der Übersetzung von Bugenhagens *Interpretatio in librum psalmorum* ins Hochdeutsche durch Martin Bucer im Jahre 1526 begonnen: Bucer fälschte Bugenhagens Auslegung von Ps 111 bewusst, indem er ihm Zwinglis Abendmahlsverständnis unterschob, Th. Kaufmann, Die Abend-

Tyndale übersetzte in Wittenberg das Neue Testament ins Englische. Für die Drucklegung aber wurde die Druckerei Quentell in Köln ins Auge gefasst.[53] In eben dieser Druckerei wurde 1525 auch die erste lateinische Version von Bugenhagens *Epistola ad Anglos* gedruckt. Es ist zu vermuten, dass Tyndale den Text aus Wittenberg mit nach Köln genommen hatte.

Manley bezeichnet Bugenhagens *Epistola ad Anglos* als »simply a pamphlet«.[54] Er übersieht dabei, dass Bugenhagen im selben Jahr seinen großen Sendbrief an die Hamburger über Glauben und gute Werke schrieb.[55] *Manley* vergleicht Bugenhagen mit dem »Wittenbergian pope or bishop«, ja, mit Johannes dem Täufer, dem Prediger in der Wüste[56] – ein Bild, das Bugenhagen wohl gefallen hätte – und das sich Thomas More von ihm gemacht haben dürfte. Er verkennt dabei den Bekanntheitsgrad des *Theologen* Bugenhagen, dessen 1524 gedruckte Psalmenauslegung europaweit Aufsehen erregt hatte: »Bugenhagen was relatively unknown.«[57] Manley sieht den Zusammenhang mit Tyndales Übersetzung des Neuen

mahlstheologie der Straßburger Reformatoren bis 1528 (BHTh 81), 1992, 282–420, hier 310–318; V. Gummelt, Die Auseinandersetzung über das Abendmahl zwischen Johannes Bugenhagen und Huldrych Zwingli im Jahre 1525 (in: Die Zürcher Reformation. Ausstrahlungen und Rückwirkungen, hg. v. A. Schindler/H. Stickelberger, 2001, 189–202). Ausgangspunkt der Auseinandersetzungen war wiederum ein Sendbrief Bugenhagens: Wider den newen irsal vom Sacrament des leybes unn bluts unsers herren Jesu Christi ain wol gegründter sendbrief Johannis Bugenhagii Pomerani, Augsburg 1525. Von dieser Schrift sind im ganzen sechs lateinische und fünf deutsche Ausgaben bekannt. – Bucers Übersetzung von Bugenhagens *Interpretatio in librum psalmorum* ins Hochdeutsche war wiederum Grundlage für die Übersetzung ins Niederländische, Antwerpen 1526. – Gleichwohl bescheinigt Manley (s. Anm 35), XXXIX, Bugenhagen: »[…] the rhetoric is brilliant.«

53 Dembek (s. Anm. 45), 54f.

54 AaO 19.

55 Der Druck erfolgte im Jahr darauf: Von dē Christlichen glauben, vnd rechten gūten wercken, wider den falschen glauben, vn̄ erdichte gūtewerck. Darzū, wie man es sol anrichten mit gūten Christlichen Predigern, das solcher glaub vnd werckrecht predigt werden. An die Erenreich Stat Hamburg / Durch Johann Bugenhagen, Pomern, Wittenberg 1526; vgl. Kötter (s. Anm. 49), Keen (s. Anm. 39), 19.

56 Manley (s. Anm. 35), XXVI.

57 AaO XXVII.

Testaments[58] und Luthers Briefwechsel mit Heinrich VIII.: »Luther wrote a personal letter of apology to the king in his own hand, and the titular head of the church in Wittenberg followed it up like a general proclamation or Pauline epistle addressed to the people as a whole.«[59] Dieser Brief »is an overview of Lutheran doctrine, or what is essential in it.«[60] Manley vergleicht die Briefe Bugenhagens und Luthers miteinander, aber nicht Bugenhagens beiden Sendbriefe an die Engländer und an die Hamburger. Sonst hätte er erkennen müssen, dass Bugenhagen in beiden Briefen das Thema Rechtfertigung als Gotteskindschaft ausgelegt hat.[61] Auch muss bedacht werden, dass Bugenhagen seinen Sendbrief an die Hamburger in niederdeutscher Sprache, die *Epistola ad Anglos* aber in lateinischer Sprache abfasste. Der Brief war damit an die gelehrten Engländer[62] gerichtet, an die Kreise, aus denen reformationswillige Theologen kamen, der Brief an die Hamburger aber an alle des Lesens Kundigen und diejenigen, die das Vorgelesene hören wollten.

Während Bugenhagens Sendbriefe bald in hoher Auflage und Übersetzung gedruckt wurden,[63] kam Luthers am 1. September 1525 geschriebener Brief erst am 20. März 1526 am englischen Hof an. Zu diesem Zeitpunkt hatte Thomas More schon seine Antwort auf Bugenhagens Brief fertig gestellt;[64] doch wurde dieser Brief erst im Jahre 1568,[65] 33 Jahre nach More's Hinrichtung, veröffentlicht. Wahrscheinlich verhinderten die Ankunft von Luthers Brief an Heinrich VIII. am 20. März 1526 und die Reaktion Hein-

58 AaO XXVIIf.

59 AaO XXVIII.

60 Ebd.

61 AaO XXIX.XL.

62 In der handschriftlichen Fassung von 1525 scheint der Brief »Sanctis qui sunt in Anglia« gerichtet zu sein, THOMAS MORE, Doctissima simvl ac elegantiss. D. Thomae Mori Clariss. Viri Epistola, in qua non pie quam facete respondet Literis cuiusdam Pomerani, hominis inter Protestantes nomines non obscurri (in: MANLEY U. A. [s. Anm. 35], 12–105, hier 12).

63 Epistola ad Anglos: 9.000 Exemplare; Sendbrief an die Hamburger: zwei niederdeutsche und zwei hochdeutsche Auflagen: 4.000 Exemplare.

64 MANLEY (s. Anm. 35), XXXIV.

65 Es war auch das Jahr der Verhaftung Maria Stuarts.

richs darauf[66] den Versand des Briefes an Bugenhagen.[67] Luther schrieb einen sehr maßvollen Brief.[68] War seine Eheschließung mit Katharina von Bora der Grund für dieses Verhalten gegenüber dem englischen König, dessen Scheidung von Katharina von Aragón genau in dieser Zeit Thema wurde? Oder war es doch eher das Bemühen des für den Bauernkrieg verantwortlich Gemachten um Schutz durch Heinrich?[69] Die Reaktion Heinrichs VIII.[70] zeigt allerdings, dass England 1526 noch keineswegs reif für die Reformation war, wie Luther und Bugenhagen, einer Fehlinformation Christians II. folgend, angenommen hatten.[71]

Tyndale blieb nicht nur dem Sendbrief, sondern auch Bugenhagen ein Leben lang verbunden. 1536, kurz vor seiner Hinrichtung, übersetzte er noch Bugenhagens Sendbrief in die englische Sprache. Seine Hinrichtung

66 Manley (s. Anm. 35), XXXVf.

67 Möglicherweise auch hielt More seinen Antwortbrief nach der geharnischten Antwort von Johannes Cochlaeus für überflüssig. Vielleicht hielt er den Brief auch zurück, weil »Morus die Macht des Papstes nicht verteidigte«, Marius (s. Anm. 33), 1987, 415, und Konsequenzen für sein Leben fürchtete.

68 Ganz im Gegensatz zu seinem Brief *Contra Henricum regem Angliae* von 1522 und der Antwort Heinrichs von 1523: *Assertio septem sacramentorum adversus M. Lutherum*, die Heinrich VIII. zum *Defensor Fidei* machte. Auf Luthers Brief von 1522 hatte Thomas More 1523 mit dem unter Pseudonym veröffentlichten Brief *Eruditissimi viri Guilielmi Rossei opus elegans, doctum, festiuum, pium, quo pulcherrime retegit, ac refellit insanas Lutheri calumnias : quibus inuictissimum Angliæ Galliæq[ue] regem Henricum eius nominis octauum, fidei defensorem, haud literis minus q[uam] regno clarum, scurra turpissimus insectatur: excusum denuo diligentisisime [sic], digestumq[ue] in capita, adiunctis indicibus opera uiri doctissimi Ioannis Carcellij*, London 1523, geantwortet.

69 Marius (s. Anm. 33), 428.

70 Heinrich VIII. sandte ab September 1526 Sendbriefe mit dem Brief Luthers an Heinrich von 1525/6 sowie dem Brief Heinrichs an Luther von 1523 in bewusster Verkehrung der chronologischen Reihenfolge an die deutschen Fürsten. Heinrich wollte Luther als Toren bloßstellen. Ende 1526 standen lateinische und englische Ausgaben zur Verfügung, Manley (s. Anm. 35), XXXVf.

71 AaO XXVIf; Dembek (s. Anm. 45), 48. Das schließt aber nicht aus, dass Tyndale einen ähnlichen Eindruck erweckt hat.

zeigte, dass diese Übersetzung keineswegs überflüssig war.[72] Sie zeitigte ihre eigene Wirkungsgeschichte, wie im Folgenden gezeigt wird.

Eine ähnliche Absicht könnten auch die Tafelbilder von Sevenoaks verfolgen. Wer aber brachte diese von Wittenberg nach England? Tyndale kommt hierfür nicht in Frage, denn er war schon hingerichtet, bevor das zugrunde liegende Bugenhagen-Porträt (1537) entstand. Es bleiben nur Robert Barnes oder John Rogers.

III Wer brachte die Humanisten- und Reformatoren-Tafelbilder von Wittenberg nach England?

Robert Barnes war nach seiner Flucht aus England im Jahre 1528 über Antwerpen nach Wittenberg gelangt und im Hause[73] Johannes Bugenhagens freundlich aufgenommen worden.[74] 1531 war er auf Einladung von *Thomas Cromwell* nach London zurückgekehrt und Hofkaplan Heinrichs VIII. geworden. Dieser hatte ihn 1534/35 ein weiteres Mal nach Deutschland geschickt, damit er von den Wittenbergern Zustimmung zu seiner Scheidung und der zweiten Ehe erhielt.[75] Außerdem sollte er Melanchthon von einer Reise nach Frankreich abhalten und ihn nach England einladen.[76] Überdies führte er 1536 mit Luther, Bugenhagen, Melanchthon und Cruciger in Wittenberg Lehrgespräche, welche die Bemühungen um ein englisch-schmalkaldisches Bündnis theologisch absichern sollten. In ihrem Ende standen die »Wittenberger Artikel«, die aber ohne weitere Auswirkung blieben, da Heinrich VIII. seine politischen und theologischen Vorstellungen wieder änderte.[77] 1539 war Robert Barnes noch einmal in

72 Gegen Manley (s. Anm. 35), XIX.

73 Da das Stadtpastorat erst 1530 bezugsfertig wurde, dürfte dies noch die »Bude« in der Neugasse Nr. 133 gewesen sein; vgl. I. Ch. Hennen, Bugenhagens Haus (in: Dingel/Rhein [s. Anm. 55], 2011, 35–61), 35–46.

74 Dembek (s. Anm. 45), 51.

75 W. A. Clebsch, England's Earliest Protestants 1520–1535, 1964, 54f.

76 Melanchthon widmete 1535 Heinrich VIII. die Neuauflage seiner *Loci*; vgl. H. Scheible, Melanchthon. Eine Biographie, 1997, 122.

77 G. Gassmann, Die Lehrentwicklung im Anglikanismus: Von Heinrich VIII. bis zu William Temple (in: HDThG[2] Bd. 2, hg. v. C. Andresen/A. M. Ritter, [2]1998, 353–409), 357f.

Deutschland. Wegen seiner Befürwortung der schließlich gescheiterten Ehe mit *Anna von Kleve* wurde Barnes zum Tode verurteilt und am 30. Juli 1540 hingerichtet.[78] Barnes' letztes Bekenntnis zirkulierte schon bald nach seinem Tod auch in Wittenberg, wurde ins Deutsche übersetzt und von Luther mit einem Vorwort versehen. Barnes hätte die Tafelbilder 1539 nur dann mit nach England nehmen können, wenn sie noch nicht mit den Versen versehen gewesen wären.[79]

John Rogers lebte mit seiner Familie ab von 1537 einige Jahre in Wittenberg,[80] könnte also die Entstehung des Bugenhagen-Porträts von 1537 mit verfolgt haben. Seine Rückkehr nach England erst 1548,[81] d. h. nach dem Tode Heinrichs VIII., würde einen plausiblen historischen Hintergrund dafür geben, dass er die Tafelbilder nach England gebracht hat. Die seit 1537 erworbenen Kenntnisse über die Reformatoren in Wittenberg und seine Lektüre von Schriften Luthers sowie das Studium seiner Theologie würden John Rogers als Verfasser der lateinischen Verse auf den Bildtafeln wahrscheinlich machen,[82] gleichzeitig aber auch erklären, weswegen als Wirkungsbereich des Erasmus von »Teutona Terra« gesprochen wird.[83] Es ist die Perspektive eines Ausländers. Die Zeit bald nach 1542 kommt hierfür in

Vgl. jetzt auch K. BEIERGRÖSSLEIN, Robert Barnes, England und der Schmalkaldische Bund (1530–1540) (QFRG 86), 2011, 122f.

78 Hans Holbein d.J. entging diesem Schicksal. Zwar hatte er Anna von Kleve vorteilhafter gemalt, als sie sich schließlich Heinrich VIII. darstellte. Ob er aber deswegen in Ungnade gefallen ist, wird bezweifelt (J. ROWLANDS, Holbein. The Paintings of Hans Holbein the Younger, Complete Edition, 1985, 117f; S. BUCK, Holbein am Hofe Heinrichs VIII., 1997, 29f). Anders Thomas Cromwell, der diese Ehe angebahnt hatte und wie Barnes hingerichtet wurde.

79 BUSKE (s. Anm. 2), 26, nimmt an, dass die Verse erst in England hinzu gefügt worden wären, geht aber trotzdem von der Entstehung in der ersten Hälfte der 1540er Jahre aus.

80 R. BAIER, Art. John Rogers (Theologe) (BBKL 21, 2003, 1266–1269), 1266; er immatrikulierte sich an der Universität Wittenberg am 25. November 1540; SMITH (s. Anm. 44), 428.

81 BAIER (s. Anm. 80), 1267.

82 Die Besonderheiten, die BUSKE (s. Anm. 2), 26, an einen Verfasser der Verse in England denken lassen, können sich ebenso erklären von einem aus England stammenden Verfasser in Wittenberg.

83 So dürfte sich überhaupt der kritische Abstand erklären, aus dem heraus die Verse formuliert sind.

besonderer Weise in Frage.[84] Es ist dabei aber zu bedenken, dass John Rogers 1544 als Pfarrer und Superattendent nach Meldorf in Dithmarschen berufen wurde, wo er bis 1548 blieb.[85] Dann hätte Rogers die Tafelbilder schon 1544 nach Meldorf mitgenommen. Folglich wäre davon auszugehen, dass zumindest die lateinischen Verse zwischen 1542 und 1544 entstanden sind.

IV Die Neuausrichtung englischer Theologen nach Genf in den Regierungszeiten von Edward VI. und Mary Tudor

Mit Luthers Tod lässt sich ein schwindendes Interesse englischer Theologen an Wittenberg erkennen.[86] Der Schmalkaldische Krieg und die Schließung der Universität Wittenberg für ein halbes Jahr sowie die Auswanderung Ernestinischer Theologen (»Gnesio-Lutheraner«) nach Jena taten ein Übriges. Zwar gelang es Johannes Bugenhagen, den neuen Kurfürsten *Moritz* zur Wiedereröffnung der Universität Ende Oktober 1547 und Melanchthon zum Bleiben in Wittenberg zu bewegen, aber die Interimistischen Streitigkeiten[87] wirkten alles andere als attraktiv auf Flüchtlinge aus England.[88] Auch der Tod Heinrichs VIII. und der Regierungsantritt

84 S.o. An *John Caius* (Smith [s. Anm. 44], 429), der von 1541–43 Deutschland besuchte, ist wohl weniger zu denken. – Zieht man in Erwägung, dass John Rogers Wittenberg schon 1544 in Richtung Meldorf verließ, wäre die Entstehungszeit für die Tafelbilder einschließlich der Verse auf die Zeit zwischen 1542 und 1544 eingegrenzt.

85 J. Rogers, A Weighing and Considering of the Interim, Preface (1548) (bearb. v. H. O. Schneider) (in: Reaktionen auf das Augsburger Interim. Der Interimistische Streit (1548–1549) [Controversia et Confessio 1], hg. v. I. Dingel, 2010, 76–87), hier 81. Am 1. (6.?) August 1548 hat er in London die Übersetzung von Melanchthons Schrift »Bedenken aufs Interim« in die englische Sprache abgeschlossen; vgl. aaO 83.87.

86 In der Wittenberger Matrikel finden sich in der Zeit Edwards VI. keine Eintragungen von Engländern, in der Zeit der Mary Tudor (1553–1558) eine einzige (Guthbertus Angonius Anglus; vgl. Smith [s. Anm. 44], 429). Unter Elisabeth I. immatrikulierten sich folgende beiden Engländer in Wittenberg: Daniel Schnaus Londin. Anglus (17. Mai 1560) und Ioannes Wrotus Anglus (30. Mai 1577), während Fynes Moryson 1591 Wittenberg wohl nur einen Besuch abstattete; Smith (s. Anm. 44), 429.

87 Politik und Bekenntnis. Die Reaktionen auf das Interim von 1548 (LStRLO 8), hg. v. I. Dingel/G. Wartenberg, 2006; Dingel, Reaktionen (s. Anm. 85).

88 Die Herrschaft Edwards VI. von 1547 bis 1553 erlaubte es Protestanten unterschiedlicher

Edwards VI. im Jahre 1547 führten zu einer Veränderung der Interessenslage.

Spätestens während der Verfolgung englischer Protestanten durch *Mary Tudor* in den Jahren 1553–1558[89] gab es ein neues Fluchtziel und eine erst 1509, also 24 Jahre nach Bugenhagen und 26 Jahre nach Luther, geborene Bezugsperson: *Johannes Calvin* in Genf. Calvin hatte schon 1548 seine Auslegung der beiden Timotheus-Briefe *Edward Seymour* gewidmet und schon in dieser Zeit mit dem *Duke of Somerset* korrespondiert, der für Edward VI. die Regierungsgeschäfte führte. *Thomas Cranmer*, seit 1533 Erzbischof von Canterbury, hatte Calvin zu einem möglichst intensiven Briefwechsel mit Edward VI. ermutigt.[90] 1551 hatte Calvin Edward VI. die Gesamtauslegung der *epistolae generales* (der »katholischen« Briefe) gewidmet,[91] ebenso die erste Auflage seines Jesaja-Kommentars (1551).[92]

V Das Reformatoren-Porträt von Chantilly

Mit dem Namen CALVINUS versehen, ist ein Porträt in das Jahr 1538 (Abb. 6) datiert, das Calvin im Alter von 44 Jahren darstellen soll.[93] Es

Provenienz, nach England zu fliehen und dort zu tätig zu werden: In den Jahren 1549 bis zu seinem Tode 1551 wirkten Martin Bucer als Professor in Cambridge, von 1549 bis 1553 Johannes a Lasco als Superintendent in London, 1547 bis 1553 Bernardino Occino als Prediger der italienischsprachigen evangelischen Gemeinde in London und Petrus Marty Vermigli von 1547 bis 1553 als Lehrer in Oxford.

89 Johannes Bugenhagen starb am 20. April 1558.

90 A. M. Toplady, Calvin's Influence on the English Reformation (Zusammenfassung in: The Theologian, vgl. http://www.theologian.org.uk/churchhistory/calvinsinfluence.html#bibliographyanc), Anm. 8: »Hickman, Animadvers. on Herlyn, 149«; vgl. auch Calvins Brief an Edward VI. vom 4. Juli 1552.

91 *Iohannis Calvini in epistolas novi testamenti catholicas commentarii ad Ed. R. Steph. accuratissime exscripti, accedunt indices duo quorum prior ad epistolas catholicas, alter ad omnes novi testamenti epistolas pertinet*, o. O. 1551, vgl. das Begleitschreiben Calvins an Edward VI. vom Februar 1551 (Ökumenische Korrespondenz. Eine Auswahl aus Calvins Briefen, Calvin Studienausgabe Bd. 8 [hg. v. Ch. Link u. a.], 2011, hier: Calvin und die Reformation in England [bearb. v. A. Heron/ Chr. Link, 185–222], 201–205).

92 I. Hazlett, Calvin und die Britischen Inseln (in: Calvin Handbuch, hg. v. H. J. Selderhuis, 2008, 118–126), 120.

93 http://www.culture.gouv.fr/Wave/image/joconde/0042/m505204_00de7675_p.jpg.

Abb. 6: Johannes Bugenhagen (Hans Holbein d. J., 1538 Original: Chantilly, musée Condé / PE112) (Format: 37 x 24 cm^2) (© bpk 59.131 bpk Berlin, Foto: Harry Bréjat) (wahrscheinlich aber Holbein-Schule, nach 1553)

hängt seit 1897 im Musée Condé in Chantilly, wurde aber schon 1886 erworben.[94] Das Porträt passt nicht zu Calvin, und das links oben im Bild angegebene Lebensalter (44 Jahre) nicht zu der rechts oben angegebenen Jahreszahl 1538: 44 Jahre alt war Calvin erst 1553.

Die Jahreszahl 1538 wird mit dem Entstehungsjahr des Bildes gleichgesetzt.[95] Doch kann sie auch ein Hinweis auf die Situation sein, in welche das Bild eingepasst werden sollte. Die Identifikation des Porträtierten mit Johannes Bugenhagen[96] macht das Jahr 1538 plausibel. Bugenhagen befand sich in Dänemark, um die Universität Kopenhagen zu reorganisieren, und *Hans Holbein d. J.* porträtierte just in diesem Jahre *Christina von Dänemark* – allerdings in Brüssel, wo sie am 12. März 1538 drei Stunden dem Hofmaler Heinrichs VIII. Porträt saß.[97]

94 Vgl. den Eintrag im *Portail des collections des musées de France*, Inventarnummer PE 112.

95 S. vorige Anmerkung.

96 F. A. Gruyer, Chantilly, Musée Condé: Notice des Peintures, Paris 1899, 135–137.

97 Foister (s. Anm. 31), 144: »at one o'clock in the afternoon«.

Der Porträtierte von Chantilly wirkt ausgesprochen alt. Er ist unrasiert und scheint ein Taschentuch in den Händen zu halten. Soll auf den alternden Bugenhagen abgehoben werden? Der Vergleich mit dem Bugenhagen-Porträt Lucas Cranachs d.Ä. aus dem Jahr 1537 legt offen: Innerhalb eines Jahres kann ein Mensch nicht so gealtert sein wie der auf dem Porträt von Chantilly Dargestellte. Es spricht daher alles dafür, dass das Porträt von Chantilly später entstanden ist, aber in die Situation des Jahres 1538 datiert wurde.[98] Wir wissen zwar über den Weg des Bugenhagen-Porträts Cranachs aus dem Jahre 1537 im 16.Jh. so gut wie nichts;[99] wenn aber das mittlere Tafelbild der Brown Gallery von Sevenoaks als Vorlage für das Porträt von Chantilly diente, werden die Darstellungstendenzen umso deutlicher: auf dem Tafelbild der verjüngte und auf dem Bild von Chantilly der älter gemachte Bugenhagen. Das würde bedeuten, dass das Porträt von Chantilly erst entstanden ist, nachdem die Humanisten- und Reformatoren-Tafelbilder nach England gelangt waren, also nach 1548. Das war die Zeit Edwards VI., in der protestantische Theologen nach England kamen. Bugenhagen war zu diesem Zeitpunkt – durch seine *Epistola ad Anglos* von 1525 und erst recht durch deren Übersetzung ins Englische im Jahre 1536 – schon in England präsent. Die Ankunft der Humanisten- und Reformatoren-Tafelbilder im Jahre 1548 ließen Bugenhagen auch als Porträt in England ankommen.

Das Porträt von Chantilly wäre demnach erst nach 1548 entstanden, und zwar weit nach dem Tode Hans Holbeins d.J. am 29. November 1543 von einem nicht weiter bekannten Holbein-Schüler in England. Indem es

98 Holbein versieht seine Jahreszahlen immer mit der Bezeichnung »ANNO«; vgl.: Dürer, Cranach, Holbein. Die Entdeckung des Menschen: Das deutsche Porträt um 1500 (hg. v. S. Haag u.a.), 2011, 138–161. Sollte das Bild von Holbein stammen, ist die Jahreszahl sekundär beigefügt. Sollte es nicht von Holbein stammen, muss die Jahreszahl nicht auf das Jahr der Entstehung des Bildes hinweisen, sondern auf das Jahr 1538 als für den Dargestellten wichtiges Jahr.

99 Wenn das Porträt von 1537 Vorlage für das Cranach-Porträt auf den Tafelbildern von Sevenoaks gewesen ist, hätte es sich um 1542 noch in Wittenberg befunden. Das Bild taucht in der Sammlung des 1856 verstorbenen Halberstädter Oberdompredigers Dr. theol. Dr. phil. *Christian Friedrich Augustin* auf und wurde von *Friedrich Wilhelm IV. von Preußen* erworben, der es 1860 dem Lutherhaus Wittenberg schenkte, vgl. Ahuis, Porträt (s. Anm. 24), 146.

Bugenhagen als alten, wenig attraktiven Mann darstellt, entspricht es dem Trend, nach dem Tode Edwards VI. und dem Herrschaftsantritt Mary Tudors im Jahre 1553 nicht mehr nach Wittenberg zu gehen. Wittenberg hatte seine Attraktivität verloren. Johannes Bugenhagen hatte zwar 1550 noch seine voluminöse Auslegung zum Propheten Jona[100] fertig gestellt. Darin stellt er zwischen der Auslegung von Jona 2 und Jona 3 die interimistischen Streitigkeiten nach der Loci-Methode Melanchthons dar.[101] Sie deuten schon an, welche Schwierigkeiten Bugenhagen hatte, sich theologisch zu behaupten,[102] auch wenn die Anzeichen von Senilität, von denen Melanchthon schon intern in einem Brief an Veit Dietrich vom 2. September 1547 schreibt, jüngst zerstreut wurden;[103] aber dieser Eindruck war mit Melanchthons Brief in die Welt gesetzt.[104]

Wir müssen uns vor Augen halten, dass John Rogers noch bis 1555 lebte, bevor er als erster protestantischer Märtyrer unter Mary Tudor in London hingerichtet wurde. Stellt er nicht nur die Verbindung zwischen Cranachs Bugenhagen-Bildnis von 1537 und dem Bugenhagen-Porträt von Sevenoaks aus der Zeit nach 1542 (auch die Entstehung des Reformationsaltars kann Rogers in der Cranach-Werkstatt miterlebt haben), sondern auch zwischen diesen beiden Bildern und dem Porträt von Chantilly dar? Die Herkunft des Porträts von Chantilly aus England spricht für die Abhängigkeit von dem Porträt von Sevenoaks; die Beobachtung, dass der auf dem Bildnis von Chantilly Porträtierte nicht nach links schaut, son-

100 *Jonas propheta expositus*, Wittenberg 1550, dazu M. LOHRMANN, Bugenhagens Jonas-Kommentar (in: DINGEL/RHEIN [s. Anm. 55], 2011, 117–126). Bugenhagen widmete die Auslegung Christian III. von Dänemark.

101 AaO 122.

102 E. WOLGAST, Johannes Bugenhagens Beziehungen zur Politik nach Luthers Tod (in: Gedenkschrift für Reinhold Olesch, hg. v. H. BOTHE/ R. SCHMIDT/ D. STELLMACHER, 1990, 115–138), 129–135; LOHRMANN (s. Anm. 100), 122.

103 H.-P. HASSE, Bugenhagen und der Schmalkaldische Krieg (in: DINGEL/RHEIN [s. Anm. 52], 197–217), 211–217.

104 Auch anderen wird es so wie Melanchthon gegangen sein, dass sie an Bugenhagens Schrift »Warhafftige Historia / beschrieben durch Johan Bugenhagen Pomern / Doctor und Pfarrherr zu Wittenberg« von 1547 die Maßstäbe humanistischer Geschichtsschreibung anlegten und sie nicht verstanden als politisch-theologische Schrift mit ihrem spezifischen Sitz im Leben im Sommer 1547 in Wittenberg, vgl. HASSE (s. Anm. 103), 211–217.

dern seinen Blick auf den Betrachter richtet, könnte dafür sprechen, dass (auch) das Bugenhagen-Bildnis von 1537 auf das Porträt von Chantilly gewirkt hat. Das muss nicht bedeuten, dass es dem Maler des Porträts von Chantilly vorlag. John Rogers als Kenner sowohl des Cranach-Porträts von 1537 als auch der Tafelbilder von Sevenoaks könnte die Verbindung zwischen allen drei Bildern darstellen.

Die spätere Beischrift CALVINUS ETATIS 44 dürfte nach dem Tode Calvins im Jahre 1564 eingefügt worden sein und somit in das England Elisabeths I. (1558–1603) gehören. Eine neue Generation von Engländern konnte sich an Calvin orientieren, ohne ihn persönlich zu kennen; man musste nicht mehr nach Genf auswandern.[105] So erklärt sich der Versuch der Identifikation eines Bildes, das so gar keine Ähnlichkeit mit Calvin hat, mit Calvin. Indem der Porträtierte in das Jahr 1553 datiert wird, wird genau das Jahr des Übergangs der Herrschaft von Edward VI. auf Mary Tudor in den Blick genommen, allerdings aus der Perspektive der Zeit nach 1564, also Elisabeths I.

Das Bild tauchte 1838 bei *Alexandre Lenoir* in Paris[106] auf und wurde mit Hans Holbein d. J. in Verbindung gebracht. Dass dieser das Bild nicht gemalt haben kann, sondern dass dafür nur ein unbekannter Maler der Holbein-Schule in Frage kommt, wurde oben dargelegt. 1876 wurde das Bild im *Stafford House* in London[107] ausgestellt. Seit 1897 befindet es sich im *Musée Condé* im von *Henri d'Orléans* neu aufgebauten Schloss Chantilly und damit in der Picardie, Calvins Heimat.[108] Schon 1893 aber hatte man es als Porträt Johannes Bugenhagens zu reïdentifizieren versucht,[109] was nicht ohne kunstgeschichtliche Folgen blieb.[110]

105 Allerdings blieb das Verhältnis zwischen Elisabeth I. und Calvin nicht spannungsfrei. Als Calvin ihr die zweite Auflage seines Jesaja-Kommentars 1559 als Krönungsgeschenk widmete, wies Elisabeth diese Dedication zurück, vgl. HERON/LINK (s. Anm. 91), 214 und überhaupt 214–216.

106 S. o. Anm. 96.

107 S. o. Anm. 96.

108 Ob dies bewusst geschehen oder eine schöne Fügung der Geschichte ist, muss hier nicht entschieden werden.

109 E. DOMERGUE, Iconographie Calvinienne, 1909, 83; J. WEERDA, Holbein und Calvin, 1955, 21.

110 Das Porträt aus dem Musée Condé dürfte der Anlass dafür gewesen sein, dass Cranachs

VI Die Veröffentlichung von Thomas More's Antwort auf Bugenhagens *Epistola ad Anglos* im Jahre 1568

Die Entstehung von Johannes Bugenhagens *Epistola ad Anglos* ist nicht denkbar ohne Engländer auf dem Kontinent wie William Tyndale. Es bleibt die Frage, weswegen Thomas More die zügig angefertigte Antwort nicht sogleich veröffentlichte. War es wirklich die Praevalenz des Briefwechsels zwischen Luther und Heinrich VIII., oder müssen andere Gründe gesucht werden?[111] Zumindest geriet die Antwort weit nach Thomas Mores Tod und 43 Jahre nach ihrer Abfassung in die Hände von katholischen Engländern im Exil auf dem Kontinent zur Zeit der Regierung von Elisabeth I. und damit wieder von Engländern, die wegen ihres Glaubens von England aus ins Exil gegangen waren.[112] Diesmal aber waren es nicht Protestanten, sondern Katholiken. Diesmal war es nicht Bugenhagen, der für die protestantische Sache warb, sondern der katholische Humanist Thomas More, der posthum, 33 Jahre nach seiner Hinrichtung noch, so in humanistischer Weise für die katholische Sache geworben hat.[113]

More hatte damit auch posthum das Ziel erreicht, das er ursprünglich angestrebt hatte, nämlich seine Antwort als öffentlichen Brief weit zu verbreiten.[114] Sein Brief fügte sich auch in eine Zeit nach dem Tridentinum, in welcher die römisch-katholische Kirche den Humanismus neu für sich entdeckte.[115] Den eigentlichen Adressaten, Johannes Bugenhagen, hat der

»Porträt eines Reformators« aus dem Jahre 1532 bei einer Ausstellung in der Galérie Charpentier in Paris im Jahre 1952 erstmals mit Johannes Bugenhagen in Verbindung gebracht wurde. Demgegenüber hat Ahuis, Porträt (s. Anm. 24) nachgewiesen, dass auf dem Bildnis von 1532 der aus Leipzig stammende Theologe Christoph Ering (1491–1554) dargestellt ist. Ering kann als der Reformator St. Joachimsthals in Böhmen gelten (vgl. aaO 38–41).

111 S.o. Anm. 67. Marius (s. Anm. 33), 415, vermutet, dass More befürchtete, seine im Blick auf das Papsttum zurückgenommene Argumentationsweise hätte, zumal nach der entschieden propäpstlichen Antwort von Johannes Cochlaeus auf den Brief Bugenhagens, missdeutet werden können.

112 Marius (s. Anm. 33), 414.

113 Zu den rhetorischen Strategien des Briefes vgl. Manley (s. Anm. 35), XLII-LXIV.

114 Marius (s. Anm. 33), 414.

115 N. Hammerstein, Die Hochschulträger (in: Geschichte der Universität in Europa. Bd. II,

Brief nie erreicht; Bugenhagen war schon 1558 gestorben. Ob der Brief jemals bis nach Wittenberg gelangt ist, ist nicht bekannt. Es ist unwahrscheinlich. Für die handschriftliche Fassung von Bugenhagens *Epistola ad Anglos* aus dem Jahre 1525 aber ist die Antwort More's an Bugenhagen eine wichtige, wenn nicht die einzige Quelle.[116]

Von der Reformation bis zur französischen Revolution 1500–1800, hg. v. W. RÜEGG, 1996, 105–137), 108.

116 Johannes Cochlaeus wird auf eine gedruckte Fassung Bezug genommen haben, die für ihn in Köln in der Druckerei Quentell greifbar war.

Catechism and *Querelle des Femmes* (1556–1689):

Lutheran *Haustafel* Sermons as Contributions to the Debate about Women[1]

By Austra Reinis

> Many have [...] wanted to be noticed, have wished to be praised, for speaking and writing disgracefully and mockingly about married women. One, for example, says: Wives are a necessary evil. [...] Another [says]: A husband has only two happy days: One when he goes with his wife to the wedding, the other when he accompanies her to her grave. Just recently an evil knave came out with a despicable writing about the origin of women, for which both the author and the printer would have deserved to be taken to task by Master Peter.[2]

With these words, Sebastian Artomedes (b. 1544), cathedral preacher in Königsberg in the Duchy of Prussia from 1579 to 1602, in a *Haustafel* sermon on marriage, attacks writers – both ancient and contemporary – whom he considers to be enemies of this divinely ordained estate. Although Artomedes does not cite the title of the »recently« published

1 An earlier form of this essay was presented at a fellows colloquium at the Forschungszentrum Gotha in Gotha, Germany, on November 3, 2010. I am grateful to Missouri State University for sabbatical funding as well to the Herzog August Bibliothek in Wolfenbüttel and the Forschungsbibliothek Gotha for grants which made research and writing of this essay possible.

2 »Viel haben [...] damit wollen gesehen sein / habens wo(e)llen ruhm haben / daß sie schimpfflich vnd spo(e)ttisch von Ehlichen Weibern geredet vnd geschrieben / als da einer sagt: Mulieres esse necessarium malum. [...] Ein ander: Ein Ehmann hab nur zween fro(e)liche Tage: Einen / wenn er mit seinem Weib zur trawung; Den andern / wenn er mit jhr zum Grab gehet. Wie denn auch newlich ein bo(e)ser Bub ein abschewliche Lesterschrifft vom herkommen der Weiber hat ausgesprenget / da beydes der Tichter vnd der Drucker werth gewesen weren / daß man Meister Petern hette mit jhnen gut scharff disputiren lassen.« S. Artomedes, Kurtze vnd einfeltige / jedoch // richtige vnd reine Erklerung // des Heiligen // Catechismi / // sampt der Christlichen Haus= / // tafel [...], part 2, 1605, 123f.

»despicable writing,« or the name of the »knave« who is its author, it is likely that he is referring to the anonymous *New disputation against women, by which it is proven they are not human* (1595). Within just a few weeks, this booklet had already provoked published condemnations from the theological faculties of the Universities of Wittenberg and Leipzig.[3]

I Introduction

This essay explores a source largely neglected in the past – the Lutheran homiletical genre known as the *Haustafel* sermon – in particular, the sermons on the respective duties of husbands and wives. Building on recent research on the debate about women (*querelle des femmes* or *Frauenstreit*) in Germany, it argues that these sermons on the duties of spouses represent a heretofore unrecognized, relatively unified Lutheran contribution to this debate, which was carried on in Europe from the Middle Ages through the Early Modern Era. The Lutheran preachers were well-aware of the issues involved in it. They staked out their position by defending the honor and dignity of women as Christians and co-heirs of Christ, while at the same time justifying the subordination of wives to husbands as necessary for peace and harmony in the household. To support their views, these preachers appealed to Scripture and to a long tradition of scriptural interpretation. In particular, with only very few exceptions, they explicitly endorsed the traditional Christian anthropology, which viewed women as physically, intellectually, and sometimes morally, inferior to men.

Taking into account both the context of the debate about women and traditional Christian anthropology contributes to resolving what Susan Karant-Nunn once identified as a »curious inconsistency« in the wedding sermons of Johannes Mathesius between the »high praise of the marital condition with the depiction of the very defective nature of women.« It

3 For the Latin text of the *New Disputation*, as well as a translation into German, see V. Acidalius, Disputatio nova contra mulieres, qua probatur eas homines non esse, trans. G. Burkard, 2006. The controversy around the writing is explored by M. Drexl, Weiberfeinde – Weiberfreunde? Die Querelle des femmes im Kontext konfessioneller Konflikte um 1600, 2006.

questions her hypothesis that »it is possible that marriage was now more actively praised and promoted in part because women were perceived to be *worse* than before and more in need of the male discipline that the nuptial bond imposed on them.«[4] Instead, this essay argues that the *Haustafel* preachers genuinely believed themselves to be defenders of women, even as, for the most part, they perpetuated ancient Christian ideas about women's inferiority. Karant-Nunn's »inconsistency« thus becomes an »inconsistency« only in the eyes of the modern beholder. At the same time, this study cautions against optimistic older views, such as those of Robert Stupperich, who asserted that the Reformation led to »a change in traditional views of women« in that the woman was no longer »held in contempt or feared« as a »temptress or even the embodiment of evil« but rather honored as a »creature of God«.[5]

II Haustafel *Sermons and Catechetical Preaching*

The *Haustafel* was an integral part of the *Small Catechism* that Martin Luther published in 1529. It consisted of biblical texts which outlined the duties of the members of the three estates: 1. Bishops, pastors, and preachers; 2. Governing authorities; 3. Husbands; 4. Wives; 5. Parents; 6. Children; 7. Male and female servants; 8. Masters and mistresses; 9. Young people in general; 10. Widows; 11. All in the community. In later editions of the *Small Catechism*, the respective duties of parishioners (beginning in 1540) and of subjects (beginning in 1542) were added to this list.[6]

4 S. Karant-Nunn, *Kinder, Küche, Kirche*. Social ideology in the Sermons of Johannes Mathesius (in: Germania Illustrata. Essays on Early Modern Germany. Presented to Gerald Strauss, ed. A. C. Fix and S. C. Karant-Nunn, 1992, 136).

5 R. Stupperich, Die Frau in der Publizistik der Reformation (AKuG 37, 1955, 204. 206). Although S. Ozment strives for a balanced treatment of the views of Lutheran reformers on women and marriage, he fails to note that the reformers for the most part perpetuated the medieval and renaissance depiction of women as »the physical and mental inferiors of men«; see S. Ozment, When Fathers Ruled. Family Life in Reformation Europe, 1983, 9.99.

6 An English translation of Luther's *Haustafel* can be found in The Book of Concord. The Confessions of the Evangelical Lutheran Church, eds. R. Kolb and T. J. Wengert, 2000, 365–367; for references to the scripture texts spelling out the duties of parishioners and

Before publishing the *Small Catechism*, Luther had already preached on the Ten Commandments in 1516/17; later, in 1519, 1522, and 1523, he had expanded his series of sermons to include the Lord's Prayer and the Creed. The first generation of Lutheran pastors followed his example. Later Lutheran preachers, however, beginning with Cyriacus Spangenberg (1528–1604) in Eisleben in 1556, and ending with Philipp Jacob Spener (1635–1705) in 1689, went on to preach and publish sermons on the *Haustafel* as well.[7] The *Haustafel* sermon or sermon on the Household Table of Duties thus can be regarded as a sub-genre of the catechism sermon.[8]

The Lutheran church orders of the second half of the sixteenth century reveal that catechism preaching generally became a weekly practice in German towns. A catechism sermon was often, but not always, preached at the vespers service on Sunday. The vespers catechism service was the custom in Marburg, where Aegidius Hunnius served as court and city preacher.[9] Although the church orders make few references to *Haustafel* sermons in particular, it appears that these sermons normally were preached following a series of sermons on the first five parts of the catechism. This was the case in the Duchy of Prussia, where the 1568 church order specifies that at the Cathedral in Kneiphof Königsberg, where Sebas-

subjects, see 365, nn. 114f. The German and Latin versions of the *Haustafel*, including the Scripture passages relating to parishioners and subjects, are provided in BSLK, [10]1986, 522–527.

7 For a bibliography of thirteen of these collections of *Haustafel* sermons, see J. HOFFMANN, Die »Hausväterliteratur« und die »Predigten über den christlichen Hausstand«. Lehre vom Hause und Bildung für das häusliche Leben im 16., 17. und 18. Jahrhundert, 1959, 50–56. I have been able to identify the following additional works (the date of the first edition of each appears in parentheses): A. HUNNIUS, Catechismus / // Oder // Kinderlehr […] // Sampt angehengter Christ= // licher Haußtafel nu(e)tzlicher Er= // kla(e) rung […], 1596 (1586); L. OSIANDER, Die Christliche Hauß= // tafel […], 1601; F. FISCHER, Paedagogia Chri= // stiana. // DJe Christliche // Hausztaffel […], 1617 (1613).

8 On the catechism sermon and its subgenres see W. JETTER, Art. Katechismuspredigt (TRE 17, 1988, 744–786).

9 Agenda / Das ist: / Kirchenor- / dnung wie es im Für- / stenthumb Hessen mit verku(e) ndigung / Go(e)ttliches worts, reichung der heiligen Sacra- / menten vnd andern Christlichen handlun- / gen vnd Ceremonien gehalten / werden soll (in: Die evangelischen Kirchenordnungen des XVI. Jahrhunderts, ed. E. SEHLING, vol. 8, 1965, 415).

tian Artomedes served as preacher, such sermons were to take place at the early service on Sunday mornings:

> At the beginning of each sermon, the chaplain shall very slowly and understandably recite one after another the five articles of the catechism. After that, he is to begin with the Ten Commandments, explain one commandment each Sunday, and finish by illustrating it with examples from Scripture [...]. When the first five articles of the catechism are done, lessons from the *Haustafel* are to follow, one after the other. When those, too, are finished, then the catechism is to begin all over again, so that it is continuously practiced. [10]

The only extensive study to date of *Haustafel* sermons as a genre is Julius Hoffmann's *Die »Hausväterliteratur« und die »Predigten über den christlichen Hausstand«* (1959).[11] Hoffmann explains that Luther believed God to have structured society into three different estates or regiments: the church estate (*status ecclesiasticus*), the political estate (*status politicus*), and the domestic estate or estate of marriage (*status oeconomicus, Hausstand* or *Ehestand*). Each person was a member of all three estates and was called by God to to serve his or her neighbor in his or her position in the three estates.[12] In their sermons on the *Haustafel*, Lutheran pastors offered ethi-

10 »Der [caplan] soll ordelichen die fünf stück des catechismi fein langsam und verstendlich recitiren zum anfang einer jedern predig, darauf von den zehen geboten anfahen und je einen sonntag ein gebot auslegen, dasselbige fein zum beschluss mit exempeln der schrift verkleren [...]. Wenn die fünf stück des catechismi aus sind, soll in der haustafel folgen eine lection nach der andern; wenn die auch herümmer, soll der catechismus vornen wiederum angefangen werden und derselbig immer in ubung bleiben.« Kirchenordnung und ceremonien, wie es in ubung gottes worts und reichung der hochwirdigen sacrament in den kirchen des herzogthums Preussen sol gehalten werden (Sehling [s. n. 9], vol. 4, 1911, 79).

11 W. Behrendt, Lutherisch-orthodoxe Ehelehre in der Haustafelliteratur des 16. Jahrhunderts (in: Text und Geschlecht. Mann und Frau in Eheschriften der frühen Neuzeit, ed. R. Schnell, 1997, 214–229), offers a brief analysis of Lutheran teaching on marriage based on Aegidius Hunnius's *Haustafel* sermon on marriage and on two didactic dramas on the *Haustafel*. I have not been able to find other studies of *Haustafel* sermons.

12 Hoffmann (s. n. 7), 34–37. On Luther's doctrine of the three estates, see also W. Maurer, Luthers Lehre von den drei Hierarchien und ihr mittelalterlicher Hintergrund, 1970, 18–34; R. Schwarz, Luthers Lehre von den drei Ständen und die drei Dimensionen der Ethik (LuJ 45, 1978, 15–34); J. Küppers, Luthers Dreihierarchienlehre als Kritik an der mittelal-

cal instruction to parishioners by explaining the duties of the members of each estate. Hoffmann provides a summary of the preachers' teaching, but not an analysis of individual sermons. With respect to the estate of marriage, Hoffmann explains that the preachers' principal concern was peace and harmony within the household. This peace, to their mind, was possible only in the context of a loving but hierarchical relationship in which the wife submitted her will to her husband and the husband governed, supported, and cared for his wife.[13] With reference to the *Haustafel* sermons of several preachers, Hoffmann notes that, according to these preachers, wives had to submit to their husbands on account of their (the wives') weakness of will, body, and intellect.[14]

In terms of subject matter, the *Haustafel* sermons on the duties of husbands and wives overlap with contemporary wedding sermons (*Hochzeitspredigten*) and tracts on the estate of marriage (*Ehebücher*); these writings have received extensive consideration by social historians interested in issues such as family, gender, and power. The authors have reached similar conclusions to those of Hoffmann with respect to the hierarchical structure of the relationship between the spouses.[15] This essay provides a closer textual analysis of selected *Haustafel* sermons than does Hoffmann's book. It highlights the traditional Christian anthropology conveyed in these sermons and focuses on their contribution to the *querelle des femmes.* It argues that focusing on these two aspects provides a clearer understanding of early Lutheran views on women and helps resolve what to the modern reader may appear to be contradictions in sixteenth-century assessments of the female sex.

terlichen Gesellschaftsauffassung (EvTh 19 [14, Neue Folge], 1959, 361–374); and O. Bayer, Freiheit als Antwort. Zur theologischen Ethik, 1995, 116–146.

13 Hoffmann (s. n. 7), 130f.

14 Loc. cit. 115f.

15 For the most recent overview of scholarship on gender and the Reformation, see M. Wiesner, Gender and the Reformation (ARG 100, 2009, 350–365). A discussion of methodological questions to consider in studying gender in the Early Modern Period is provided by R. Schnell, Geschlechterbeziehungen und Textfunktionen. Probleme und Perspektiven eines Forschungsansatzes (in: Geschlechterbeziehungen und Textfunktionen. Studien zu Eheschriften der Frühen Neuzeit, ed. R. Schnell, 1998, 1–58).

III The Querelle des Femmes *and Christian Anthropology*

The *querelle des femmes* was a discussion about the relationship between the sexes which was carried on in Europe from the Middle Ages through the Early Modern period; both male and female writers contributed to it. In terms of subject matter the *querelle* was primarily »a debate about the anthropology of the female sex, about its ethical, rational, and practical powers, about its position in human society in general and relative to the male as father and husband in particular.«[16]

The *querelle* is generally said to have begun with misogynist writings that circulated in France beginning as early as the thirteenth century; Christine de Pisan famously reacted to these with three books, among them her *Book of the City of Ladies* (1404/05). The end of the *querelle* has been dated with the French Revolution. At this time the European discussion about the sexes shifted from the social sphere to the political arena, thereby fundamentally changing the nature of the debate about women.[17]

While considerable research exists on the *querelle* as it manifested itself in France, Spain, and Italy, less has been written about the course of the debate about women in Germany.[18] Gisela Bock, however, has suggested that the Reformation debates about marriage are also to be seen within this context, beginning with Martin Luther's *The Estate of Marriage* (1522) and his *Reason and Answer, Why Virgins May Leave the Cloister* (1523). The writings of women who, like Charitas Pirckheimer, defended the monastic life, and Katharina Zell, who defended her marriage to Matthias Zell, a former priest, also belong to this debate.[19] A somewhat

16 C. Plume, Heroinen in der Geschlechterordnung. Weiblichkeitsprojektionen bei Daniel Casper von Lohenstein und die *Querelle des Femmes*, 1996, 15.

17 G. Bock, Die *Querelle des Femmes* in Europa. Eine begriffs- und forschungsgeschichtliche Einführung (in: Querelles. Jahrbuch für Frauenforschung 2 [eds. G. Bock and M. Zimmermann], 1997, 16–18.20–22).

18 For an introduction to the scholarship on the *querelle des femmes*, see Bock (s. n. 17), 9–38; G. Engel et al., eds., Geschlechterstreit am Beginn der europäischen Moderne. Die Querelle des Femmes, 2004; and F. Hassauer, ed., Heißer Streit und kalte Ordnung. Epochen der »Querelle des femmes« zwischen Mittelalter und Gegenwart, 2008. For an older, English-language study see I. McLean, The Renaissance Notion of Woman, 1980.

19 Bock (s. n. 17), 16f.20f.

later German contribution to the *querelle* is the *Dialogus dem Ehestand zu Ehren* (1545) of Lutheran pastor Johann Freder, teacher and pastor in Hamburg at the time of the publication of his pamphlet. Freder's work was a reaction to a collection of proverbs on a variety of topics published by Sebastian Franck. Freder took offense at certain proverbs he considered to be defamatory of women and marriage. Although he remained traditional in his endorsement of separate domains and different work for men and women, he did advocate what Scott Hendrix terms »a limited equality of women and men.«[20] Concerning women's moral capacities, Freder argued that, in God's eyes, men and women were all alike because they were all sinners; he also considered Eve to be no guiltier than Adam in the Fall.[21] With respect to women's intellectual capacities, he wrote that women were endowed with the same noble and rational soul as men.[22] He also cited a proverb attributed to Socrates »that women's minds in all things are no less capable and clever than are the minds of men.«[23]

Fifty years later, at the end of the sixteenth century, a new controversy over the nature and capabilities of women erupted in the German Lutheran territories with the publication of the anonymous *New disputation against women, by which it is proven that they are not human* in January 1595. Magdalena Drexl, who has studied this controversy at length, explains that the *New disputation* was widely attributed to the German

20 S. Hendrix, Christianizing Domestic Relations. Women and Marriage in Johann Freder's *Dialogus dem Ehestand zu Ehren* (SCJ 23, no. 2, 1992), 251.58. For a study of Freder's *Dialogus* in its theological, literary, and legal context, see M. Bausen, Lob und Unschuld der Ehefrauen. Analytische Betrachtungen zu Leben und Werk des Johannes Freder. Ein Beitrag zur *Querelle des Femmes* des 16. Jahrhunderts, 2002. For a modern edition of Franck's proverbs, see S. Franck, Sämtliche Werke. Kritische Ausgabe mit Kommentar, ed. P. K. Knauer, vol. 11, 1993.

21 »Fur Gott sind beide Menner und Weiber gleich / da ist ein Mensch wie der ander / nemlich / allzumal Sunder / Wie Paulus sagt Ro. 3[,10]. Es ist keiner der guts thut / auch nicht einer /[…].« J. Freder, Ein Dialogus dem Ehestand zu ehren geschrieben. Durch M. Johan Freder […]. Mit einer Vorrede D. Mart. Luth., 1545, Hr, cited in Hendrix (s. n. 20), 259.

22 »Denn es hat Gott den Weibern je so wol eine edle vnd vernunfftige Seele gegeben als den Mennern.« Freder, Jijv cited in Hendrix (s. n. 20), 260.

23 »Das der Weiber verstand zu allen dingen / nicht weniger tüchtig und geschickt sey / denn der Menner verstand.« Freder, Kivr, cited in Hendrix (s. n. 20), 260.

humanist Valens Acidalius (1567–1595), although the latter persistently denied that he had written it. The author of the *New Disputation* argued that women were not human, contending that he was able to do so with the same exegetical means by which the Anabaptists argued that Christ was not divine. In effect, according to Drexl, the *New disputation* was less an attack on women or Anabaptists than it was an attack on the kind of literal exegesis of the Bible that was practiced by the major confessional groups of the time, including not only Anabaptists, but also Lutherans and Calvinists.[24]

Within days of the publication of the *New Disputation*, on January 12, 1595, the dean (most likely Aegidius Hunnius) and professors of the Theological Faculty at the University of Wittenberg published an official reply.[25] Their nine-page response did not consist of a point-by-point refutation of the theses of the *New Disputation*; rather, it made three main points. First, it warned students of the Theological Faculty against joking and frivolous exegesis of Scripture; Scripture was to be interpreted in the correct, that is, Lutheran, manner. Second, it sought to convince students who held antitrinitarian views to abandon these. Third, it argued that the doctrines of the Trinity and of salvation were to be upheld as applying to both men and women.[26]

24 DREXL (s. n. 3), 94. Drexl notes that the author of the *Disputatio nova* does not differentiate between Anabaptist and antitrinitarian groups.

25 Loc. cit. 127. The title reads: Admonitio theologicae Facultatis in Acad. Witeb. ad scholasticam juventutem de libello famoso […] recens sparso, cui titulus est: Disputatio nova contra mulieres, 1565. It is almost certain that the dean of the Wittenberg Theological Faculty at the time was Aegidius Hunnius. The first of two entries for 1595 in the minutes of the Senate of the Theological Faculty reads: »Anno 1595 die [dies deest] pro licentia in S. Theologia responderunt Decano D. *Aegidio Hunnio* et Praeside D. *Salomone Gesnero* datis dandis: M. *Iohannes Georgius Volcmarus* Löbensteinensis Variscus, Historiarum Professor. M. *Daniel Cramerus*, Organi Aristotelici extraordinarius professor.« The previous entry, July 4,1594, lists Salomon Gesner as dean; the subsequent entry, October 21, 1595, lists David Rungius; see »Senatus de collegio theologie studij albioreni« (in: Liber Decanorum Facultatis Theologicae Academiae Vitebergensis, ed. C. E. FOERSTERMANN, 1838, 87f).

26 DREXL (s. n. 3), 133–135. The reply of the Leipzig professors bore the title: Refutatio Opposita […] autoris thesibus, quibus humanam naturam foeminei sexus impugnat, 1595.

A week later, on January 19, 1595, the dean and professors of the Theological Faculty in Leipzig published their reply. The Leipzig theologians were less concerned with the denial of the humanity of women in the *New Disputation* than they were with what they perceived to be its attacks on the true, Lutheran, faith. They argued that the author of the *New Disputation* denied the resurrection of women only to call into question the doctrine of the resurrection as a whole. Having defended this doctrine, the Leipzigers argued that they had reestablished the dignity of the female sex and had dispelled doubts that the *New Disputation* might have given women about the certainty of their salvation.[27]

The views about women's nature and capacities reflected and debated in the writings of the abovementioned Lutheran theologians can be traced back to the Bible and to the biblical exegesis of Augustine and Thomas Aquinas. According to Augustine, woman was created solely to be the »helpmate« of man in procreation. She was created subordinate to man; as a result of the fall, her husband was also given the right to rule over her. In another writing, Augustine teaches that as »homo interior« woman was man's equal at creation, because both had an asexual soul, but as »homo exterior« woman was inferior in the patriarchal social order.[28] Woman's intellectual capabilities were inferior to those of man, and this inferiority further justified her subordination.[29] The anthropology of Thomas Aquinas does not deviate significantly in these points from that of Augustine. Aquinas agrees with his predecessor that woman was created solely to be man's helpmate in procreation. Both man and woman were created in the image of God as rational human beings.[30] However, even before the fall, woman was inferior to man both intellectually and ethically.[31]

27 Drexl (s. n. 3), 140–143.

28 L. Seelbach, »Das weibliche Geschlecht ist ja kein Gebrechen....«. Die Frau und ihre Gottebenbildlichkeit bei Augustin, 2002, 178.180.198.

29 M. Leisch-Kiesl, Eva als Andere. Eine exemplarische Untersuchung zu Frühchristentum und Mittelalter, 1992, 84.

30 Loc. cit. 137.141.

31 K. Fietze, Spiegel der Vernunft. Theorien zum Menschsein der Frau in der Anthropologie des 15. Jahrhunderts, 1991, 68f.

Martin Luther's anthropology, and that of the Lutheran preachers whose *Haustafel* sermons are analyzed in this essay, is to be seen in this context. While Luther himself did not preach a series of *Haustafel* sermons, he did preach and publish a series of sermons on 1 Peter in 1523, six years before he published his *Haustafel.* The sermons on 1 Peter dealing with husbands and wives warrant closer consideration here because the principal texts adduced for wives and husbands in Luther's *Haustafel* are 1 Pet 3:1,6 and 1 Pet 3:7, and it is likely that Luther's followers consulted these sermons in themselves preparing to preach on the duties of spouses.[32]

In explaining 1 Peter 3:1–6, Luther identifies, in essence, a single duty for wives: that they be subject to their husbands. For Luther, this subjection is in accordance with the Word of God: »For this is the order established by God when He says to the woman in Gen. 3(:16): ›Your desire shall be for your husband, and he shall be your lord.‹« It is the direct result of the fall into sin: »This is also one of the penalties God imposed on women.«[33] Luther does, however, qualify the subjection of the wife to her husband: »But such conduct, (I say), is external; it pertains to the body, not to the spirit.«[34] In the sermon on husbands which follows, Luther identifies two more duties of wives: »Woman is also God's armament or instrument (he [St. Peter] says); for God uses her to conceive, bear, feed and look after children, and to govern the household.«[35]

32 The *Sermons on the First Epistle of St. Peter* were incorporated into a number of editions of Luther's works, among them the Jena edition, thus making them available to later generations of Lutheran preachers; see P. Pietsch, Introduction to Epistel S. Petri gepredigt und ausgelegt. Erste Bearbeitung 1523, WA 12; 249.

33 LW 30,88. Citations from the LW are adapted when a more literal rendition reveals a nuance obscured by the translation. »Denn also hat es Gott geordnet Gene: 3. da er zum weyb spricht: ›Du sollt dich ducken fur deynem man und er soll deyn herr sein‹, Wilchs auch der straff eyne ist, die er den weybern auff gelegt hat« (WA 12; 342,14–19).

34 LW 30,88. »Solchs ist aber (sag ich) der eusserlich wandel, geho(e)rt den leyb an, nicht den geyst« (WA 12; 342,19f).

35 LW 30,91. »Das weyb ist auch Gottis rusttzeug odder wercktzeug (sagt er). Denn Gott braucht seyn datzu, das sie kinder trage, gepere, ernere und wartte, und das haws regire« (WA 12; 346,1–3).

Concerning the duties of husbands, Luther states that a husband is to govern his wife (»regieren«), but also to see to it »that he treats her in a considerate manner and reasonably, that he spares her and gives her honor as God's weakest instrument.«[36] Second, a husband is to understand that his wife is »weaker physically and also weaker and more fearful of heart.«[37] On account of the weaknesses of his wife, the husband is not to use his power over her arbitrarily, but rather to help, preserve, and protect (»helffest, enthaltest und schu(e)tzest«) her. Third, he is to support (»ernereren«) her. Fourth, he is to be patient with her and treat her reasonably.[38] Luther acknowledges that scholars before him have differed in their interpretations of what it means to »honor« one's wife, and then concludes: »In my opinion, it means what I have said, namely, that a husband must bear in mind that his wife is a Christian too and is God's instrument or armament.«[39] Alluding to Galatians 3:28, Luther further explains that even though a wife may be »weak and frail« (»schwach und gebrechlich«), nevertheless »she is also baptized and has exactly what he has, namely, all blessings from Christ. For inwardly we are all alike; there is no difference between a man and a woman. Externally, however, God wants the husband to rule and the wife to be submissive to him«.[40]

In the *Sermons on the First Epistle of St. Peter*, there is no mention of women's ethical inferiority; both husbands and wives have their respective moral weaknesses. Luther condemns both disobedience on the part of wives and physical abuse on the part of husbands, saying to husbands: »For

36 LW 30,91. »wie er sewberlich und mit vernunfft mit yhr umbgehe, das er yhr schone und yhr eehr gebe, als dem schwechsten wercktzeuge Gottis« (WA 12; 346,9f).

37 LW 30,91f. »schwecher von leyb, und auch am mu(o)tt blo(e)der und vertzagter« (WA 12; 346,12).

38 LW 30,92 [=WA 12; 346,18–28.]

39 LW 30,92. »Jch halt, es sey das die meynung, wie ich gesagt hab, das der man das weyb also ansehen soll, das sie auch eyn Christen sey und Gottis werck odder rusttzeug« (WA 12; 346,31–33).

40 LW 30,93. »sie auch getaufft ist, und eben das hatt, das er hatt, nemlich alle gu(e)tter von Christo. Denn ynnerlich sind wyr alle gleych und ist keyn unterscheid unter man und weyb. Aber euserlich will Gott haben, das der man regire, und das weyb yhm unterthan sey« (WA 12; 347,8–12).

you will accomplish nothing with blows; they will not make a woman pious and submissive. If you beat one devil out of her, you will beat two into her, as the saying goes.«[41]

From Luther's exposition of 1 Peter, it is tempting to conclude that Luther had a higher view of women's intellectual and moral capacities than did Augustine or Aquinas. A look at his later *Lectures on Genesis* (1535), however, demonstrates that this is not the case. In his exegesis of Genesis 1:27, »Male and female He created them,« Luther writes that the woman has »different members and a much weaker nature (*ingenium*)«.[42] Because »ingenium« can also refer to intellect or rational capacity, it seems that Luther, too, had his doubts about women's intellectual capacities.[43] The same seems to be the case with Luther's assessment of women's moral capacities. Commenting on Genesis 3:1, »Who said to the woman: Did God really command you not to eat from every tree of Paradise?«, Luther writes:

> Satan's cleverness is perceived also in this, that he attacks the weak part of the human nature, Eve the woman, not Adam the man. Although both were created equally righteous, nevertheless Adam had some advantage over Eve. Just as in all the rest of nature the strength of the male surpasses that of the other sex, so also in the perfect nature the male somewhat excelled the female.[44]

41 LW 30,88. »Denn mit schlagen wirstu nichts ausrichten, das du eyn weyb frum und bendig machst, schlechstu eyn teuffel herauss, so schlechstu yhr zween hyneyn (wie man sagt)« (WA 12; 342,32–343,2). Cf. K. F. W. Wander, ed., Deutsches Sprichwörter-Lexikon, vol. 5, 1880, 35, nr. 787.

42 LW 1,69. »et membra habet dissimilia et ingenium longe infirmius« (WA 42; 51,36). Cf. I. Ludolphy, Die Frau in der Sicht Martin Luthers (in: Vierhundertfünfzig Jahre lutherische Reformation 1517–1967. Festschrift für Franz Lau zum 60. Geburtstag, ed. H. Junghans, 1967, 204–221).

43 K. E. Georges, Art. ingenium (Ausführliches Lateinisch-Deutsches Handwörterbuch, vol. 2, [11]1962, 261f).

44 LW 1,151. »Deinde deprehenditur astucia etiam in eo, quod Satan invadit infirmam partem humanae naturae, Heuam foeminam et non Adam masculum. Quanquam enim ambo aequaliter iusti creati sunt, tamen Adam Heuae praestitit. Sicut enim in tota reliqua natura mascula virtus excedit alterum sexum: Ita etiam in integra natura masculus praestitit nonnihil foemellae« (WA 42; 114,1–5).

Luther goes on to speculate that, had the serpent attacked Adam, Adam would not have given in to the temptation. Thus Luther appears to agree with his predecessors that Eve was created not only physically weaker, but also intellectually and ethically inferior, to Adam. This same conviction about the intellectual and moral inferiority of women was almost invariably used by Luther's successors in their *Haustafel* sermons to justify the social subordination of women to men.

IV *The* Haustafel *Sermons of Luther's Successors on the Duties of Husbands and Wives*

In what follows, the *Haustafel* sermons of four preachers are examined to highlight their contribution to the *querelle des femmes*; particular attention is paid to the preachers' defense of the dignity of women as baptized Christians along with their insistence on women's inferiority to men. Two of the four authors can be directly linked to the *querelle*: Aegidius Hunnius and Sebastian Artomedes. The other two, Cyriakus Spangenberg and Philipp Jacob Spener, represent chronologically the first and last contributors to the genre of *Haustafel* sermons. Additionally, the four authors represent four distinct German territories and cities: Hunnius was city and court preacher in Marburg in Hesse, Artomedes served as cathedral preacher in Königsberg in Prussia, Spangenberg preached in Eisleben, and Spener in the imperial city of Frankfurt.

The earliest printed collection of *Haustafel* sermons to have survived is that of Cyriacus Spangenberg, who at the time was serving as court and city preacher for the counts of Mansfeld.[45] It was published in Wittenberg in 1556 under the title *Die Geistliche Haustafel*.[46] At the beginning of his

45 On the life and work of Cyriakus Spangenberg, see B. FEICKE, Art. Spangenberg, Cyriakus (BBKL, online edition, http://www.bautz.de, accessed November 10, 2010). For a recent collection of articles on Cyriacus Spangenberg and the Reformation in the Mansfeld territories see S. RHEIN and G. WARTENBERG, eds., Reformatoren im Mansfelder Land. Erasmus Sarcerius and Cyriakus Spangenberg, 2006.

46 C. SPANGENBERG, Die Geistliche // HAVSTA= // FEL / Wie sich ein jglich Gott= // selig Mensch in seinem Stande // vnd beruff nach Gottes wil= // len rechtschaffen halten // solle [...], 1556. The *Haustafel* sermons were subsequently merged with Spangenberg's

sermon on the duties of husbands, Spangenberg states the »rule« that a husband is to »love, care for, and faithfully govern« his wife; in the course of the sermon he adduces specific Scripture passages.[47] Spangenberg teaches, first, that husbands are to love their wives, and supports this teaching with the argument that God »took her not from Adam's feet, so that he should hold her in contempt [...] rather, he took her and created her from a rib, which he took from Adam's side, next to the heart, where by nature love dwells, in order to show that a husband should love his wife like his own heart.«[48] A further reason for husbands to love their wives is their co-redemption in Christ: A husband is to love his wife »for the sake of the promise of God, who has made the wife, too, a co-heir of grace and eternal life. Therefore one is properly not to hold a co-heir in contempt, but rather honor and love her.«[49] The second duty of husbands, that of supporting their wives, Spangenberg, following Luther, derives from Genesis 3:19a: »This is required by God's commandment and as penance imposed by him, because God said to Abraham, ›By the sweat of your face you shall eat your bread.‹«[50] The third duty of husbands is derived from the creation

Catechism sermons under the title Catechismus // Die Fünff Haupt= // stu(e)cke der Christlichen // Lere / Sampt der Haustafel; this work was published in at least six more editions between 1565 and 1580; see VD16/17, online edition, http://gateway-bayern.bib-bvb.de/aleph-cgi/bvb_suche?sid=VD16, accessed December 1, 2010.

47 »lieben / jrer pflegen vnd getrewlich fu(e)rstehn.« C. SPANGENBERG, Catechismus // Die Fünff Haupt= // stu(e)cke der Christlichen // Lere / Sampt der Haustafel / // vnd dem Morgen vnd Abend Gebete / // Benedicite vnd Gratias / etc [...], 1580, [Dddiv]v.

48 »nicht von Adams Fu(e)ssen genomen / das der Mann sein Weib verachten solle / [...] / Sondern hat Euam genomen vnd gemacht / aus einer Rieben / die er nam aus Adams Seiten / neben dem Hertzen / da von Natur die Liebe wonet / Anzuzeigen / Das der Mann sein Weib lieben solle / wie sein eigen Hertz.« SPANGENBERG (s. n. 47), Eeer. S. KARANT-NUNN notes that this argument has been attributed to Peter Lombard; see her The Transmission of Luther's Teachings on Women and Matrimony. The Case of Zwickau (ARG 77, 1986, 33).

49 »Vmb Gottes Beruffs willen / der das Weib auch zum Miterben der Gnaden / vnd des ewigen Lebens gemacht hat / Darumb man Christi Miterben billich nicht verachten / sondern ehren vnd lieben sol.« SPANGENBERG (s. n. 47), Eeev.

50 »So erfordert solches auch Gottes Befehl vnd auffgelegte Busse / Denn zu Adam sagte Gott / Jm Schweis deines Angesichts soltu dein Brod essen.« SPANGENBERG (s. n. 47), Eeeijv. Scripture passages are translated as the sixteenth-century writers cite them, in consultation with the New Revised Standard Version (NRSV).

account and from 1 Corinthians 11:3–12: »A husband is to govern his wife, that is, he is to be lord in the house and his wife is to be obedient and submissive, for God first created the man, and then the woman, and he is also the head of the woman, therefore he is to have the governance, not the woman.«[51] Although, following Augustine, Aquinas and Luther, Spangenberg considers women to be less intelligent than men, he nevertheless advises men to give ear to the counsel of their wives:

> Here husbands are to take note, that even though by nature they are more reasonable and wiser than their wives, nevertheless they are not to hold their [wives'] advice in contempt, but rather listen to what God through his dear gift wishes to say, and to consider well whether to heed it or not, because the advice of righteous Christian wives is not always to be held in contempt.[52]

This admonition to listen to wives is backed up with references to Scripture:

> Had Abraham not heeded the advice of his old housewife Sarah, he may have lost control over the young lord Ishmael or Ishmael may have harmed Isaac, so that things would have become overly difficult for them [Gen 21:9–14]. Pilate's wife advised her lord that he should have nothing to do with the innocent Christ [Mt 27:19]. Surely Pilate would now give a pretty penny to have heeded her advice![53]

Finally, Spangenberg, like Luther, condemns wife-beating.[54]

51 »Sol ein Eheman sein Eheweib auch regieren / Das ist / Er sol Herr im Hause sein / vnd die Fraw sol gehorsam vnd vnterthan sein / Denn Gott hat zum ersten den Mann geschaffen / darnach das Weib / vnd ist auch der Mann des Weibes Heupt / darumb sol er das Regiment haben / vnd nicht das Weib.« Spangenberg (s. n. 47), Eeeiijv.

52 »Hie sollen aber die Ehemenner das auch mercken / Ob sie wol von Natur / vernu(e)nfftiger vnd weiser sind den(n) die Weiber / So sollen sie doch derselben Raht nicht gar verachten / sondern anho(e)ren / was Gott durch seine liebe Gabe rahten wo(e)lle / vnd solches wol erwegen / Ob demselben zu folgen oder nicht / Denn fromer / Christlicher Eheweiber Raht / ist nicht allzeit zuuerachten.« Spangenberg, Catechismus, [Eiv]r-v.

53 »Hette Abraham nicht dem Raht seiner alten Hausmutter Sara gefolget / es solte jm der Juncker Jsmael / wol vber den Hals gewachsen sein / oder dem Jsaac einen Schaden zugefu(e)gt haben / das es jnen allzu schwer were worden. Pilatus Weib gab jrem Herrn den Raht / Er solte nichts zu schaffen haben mit dem vnschu(e)ldigen Christo. Da gebe jetzt Pilatus wol etwas grosses vmb / das er diesem Raht gefolgt hette.« Spangenberg (s. n. 47), [Eiv]v.

54 Spangenberg (s. n. 47), [Eeeiv]v-Fffr.

Spangenberg's advice to wives is organized under three headings: How a wife is to behave toward 1. her husband, 2. other people, and 3. her children. According to Spangenberg's rule, a wife is to »show reverent fear toward her husband, be obedient and faithful to him, have a gentle and quiet spirit toward everyone, not quarrel or insist on the last word, [and] raise and govern children and servants in fear and love of God.«[55] The duty of obedience Spangenberg bases on 1 Peter 3:1,6: »Let wives be subject to their husbands as to the LORD, as ›Sarah obeyed Abraham and called him lord. And you have become her daughters, when you do what is good‹.«[56] Second, with respect to »other people,« Spangenberg observes that a woman's place is in the home and that she should not go out without good reason. He acknowledges, however, that sometimes women's work in their husband's business requires them to go to market or other places, and does not discourage or condemn their activity.[57] Third, women are to raise their children to fear God.[58]

Aegidius Hunnius (1550–1603), who published his *Christliche Haußtafel* in 1586 in Frankfurt, was serving at the time as city and court preacher of the Lutheran Landgrave Ludwig IV of Hesse-Marburg.[59] Hunnius summarizes his teaching on husbands and wives in a single sermon, selecting Ephesians 5:25–29 and 5:22–24 as his Scripture texts. With St. Paul's words, »Husbands, love your wives, just as Christ loved the church and gave himself up for her« (Eph 5:25), Hunnius sounds the principal theme of his advice to husbands.[60] Although he does not mention the

55 »sich in Ehrwirdiger Furcht / gegen jren Eheman beweisen / jm gehorsam vnd trew sein / eines sanfften vnd stillen Geistes gegen jederman / Nicht zancken / vnd das letzte Wort behalten / Kinder vnd Gesinde auffziehen vnd regieren / in Gottes Furcht vnd Liebe.« Spangenberg (s. n. 47), Fffv.

56 »Die Weiber sollen vnterthan sein jren Mennern / als dem HERRN / wie Sara dem Abraham gehorsam war / vnd hies jn jren Herrn / welcher To(e)chter jr worden seid / so jr wolthut.« Spangenberg (s. n. 47), Fff iijr. NRSV, adapted.

57 Spangenberg (s. n. 47), [Fff iv]r-v.

58 Spangenberg (s. n. 47), [Fff iv]v-Gggr.

59 M. Matthias, Theologie und Konfession. Der Beitrag von Ägidius Hunnius (1550–1603) zur Entstehung einer lutherischen Religionskultur, 2004, is the most recent and significant biographical and theological study of Hunnius to date.

60 A. Hunnius, Catechismus / // Oder // Kinderlehr [...] // Sampt angehengter Christ= //

honor that husbands owe their wives as co-heirs of Christ, he does teach that husbands are to love them as Christ loved the church (cf. Eph 5:25); such love, he says, is »not limited, not cold or lukewarm [...] but entirely ardent, sincere, and true.«[61] Referring to 1 Peter 3:7, Hunnius warns that anger and violence toward one's wife is not compatible with either love or faith: Men »are to lift pure hands up in prayer, without anger or doubt. With these words he [St. Peter] wishes to teach that when they do not love their wives, but are angry, bitter, and evil toward them, then they cannot pray, their prayer will be in vain and will not bear fruit.«[62] Unlike Spangenberg, however, Hunnius does not teach that there are times when husbands are to listen to and consider the advice their wives give.

Just as love is the principal emotion that is to characterize the relationship of husbands toward their wives, obedience is the main attitude that wives are to display toward their husbands. Hunnius cites the words of Paul: »Wives, be subject to your husbands as you are to the Lord (Eph 5:22),« and explains: »Thus subjection and obedience is required of them.«[63] Important to note, however, is that he sets limits on the obedience of wives – it is only to be rendered in »all proper, honorable, and godly matters.«[64] This limitation implies that Hunnius believes women to have the moral capacity to distinguish between »honorable« and dishonorable

licher Haußtafel nu(e)tzlicher Er= // kla(e)rung [...], 1596, 770. Cf. the analysis of this sermon in BEHRENDT (s. n. 11), 223–225. The *Christliche Haußtafel* was remarkably successful; it was published separately in at least four more editions by J. SPIES in Frankfurt am Main in 1588, 1591, 1593, and 1594, respectively. After that, in 1596, 1597, 1598, and 1604, it was published as part of HUNNIUS (s. n. 60); see the bibliographies in MATTHIAS (s. n. 59), 341 and 353. The VD 16/17 identifies an additional edition of the *Christliche Haußtafel* published in Leipzig, also by Johann Spies, in 1593; see http://gateway-bayern.bib-bvb.de/aleph-cgi/bvb_suche?sid=VD16, accessed April 6, 2011.

61 »nicht gering / nicht kalt oder lohe [...] / sondern gantz innbru(e)nstig / hertzlich vnd warhafftig.« HUNNIUS (s. n. 60), 771 f.

62 »sollen im Betten reine Ha(e)nde auffheben / ohne Zorn vnnd ohne Zweiffel. Wil mit diesen Worten lehren / wann sie jhre Weiber nicht lieben / sondern zornig / bitter vnnd bo(e)ß gegen sie seyn / so ko(e)nnen sie nicht betten / jhr Gebett sey vergebens / vnd gehe ohne alle Frucht ab.« Loc. cit. 772 f.

63 »Wirdt also Vntertha(e)nigkeit vnnd Gehorsam von jhnen erfordert.« Loc. cit. 775.

64 »allen billichen / ehrbarn / Go(e)ttlichen Sachen.« Loc. cit. 777.

matters. With respect to the intellectual capacities of women, however, Hunnius appears to have his doubts. He disciplines uppity wives with the harshest of words:

> Therefore, if you are a wife, and the thought comes to you that you should not defer to your husband, because you are of equally high standing as he is, equally wealthy, equally wise and understanding (»kluge vnnd versta(e)ndig«) – then ask yourself: From whom does such a thought come? Immediately your conscience will be able to tell you that it comes not from the good and Holy Spirit (for he wills obedience on the part of wives toward their husbands). Rather, it comes from the despicable devil, who gladly would overturn the order of GOD, so that wives would not be obedient, but rather rebellious toward their husbands.[65]

Sebastian Artomedes (b. 1544), an almost exact contemporary of Hunnius, appears to have valued the intellectual capacities of women more highly than his colleague did. Artomedes served as cathedral preacher in Kneiphof Königsberg from 1589 until his death in 1602.[66] His *Haustafel* sermons were published posthumously in Leipzig in 1605 together with his catechism sermons under the title *Kurtze vnd einfeltige / jedoch richtige vnd reine Erklerung des Heiligen Catechismi / sampt der Christlichen Haustafel*; three of them are dedicated to the estate of marriage.[67] In the first Artomedes condemns the already mentioned »despicable writing about the origin of women«; to speak »disgracefully and mockingly« (»schimpfflich vnd

65 »Darumb wenn du ein Weib bist / vnnd es wil dir ein solcher Gedanck eynfallen / daß du deinem Man(n) nichts bevor geben sollest / du seyest von so gutem Geschlecht / als er / so reich als er / so klug vnnd versta(e)ndig als er: So dencke also baldt zu ru(e)ck / von wem wol solcher Gedanck herkommen mo(e)ge? Wirt dir so baldt dein Gewissen sagen ko(e)nnen / er komme nicht her von dem guten vnd heyligen Geist (dann der wil den Gehorsam von Weibern gegen jhre Ehema(e)nner haben) Sonder von dem leydigen Teuffel / der die Ordnung GOTtes gern vmbwenden wolt / daß das Weib dem Mann nicht gehorsam / sondern widerspa(e)nstig soll seyn.« Loc. cit. 778f.

66 The available biographical information on Artomedes is scanty; see F. W. Bautz, Art. Artomedes, Sebastian (BBKL, http://www.bautz.de, accessed April 6, 2011), and F. Moeller, Altpreußisches evangelisches Pfarrerbuch von der Reformation bis zur Vertreibung im Jahre 1945. Biographischer Teil, Erste Lieferung, 1977, 44f.

67 The composite volume was printed at least three more times, in 1609, 1614, and 1621, respectively, and in 1609 the *Haustafel* sermons also appeared as a separate volume; see VD 16/17, http://gateway-bayern.bib-bvb.de/aleph-cgi/bvb_suche?sid=VD16, accessed June 22, 2010.

spo(e)ttisch«) about married women is unacceptable to him. He goes on, however, to present a traditional view of the duties of husbands and wives. Like Hunnius, he bases his instruction on Eph 5:25–29. He identifies five duties of husbands: They are to »love and honor« (»lieben vnd ehren«) their wives, to support them, to be patient with them, and to »govern« (»regieren«) them. Like Luther and Spangenberg before him, he considers the duty to support the wife to be a result of the fall into sin. Concerning the duty to govern the wife, he writes that a husband is »not to be a Doctor Sieman [lit., ›she-man‹], but rather the lord in his house.«[68] He is »not to misuse his superiority and lordship« (»seiner Superioritet vnd Herrschafft nicht mißbrauchen«), however, but rather to remember the familiar saying that the woman was taken not from the feet, but the rib of the man, near his heart. Even more fervently than Spangenberg, Artomedes exhorts husbands not to underestimate their wives' intelligence:

> And because God in administering and distributing his gifts has not bypassed or forgotten the female sex – there are some women superior in intelligence and skill (»verstand vnd geschickligkeit«) to men, and two eyes see more than one, four eyes see more than two, two people who seriously consider a matter think of more things than one person does: For this reason, a Christian husband shall not disregard the advice and opinion of his wife, who is his closest, dearest, best, most loyal friend. Rather, when at times difficult, unpleasant, dangerous, far-reaching, and dubious matters come up, in which he might, on account of a small mistake, cause himself and his own great harm, then he is to gladly listen to his dear wife, as well as to seek her counsel.[69]

68 »daß er nicht sol ein D. Sieman / sondern Herr in seinem Hauß sein.« ARTOMEDES (s. n. 2), 142.

69 »Vnd weil Gott in ausspendung vnd außtheilung seiner gaben das Weibliche Geschlecht nicht gar verbeygangen oder vergessen / es thuts manches Weib mit verstand vnd geschickligkeit auch wol Ma(e)nnern bevor / Et oculi plus vident, quàm oculus, Vier augen sehen mehr / als zwey / vnd zweyen / die ein ding mit ernst nachdencken / fellt mehr zu als einem: So sol ein Christlicher Ehman seines Weibs / als seines nechsten / liebsten / besten / getrewesten freundes rath vnd wolmeinung nicht in wind schlagen / sondern wenn jhm bißweilen schwere / wu(e)nderliche / gefehrliche / weitsehende / zweiffeliche ha(e)ndel fu(e)rkommen / da er etwas / durch ein kleines versehen / jm vnd den seinen grossen schaden thun ko(e)ndte: Da sol er sein liebes Weib auch gern ho(e)ren / sie auch lassen mit einrathen /[...].« Loc. cit. 143.

Thus, in contrast to his predecessors, Artomedes believes that at least »some women« are more intelligent than their husbands. To support this assertion, Artomedes points out that the biblical women Sarah, Rebekah, and Esther gave good advice to their husbands, Abraham, Isaac, and Ahasuerus (Gen 21:9–14; Gen 27:46–28:2; Esther 5:1–5). Nabal should have, but did not, listen to the advice of his wife Abigail (1 Sam 25:2–38). And Pilate would not have fallen into such misery and distress (»solch jammer vnd noth«) had he listened to his wife (Mt 27:19).[70]

In the list of reasons that Artomedes gives for husbands to obey the rules he has spelled out, familiar themes surface. One reason is reminiscent of Luther: »Even though she [the wife] is a weaker instrument, nevertheless she is a co-heir of grace and life.«[71] A second was previously brought up by Hunnius: A husband should live reasonably (»mit vernunfft«) with his wife, in order that his prayers may not be hindered.[72]

In his instructions to wives Artomedes also is quite traditional. A wife is to love her husband, be obedient and faithful to him, and to fear God. Artomedes follows Luther in pointing out that the subjection of wives is due to the fall of Eve; before the fall, Eve was equal to her husband.[73] In apparent contradiction to his earlier statement that wives sometimes are more intelligent and clever than their husbands, Artomedes seems to echo Hunnius when he says: »And when a wife seeks to dominate her husband, considers herself more clever, more insightful, more intelligent than her husband, […] then she acts against God's order and she dare not believe that he will leave her unpunished.«[74] He does not, however, in any way appear to question the moral capabilities of women.

70 Loc. cit. 143.

71 »Ob gleich sie [die Frau] ein schwacher werckzeug ist / so ist sie doch ein Miterbe der Gnaden vnd des Lebens.« Loc. cit. 144.

72 Loc. cit. 146.

73 Loc. cit. 148.

74 »Vnd wenn das Weib dem Mann will zun ha(e)upten wachsen / lesst sich bedu(e)ncken sie sey geschickter / anschlegiger / verstendiger / als der Mann / […] / da handelt sie wider Gottes Ordnung / vnd darffs jhr nicht in sinn nemen / das er sie werd vngestrafft lassen.« Loc. cit. 148.

Philipp Jacob Spener is the author of what appears to be the last volume of *Haustafel* sermons published by Lutheran preachers: *Kurtze Catechismus Predigten* (1689). Spener preached on the catechism and *Haustafel* during his tenure in Frankfurt am Main; by the time of the publication of the sermons, however, he had already become court preacher in Dresden. Spener does not preface his sermons with a specific sermon text or a rule. He largely repeats the traditional advice on husbands and wives given by his Lutheran forebears. Although his teaching is thoroughly conventional, it is possible to regard Spener as emphasizing the spiritual equality of wives, indeed, on occasion the spiritual superiority of a wife over her husband. He begins his sermon on husbands by stating that their duties are to love their wives, to support them, to govern them, and to be patient with them.[75] With respect to the husband's duty to govern his wife, Spener emphasizes that this governance, first and foremost, is spiritual in nature: He is to »keep and urge her to godliness.«[76] Although in the household he is to leave women's matters and the supervision of the servants to his wife, nevertheless he is to maintain overall governance (»das oberregiment«). This is because »the rule of women without male supervision is thoughtless and commonly unsuccessful.«[77] Nevertheless, a husband is to live reasonably (»mit vernunfft«) with his wife; this means that he should consult her in certain things and »not hold in contempt her advice or always reject it.«[78] Finally, a husband should be patient with his wife. Here Spener explicitly condemns men who abuse their wives, »who want to cor-

75 P. J. Spener, D. Philipp Jacob Speners // Kurtze // Catechismus= // Predigten / // Darinnen // Die fu(e)nff Haupt=Stu(e)ck / auß dem Catechismo / vnd // die Hauß=Tafel / samt den Fest=Materien / // einfa(e)ltig erkla(e)ret werden [...], 1711, 613. In addition to this and the original 1689 edition, Spener's volume was published at least two more times, in 1697 and 1727, respectively; see VD 16/17, http://gateway-bayern.bib-bvb.de/aleph-cgi/bvb_suche?sid=VD16, and Karlsruhe Virtueller Katalog, http://www.ubka.uni-karlsruhe.de/ kvk.html, both accessed December 1, 2010. For biographical information on Spener, see J. Wallmann, Philipp Jakob Spener und die Anfänge des Pietismus (BHTh 42), [2]1985.

76 »zur gottseligkeit halte und antreibe.« Spener (s. n. 75), 614.

77 »wie dann weiber=regiment ohne ma(e)nnliche auffsicht / wie unbesonnen / also gemeiniglich auch unglu(e)cklich ist.« Loc. cit. 614.

78 »derselben erinnerungen nicht eben verachte oder allezeit außschlage.« Loc. cit. 615.

rect [their] faults […] with scolding, cursing, beating, and the like.«[79] The sermon on husbands concludes with three by now familiar reasons why husbands are be considerate of their wives. Wives are the »weakest instrument,« which means that »[t]hey are not only weaker of body […] but also more likely to be wrong, or to make a mistake.«[80] Clearly, Spener considers wives intellectually, perhaps also morally, inferior to their husbands. A wife is also a co-heir of eternal life. In elaborating this point, Spener extols the spiritual virtues of some women. Explicitly citing Galatians 3:28, he emphasizes that Christ has bestowed equal spiritual benefits on both sexes, »so that we [men] have not the least advantage over them, because ›in Christ there is no male or female.‹«[81] This means, he says, that women are of equal honor before God and that husbands must grant their wives this honor of being »sisters and co-heirs who are equal to us. Indeed,« he says, »the occasional [woman] has a great advantage over her husband before God on account of her godliness.«[82] Thirdly, wives are to be treated well so that the husbands' prayers are not hindered.

The spiritual superiority of the occasional woman does not exempt her in particular or women in general, from the divinely-ordained gender hierarchy. In his sermon on wives, Spener follows his Lutheran forebears in teaching that wives are to love and be faithful to their husbands, to honor them in acknowledging their God-given right to rule over their wives, to be submissive and obedient, and to do good, that is, to fear God, dress humbly, be frugal, and be conscientious in raising children and patient in childbearing.[83] Like Hunnius, Spener limits the obedience wives are to render to »matters that are not against God« (»sachen, die nicht wider Gott

79 »die des weibes gebrechen mit schelten / fluchen / schla(e)gen und dergleichen weise zu recht bringen wollen.« Ibid.

80 »Sie seynd nicht nur an leib schwa(e)cher / […] / sondern mo(e)gen auch eher fehlen / und von einem fehl u(e)bereilet werden.« Loc. cit. 616.

81 »ohne daß wir in allem diesen den geringsten vorzug ha(e)tten: dann da ist in Christo kein mann und weib / Gal. 3 / 28.« Ibid.

82 »schwestern und mit=erben / die uns gleich sind / ja manche bey ihrem GOtt ihrer gottseligkeit wegen vor ihrem mann grossen vorzug hat.« Ibid.

83 Loc. cit. 618–622.

sind«). He reminds wives that their submission to their husbands originated with the punishment God imposed on Eve after the fall.[84]

The content of this sermon is consistent with Spener's tract, *The Spiritual Priesthood* (1677), published twelve years earlier, in which he had taught that both men and women were members of the spiritual priesthood and were to use the spiritual gifts given to them. With reference to Galatians 3:28, he had written:

> And thus in Christ the difference between man and woman, with respect to spiritual matters, is eliminated. Because God also endows believing women with his spiritual gifts, their orderly exercise of these gifts may not be forbidden.[85]

Women were not to teach publicly in the congregation, but they could hold small meetings to review the pastor's sermons and to read and discuss the Bible.[86] In other words, they could – indeed had an obligation to – exercise their spiritual gifts, but only within the boundaries (»in […] Schrancken«) the church had set for them.[87]

84 Loc. cit. 621.

85 »Und ist also in Christo der Unterscheid unter Mann und Weib, was das geistliche anlanget, aufgehoben; Weil dann GOtt auch gla(e)ubige Weibes=Personen seiner geistlichen Gaben wu(e)rdiget, also mag deren Gebrauch in ihrer Ordnung ihnen nicht gewehret werden.« P. J. Spener, Das Geistliche Priesterthum, aus Göttlichem Wort ku(e)rtzlich beschrieben […] (in: Philipp Jakob Spener, Kleine Geistliche Schriften, ed. J. A. Steinmetz, 2000, 676). Cf. R. Albrecht, Art. C. Frauen (in: H. Lehmann, ed., Glaubenswelt und Lebenswelten, vol. 4 of Geschichte des Pietismus, ed. M. Brecht et al., 2000, 524–526). On the basis of writings by both men and women Pietists, and both advocates and criticis of Pietism, C. Niekus Moore observes that while male Pietist leaders did not acknowledge any potential contradition between their calls for reform and the traditional roles of women, this tension was evident to women Pietists and to critics of the movement; see her 'Obschon das Schwächste Werkzeug.' Die Darstellung der Frau im deutschen Pietismus (in: Interdisziplinäre Pietismusforschungen. Beiträge zum Ersten Internationalen Kongress für Pietismusforschung, ed. U. Sträter, 2005, 38).

86 Spener (s. n. 85), 677.

87 Loc. cit. 678.

V Conclusion: Haustafel *Sermons and the* Querelle des Femmmes

The seemingly contradictory »high praise of the marital condition« and »depiction of the very defective nature of women« that Susan Karant-Nunn observed in her study of the wedding sermons of Johannes Mathesius is found also in Lutheran *Haustafel* sermons on husbands and wives; moreover it persists over the century that passes between the publication of the sermons of Cyriacus Spangenberg in 1556 and Philipp Jacob Spener in 1689. The disparity between these respective assessments of marriage and women, was not, however, an inconsistency in the eyes of Martin Luther, who composed the *Haustafel*, or his followers, who preached on it. From their point of view, women's physical, intellectual, and moral inferiority was an indisputable fact, grounded in Scripture, Christian tradition, and experience. Thus, even though in his *Sermons on the First Epistle of Peter* (1523) Luther asserted that »inwardly we [both genders] are all alike,« in his later *Lectures on Genesis* (1535) he taught that even before the fall, woman was both intellectually and morally inferior to man. Hunnius clearly stated women to be intellectually inferior. Spener agreed, but considered some women superior with respect to spiritual matters. Artomedes was the only one to concede that at least some women were more intelligent and clever than their husbands; this made his estimation of women's intelligence, along with that of Johann Freder a half-century earlier, notable exceptions to the rule. With respect to the moral capacities of women, the comments of Spener on the weaker nature of women suggest that he agreed with Luther that women were morally weaker than men. At the same time, Spener, along with Hunnius, explicitly limited the obedience women owed their husbands to matters that were in line with God's commandments, thereby suggesting that women did have the moral capacity to make this distinction. The putative intellectual, moral, and physical inferiority of women, upheld by a long tradition of biblical exegesis, justified their subordinate social status; their subjection to male rule in turn was considered necessary for the harmony and stability of not only the household, but also the entire social order of the three estates. In view of this, Freder's and Artomedes's willingness to assert the intellectual equality of at least some women is all the more remarkable.

To consider the female sex inferior and in need of male governance was not, however, as far as the preachers were concerned, equivalent to disparaging women. They seriously believed they were defending women's honor and dignity when they praised marriage as a divinely ordained estate, insisted on the spiritual equality of wives as Christians and co-heirs of eternal life with Christ, urged husbands to love their wives and consider their advice, and explicitly condemned violence against women. The intention of the Lutheran preachers to defend women is all the more clearly visible when the *Haustafel* sermons are viewed within the context of the *querelle des femmes.* Aegidius Hunnius almost certainly was dean of the Theological Faculty of the University of Wittenberg in January 1595, when the Faculty published its refutation of the *New disputation against women, by which it is proven they are not human.* Sebastian Artomedes explicitly condemned a »knave« who wrote a »despicable and blasphemous writing about the origin of women«; this likely was the author of the *New disputation.*

Generally speaking, both the low estimation Lutheran preachers had of women's intellectual and moral capacities, and their insistence on marriage as a divinely-ordained estate, remained consistent with medieval teaching, with one significant exception: Whereas medieval preachers had praised the celibate, spiritual estate as more pleasing to God than the married estate, Lutherans rejected celibacy and insisted that the married estate was the *only* estate pleasing to God.[88] In their eyes, this teaching represented an elevation of both the status of marriage and the status of women, because it upheld the worth of women as fellow human beings redeemed by Christ, highlighted the value of the companionship that wives offered their husbands, and affirmed the significance of the work they did in their husband's home (and sometimes also workshop).

Lutheran views regarding the intellectual and moral capabilities of women were also in line with humanist ideas. While Desiderius Erasmus (1466–1536) and Juan Luis Vives (1492–1540) encouraged husbands to educate their wives in the classical languages and literature, Erasmus never-

88 On both the divine institution of the married estate and the superiority of virginity in late-medieval teaching, see A. von Eyb, Spiegel der Sitten, ed. G. Klecha, 1989, 433.

theless held that women were »weaker in body and mind« than men and Vives cautioned that the choice of reading material should not be left to a girl herself, lest »she take false for true, harmful for salutary, foolish and senseless for serious and commendable.«[89]

A profoundly different assessment of female intellectual and moral capacities could be found earlier in the writings of the female humanists Christine de Pisan (1364–1431) and Isotta Nogarola (1418–1466). Pisan, in her *Book of the City of Ladies* (1405), appealed to reason (»Raison«), righteousness (»Droiture«), and divine justice (»Justice«) as her standards. After examining the historical record of women, she concluded that women could and did possess intelligence and virtue equal to that of men.[90] Nogarola, in her dialogue entitled *Concerning the Equal or Unequal Sin of Eve and Adam* (1451), demonstrated the incompatibility of the idea of women's inferior intellectual and moral capacities with Augustine's teaching that Eve sinned more gravely than Adam did.[91]

Lutheran pastors, however, and not female humanists, remained the dominant voice on the nature of women and the relationship between the sexes throughout the sixteenth and seventeenth centuries in the German Lutheran territories. Their access to pulpit and printing press enabled them to perpetuate an entrenched anthropology which considered women intellectually and morally inferior while at the same time promoting a theology which accorded them spiritual equality before God and therefore dignity, honor, and respect in the household.

89 ERASMUS, The Institution of Christian Matrimony, trans. M. J. HEATH (in: Collected Works of Erasmus, vol. 69, Spiritualia and Pastoralia, ed. J. W. O'MALLEY and L. A. PERRAUD, 1999, 373.404); and J. L. VIVES, De institutione feminae christianae. Liber primus, ed. C. FANTAZZI and C. MATHEEUSEN, vol. 6 of Selected Works of J. L. Vives, ed. C. MATHEEUSEN, 1996, 31.51.

90 FIETZE (s. n. 31), 97.102.104.

91 For a comprehensive analysis of Nogarola's dialogue, see loc. cit. 115–134.

Die Geschichte der Erforschung von Martin Luthers Ethik*

Von Andreas Stegmann

Luthers Ethik ist seit dem 19. Jahrhundert ein vielfach behandeltes, methodisch und sachlich sehr unterschiedlich erschlossenes Forschungsthema der evangelischen Theologie und der Reformationshistoriographie.[1] Die Forschungsbeiträge lassen sich vier Gruppen zuordnen:

* Diese Forschungsgeschichte ist Teil meiner im Jahr 2011 der Theologischen Fakultät der Humboldt-Universität zu Berlin vorgelegten und von ihr angenommenen Habilitationsschrift zur Erlangung der Lehrbefähigung für das Fach Kirchengeschichte. Ich danke Herrn Professor Albrecht Beutel für das Angebot, diesen der Darstellung von »Luthers Auffassung vom christlichen Leben« auf den Seiten 9 bis 93 vorangestellten Teil separat in überarbeiteter Form zu veröffentlichen. Titel, die in die Bibliographie der Forschungsliteratur (s. u. S. 305–342) aufgenommen wurden, werden im Text oder den Fußnoten nur in verkürzter Form angeführt. Zu den verwendenten Abkürzungen s. u. S. 305.

1 Überblicke über die Forschungsgeschichte gibt es wenige. Hinweise zur Literatur bis zum zweiten Drittel des 19. Jahrhunderts gibt: Ch. E. Luthardt, Die Ethik Luthers in ihren Grundzügen, 1867, 3–11. Wichtige bis Anfang der 1930er Jahre erschienene Literatur wird behandelt von: M. Ludwig, Das Problem Religion und Sittlichkeit bei Luther in der theologischen Literatur und seine methodischen Schwierigkeiten, 1931, 15–40; E. Wolf, Zur Sozialethik des Luthertums (in: Kirche, Bekenntnis und Sozialethos, 1934, 52–79). Die wichtigste neuere Literatur ist verzeichnet in TRE 21, 2000, 566f (K.-H. zur Mühlen). Überblicke über die Geschichte der Lutherforschung im Ganzen, die auch die Forschung zu Luthers Ethik berücksichtigen, enthalten: O. Wolff, Die Haupttypen der neuern Lutherdeutung, 1938; R. Vinke (Hg.), Lutherforschung im 20. Jahrhundert. Rückblick – Bilanz – Ausblick, 2004. Zu einzelnen Themen sind folgende Bibliographien hilfreich: K. Haendler, »Gesetz und Evangelium«. Eine ausgewählte Bibliographie (in: Gesetz und Evangelium, hg. v. E. Kinder u. K. Haendler, 1968, 357–431), 384–389; H.-H. Schrey, Bibliographie (in: Schrey 557–566); G. Wolf, Auswahlbibliographie (1910–1970)

1. Systematische Überblicksdarstellungen in Form von Monographien zu Luthers Ethik, von Ethikkapiteln in den Darstellungen der Theologie Luthers, von Abschnitten zur Ethik in Lexikonartikeln zu Luthers Leben und Werk und von Abschnitten zu Luthers Ethik innerhalb von Darstellungen der Geschichte der Ethik.

2. Genetische Darstellungen, entweder innerhalb von Gesamtdarstellungen der Theologie Luthers und Monographien zu Einzelproblemen oder als selbständige Beiträge.

3. Beiträge zu einzelnen Themen aus Luthers Theologie (Religion und Sittlichkeit, Glaube und Handeln, Bergpredigt, Gesetz, Gewissen, drei Stände, zwei Regimente und Reiche, Staat, Politik, Recht, Ehe, Wirtschaft, Beruf u.a.) oder zu einzelnen Schriften Luthers (Adelsschrift, Freiheitsschrift, Obrigkeitsschrift, Schriften zum Judentum und zum Islam, Bauernkriegsschriften, Kriegsleuteschrift u.a.).

4. Darstellungen zu einer anderen übergeordneten Fragestellung, innerhalb derer auch Luthers Ethik behandelt wird.

Das Folgende ist der Versuch, einen Überblick über die Forschung zu gewinnen und wichtige Entwicklungen und Einzelbeispiele zu behandeln. Die in Frage kommende Literatur wird nur zum geringsten Teil ausführlicher behandelt und auch nicht vollständig bibliographisch nachgewiesen.[2] Die besondere Schwierigkeit der Nachzeichnung der Forschungsgeschichte liegt nicht nur in der Vielzahl und Disparität der Forschungsbeiträge, sondern auch in der engen Verbindung der Lutherforschung mit der zeitgenössischen theologischen Theoriebildung und Diskussion einerseits und

(in: WOLF 469–482); J. HAUN: Bibliographie zur Zwei-Reiche-Lehre (in: Zur Zwei-Reiche-Lehre Luthers, hg. v. G. SAUTER, 1973, 215–245).

2 Vor allem die zahlreichen kurzen und unselbständigen Beiträge, etwa in Lehrbüchern der theologischen Ethik, in Lexikonartikeln zu Luthers Theologie, in Handbüchern oder auf eine breitere Leserschaft zielenden Zeitschriftenartikeln verdienen nur in seltenen Fällen den bibliographischen Nachweis oder gar die ausführlichere Vorstellung. Auch der Nachweis der beiläufigen Lutherrezeption in systematisch-theologischen Werken steht in keinem angemessenen Verhältnis zu ihrem oftmals nur geringen forschungsgeschichtlichen Wert. Daß die Lutherforschung außerhalb Deutschlands nur am Rande behandelt wird, hat damit zu tun, daß Luthers Ethik – abgesehen von einigen Themen und Phasen der Forschungsgeschichte – vor allem ein Thema der deutschen Forschung war und ist.

der politisch-gesellschaftlichen Entwicklung andererseits, die eine Berücksichtigung der kirchen- und theologiegeschichtlichen Kontexte verlangt.[3]

1. *Der Beginn der Forschung zu Luthers Ethik von den 1860er bis zu den 1880er Jahren*

Die Forschungsgeschichte zu Luthers Ethik begann erst Mitte des 19. Jahrhunderts. Daß es bis dahin keine nennenswerte Forschung gab und daß sie gerade zu dieser Zeit aufblühte, hängt zum einen mit der Verselbständigung der theologischen Ethik in Form einer Teildisziplin der akademischen Theologie im 18. und 19. Jahrhundert und zum anderen mit der Eigenart des deutschen Protestantismus am Beginn der Forschung zu Luthers Ethik Mitte des 19. Jahrhunderts zusammen. Dieser »Moralprotestantismus«[4] hatte ein besonderes Interesse an der Persönlichkeits- und Praxisdimension der Religion, er versuchte das Wechselverhältnis von »Religion« und »Sittlichkeit« theoretisch und praktisch zu durchdringen und er bezog sich dabei auch auf die reformatorische Theologie.

Seit den Anfängen der Christenheit war die Frage nach dem Verhältnis von Glaube und Welt eines der drängendsten Probleme christlichen Selbstverständnisses und Lebensvollzugs. Daß die heutige Christenheit sich diese Frage als Frage nach der christlichen »Ethik« stellt, ist ein neuzeitliches Phänomen. Eine selbständige Disziplin *theologische Ethik* bzw. *Moraltheologie* gibt es erst seit dem 17. Jahrhundert. Zuvor kannte die christ-

3 Die einschlägigen kirchen- und theologiegeschichtlichen Überblicksdarstellungen (J. Rohls, Protestantische Theologie der Neuzeit, zwei Bde., 1997; E. Lessing, Geschichte der deutschsprachigen evangelischen Theologie von Albrecht Ritschl bis zur Gegenwart, drei Bde., 2000–2009; H. Fischer, Protestantische Theologie im 20. Jahrhundert, 2002) tragen zur Geschichte der Lutherforschung und insbesondere der Erforschung von Luthers Ethik nur wenig bei. Unter den Darstellungen zur Geschichte der theologischen Ethik des 19. und 20. Jahrhunderts und zu ihrem Zusammenhang mit der Kirchen- und Profangeschichte ist auf die zahlreichen Arbeiten von F. W. Graf (s. beispielsweise Anm. 12, 47, 53) und auf Monographien zu Einzelthemen wie etwa U. Rieske-Braun, Zwei-Bereiche-Lehre und christlicher Staat. Verhältnisbestimmungen von Religion und Politik im Erlanger Neuluthertum und in der Allgemeinen Ev.-Luth. Kirchenzeitung, 1993, zu verweisen.

4 Th. Nipperdey, Deutsche Geschichte 1866–1918, Bd. 1: Arbeitswelt und Bürgergeist, 1990, 475.

liche Theologie zwar eine selbständige philosophische Ethik, behandelte jedoch die heute in Anlehnung an die philosophische Ethik der theologischen Ethik zugewiesenen Sachverhalte in anderen Zusammenhängen und unter anderen Gesichtspunkten. So waren in der altkirchlichen Zeit die Dekalog- oder Bergpredigtauslegungen, die Abhandlungen über die Buße, die Auseinandersetzung um die Gnadenlehre oder die zahlreichen in das christliche Leben einweisenden Traktate, Briefe und Predigten Ort theologischer »Ethik«. Diese Vielfalt und scheinbar unsystematische Beschäftigung mit der theologischen Ethik hielt im Mittelalter an, und zwar auch in der hoch- und spätmittelalterlichen Scholastik, deren Sentenzenkommentare und Summen allerdings innerhalb des übergreifenden Systems allmählich besondere Bereiche für die Behandlung ethischer Fragen ausgrenzten. Diese systematische Behandlung ethischer Themen i. R. des theologischen Lehrganzen war jedoch nur ein kleiner Teil der theologischen Ethik der Zeit, umfangreicher und wichtiger waren die ethischen Erörterungen im Rahmen der kanonistischen und der aszetisch-mystischen Literatur.

Auch die Reformation brachte keine Verselbständigung der theologischen Ethik mit sich, obwohl die ethischen Sachprobleme im ganzen 16. Jahrhundert virulent waren und bis hin zu den innerlutherischen Streitigkeiten und zur Konkordienformel intensiv diskutiert wurden. Ernst Troeltsch erklärt diesen Sachverhalt zutreffend damit, daß, wie die »christliche Ethik überhaupt mehr ein praktisch geltendes Ethos mit einzelnen theoretisch ausgeführten Punkten ist, so [...] auch die Ethik des Protestantismus und vor allem des Luthertums keine mit ihrer Dogmatik irgend vergleichbare Theorie [ist]. Erst wo, wie einst in der Spätantike und dann später im Aufklärungszeitalter, die ethischen Selbstverständlichkeiten des Lebens erschüttert sind, entsteht die ethische Theorie«.[5] Die ethischen Konsequenzen der religiösen Grundüberzeugungen waren für die Reformation kein eigenes Thema, nur Einzelprobleme wie das Verhältnis von Gnade und guten Werken, von christlichem Leben und weltlichen Ordnungen, von theologischer und philosophischer Ethik, von Gesetz und Freiheit oder von Heiligung und Sünde bedurften besonderer Reflexion – »[a]lles übrige erledigte das Leben von selbst«.[6] Die Verselbständigung der theologischen Ethik in der nachreformatorischen Theologiegeschichte begann mit dem Helmstedter Professor Georg Calixt (1586–1656) und stand in engem Zusammenhang mit der sich im 17. und 18. Jahrhundert vollziehenden Transformation von Religion und Gesellschaft, angesichts derer die reformatorisch-nachreformatorische Theologie an innerer Plausibilität verlor.[7] In der Folge rückten im 18. Jahrhundert im Zusammenhang der Aufklärung die theologische Ethik und die praktische Lebensführung ins Zentrum der Theologie: »Ethik wird zur Fundamentaldisziplin der Theologie, und Dogmatik wird selbst zur Funktion einer praxisorientierten Glückseligkeitslehre. Dieser Primat der Weltgestaltung, die Konzentration auf tätige Nächstenliebe und eine religiös zentrierte sittliche Lebensführung, verstärkt noch einmal die Tendenz

5 E. Troeltsch, Die Soziallehren der christlichen Kirchen und Gruppen, 1912, 525.

6 AaO 526.

7 I. Mager, Georg Calixts theologische Ethik und ihre Nachwirkungen, 1969.

zur Relativierung der Verbindlichkeit der überlieferten konfessionellen Bekenntnisse. Was einst die Zustimmung zur kirchlichen Lehre war, wird nun das je individuell zu verantwortende und gestaltende ›thätige Christentum‹«.[8] Ein apokryphes, inhaltlich aber glaubwürdiges Goethe-Wort von 1832 bringt das Selbstverständnis dieses ›tätigen Christentums‹ treffend zum Ausdruck. Goethe soll im Anschluß an eine Würdigung Luthers und der Reformation, die die Basis der Entwicklung zur »großen Aufklärung der Zeit« und zur Rückkehr zur »reine[n] Lehre und Liebe Christi« gewesen sei, das Ideal christlicher Religion so zusammengefaßt haben: »Auch werden wir Alle nach und nach aus einem Christentum des Wortes und Glaubens immer mehr zu einem Christentum der Gesinnung und Tat kommen«.[9]

Die Forschung zu Luthers Ethik konstituierte sich im 19. Jahrhundert in einem bestimmten geistesgeschichtlichen Umfeld. Für dieses Jahrhundert hatte die Ethik vor dem Hintergrund der Philosophie des deutschen Idealismus und der Romantik und der entstehenden bürgerlichen Gesellschaft noch einmal an Bedeutung gewonnen. Das galt auch und gerade für die evangelische Kirche und Theologie in ihren unterschiedlichen Richtungen. So sehr damit aber das Erbe des ethischen Christentums der Aufklärung weitergeführt wurde, so sehr es – wie Adolf von Harnack Goethe aufgreifend formuliert – »das Ziel aller christlichen Arbeit, auch aller theologischen« sein sollte, »immer sicherer die Schlichtheit und den Ernst des Evangeliums zu erkennen, um in der Gesinnung immer reiner und lebendiger, in der That immer liebevoller und brüderlicher zu werden«,[10] so wenig war damit aber die von Goethe vertretene aufklärungstheologische Distanzierung vom »Christentum des Wortes und Glaubens« verbunden. Denn der Moralprotestantismus des 19. Jahrhunderts verstand sich nicht als Überwindung, sondern als Aufnahme und Fortführung der Reformation und ihrer »Rückkehr« zum Evangelium. Das 19. Jahrhundert war über die natürlich-vernünftige Moralreligion der Aufklärung hinausgekommen, indem es Gotteswort und Heilsglauben einerseits und Persönlichkeit, Subjektivität und freie, moralisch verantwortliche Praxis andererseits nicht mehr in einem Konkur-

8 F. W. Graf, Protestantische Theologie und die Formierung der bürgerlichen Gesellschaft (in: Profile des neuzeitlichen Protestantismus, hg. v. F. W. Graf, Bd. 1, 1990, 11–54), 17.

9 Die Zitate sind dem Gespräch Goethes mit Eckermann am 11. März 1832 entnommen, das als das letzte von Eckermann aufgezeichnete Gespräch für das 19. Jahrhundert schon allein deshalb von Bedeutung war (J. P. Eckermann, Gespräche mit Goethe, hg. v. Ch. Michel [Bibliothek deutscher Klassiker 167], 1999, 745–750, hier: 748,19–749,7; 748,36; 749,4; 749,8–10). Zur Glaubwürdigkeit von Eckermanns Gesprächswiedergaben: H. Schlaffer, Einführung (in: J. P. Eckermann, Gespräche mit Goethe in den letzten Jahren seines Lebens, hg. v. H. Schlaffer, in: J. W. v. Goethe, Sämtliche Werke nach Epochen seines Schaffens. Münchner Ausgabe, Bd. 19, 1986, 701–729), wo auf die Problematik vor allem des dritten Teils hingewiesen wird, wobei allerdings die »eigentümliche Mischung aus Dichtung und Wahrheit« »als authentische Stilisierung« (723) gelten kann.

10 A. Harnack, Lehrbuch der Dogmengeschichte, Bd. 3, $^{1/2}$1890, 764 (^{4}1910, 902).

renz-, sondern in einem Wechselverhältnis sah. Zur theologische Leitfrage, die sehr unterschiedlich verstanden und beantwortet werden konnte, wurde darum die Frage nach dem Verhältnis von *Religion und Sittlichkeit.* Formelhaft verfestigt begegnete dieses Begriffspaar erst in der zweiten Hälfte des Jahrhunderts, es war jedoch seit dem Ende des 18. Jahrhunderts in der theologischen und philosophischen Diskussion – vor allem in der Auseinandersetzung mit Kants Bestimmung des Verhältnisses von Moralität und Religion[11] – allgegenwärtig. Die Terminologie war variabel – statt von Religion konnte man auch von Gefühl, Frömmigkeit oder Glaube sprechen, statt von Sittlichkeit auch von Ethik, Ethos, Moral oder Handeln, ja man konnte diese Zweiheit in einem einzigen Begriff wie ›Theonomie‹[12] wiedergeben –, die Leitfrage jedoch war stets dieselbe: In welchem Verhältnis stehen die Person des Christen und sein Handeln in der Welt zueinander? Die evangelische Theologie des 19. Jahrhunderts entdeckte geradezu das Eigenrecht der Religion wie der Sittlichkeit, die in ganz anderer Weise, als es die Aufklärung zu denken vermochte, als in Selbständigkeit aufeinander bezogene Größen zu verstehen waren. Man muß in der Frage nach Religion und Sittlichkeit das ganze Pathos von Kants Kritiken und Religionsschrift, von Schleiermachers Reden über die Religion und Vorlesungen über die christliche Sittlichkeit, von Hegels Rechts- und Religionsphilosophie – von Herder, Schiller, Fichte, Schelling und anderen zu schweigen – mithören, wenn man verstehen will, warum und wie für die Theologie des 19. Jahrhundert die Frage nach Religion und Sittlichkeit eine bis weit in das Folgejahrhundert wirksame Herausforderung für die Behandlung der Theologie insgesamt wie für Einzelfragen – wie etwa Luthers Ethik – werden konnte.

Es überrascht, daß das in Philosophie und Theologie so vom Problem der Ethik dominierte 19. Jahrhundert erst an der Schwelle zum letzten Drittel dazu kam, Luthers Ethik als eigenständigen Forschungsgegenstand in den Blick zu nehmen. Natürlich wurde in den Überblicken zur Theologie Luthers,[13] in den Darstellungen der Geschichte der Ethik[14] und den syste-

11 Kant formuliert seine Fassung des Problems von Religion und Sittlichkeit und damit seine Herausforderung an die Theologie im Schlußsatz seiner 1793 erschienenen Schrift *Die Religion innerhalb der Grenzen der bloßen Vernunft* so: Der »rechte Weg« ist es nicht, »von der Begnadigung zur Tugend, sondern vielmehr von der Tugend zur Begnadigung fortzuschreiten« (A 296, B 314 [Werke in sechs Bänden, hg. v. W. Weischedel, Bd. 4: Schriften zur Ethik und Religionsphilosophie, [6]2005, 879]).

12 F. W. Graf, Theonomie. Fallstudien zum Integrationsanspruch neuzeitlicher Theologie, 1987.

13 Z. B. E. Zimmermann u. a. (Hg.), Geist aus Luther's Schriften oder Concordanz der Ansichten und Urtheile des großen Reformators über die wichtigsten Gegenstände des Glaubens, der Wissenschaft und des Lebens, vier Bände, 1828–1831 (umfangreiche, alphabetisch nach Stichwörtern geordnete Sammlung von Exzerpten aus der Walchschen

matisch-theologischen Arbeiten zur Grundlegung und materialen Ausgestaltung der Ethik[15] in der ersten Hälfte des 19. Jahrhunderts vielfach auch Luthers Ethik thematisiert, aber bis zur Jahrhundertmitte wurde sie kaum je in einer Weise behandelt, die über die gängigen lutherischen Bekenntnisformeln und das allgemein verbreitete Bild von Luther als dem Vorkämpfer für Freiheit, Gewissen und Persönlichkeit hinausging. Charakteristisch für diese beiläufige und nicht selten oberflächliche Lutherrezeption in der theologischen Ethik waren beispielsweise die Erlanger Theologen der ersten Jahrhunderthälfte, die erst allmählich Luther entdeckten und ihn dann – etwa Adolph v. Harleß – nachträglich immer stärker in ihre bereits ausgearbeitete theologische Grundkonzeption einbezogen. Wichtig wurde hier vor allem die ›Zwei-Bereiche-Lehre‹ der Erlanger Theologie, die sich zwar auch tradierten Grundmotiven lutherischer Theologie verdankte, aber nicht aus Luther entwickelt und erst im Nachhinein in ihn hineinprojiziert wurde. Sie gewann als moderne systematisch-theologische Konzeption mit ihrer Begrifflichkeit und ihren Grundgedanken eine nicht zu unterschätzende Bedeutung für das Lutherverständnis seit der Mitte des 19. Jahrhunderts.[16]

Lutherausgabe), oder W. Beste, Dr. Martin Luther's Glaubenslehre, aus und in den Quellen dargestellt, 1845, §§ 43–46.

14 Z. B. W. M. L. de Wette, Christliche Sittenlehre, Teil 2: Allgemeine Geschichte der christlichen Sittenlehre, 2. Hälfte: Geschichte der römisch-katholischen und protestantischen Sittenlehre, 1821, §§ 374–377 (275–283).

15 Z. B. G. Ch. A. v. Harless, Christliche Ethik, 1842 (^{4}1849, ^{6}1864, ^{7}1875, ^{8}1893). Die unterschiedlichen Auflagen rezipieren zunehmend mehr Luthers Theologie, oft auf Grundlage der jeweils verfügbaren Lutherdarstellungen. Auch in zahlreichen anderen Ethiklehrbüchern lutherischer Theologen (z. B. von F. H. R. v. Frank, J. C. K. v. Hofmann, H. L. Martensen oder E. Sartorius) wird Luther zwar erwähnt oder auch rezipiert, allerdings gesteht ihm kein Autor größere Bedeutung zu oder entwickelt gar seine eigene Konzeption in der Auseinandersetzung mit Luther.

16 Die unterschiedlichen Ausprägungen der Erlanger Sozialethik und ihre Bedeutung für die lutherische Ethik des 19. Jahrhunderts und die Beschäftigung mit Luther werden behandelt von Rieske-Braun (s. Anm. 3). Zu Harleß' Lutherrezeption: aaO 62–77; L. Mohaupt, Dogmatik und Ethik bei Adolf von Harleß. Ein Beitrag zu der Problemverknüpfung von Erfahrungstheologie und Zwei-Reiche-Lehre im Neuluthertum, 1970, 165–233; F. W. Winter, Die Erlanger Theologie und die Lutherforschung im 19. Jahrhundert, 1995, 35–57.

Daß die um das Verhältnis von Religion und Sittlichkeit kreisende theologische Arbeit des Moralprotestantismus über die beiläufige Beschäftigung mit Luthers Ethik hinauskam und Luthers Ethik auch selbständig zu thematisieren begann, verdankt sich der in der evangelischen Theologie Mitte des 19. Jahrhunderts zu beobachtenden empirisch-historischen Wende. Eine Pionierarbeit für die Erforschung von Luthers Frühtheologie war Wilhelm Dieckhoffs (1823–1894) Aufsatz über *Luthers evangelische Lehrgedanken in ihrer ersten Gestalt*,[17] in dem auch das Verhältnis von Glaube und ethischer Praxis bei Luther anhand der Mitte des 19. Jahrhunderts bekannten Predigten und Schriften Luthers bis 1517 untersucht wird. In Luthers Frühtheologie werde der Glaube »in seinem ethischen Wesen als die wahre Grundtugend des frommen Lebens« (231) verstanden, weshalb auch die um den Glauben kreisende Frühtheologie Luthers von »ethischer Natur« (132) sei.[18] Der Glaube beinhalte die Erkenntnis der Weltimmanenz des transzendenten Gottes und bewirke die existentielle Bindung an diesen Gott. Durch den Glauben als das »in allen Tugenden gleiche subjektive Gesinnungsmoment« (230) bestimme Gott das christliche Leben umfassend. Die Konkretionen dieses aus dem Glauben gelebten Ethos seien die sich in der Buße vollziehende Selbstnegation und der in »frommen Werken« (210) in dieser Welt anschaulich werdende Gehorsam. Dieckhoff hat trotz seiner zeitgebundenen Deutungskategorien mit seiner umfassenden Berücksichtigung der Quellen und seiner gegenüber den geschichtlichen Zusammenhängen sensiblen systematisch-theologischen Erschließung einen forschungsgeschichtlich wichtigen Beitrag geleistet.[19]

17 DZCW 3, 1852, 130–147.209–216.222–234.

18 Der Ethikbegriff wird hier im Sinne der zeitgenössischen Theologie in einem weiteren Sinne als die subjektiv-personale Dimension des Gottes- und Weltverhältnisses verstanden, das aber auch das im engeren Sinn Sittliche umfaßt.

19 Dieckhoff gehört auch in die zweite Phase der Forschungsgeschichte, nämlich mit seiner 1887 erschienenen Monographie *Luthers Lehre in ihrer ersten Gestalt*, die durch die Berücksichtigung der mittlerweile neu erschlossenen Quellen, vor allem der ersten Psalmenvorlesung, eine gegenüber dem 35 Jahre zuvor erschienenen Aufsatz sachlich deutlich weiterentwickelte und methodisch den seit den 1860er Jahren geltenden Anforderungen historischen Arbeitens besser gerechtwerdende Gesamtdarstellung von Luthers Frühtheologie bietet. Sie richtet sich mit dem Nachweis des überwiegend vorreformatorischen Charakters von Luthers Frühtheologie und der gleichwohl vorhandenen Konti-

Neben Luther wurden seit den 1840er Jahren auch andere evangelische Theologen des Reformationsjahrhunderts auf ihre theologische Ethik hin untersucht. So behandelte Ludwig Pelt (1799–1861) die 1571 erschienene Ethikdarstellung von Paul von Eitzen in einem Aufsatz[20] und Johann Karl Eduard Schwarz (1802–1870) Melanchthon mit seinen Schülern sowie die heute vergessenen ethischen Werke von Thomas Venatorius und Johannes Rivius.[21] Wichtig waren daneben die beiden um die Jahrhundertmitte erschienenen umfangreichen Darstellungen der reformatorischen Theologie von Matthias Schneckenburger (1804–1848) und Daniel Schenkel (1813–1885), in denen es um den systematisch-theologischen Vergleich der lutherischen und reformierten Tradition ging. Schneckenburgers posthum 1855 erschienene *Vergleichende Darstellung des lutherischen und reformirten Lehrbegriffs* arbeitet anhand der konfessionellen Theologie der nachreformatorischen Zeit den lutherisch-reformierten Gegensatz besonders hinsichtlich des Verhältnisses von Gesetz und Evangelium sowie hinsichtlich der Ethik und des christlichen Lebens scharf heraus. Schneckenburger wählt gerade die Ethik als Ansatzpunkt der Kontrastierung der Lutheraner

nuitätslinien zur reformatorischen Theologie implizit gegen die Lutherdeutung Ritschls. Für Luthers Ethik sind besonders wichtig die Kapitel über Gesetz und Evangelium (46–68) und die Heiligung (112–150). Dieckhoff zeigt hier, daß in Luthers Frühtheologie der Rechtfertigungsglaube das »Princip« der »neue[n] Rechtbeschaffenheit des Lebens« sei und daß Glaube und Heiligung aufs engste verbunden seien (113). Er weist aber auch auf die für die Frühtheologie charakteristische Verbindung von reformatorischen Elementen mit einer »mehr vorreformatorischen« Bestimmung des Verhältnisses von Glaube und Heiligung hin (114). Die Entfaltung der »reiche[n] und mannichfaltige[n] Fülle der Gedanken Luthers über den im Glauben begründeten Proceß der Heiligung« (114f) behandelt zahlreiche wichtige Aspekte, etwa das Verständnis des Glaubens als Selbstnegation und Ausgerichtetsein auf Gott, die Verbindung von Glaube, Liebe und Hoffnung zur »innerlich einige[n] Tugend des neuen Lebens« (123), die Funktion des Glaubens als »Princip der guten Werke« (128), die Wirksamkeit Gottes durch den Glauben oder die Prozeßhaftigkeit der Heiligung.

20 L. Pelt, Die christliche Ethik in der lutherischen Kirche vor Calixt und die Trennung von Moral und Dogmatik durch denselben (ThStKr 21, 1848, 271–319).

21 J. K. E. Schwarz, Thomas Venatorius und die ersten Anfänge der protestantischen Ethik im Zusammenhange mit der Entwickelung der Rechtfertigungslehre (ThStKr 23, 1850, 79–142); Ders., Melanchthon und seine Schüler als Ethiker (ThStKr 26, 1853, 1–45); Ders., Noch ein lutherischer Ethiker des sechzehnten Jahrhunderts (ThStKr 28, 1855, 895–902).

und Reformierten und behandelt diese dementsprechend als erstes und sehr ausführlich (1,38–285). Obwohl Luther bei Schneckenburger nur am Rande vorkommt, wirkten seine Beurteilungen des Ethos und der Ethik des Luthertums, vor allem »jene berühmt-berüchtigte Antithese von lutherischem Quietismus und reformiertem Heilsaktivismus«,[22] bis ins 20. Jahrhundert nach und beeinflussten auch die Wahrnehmung Luthers. Das Luthertum erscheint hier als ganz auf den Rechtfertigungsglauben zentriert. Die ethische Praxis des Glaubenden habe demgegenüber keine eigenständige Bedeutung, sondern sie gründe in der subjektiven Glaubensgewißheit, sie geschehe frei ohne äußere Normierung durch das Gesetz und sie wirke nicht auf den Glauben zurück. Der lutherische Christ tue ganz selbstverständlich gute Werke, aber der Glaube allein genüge ihm schon, weshalb dem Luthertum ein primär »theoretisch-contemplativ[er]« Charakter eigne und ein Zug zu sozialer Passivität und Zögerlichkeit gegenüber äußeren Veränderungen innewohne. Der Lutheraner sei »nicht progressiv, sondern conservativ gestimmt« (1,167), d.h. nicht auf das Wachstum der christlichen Vollkommenheit, sondern auf die Vertiefung des rechtfertigenden Glaubens ausgerichtet. Daniel Schenkel dagegen bemüht sich in seiner Darstellung des *Wesens des Protestantismus*, statt des konfessionellen Gegensatzes die grundsätzliche Einheit zwischen Lutheranern und Reformierten aufzuzeigen, sieht aber die angesichts des »tief sittliche[n] Charakter[s] des Protestantismus« zentrale »Frage nach dem Verhältnisse der Liebe zum Glauben, der sittlichen Lebenserscheinung zur frommen Gesinnung« als vor allem von Luther unzureichend beantwortete »Schicksalsfrage des Protestantismus«.[23]

22 M. Laube, »Innere Differenzen des religiösen Lebens«. Die Debatte um das Verhältnis von lutherischem und reformiertem Protestantismus im 19. Jahrhundert (ZThK 108, 2011, 50–71), 68.

23 D. Schenkel, Das Wesen des Protestantismus aus den Quellen des Reformationszeitalters dargestellt, Bd. 2: Die anthropologischen Fragen, 1847, §§ 39–42 (*Das Wesen der guten Werke*), §§ 43–46 (*Die Nothwendigkeit der guten Werke*); Das Wesen des Protestantismus aus den Quellen des Reformationszeitalters beleuchtet, ²1862, §§ 87–97 (390–444: *Das Verhältniß des evangelischen Glaubens zum evangelischen Leben*), §§ 98–112 (444–519: *Der Inhalt des evangelischen Lebens*); Zitate: ²1862, 394. Zu Schenkels – auch gegen Schneckenburger gerichtete – Harmonisierung der theologischen Unterschiede

Auf der Grundlage des allmählich wachsenden historischen Interesses an der reformatorisch-nachreformatorischen Theologie und der damit verbundenen Aufmerksamkeit für das eigene Profil der unterschiedlichen theologischen Entwürfe begann die im Entstehen begriffene Lutherforschung auch das Ethikthema zu bearbeiten. Der eigentliche Einsatzpunkt der für Luthers Ethik relevanten theologiegeschichtlichen Arbeiten lag Anfang der 1860er Jahre, als 1862/63 drei umfangreiche Lutherdarstellungen von Theodosius Harnack, Julius Köstlin und Christoph Ernst Luthardt erschienen. Diese drei Werke, von denen ein jedes auf einer schon länger andauernden gründlichen Beschäftigung mit Luther beruhte, wurden zur Grundlage aller folgenden Lutherforschung, und zwar sowohl was die Quellenbasis als auch was die inhaltlichen Fragen angeht. Alle drei Autoren hatten Luthers Mitte des 19. Jahrhundert bekanntes Werk auf Grundlage der Quelleneditionen von Löscher sowie der Walchschen und der Erlanger Ausgabe ausgewertet und entweder auf Luthers theologische Entwicklung oder auf die innere Systematik seiner Theologie hin untersucht. Das systematische Interesse war leitend für Theodosius Harnacks (1816–1889) Untersuchung von »Luthers theologische[n] Grundanschauungen« in der ersten Abteilung seiner Darstellung von *Luthers Theologie mit besonderer Beziehung auf seine Versöhnungs- und Erlösungslehre* (1862). Zwar sollte die theologische Ethik erst in der zweiten, 1886 erschienen Abteilung (*Luthers Lehre von dem Erlöser und der Erlösung*) eigens behandelt werden,[24] aber schon 1862 legte Harnack die Grundlagen dafür, vor allem mit seiner umfangreichen Würdigung der für Luthers Theologie zentralen Unterscheidung von Gesetz und Evangelium.[25] Harnacks Lutherdeutung lag in vielem quer zu den damals üblichen Interpretationsmustern und ließ sich den theologischen Interessen seiner Zeit nur unzureichend dienlich machen. Vor allem die sachlich zutreffende Betonung von Luthers Gottes-

zwischen Lutheranern und Reformierten: R. Schultz, Gesetz und Evangelium in der lutherischen Theologie des 19. Jahrhunderts, 1958, 126–129.

24 Hier § 60: *Die Früchte des Glaubens* (2,359–372 [1927]). Dieser Band reagiert bereits auf Ritschls Lutherdarstellung, mit sich das Vorwort (2,1–19 [1927]) kritisch auseinandersetzt und angesichts derer Harnack seine 1862 begonnene Interpretationslinie konsequent fortsetzt.

25 1,365–461 (1927).

begriff und Christozentrik verhinderte eine breitere Rezeption, weshalb Harnack kaum als Korrektiv gegen die vorherrschende kultur- und moralprotestantische Indienstnahme Luthers für die harmonische Verbindung von Religion und Sittlichkeit wirkte. Größerer Erfolg war Julius Köstlins (1826–1902) zweibändiger Darstellung von *Luthers Theologie in ihrer geschichtlichen Entwicklung und ihrem inneren Zusammenhange* (1863) beschieden. Wie der Titel schon zeigt, verbindet Köstlin den genetischen und den systematischen Zugang, wobei er durchweg eng an den Quellen bleibt und sich bei der Systematisierung des Stoffs merklich zurückhält.[26] Luthers Ethik wird zum einen im ersten Band bei der Behandlung der einzelnen Phasen von Luthers theologischer Entwicklung, vor allem aber im zweiten, systematischen Band unter der Überschrift *Das Leben und Verhalten im Stande der Gnade* behandelt (2,461–491), wobei zuerst »das Leben, in welchem der getaufte, gläubige Christ steht, im Allgemeinen« und dann in Anlehnung an das Schema der drei Stände »das positive sittliche Verhalten [...], in welchem sein neues inneres Wesen sich kundgeben und entfalten muß«, thematisiert werden.[27] Das dritte grundlegende Werk neben Harnack und Köstlin war Christoph Ernst Luthardts (1823–1902) Buch über *Die Lehre vom freien Willen und seinem Verhältniß zur Gnade in ihrer geschichtlichen Entwicklung* (1863). Luthardt berücksichtigt hierin

26 Köstlin wissenschaftliche Arbeit ist gerade dadurch ausgezeichnet, daß sie die historische Darstellung und die gegenwartsorientierte Reflexion klar unterscheidet: Neben seinen bis heute bedeutsamen kirchengeschichtlichen Forschungsbeiträgen stehen die gewichtigen systematisch-theologischen Arbeiten, die sein eigentliches theologisches Interesse zeigen. Während sich dieses aus seiner Lutherdarstellung nur indirekt erschließen läßt, zeigt ein einige Jahre danach erschienener Aufsatz, daß Köstlin wie so viele andere theologische Zeitgenossen von der Frage nach *Religion und Sittlichkeit in ihrem Verhältnisse zu einander* (ThStKr 43, 1870, 50–122) umgetrieben war.

27 In der fast vierzig Jahre später erschienenen, neu bearbeiteten zweiten Auflage von *Luthers Theologie in ihrer geschichtlichen Entwicklung und ihrem inneren Zusammenhange dargestellt* (1901) ist die Behandlung ethischer Themen ausgeweitet und findet sich jetzt auch ausführlicher im ersten Band (z.B. 1,49–59.100–103.153f.196–200.249–252.270–274). Auch die Ausführungen über die Ethik im zweiten Band wurden gegenüber der Erstauflage erweitert (2,201–219: *Der Gläubigen neues Leben, Gesinntsein und Verhalten, und die Bedeutung ihres Rechtverhaltens für ihr Heil*; 2,290–333: *Die Entfaltung des christlich-sittlichen Lebens nach seinen verschiedenen Seiten*).

ausführlich die Reformationszeit und vor allem Luthers Theologie in ihren unterschiedlichen Entwicklungsstufen (87–148). Das Interesse seiner theologiegeschichtlichen Aufarbeitung der Prädestinationslehre anhand der Frage des Verhältnisses von göttlicher Gnade und menschlicher Freiheit zielt auf eine Grundlegung der theologischen Ethik, die zwar einerseits an die Reformation anknüpfen soll, andererseits aber die reformatorischen Spitzensätze über die Unfreiheit des Willens und die Allwirksamkeit Gottes nicht mitvollzieht. Luthardt teilt damit die im 19. Jahrhundert weit verbreitete Überzeugung, daß die reformatorische Bestimmung des Verhältnisses von Gnade und Freiheit, insbesondere in ihrer Gestalt in Luthers *De servo arbitrio*, theologisch problematisch sei.[28]

Für die Forschung zu Luthers Ethik wurden über diese Grundlegung der Lutherforschung hinaus die einige Jahre darauf veröffentlichten theologiegeschichtlichen Werke Luthardts und Albrecht Ritschls wegweisend. Die Forschungsgeschichte zu Luthers Ethik im engeren Sinne begann 1867, als die mit *Die Ethik Luthers in ihren Grundzügen* betitelte knappe Monographie Luthardts erschien.[29] Das schmale, aber inhaltsreiche Buch verzichtet auf eine gegenwartsorientierte Fragestellung und beansprucht, Luthers Aussagen zur theologischen Ethik in der ihnen eigenen Systematik

28 Hierzu: Th. Mahlmann, Art. Prädestination V. Reformation bis Neuzeit 5. Das 19. Jahrhundert (TRE 27, 1997, 142–147).

29 Das Buch geht auf ein Dekanatsprogramm von 1866 zurück. Die zweite Auflage von 1875 entspricht weitgehend der ersten, allerdings wurden manche Formulierungen geändert, der Teil über die Ehe ist deutlich erweitert, und Luthardt ist etwas vorsichtiger, was die Bewertung der Gegenwartsrelevanz von Luthers Ethik angeht (vgl. [1]1867, 30, mit [2]1875, 30). Luthardt hat seine Lutherinterpretation später in unterschiedlicher Form wiederholt und variiert: Vorträge über die Moral des Christenthums, 1872 (keine separate Darstellung Luthers, auf den aber durchweg verwiesen wird); Die christliche Ethik (in: Handbuch der theologischen Wissenschaften in encyklopädischer Darstellung, hg. v. O. Zöckler, Bd. 3, [2]1885, 300–388, hier: 326, [3]1890, 459–563, hier: 493 f); Geschichte der christlichen Ethik, Zweite Hälfte: Geschichte der christlichen Ethik seit der Reformation, 1893, 9–38; Kompendium der theologischen Ethik, 1896; die beiden kleineren Beiträge zum Jubiläumsjahr 1883 sind weiter unten (Anm. 40) verzeichnet. Zu Luthardts Sozialethik: Rieske-Braun (s. Anm. 3), 130–164; A. Dörfler-Dierken, Luthertum und Demokratie. Deutsche und amerikanische Theologen des 19. Jahrhunderts zu Staat, Gesellschaft und Kirche, 2001, 187–257.

darzustellen. Und in der Tat gelingt es Luthardt über die bisherigen Versuche hinausgehend, die Grundgedanken und Konkretionen von Luthers Ethik so zu präsentieren, daß er auch heute noch Aufmerksamkeit beanspruchen darf.[30]

Luthardt beginnt mit einer Einleitung (13–30), die den Unterschied der theologischen von der philosophischen Ethik, das Prinzip der theologischen Ethik und die Disposition der Ethik behandelt. Er sieht die Prinzipien von Luthers Ethik »am zusammenhängendsten« im Sermon *Von den guten Werken* und in der *Freiheitsschrift* dargestellt, die aber durch zahlreiche weitere Schriften und Predigten ergänzt werden müssten (11). Seine Absicht ist es, die »eigentlichen Grundgedanken« von Luthers Ethik »in derjenigen systematischen Ordnung zusammenzustellen, welche sie in sich selber tragen und in Luthers Geist, wenn auch nicht immer in seinem reflektierenden Bewußtsein, gehabt haben« (12). Luthardt grenzt Luthers theologische Ethik scharf gegen jede philosophische Ethik ab: Theologische Ethik müsse bei der Person und ihrem Verhältnis zu Gott einsetzen. Luther gewinne durch das Evangelium »ein einheitliches und zwar ein spezifisch christliches Prinzip der Ethik. Dieses ist ihm kein anderes als das Prinzip seiner ganzen Theologie, nämlich die Wahrheit von der Rechtfertigung des Sünders aus dem Glauben. Wie die ganze christliche Sittlichkeit aus der Glaubensgerechtigkeit herauswächst, so die Lehre von jener, d. h. die Ethik, aus der Lehre von dieser. In der Geltendmachung dieser Wahrheit geht Luther in seinem inneren Gedankengange davon aus, daß er daran erinnert, die Person sei das erste, die Werke erst das zweite«, weshalb er immer wieder auch »das Gleichniß vom Baum und seinen Früchten« anführe (23). Die »neue Geburt in der Taufe« sei »das Prinzip des neuen Lebens und Wirkens« (24). Luther könne aber auch die »Glaubensgerechtigkeit« zum »Prinzip der Ethik« erklären (25 f.), und zwar in »zweifachem Sinn« »entsprechend der zweifachen Wirkung des Glaubens, der vis receptiva und vis operativa desselben, wie sie unsere alten Dogmatiker bezeichnen« (25): Der »rechtfertigende Glaube [ist] das Prinzip der Ethik, sofern er alles unser Thun weil unsere Person selbst vor Gott gut und angenehm macht, und sofern er das neue Leben ist das solches Thun aus sich hervortreibt« (27). »So schließt sich Luthers Anschauung zur Einheit zusammen. Die theologische Ethik ist die Lehre vom christlichen Leben. Nicht mit irgendwelchen natürlichen Tugenden, mit Gesetzen, Werken u. dgl. hat sie es zu thun. Das mag die Aufgabe der Philosophie sein, ist aber nicht Theologie. Das christliche Leben aber hat seine Wurzel in der Person des Christen. Diese ist die Voraussetzung desselben. Ein Christ aber ist man nur durch den rechtfertigenden Glauben. Und das christliche Leben ist die Bethätigung dieses Glaubens. So schließt sich die Ethik mit der Dogmatik zusammen« (27 f.). Hinsichtlich der »Disposition der Ethik« verwirft Luthardt die philosophischen Schemata und orientiert sich wie andere Autoren seiner

30 Karl Holls Kritik (Holl 1, 263²) von Luthardts Darstellung als oberflächlich und wegen der Art der Quellenbenutzung veraltet wird dem Werk nicht gerecht.

Zeit an der Freiheitsschrift, aus der er folgende Gliederung entwickelt: »1. Die Person des Christen (die Freiheit des Gläubigen), 2. Die Gesinnung des Christen (die Liebe aus dem Glauben), 3. Die Werke des Christen (der Dienst der Liebe)« (30). Damit hat er zentrale Elemente von Luthers Ethik benannt: die Eigenständigkeit der theologischen Ethik, den Ansatz beim Verhältnis des Menschen zu Gott und der Person des Menschen, die Grundlegung und den Vollzug des neuen Gottesverhältnisses in Taufe und Glaube, die Zugrundelegung der Freiheitsschrift, die ethische Konkretion des Glaubens in der Gesinnung und im Handeln der Liebe und die Charakterisierung seiner Darstellung der Ethik als Darstellung der vita christiana.

Die Durchführung dieser Disposition geht von der Person des Christen aus, hinsichtlich derer der alte und der neue Mensch unterschieden werden (30–47). Diese an die Freiheitsschrift angelehnte Unterscheidung wird durch die Unterscheidung von Natur und Person interpretiert und damit für die Diskussion des 19. Jahrhunderts anschlußfähig gemacht.[31] Es folgt ein Abschnitt über die Gesinnung des Christen (48–63), der die im 19. Jahrhundert vielfach diskutierte Frage nach der Vermittlung zwischen Glaube und Handeln durch den Verweis auf das Zwischenglied der Gesinnung zu beantworten versucht. Im Anschluß daran werden die Werke des Christen (63–114) behandelt, die Luthardt in Gebet und Liebeswerke untergliedert, wobei die Behandlung der letzteren die Hauptmasse dieses dritten Teils ausmacht. Im einzelnen bespricht Luthardt die Notwendigkeit der guten Werke (65 f.), das Wesen der guten Werke (66–68), die mittelalterliche und römisch-katholische Lehre von sittlicher Vollkommenheit (68–75), den Unterschied von Gottesreich und Weltreich (76–84), den irdischen Beruf (84–86) und unter der Überschrift »Die drei großen sittlichen Gemeinschaften« das kirchliche Amt (89–94), Haus und Staat (94–96), die Ehe (96–100), das weltliche Regiment (100–111) und das allgemeine Gemeinschaftsleben (111–114). Luthardts abschließende Zusammenfassung seiner Interpretation von Luthers Ethik findet sich in seinem 1896 erstmals erschienenen *Kompendium der theologischen Ethik*: »Die Hauptpunkte im Zusammenhang der ethischen Gedanken Luthers sind: Es ist scharf zu unterscheiden zwischen der theologischen und der philosophischen Ethik; die philosophische ist eine Lehre von Gesetz und Werken;

31 Die Bedeutung dieser Interpretation der Unterscheidung von altem und neuem Menschen durch die Unterscheidung von Natur und Person wird aus dem Zusammenhang des Buchs selbst nicht deutlich. Greift man jedoch nach anderen Werken LUTHARDTS, v. a. nach *Die Lehre vom freien Willen und seinem Verhältniß zur Gnade* von 1863 (hier v. a. 3–12.87–148) wird klar, daß die Unterscheidung von Natur und Person grundlegend für Luthardts eigene ethische Konzeption ist, die gerade hinsichtlich der theologisch zentralen Frage des Verhältnisses von göttlicher Gnade und menschlicher Freiheit Luthers Position nur teilweise mitvollziehen will und kann. Luthardt ist freilich nur einer neben anderen lutherischen Theologen seiner Zeit, die Luther letztlich nur eklektisch und mit Rücksichtnahme auf das Persönlichkeitsideal des 19. Jahrhunderts rezipieren.

jene hat die Gnade zur Voraussetzung, welche einen neuen Menschen macht; denn die Person ist das erste, die Werke das zweite: die Person aber wird neu durch die Rechtfertigung aus dem Glauben; aus ihr wächst also das neue Leben des Glaubens heraus. Darin hat die Ethik ihre Einheit, und das neue Leben des Christen seine Innerlichkeit und Freiheit gegenüber allen äußeren Gesetzen, Werken etc. Der Weg zu dieser Freiheit geht allerdings durch das Gesetz hindurch, findet aber in der Liebe des Glaubens, mit dem sie das ganze Wesen eines Christenmenschen bildet, ihr Erfüllung. Daraus gehen die Werke der Liebe hervor, gemäß dem Beruf eines jeden – im Gegensatz zur römischen Lehre von der Vollkommenheit – also nach den drei allgemeinsten Gottesordnungen, der ehelichen, obrigkeitlichen, kirchlichen. Von da aus ergab sich auch das rechte Urteil und die rechte Stellung zu den Gütern und Aufgaben der gottgeschaffenen Welt überhaupt«.[32]

Luthardts knappe Monographie bietet eine eingängige und in vielen Punkten nach wie vor überzeugende systematische Rekonstruktion von Luthers Anschauungen vom christlichen Leben. Man kann seine Darstellung als den positivistisch-integrierenden Typus charakterisieren, der Luthers Ethik aus den Quellen in der ihr eigenen inneren Ordnung darzustellen beansprucht und unter der Überschrift *Luthers Ethik* der systematisch-theologischen Diskussion seiner Zeit mit der Erwartung zur Verfügung stellt, in Luthers »Erkenntniß des Wesens des Christentums […] die Angel aller richtigen sittlichen Erkenntniß und die Voraussetzung aller gesunden theologischen Ethik« zu finden (114). Er wurde bis hin zu Paul Althaus d. J. maßgebend für die Darstellung von Luthers Ethik in der konfessionell-lutherischen Theologie.

Wie Luthardt und die konfessionell-lutherische Theologie, so beanspruchte auch Albrecht Ritschl (1822–1889) in seiner Theologie die religiös-sittlichen Grundgedanken Luthers neu zur Geltung zu bringen und insofern in der Kontinuität zur Reformation zu stehen. Allerdings tat er das in charakteristisch anderer Weise, indem er nämlich Luthers Ethik im Rahmen seiner theologiegeschichtlichen Frage nach Rechtfertigung und Versöhnung behandelte und sich in zentralen Punkten von der reformatorischen Theologie abgrenzte. Die wichtigste Quelle für Ritschls Verständnis und Kritik von Luthers Ethik ist sein Hauptwerk *Die christliche Lehre von der Rechtfertigung und Versöhnung.*[33] Dieses Werk ist »das Programm

32 ^{2}1898, 46f (die Abkürzungen wurden aufgelöst).

33 Im Folgenden wird die Abkürzung »RuV« verwendet. RuV, Bd. 1: Die Geschichte der Lehre, ^{3}1889, Kap. 4: *Der reformatorische Grundsatz von der Rechtfertigung durch*

einer religiösen Sittlichkeit, das aus der Bibel geschöpft wird und das sich in der Geschichte vollenden soll« und das dazu gedacht ist, »den Zwiespältigkeiten und Unsicherheiten der modernen Sittlichkeit aufzuhelfen«, indem es zeigt, »dass die christliche Religiosität eine für die Moderne heilende Kraft besitzt«. Denn für Ritschl »steht es fest: Die Reformation ist der Grund des neuzeitlichen Sittlichkeitsgedankens. Ja die reformatorische Sittlichkeit reicht sogar über den Umfang der als neuzeitlich verbindlich benannten Sittlichkeit, wie man sie etwa bei Immanuel Kant finden kann, hinaus. Und dies in doppelter Weise. Einerseits nämlich weiß die Reformation darum, dass die Sittlichkeit von einem religiösen Grund getragen ist, der nicht in deren eigene Zuständigkeit fällt. Und sie weiß auf der anderen Seite, dass der Erfolg der Sittlichkeit nicht von dem Bemühen und der Anstrengung der handelnden Individuen allein abhängt«.[34] Den engen Zusammenhang von Religion und Sittlichkeit findet Ritschl vor allem in Luthers Freiheitsschrift belegt. Allerdings könne Luther das Potential seiner religiösen Begründung der Sittlichkeit nur teilweise nutzen,[35] was es notwendig mache, das reformatorische Erbe im Rückgriff auf die biblischen Grundlagen neu und besser verstanden zur Geltung zu bringen.

Christus im Glauben (141–216), § 23: *Luther's Gedanke von der Rechtfertigung der religiöse Regulator des sittlichen Lebens des Wiedergeborenen* (153–158), § 26: *Die praktisch-religiöse Beziehung der Rechtfertigung aus dem Glauben* (174–185), § 27: *Lehre Luther's und Melanchthon's von der Rechtfertigung und der Wiedergeburt* (185–198). Daneben findet sich seine Auseinandersetzung mit der reformatorischen Bestimmung des Verhältnisses von Rechtfertigung und Ethik auch in seiner Geschichte des Pietismus (Bd. 1: Geschichte des Pietismus in der reformirten Kirche, 1880, 38–43.61–80, Bd. 2, Abt. 1: Geschichte des Pietismus in der lutherischen Kirche des 17. und 18. Jahrhunderts, 1884, 36) sowie in zahlreichen kleineren Schriften (s. dazu den Überblick über die einzelnen Schriften bei F. Hofmann, Albrecht Ritschls Lutherrezeption, 1998).

34 D. Korsch, Freiheit im Widerstreit. Reformatorisches Freiheitsverständnis und moderne Sittlichkeit (in: Martin Luther und die Freiheit, hg. v. W. Zager, 2010, 149–162), 149.

35 Ritschl bemerkt kritisch: »in der Schrift von der christlichen Freiheit hat Luther sich selbst übertroffen, indem er einen Zusammenhang aufgestellt hat, dessen Bedeutung ihm selbst nicht dauernd gegenwärtig geblieben ist« (RuV, Bd. 3, [1]1874, 147). Später formuliert er zurückhaltender: »Diese Beziehung der Rechtfertigung im Glauben auf den ganzen Umfang des Lebens hat Luther in lehrhafter Weise direct kaum irgendwo wieder ausgesprochen« (RuV, Bd. 1, [3]1889, 183).

Ritschl spitzt seine Darstellung der reformatorischen Auffassungen von der Rechtfertigung und des auf sie bezogenen christlichen Lebens darauf zu, daß es Luther nicht gelinge, die Rechtfertigung einerseits und das neue Leben das gute Handeln andererseits in einen geschlossenen Lehrzusammenhang zu bringen: »Anstatt dessen treten die beiden Thatsachen, welche als jedesmal verbunden behauptet werden, unter ganz verschiedene Zweckbestimmungen. Die Rechtfertigung erfolgt zum Zweck der Gewissensberuhigung des Gläubigen, die Gabe des heiligen Geistes als die Kraft zu guten Werken erfolgt zur Befriedigung Gottes oder zur Bewährung seines ewigen Gesetzes. So lange diese beiden Zweckbeziehungen nicht in Einen Gedanken vereinigt werden, ist die Lehre Luther's und Melanchthon's unvollständig, und es fehlt ihr die volle Ueberzeugungskraft gegenüber der römischen Lehre, in welcher der Begriff der iustificatio direct darauf berechnet ist, daß in der Begründung der Kraft zu verdienstlichen Werken sowohl das Bedürfnis der Menschen, als auch der Anspruch des göttlichen Gesetzes an die Menschen befriedigt werde«.[36] Ritschl weist auf den systematischen Schwachpunkt der reformatorischen Ethik hin, wie ihn das 19. Jahrhundert von seinen Voraussetzungen her zu erkennen meinte. Er sieht das Problem in der »Selbstverhinderung des reformatorischen Ethos« durch die reformatorische Rechtfertigungslehre, die »den aktiven Gestaltwillen des Glaubens immer wieder untergräbt durch einen Quietismus des Sichdreinschickens in die Welt, wie sie ist« und die »Passivität des Rechtfertigungsaktes [...] ihre Fortsetzung in einer pseudofrommen Passivität des Weltverhältnisses« finden läßt.[37] Anders als Luthardt, der im Anschluß an die Erlanger Theologie das Problem der Vermittlung zwischen Rechtfertigungsglauben und ethischem Handeln dadurch löst, daß er die Gesinnung als Mittelglied und dritte Größe zwischen Rechtfertigung und Handeln einführt, wahrt Ritschl die Integrität der reformatorischen Zweiheit, bewertet sie freilich als defizitär und überbietet sie durch seine eigene systematisch-theologische Theorie, die die Rechtfertigung mit Hilfe des als deren Zweck gedachten Gottesreichs auf das christliche

36 RuV, Bd. 1, ^{3}1889, 190f (entspricht RuV, Bd. 1, ^{1}1870, 177f).

37 U. Barth, Das gebrochene Verhältnis zur Reformation. Bemerkungen zur Luther-Deutung Albrecht Ritschls (in: Ders., Aufgeklärter Protestantismus, 2004, 125–146), 144.

Handeln bezieht. Seine »Zweckvermittlung von Religion und Sittlichkeit im System des Reiches Gottes« vermag für ihn besser als die gängigen »Additionsformeln« von »Abhängigkeit und Freiheit, Glaube und gute[n] Werke[n], Evangelium und Gesetz, gerecht und Sünder, Dogmatik und Ethik, Gott und Welt« die innere Verbindung beider Größen nachvollziehbar zu machen, gerade indem sie die »Frage nach dem psychologischen und ontologischen Wesen der Kopula ›und‹« aufgreift und zur »›theologische[n] Meisterfrage‹« macht.[38] Diese Lutherdeutung kann als kritisch-überbietender Typus charakterisiert werden, der beansprucht, ein vermeintliches systematisches Defizit der reformatorischen Theologie zu erkennen und sie zu ihrer noch ausstehenden Vollendung zu führen.

Ritschls Reformationsdeutung löste im letzten Drittel des 19. Jahrhunderts eine lebhafte Forschungsdiskussion aus, in deren Zusammenhang auch weitere Beiträge zu Luthers Ethik entstanden. An Ritschl knüpfte Wilhelm Herrmann (1846–1922) in seinem erstmals 1886 erschienenen Buch *Der Verkehr des Christen mit Gott. Im Anschluß an Luther dargestellt* an.[39] Allerdings beantwortet Herrmann die Frage nach der Verklammerung von Sittlichkeit und Religion anders als Ritschl nicht mit Hilfe des Reichgottesgedankens, sondern mit dem Verweis auf die christliche Persönlichkeit, die durch das individuelle Glaubenserlebnis der Begegnung mit Christus und durch das kraft des Einwirkens Christi erneuerte sittliche Bewußtsein bestimmt ist. Die innerweltliche Verantwortungsübernahme der christlichen Persönlichkeit sei nicht nur religiös begründet, sondern selbst Ausdruck des »Verkehrs« mit Gott. Auch Herrmann bezieht sich positiv auf Luther, beansprucht aber wie Ritschl, mit seiner Vermittlung von Glaube und Leben durch die christliche Persönlichkeit

38 H. Timm, Theorie und Praxis in der Theologie Albrecht Ritschls und Wilhelm Herrmanns. Ein Beitrag zur Entwicklungsgeschichte des Kulturprotestantismus, 1967, 50.

39 Die Darstellung und Kritik von Luthers Ethik findet sich v.a. im 2. Kap. ([1]1886, 71–160), in späteren Auflagen im 3. Kap. ([7]1921, 161–288). Inhaltlich ändert sich Herrmanns Beitrag zur Geschichte der Forschung zu Luthers Ethik im Zuge der mehrfachen starken Bearbeitungen nicht in nennenswerter Weise, weshalb im Folgenden die letzte Fassung zugrundegelegt wird. Wichtig für Herrmanns Lutherverständnis ist auch sein Aufsatz *Die Buße des evangelischen Christen* (ZThK 1, 1891, 27–81). – Zu Herrmann: R. Saarinen, Gottes Wirken auf uns. Die transzendentale Deutung des Gegenwart-Christi-Motivs in der Lutherforschung, 1989, 77–80.

die reformatorische Verhältnisbestimmung systematisch zu überbieten. Die positive Bezugnahme liegt darin, daß Herrmann in Luthers Freiheitsschrift eine Verschränkung von Religion und Sittlichkeit vorfindet, die die ethische Praxis des Christen und insbesondere die Selbstverleugnung und die innerweltliche Berufserfüllung als Ausdrucksgestalt der Gottesbeziehung versteht. Allerdings kritisiert er Luther auch, weil bei ihm der Zusammenhang von Religion und Sittlichkeit systematisch unzureichend gefaßt sei. Das Ineinander beider Größen müsse durch die »geistigen Erlebnisse[]« und die »geistige[] Arbeit« (251) der christlichen Persönlichkeit vermittelt gedacht werden. So verstanden sei das »sittliche Verhalten« nicht mehr durch das Neben- und Nacheinander von Glaube und Liebe, sondern durch die Formel *durch Liebe wirksamer Glaube* charakterisiert, d.h. als eine »Bewegung«, »die nicht etwa bloß aus dem religiösen Erlebnis folgt und dieses ablöst, sondern die selbst zu dem Verkehr des Christen mit Gott gehört« (257). Herrmanns Lutherbuch war eine der wichtigsten und eindrücklichsten Lutherdarstellungen des 19. Jahrhunderts und wirkte gerade dadurch, daß es Luther in die zeitgenössische Diskussion hineinzog, ihn dabei möglichst stark machte und zugleich doch an zentralen Punkten kritisierte, auf die Lutherforschung befruchtend. Weil Herrmann aber in der Problemwahrnehmung wesentlich Ritschl verpflichtet war und nur eine andere Lösung des von diesem aufgeworfenen Problems anbot, markierte er keinen neuerlichen Einschnitt der Forschungsgeschichte zu Luthers Ethik.

Neben den ausführlicher vorgestellten Forschungsarbeiten der 1860er bis 1880er Jahre gab es – vor allem im Zusammenhang des Lutherjubiläums 1883 – eine ganze Reihe kleinerer Beiträge, die teils mehr dem einen, teils mehr dem anderen Typus zuzurechnen sind.[40] Das Thema begann nun auch in inhaltlich weiter angelegten Monographien – etwa zur Geschichte

40 Hier nur eine Auswahl aus den zahlreichen Publikationen, die oft in Zeitschriften oder als Sonderdrucke erschienen sind: Th. Harnack, Luther über die christliche Liebe und Liebesthätigkeit in persönlicher und socialer Beziehung (Monatsschrift für innere Mission 4, 1883, 1–38); H. Hering, Luthers Lehre von der Nächstenliebe, 1883; Ch. Luthardt, Luther nach seiner ethischen Bedeutung, 1883; Ders., Luther's ethische Grundgedanken (AELKZ 10.11.1883, 15); O. Pfleiderer, Luther als Begründer der protestantischen Gesittung, 1883; O. Ritschl, Das christliche Lebensideal in Luthers Auffassung, 1889.

der Ethik,[41] zur Problemgeschichte des Verhältnisses von Religion und Sittlichkeit[42] oder zur Theologie Luthers[43] und der lutherischen Bekenntnisschriften[44] – eine Rolle zu spielen, wobei Luthers Ethik allerdings nur selten so behandelt wurde, daß diese Werke einen besonderen Platz in der Nachzeichnung der Forschungsgeschichte beanspruchen dürfen. Für die Jahre bis 1890 ist das am ehesten noch der Fall bei Siegfried Lommatzschs (1833–1897) 1879 erschienener Darstellung von *Luther's Lehre vom ethisch-religiösen Standpunkte aus und mit besonderer Berücksichtigung seiner Theorie vom Gesetze*, die eine breite, vermittlungstheologisch geprägte Nachzeichnung der Entwicklung und Struktur von Luthers Denken mit besonderer Berücksichtigung von dessen ethischer Dimension bietet. Lommatzsch geht sowohl historisch als auch systematisch vor, behandelt einen Großteil der für Luthers Ethik relevanten Schriften und Themen und ordnet seine Ergebnisse in die bisherige Forschungsdiskussion ein. Er zeigt dabei sowohl die zukunftsweisenden Elemente von Luthers reformatorischer Theologie als auch die zum Teil erheblichen mittelalterlichen Reste auf und weist auf die inneren Spannungen und Brüche von Luthers Theologie und Ethik hin. Da er aber im Gefolge Schleiermachers den Ethikbegriff in einem sehr weiten Sinne versteht, handelt es sich letztlich um eine Gesamtdarstellung von Luthers Theologie im Dienste der systematisch-theologischen Theoriebildung der eigenen Gegenwart. Obwohl Lommatzsch methodisch und inhaltlich eigene Wege ging, wurde er in der

41 W. Gass, Geschichte der christlichen Ethik. Zweiten Bandes erste Abtheilung. Sechszehntes und siebzehntes Jahrhundert. Die vorherrschend kirchliche Ethik, 1886, §§ 1–30, 1–123 (hier insbesondere § 13, 48–55). In den 1890er Jahren trat neben Gass die *Geschichte der christlichen Ethik* von Luthardt (s. o. Anm. 29).

42 O. Pfleiderer, Moral und Religion nach ihrem gegenseitigen Verhältniss geschichtlich und philosophisch erörtert, 1871, 159–163.

43 H. Hering, Die Mystik Luthers im Zusammenhange seiner Theologie und in ihrem Verhältniß zur älteren Mystik, 1879, 179–213.

44 Die zahlreichen Veröffentlichungen zu den Bekenntnisschriften sind vielfach weniger an Luthers Ethik als vielmehr an der traditionsgeschichtlichen und systematisch-theologischen Interpretation des Texts der Bekenntnisschriften und hier vor allem der Katechismen mit ihrer Dekalogauslegung interessiert. Aus der ersten Phase der Forschungsgeschichte sind hier beispielsweise zu nennen: C. v. Zezschwitz, System der christlich kirchlichen Katechetik, Bd. 2^{I}, ^{2}1872; F. Bartels, Die ethischen Grundgedanken der evangelisch-lutherischen Bekenntnisschriften, 1884.

Folgezeit kaum rezipiert – wohl weil er sich sowohl von der Lutherdeutung des konfessionellen Luthertums als auch Ritschls abgrenzte.

Überblickt man die Forschung zu Luthers Ethik vom Anfang der 1860er bis zum Ende der 1880er Jahre, so ist zum einen der positive Ertrag zu konstatieren. Hierbei steht die Schaffung des eigenständigen Themas »Luthers Ethik« obenan. Zweites Verdienst der ersten Phase der Forschung ist die Bestimmung wichtiger struktureller und inhaltlicher Elemente von Luthers Ethik auf breiter Quellenbasis. Drittens muß die Einbeziehung Luthers in die systematisch-theologische Arbeit an der Leitfrage *Religion und Sittlichkeit* und an den ethischen Einzelthemen gewürdigt werden. Obgleich die Bezugnahme auf den Reformator hier nicht immer in einer selbständigen Beschäftigung mit Luther gründete und er deshalb nicht selten gegen seine Intention und Sachaussagen vereinnahmt wurde, erwies sich darin doch die Lebendigkeit und Gegenwartsrelevanz der reformatorischen Theologie für theologische Einzelfragen wie für die theologische Grundlagendiskussion und Selbstreflexion.

Es ist aber auch auf die Grenzen und Probleme der frühen Forschung zu Luthers Ethik hinzuweisen. Dabei geht es nicht so sehr um die für die ganze frühe Luther- und Reformationsforschung charakteristischen methodischen Mängel, sondern um den systematisch-theologischen Ansatzpunkt. Die beiden sich in der Lutherrezeption und Lutherforschung des 19. Jahrhunderts abzeichnenden Typen – der positivistisch-integrierende des konfessionellen Luthertums und der kritisch-überbietende der Ritschl-Schule – waren sich bei allen inhaltlichen und positionellen Unterschieden darin einig, daß sie sich Luther kritisch, selektiv und interpretierend aneigneten und für ihre Frage nach dem Verhältnis von Religion und Sittlichkeit in Dienst nahmen. Man darf sie nicht zu stark miteinander kontrastieren, weil sie einander im Ansatz nahestehen: Sie sahen sich beide als Erben der Reformation, die das genuine Anliegen Luthers weiterführten, und das gerade dadurch, daß sie in Luthers Ethik Defizite erkannten und diese einer sachgerechten und gegenwartsrelevanten Lösung zuführten.[45] Das darin aufscheinende »gebrochene Verhältnis zur Refor-

45 Bezeichnend etwa ist die bei allen sonstigen Differenzen zwischen Luthardt und Adolf

mation«[46] charakterisiert gerade auch das vermeintlich konservative Luthertum – von Friedrich Wilhelm Graf überaus treffend als ›konservatives *Kultur*luthertum‹ bezeichnet[47] –, das nicht anders als seine Konkurrenten Luthers Ethik auf die nicht unproblematische Formel *Religion und Sittlichkeit* brachte und Luthers Bestimmung des Verhältnisses dieser beiden Größen hinterfragte, etwa indem es sich im Interesse einer praktikablen Ethik von dem vermeintlichen Determinismus von Luthers Prädestinationslehre distanzierte und die Zweiheit von Glaube und Werken durch Vermittlungsgrößen zueinander in Beziehung setzte.

2. *Die Vertiefung der Forschung von den 1890er bis zu den 1930er Jahren*

Die für lange Zeit einflußreichen Standardwerke zu Luthers Theologie von Köstlin, Th. Harnack und Luthardt hatten Luthers Ethik für die Lutherforschung und die systematisch-theologische Diskussion erstmals erschlossen. Ritschls und Herrmanns Kritik und ihre Überbietung der reformatorischen Lösung des theologischen Grundproblems von Religion und Sittlichkeit hatten auf die systematischen Probleme und die Gegenwartsrelevanz von Luthers Konzeption hingewiesen. Beides zusammen war der Ausgangspunkt der weiteren Vertiefung der Forschung, die sich seit den 1890er Jahren in zahlreichen Arbeiten zur Grundlegung und materialen Ausgestaltung von Luthers Ethik in monographischen Überblicks- und Spezialdarstellungen, Handbuchbeiträgen, Artikeln, Aufsätzen, Abschnitten in Monographien, populären Darstellungen etc. niederschlug. Nach wie vor widmeten sich viele Forschungsbeiträge dem Thema *Religion und Sittlichkeit*, ja angesichts der Kritik der Ritschl-Schule an den vermeintlichen inhaltlichen und formalen Mängeln von Luthers Bestimmung des Verhält-

von Harnack von beiden zugestandene »Zusammenstimmung im Ethischen« (Moderne Theologie. Der Briefwechsel Adolf von Harnack – Christoph Ernst Luthardt, hg. v. U. Rieske-Braun, 1996, 19.24).

46 Barth (s. Anm. 37).

47 F. W. Graf, Konservatives Kulturluthertum. Ein theologiegeschichtlicher Prospekt (ZThK 85, 1988, 31–76).

nisses von Rechtfertigung und christlicher Praxis wurden »Religion« und »Sittlichkeit« mehr noch als bislang zu Leitkategorien der Forschung. Allerdings wandelte sich die Füllung dieser Begriffe angesichts der in der zweiten Hälfte des Jahrhunderts immer deutlicher werdenden Säkularisierung. Der allmähliche Bedeutungsverlust des protestantischen Ethos für Gesellschaft und Staat, der durch den Moralprotestantismus und dessen Rückgriff auf Luthers Ethik nicht aufgehalten werden konnte, wurde innerkirchlich als krisenhaft empfunden. Verstärkt wurde dieses Krisengefühl durch den sich Ende des 19. Jahrhunderts anbahnenden Plausibilitätsverlust der konfessionell-konservativ wie liberal-kulturprotestantisch grundierten Synthesen von Christentum und Gegenwart. Es wuchs die Einsicht, daß die christliche Welt der Vormoderne sich nicht wiederherstellen ließ, weder durch die konfessionell-konservative Repristination der Vergangenheit noch durch die liberal-kulturprotestantische Durchdringung der Gegenwart mit christlicher Gesinnung. Die evangelische Theologie begann das Faktum ernstzunehmen, daß sich Kirche und Christ nicht mehr einem christlichen Gemeinwesen gegenüber vorfanden, sondern einem Staat und einer Gesellschaft, in der das Christliche wohl eine wichtige Rolle spielte, aber nur noch eine Kraft unter mehreren war – und nicht mehr die bestimmende. Kirche und Theologie sahen sich in neuer Weise mit der *Welt* konfrontiert und bemühten sich, das Verhältnis von Glaube und christlicher Weltverantwortung zu bestimmen, und zwar auch, indem sie Luther danach befragten.[48] Diese Umakzentuierung der Fragestellung *Religion und Sittlichkeit* im Sinne der Fragestellung von *Christentum und*

48 Die Behauptungen O. Bayers, daß die »Geschichte von Luthers Entdeckung der positiven Bedeutung des Weltlichen und Natürlichen [...] noch nicht geschrieben« ist und daß die »Lutherforschung [...] bisher erstaunlicherweise der Frage nicht nachgegangen [ist], wie es von diesem Nachfolge-Ethos und seiner Weltverneinung [sc. in Luthers Frühtheologie] zu jener eindrücklichen Bejahung alles Weltlichen und Natürlichen gekommen ist, die aus Luthers Schriften von 1520 ab in zunehmendem Grade leuchtet« (Natur und Institution. Luthers Dreiständelehre, in: Ders., Freiheit als Antwort, 1995, 116–146, 126f), tun der älteren Forschung Unrecht. Zwar mag diese Forschung Luthers Bejahung des Weltlichen nicht so bearbeitet haben, wie es Bayer hier vorschwebt, aber sie hat auf ihre Weise – wie beispielhaft die Arbeiten von Karl Eger, Karl Holl oder Martin Ludwig zeigen – die Bedeutsamkeit und Eigenart von Luthers Weltbejahung erkannt und aus der Entwicklung seiner Theologie heraus zu verstehen versucht.

Welt wurde zum Leitmotiv der zweiten Phase der Forschung zu Luthers Ethik.

Inhaltlich wurde die Forschung zu Luthers Ethik von weiteren Faktoren beeinflußt, die allmählich die eben erst etablierten Muster veränderten und Anfang des 20. Jahrhunderts zu einem quantitativen und qualitativen Sprung führten.

Hier ist als erstes die mit Leopold von Rankes maßstabsetzender Darstellung der *Deutsche[n] Geschichte im Zeitalter der Reformation* (1839–1847) einsetzende und in der zweiten Jahrhunderthälfte aufblühende reformationsgeschichtliche Forschung zu nennen, in deren Gefolge sich im Vorfeld des Lutherjubiläums 1883 auch eine wissenschaftliche Lutherforschung etablierte. Eine Vielzahl von Editions- und Forschungsprojekten von der Weimarer Lutherausgabe über die Reichstagsakten bis zu den Nuntiaturberichten sowie die Schaffung von Zeitschriften und Publikationsreihen (ZKG, ARG, QFRG u. a.) bot der zunehmend spezialisierten kirchengeschichtlichen Forschung zur Reformation und zu Luther ein reiches Betätigungsfeld. Institutionell begann die Binnendifferenzierung der kirchengeschichtlichen Lehr- und Forschungsschwerpunkte an den Theologischen Fakultäten, aus der mit der Zeit das Nebeneinander von auf die Alte Kirche und auf die Neuzeit – und hier in der Regel auf die Reformationszeit – spezialisierten Lehrstühlen hervorging. In der zweiten Hälfte des 19. Jahrhunderts begann die Reihe der reformationsgeschichtlichen Spezialisten unter den protestantischen Kirchenhistorikern. Rasch wuchsen die wissenschaftlichen Anforderungen, wobei die Historisierung der Reformation noch für lange Zeit einherging mit der Betonung der dennoch oder gerade deshalb gegebenen Gegenwartsrelevanz. Anläßlich der Reihe der großen Reformationsjubiläen – des Augustana-Jubiläums 1830, Luthers 400. Geburtstags 1883, des als Beginn der Reformation gefeierten 400. Jahrestags der Veröffentlichung der 95 Thesen 1917 oder Luthers 450. Geburtstags 1933, von den landauf landab gefeierten kleineren Jubiläen ganz abgesehen –, wurde dieses produktive Wechselverhältnis von Historisierung und Vergegenwärtigung immer neu und immer intensiver thematisiert. Für die Lutherforschung war die Frage nach dem Beginn der Reformation besonders wichtig. Die Ende des 19. und Anfang des 20. Jahrhunderts entdeckten und edierten Zeugnisse von Luthers früher theologischer Entwicklung erwiesen sich in historischer wie systematisch-theologischer Hinsicht als Schlüsseldokumente, die nichts weniger als eine »Lutherrenaissance« begründeten. Das protestantische Hochgefühl des 19. Jahrhunderts, das sich nun auch historisch legitimiert wußte, blieb aber nicht unwidersprochen. Denn die Reformationsforschung war weder eine protestantische Domäne, noch wurde die Verbindung von Damals und Heute allgemein akzeptiert. Als wichtige Anregung für die protestantischen Reformationshistoriker und Lutherforscher erwiesen sich hier vor allem die durch ihre Verbindung von wissenschaftlicher Qualität und konfessioneller Parteilichkeit provozierenden Beiträge römisch-katholischer Historiker. Dabei sind zum einen Johannes Janssen mit seiner von 1876 bis 1894 erschienenen *Geschichte des deutschen Volkes seit*

Ausgang des Mittelalters und zum anderen Heinrich Denifle mit seiner 1904 erschienenen Lutherdarstellung zu nennen, die den als krisenhaft erfahrenen Bedeutungsverlust des Protestantismus zu bestätigen schienen, aber gerade dadurch zum Anlaß vertiefter historischer und systematischer Besinnung auf die Reformation wurden. Die 1911/12 erschienene umfangreiche Lutherdarstellung von Hartmann Grisar vertiefte Janssens und Denifles Kritik an der Reformation und spitzte sie in einer sich abgewogen gebenden Darstellung der angeblich problematischen Lebensführung Luthers und seiner persönliches Ethos und gemeinschaftliches Zusammenleben gefährdenden theologischen Ethik zu.[49]

Ein zweiter wichtiger Einflußfaktor war die Ende des 19. Jahrhunderts entstehende religionsgeschichtliche Schule, die die von Albrecht Ritschl und seiner Schule begonnene historische wie systematisch-theologische Relativierung der kirchlich-theologischen Tradition zuspitzte. Die reformationsgeschichtliche Forschung betraf das vorerst nur mittelbar, weil sich die Protagonisten der religionsgeschichtlichen Schule anfangs auf das frühe Christentum konzentrierten. Doch ihr Bewußtsein für die Differenz von kirchlicher Gegenwart und Vergangenheit führte zur umfassenden Erklärung der geschichtlichen Gestaltungen des gesamten Christentums aus ihrer eigenen Zeit. Dabei wurden gerade die der eigenen Gegenwart fremden Züge der Vergangenheit besonders betont. Und indem die religionsgeschichtliche Schule die apokalyptischen, mystischen oder theozentrischen Züge vergangener Gestaltungen des Christentums aufwies, destruierte sie zwar deren dogmatische Normativität für die Gegenwart, rief dieser Gegenwart aber zugleich die Eigenart der Vergangenheit in Erinnerung. Für die vielfach als normativ empfundenen Gestalten des Christentums im 1. und 16. Jahrhundert hieß das, daß die religionsgeschichtliche Schule nicht nur die Distanz zur Vergangenheit vergrößerte, sondern die Vergangenheit auch in neuer Weise zum Bezugspunkt gegenwärtiger Theologie und Kirchlichkeit machte.

Ein dritter Einflußfaktor war die theozentrische Wende. Der Aufweis der Eigenart und Widerständigkeit der normativen Gestalten des Christentums im 1. und 16. Jahrhundert wirkte sich unterschiedlich aus. Man konnte einerseits – wie Friedrich Naumann oder Max Weber – einen im konkreten Lebensvollzug unüberbrückbaren Widerspruch zwischen christlichen Normen und innerweltlichen Notwendigkeiten vorfinden und daraus

49 H. Grisar, Luther, 3 Bde., 1911/12. Die forschungsgeschichtlich relevanten Aussagen ziehen sich gleichmäßig durch alle drei Bände (z.B. Kap. XVII; XXIV; XXVIII.4; XXIX; XXXV), weil Grisar zu zeigen versucht, daß der von Luther behauptete enge Zusammenhang von Rechtfertigung und christlichem Leben weder in seiner eigenen Lebensführung noch in seiner Theologie noch in den entstehenden reformatorischen Kirchen funktioniert habe. Grisars Sicht der Grundzüge und Konkretionen von Luthers Ethik und des reformatorischen Ethos ist zugleich problematisch und anregend und läßt sich durchaus als der Versuch der historischen Widerlegung des zeitgenössischen Moralprotestantismus mit seinem Leitthema *Religion und Sittlichkeit* lesen.

die Konsequenz ziehen, den christlichen Anspruch auf Weltgestaltung zugunsten der Eigengesetzlichkeit der Welt zu limitieren.[50] Andererseits konnte man sich auch auf das theologische Proprium konzentrieren und der Säkularisierung mit einer bewußten Theologisierung begegnen. Diese sich um 1900 ereignende »theozentrische Wende«[51] suchte ihren Weg aus der Krise des Kultur- und Moralprotestantismus gerade auch im Rückbezug auf Luther und die Reformation, was dann zur »Lutherrenaissance« führte, in der gerade die »in hohem Maße kultur-, moralismus- und religionskritische Antinomie des Rechtfertigungserlebnisses«[52] zum Zentrum von Luthers Theologie gemacht und für die eigene Gegenwart in Anspruch genommen wurde.

Als vierter Einflußfaktor ist die Entdeckung der sozialen Frage und die Etablierung der Sozialethik als einer neuen theologischen Teildisziplin zu nennen. Die Krise des Moralprotestantismus angesichts der Säkularisierung wurde nicht einfach hingenommen, sondern führte zu einem intensivierten Bemühen um die christliche Mitgestaltung der eigenen Gegenwart und zu einer neuartigen Verschränkung von theologischer Arbeit und kirchlicher Gegenwartsverantwortung. Unter den Herausforderungen der zweiten Hälfte des 19. Jahrhunderts waren die soziale Frage und das Verhältnis von Staat und Kirche wichtig. Beide Bereiche wurden auch mit Rückgang auf die Reformation thematisiert. Zwar war die soziale Frage während des ganzen Jahrhunderts ein Thema innerhalb des Protestantismus gewesen, aber evangelische Kirche und Theologie hatten sie sich erst spät zu eigen gemacht. Sein Forum fand der kirchlich-theologische Diskurs über die soziale Frage seit den 1890er Jahren im liberal ausgerichteten Evangelisch-Sozialen Kongreß (F. Naumann, M. Weber, A. v. Harnack) und in der konservativ ausgerichteten Freien Kirchlich-Sozialen Konferenz (A. Stoecker, R. Seeberg). Mit dem sozialen und sozialpolitischen Engagement der Kirche und dem Gefühl einer mangelnden gesellschaftlichen Relevanz der Theologie stand die Verselbständigung der Sozialethik in Zusammenhang. Wichtig hierfür war vor allem Reinhold Seeberg,[53] der die Sozialethik als neue theologische Teildisziplin etablierte und programmatisch ausbaute. Seebergs

50 W. Huber, »Eigengesetzlichkeit« und »Lehre von den zwei Reichen« (in: Gottes Wirken in seiner Welt, hg. v. N. Hasselmann, Bd. 2, 1980, 27–51), 29–31.

51 Hierzu am Beispiel Karl Holls: B. Hamm, Hanns Rückert als Schüler Karl Holls. Das Paradigma einer theologischen Anfälligkeit für den Nationalsozialismus (in: Evangelische Kirchenhistoriker im ›Dritten Reich‹, hg. v. Th. Kaufmann u. H. Oelke, 2002, 273–309), 275–278, und am Beispiel Erich Schaeders: W. Pannenberg, Problemgeschichte der neueren evangelischen Theologie in Deutschland. Von Schleiermacher bis zu Barth und Tillich, 1997, 167–176.

52 H. Assel, Der andere Aufbruch. Die Lutherrenaissance – Ursprünge, Aporien und Wege, 1994, 469.

53 Dieser Aspekt von Seebergs Lebenswerk wird besonders berücksichtigt in: F. W. Graf, Reinhold Seeberg (in: Profile des Luthertums. Biographien zum 20. Jahrhundert, hg. v. W.-D. Hauschild, 1998, 617–676).

modern-positive Verbindung ethischer und ekklesiologischer Themenkomplexe mit ihrer modernitätskritischen Akzentuierung bemühte sich immer auch um einen positiven Rückbezug auf die Reformation. Seeberg beteiligte sich aber an der Forschung nicht mit im engeren Sinne theologiegeschichtlichen Arbeiten zu Luther,[54] sondern wirkte vor allem durch sein dogmengeschichtliches Lehrbuch, in dem Luthers Theologie unter zunehmend breiterer Berücksichtigung der ethischen Momente dargestellt wird.[55] Das Interesse an der sozialen Frage äußerte sich in der reformationsgeschichtlichen Forschung auch darin, daß Themen wie die christliche »Liebestätigkeit« oder die diakonischen oder sozialdisziplinarischen Aspekte der frühneuzeitlichen Kirchenordnungen behandelt wurden.[56] Das Problem des Verhältnisses von christlichem Glauben und Welt stellte sich aber nicht nur angesichts der sozialen Frage, sondern auch angesichts der Veränderungen im Verhältnis von Staat und Kirche. Beide Seiten bemühten sich im 19. Jahrhundert um die institutionelle und rechtliche Entflechtung der überkommenen Strukturen. Der Staat, weil es spätestens seit der Napoleonischen Ära keine Staatskirche und konfessionelle Homogenität mehr gab, die Kirche, weil sie das landesherrliche Kirchenregiment als einengend und sachfremd empfand. Allerdings wollten beide Seiten nicht die wechselseitige Sonderbeziehung preisgeben: Der Staat beanspruchte weiterhin gewichtigen Einfluß auf die Kirche und nahm sie als Unterstützerin staatlichen Handelns in Anspruch; die Kirche wollte ihre privilegierte, quasi-staatskirchliche Stellung behalten, um als moralische Instanz auf Staat und Gesellschaft einwirken zu können. Die Entflechtung von Staat und Kirche wurde auch im Medium der reformationsgeschichtlichen Forschung reflektiert, etwa in den zahlreichen Forschungsarbeiten zur reformatorischen Theorie und Praxis der Ehe, die auf die Einführung der Zivilehe reagierten, zur Entstehung des landesherrlichen Kirchenregiments oder zur politischen Ethik der Reformation.

Innerhalb der zweiten Phase der Forschungsgeschichte lassen sich drei Abschnitte unterscheiden: die Zeit bis etwa 1910, die Zeit der beiden großen Forschungsarbeiten von Ernst Troeltsch 1912 und Karl Holl 1917/19 sowie die Zeit von 1920 bis zu Beginn der 1930er Jahre.

54 Zu nennen wäre hier allenfalls der Aufsatz *Luthers Stellung zu den sittlichen und sozialen Nöten seiner Zeit und ihre vorbildliche Bedeutung für die evangelische Kirche* (in: R. Seeberg, Aus Religion und Geschichte. Gesammelte Aufsätze und Vorträge, Bd. 1, 1906, 247–276), der aber forschungsgeschichtlich nicht relevant ist.

55 Während in der ersten Auflage von 1898 die Ausführungen noch knapp sind, baut Seeberg seine Paragraphen zu Luthers Ethik in den späteren Auflagen aus (s. Anm. 59). Seebergs Interpretation von Luthers Ethik hätte es verdient, hätte er sie ausführlicher entwickelt und methodisch stärker reflektiert, neben den weiter unten ausführlich zu behandelnden Klassikern der zweiten Forschungsphase gleichberechtigt gewürdigt zu werden.

56 Z. B. G. Uhlhorn, Die christliche Liebestätigkeit, 3 Bde., 1882–1890.

In den ersten zwanzig Jahren der zweiten Phase der Forschungsgeschichte kam es zu einer starken Ausweitung der Beschäftigung mit Luthers Ethik, die allerdings vorerst noch in den vorgezeichneten Bahnen blieb und erst allmählich auf die neuen Anforderungen reagierte. So gab es weiterhin Arbeiten zum Verhältnis von Religion und Sittlichkeit bei Luther und in der Reformation, die entweder mehr dem Typus des konfessionellen Luthertums[57] oder mehr dem der Ritschl-Schule[58] zuzurechnen sind. An wichtigen Gesamt- und Überblicksdarstellungen ist auf die dogmengeschichtlichen Lehrbücher von Adolf Harnack, Friedrich Loofs und Reinhold Seeberg zu verweisen.[59] Daneben trat nun eine Reihe von umfangreicheren Darstellungen, die 1895 mit der Monographie *Die sittliche Triebkraft des Glaubens. Eine Untersuchung zu Luther's Theologie* von Karl Thieme (1862–1932) begann. Thieme reagiert auf Ritschls Problemanzeige und Herrmanns Lösungsversuch, indem er beides als durchaus berechtigt anerkennt, aber Luther gegenüber dem Vorwurf eines Auseinanderfallens von Glaube und Sittlichkeit und der mangelnden Nachvollzieh-

57 W. KAPP, Religion und Moral im Christentum Luthers, 1902; P. ALTHAUS (d. Ä.), Frömmigkeit und Sittlichkeit nach evangelischer Auffassung, 1906.

58 Hier sind vor allem die Forschungen von J. GOTTSCHICK zu nennen: Katechetische Lutherstudien. I. Die Seligkeit und der Dekalog (ZThK 2, 1892, 171–188.438–468); Die Heilsgewißheit des evangelischen Christen im Anschluß an Luther (ZThK 13, 1903, 349–435); Luthers Theologie, 1914, 47–61. Die Lutherkritik der Ritschl-Schule findet sich auch aufgenommen bei W. KÖHLER, Ein Wort zu Denifle's Luther, 1904, der zwar nachdrücklich darauf hinweist, daß bei Luther das »religiöse Prinzip des Glaubens […] ethisches Prinzip« werde (22), der aber Luthers Verhältnisbestimmung von Rechtfertigung und Ethik problematisiert, die Luther zum ethischen Quietismus tendieren lasse und keine Entfaltung der religiösen Grundhaltung durch »Weltdurchdringung« und »Kulturmission« nach sich ziehe (41–45).

59 Harnack behandelt Luthers Ethik in den unterschiedlichen Auflagen seines Lehrbuchs nur knapp (Lehrbuch der Dogmengeschichte, Bd. 3: Die Entwickelung des kirchlichen Dogmas II–III, [4]1910, 830–834.845–847). Ähnliches gilt von F. LOOFS (Leitfaden zum Studium der Dogmengeschichte, [4]1906; die vorangehenden Auflagen von 1889, 1890 und 1893 behandeln Luther noch knapper), der die Behandlung in die Darstellung seiner theologischen Entwicklung einarbeitet. Die ausführlichste und inhaltlich überzeugendste Darstellung bietet R. SEEBERG, Lehrbuch der Dogmengeschichte, in seinen unterschiedlichen Auflagen: Zweite Hälfte, 1898, 258–264; Bd. 4, Abt. 1, [2/3]1917, 120f.258–277; Bd. 4, Teil 1, [4]1933, 138–142.317–343.

barkeit des zwischen ihnen postulierten Zusammenhangs in Schutz nimmt. In ausführlichen, die Quellen und die zeitgenössische Literatur breit verarbeitenden Argumentationsgängen versucht Thieme, das vom konfessionellen Luthertum vertretene Verständnis des für Luthers Ethik grundlegenden Zusammenhangs von Glaube und Sittlichkeit aus Luther selbst plausibel und für die Begründung einer modernen Ethik nutzbar zu machen. Er findet in Luthers enger Verbindung von Glaube und Sittlichkeit eine Konzeption von Subjektivität vor, die das Handeln des Glaubenden durch eine dreifach abgestufte Motivation erkläre: durch die ipsistische Motivation der Selbstliebe – verstanden als positiv zu wertendes »Streben nach der eignen religiös-sittlichen Vollkommenheit« (211f.) –, durch die religiöse Motivation der Gottesliebe und durch die altruistische Motivation der Nächstenliebe: »Bald treibt der Glaube die sittliche That mehr mittelst des Wunsches, dass Gott sie vergelte, hervor, bald mehr mittelst des Dranges, Gott damit zu vergelten, bald auf der direkt sittlichen Bahn des expansiven Vergeltungstriebs« (317). Die eigentlich sittliche Motivation sei dabei die letztere, daß der »Glaube an die von Gott empfangenen Wohltaten [...] den dadurch warmherzigen und fröhlichen Christen [treibt], sie an die Bedürftigen weiterzugeben« (270). Anders als Thieme setzt das forschungsgeschichtlich wichtige, 1900 erschienene Buch *Die Anschauungen Luthers vom Beruf* von Karl Eger (1864–1945) nicht mehr bei der Fragestellung Religion und Sittlichkeit an, sondern wählt ein bestimmtes Einzelthema, hier Luthers Berufsverständnis, als Ausgangspunkt und bietet – wie auch schon der Untertitel *Ein Beitrag zur Ethik Luthers* andeutet – eine Darstellung von einer bestimmten, das Gesamte erschließenden Fragestellung aus. Der Wert dieses Buchs liegt darüberhinaus darin, daß Eger die historische und systematische Erschließung des Materials verbindet und dadurch nicht nur den Sachzusammenhang von Luthers Ethik, sondern auch ihr geschichtliches Werden und ihre damit zusammenhängenden Stärken und Schwächen aufzeigt. Dieses an ältere Forschungsarbeiten anknüpfende Interesse an der Entstehungsgeschichte von Luthers Ethik steht auch im Hintergrund der 1904 von Carl Stange (1870–1959) herausgegebenen Quellensammlung *Die ältesten ethischen Disputationen Luthers.* Diese Zusammenstellung der *Quaestio de viribus et voluntate hominis sine gratia* (1516), der Thesen *Contra scholasticam theologiam* (1517) und der Heidelberger Disputation (1518) gehört mit ihrer

Verknüpfung von systematisch-theologischem Interesse und theologiegeschichtlicher Zuwendung zum jungen Luther in die Frühgeschichte der Lutherrenaissance. Stange hat seine im Vorwort zu dieser Sammlung angedeutete Interpretation von Luthers Ethik dann später weiter ausgeführt,[60] aber wegen seines historisch und systematisch-theologisch nicht immer überzeugenden Umgangs mit Luther kaum eine tiefere Wirkung hinterlassen. Der letzte größere Beitrag während der ersten zwanzig Jahre der zweiten Phase der Forschung war Wilhelm Walthers (1846–1924) 1909 erschienenes Buch *Die christliche Sittlichkeit nach Luther.* Walther war ein profilierter Vertreter des konfessionellen Luthertums, der sich um die Jahrhundertwende kritisch sowohl mit dem Verhältnis der liberalen Theologie wie der römisch-katholischen Theologie zur Reformation auseinandersetzte. Seine Darstellung des Zusammenhangs von Rechtfertigungsglaube und christlicher Sittlichkeit richtete sich vor allem gegen die Lutherdeutung der Ritschlschule. Luthers Bestimmung des Verhältnisses von Religion und Sittlichkeit ist Walther zufolge nicht defizitär, sondern Luther sei im Gegenteil gerade »der einzige«, der diese Scheidung gar nicht kenne, denn bei ihm sei »das ganze Christentum zu einer wirklichen Einheit geworden«, die sich sprachlich kaum adäquat zum Ausdruck bringen lasse, am ehesten noch in Doppelformeln wie »[g]läubige Sittlichkeit oder sittlicher Glaube« (137). »Christ sein heißt nach Luther Gott haben. Das ist die Einheit, deren beide Seiten wir als Religion und Moral, als Glaube und Sittlichkeit bezeichnen« (ib.). Walthers Darstellung belegt das in einer quellennahen systematisierenden Rekonstruktion der Grundlegung von Luthers Ethik, sie bleibt aber gerade dadurch den von der Ritschl-Schule eingeforderten systematisch-theologischen Aufweis der inneren Stimmigkeit von Luthers Bestimmung des Verhältnisses von Religion und Sittlichkeit schuldig. Mittelbar zur Geschichte der Forschung zu Luthers Ethik gehören die Arbeiten, die sich mit der Ethik der reformatorisch-nachreformatorischen Theologie im ganzen oder anhand einzelner Autoren beschäftigten.[61] Unter ihnen ist besonders das 1908 erschienene Buch *Die Ethik*

60 C. Stange, Religion und Sittlichkeit bei den Reformatoren (in: Ders., Studien zur Theologie Luthers, Bd. 1, 1928, 111–133); Ders., Luther und das sittliche Ideal, 1919; Ders., Luthers Theorie vom gesellschaftlichen Leben (ZSTh 7, 1929/30, 57–124).

61 G. Hoennicke, Studien zur altprotestantischen Ethik, 1902; O. Bensow, Glaube, Liebe

Johann Gerhards. Ein Beitrag zum Verständnis der lutherischen Ethik von Renatus Hupfeld wichtig, das erstmals die Eigenart dessen, was das 19. Jahrhundert als theologische Ethik bezeichnete, für die frühe Neuzeit am Beispiel eines nachreformatorischen lutherischen Theologen aufzeigte. Statt den Verzicht auf eine selbständige theologische Ethik als Defizit zu verbuchen, zeigt Hupfeld, daß sich das nachreformatorische Luthertum mit der modernen Unterscheidung von Dogmatik und Ethik nicht adäquat erfassen läßt, weil es ihm um die pietas gehe, das heißt um das christliche Leben in seinem ganzen Umfang, wie es durch die Rechtfertigung und die Buße wesentlich bestimmt sei. Die theologische Ethik werde dort zum Thema, wo es um den Glauben und seine Folgen für das christliche Leben gehe: Dem nachreformatorischen Luthertum zufolge solle der Christ »aus gläubigem Herzen in demütiger dankbarer Beugung unter Gott, mit inniger Liebesgesinnung erfüllt [...] dem Willen Gottes, wie er im Dekalog als Offenbarung des Wesens Gottes ihm entgegentritt und im Beruf individualisierte Gestalt gewinnt, gehorchen« (255). Für die Forschung zu Luthers Ethik wurde Hupfelds Buch auch deshalb wichtig, weil es Ernst Troeltsch wichtige Anregungen vermittelte,[62] die dieser in seine Reformations- und Lutherdeutung einfließen ließ.

Neben den Überblicks- und Gesamtdarstellungen gab es auch zahlreiche Arbeiten zu einzelnen Themen. Bemerkenswert ist etwa, daß seit Anfang des 20. Jahrhunderts – wohl angeregt durch das Kantjubiläum 1904 – eine ganze Reihe von Vergleichen von Luther und Kant erschien, die vor dem Hintergrund des Neukantianismus die von führenden liberalen Theologen wie Julius Kaftan propagierte These von Luther als Vorläufer Kants und Kant als Philosophen des Protestantismus untersuchten, wobei gerade der Vergleich der ethischen Konzeptionen beider zentral war.[63] Weit wich-

und gute Werke. Eine Untersuchung der prinzipiellen Eigentümlichkeit der evangelisch-lutherischen Ethik, 1906; R. H. Grützmacher, Die katholische, altprotestantische und die Sektenethik in ihrer typischen Eigenart (NKZ 28, 1917, 693–740, hier: 715–729). S. auch Anm. 60.

62 S. schon Troeltschs 1908 erschienene Rezension zu Hupfeld (in: Troeltsch KGA Bd. 4 [s. Anm. 75], 579–585).

63 A. Titius, Luther's Grundanschauung vom Sittlichen, verglichen mit der Kantischen (in: Vorträge der theologischen Conferenz zu Kiel, 1899, 1–21); B. Bauch, Luther und Kant,

tiger war jedoch die jetzt beginnende Reihe der Arbeiten zu Luthers Sozialethik, die das Interesse an der sozialen Frage und der zeitgenössischen Sozialethik in das Medium historischer Arbeit überführten.[64] Die evangelischen Theologen waren dabei nicht die einzigen, die die ›Sozialethik‹ der Reformationszeit als wichtiges Moment des Verständnisses und der Gestaltung der eigenen Gegenwart entdeckten. Ende des 19. und Anfang des 20. Jahrhunderts gab es auch einen von Max Weber ausgehenden Aufschwung der historischen Soziologie,[65] der die theologische Diskussion befruchtete, aber auch zu Widerspruch herausforderte. Drei Bereiche fanden dabei angesichts der gesellschaftlichen und politischen Umbrüche des 19. Jahrhunderts besonderes Interesse: Politik, Ehe und Wirtschaft.[66] Die politische Ethik der Reformatoren und besonders Luthers, und zwar oftmals mit besonderer Berücksichtigung der im zeitgenössischen Diskurs umstrittenen Frage des Verhältnisses von Staat und Kirche, wurde von Theologen wie Nichttheologen immer wieder behandelt, oft nur in Beiträgen ohne größere forschungsgeschichtliche Bedeutung, die entweder methodisch und inhaltlich überholt oder unselbständig sind,[67] aber auch

1904; E. Katzer, Luther und Kant, 1910; B. Bauch, Unser philosophisches Interesse an Luther (ZPPK 164, 1917, 128–148); J. Norring, Luthers och Kants förhållande til eudemonismen, 1918; G. Gille, Luthers Sittenlehre und die philosophische Ethik Kants und Herbarts, 1918; B. Wehnert, Luther und Kant, 1918; E. Hirsch, Luthers Rechtfertigungslehre bei Kant (LuJ 4, 1922, 47–65); J. Ebbinghaus, Luther und Kant (LuJ 9, 1927, 119–155); Th. Siegfried, Luther und Kant. Ein geistesgeschichtlicher Vergleich im Anschluß an den Gewissensbegriff, 1930; H. Schülke, Kants und Luthers Ethik, 1937.

64 Im Folgenden bleiben die beiden weiter unten zu behandelnden Werke von Troeltsch und Holl außer Acht, denen es gerade auch um die sozialethische Dimension von Luthers Ethik geht (siehe dazu die vergleichende Miszelle von W. Köhler, Sozialwissenschaftliche Bemerkungen zur Lutherforschung, ZGStW 85, 1928, 343–353).

65 Hier ist vor allem auf seine für die moderne Soziologie epochale Arbeit *Die protestantische Ethik und der Geist des Kapitalismus* von 1904/05 (in: M. Weber, Gesammelte Aufsätze zur Religionssoziologie, 1920, 17–206) zu verweisen, in der Luther eine nicht unwichtige Rolle spielt.

66 Das Folgende behandelt die gesamte zweite Phase der Forschungsgeschichte, weil sich hier kaum Einschnitte erkennen lassen, und bezieht auch die vereinzelt erschienenen einschlägigen Arbeiten aus der Zeit vor 1890 mit ein.

67 M. Lenz, Luthers Lehre von der Obrigkeit (in: Ders., Kleine historische Schriften, Bd. 1, 1922, 132–149); F. Lezius, Gleichheit und Ungleichheit. Aphorismen zur Theologie und

in Aufsätzen und Monographien, die forschungsgeschichtlich bedeutsam und zum Teil bis heute lesenswert sind.[68] Luthers politische Ethik wurde dabei methodisch und inhaltlich sehr unterschiedlich bearbeitet und nicht selten spielten die eigenen Anschauungen der Verfasser nicht unerheblich in ihre Lutherinterpretation hinein. Je nachdem, welche Quellen man heranzog und wie man sie ausdeutete, erschien Luther den einen als Konservativer, den anderen als Revolutionär, als Anwalt der Freiheit der Kirche gegenüber dem Staat oder als Begründer des wahrhaft christlichen Staats, als prinzipientreuer und stringenter Theoretiker oder als Fähnlein im Winde. Ein mittelbar zur politischen Ethik zählendes Problem war die Frage nach Luthers Rechtsverständnis, vor allem nach seiner Auffassung

Staatsanschauung Luthers (in: Greifswalder Studien, 1895, 285–326); DERS., Luthers Stellung zu den sozialen Fragen seiner Zeit (Die Verhandlungen des Neunten Evangelisch-sozialen Kongresses, 1898, 8–27); F. WARD, Darstellung und Würdigung der Ansichten Luthers vom Staate und seinen wirtschaftlichen Aufgaben, 1898; E. BRANDENBURG, Martin Luther's Auffassung vom Staate und von der Gesellschaft (SVRG 70, 1901, 1–30); Th. KOLDE, Der Staatsgedanke der Reformation und die römische Kirche, 1903; H. HERMELINK, Zu Luthers Gedanken über Idealgemeinde und von weltlicher Obrigkeit (ZKG 29, 1908, 267–322); P. DREWS, Entsprach das Staatskirchentum dem Ideale Luthers (ZThK 18, 1908, Erg.); O. KAYSER, Die Anschauungen der großen Reformatoren (Luther, Melanchthon, Zwingli, Calvin) von der Staatsgewalt, 1912; A. HAUCK, Luther und der Staat (Süddt. Monatshefte, Okt. 1917, 11–16); J. BINDER, Luthers Staatsauffassung, 1924; H. ERICHSEN, Der Staatsbegriff Luthers, 1926; G. HOLSTEIN, Luther und die deutsche Staatsidee, 1926.

68 Zu den forschungsgeschichtlich relevanten Beiträgen gehören: E. BILLING, Luthers lära om staten, 1900 (hierzu: D. LANGE, Eine andere Luther-Renaissance, in: Luthers Erben. Studien zur Rezeptionsgeschichte der reformatorischen Theologie Luthers, FS J. Baur, hg. v. N. SLENCZKA u. W. SPARN, 2005, 245–274, 252–254); L. WARING, The Political Theories of Martin Luther, 1910; Th. PAULS, Luthers Auffassung von Staat und Volk, 1925. Zu den darüberhinaus heute noch lesenswerten gehören: K. MÜLLER, Kirche, Gemeinde und Obrigkeit nach Luther, 1910; DERS., Luthers Äußerungen über das Recht des bewaffneten Widerstands gegen den Kaiser, 1915; H. JORDAN, Luthers Staatsauffassung, 1917; F. MEINECKE, Luther über christliches Gemeinwesen und christlichen Staat (HZ 121, 1920, 1–22). – Wichtig, obwohl strenggenommen nicht zur Geschichte der Forschung zu Luthers Ethik gehörend, war Rudolf Sohms Darstellung des reformatorischen Kirchen- und Kirchenrechtsverständnisses (R. SOHM, Kirchenrecht, Bd. 1, 1892, Kap. 3), die mit ihrer scharfen Kontrastierung von Kirche und Welt direkt und indirekt auf die Lutherforschung einwirkte.

des Naturrechts.[69] Wie die Forschung zu Luthers politischer Ethik auch durch die Fragen nach dem gegenwärtigen Verhältnis von Staat und Kirche und nach der Legitimität und Ausgestaltung des überkommenen deutschen Obrigkeitsstaats motiviert war, so spielten die sozial- und mentalitätsgeschichtlichen Umbrüche des 19. Jahrhunderts und der sich in der Etablierung der Zivilehe manifestierende Bedeutungsverlust der Kirche eine wichtige Rolle für die Forschung zu Luthers Hausstands- und Eheethik.[70] Die Beschäftigung mit Luthers Eheverständnis konnte aber auch kultur- und rechtsgeschichtlich motiviert sein.[71] Forschungsgeschichtliches Gewicht haben aber nur die Arbeiten, die durch ein Interesse an Luthers Biographie und Theologie motiviert waren und den mittlerweile entwickelten Anforderungen an die Reformationsforschung entsprachen.[72] Anders als die politische Ethik war Luthers Eheverständnis in der Forschung relativ unumstritten. Man gestand ihm einen großen und überwiegend positiv bewerteten Einfluß auf das Verständnis und die Praxis der Ehe in der frühen Neuzeit zu und würdigte vielfach das eigentümliche Ineinander der weltlichen und geistlichen Dimension seiner Eheauffassung. Kontroverser dagegen wurde Luthers Wirtschaftsethik bewertet. Die Theologen und Reformationshistoriker interessierten sich für dieses Thema aller-

69 E. Ehrhardt, La notion du droit naturel chez Luther (in: Études de théologie et d'histoire, 1901, 285–320); A. Lang, Die Reformation und das Naturrecht, 1909; H. W. Beyer, Glaube und Recht im Denken Luthers (LuJ 17, 1935, 56–86); Ders. (Hg.), Luther und das Recht, 1935 (kommentierte Quellensammlung); F. X. Arnold, Zur Frage des Naturrechts bei Martin Luther, 1937. In den weiter unten zu besprechenden Darstellung von E. Troeltsch (1912), K. Holl (1919) und F. Lau (1933) spielt das Naturrechtsthema ebenfalls eine wichtige Rolle.

70 G. Kawerau, Luther und die Eheschließung (ThStKr 47, 1874, 723–744); A. W. Dieckhoff, Die kirchliche Trauung, 1878, 108–114.180–222; H. v. Schubert, Die evangelische Trauung, 1890, Kap. 3.

71 H. Strampff (Hg.), Dr. Martin Luther: Über die Ehe, 1857 (Quellensammlung); G. Fuchs, Dr. M. Luthers Ansichten über Ehe, Haus, Erziehung und Unterricht, 1884; G. Schleusner, Zu den Anfängen protestantischen Eherechts im 16. Jahrhundert (ZKG 6, 1884, 390–428); W. Kawerau, Die Reformation und die Ehe, 1892.

72 W. Rockwell, Die Doppelehe des Landgrafen Philipp von Hessen, 1904, 137–201.202–222.236–278; S. Baranowski, Luthers Lehre von der Ehe, 1913; H. Boehmer, Luthers Ehe (LuJ 7, 1925, 40–76); R. Seeberg, Luthers Anschauungen von dem Geschlechtsleben und der Ehe (LuJ 7, 1925, 77–122).

dings kaum, sondern überließen es lange fast ausschließlich den Wirtschaftshistorikern, für die das 15. und 16. Jahrhundert eine zentrale Epoche war.[73] Das zeitgenössische Interesse an der sozialen Frage führte dazu, daß Luther seit den 1890er Jahren auch daraufhin untersucht wurde.[74]

Die seit 1890 stetig intensivierte Forschung zu Luthers Ethik führte nach knapp zwanzig Jahren zur ersten für diese Phase der Forschungsgeschichte zentralen Arbeit, zu Ernst Troeltschs 1912 erschienener Darstellung der Grundlagen und Konkretionen von Luthers Ethik innerhalb seiner umfassenden Aufarbeitung der *Soziallehren der christlichen Kirchen und Gruppen* von der Antike bis zur frühen Neuzeit.[75] Troeltschs Einbettung Luthers und der Reformation in die ganze Breite und Vielfalt der Christentumsgeschichte ist ein neuer Ansatz, der bisher unbeachtet gebliebene Aspekte erschließt und eine beeindruckende Gesamtdeutung von Luthers

73 An einzelnen Publikationen neben den gängigen wirtschaftsgeschichtlichen Überblicksdarstellungen (z.B. W. Roscher, Geschichte der National-Oekonomik in Deutschland, 1874, 54–71) sind beispielsweise zu nennen: G. Schmoller, Zur Geschichte der nationalökonomischen Ansichten in Deutschland während der Reformations-Periode (Zs. f. d. ges. Staatswissenschaft 16, 1860, 461–716); M. Neumann, Geschichte des Wuchers in Deutschland bis zur Begründung der heutigen Zinsengesetze, 1865; P. Erhardt, Die nationalökonomischen Ansichten der Reformatoren (ThStKr 53, 1880, 666–719); I. v. Schubert, Wirtschaftsethische Entscheidungen Luthers (ARG 21, 1924, 49–77); R. Häpke, Der nationalwirtschaftliche Gedanke in Deutschland zur Reformationszeit (HZ 134, 1926, 350–368); G. Wünsch, Evangelische Wirtschaftsethik, 1927 (s. Namenregister); G. Aubin, Der Einfluß der Reformation in der Geschichte der deutschen Wirtschaft, 1929.

74 Lezius (s. Anm. 67); A. Braasch, Martin Luthers Stellung zum Sozialismus, 1897; K. Klingemann, Luther und die soziale Frage, 1925.

75 Die Abschnitte zu Antike, Mittelalter und Luthertum waren bereits von 1908 bis 1910 als Zeitschriftenaufsätze erschienen und wurden für die Gesamtveröffentlichung überarbeitet. Vorbereitet wurde das Werk durch Troeltschs Forschungen zur reformatorisch-nachreformatorischen Theologiegeschichte, durch seine Beiträge zur um 1900 hoch umstrittenen Frage nach dem Wesen des Protestantismus und durch seine Rezensionen zu zahlreichen ethikgeschichtlichen Werken (E. Troeltsch, Rezensionen und Kritiken [1901–1914], KGA Bd. 4, hg. v. F. W. Graf, 2004). – Das Werk selbst, der zeitgenössische Kontext und die Rezeption werden dargestellt in: F. W. Graf u. T. Rendtorff (Hg.), Troeltsch-Studien, Bd. 6: Ernst Troeltschs Soziallehren, 1993. Zu Troeltschs Darstellung des Luthertums: W. Sparn, Preußische Religion und lutherische Innerlichkeit. Ernst Troeltschs Erwartungen an das Luthertum (aaO 152–177).

Ethik ermöglicht. Die Stärke von Troeltschs Darstellung ist, daß er die Theologie von ihren soziologischen Rahmenbedingungen und Konsequenzen her erschließt. Das ist aber zugleich auch eine Schwäche, denn dieses besondere Interesse am Wechselverhältnis von theologischer Ethik und jeweiliger Lebenswirklichkeit beeinträchtigt die angemessene Würdigung des Theologischen. Der Darstellung kommt zugute, daß Troeltsch anders als die konfessionellen Lutheraner und Ritschl mit seinen Schülern nicht die lutherische Reformation aufnehmen und fortführen will, sondern ihr grundsätzlich kritisch gegenübersteht. Troeltsch steht nicht so sehr in Gefahr, Luther im Dienst gegenwartsorientierter Aneignung umzudeuten, sondern er kann Luther und das Luthertum unverstellter wahrnehmen und würdigen. Allerdings finden sich auch durch die persönliche und positionelle Distanz zum Gegenstand bedingte Mißverständnisse und Verzerrungen, die aber nicht den durch die Distanz ermöglichten Erkenntnisgewinnen gleichkommen.

Troeltschs Darstellung von Luthers Ethik findet sich zum einen in der Einführung zum Protestantismus insgesamt (427–512)[76] – was zeigt, welche Bedeutung Troeltsch Luther trotz aller Relativierung beimißt – und zum anderen in der daran anschließenden Darstellung des Luthertums (512–605).[77]

> Die grundlegenden religiösen Ideen Luthers und die soziologischen Folgerungen aus ihnen seien für alle Gruppen und Persönlichkeiten der Reformation und des Protestantismus grundlegend (431). Der Kern von Luthers religiösen Ideen sei ein neuartiges Gnadenverständnis (434–439), aus dem sich auch für die Ethik relevante Folgerungen ergäben (439–447): nämlich *erstens* die Reduktion der Religion auf die Soteriologie, *zweitens* der religiöse Individualismus mit seiner Innerlichkeit der Gottesgemeinschaft, die priesterlich-sakramentaler Vermittlung nicht bedürfe und auf das Wort konzentriert sei, *drit-*

76 Kap. III.1.: *Das soziologische Problem des Protestantismus.* Hier werden die grundlegenden religiösen Ideen Luthers (431–448) sowie die sich daraus ergebenden soziologischen Konsequenzen und Ausgestaltungen der religiösen Umbildung des Christentums (448–511) behandelt.

77 Luther wird hier durchweg berücksichtigt, aber immer eingeordnet in das frühneuzeitliche Luthertum insgesamt. Insofern handelt es sich hier strenggenommen nicht um eine Darstellung von Luthers Ethik, sondern um die Luthers und des auf ihn zurückgehenden, nicht immer mit ihm übereinstimmenden frühneuzeitlichen Luthertums. Dem Kapitel zum Luthertum gehen parallel die Kapitel zum Calvinismus (605–794) und zu *Sektentypus und Mystik auf protestantischem Boden* (794–964).

tens das Prinzip der reinen Gesinnungsethik, demzufolge die Gesinnung Wurzel und Maßstab des aus der Gottesbeziehung im Glauben sich von selbst ergebenden Handelns gemäß dem mit dem Dekalog und dem Neuen Testament übereinstimmenden natürlichen Sittengesetz sei und innerhalb derer nicht das einzelne gute Werk, sondern die Ganzheit der Gesinnung gelte, *viertens* die Weltbejahung der »innerweltliche[n] Askese der Ueberwindung der Welt in der Welt, der Selbstverleugnung im Beruf und im beruflichen Dienst für das Ganze, de[s] Gehorsam[s], der in gegebenen Bedingungen stehen bleibt und innerhalb ihrer den natürlichen Menschen und den Teufel überwindet« (444f.) sowie *fünftens* die neue Konzeption der religiösen Grundbegriffe wie Gott, Mensch oder Welt. Troeltsch sieht in Luthers neuartigem Gnadenverständnis und den daraus gezogenen Folgerungen keine Rückkehr zum neutestamentlichen Ideal, sondern die paulinische Reduktion des mittelalterlichen Erbes, bei der die mittelalterliche Einbeziehung des natürlichen Lebens in das christliche weitergeführt, wenn auch anders motiviert und durchgeführt werde (447f.). Die christliche Einheitskultur des Mittelalters sei die Voraussetzung auch für die Reformation, sie werde nur anders begründet und konkretisiert als im Mittelalter.
An diese grundsätzlichen Ausführungen schließt sich die Darstellung der soziologischen Konsequenzen und Ausgestaltungen der religiösen Umbildung des Christentums bei Luther an (448–511). Troeltsch ordnet Luthers Denken dem Kirchentypus zu, für den in soziologischer Hinsicht das Uniformitätsstreben und die Naturrechtsrezeption charakteristisch seien. Die theologische Entwicklung Luthers sei wesentlich davon geprägt, daß Luther seine ursprüngliche, von Verinnerlichung und Spiritualisierung des Kirchenbegriffs, Laienpriestertum, weltindifferentem Biblizismus und Liebesethik des Evangeliums geprägten theologischen Anschauungen mit den für den Kirchentypus wesentlichen soziologischen Merkmalen zu verbinden versuche. Der Schlüssel zum Verständnis von Luthers Ethik liege im Nachvollzug der Entwicklung von Luthers religiös begründeter Ethik mit ihrem »Zug zur radikalen weltindifferenten Christlichkeit und Innerlichkeit« zu einer weltzugewandten Ethik mit ihrer selbstverständlichen Bejahung der »Christlichkeit der Gesellschaft und der natürlich-staatlichen Lebensordnungen« (473f.). Luther gehe vom rein religiösen Charakter der christlichen Ethik aus: An die Stelle des Sittengesetzes trete der freie Zweckcharakter der Ethik, die nur einen absoluten Zweck, die Selbsthingabe an Gott im Glauben kenne, woraus sich das christliche Ethos von selbst ergebe; der Glaube als höchste und eigentliche sittliche Forderung sei Geschenk Gottes, aus ihm quelle das Handeln von selbst, was für Troeltsch zu einer durch Verinnerlichung und Annäherung an den Antinomismus charakterisierten mystisch-spiritualistischen Färbung von Luthers Ethik führt; der Leib, die Sündhaftigkeit der Welt, die gegebenen Ordnungen seien dieser radikalen religiösen Liebesethik etwas Fremdes. Der entscheidende Punkt der Ethik sei nun aber nicht die Begründung des Ethischen im Religiösen, sondern das Verhältnis der religiösen Begründung der Ethik zur innerweltlichen Moralität konkreter christlicher Existenz. Luther folge hier weder der mittelalterlichen Zwei-Stufen-Ethik noch der mystisch-spiritualistischen Distanzierung von der Welt, weil der Gnadengedanke es ihm verbiete, christliche Vollkommenheit in einer vom

Christen zu erbringenden Eigenleistung zu sehen. Denn das hieße nichts weniger, als die subjektive Gesetzeserfüllung soteriologisch zu funktionalisieren, die Sündhaftigkeit des Menschen zu ignorieren, die Einheit des *corpus christianum* in Frage zu stellen und die weltlichen Ordnungen und natürlichen Güter in ihrer Eigenart als göttliche Gaben zu mißachten. Die Lösung liege nicht in einer vertikalen Stufung verschiedener Gruppen, sondern in einem horizontalen Nebeneinander zweier Existenzweisen in der Person des Christen: Die »christliche Ethik im Sündenstande [ist] überhaupt eine doppelte [...], eine rein und radikal christliche Ethik der Person und der Gesinnung einerseits und eine natürlich-vernünftige, nur relativ christliche, d.h. von Gott verordnete und zugelassene Ethik des Amtes andererseits« (486).[78] Die Universalität der kirchlichen Ethik Luthers beinhalte »die gleiche Forderung an alle, verbunden mit dem Verzicht auf die aktive Vollkommenheit bei allen. Von allen fordert sie den Glauben und allen muß sie ihn wenigstens zugänglich machen durch Taufe und Predigt. Aber bei allen verbindet sie mit der Forderung des Glaubens auch die Toleranz der verschiedenen Auswirkungen des Glaubens« (491). Das Bindeglied zwischen der radikal christlichen Ethik der Gottes- und Nächstenliebe einerseits und der Ethik der Volkskirche und christlichen Gesellschaft andererseits, das die inhaltlichen Forderungen der Ethik konkretisiere und die weltliche Moral berücksichtige, sei bei Luther der Dekalog (493–500). Der Dekalog – und nicht die Bergpredigt – sei »Ausdruck und Inbegriff der vollen Lex naturae und der mit dieser identischen evangelischen Ethik« (494).[79] Für Troeltsch greift Luther vor allem aus systematisch-theologischen Gründen – wegen der Möglichkeit der Einbeziehung der innerweltlichen Moral und Ordnungen – auf den Dekalog zurück, nicht so sehr wegen dessen katechetischer Verwertbarkeit oder innerbiblischer Bedeutung. Mit Hilfe der Unterscheidung der beiden Tafeln und ihrer Deutung als Forderung der Gottes- und Nächstenliebe werde der Dekalog christlich überformt, wobei die zweite Tafel als unabhängig von der ersten Tafel verbindliche, wenn auch nicht vollkommen zu erfüllende lex naturae gelte. Die protestantische Ethik habe damit die »eigentliche theologische Meisteraufgabe« (499), erste und zweite Dekalogtafel richtig zu unterscheiden und aufeinander zu beziehen sowie zwischen dem Dekalog als Zeugnis des absoluten Naturrechts – wie es im Urstand gegolten habe und von Christus wiederhergestellt worden sei, nämlich als religiös begründete Ethik – und als Zeugnis des relativen Naturrechts – wie es unter den Bedin-

78 In Anm. 223 (486–490) spitzt Troeltsch das noch zu: »Das ist in aller Form eine doppelte Moral nach geradezu entgegengesetzten Prinzipien« (488), die nicht stufenförmig aufgegliedert, sondern als gleichzeitige Doppelforderung in den einzelnen Christen hineinverlegt ist.

79 Dazu auch Anm. 225 (494–497), wo Troeltsch die Obrigkeitsschrift von 1523 und die Bergpredigtauslegung von 1532 kontrastiert und eine Entwicklung vom Dualismus des Nebeneinanders von wahrhaft christlicher Existenz und Ergebung in die innerweltlichen Verhältnisse zur Verschränkung beider, bei der wahrhaft christliche Existenz innerhalb der innerweltlichen Ordnung gelebt werde, feststellt.

gungen der Sünde gelte und auch von den Nichtchristen erkannt und gelebt werden könne – zu unterscheiden. Dabei gerate Luther aber in die problematische Spannung zwischen der wahren christlichen Ethik und der innerweltlichen Vorfindlichkeit, die er durch die Unterscheidung einer inneren Moral der Person und einer äußeren Moral des Amts zu bewältigen versuche, wobei er diesen Gegensatz in die Person des Christen selbst hineintrage (500f.). Luther mildere den Gegensatz zunehmend, indem er die weltliche Vorfindlichkeit als gottgegebene bloße Formen und Lebensbedingungen deute und weniger als problematische Sündenwirklichkeit. Auf diese Weise könnten Antike und Humanismus angeeignet werden, denen ja nur der christliche Geist fehle, die aber als Materialien, Formen und Stoffe an sich geeignet seien. Damit vertrete auch Luther eine »doppelte Moral«, die die Gegensätze zu einer »Duplizität der Lebensstellung jedes Individuums« ineinanderschiebe (505). Die Hinnahme der Welt sei aber zugleich eine Entwertung der Welt, weil sie nicht um ihrer selbst willen, sondern lediglich als Ort christlicher Existenz angenommen werde, womit sie letztlich zugunsten des Eschaton vergleichgültigt werde. Als Fazit dieser Überlegungen zu den Strukturen von Luthers Ethik schreibt Troeltsch dem Reformator eine Mittelstellung zwischen dem Mittelalter und den protestantischen Sekten zu, wobei er in der »protestantische[n] Lösung der Spannung in der doppelten Moral von Person und Amt [...] nicht eine Ueberwindung, sondern eine neue Formulierung des Problems« sieht (509).

Die Konkretionen der Ethik Luthers finden sich im folgenden Teil zum Luthertum (512–605). Die Rahmenbedingungen der Ethik des Luthertums (513–524) sieht Troeltsch charakterisiert durch den »Zusammenfall des Kirchlichen und Politischen in dem Begriff einer christlichen Gesellschaft« (521). Ausdruck dieses Zusammenfalls von Kirche und christlicher Gesellschaft sei die Drei-Stände-Lehre (522f.). Bei der Darstellung der Grundzüge der Ethik des Luthertums (523–594) gibt Troeltsch nach wie vor beachtenswerte methodische Hinweise (524–531), indem er hinsichtlich der Darstellungen der lutherischen Ethik im 16. und 17. Jahrhundert auf die Doppelstämmigkeit der Ethik (Liebes- und Gnadenmoral, Rechts- und Vernunftmoral) aufmerksam macht, die zum Nebeneinander von philosophischer und theologischer Ethik führe, wobei nur die philosophische Ethik in eigenständigen wissenschaftlichen Werken behandelt werde, während die theologische Ethik in den Dogmatiken enthalten sei. Überhaupt sei abgesehen von kirchengeschichtlichen Umbruchphasen wie der Spätantike und der Aufklärung die christliche Ethik »mehr ein praktisch geltendes Ethos mit einzelnen theoretisch ausgeführten Punkten« und werde darum nicht in einer der Dogmatik vergleichbaren Weise systematisierend reflektiert und dargestellt (525).[80] Die ethischen Konsequenzen der religiösen Grundüberzeugungen ergäben sich von selbst, nur Einzelprobleme bedürften ausdrücklicher Thematisierung. Die lutherische Ethik müsse also vom Forscher aus den Selbst-

80 Dazu Anm. 239b: »Darum ist es so verkehrt, zur Ehrenrettung des Altprotestantismus auch bei ihm schon ›theologische Ethiker‹ entdecken zu wollen. Die Leute von damals wollten und brauchten neben der Dogmatik keine Ethik, die erst seit den Erschütterungen der Aufklärung nötig geworden ist« (525f).

verständlichkeiten des Lebens und den partiellen theoretischen Darlegungen, zu denen auch juristische und kameralistische Werke, die Kasuistik, die *Scholae pietatis* u.a. gehörten, rekonstruiert werden. Für die Konkretionen der Ethik des Luthertums ist nach Troeltschs Meinung das Naturrecht von besonderer Bedeutung (532–548).[81] Luther verwerfe das Naturrecht nicht, er löse nur die Verflechtungen mit der Theologie auf und interpretiere es neu, nämlich konservativ im Sinne utilitaristischer Zweckmäßigkeit im Dienste der gegebenen Ordnung. Troeltsch geht in seiner kritischen Rekonstruktion so weit, Luther mit Machiavelli, Darwinisten, Gewaltpolitikern und Herrenmenschen zusammenzustellen (536f.), weil Luthers naturrechtliche Legitimierung der Gewalt angesichts der Sünde letztlich unverbunden neben der inneren Gesinnungschristlichkeit stehe. Zwar sei die so begründete Gewalt zur Einhaltung des Vernunftrechts aufgerufen, an die Billigkeit verwiesen und in biblische Formulierungen eingekleidet, aber das relativiere sie nicht. Denn die Billigkeit gelte nicht im Rahmen des Staats- und Strafrechts, also da, wo es um Gewalt und Herrschaft gehe, sondern nur im Rahmen des Zivilrechts (538–540), und der Rückgriff auf positiv-biblische Satzungen – v.a. aus dem Alten Testament – ziele auf die dank des engen Zusammenhangs zwischen Vernunft und göttlichem Recht in ihnen enthaltene naturrechtliche Idee (540f.). Melanchthon und die nachreformatorische Zeit hätten diesen positivistisch-autoritativ-konservativen Zug in der Legitimierung der Obrigkeitsgewalt noch verstärkt (541–548). Innerhalb des durch Bibel und Naturrecht gesetzten Rahmens habe sich das soziologische Grundschema des Luthertums ausgebildet (549–554): Der Christ lebe in seiner gläubigen Innerlichkeit, aus der heraus er sich in Liebe ganz in die vorfindliche weltliche Ordnung ergebe, wobei die Christlichkeit seines innerweltlichen Lebens eben gerade in seiner Ergebung bestehe, nicht in einer besonderen christlichen Prägung, die christliche Innerlichkeit sei also ohne Wirkung nach außen; damit bleibe für das reale Leben als soziologisches Prinzip der Patriarchalismus, der alle zwischenmenschlichen Beziehungen entsprechend dem vierten Gebot, dem »Zentrum aller Sozialethik«, organisiere. Im Folgenden stellt Troeltsch dann die einzelnen Aspekte der lutherischen Sozialethik dar: Familie (555–559), Staat (560–571), Wirtschaft (571–580), Gesellschaftsgliederung und Berufe (580–584) sowie das Themenfeld von Sozialpolitik, Sozialreform und Karität (585–594).

81 Das große Gewicht, das Troeltsch der Naturrechtsthematik für die Theologiegeschichte und die Frage des Verhältnisses von Christentum und Welt beimißt, zeigt sich schon in seiner Arbeit über *Vernunft und Offenbarung bei Johann Gerhard und Melanchthon. Untersuchung zur Geschichte der altprotestantischen Theologie* von 1891 sowie in seiner Rezension zu Reinhold Seebergs Dogmengeschichte von 1898, die sich schwerpunktmäßig eben mit diesem Thema und seiner Rolle in der abendländischen Dogmengeschichte beschäftigt (in: Troeltsch, KGA 4 [s. Anm. 75], 87–111, 97–111). Die Verquickung von geschichtlicher Analyse und theologischem Gegenwartsinteresse in Troeltschs Beschäftigung mit dem Naturrecht analysiert K. Tanner, Das »Kulturdogma« der Kirche. Ernst Troeltschs Naturrechtsdeutung (in: Troeltsch-Studien, Bd. 6 [s. Anm. 75], 122–132).

Für die Forschungsgeschichte wichtig ist Troeltschs Arbeit, weil sie den Fokus weglenkt von einer werkimmanenten, an der Binnenlogik interessierten Rekonstruktion von Luthers Ethik. Die Einbettung in eine Gesamtdarstellung der Kirchen- und Theologiegeschichte mit der Konzentration auf die Entwicklung der ›Soziallehren‹ und die Frage nach dem Zusammenhang von theologischem Denken und geschichtlicher Wirklichkeit beleuchtet vieles Bekannte in besonderer Weise und erschließt manches Neue. Troeltschs Darstellung beeindruckt zudem durch ihre Einsicht in die Grundideen von Luthers Ethik. Im 19. Jahrhundert finden sich kaum ähnlich treffende Charakterisierungen und Problematisierungen von Luthers ethischem Denken wie hier. Dem Leser wird die innere Spannung von Luthers Denken augenfällig, das Gottes- und Weltbeziehung, gesinnungsethisch verstandene Bergpredigt und naturrechtlich verstandenen Dekalog, die gleichsam antinomistische Spontaneität guten Handelns und die äußerliche kirchlich-staatliche Ordnung zu verbinden sucht. Doch Troeltsch hat hier manches zu scharf pointiert und seine Zuspitzung, daß bei Luther eine Doppelmoral vorliege, daß also die innere Spannung nicht gehalten werden könne, sondern sich in eine Spaltung auflöse, wird Luther kaum gerecht. Gerade dadurch aber hat er die Forschung wie kaum ein Autor vor ihm bereichert und ihr bis heute bleibende Aufgaben gestellt.

Ein zweiter Markstein der Forschung zu Luthers Ethik neben Ernst Troeltschs *Soziallehren* waren zwei wenige Jahre später entstandene Aufsätze von Karl Holl über Luthers Verständnis der Religion und die sich daraus ergebende Ethik, die eine neue Gesamtschau von Luthers theologischer Entwicklung und reformatorischer Theologie bieten und nicht zuletzt Troeltschs Lutherinterpretation historisch wie systematisch richtigstellen wollen: *Was verstand Luther unter Religion?* (1917) und *Der Neubau der Sittlichkeit* (1919).[82] Holls Lutherdeutung war eine Wende der Lutherforschung insgesamt, weil sie in bisher nicht gekannter Weise ernst-

82 In: Holl 1,1–110.155–287 (auf diese beiden Aufsätze beziehen sich die im Folgenden angegebenen Seitenzahlen). Ergänzend und vertiefend zum rechtfertigungstheologischen Zentrum der »Religion« Luthers ist heranzuziehen: K. Holl: Die Rechtfertigungslehre in Luthers Vorlesungen über den Römerbrief mit besonderer Rücksicht auf die Frage der Heilsgewißheit (in: Holl 1,111–154). Holl hat seine Interpretation von Luthers Ethik 1924 noch selbst bekräftigt und verteidigt, etwa gegen den Vorwurf einer auf das im Kan-

machte mit der theologischen Durchdringung von Luthers Gedankenwelt.[83] Und das heißt anders als im 19. Jahrhundert üblich, nicht nur Luthers Entwicklung und Theologie zu beschreiben, auf die gegenwärtige systematisch-theologische Auseinandersetzung zu beziehen und als Anregung und Belegmaterial für die eigene Position affirmativ oder kritisch zu verwerten, sondern auch, die geschichtliche Quellenarbeit und die systematisch-theologische Reflexion in einer Weise zu verschränken, daß sich Luthers Theologie aus sich selbst für die Gegenwart erschließt. Besondere Bedeutung für diese Neuerschließung von Luthers Theologie hatten die frühen Vorlesungen Luthers. Zwar kann man von der Lutherforschung des 19. Jahrhunderts nicht behaupten, daß die Entwicklung von Luthers Denken im Vorfeld des Ablaßstreits 1517/18 und der programmatischen Formulierung der reformatorischen Theologie um 1520 kein Thema gewesen wäre, aber die gründliche Beschäftigung mit den im 19. Jahrhundert bekannten frühen Schriften sowie die Einbeziehung von Quellenfunden aus jüngerer Zeit – vor allem der Römerbriefvorlesung[84] – brachten einen erheblichen Erkenntnisfortschritt.

Holl geht von der Unterscheidung von Religion und Sittlichkeit aus. Indem er aber diese beiden Begriffe und ihren Zusammenhang von Luther her füllt und so durch sie in geringerem Maße als bisher moderne Vorstellungen in Luther einträgt, macht er sie zu

tischen Sinne verstandene Sittliche verengten Konzeption: K. Holl: Gogartens Lutherauffassung. Eine Erwiderung (in: Holl 3,244–253).

83 Zu Holl als Lutherforscher: M. Ohst, Die Lutherdeutung Karl Holls und seiner Schüler Emanuel Hirsch und Erich Vogelsang vor dem Hintergrund der Lutherdeutung Albrecht Ritschls (in: Lutherforschung, hg. v. R. Vinke [s. Anm. 1], 19–50). Zum systematischen Profil von Holls Interpretation von Luthers Ethik: M. Lobe, Die Prinzipien der Ethik Emanuel Hirschs, 1996, 36–67.

84 Seit den ersten Forschungsbeiträgen zur Römerbriefvorlesung (O. Scheel, Die Entwicklung Luthers bis zum Abschluß der Vorlesung über den Römerbrief, in: SVRG 100, 1910, 61–230, hier: 174–206; Holl 1,111–154 u. 203–217) wird immer wieder der Zusammenhang von Rechtfertigungslehre und Ethik behandelt, allerdings in sehr unterschiedlicher Weise, weil sowohl der reformatorische Charakter der Römerbriefvorlesung als auch das Verständnis der Rechtfertigung und des auf sie bezogenen christlichen Lebens umstritten sind, wie die Forschungsbeiträge von A. Schlatter (1917), R. Hermann (1930), E. Ellwein (1932), J. Haar (1939), A. Gyllenkrok (1952), J. Beintker (1961), H. Hübner (1965), M. Schloenbach (1961), O. Bayer (1971) und anderen zeigen.

brauchbaren Hilfsmitteln der Lutherinterpretation. Wesentlich für diese Füllung von Luther her ist, daß Holl nicht nur Luthers entwickelte reformatorische Anschauung von der Rechtfertigung und ihrer ethischen Dimension rekonstruiert, sondern daß er sie auch in ihrem Werden verfolgt und Luthers Theologie aus ihrer Entwicklung verständlich macht.

Holl unterscheidet vier Phasen dieser Entwicklung. Die *erste Phase* umfasse die Jahre vor der ersten Psalmenvorlesung, auf die von den späteren Quellen her zurückgeschlossen werden müsse (155–203). Luthers reformatorische Rechtfertigungslehre, wie sie zwischen Sommer 1511 und Frühjahr 1513 entstanden, in den Grundzügen in der ersten Psalmenvorlesung 1513–1515 belegt und in der Römerbriefvorlesung 1515/16 vollständig ausgebildet sei, setze eine sittliche Neuerkenntnis voraus. Denn die Einsicht in die Sündhaftigkeit des Menschen und in das durch den Glauben zugeeignete Heil hätten im Gewissen als dem Personzentrum des Menschen ihren Ort und seien durch die Erkenntnis und vor allem das Erlebnis der göttlichen Forderung in ihrer Absolutheit und Radikalität bedingt. Die Erkenntnis der göttlichen Forderung in ihrem unbedingten Pflichtcharakter habe Luther im Kloster gewonnen – Luther »wäre nicht der Reformator geworden, wenn er nicht vorher Mönch gewesen wäre«[85] –, als er daran gescheitert sei, die dem Klosterleben innewohnende Antinomie von Gericht und Gnade mit den üblichen Mitteln klösterlicher Frömmigkeit zu bewältigen. Vielmehr sei ihm an der mittelalterlichen Gerichtserwartung der ganze Ernst der neutestamentlichen Forderungen an den Christen aufgegangen, die er während der Klosterzeit auf neuartige Weise aus der Bibel selbst kennengelernt und sich existentiell zueigen gemacht habe. Der »Zusammenstoß eines zugespitzten Verantwortungsgefühls mit dem als unbedingt, als schlechthin unverrückbar geltenden göttlichen Willen« sei zu einer Luthers Leben und Theologie verändernden »Gewissenserfahrung« (35) geworden. Dieser »Durchbruch der neuen sittlichen Erkenntnis« (197) in der Zeit zwischen 1509 und 1511 habe dazu geführt, daß Luther die mittelalterliche Frömmigkeit mit ihrem latenten Eudämonismus, ihrer Nivellierung der biblischen Radikalität und ihrem anthropologischen Optimismus zu problematisieren und die Doppelfrage nach dem Heil und dem Handeln des Christen auf grundlegend neue Weise zu beantworten begonnen habe. Luthers Antwort sei die »Gewissensreligion« (35) gewesen, d.h. die Verortung der Gottesbeziehung im zugleich reflexiv und ethisch verfaßten Selbstverhältnis des Menschen, das gerade durch die transsubjektive Bezogenheit auf Gott als Orientierungspunkt des Pflichtbewußtseins und aufgrund der inhaltlichen Bestimmtheit dieses Gottesverhältnisses durch die an der Erfahrung der sittlichen Forderung aufbrechende Verzweiflung und die als innere Umwälzung erlebte Heilsgewißheit zu seiner Eigentlichkeit komme. Die sittliche Neuerkenntnis im Gewissen führe im dialektischen Erkenntnis- und Erlebnisprozeß der Rechtfertigung zur gottgewirkten Neukonstitution des ethischen Subjekts. Holls Rekonstruktion von Luthers Gottesbegriff und Rechtfertigungsverständnis als Gewissensreligion (35–84) ist zugleich – ohne daß

85 K. Holl, Reformation und Urchristentum (in: Ders., Kleine Schriften, 1966, 33–44), 38f.

Holl das eigens herausstellt – sein Wort zur Debatte um das Verhältnis von Religion und Sittlichkeit, mit dem er sowohl die Problematisierung Luthers durch die Ritschl-Schule als auch die systematisch-theologisch unzureichend reflektierte Anknüpfung an Luther durch das konfessionelle Luthertum beiseiteschiebt und eine eindrückliche, weil an einem für Luther zentralen Punkt – der Gewissenserfahrung des fordernden und richtenden sowie liebenden und rechtfertigenden Gottes – ansetzende Interpretation vorlegt. Wichtig für die ethische Dimension dieser Gewissensreligion – die folgenden Charakteristika greifen bereits auf die späteren Phasen vor – sei erstens die durch die Rechtfertigung als Tat Gottes gesetzte neue Gesinnung, aus der das Handeln hervorgehe, zweitens die Befreiung des aus dem durch die Rechtfertigung neu beschaffenen Gottes- und Selbstverhältnis hervorfließenden Handelns, das nun nicht mehr heteronom durch das Gesetz bestimmt sei und sich nicht mehr um besondere Werke bemühe, sondern das tue, was ihm vor die Hand komme, drittens die Hinwendung zur Gemeinschaft, weil sich die Gesinnung und das von ihr getragene freie Handeln in der Beziehung zum Nächsten ethisch bewährten, und viertens die Vermittlung der Spannung zwischen der von Luther betonten Alleinwirksamkeit Gottes und dem aus ihr sich ergebenden menschlichen Handeln durch den Gedanken des menschlichen Verantwortungsbewußtseins und Mitwirkens an Gottes Handeln: Der im Widerfahrnis von Gottes Gericht und Vergebung Gerechtfertigte und mit der neuen Gesinnung zu freiem Handeln Begabte wisse sich als Werkzeug (instrumentum) Gottes, und er habe im Beruf den gottgegebenen Ort dieser cooperatio mit Gott (99–102). Luthers Gewissensreligion sei mit dieser eigentümlichen Verschränkung des göttlichen und menschlichen Handelns »ein Tun, das ganz Leiden und ein Leiden, das ganz Tun« (107) sei: Das »Erleiden«, das »ganz Innerlichkeit, ein unbedingtes Vertrauen zur Güte des zunächst unverständlichen göttlichen Handelns und ein demütiges Ausharren gegenüber dem Meister [ist], der in Gericht und Gnade, durch Schicksal und Gewissen aus dem spröden Stoff des Irdischen das Gegenbild des eigenen Wesens formt«, dränge hin auf ein »Fruchtbarmachen des innerlich Gewonnenen, auf eine Tätigkeit, auf ein Wirken für Gott« in Form des »Gottesdienst[s]« in der geistlichen Gemeinschaft des Gottesreichs und in der Welt (95 f.).

Die einzelnen Momente seiner gegenüber dem Mittelalter neuartigen Konzeption von Religion und Sittlichkeit habe Luther in der zweiten und dritten Phase des »Neubaus der Sittlichkeit« von 1513 bis 1521 entfaltet. Die *zweite Phase* von 1513 bis 1517 (203–217) sei dadurch gekennzeichnet, daß Luther die bereits vor Beginn der ersten Psalmenvorlesung vorliegende sittliche und rechtfertigungstheologische Erkenntnis in ihren Konsequenzen für das Gottes- und Selbstverhältnis des Menschen entfaltet habe. Vor allem bei Paulus und der Mystik habe Luther die menschliche Sündhaftigkeit in ihrer ganzen Tragweite und demgegenüber die Souveränität und Alleinwirksamkeit Gottes erkennen gelernt, angesichts derer der Mensch seine Sünde zu bekennen und sich als Werkzeug dem göttlichen Handeln einzuordnen habe. In der zweiten Phase habe Luther zudem begonnen, sich mit dem Problem des Weltverhältnisses des Christen zu beschäftigen, dessen Tragweite und Problematik ihm zu dieser Zeit aber noch nicht ausreichend bewußt gewesen sei und für das er noch nicht die notwendigen gedanklichen Mittel entwickelt habe. Auch in der *dritten Phase* zwischen 1517 und 1521 (217–239) sei Luther noch nicht so weit gewesen, das Problem des christlichen Lebens in der Welt als solches zu lösen, aber er habe durch die weitere Ausarbeitung des rechtfertigungstheologischen Rahmens die Voraussetzungen dafür geschaffen. Hier seien vor allem die Erkenntnis der christlichen Freiheit, die die christliche Sittlichkeit begründe, und der wahren Bedeutung der asketischen Selbstdisziplinierung, die die Praxis der christlichen Sittlichkeit unter den Bedingungen der Fleischesexistenz ermögliche, zu nennen. Innerhalb dieses rechtfertigungstheologischen Rahmens habe Luther dann das die Frage des christlichen Verhältnisses zur Welt klärende Theorieelement der reformatorischen Berufsauffassung entwickelt. In der Auseinandersetzung mit dem Mönchtum habe Luther erkannt, daß der im Glauben vom Gesetz freie, seine Leiblichkeit kontrollierende Christenmensch gerade als solcher dazu in die Lage versetzt sei, sich als Christ auf die weltlichen Ordnungen einzulassen und innerhalb dieser Ordnungen die Funktionen auszuüben, in denen er sich vorfinde.

Damit seien die Voraussetzungen dafür gegeben, daß Luther sich in der *vierten Phase* seines Neubaus der Sittlichkeit seit 1521 mit der Frage nach dem christlichen Leben in der Welt habe beschäftigen können (239–287). Das christliche Leben in der Welt sei für Luther gekennzeichnet gewesen durch die Anerkennung der vorhandenen innerweltlichen Ordnungen (Familie, Recht, Staat, Wirtschaft) als göttlicher Setzungen und durch die auf dieser Grundlage erfolgende christliche Durchdringung und »Versittlichung« der Ordnungen. Der seinem gegebenen Beruf gehorsame Christ sei nämlich durch die Nächstenliebe motiviert und lasse diese Liebe seinen Berufsgehorsam auch inhaltlich bestimmen. Die Welt sei für Luther also nicht nur der gegebene Ort des christlichen Lebens, sondern auch der Ort einer von der christlichen Liebe initiierten und getragenen Veränderung der gegebenen Verhältnisse. Allerdings gehe dieses Liebeshandeln im Beruf nicht ohne Spannungen ab, denn der Berufsgehorsam des Christen habe zwei Bezugspunkte: einmal die der Vernunft erkennbare innerweltliche Eigengesetzlichkeit und zum anderen das dem Glauben erkennbare Liebesgebot. Auch wenn diese beiden Bezugspunkte in engem Zusammenhang stünden, so sehe sich der Christ doch immer wieder mit der Notwendigkeit konfrontiert, aus Nächstenliebe ihr äußerlich scheinbar widersprechend zu handeln. Für Holl ist das anders als für Troeltsch nicht Ausdruck einer Doppelmoral, sondern gerade der Ausdruck des in sich stimmigen und kohärenten Liebesethos, das darum wisse, daß sich ein- und dieselbe Liebe unter den Bedingungen der Welt in ganz unterschiedlichen Formen konkretisiere.

Holls Lutherinterpretation weist mehrere Merkmale auf, die sie zu einem forschungsgeschichtlich zentralen Beitrag machen, der bis heute – ungeachtet zahlreicher problematischer Einzelpunkte[86] – nichts von seiner

86 Zu nennen sind hier etwa die problematische Datierung und inhaltliche Bestimmung von Luthers reformatorischer Erkenntnis, die Hypothese einer diese Erkenntnis angeb-

Bedeutung verloren hat. *Erstens* macht Holl deutlich, daß Luthers Ethik in engstem Zusammenhang mit seinem Gottesbegriff und seiner Rechtfertigungslehre steht und damit unmittelbar auf das Zentrum von Luthers Theologie bezogen ist. Jede Beschäftigung mit Luthers Ethik muß von diesem rechtfertigungstheologischen Zentrum ausgehen und Luther von hier aus zu verstehen versuchen. *Zweitens* gelingt es Holl, die kirchengeschichtlichen und die systematisch-theologischen Aspekte sowie die individual- und die sozialethische Perspektive auszubalancieren, indem er den inneren Zusammenhang beider Größen jeweils deutlich macht. Man kann Luthers Theologie nicht systematisch rekonstruieren, ohne sie aus ihrer eigenen Entwicklungsgeschichte herzuleiten und an ihr zu bewähren. Und die Frage nach der Grundlegung der Ethik im Gottes- und Selbstverhältnis des Menschen führt zur Frage nach den Konkretionen der Ethik im Weltverhältnis des Menschen, und diese verweist zurück auf die erste Frage. *Drittens* ist Luthers Verständnis von Religion und Sittlichkeit zu seinen spätmittelalterlichen Voraussetzungen ins Verhältnis zu setzen, und zwar nicht nur anhand kirchen- und theologiegeschichtlicher Allgemeinplätze und vergröbernder Typisierungen, sondern mit dem Rückgang auf die Quellen selbst. Sowohl hinsichtlich der kirchengeschichtlichen wie hinsichtlich der systematisch-theologischen Aspekte des Themas sind Holls Lutheraufsätze ein entscheidender und bis heute maßstabsetzender Fortschritt in der Forschungsgeschichte, indem sie die Kohärenz von Luthers Ethik und ihre Bedeutung für die eigene Gegenwart im Medium der streng wissenschaftlichen theologiegeschichtlichen Rekonstruktion erweisen.

Die 1920er und frühen 1930er Jahre waren für die Forschung zu Luthers Ethik eine Übergangsphase. Einerseits gab es eine Kontinuität zur Forschung des 19. Jahrhunderts, andererseits boten die Beiträge von Troeltsch und Holl eine darüber hinausführende Neuorientierung. Die Ablösung von der herkömmlichen Sicht und die Rezeption und Vertiefung der methodisch und inhaltlich maßstabsetzenden Arbeiten Troeltschs und Holls wurde allerdings überlagert und dann schließlich abgebrochen durch

lich sachnotwendig voraussetzenden, quellenmäßig aber nur indirekt erweisbaren sittlichen Neuerkenntnis Luthers oder die Luther zugeschriebene Gewissensreligion.

außerhalb der Forschung zu Luthers Ethik liegende Faktoren. Die theologischen Umbrüche der 1920er Jahre und hier vor allem das Aufkommen der politischen Theologie tangierten die Forschung aber vorerst kaum und gehören in die Vorgeschichte zur dritten Phase der Forschungsgeschichte. Vorerst bewegte sich die Forschung zu Luthers Ethik noch im hergebrachten kirchlich-theologischen Rahmen, wie ihn etwa die Verfassung des Deutschen Evangelischen Kirchenbundes von 1921 markiert, wenn sie in § 1 dem Kirchenbund und den Landeskirchen zur Aufgabe macht, »das Gesamtbewußtsein des deutschen Protestantismus zu pflegen und für die religiös-sittliche Weltanschauung der deutschen Reformation die zusammengefaßten Kräfte der deutschen Reformationskirchen einzusetzen«.[87] Es fand sich immer noch eine Lutherinterpretation, die vergleichsweise unkritisch das vermeintlich reformatorische Programm der protestantischen Synthese von Religion und Sittlichkeit rekonstruierte und für die eigene Gegenwart nutzbar zu machen versuchte.[88] Auch die Reihe der beschreibenden, nicht primär an gegenwartsorientierten Wertungen und Beanspruchungen interessierten Überblicksdarstellungen wurde fortgesetzt.[89] Daneben wurden aber auch die Anregungen Troeltschs und Holls aufgegriffen, indem entweder die innere Widersprüchlichkeit und Zeitbedingtheit von Luthers Ethik oder ihre systematische Kohärenz und Gegenwartsrelevanz aufgewiesen wurden. Während die an Troeltsch anknüpfende Lutherinterpretation der 1920er und 1930er Jahre – hier ist vor allem Georg Wünsch mit seinen frühen Luther-Arbeiten zu nennen[90] – metho-

87 Verhandlungen des 2. Deutschen Evangelischen Kirchentages 1921, hg. v. Deutschen Evangelischen Kirchenausschuß, o.J. [1922], 30. – Zur Wirkmächtigkeit und inneren Ambivalenz dieses Programms: K. Scholder, Die Kirchen und das Dritte Reich, Bd. 1: Vorgeschichte und Zeit der Illusionen 1918–1934, 1986, 46–49.

88 Z.B. G. Mensching, Glaube und Werk bei Luther. Zugleich als Beitrag zur Wesensbestimmung des Gottesdienstes, 1926.

89 A. Berger (Hg.), Grundzüge evangelischer Lebensformung nach ausgewählten Schriften Martin Luthers, 1930 (kommentierte Quellensammlung); O. Dittrich, Luthers Ethik in ihren Grundzügen dargestellt, 1930; Ders., Geschichte der Ethik, Bd. 4^{I}, 1932, 2–80.

90 G. Wünsch, Luthers Beurteilung des Wuchers / der Zinswirtschaft (ChW 29, 1915, 26–31.44–48.66–69.86–91.106–109.127–131); Die Bergpredigt bei Luther. Eine Studie zum Verhältnis von Christentum und Welt, 1920; Der Zusammenbruch des Luthertums als Sozialgestaltung, 1921; Gotteserfahrung und sittliche Tat bei Luther, 1924; Evangelische

disch und inhaltlich für die Forschungsgeschichte von geringer Relevanz ist, ist unter den an Holl anknüpfenden Arbeiten Martin Ludwigs 1931 erschienene Studie *Religion und Sittlichkeit bei Luther bis zum »Sermon von den guten Werken« 1520*[91] zu würdigen. Ludwig konzentriert sich auf die Frage des Verhältnisses von Religion und Sittlichkeit und bearbeitet sie in Form einer Darstellung von Luthers theologischer Entwicklung bis 1520.[92] Die abschließende »systematische Darstellung von Luthers Grundgedanken über das Verhältnis von Religion und Sittlichkeit« (169–189) faßt seine Ergebnisse zusammen: *Erstens* sei Luthers Bestimmung des Verhältnisses von Religion und Sittlichkeit nur verständlich, wenn der Mensch

Wirtschaftsethik, 1927. Eine späte Summe seiner Lutherinterpretation – und zugleich ein Zeugnis seiner theologischen Entwicklung seit den 1920er Jahren (s. dazu A. HAKAMIES, »Eigengesetzlichkeit« der natürlichen Ordnungen als Grundproblem der neueren Lutherforschung, 1971, 63–71) – bietet die Gesamtdarstellung von Luthers Theologie mit besonderer Berücksichtigung der Ethik: Luther und die Gegenwart, 1961.

91 Hierzu gehört auch der separat erschienene forschungsgeschichtliche Überblick über die bisherige Bearbeitung dieser Frage (s. o. Anm. 1).

92 Die in vielen Punkten Holl ergänzende und weiterführende Interpretation des spätmittelalterlichen Hintergrunds und der frühen Vorlesungen, Disputationen, Predigten und Schriften Luthers vermeidet es zwar, Luther in ihm fremde Schemata und Terminologie zu zwängen, ist aber oft nur knapp und kursorisch. Am Beginn steht der spätmittelalterliche Hintergrund Luthers (19–52). In der Zeit bis 1515 (52–74) sieht Ludwig einerseits die beginnende Entfernung vom spätmittelalterlichen Hintergrund, andererseits die Entwicklung wichtiger Elemente des christlichen Lebens, etwa wenn Luther die Bedeutung Christi oder – in Anlehnung an die Mystik – die Passivitäts- und Demutsdimension betone. Bis 1517 (75–101) arbeite Luther dann die rechtfertigungstheologische Grundlegung seiner Ethik aus, vertiefe das christologische Moment von Religion und Sittlichkeit weiter, akzentuiere Leiden und Demut stärker aktiv als passiv und finde so zu einer positiven Würdigung der christlichen Liebespraxis und ihres innerweltlichen Orts im Beruf. In den Jahren 1517 und 1518 (102–126) komme es dann zur endgültigen Ausbildung von Luthers Verschränkung von Religion und Sittlichkeit, die er in den Jahren 1518 bis 1520 (126–153) hinsichtlich der »Bedeutung der religiösen Grundeinsicht für das Sittliche« (126) weiter ausführe. Der Schlußpunkt dieser Entwicklung sei dann im Frühjahr 1520 der Sermon *Von den guten Werken* (153–167), in dem sich Luthers »religiöse Gesinnungsethik« mit dem »Berufsgedanke[n]« verbinde (11). Gegen einen Großteil der Forschung hält Ludwig die Freiheitsschrift als Zugang zu Luthers Bestimmung des Verhältnisses von Religion und Sittlichkeit für weit weniger geeignet als den Sermon *Von den Guten Werken* (208–211).

als Sünder und Christus als die das christliche Leben begründende, tragende und bestimmende Größe verstanden werde. *Zweitens* wirke sich dieser theologische Rahmen der Ethik in einer in Luthers Buß-, Rechtfertigungs- und Glaubensverständnis implizierten »Umwertung aller Werte« aus: Entscheidend sei nunmehr das opus Dei, dem die radikale humilitas und die Passivität des Menschen entspreche und das zur »Auflösung jedes sittlichen Ideals im üblichen Sinne« führe; stattdessen gelte nun der Glaube als das, was das menschliche Handeln gut mache. *Drittens* sei das christliche Handeln einerseits von der eschatologischen Relativierung, d.h. vom Bewußtsein, daß im Diesseits wahrhafte Sittlichkeit nicht zu erreichen sei, und andererseits von der gleichwohl bestehenden Verpflichtung zur Sittlichkeit, d.h. von der Notwendigkeit, die Sünde zu bekämpfen, Gottes Willen zu folgen, dem neuen Sein des Christen äußerlich zu entsprechen und der Gottesbeziehung konkret Ausdruck zu geben, geprägt. Die christliche Praxis in diesem doppelten Horizont der eschatologischen Relativierung und sittlichen Verpflichtung vollziehe sich in der engen Bezogenheit auf Christus, im steten stufenweisen Voranschreiten (proficere) und in der »Schöpfungshaftigkeit des Glaubenshandelns«, und sei dabei charakterisiert durch die Spontaneität der christlichen Praxis und durch die inhaltliche Bestimmtheit als aus der Gottesbeziehung sich ergebende Nächstenliebe. In der so verstandenen, sich im Heiligen Geist vollziehenden christliche Praxis geschehe dann auch tatsächlich die Verwirklichung des sittlichen Ideals. *Viertens* sei mit dem so gefaßten Zusammenhang von Religion und Sittlichkeit das libertinistische, perfektionistische und quietistische Mißverständnis christlichen Lebens ausgeschlossen.

In den 1920er und frühen 1930er Jahren entstand auf der Grundlage der bis dahin vorliegenden Forschungsarbeiten auch eine Reihe von Darstellungen zu Luthers ›Sozialethik‹ und ihrem Zusammenhang mit der frühneuzeitlichen Sozialgeschichte. Während die 1923 und 1927 erschienenen Arbeiten von Paul Joachimsen[93] einen stärker historisch orientierten Überblick geben, bietet Werner Elert im zweiten Band seiner *Morphologie des Luthertums* von 1932 eine gleichermaßen theologische wie historische

93 P. Joachimsen, Luther und die soziale Welt (in: Ders.: Gesammelte Aufsätze, Bd. 2, 1983, 625–677); Ders., Sozialethik des Luthertums (aaO Bd. 1, ²1983, 481–536).

Aspekte berücksichtigende Gesamtdarstellung der ›Soziallehren‹ und ›Sozialwirkungen‹ des Luthertums. Nach Elert gründet das lutherische Ethos in Luthers Theologie mit ihrer Verbindung von Rechtfertigungsglaube und Nächstenliebe. Für die ethischen Konkretionen sei zweierlei wichtig: Zum einen verlange die für das Luthertum grundlegende Unterscheidung des zweifachen Wortes Gottes, Gottesbeziehung und christliches Leben in der Welt bei allem inneren Zusammenhang als zweierlei ›Ordnung‹ streng zu unterscheiden; zum anderen vollziehe sich das christliche Leben in der als ›Schöpfungsordnung‹ qualifizierten Welt in der Grundspannung von ›Schicksal‹ und ›Ethos‹, d.h. von schöpfungsmäßigen Vorgegebenheiten und sittlicher Verantwortungsübernahme in ihnen. Was das heißt, entfaltet Elert in vier umfangreichen Kapiteln zu Familie, Volkstum, Staat und Wirtschaft. Das Besondere seiner Darstellung ist, daß er sowohl die ethische Theorie als auch die soziale Praxis einbezieht und Luthers Ethik in den Zusammenhang des frühneuzeitlichen Luthertums stellt. Das systematisch-theologische Profil seiner Lutherinterpretation und die verarbeitete Fülle unterschiedlichen Materials haben die Forschung bereichert und machen Elerts *Morphologie* zu einem nach wie vor lesenswerten Werk. Allerdings hat sich weder sein ›morphologischer‹ Ansatz noch seine Rede von den ›Soziallehren‹ und ›Sozialwirkungen‹ durchgesetzt. Stattdessen bestimmte der von Joachimsen repräsentierte Typus die Forschung, der theologisch und historisch weniger weit ausgreifend als Elert unter dem Titel *Sozialethik* Luthers Ethik rekonstruierte und in die frühneuzeitliche Sozialgeschichte einbettete.[94] Mittelbar in den Zusammenhang der Forschung zu Luthers ›Sozialethik‹ und zur Sozialgeschichte des Reformationsjahrhunderts gehört eine Reihe von Arbeiten, die – vor allem angesichts der Problematisierung Luthers und der Reformation durch römisch-katholische Autoren und angesichts der von Max Weber und Ernst Troeltsch vertretenen Kontrastierung der lutherischen

94 O. Monsheimer, Der Kirchenbegriff und die Sozialethik Luthers in den Streitschriften und Predigten 1537/40, 1930; E. Uhl, Die Sozialethik Johann Gerhards, 1932 (aufschlußreich auch für die Beschäftigung mit Luther); H. Olsson, Grundproblemet i Luthers socialetik, 1934. Ein einsamer Vorläufer der mit Sozialethik betitelten Darstellungen ist R. Sundelin, Framställning och granskning af Luthers Sociala Etik, Bd. 1, 1880. Zur Problematik des Begriffs ›Sozialethik‹ s. Anm. 111.

Reformation mit den die Moderne eigentlich vorbereitenden reformatorischen Richtungen des Täufertums, Spiritualismus und Calvinismus – die ›weltgeschichtlichen Auswirkungen‹ der Reformation und ihre sich daraus ergebende ›Kulturbedeutung‹ betont heraus- und apologetisch und kritisch der eigenen Gegenwart gegenüberstellten.[95]

Über den von der älteren Forschung sowie von Troeltsch, Holl und Elert gesteckten Rahmen hinausführende Forschungsarbeiten waren in den 1920er und 1930er Jahren selten. Einige Ansätze dazu fanden sich bei Rudolf Hermann,[96] dem es aber mehr um eine seiner systematisch-theologischen Konzeption dienende Interpretation von Luthers Theologie als um die Weiterführung der Forschung zu Luthers Ethik ging. Eine Weiterführung verdankte die Forschung dagegen Franz Lau, der mit seiner 1932 abgeschlossenen und 1933 erschienenen Arbeit *»Äußerliche Ordnung« und »Weltlich Ding« in Luthers Theologie* die Frage nach dem Verhältnis von Glaube und Welt neu formulierte und aufgrund eines breiten Quellenfundaments bearbeitete. Lau will sein Thema nicht vom seiner Meinung nach in den Lutherdarstellungen gängigen »Zweireicheschema« (11) her entwickeln, sondern orientiert sich – wie schon die Titelformulierung programmatisch zeigt – an Luthers eigener Begrifflichkeit. Die Darstellung verfährt

95 Beides sind gängige Topoi protestantischer Reformationshistoriographie, die vor allem im Zusammenhang der Reformationsjubiläen des 19. und 20. Jahrhundert wieder und wieder bemüht wurden. Wichtige Arbeiten aus der zweiten Phase der Forschung dazu sind: K. Holl, Die Kulturbedeutung der Reformation (in: Holl 1, 468–543); A. Hauck, Die Reformation in ihrer Wirkung auf das Leben, 1918; O. Scheel, Die weltgeschichtliche Bedeutung der Wittenberger Reformation (in: Wirkungen der Reformation bis 1555, hg. v. W. Hubatsch, 1967, 31–76); W. Elert, Morphologie des Luthertums, Bd. 2, 1931; W. Köhler, Luther und das Luthertum in ihrer weltgeschichtlichen Auswirkung, 1933; R. Seeberg, Lehrbuch der Dogmengeschichte, Bd. 4, Teil 1, [4]1933, 341–343. – Weitere Positionen stellt vor: R. Saarinen, Die Kulturbedeutung der Reformation im Urteil der Luther-Interpreten. Von Albrecht Ritschl bis Friedrich Gogarten (in: Christentum und Weltverantwortung, hg. v. J. Heubach, 1992, 25–49).

96 R. Hermann, Willensfreiheit und Gute Werke im Sinne der Reformation [1928] (in: Ders., Gesammelte Studien zur Theologie Luthers und der Reformation, 1960, 44–76); Ders., Fragen aus der Geschichte der christlichen Ethik im Lichte der ethischen Gedanken Luthers [1933] (aaO 126–152); Ders., Luthers Zirkulardisputation über Mt. 19,21 [1941] (aaO 206–250); Ders., Naturrecht und Gesetz bei Luther [1932/1958] (in: Ders., Studien zur Theologie Luthers und des Luthertums, 1981, 98–109).

systematisch, indem sie in ihren vier Teilen anhand aus Luthers Gesamtwerk gesammelter Belege zuerst die »Göttlichkeit der Ordnungen und des Amtes« und als zweites die gleichwohl geltende »Natürlichkeit und Weltlichkeit der Ordnungen« in ihrer Selbständigkeit und scheinbaren, die Bezogenheit auf Gott aber allererst ermöglichenden Autonomie, dann drittens unter der Überschrift »Die Ordnungen und die Realität der Sünde« die Verkehrung der göttlichen Setzungen durch den die Selbständigkeit der weltlichen Ordnungen mißbrauchenden Menschen sowie den Charakter der Ordnungen als Schutz gegen die Sünde und ihre Folgen und schließlich viertens das in der Liebespraxis gegebene rechte Verhältnis von »Lex Naturae und [...] Lex Caritatis«, von weltlichen Ordnungen und christlichem Leben in ihnen darstellt. Das Interesse Laus gilt vornehmlich den innerweltlichen Ordnungen als solchen, während die Frage des Verhältnisses dieser Ordnungen zum christlichen Leben ausgeklammert und einer weiteren, in der 1933 angekündigten Form allerdings nie entstandenen Arbeit überlassen bleibt (12[1].15[1].62). Dennoch macht Lau Luthers eigentümliche Verschränkung von weltlichen Gegebenheiten und christlicher Lebensführung in ihnen deutlich, womit er an einem Teilgebiet von Luthers Ethik wichtige Gesichtspunkte für das Ganze aufweist. Für die Forschungsgeschichte wichtig ist Laus Buch zudem durch die weitere Ablösung der Beschäftigung mit Luthers Ethik von den Fragen und Interessen des 19. Jahrhunderts. Lau gehörte zu einer neuen Generation und schrieb in einer neuen kirchlich-theologischen Situation, für die das Verhältnis von Christentum und Welt im Spiegel Luthers nur produktiv bearbeitet werden konnte, wenn das in den Kategorien und Denkmustern des Reformationsjahrhunderts und nicht der eigenen Gegenwart geschah. Es ist bezeichnend, daß Lau seine Dissertation zwar in einer systematisch-theologischen Reihe veröffentlichte und dem durch seinen systematisierenden Zugriff auf die Quellen entsprach, sich letztlich aber als Kirchenhistoriker verstand, dem es zuerst um theologiegeschichtliche Rekonstruktion und nicht um gegenwartsrelevante Reflexion ging.

Zusammenfassend gesagt wurde die in der ersten Phase bearbeitete Fragestellung von *Religion und Sittlichkeit* in der zweiten Phase der Forschung von den 1890er bis zu den 1930er Jahren zu der von *Christentum und Welt* umakzentuiert. Die Forschung bemühte sich, die kirchengeschichtlichen wie die systematisch-theologischen Aspekte von Luthers Ethik gleichermaßen zur Geltung zu bringen, wobei sie die Eigenart des biblischen und des reformatorischen Christentums der eigenen Gegenwart kontrastierend gegenüberstellte und entweder die Gegenwart aus den vermeintlich hemmenden Bindungen an ein vormodernes Christentum zu lösen oder die kirchlich-theologische Tradition als Potential für die Bewältigung der Gegenwart zu erschließen versuchte. Beides führte zu dem die Forschungsgeschichte seither bestimmenden Paradox, daß die Reformation und Luther weit stärker als bisher historisiert wurden und damit gegenwärtiger Vereinnahmung entrückten, daß aber beide Forschungsrichtungen zugleich die wissenschaftliche Distanzierung positiv ummünzten, indem sie die in ihrer vermeintlichen geschichtlichen Eigenheit erkannten Phänomene positiv oder negativ auf die kirchlich-theologische Gegenwart bezogen. Neben der sozialethischen Forschung sind in der zweiten Phase die Beiträge von Ernst Troeltsch und Karl Holl von besonderer Wichtigkeit, die methodisch und inhaltlich jeweils auf ihre eigene Weise – trotz aller problematischen Einzelpunkte – bis heute maßstabsetzend sind. Ernst Troeltsch ist wichtig, weil er Luthers Ethik in die Geschichte der christlichen »Soziallehren« einbettet und in ihm einen bestimmten Typus erkennt, der sich sowohl aus den besonderen geschichtlichen Entstehungsbedingungen erklärt als auch verändernd auf seinen historischen Kontext zurückwirkt. Auch Karl Holl geht es um die Einzeichnung Luthers in das große Panorama der Kirchen- und Theologiegeschichte und um die Frage nach den Wechselwirkungen von geschichtlicher Wirklichkeit und Theologie, aber sein vorrangiges Interesse gilt dem Nachvollzug der Entwicklung und der systematischen Grundstruktur von Luthers Ethik. Und hier ist er zu Ergebnissen gelangt, die über Troeltsch hinausführten und grundlegend für die ganze folgende Forschung geworden sind.

3. Die Forschung seit den 1930er Jahren

3.1. Der forschungsgeschichtliche Einschnitt in den 1930er Jahren

Daß die zweite Phase der Forschung in den 1930er Jahren in die dritte Phase überging, hatte weniger damit zu tun, daß die in der zweiten Phase entwickelten Ansätze in ihrem Potential ausgereizt gewesen wären – das war bei weitem nicht der Fall, ja die forschungsgeschichtlichen Innovationen von Troeltsch und Holl blieben trotz aller Breitenwirkung[97] ein Anfang ohne rechte Fortsetzung –, sondern damit, daß die seit jeher eng auf die jeweilige kirchlich-theologische Situation bezogene Forschung zu Luthers Ethik in die Auseinandersetzungen um die politische Theologie und die Stellung der evangelischen Kirche zum NS-Staat hineingezogen wurde.[98] Der Umbruch in der Forschung bahnte sich ganz allmählich an und fand 1938 seinen ersten gewichtigen Niederschlag in Harald Diems Monographie über *Luthers Lehre von den zwei Reichen.* Das damit gesetzte Thema der ›Zweireichelehre‹ und die neue Qualität der Behandlung theologischer Grundsatzfragen im Medium der Lutherinterpretation sollten in der Folgezeit die Forschung zu Luthers Ethik bestimmen.

97 Troeltschs Lutherdarstellung entfaltete ihre Wirkung weniger in der deutschsprachigen evangelischen Theologie als vielmehr in den deutsch- und englischsprachigen Geschichts-, Politik- und Sozialwissenschaften sowie in der besonders an sozialethischen Fragen interessierten theologischen Diskussion in Nordamerika. Holl dagegen wurde vornehmlich von der deutschen Universitätstheologie rezipiert.

98 An Literatur zur Forschungsgeschichte ist hinzuweisen auf: Hakamies (s. Anm. 90); G. Sauter, Zur Einführung (in: Zur Zwei-Reiche-Lehre Luthers, hg. v. G. Sauter, 1973, VII–XIV); R. Ohlig, Die Zwei-Reiche-Lehre Luthers in der Auslegung der deutschen lutherischen Theologie der Gegenwart seit 1945, 1974; H.-W. Schütte, Zwei-Reiche-Lehre und Königsherrschaft Christi (in: Handbuch der christlichen Ethik, Bd. 1, 1978, 339–353); H. Lehmann, Die Diskussion über Martin Luthers historische Bedeutung in den ersten Jahren nach dem Zweiten Weltkrieg (in: Ders., Protestantische Weltsichten. Transformationen seit dem 17. Jahrhundert, 1998, 174–203); C. Nicolaisen, »Anwendung« der Zweireichelehre im Kirchenkampf – Emanuel Hirsch und Dietrich Bonhoeffer (in: Gottes Wirken in seiner Welt, hg. v. N. Hasselmann, Bd. 2, 1980, 15–26); W. Huber, »Eigengesetzlichkeit« und »Lehre von den zwei Reichen« (aaO 27–51); K. Nowak, Zweireichelehre. Anmerkungen zum Entstehungsprozeß einer umstrittenen Begriffsprägung und kontroversen Lehre (ZThK 78, 1981, 105–127); B. Lohse, Zwei-Reiche-Lehre und Königsherrschaft Christi (in: G. Forck, Die Königsherrschaft Jesu Christi bei Luther, ^{2}1988, 155–167); F. Lohmann, Ein Gott – zwei Regimente. Überlegungen zur Zwei-Reiche-Lehre Martin Luthers im Anschluß an die Debatte zwischen Paul Althaus und Johannes Heckel (Lu 73, 2003, 112–138); TRE 36, 2004, 776–784 (R. Anselm). Wichtig sind auch die beiden Sammlungen von Forschungsbeiträgen mit den beigegebenen Einleitungen und Bibliographien: Reich Gottes und Welt, hg. v. H.-H. Schrey, 1969; Luther und die Obrigkeit, hg. v. G. Wolf, 1972.

Wie kam es dazu, daß sich das Forschungsinteresse von der Frage nach *Religion und Sittlichkeit* und *Christentum und Welt* bei Luther zur Frage nach Luthers Lehre von den *beiden Reichen und Regimenten* verschob? Um diesen Umbruch der Forschung in den 1920er und 1930er Jahren zu verstehen, bedarf es eines einleitenden Überblicks zur Politisierung der Theologie in dieser Zeit und zur Diskussion über die Stellung der evangelischen Kirche zum NS-Staat seit 1933.[99] Das soll in drei Schritten geschehen: Zuerst wird die Entstehung einer neuartigen kontextuellen Theologie und der Umgang mit Luthers politischer Ethik in den 1920er Jahren dargestellt. Dann geht es um die Indienstnahme Luthers für die unterschiedlich motivierte Bejahung des NS-Staats durch Teile des konfessionellen Luthertums, durch die völkische Theologie und durch nationalsozialistische Historiker nach 1933. Und zuletzt wird die Beanspruchung Luthers für die Bekennende Kirche gegen die nationalsozialistische Überfremdung von Theologie und Kirche behandelt.

Der Erste Weltkrieg und sein Ausgang waren für die evangelische Kirche und Theologie in Deutschland eine große Herausforderung.[100] Der Krieg und die Niederlage wurden als

99 Das Folgende kann nur eine Skizze sein, ausführlichere Darstellungen bieten: K. Nowak, Evangelische Kirche und Weimarer Republik. Zum politischen Weg des deutschen Protestantismus zwischen 1918 und 1932, [2]1988, 227–244; Scholder (s. Anm. 87), Teil 1, Kap. 7, Teil 2, Kap. 9; Fischer (s. Anm. 3), 45–51.62–76. Eine Einordnung in die Diskussion der 1920er Jahre bieten A. Mohler u. K. Weissmann, Die konservative Revolution in Deutschland 1918–1932, [6]2005 (s. Personenregister).

100 Bezeichnenderweise entstanden zwischen 1914 und 1918 zahlreiche kleinere Schriften und Aufsätze zum Thema *Luther und der Krieg*, die der theologischen Bewältigung des Krieges dienen sollten. Neben Karl Holls großer Studie *Die Bedeutung der großen Kriege für das religiöse und kirchliche Leben des deutschen Protestantismus* (Holl 3, 302–384) sind an forschungsgeschichtlich zwar irrelevanten, aber für das Selbstverständnis und die Weltsicht des deutschen Protestantismus aufschlußreichen Titeln beispielsweise zu nennen (die Zeitschriftenaufsätze, die zu diesem Thema erschienen, und die vielen Bezugnahmen auf das Thema in anderen Zusammenhängen bleiben außer Betracht): O. Albrecht, Eine Kriegspredigt aus Luthers Schriften, 1914; H. Freytag, Luther und Fichte. Was sie uns über den Krieg zu sagen haben, 1914; W. Walther, Deutschlands Schwert durch Luther geweiht, 1914; A. Stülcken, Luther und der Krieg, 1915; G. Kawerau, Luthers Gedanken über den Krieg (SVRG Jg. 34, Nr. 124, 1916, 35–56); H. Niemöller, Was Luther seinen lieben Deutschen in dieser schweren Zeit zu sagen hat!, 1916; H. Steinlein, Luther und der Krieg, 1916; Jacobi, Luther und der Krieg, 1917; G. Plitt, Luther im Krieg. Kriegseindrücke und Erinnerungen, o. J. [1918]. Zu dieser fragwürdigen Lutherrezeption (mit zahlreichen weiteren Quellenbelegen): H. Grisar, Der Deutsche Luther im Weltkrieg und in der Gegenwart. Geschichtliche Streifzüge, 1924. Während des Zweiten Weltkriegs gab es zwar auch eine Indienstnahme Luthers (z. B. E. Barnikol, Was hat Luther, der deutsche Reformator, der Evangelischen Kirche der Zukunft in Krieg und Frieden zu sagen?, 1940), sie war aber deutlich zurückhaltender.

apokalyptische Krise wahrgenommen und mußten theologisch verarbeitet werden. Das geschah auch in Form der Politisierung der Theologie. Unter der Voraussetzung der im Rahmen der revolutionären und konstitutionellen Neuordnung 1918/19 vollzogenen institutionellen Trennung von Kirche und Staat sollten Kirche und Theologie zu gesellschaftlichen Erneuerungskräften werden und die bürgerliche Republik anfangs von innen, dann aber auch in ihrer äußeren Gestalt umformen. In der Konkurrenz mit dem religiösen Sozialismus[101] setzte sich im Laufe der 1920er Jahre der eng mit dem konfessionellen Luthertum und der Lutherrenaissance zusammenhängende und zunehmend völkisch umakzentuierte Nationalprotestantismus als die entscheidende Form dieser ›kontextuellen‹ oder ›politischen‹ Theologie durch.[102] Die rechtliche Trennung und institutionelle Entflechtung von Staat und Kirche sowie die Anerkennung der Kirche als privilegierter Körperschaft des öffentlichen Rechts in der Weimarer Reichsverfassung waren wichtige Voraussetzungen, denn dadurch war für Kirche und Theologie eine Selbständigkeit gegenüber Staat und Gesellschaft geschaffen, die sie gegenüber antikirchlichen Maßnahmen – wie sie seit 1918 in der Sowjetunion der deutschen Öffentlichkeit abschreckend vor Augen standen – sicherte, sie gleichwohl einer Bejahung der Weimarer Republik enthob und ihnen doch zugleich die Einflußnahme auf Staat und Gesellschaft ermöglichte. Schon früh berief man sich für diese eigentümliche Verbindung von christlicher Distanz und Nähe gegenüber Staat und Gesellschaft auf »Luther's Anschauung

101 Der religiöse Sozialismus bezog sich – wenn überhaupt – überwiegend kritisch auf Luther, wie etwa G. Wünsch, Der Zusammenbruch des Luthertums als Sozialgestaltung, 1921, zeigt, der Luther (9–21) und dem Luthertum (21–34) im Gefolge der Lutherdeutung Troeltschs die dualistische Aufspaltung des christlichen Ethos und die religiöse Überhöhung der angeblichen innerweltlichen Eigengesetzlichkeit vorwirft. Mit dieser »Verweltlichung des Christenlebens« und Übersteigerung der Zweiheit von Geistlichem und Weltlichem zur »Eigengesetzlichkeit jeder der beiden Welten« mache sich das Luthertum »zu einer unehrlichen Klassenreligion« (32).

102 Ihre wichtigsten Vertreter, die sich in ihren Schriften immer auch auf Luther beriefen, waren in den 1920er und frühen 1930er Jahren Paul Althaus (Das Erlebnis der Kirche, 1919; Religiöser Sozialismus. Grundfragen der christlichen Sozialethik, 1921; Kirche und Volkstum, in: Verhandlungen des zweiten Deutschen Evangelischen Kirchentages 1927, 204–224; Die deutsche Stunde der Kirche, 1933 [enthält auch ältere Beiträge]; Theologie der Ordnungen, 1934), Emanuel Hirsch (Deutschlands Schicksal. Staat, Volk und Menschheit im Lichte einer ethischen Geschichtsansicht, 1920; Die Reich-Gottes-Begriffe des neueren europäischen Denkens, 1921; Die gegenwärtige geistige Lage im Spiegel philosophischer und theologischer Besinnung, 1934; Christliche Freiheit und politische Bindung, 1934) und Wilhelm Stapel (Der christliche Staatsmann. Eine Theologie des Nationalismus, 1932; Die Kirche Christi und der Staat Hitlers, 1933; Die Kirche Luthers, 1935).

von Gottesreich und Weltreich«.[103] Denn »Luthers Weg hat seine Eigenart darin, daß der schroffe Dualismus von Reich Gottes und Weltverfassung, von Liebesethik und Staatsleben aufgestellt und dann doch im Handeln des Christen überwunden wird. Aus dem Dualismus wird die Spannung zwischen der stets unveränderten Herzensgesinnung und dem Werke, das sich vollziehen muß. In der völligen Trennung der Gebiete und ihrem gleichzeitig fortwährenden Zusammenschluß, ihrer Durchdringung im Handeln des Christen sah Luther die Lösung«.[104] Solche Aussagen waren nicht nur eine Zusammenfassung des Lutherbilds, wie es das konfessionelle Luthertum oder Karl Holl vertraten, sondern sie weisen auch auf den forschungsgeschichtlichen Umbruch der 1930er Jahre voraus, indem Luther – ohne dass sich die Terminologie schon verfestigt hätte – eine ›Zweireichelehre‹ zugeschrieben und diese in den kirchlich-theologischen Auseinandersetzungen genutzt wurde. Die »Luthersche Lösung« des Problems der Sozialethik durch die »paradoxe Lehre von den zwei Reichen«[105] war näherhin dadurch charakterisiert, daß ihre Unterscheidung der beiden Bereiche durch die theologische Deutung der innerweltlichen Strukturen und Institutionen als Schöpfungsordnungen sowie besonderer geschichtlicher Entwicklungen und Ereignisse als göttlicher Offenbarung sowohl die religiöse Bestätigung der Eigengesetzlichkeit der Welt als auch ihre religiöse Beanspruchung durch die Kirche implizierte. Im Blick auf das Deutschland der 1920er und 1930er Jahre hieß das, daß dem deutschen Volkstum und der völkischen Bewegung eine besondere theologische Qualität zugesprochen und die Kirche in die Pflicht genommen wurde, das sich hier manifestierende göttliche Geschichtshandeln in »kritischer Solidarität«[106] zu begleiten und zu unterstützen. Die Vertreter dieser politischen Theologie setzten ihre Akzente allerdings unterschiedlich: Während Paul Althaus eine mittlere Position einnahm, indem er die kirchliche Gemeinschaft und die Volksgemeinschaft klar unterschied und einen Dienst der Kirche am Volkstum forderte, der diese Unterschiedenheit voraussetzte und nicht relativierte, betonte Wilhelm Stapel das Moment der Eigengesetzlichkeit und sprach Volk und Staat und ihrem ›Volksnomos‹ eine eigenständige religiöse Dignität zu, die der Kirche nicht bedurfte, sondern vielmehr Rechte über die Kirche begründete, und Emanuel Hirsch betonte das Moment der Zusammengehörigkeit und wechselseitigen Angewiesenheit, bei der Volk und Staat der Kirche bedurften und die Kirche mit ihrem religiösen Auftrag geradezu im Politischen aufgehen sollte.

Das Insistieren auf der Unterschiedenheit der Bereiche und dem jeweiligen Eigenrecht

103 Hirsch, Reich-Gottes-Begriffe (s. Anm. 102), 24 (Luthers Anschauung selbst wird von Hirsch nur knapp in der Gegenüberstellung zu Leibniz' »Säkularisierung des Reich-Gottes-Gedankens« behandelt [21]).

104 Althaus, Religiöser Sozialismus (s. Anm. 102), 77 (im Zusammenhang seiner Darstellung der Grundzüge von Luthers Ethik [74–88]).

105 K. Barth, Grundfragen christlicher Sozialethik. Auseinandersetzung mit Paul Althaus (in: K. Barth, Vorträge und kleinere Arbeiten 1922–1925, 1990, 39–57), 46.

106 Scholder (s. Anm. 87), 150.

sowie die gleichzeitige Beanspruchung eines kirchlichen Mitgestaltungsrechts von Gesellschaft und Staat war kein Proprium der nationalprotestantisch bis völkisch orientierten politischen Theologie. Zum einen verwendeten seit Beginn der 1920er Jahre vor allem die Lutheraner in ihren politischen und kirchenpolitischen Diskussionsbeiträgen die auf Luther zurückgeführten Unterscheidungen von Gottes- und Weltreich, Evangelium und Gesetz oder Religion und Politik, um sich gegen den Kulturprotestantismus, den religiösen Sozialismus und die von der nordamerikanischen social-gospel-Bewegung beeinflußte Ökumene mit ihren »monistische[n] Reichgottesvorstellungen« und der dadurch drohenden falschen Verchristlichung der Welt und Verweltlichung des Christentums abzugrenzen.[107] Zum anderen beanspruchte der Protestantismus der 1920er Jahre angesichts des gerade anbrechenden ›Jahrhunderts der Kirche‹ – so der Titel eines für das Selbstbewußtsein gerade des kirchlichen Protestantismus charakteristischen Buchs von Otto Dibelius – eine gesellschaftlich-politische Erneuerungs- und eine ethische Leitfunktion. Eine breitere Bejahung der Politisierung der Theologie war damit aber für lange Zeit nicht verbunden. Man teilte die im Sinne des herkömmlichen Nationalprotestantismus verstandene Schätzung der Schöpfungsordnungen von Volk und Obrigkeit und sah die Weimarer Republik auf dem Irrweg des liberalen Individualismus sowie des westlichen Kapitalismus und Parlamentarismus, aber man suchte nicht den Schulterschluß mit der lange noch randständigen völkischen Bewegung oder teilte gar die theologische Überhöhung des Volkstums und der völkischen Bewegung.

Die nationalprotestantisch bis völkisch akzentuierte politische Theologie der 1920er Jahre wäre vielleicht eine zeitbedingte theologische Mode geblieben, hätten die Ereignisse des Jahres 1933 sie nicht scheinbar ins Recht gesetzt, ihr einen massiven Bedeutungsgewinn verschafft und sie zu einer »politische[n] Religion« verdichtet, »in der biblische und welthaft-politische Inhalte zu einem christlich-nationalistischen Glaubenskonglomerat verschmolzen« wurden.[108] Die Berufung auf Luther und die Reformation spielte eine wichtige Rolle in den Auseinandersetzungen, wie sich Kirche und Theologie dem NS-Staat gegenüber zu verhalten hätten. Für die meisten Vertreter der politischen Theologie stand die Berechtigung und Notwendigkeit einer Indienstnahme Luthers und der Reformation für die Unterstützung des NS-Staats und die Neuordnung der Kirche außer Frage. Die Öffnung gegenüber dem Herrschafts- und Weltdeutungsanspruch des Nationalsozialismus ging dabei allerdings unterschiedlich weit. Das zeigt sich etwa an den Erlanger systematischen Theologen Paul Althaus und Werner Elert, die gegenüber dem NS-Staat durchaus aufgeschlossen waren, dabei aber einer eigenständigen theologischen Orientierung verpflichtet blieben, weshalb ihre wissenschaftliche Arbeit aus der Zeit zwischen 1933 und 1945 nach wie vor relevant ist für die Forschung.[109] Der treff-

107 Nicolaisen, »Anwendung« der Zweireichelehre (s. Anm. 98), 16f.

108 Nowak, Zweireichelehre (s. Anm. 98), 108.

109 Die Publikationen beider sind aber mit Vorsicht zu rezipieren. Elert ist dabei der weniger problematische Fall, weil seine Indienstnahme Luthers und der Reformation für das

endste Ausdruck der Stellung des Erlanger Luthertums gegenüber dem NS-Staat war der als Reaktion auf die Barmer *Theologische Erklärung* von Elert konzipierte und von ihm und Althaus unterzeichnete *Ansbacher Ratschlag.*[110] Ausgehend vom Verständnis des Gesetzes als einer »uns in der Gesamtwirklichkeit unseres Lebens« »in unserem Heute und Hier« begegnenden und in einem »bestimmten historischen Augenblick« an den »Stand« bzw. die »natürlichen Ordnungen« bindenden Größe werden die natürlichen Ordnungen und hier insbesondere die weltliche Obrigkeit als lebensschaffend und lebenserhaltend bejaht. Daraus folgt im Jahr 1934 die – bewußt in enger Anlehnung an die Sprache des 16. Jahrhunderts formulierte – Bejahung des Führers Hitler als des von Gott geschenkten »frommen und getreuen Oberherrn« und der »nationalsozialistischen Staatsordnung« als »gut Regiment«. Über Elert und Althaus hinausgehend verschrieb sich auch die jüngere Generation einer Lutherdeutung aus dem Geiste des Jahres 1933. So konnte Werner Betcke 1934 seine Darstellung von Luthers Ethik programmatisch mit dem Haupttitel »Sozialethik« – einem in den 1920er Jahren ideologisch zugespitzten »Kampfbegriff gegen den liberalen Individualismus und ›atomistische‹ ›Gesellschafts‹-Konzepte«[111] – und dem Untertitel »Ein Beitrag zu Luthers Verhältnis zum Individualismus« versehen und beides im Vorwort mit Verweis auf die mit dem Jahr 1933 angebrochene neue Zeit rechtfertigen, indem er Luther als theologischen Urvater für das mit dem »Sieg des Nationalsozialismus« gekommene »Ende des individualistischen Zeitalters« reklamierte.[112] Unter den etablierten Theologen war es Emanuel Hirsch, der in seiner Deutung der vermeintlichen Zeitenwende des Jahres 1933 auch auf Luther und die Reformation rekurrierte und dabei die der politischen Theologie innewohnende Paradoxie der gleichzeitigen Unterscheidung und Verschränkung der beiden Bereiche am schärfsten akzentuierte, indem er die institutionelle Unterschiedenheit von Kirche und Staat als Bedingung der engen Beziehung von Religion und Politik betonte und die Eigengesetzlichkeit des Politischen in einem Maße religiös qualifizierte, daß es als innergeschichtliches Gotteswirken faktisch der kirchlichen Stellungnahme und Beeinflussung entzogen wurde. Hirsch bemühte sich darum, theologischen Einfluß auf die kirchenpolitische Entwicklung zu gewinnen, indem er eng mit Ludwig Müller kooperierte und 1934 für die Reichskirchenregierung eine Denkschrift *Über das grundsätzliche Verhältnis von evangelischem Christentum und politischer Bewegung* verfaßte, die sich für dieses

Dritte Reich leichter zu erkennen ist (zu Elerts Affinität zum NS-Staat: B. Hamm, Werner Elert als Kriegstheologe. Zugleich ein Beitrag zur Diskussion »Luthertum und Nationalsozialismus«[KZG 11, 1998, 206–254]). Althaus erliegt dieser Versuchung zur unangemessenen Aktualisierung der kirchlich-theologischen Traditionsbestände zwar nicht ganz so offensichtlich wie Elert, er steht aber dennoch in der Gefahr, Luther und die Reformation zu enthistorisieren und für die Gegenwart zu vereinnahmen.

110 K. D. Schmidt (Hg.), Die Bekenntnisse und grundsätzlichen Äußerungen zur Kirchenfrage, Bd. 2: Das Jahr 1934, 1935, 102–104.

111 F. W. Graf, Art. Sozialethik (HWPh 9, 1995, 1134–1138), 1137.

112 W. Betcke, Luthers Sozialethik, 1934, 7.

Programm des Aufgehens des Religiösen im Politischen, das die Unterscheidung von Kirche und Staat zwar voraussetzte, aber letztlich in eine höhere Einheit hinein aufheben wollte, auf Luthers »reformatorische Lehre von den zwei Reichen«, die »die beiden Reiche lebendig ineinander sieht«, berief.[113] Nachdem die Gleichschaltung der Kirchen mit dem NS-Staat 1934 endgültig gescheitert war, wurde Luther von den Vertretern der politischen Theologie in der zweiten Hälfte der 1930er Jahre zur Stärkung der eigenen Position und zur theologischen Delegitimierung der Bekenntniskirche mißbraucht. Die Gegner der Bekennenden Kirche stilisierten sich dabei zu den eigentlichen Wahrern der reformatorischen Theologie in der Gegenwart, indem sie gegenüber der vermeintlichen Vermischung von Kirche und Welt durch die Bekennende Kirche und das bekenntniskirchliche Luthertum beanspruchten, Luthers Unterscheidung des Geistlichen und Weltlichen zu vertreten, und sie zugleich mit Luthers – vermeintlich eine Bejahung des NS-Staats durch die Kirche implizierender – Würdigung der schöpfungstheologisch legitimierten innerweltlichen Ordnungen verbanden.[114] Das brachte 1939 die *Godesberger Erklärung* programmatisch zum Ausdruck, die behauptete, der NS-Staat führe mit seiner Verbindlichmachung der »dem deutschen Volke artgemäße[n] nationalsozialistische[n] Weltanschauung für alle« »das Werk Martin Luthers nach der weltanschaulich-politischen Seite fort und verhilft uns dadurch in religiöser Hinsicht wieder zu einem wahren Verständnis des christlichen Glaubens«.[115]

Obwohl der NS-Staat gegenüber der Vereinnahmung durch den völkischen Protestantismus sehr distanziert reagierte, gab es auch eine nationalsozialistische Beanspruchung Luthers. Für die Forschungsgeschichte zu Luthers Ethik wichtig wurde der Historiker Arno Deutelmoser mit seiner Lutherinterpretation im Dienst der geschichtstheologischen Legitimierung des NS-Staats, die Luther für den nationalsozialistischen Mythos des Reichs in Anspruch nahm.[116] Der Staat – und zwar besonders in seiner höchsten Gestaltung als deutsches Reich – könne eine eigene religiöse Qualität beanspruchen und erweise sich als der eigentliche Ort der innergeschichtlichen Realisierung des Gottesreichs. Für Luther impliziere die »göttliche Allmacht« (23) die »Alleinwirksamkeit« und die in der »Wesenseinheit Gottes mit seinen Masken« (25) gegebene »Alleinwirklichkeit Gottes in der Welt« (24). Für den institutionell von der Kirche unterschiedenen Staat heiße das: »Der allmächtige Gott west in allen Dingen«, weshalb »alle Ordnung dieser Welt ihrem Wesen nach göttliche Ordnung« sei (78) und der Staat »von sich aus und aus eigener Kraft göttlich« (88). Aber der Staat sei gegenüber der Kirche nicht nur selbständig

113 K. D. Schmidt (Hg.), Bekenntnisse, Bd. 2 (s. Anm. 110), 114–127, 119. Die Verfasserschaft Hirschs ist sehr wahrscheinlich, aber nicht gesichert.

114 W. Meyer-Erlach, Verrat an Luther, 1936; H. M. Müller, Die Verleugnung Luthers im heutigen Protestantismus, 1936.

115 KJ 60/71, 1933–1944, [2]1976, 284f.

116 A. Deutelmoser, Luther, Staat und Glaube, 1937. Dazu: Th. Knolle, Luthers Glaube. Eine Widerlegung, 1938; Nowak, Zweireichelehre (s. Anm. 98), 118–120.

und mit eigener religiöser Würde ausgezeichnet, sondern auch der eigentliche Vollzug des Gotteshandelns in der Welt, denn der die staatliche Macht heiligende »verborgene[] Gott der Allmacht« stehe nach Luther über dem »geoffenbarten Gott der Liebe« (92), weshalb er »ausdrücklich für diesen göttlichen Staat die Geltung der christlichen Gebote aufgehoben« und »die Geltung der christlichen Sittlichkeit auf das Privatleben des Menschen« beschränkt habe (99). Diese noch über die völkische Theologie hinausgehende Vereinnahmung Luthers für die NS-Ideologie durch einen Nichttheologen wurde 1938 zum Anlaß für Diems Arbeit zu Luthers Lehre von den zwei Reichen und zur Etablierung eines neuen Forschungsschwerpunkts. Aber bevor darauf eingegangen werden kann, muß noch die dritte Voraussetzung skizziert werden: die kritische Auseinandersetzung mit der eben geschilderten Indienstnahme Luthers für die organisatorische und theologische Gleichschaltung der Kirche mit dem NS-Staat.

Indem die Vertreter einer nationalprotestantisch bis völkisch akzentuierten politischen Theologie in den 1920er Jahren Luther für sich beanspruchten und ihn seit 1933 zur Legitimierung des NS-Staats und seiner innerkirchlichen Gleichschaltungspolitik benutzten, entwickelte sich Luthers Ethik zu einem Thema in den theologischen und kirchlichen Auseinandersetzungen um das Verhältnis zum NS-Staat. Eine wichtige Rolle im Vorfeld des forschungsgeschichtlichen Umbruchs der 1930er Jahre spielte Karl Barth mit seiner gleichzeitigen Inanspruchnahme der Kontinuität zur Reformation und Distanzierung von zentralen theologischen Anschauungen Luthers. Obwohl sich Barth seit den 1920er Jahren zunehmend kritisch mit der Theologie Luthers und des zeitgenössischen Luthertums in seinen unterschiedlichen Spielarten vom Konfessionalismus über die Lutherrenaissance bis zur völkischen Theologie auseinandergesetzt hatte und obwohl er die Reaktion des deutschen Luthertums auf die Krise der Weimarer Demokratie und das Jahr 1933 zum Anlaß nahm, die Mitverantwortlichkeit des Luthertums für diese Entwicklung zu thematisieren, wandte er sich immer wieder gegen die Beanspruchung Luthers durch die Befürworter einer Annäherung der Kirche an den NS-Staat. Das tat er zum einen durch seine Beiträge zu den innerkirchlichen Auseinandersetzungen 1933/34, in denen er die Kontinuität zur Reformation gegen die Deutschen Christen für die sich formierende Bekennende Kirche in Anspruch nahm. Beispielsweise wandte er sich in seinen Gegenthesen zu den Rengsdorfer Thesen der rheinischen Deutschen Christen mit ihrer Beanspruchung der Reformation für eine »dem deutschen Volkscharakter entsprechend[e]«, d.h. »der germanischen Rasse angemessen[e]« Evangeliumsverkündigung, gegen eine vorschnelle Ineinssetzung der vermeintlichen »göttlichen Ordnungen« mit den »in der von der Sünde beherrschten Geschichte immer im Widerstreit« befindlichen »menschlichen Wirklichkeiten der Kirche und des Staates« und gegen die damit bezweckte Aufgabe der kirchlich-theologischen Vorbehalte gegenüber dem NS-Staat.[117] Und die wesentlich von Barth formulierte Barmer *Theologische Erklärung zur gegenwär-*

117 K. D. Schmidt (Hg.), Die Bekenntnisse und grundsätzlichen Äußerungen zur Kirchenfrage, Bd. 1, 1934, 91.92f.

tigen Lage der Deutschen Evangelischen Kirche vom 31. Mai 1934 beanspruchte ausdrücklich die Kontinuität zur Reformation und betonte in ihrer fünften These entsprechend der reformatorischen Unterscheidung von Geistlichem und Weltlichem die Selbständigkeit von Kirche und Staat und ihre bleibende Verschiedenheit, was beides die Kirche wie den Staat begrenzen und auf ihre jeweiligen Aufgaben beschränken sollte.[118] Zum anderen sicherte Barth diese Beanspruchung der Reformation in einer Reihe von wissenschaftlichen Aufsätzen[119] ab, in denen er die aus seiner Sicht problematischen Punkte der Theologie Luthers und des Luthertums benannte – vor allem das Verständnis der Unterscheidung von Gesetz und Evangelium sowie die sich daraus ergebende Unterscheidung der geistlichen und weltlichen Dimension des Christseins – und der Beanspruchung eben dieser Punkte, wie sie durch das zeitgenössische Luthertum mit seiner Ordnungstheologie, aber eben auch durch die Vertreter einer politischen Theologie geschah, widersprach. Die politische Theologie provozierte mit ihrer Beanspruchung Luthers die Beanspruchung der Kontinuität zur Reformation durch ihre kirchlich-theologischen Opponenten, die sich bei Karl Barth mit einer sachkritischen Distanzierung von Luther verband. Alles dies begann in der zweiten Hälfte der 1930er Jahre die Forschung zu Luthers Ethik zu stimulieren und auf neue Wege zu führen. So positiv aber die sich im forschungsgeschichtlichen Umbruch der 1930er Jahre manifestierende Abgrenzung gegen die Politisierung der Theologie zu werten ist, so problematisch waren doch ihre Folgen: Erstens kam es zu einer Verengung der Forschung auf ein bisher zwar durchweg präsentes, nie aber dominantes Thema: die sog. Zweireichelehre, die zum »Schlüssel« und »Strukturmerkmal der Theologie Luthers«[120] avancierte und die Leitfragen und Ergebnisse der bisherigen Forschung zu Luthers Ethik an den Rand drängte. Zweitens wuchs die Beschäftigung mit Luthers Ethik mehr noch als bisher über die Kreise der Lutherforschung hinaus und wurde vielfach auch von anderen theologischen Disziplinen wahrgenommen, wodurch sich eine zunehmende methodische und inhaltliche Aufsplitterung der Forschung ergab.

Im Zeitraum von 1933 bis 1945 – bevor die Diskussion in der zweiten Hälfte der 1940er Jahre intensiver wurde – ist für die Forschungsgeschichte nur ein einziger wichtiger Beitrag zu verzeichnen, der sich dem Umbruch

118 K. D. Schmidt (Hg.), Bekenntnisse, Bd. 2 (s. Anm. 110), 92–95. Allerdings entspricht gerade die von den Lutheranern formulierte fünfte These am wenigsten Barths eigener Position, ohne daß er aber deshalb ihre bekenntnismäßige Gültigkeit relativiert hätte.

119 Drei klassisch gewordene Aufsätze aus den 1930er und 1940er Jahren formulieren wirkungsmächtig Barths Anfragen: K. Barth, Evangelium und Gesetz (in: Ders., Rechtfertigung und Recht. Christengemeinde und Bürgergemeinde. Evangelium und Gesetz, 1998, 81–109); Ders., Rechtfertigung und Recht (aaO 5–45); Ders., Christengemeinde und Bürgergemeinde (aaO 47–80).

120 Sauter (s. Anm. 98), IX.

im Übergang von der zweiten zur dritten Phase verdankte und Luthers Ethik unter den Bedingungen der kirchlich-theologischen Auseinandersetzungen thematisierte: Harald Diems 1938 erschienenes Buch *Luthers Lehre von den zwei Reichen untersucht von seinem Verständnis der Bergpredigt aus. Ein Beitrag zum Problem: »Gesetz und Evangelium«.*[121] In gewisser Weise vorbereitet wurde Diems Werk von dem letzten gewichtigen Forschungsbeitrag vor 1933 von Franz Lau, der aber methodisch und inhaltlich der zweiten Forschungsphase zuzurechnen ist.[122] Allein schon der Titel von Diems Buch zeigt die Verschiebung der Forschung an: Es wird das Vorhandensein einer regelrechten »Lehre von den zwei Reichen« bei Luther vorausgesetzt, diese Lehre wird in Zusammenhang mit der für Luthers Theologie zentralen und im Rückgriff auf Th. Harnack seit den 1920er Jahren in der Lutherforschung und der systematischen Theologie programmatisch aufgewerteten Unterscheidung von Gesetz und Evangelium gestellt, und sie wird anhand von Luthers bislang wenig beachteter und wegen der quellenkritischen Problematik nur zurückhaltend verwerteter Bergpredigtauslegung von 1530/31 entfaltet.[123] Gegen die Vereinnahmung Luthers durch die politische Theologie zeigt Diem den engen Zusammenhang von Luthers theologischen Zentralaussagen, die für ihn in der Unterscheidung von Gesetz und Evangelium zusammengefaßt sind, und Luthers Aussagen über die christliche Verantwortung in Kirche und Welt auf, wie sie die ›Zweireichelehre‹ beschreibt. Luther gehe es nicht darum, das Weltliche zu verselbständigen und mit eigener religiöser Würde zu umkleiden, sondern um die »christliche Unterrichtung der Gewissen«, d.h. um die Einweisung der einzelnen Menschen in das rechte

121 Zu diesem Werk und seinem Kontext: Nowak, Zweireichelehre (s. Anm. 98), 120–123.

122 Deshalb ist es nicht ganz gerechtfertigt, ihm das »Verdienst, damals [1932] die eigentliche Lutherforschungsdebatte über das ›Zweireicheproblem‹ eröffnet zu haben«, zuzusprechen (M. Schloemann, Problemanzeige. Beitrag zur Generaldebatte und ergänzende Überlegungen [in: N. Hasselmann [Hg.], Gottes Wirken in seiner Welt, Bd. 1, 1980, 116–126], 123).

123 Luthers Bergpredigtauslegung dient vor allem der Gewinnung des Ansatzpunkts der Darstellung, die eigentliche Durchführung greift auch auf das übrige Werk Luthers zurück und zentrale Abschnitte kommen fast ohne Belegmaterial aus der Bergpredigtauslegung aus.

Gottes- und Weltverhältnis. Was das im einzelnen heißt, entfaltet Diem ausführlich, so daß dem Leser ein klares Bild des christlichen Lebens in der Welt und der Gestalt und Aufgabe der Kirche vor Augen tritt. In Diems Lutherdarstellung ist die gleichermaßen quellennahe wie systematisierende Rekonstruktion von Luthers ›Zweireichelehre‹ kunstvoll verwoben mit dem gegenwartsorientierten Interesse an einer in den kirchenpolitischen Auseinandersetzungen verwertbaren Ekklesiologie, die die externitas der Kirche betont und dem Predigtamt die Aufgabe zuschreibt, in beiden Reichen im Dienst Christi zu stehen. Diese Beanspruchung Luthers für gegenwärtige Zwecke war zwar nichts grundsätzlich Neues, aber sie wies doch eine neue Qualität der gegenwartsorientierten Lutherinterpretation auf, indem sie die deskriptiv-analytische Beschäftigung mit Luther zum Medium theologischer Grundsatzreflexionen machte: Diems Rekonstruktion von Luthers ›Zweireichelehre‹ hatte »ein ganzes systematisch-theologisches Programm in sich aufgenommen«, »das zwar an Luther anknüpfte, doch über ihn hinausging und zugleich in die Richtung Barths wies«.[124] Daß Diem die Aussagen der Barmer *Theologischen Erklärung* zu Christus als dem Einheitspunkt theologischen Denkens und kirchlichen Handelns in einer von der Zweiheit von Geistlichem und Weltlichem strukturierten Wirklichkeit aufnimmt und Barths Neuverständnis der Zuordnung von Evangelium und Gesetz mit Luther parallelisiert, wirkt nicht gezwungen und führt auch nicht zu einer selektiven oder gar willkürlichen Lutherinterpretation. Überhaupt wird die Aufnahme dieses Programms nur deutlich, wenn man das Buch genau liest und in die zeitgenössische Diskussion einordnet, denn Diem präsentiert seine sowohl die Quellen als auch die bisherige Forschung verarbeitende, Luther differenziert und vielfach überzeugend systematisierende Rekonstruktion als Beitrag zur Geschichte und nicht zur Gegenwart von Theologie und Kirche.

Der forschungsgeschichtliche Umbruch der 1930er Jahre vollzog sich nicht auf einmal und er betraf auch nicht die gesamte Lutherforschung. Aber es ist doch bemerkenswert, daß die Zahl der zu verzeichnenden Arbeiten zu Luthers Ethik in den 1930er und 1940er Jahren hinter der früherer Zeiten zurückblieb und daß diese Arbeiten ganz überwiegend keine

124 Nowak, Zweireichelehre (s. Anm. 98), 123.

forschungsgeschichtliche Bedeutung haben. Es scheint, daß man angesichts der unübersichtlichen kirchlich-theologischen Diskussionslage nicht einfach die etablierte Forschung fortschreiben wollte, und daß die Neuansätze noch nicht so weit entwickelt waren, daß sich ein neuer Forschungsdiskurs hätte etablieren können. Der Krieg tat ein Übriges, die theologische Arbeit zu hemmen. Natürlich war Luthers Ethik in Lehrbüchern präsent,[125] es erschienen Darstellungen zu Luthers Sozialethik[126] und auch Grundsatzfragen wurden behandelt.[127] Vielfach verstanden sich diese Forschungsbeiträge als implizite oder explizite Stellungnahmen in der kirchlich-theologischen Diskussion ihrer Zeit, wobei allerdings die unvoreingenommene und methodisch wie inhaltlich sachgerechte Lutherinterpretation manches Mal auf der Strecke blieb. Erst nach 1945 sollte es einen substantiellen Fortschritt geben.

3.2. Die Forschung seit 1945

Der Fortgang der Forschungsgeschichte seit 1945 zeigt, daß das von Diems Lutherstudie eingeführte Thema der ›Zweireichelehre‹ das neue Leitthema

125 E. SEEBERG, Luthers Theologie, Bd. 2, 1937 (die Darstellung folgt der Entwicklung von Luthers Theologie und behandelt dabei immer wieder die Ethik Luthers oder ihr zuzurechnende Themen, z. B. 205–226.285–296.411–419); DERS., Grundzüge der Theologie Luthers, 1940, 183–211; J. v. WALTER, Die Theologie Luthers, 1940, 164–175.269–280.293–297.298–305.

126 G. MERZ, Glaube und Politik im Handeln Luthers, 1933; H. REYMANN, Glaube und Wirtschaft bei Luther, 1934 (forschungsgeschichtlich wichtige und bis heute relevante Darstellung der Wirtschaftsethik Luthers); P. ALTHAUS, Obrigkeit und Führertum, 1936, 8–18; H. BARGE, Luther und der Frühkapitalismus, 1936/37; P. ALTHAUS, Luther und die politische Welt, 1937; J. HECKEL, Recht und Gesetz, Kirche und Obrigkeit in Luthers Lehre vor dem Thesenanschlag von 1517 (ZSRG.K 26, 1937, 285–375); K. MATTHES, Luther und die Obrigkeit, 1937; P. BERNS, Die Gesellschafts- und Wirtschaftsauffassung bei Martin Luther, 1938; Th. PAULS, Luthers »Ordnung« für das Leben des Christen, 1938; P. ALTHAUS, Luther und die Politik (in: Luther in der deutschen Kirche der Gegenwart, hg. v. Th. KNOLLE, 1940, 21–27); W. ELERT, Stand und Stände nach lutherischer Auffassung, 1940; E. KINDER, Geistliches und weltliches Regiment Gottes nach Luther, 1940; K. KLAEHN, Luthers sozialethische Haltung im Bauernkrieg, 1940; R. NÜRNBERGER, Die lex naturae als Problem der vita christiana bei Luther (ARG 37, 1940, 1–12).

127 W. LINK, Das Ringen Luthers um die Freiheit der Theologie von der Philosophie, 1940, 350–382.

war: Für ein halbes Jahrhundert wurde die Forschung zu Luthers Ethik von der Frage nach Luthers Unterscheidung zweier Reiche und Regimente dominiert. Wie schon bei Diem war die Rekonstruktion und Diskussion der ›Zweireichelehre‹ Luthers nach 1945 auch von der kirchlich-theologischen Diskussion um den Umgang des deutschen Protestantismus mit dem lutherischen Erbe bestimmt.

Die deutsche Forschung konnte nach 1945 nicht mehr einfach an die Forschung der 1920er und frühen 1930er Jahre anknüpfen. Das Versagen eines großen Teils der evangelischen Kirche und Universitätstheologie gegenüber dem Nationalsozialismus bedeutete eine Delegitimierung sowohl des Luthertums als auch seiner gegenwärtigen Vertreter in Kirche und Theologie. Daß man nicht einfach weitermachen konnte, als wäre nichts geschehen, war gerade im Raum der Kirche vielen klar, und die Bereitschaft war groß, sich offen mit den Schwächen der eigenen Tradition und den Fehlern der vergangenen Jahre auseinanderzusetzen. Doch diese kirchlich-theologischen Auseinandersetzungen wurden sogleich in die nach 1945 ausbrechenden politisch-ideologischen Konflikte hineingezogen. Verkompliziert wurde die kirchlich-theologische Diskussionslage zusätzlich dadurch, daß manche Kreise die Theologie Karl Barths durch den Gang der jüngsten Geschichte – und nicht nur aufgrund inhaltlicher Kriterien – bestätigt sahen. Für die Forschung zu Luthers Ethik hieß das, daß sie weiterhin Kampfplatz konkurrierender kirchlich-theologischer Richtungen war. Eine Äußerung Barths aus dem Dezember 1939 markiert das heimliche Zentrum der Forschungsdiskussion der Nachkriegszeit: »Das deutsche Volk ist kein böses Volk […]. Es ist aber der Hitlersche Nationalsozialismus der allerdings böse Ausdruck der ungewöhnlichen politischen Torheit, Verworrenheit und Hilflosigkeit des deutschen Volkes. Lassen Sie mich die Ursachen und das Wesen dieser Tatsache, so wie ich sie verstehe, nur eben andeuten: Das französische und das englische, das holländische und das schweizerische Volk sind gewiß auch keine ›christlichen‹ Völker. Es leidet aber das deutsche Volk an der Erbschaft eines besonders tiefsinnigen und gerade darum besonders wilden, unweisen, lebensunkundigen Heidentums. Und es leidet an der Erbschaft des größten christlichen Deutschen: an dem Irrtum Martin Luthers hinsichtlich des Verhältnisses von Gesetz und Evangelium, von weltlicher und geistlicher Ordnung, durch den sein natürliches Heidentum nicht sowohl begrenzt und beschränkt als vielmehr ideologisch verklärt, bestätigt und bestärkt worden ist. Alle Völker haben solche Erbschaften aus dem Heidentum und aus gewissen ihr Heidentum bestärkenden christlichen Irrtümern. Alle Völker haben infolgedessen ihre bösen Träume. Der Hitlerismus ist der gegenwärtige böse Traum des erst in der lutherischen Form christianisierten deutschen Heiden«.[128] Indem Barth die in der Tat vorhan-

128 K. Barth, Ein Brief nach Frankreich (in: Ders., Offene Briefe 1935–1942, 2001, 205–223, 219f; siehe auch die Bestätigung dieser Aussagen im Folgejahr: aaO 231f).

dene Problematik der sich selbst als lutherisch verstehenden Ordnungstheologie auf das gesamte Luthertum und Luther selbst ausweitete und das zum Erklärungsschlüssel für die Anfälligkeit der Deutschen gegenüber dem Nationalsozialismus machte, provozierte er nach 1945 eine kontroverse Diskussion, deren Thema auch Luthers Ethik war. Ja, diese wurde sogar zeitweise zu einem der Schlüsselthemen der gesamten theologischen Diskussion, die vom Versagen der evangelischen Kirche und Theologie gegenüber dem Nationalsozialismus und den Folgerungen daraus für die Zeit nach 1945 umgetrieben war und diese Fragen auch im Medium der Lutherinterpretation bearbeitete. So entstand in den 1950er Jahren eine Fülle von Beiträgen, wie sie in solch einem kurzen Zeitraum für die Forschungsgeschichte niemals zuvor und später zu verzeichnen ist. Weil diese Beschäftigung mit Luther und der Reformation sich weniger einem historischen, als vielmehr einem Gegenwartsinteresse verdankte und die historische Quellenarbeit für die Fragen der gegenwärtigen Fundamentaltheologie und politischen Ethik in Dienst genommen wurde, wurde die Diskussion nicht von den Kirchenhistorikern bestimmt. Das war zwar immer schon so gewesen, aber die Historisierung Luthers und seiner Theologie im Zuge der Lutherforschung zu Beginn des 20. Jahrhunderts hatte doch Standards gesetzt, die eine allzu freizügige Beschäftigung mit Luther unmöglich machten. Dahinter fiel die Forschung seit 1945 zwar der Form nach nicht zurück, aber im Gewande geschichtlichen Verstehens instrumentalisierte sie Luther für ihre eigene Gegenwart.

Ein erster Versuch, die Diskussion nach 1945 wieder in Gang zu bringen, bestand in einem Preisausschreiben durch die Kanzlei der EKD im April 1946. Das zu bearbeitende Thema hieß: »Ist die Lehre von den zwei Reichen bei Luther schriftgemäß a) in ihrer Anwendung auf die Reformationszeit, b) in ihrer Anwendung auf die politische Situation des 20. Jahrhunderts«.[129] Daraufhin arbeitete Hermann Diem einen 1946 gehaltenen Vortrag über *Karl Barths Kritik am deutschen Luthertum*[130] zur 1947 erschienenen Schrift *Luthers Predigt in den zwei Reichen* um. Er knüpfte dabei an die Arbeit seines 1941 gefallenen Bruders Harald an, führte diese aber noch stärker im Sinne der Barthschen Theologie und mit Blick auf die Gegenwart fort. Ein ähnlich traditions- und sachkritischer Umgang mit Luther fand sich auch in den kirchlich-theologischen Kreisen, die sich der bruderrätlichen Tradition der Bekennenden Kirche und der Theologie Karl Barths verpflichtet sahen. Die dort geäußerte Kritik an Luther und dem Luthertum – etwa von Ernst Wolf[131] – reichte bis hin zum Vorschlag, wegen der Abkopplung der Poli-

129 Verordnungs- und Nachrichtenblatt. Amtliches Organ der Evangelischen Kirche in Deutschland, Jg. 1, Nr. 13, April 1946, 4. Drei Preise zu 1000, 600 und 300 Reichsmark für eine 50seitige Arbeit waren ausgesetzt und sollten von der Kanzlei der EKD »nach Anhören der theologischen Urteile der Herren Professoren Iwand und Wolf« vergeben werden.

130 Veröffentlicht in: Evangelische Selbstprüfung, hg. v. P. Schempp, 1947, 69–112.

131 E. Wolf, Luthers Erbe? (EvTh 6, 1946/47, 82–114); Ders., Zur Selbstkritik des Luthertums (in: Evangelische Selbstprüfung, hg. v. P. Schempp, 1947, 113–135); Ders., Politia Christi. Das Problem der Sozialethik im Luthertum [1948/49] (in: Ders., Peregrinatio, Bd. 1, ²1962, 214–242 [überarbeitete und aktualisierte Fassung des 1934 erstmals erschienenen For-

tik von der ethischen Verpflichtung Gott gegenüber und der Forderung blinder Obrigkeitsservilität »die Lehre von den beiden Reichen vorläufig zu suspendieren«.[132] Solcher Traditions- und Sachkritik begegnete das deutsche Luthertum mit dem positiven Rückbezug auf Luther und die Reformation, allerdings mit unterschiedlicher Akzentuierung: teils in Form selbstkritischer Auseinandersetzung mit Luther,[133] teils in Form zögerlicher Aufarbeitung,[134] teils aber auch in Form trotziger Exkulpation.[135] Doch diese Versuche, die Frage nach Schuld, Verantwortung und Neuorientierung entweder durch einen kritischen oder affirmativen Rückbezug auf Luther und die lutherische Tradition zu beantworten, oder ihr dadurch auszuweichen, daß man das Luthertum zum Opfer des NS-Staats stilisierte, die ungebrochene Bedeutsamkeit der Reformation und Luthers behauptete und die – zweifellos problematische und deshalb leicht zu bestreitende, gleichwohl gerade von vielen Lutheranern zwischen 1933 und 1945 bejahte – These einer Kontinuität von Luther bis Hitler zurückwies, konnten die Forschung nicht stimulieren. Nach 1945 konnte es kein einfaches Anknüpfen an die Forschungsdiskussion der 1920er und 1930er Jahre geben. Zu sehr war das deutsche Luthertum diskreditiert, zu tief war der durch die Politisierung der Theologie verursachte Bruch.

Was die deutsche Theologie aus eigener Kraft nicht vermochte, nämlich einen Impuls zu setzen, der eine Neubegründung der Forschung zu Luthers Ethik ermöglichte, das leistete die nordische[136] Lutherforschung der 1930er

schungsüberblicks]); Ders., Die Königsherrschaft Christi und der Staat (in: W. Schmauch u. E. Wolf, Königsherrschaft Christi. Der Christ im Staat, 1958, 20–61); Ders., Kirche im Widerstand? Protestantische Opposition in der Klammer der Zweireichelehre, 1965.

132 H. Simon, Kurzbericht über die Aussprache und Thesen (in: Schmauch, Königsherrschaft Christi [s. Anm. 131], 62–65), 62.

133 Beispielsweise K. G. Steck, Fragen an das Luthertum, 1948, oder H. Gollwitzer, Die christliche Gemeinde in der politischen Welt, 1953.

134 Beispielsweise ZW 1946/47 (etwa P. Althaus, Luther und das öffentliche Leben, aaO 129–142) oder Jahrbuch des Martin-Luther-Bundes 1948.

135 Daran beteiligten sich gerade auch Theologen und Kirchenleute, die während der NS-Zeit eine fragwürdige Theologie und Kirchenpolitik vertreten hatten (H. Lehmann, »Muß Luther nach Nürnberg?« Deutsche Schuld im Lichte der Lutherliteratur 1946/47, in: Ders., Protestantisches Christentum im Prozeß der Säkularisierung, 2001, 64–80).

136 Die hier mit Rücksicht auf Finnland gewählte Bezeichnung als »nordische« Lutherforschung ist für die hier interessierende Zeit zulässig, aber insofern nicht unproblematisch, als in der zweiten Hälfte des 20. Jahrhunderts die seit jeher vorhandenen kirchlich-theologischen Unterschiede innerhalb der nordischen Länder und zwischen ihnen erheblich gewachsen sind (s. dazu die Beiträge in: Nordische und deutsche Kirchen im 20. Jahrhundert, hg. v. C. Nicolaisen, 1982, z.B. I. Lønning, Das nordische Luthertum, aaO 150–164).

und 1940er Jahre. Fast unbemerkt von der deutschen Forschung hatte sich seit dem Ende des 19. Jahrhunderts eine sich von der deutschen Forschung allmählich emanzipierende nordische Lutherforschung entwickelt, die wichtige, vielfach allerdings stärker systematisch-theologisch als kirchengeschichtlich orientierte und dabei vor allem an sozialethischen Fragen interessierte Beiträge zur Erforschung von Luthers Ethik leistete, seit 1945 nachhaltig auf die deutsche Diskussion einwirkte und damit den Neuanfang der deutschen Lutherforschung ermöglichte.[137] Zu nennen sind hier etwa die Arbeiten von Einar Billing (1900), Anders Nygren (1930), Ragnar Bring (1933, 1943), Herbert Olsson (1934), Eino Sormunen (1934), Yrjö Alanen (1934), Gustaf Törnvall (1940), Gustav Aulén (1941), Eivind Berggrav (1941), Gustaf Wingren (1942), Axel Gyllenkrok (1952), Olavi Lähteenmäki (1955), Lennart Pinomaa (1955), Gunnar Hillerdal (1955), Aarne Siirala (1956), Lauri Haikola (1958), Ole Modalsli (1963) oder Kjell Ove Nilsson (1966). Wie für einen Teil der deutschen Lutherforschung so war auch für die nordische das Interesse an Luthers Theologie und Ethik durch die lebensweltlichen Kontexte gegeben. In einer durch die lutherische Konfessionskultur geprägten Umwelt stellte sich angesichts der Umbrüche des 19. und 20. Jahrhunderts die Frage nach der Gegenwartsrelevanz von Luthers Theologie in besonderer Weise. Dazu trat die durch die obrigkeitskritische »Tendenzwende in der politischen Ethik«[138] initiierte Auseinan-

137 Bibliographische Angaben zur nordischen Lutherforschung Mitte des 20. Jahrhunderts zu Luthers Ethik und verwandten Gebieten finden sich bei O. Modalsli (1963) und K. O. Nilsson (1966). Forschungsgeschichtliche Überblicke geben H.-H. Schrey, Die Luther-Renaissance in der neueren schwedischen Theologie (ThLZ 74, 1949, 513–528); M. E. Anderson, Gustaf Wingren and the Swedish Luther Renaissance, 2006; O. Czaika, Entwicklungslinien der Historiographie zu Reformation und Konfessionalisierung in Skandinavien seit 1945 (ARG 100, 2009, 116–137), Ders., Melanchthon neglectus: Das Melanchthonbild im Schatten der schwedischen Lutherrenaissance (HJ 129, 2009, 291–329). – Das Interesse an Luthers Ethik und der lebensweltlichen Dimension von Luthers Theologie setzt sich trotz erheblicher Verschiebungen in der nordischen Lutherforschung bis heute fort, wie die Arbeiten von O. Kettunen (1978), J. Laulaja (1981), T. Mannermaa (1983), P. Frostin (1994), A. Raunio (1987, 1997, 1999, 2000, 2001, 2004, 2006, 2009) oder S. Andersen (2010) zeigen.

138 J. H. Schjørring, Nordisches Luthertum zur Zeit des Zweiten Weltkriegs (in: … und über Barmen hinaus. Studien zur Kirchlichen Zeitgeschichte, FS C. Nicolaisen, hg. v. J. Mehlhausen, 1995, 386–401), 389.

dersetzung mit dem totalitären Staat und seinem ideologischen Herrschaftsanspruch gegenüber der Kirche, die vom nordischen Luthertum gerade auch mit dem Rekurs auf Luther geführt wurde – und das nicht nur im Rahmen der Lutherforschung, sondern auch in der kirchlichen Praxis, nämlich im norwegischen Kirchenkampf 1940 bis 1945.[139]

Als besonders anregend für die deutsche Nachkriegsforschung erwies sich die Arbeit von Gustaf Törnvall zu Luthers Unterscheidung der beiden Regimente, die 1947 auf Deutsch erschien. Törnvall setzt nicht beim Gegenüber zweier statischer Bereiche, sondern beim Neben- und Miteinander zweier göttlicher, in der Schöpfung gleichermaßen gesetzter wie unterschiedener Handlungszusammenhänge an, in denen sich der Christ vorfindet. Die sachliche Vorordnung der Unterscheidung der Regimente vor die der Reiche ermöglicht es Törnvall, Luther »nur ein einziges religiös-ethisches Prinzip« zuzuschreiben, »nämlich das, was im geistlichen Reich seinen Ausdruck findet«: »Die prinzipielle Scheidung zwischen den Regimenten hat deshalb nicht zum Ziel, eine ethische Differenz zu beschreiben, sondern will nur ausdrücken, daß der Mensch in seinem Gottesverhältnis zwei verschiedene Stellungen einnehmen muß. Er muß gleichzeitig eine Herrschaft in den geschaffenen Ordnungen ausüben und zugleich ein Diener an Gottes Oberhoheit sein« (80f.). Der deutschen Lutherforschung wirft Törnvall vor, die Qualifizierung der Regimente als Schöpfung und den damit gegebenen engen Zusammenhang beider preisgegeben zu haben, und stattdessen Luther ein unverbundenes Nebeneinander von Schöpfungs- und Erlösungsglaube unterstellt, die Welt als neutralen Ort einer sekundären Verchristlichung bestimmt und damit eine Spiritualisierung der sich eigentlich in den Zusammenhängen der Schöpfung realisierenden christlichen Gerechtigkeit ermöglicht zu haben. So sehr Törnvall allerdings die Zusammengehörigkeit der Regimente Gottes und

139 Programmatischen Ausdruck fand diese gegenüber dem in Deutschland zu dieser Zeit vorherrschenden Verständnis von Luthers politischer Ethik in wichtigen Punkten abweichende Position in der Bekenntniserklärung *Kirkens Grunn* (1942) und in einer Reihe von theologischen Arbeiten des Osloer Bischofs Eivind Berggrav, besonders in seinem Aufsatz *Wenn der Kutscher trunken ist. Luther über die Pflicht zum Ungehorsam gegenüber der Obrigkeit* von 1941 (in: Der Staat und der Mensch, 1946, 301–320; s.a. A. Heling, Die Theologie Eivind Berggravs im norwegischen Kirchenkampf. Ein Beitrag zur politischen Theologie im Luthertum, 1992, 174–190.240–262).

der Bereiche christlichen Lebens betont, so deutlich macht er – mit Blick auf die in der schwedischen Lutherforschung besonders beachteten heilsgeschichtlich-eschatologischen Motive in Luthers Theologie – den Gegensatz von Gottes- und Teufelsreich, in dem sich die göttliche Herrschaft und das menschliche Handeln vollziehen. Gerade dieser Antagonismus mache es aber notwendig, daß die Regimente durch ein gemeinsames religiös-ethisches Prinzip zusammengehalten würden.

Törnvalls Arbeit macht – ebenso wie die Bedeutung von Luthers politischer Ethik im norwegischen Kirchenkampf – verständlich, warum Anders Nygren 1949 in einem Artikel in der Theologischen Literaturzeitung betonen konnte, daß Luthers Lehre von den beiden Regimenten und Reichen auch in der Gegenwart unverzichtbar sei, und zwar als im Neuen Testament gründende und die Weltverantwortung der Kirche allererst ermöglichende Lehre. So sehr ist für ihn diese Lehre »eine unmittelbare Konsequenz des Evangeliums selbst, daß ihre Preisgabe zugleich ein Preisgeben des Evangeliums bedeuten würde«. Allerdings stehe die gegenwärtige Theologie vor der Aufgabe, »erstens den Sinn der lutherischen Lehre vom geistlichen und weltlichen Regiment klarzulegen, zweitens nachzuweisen, daß sie gerade einen Gegenzug gegen die Säkularisierung und die behauptete Eigengesetzlichkeit des weltlichen Lebens bedeutet, und drittens deutlich zu machen, wie sie im Neuen Testament ihren Grund hat und aus dem Zentrum des Evangeliums selbst hervorgeht«.[140] Daß die politische Ethik des Luthertums wissenschaftlich neu zu bearbeiten sei, wurde nicht nur im Rahmen der theologischen Wissenschaft gefordert, sondern auch in der Kirche, etwa in dem die lutherische Tradition kritisch, Luther selbst aber positiv aufnehmenden Vortrag des Osloer Bischofs Eivind Berg-

140 A. Nygren, Luthers Lehre von den zwei Reichen (in: Schrey 277–289), 279. Nygren skizziert selbst seine Lösung dieser drei Aufgaben, indem er anhand der Freiheitsschrift das funktionale Nebeneinander der beiden göttlichen Regimente und die relative Eigengesetzlichkeit des weltlichen Bereichs aufzeigt, aber zugleich betont, daß der Christ sich stets dem Teufel gegenüber finde und gerade in seiner weltlichen Funktion dem christlichen Liebesgebot entsprechen solle. Diese Konzeption geht Nygren zufolge auf das Neue Testament mit seiner Spannung von eschatologischer Erwartung und gleichzeitiger Einordnung in die gegebenen weltlichen Strukturen zurück.

grav über das Verhältnis von Staat und Kirche auf der Vollversammlung des Lutherischen Weltbunds 1952 in Hannover.[141]

Diese Neubearbeitung vollzog sich zum einen in einer langen Reihe von gegenwartsorientierten Beiträgen,[142] zum anderen im Rückgang auf die Reformation und insbesondere die Theologie Luthers. Die ersten wichtigen Forschungsarbeiten, mit denen sich die deutsche Forschung nach 1945 wieder zu Wort meldete und die von den nordischen Forschern begonnene Arbeit fortführte, waren eine 1952 erschienene schmale Monographie des Leipziger Kirchenhistorikers Franz Lau mit dem Titel *Luthers Lehre von den beiden Reichen*, in der Luthers Unterscheidung und Zuordnung der beiden Reiche und Regimente mitsamt ihrem traditionsgeschichtlichen Hintergrund aus den Quellen rekonstruiert wird, sowie die 1953 erschienene umfangreiche Darstellung des Kirchenrechtlers Johannes Heckel mit dem Titel *Lex charitatis*, die Luthers Rechtstheologie unter besonderer Berücksichtigung der Unterscheidung der Reiche und Regimente sowie ihres traditionsgeschichtlichen Hintergrunds behandelt. Lau und Heckel vertreten mit ihrer unterschiedlichen Methodik und ihren einander in einigen zentralen Punkten widersprechenden Lutherinterpretationen die beiden Typen, die sich in der Diskussion der 1950er Jahre gegenüberstanden. Der von Lau vertretene Interpretationstypus findet sich in seinen eigenen Beiträgen zur Diskussion,[143] in Althaus' Rezensionen und Lexikonartikeln sowie in seinem 1965 erschienenen Lehrbuch zu Luthers Ethik,[144] in Heinrich Bornkamms Aufsätzen, darunter der viel-

141 E. Berggrav, Staat und Kirche in lutherischer Sicht (in: Das lebendige Wort in einer verantwortlichen Kirche, 1952, 78–86).

142 Z. B. H. Dombois u. E. Wilkens (Hg.), Macht und Recht. Beiträge zur lutherischen Staatslehre der Gegenwart, 1956.

143 F. Lau, Bemerkungen zu Luthers Lehre von den beiden Reichen (ELKZ 6, 1952, 234–236); Ders., Leges charitatis. Drei Fragen an Johannes Heckel (in: Schrey 528–547); Ders., Die Königsherrschaft Jesu Christi und die lutherische Zweireichelehre (aaO 484–513); Ders., Art. Zwei-Reiche-Lehre (RGG[3] 6, 1962, 1945–1949); Die lutherische Lehre von den beiden Reichen (in: Wolf 370–396).

144 P. Althaus, Die beiden Regimente bei Luther (in: Wolf 66–76); Luthers Lehre von den beiden Reichen im Feuer der Kritik (in: Schrey 105–141); Die Ethik Martin Luthers, 1965, 49–87. Wichtig für die Würdigung von Althaus' Forschungsbeiträgen nach 1945 ist, daß er seine Lutherinterpretation nicht systematisch-theologisch verzwecklicht. Vor allem sein problematischer Offenbarungsbegriff, dem sich seine Unterstützung der politischen

leicht besten Überblicksdarstellung von Luthers Unterscheidung zweier Reiche und Regimente von 1958,[145] und in zahlreichen forschungsgeschichtlich weniger bedeutsamen Beiträgen anderer Autoren.[146] Der von Heckel vertretene Interpretationstypus findet sich in seinen zahlreichen Wortmeldungen zur Debatte.[147] Den besten Zugang zu den beiden Interpretationstypen in ihren Gemeinsamkeiten und Unterschieden sowie den augenfälligsten Beleg für die Aporie, in der die Forschung seit 1951/52 befangen war, bieten die beiden gegensätzlichen Artikel von Althaus und Heckel zu ein- und demselben Lemma »Zwei-Reiche-Lehre« im *Evangelischen Kirchenlexikon* von 1959.[148]

Theologie der 1920er und 1930er Jahre verdankt, spielt für seine Interpretation von Luthers Ethik nur eine untergeordnete Rolle. An diesem Punkt hebt er sich deutlich von Werner Elert ab, bei dem die Lutherinterpretation und die eigenen systematisch-theologische Stellungnahme viel enger miteinander verzahnt sind, wie es etwa seine Darstellung der theologischen Ethik (Das christliche Ethos. Grundlinien der lutherischen Ethik) von 1949 zeigt.

145 H. Bornkamm, Luthers Lehre von den zwei Reichen im Zusammenhang seiner Theologie (in: Schrey 165–195); Die Frage der Obrigkeit im Reformationszeitalter (in: Ders., Das Jahrhundert der Reformation, 1983, 379–410).

146 Z.B. W. Künneth, Politik zwischen Dämon und Gott, 1954, 64–111; E. Mülhaupt, Herrschaft Christi bei Luther (in: Schrey 432–456).

147 J. Heckel, Naturrecht und christliche Verantwortung im öffentlichen Leben nach der Lehre Martin Luthers (in: Ders.: Das blinde, undeutliche Wort ›Kirche‹, 1964, 243–265); Ders., Widerstand gegen die Obrigkeit? Pflicht und Recht zum Widerstand bei Martin Luther (in: Wolf 1–21); Ders., Luthers Lehre von den zwei Regimenten. Fragen und Antworten zu der Schrift von Gunnar Hillerdal (aaO 51–65); Ders., »Die zwo Kirchen«. Eine juristische Betrachtung über Luthers Schrift »Vom Papsttum zu Rom« (in: Ders., Das blinde, undeutliche Wort ›Kirche‹, 1964, 111–131); Ders., Der Ansatz einer evangelischen Sozialethik bei Martin Luther (aaO 266–287); Im Irrgarten der Zwei-Reiche-Lehre (in: Ders., Lex charitatis, ²1973, 317–353); Ders., Marsilius von Padua und Martin Luther. Ein Vergleich ihrer Rechts- und Soziallehre (ZSRG.K 44, 1958, 268–336); Ders., Kirche und Kirchenrecht nach der Zwei-Reiche-Lehre (in: Ders., Lex charitatis, ²1973, 354–408). – Zu Heckels Rechtstheologie mit ihrem charakteristischen, alles beherrschenden Dualismus, mit dessen Hilfe Heckel ein »universale[s] juristische[s] Weltbild[] in der klaren Rechtssprache des Mittelalters, aber gefüllt mit dem neuen Inhalt der Theologie Martin Luthers« rekonstruiert: W. Steinmüller, Evangelische Rechtstheologie. Zweireichelehre. Christokratie. Gnadenrecht, 1968, 19–237.

148 Die Redaktion des EKL hat diese lexikographische Kuriosität allerdings dadurch zu ver-

Die beiden wichtigsten Punkte, in denen die Interpretationstypen voneinander abweichen, sind die Bestimmung des traditionsgeschichtlichen Hintergrunds der Unterscheidung der beiden Reiche und Regimente und die Bestimmung des Verhältnisses der Reiche- und der Regimenteunterscheidung. Heckels ganze Lutherinterpretation basiert auf dem aus Luthers Frühtheologie hergeleiteten und traditionsgeschichtlich auf Augustin zurückgeführten Antagonismus von Gottes- und Teufelsreich, die sich als aus einzelnen Personen bestehende und von Gott und dem Teufel beherrschte corpora im eschatologischen Kampf gegeneinander befänden (»Reichslehre im Grundsinn«).[149] Davon unterschieden werden die beiden Regimente Gottes, durch die er in den beiden Reichen herrsche, wobei das weltliche Regiment zwar die göttliche Ordnungsmacht im vom Teufel beherrschten Weltreich sei, aber gerade deshalb nicht einfach zum Teufelsreich gehöre. Heckel betont, daß der Christ sich zwar als Glied des vom geistlichen Regiment Gottes bestimmten Christusreichs im Gegenüber zum Weltreich mit seiner Zwangsordnung des weltlichen Regiments Gottes befände, daß er aber – ohne damit Glied des Weltreichs zu werden – im weltlichen Regiment tätig werde, wenn er motiviert durch die Nächstenliebe in den Dienst am Mitmenschen eintrete. Die »lex charitatis« sei dabei die die christliche Existenz in beiden Regimenten übergreifende Leitgröße. Und diese lex charitatis sei nichts weniger als der Inbegriff des eigentlichen Gotteswillens, der durch die Sünde verdunkelt und der Welt nur noch in gebrochener Form zugänglich sei, weshalb gerade der Glaubende um die Wahrheit und die eigentliche göttliche Forderung wisse und

schleiern versucht, daß sie so tut, als handele es sich um einen Artikel mit drei Abschnitten: P. Althaus, Art. [Zwei-Reiche-Lehre] A. Luthers Lehre von den beiden Reichen (EKL 3, 1959, 1928–1931); Ders., Art. [Zwei-Reiche-Lehre] B. Zur gegenwärtigen Kritik an Luthers Lehre (aaO 1931–1936); J. Heckel, Art. [Zwei-Reiche-Lehre] C. Die Entfaltung der Zwei-Reiche-Lehre als Reichs- und Regimentenlehre (aaO 1937–1945).

149 Diese vereinseitigende und problematische traditionsgeschichtliche Herleitung wird auch von Ernst Kinder geteilt (Gottesreich und Weltreich bei Augustin und bei Luther, in: Schrey 40–69), der sowohl bei Augustin als auch bei Luther eine dem Neuen Testament verpflichtete eschatologische Grundspannung findet, die ein schiedlich-friedliches Nebeneinander von Geistlichem und Weltlichem grundsätzlich infragestellt.

gerade darum in besonderer Weise befähigt sei, das von Gott Geforderte zu praktizieren.

Die Vorordnung der Unterscheidung der Reiche und die Deutung ihres Gegenübers im Sinne des augustinischen Gegeneinanders des jeweils personal-korporativ verstandenen Gottes- und Teufelsreichs sowie die Nachordnung der Unterscheidung der Regimente Gottes und ihre Deutung als ein Nebeneinander zweier funktional unterschiedener christlicher Existenzvollzüge wird von den Vertretern des konkurrierenden Interpretationstypus nicht geteilt. Lau, Althaus und Bornkamm sehen in den Unterscheidungen der Reiche und Regimente nicht zwei in der Sache verschiedene Unterscheidungen, sondern zwei Aspekte ein- und derselben Zweiheit, in der sich jeder Christ vorfindet, nämlich zugleich in der Schöpfung und in der Heilsgeschichte. Gottes zwei Regimente – verstanden als seine unterschiedlichen Regierweisen – konstituierten die beiden Reiche – verstanden als Bereiche göttlicher Herrschaft –, in denen Gott auf jeweils unterschiedliche Weise herrsche und der Christ sich auf jeweils unterschiedliche Weise zu verhalten habe. Die Zweiheit der göttlichen Regierweisen und Herrschaftsbereiche habe ihren Einheitspunkt zum einen in dem einen Gott und seinem einen Liebeswillen und zum anderen in jedem einzelnen Christen, der in seinem Lebensvollzug die eine Nächstenliebe in je nach Funktion und Situation unterschiedlicher Weise praktiziere. Traditionsgeschichtlich werden Luthers Unterscheidungen auf die funktionalen Unterscheidungen des Mittelalters zwischen Geistlichem und Weltlichem zurückgeführt. Das augustinische Gegeneinander von Gottes- und Teufelsreich gehört für diesen Interpretationstypus nicht in die Unterscheidung der beiden Reiche und Regimente hinein, sondern bezeichnet das Gegenüber, in dem sich die beiden Reiche und Regimente zum Widergöttlichen befinden.

Bei allen Unterschieden in den grundsätzlichen Fragen des Verständnisses der Reiche und Regimente und ihrer Zuordnung zueinander sowie des traditionsgeschichtlichen Hintergrunds darf nicht verschwiegen werden, daß sich beide Interpretationstypen in vielen anderen Punkten ähneln. Beide setzen den engen Zusammenhang von Rechtfertigung und christlichem Ethos voraus, beide wissen um die sich daraus ergebende Unterscheidung der Vertikal- und Horizontaldimension christlichen Lebens, beide zeigen das Spannungsfeld von Bergpredigt- und Dekalogorientierung auf, beide entfalten die Konkretionen christlichen Lebens anhand der Unterscheidung der beiden Regimente und der drei Stände, beide wissen um das Gegeneinander von Gottes- und Teufelsreich. Diese wichtigen Gemeinsamkeiten werden auch nicht dadurch relativiert, daß der Dissens in den Fragen des Verständnisses der Reiche und Regimente und ihrer Zuordnung zueinander sowie ihres traditionsgeschichtlichen Hintergrunds sich auch auf das Verständnis der anderen Punkte auswirkt, wie schon Heckels Titel *Lex charitatis* mit seiner impliziten Relativierung der Grundunterscheidung von Gesetz und Evangelium zeigt. Da alle ihre Interpretationen aus den einschlägigen Quellen erarbeiten, lassen sich die Unterschiede teilweise als Akzentuierungen der in sich nicht ganz einheitlichen Aussagen Luthers verstehen. Allerdings darf diese Relativierung des forschungsgeschichtlichen Dissenses der 1950er Jahre nicht vergessen lassen, daß für beide Seiten nicht allein die Quellen erkenntnisleitend waren, sondern daß die Lutherinterpretation durch systematisch-theologische oder gar kirchenpolitische Rücksichtnahmen und Verzwecklichungen überlagert wurde. Das betrifft vor allem den von Heckel vertretenen Interpretationstypus. Heckel macht keinen Hehl daraus, daß er Karl Barths Programm von *Evangelium und Gesetz, Rechtfertigung und Recht* sowie *Christengemeinde und Bürgergemeinde* kennt und für einen theologisch ernstzunehmenden sozialethischen Ansatz hält. Allerdings verbittet er sich, in irgendwelche theologischen Schulstreitigkeiten hineingezogen zu werden, und verweist zurecht darauf, daß seine Lutherdarstellung nicht direkt von Barth beeinflußt ist. Andere Forscher dagegen machten Heckels Ansatz und die von der Barth-Schule vertretene sozialethische Konzeption der *Königsherrschaft Christi*[150] für ihre Lutherinterpretation nutzbar, wie etwa die 1955 abgeschlossene, 1957 in einem Aufsatz[151] erstmals einer breiteren Öffentlichkeit vorgestellte und 1959 dann in monographischer Form erschienene systematisch-theologische Dissertation von Gottfried Forck unter dem Titel *Die Königsherrschaft Jesu Christi bei Luther*[152] zeigt.

150 Zu dieser sozialethischen Konzeption: E. Wolf, Königsherrschaft Christi und lutherische Zwei-Reiche-Lehre (in: Ders., Peregrinatio, Bd. 2, 1965, 207–229).

151 G. Forck, Die Königsherrschaft Christi und das Handeln des Christen in den weltlichen Ordnungen nach Luther (in: Schrey 381–427).

152 Zitiert wird nach der zweiten Auflage von 1988. Forck hat seine Lutherinterpretation

Obwohl diese Lutherinterpretation ihrem Titel und ihrer Interpretationsperspektive nach eher dem von Heckel vertretenen Interpretationstypus zugerechnet werden muß, zeigt die dem anderen Typus in vielen Punkten ähnelnde Durchführung, daß Forck sich nicht ohne Weiteres einem Typus zuordnen läßt. Die Anknüpfung an die sozialethische Konzeption der *Königsherrschaft Christi* zeigt sich bereits im Titel, der eine so bei Luther nicht belegte, dazu noch zu einer regelrechten *Lehre* aufgewertete Formulierung zur Charakterisierung des vermeintlichen Inbegriffs seiner Ethik nutzt. Forck will ausgehend von der Christologie Luthers zeigen, daß das königliche Amt Christi auch eine sich durch das Evangelium »in allen [!] Bereichen des Lebens« (95) auswirkende Herrschaft über die Christen umfasse, weshalb gerade die innerweltliche Existenz des Christen nicht einer Eigengesetzlichkeit, sondern dem Doppelgebot der Liebe zu folgen habe. Für Forck ist die Gottesbeziehung des Christen im Glauben in einer Weise mit der Weltbeziehung in der Liebe verklammert, daß das innerweltliche Handeln des Christen trotz der sachnotwendigen Unterscheidung von Person und Amt nicht in »zwei einander ausschließende Bereiche[ ]« (97) zerfalle, der Christ also nicht »Bürger zweier Reiche« (7) sei, sondern »in allem nur seinem einen Herrn, nämlich Christus und seinem Gesetz zu gehorchen« (113) habe. Forcks Konkretionen der Auswirkungen dieser Königsherrschaft Christi auf das Handeln des Christen in den weltlichen Ordnungen erinnern vielfach an die entsprechenden Ausführungen von Lau, Althaus oder Bornkamm, nur daß sie um der Grundthese willen die Gültigkeit des Liebesgebots auch für das innerweltliche Handeln besonders betonen, dabei aber die Paradoxie des äußerlich der Liebe scheinbar widersprechenden innerweltlichen Liebeshandelns nicht herausstellen.

Die große Kontroverse um Luthers ›Zweireichelehre‹ wurde von einer Reihe einzelner Beiträge begleitet, die zum Teil im Zusammenhang mit dieser Kontroverse standen, zum Teil aber auch unabhängig von ihr waren. Neben Grundsatzfragen wurden vor allem sozialethische Einzelfragen wie Luthers Verständnis von Obrigkeit, Widerstandsrecht, Krieg und anderes

später mehrfach verteidigt und bekräftigt (Nachtrag, in: Schrey 427–431; Die Aktualität der Zwei-Reiche-Lehre, in: Themen Luthers als Fragen der Kirche heute, 1982, 63–75).

immer wieder behandelt.[153] Das Interesse an Luthers Sozialethik stand auch nach 1945 in engem Zusammenhang mit den kirchlichen und politischen Entwicklungen. Dabei begann sich die Diskussion in den 1950er Jahren zwischen der Forschung in der Bundesrepublik und der in der DDR auseinanderzuentwickeln. Zwar kam es nie zu einem Bruch zwischen beiden Forschungslandschaften, aber die äußeren Rahmenbedingungen beeinflussten den Gang der Forschung hier wie dort.[154] In der Bundesrepublik

153 D. Martin Luther sozial?! Aussprüche aus seinen Werken, hg. v. G. BUCHWALD, 1947 (Quellensammlung, die Luthers Aussagen über soziale Fragen und sein vorbildhaftes Verhalten dokumentiert und Luther für ein nicht näher spezifiziertes Programm christlicher Verantwortungsübernahme in Gesellschaft und Staat in Dienst nehmen will); E. KINDER, Luther und die politische Frage, 1950; R. STUPPERICH, Die soziale Verantwortung des Christen nach Luthers Lehre (in: Verantwortung und Zuversicht, 1950, 57–73); P. BARD, Luthers Lehre von der Obrigkeit in ihren Grundzügen (EvTh 10, 1950/51, 126–144); O. HOF, Luthers Lehre von den zwei Reichen [1951] (in: DERS., Schriftauslegung und Rechtfertigungslehre, 1982, 143–159); G. PFEIFFER, Totaler Staat – und Luther?, 1951; H.-W. KRUMWIEDE, Glaube und Geschichte in der Theologie Luthers, 1952; E. KINDER, Das Evangelium und die Ordnungen des menschlichen Gemeinschaftslebens (in: Martin Luther: Ausgewählte Werke, Bd. 3, [3]1952, 371–393); C. HINRICHS, Luther und Müntzer. Ihre Auseinandersetzung über Obrigkeit und Widerstandsrecht, 1952; H. J. IWAND, Das Widerstandsrecht der Christen nach der Lehre der Reformatoren [1952/53] (in: DERS., Nachgelassene Werke, Bd. 2, 1966, 193–229); H. GOLLWITZER, Die christliche Gemeinde in der politischen Welt, 1953, 5–30; J. PLÖSCH, Die Lehre vom gerechten Kriege bei Martin Luther, 1955; H. GERSTENKORN, Weltlich Regiment zwischen Gottesreich und Teufelsmacht, 1956; G. GLOEGE, Politia Divina [1956/57] (in: DERS., Theologische Traktate, Bd. 2, 1967, 69–108); E. KINDER, Luthers Ableitung der geistlichen und weltlichen ›Oberkeit‹ aus dem 4. Gebot [1959] (in: SCHREY 221–241); K. D. SCHMIDT, Luthers Staatsauffassung [1961] (in: WOLF 181–195); H. GATZEN, Beruf bei Martin Luther und in der Industriellen Gesellschaft, 1964; Themenheft der Lutherischen Rundschau: *Die Lehre von den beiden Reichen* (Jg. 15, 1965, Heft 4), mit Beiträgen von A. JEPSEN (Was kann das Alte Testament zum Gespräch über die Zwei-Reiche-Lehre beitragen, aaO 427–440), N. DAHL (Neutestamentliche Ansätze zur Lehre von den zwei Regimenten, aaO 441–462), F. LAU (Die lutherische Lehre von den beiden Reichen, aaO 463–485) und E. CARLSON (Der Begriff der zwei Reiche und die moderne Welt, aaO 486–500); D. CLAUSERT, Das Problem der Gewalt in Luthers Zwei-Reiche-Lehre (EvTh 26, 1966, 36–56).

154 Quellen zu unterschiedlichen Diskussionen in der evangelischen Kirche, in denen immer wieder auch implizit oder explizit auf das reformatorische Erbe Bezug genommen wurde, finden sich in: Die Ambivalenz der Zweireichelehre in lutherischen Kirchen des 20. Jahrhunderts, hg. v. U. DUCHROW, 1976, 76–128.

spielte die Beschäftigung mit der Vergangenheit wie der Umgang mit den neuen Herausforderungen von der Demokratie über die Marktwirtschaft bis hin zur Blockkonfrontation mit ihren Konsequenzen in Form von Wiederbewaffnung und Atomwaffen immer wieder in die Forschung mit hinein. In der DDR dagegen zeigte sich rasch, daß nicht einmal vergleichbare Ausgangsbedingungen gegeben waren, geschweige denn, daß es der Forschung möglich gewesen wäre, sich frei mit der Reformationsgeschichte zu beschäftigen oder gar die kirchlichen und politischen Entwicklungen im Spiegel der Lutherinterpretation zu thematisieren. Das hing nicht nur mit den von der Ideologie und der Geschichtspolitik des SED-Staats gezogenen Grenzen zusammen,[155] sondern auch mit den Schwierigkeiten bei der Anwendung von Luthers politischer Ethik auf das Verhältnis der evangelischen Kirche zum totalitären Staat. Der Versuch, das Verhältnis des ostdeutschen Protestantismus zum SED-Staat mit Hilfe der Unterscheidung der beiden Reiche und Regimente zu klären, brachte mehr Probleme als Lösungen mit sich, wie die Beispiele Walter Elliger[156] und Otto Dibelius[157] oder das Nebeneinander der *Zehn Artikel* und der *Sieben Sätze*

155 Trotz der geschichtspolitischen Präferenz für Thomas Müntzer als Exponenten der »frühbürgerlichen Revolution« und der damit einhergehenden Kritik an Luther und des von ihm initiierten reformatorischen Kirchentums haben auch linientreue DDR-Historiker Luther für ihre Weltsicht in Anspruch zu nehmen versucht (z. B. G. Fabiunke, Luther als Nationalökonom, 1963). Und 1983 okkupierte die SED höchstselbst den Teil des reformatorischen Erbes, den sie für staatskonform erachtete, und hielt den lange verfemten Luther einer nationalen Ehrung für würdig (H. Lehmann, Die 15 Thesen der SED über Martin Luther; Ders.: Zur Entstehung der 15 Thesen über Martin Luther für die Luther-Ehrung der DDR im Jahre 1983, in: Ders., Protestantisches Christentum im Prozeß der Säkularisierung, 2001, 102–126.127–158).

156 Elligers 1952 mitten in einer Phase sich steigernder Kirchenverfolgung erschienenes Buch über *Luthers politisches Denken und Handeln* nahm ausgehend von der Unterscheidung der beiden Reiche den rechtverstandenen Luther gegen die Instrumentalisierung der Lutherkritik für die kirchenfeindliche DDR-Historiographie und SED-Kirchenpolitik in Schutz und formulierte eine implizite Kritik am SED-Staat. Zu Elligers konfliktreichem Verhältnis zum SED-Staat: S. Bräuer, »Kein Freund unserer Republik, sagt aber, was er meint«. Der Berliner Kirchenhistoriker Walter Elliger (1903–1985) (ZThK 102, 2005, 435–471).

157 Dibelius wandte 1959 das, was er durch das kirchliche Versagen gegenüber dem NS-Staat gelernt hatte, gegenüber dem SED-Staat an, indem er ihm als totalitärem Unrechtsstaat

1963/64[158] zeigen. Die Lutherforschung in der DDR legte angesichts der durch die Thematisierung der Ethik drohenden Konflikte und Aporien kein größeres Gewicht auf Luthers Ethik, sondern behandelte sie eher beiläufig, wie etwa die vor 1990 erschienenen Arbeiten von Horst Beintker, Martin Seils oder Rudolf Mau zeigen.[159] Auch im Zusammenhang der

die Legitimation durch Röm. 13 absprach und damit eine kontroverse Diskussion auslöste (Dokumente zur Frage der Obrigkeit. Zur Auseinandersetzung um die Obrigkeitsschrift von Bischof D. Otto Dibelius, 1960; Th. FRIEBEL, Kirche und politische Verantwortung in der sowjetischen Zone und der DDR 1945–1969, 1992, 241–244; G. BESIER, Der SED-Staat und die Kirche. Der Weg in die Anpassung, 1993, 311–327). Dibelius hat seine politische Ethik dann 1963 noch einmal ausführlicher und abgewogener, und zwar auch in Auseinandersetzung mit Luther, dargelegt.

158 Die *Zehn Artikel über Freiheit und Dienst der Kirche* (KJ 90, 1963, 181–185) und die sieben *Theologische[n] Sätze des Weißenseer Arbeitskreises* über die *Freiheit der Kirche zum Dienen* (aaO 194–198) unterscheiden beide die Gottes- und Weltbeziehung des Christen, bestimmen aber das Verhältnis beider zueinander unterschiedlich. Während die *Zehn Artikel* Luther entsprechend die Gottes- der Weltbeziehung vorordnen und die Freiheit im Glauben zur Basis und zur Norm des Diensts an der Welt machen, steht im Hintergrund der von Hanfried Müller ausgearbeiteten Position des Weißenseer Arbeitskreises eine Unterscheidung der beiden Reiche und Regimente im Sinne einer institutionellen Trennung von Kirche – gemeint ist: von religiösem, sekundär in der Kultgemeinschaft Kirche organisiertem Individuum – und Staat, die der Kirche keinen Einfluß auf den Staat einräumt, sondern vielmehr die Eigengesetzlichkeit der sozialistischen Staats- und Gesellschaftsordnung bejaht und eine auf die eigene Freiheit verzichtende Hingabe des Christen an die Welt fordert. Mit Blick auf solche Tendenzen bemerkt Eberhard Jüngel: »Im real existierenden Sozialismus haben etliche Hoftheologen der DDR sich in einer« der »Berufung auf die Eigengesetzlichkeit des Politischen im Neuluthertum« »analogen, den diktatorischen Machtmißbrauch vor kirchlicher Einrede bewahrenden Weise auf die Zwei-Reiche-Lehre berufen. Schlimmer konnte man deren Intention allerdings nicht verfehlen« (E. JÜNGEL, Zwei Schwerter – Zwei Reiche. Die Trennung der Mächte in der Reformation, in: DERS., Ganz werden. Theologische Erörterungen V, 2003, 137–157, 144).

159 H. BEINTKER, Glaube und Handeln nach Luthers Verständnis des Römerbriefs (LuJ 28, 1961, 52–85); DERS., Das Gewissen in der Spannung zwischen Gesetz und Evangelium (LuJ 48, 1981, 115–147); DERS., Glauben lernen in der vollen Diesseitigkeit des Lebens (Lu 58, 1987, 13–32). M. SEILS, Der Gedanke vom Zusammenwirken Gottes und des Menschen in Luthers Theologie, 1962; DERS., Glaube und Werk in den reformatorischen Kirchenordnungen (ZKG 89, 1978, 12–20). R. MAU, Gebundenes und befreites Gewissen. Zum Verständnis von conscientia in Luthers Auseinandersetzung mit dem Mönchtum

systematisch-theologischen Diskussion wurde Luthers Ethik dann und wann thematisiert, etwa 1980 in einer Stellungnahme der Lehrgesprächskommission der unierten und lutherischen Kirchen in der DDR zum »Verhältnis von Zwei-Reiche-Lehre und Lehre von der Königsherrschaft Christi«, in der beide Konzeptionen als einander ergänzend und sich mit ihren jeweiligen Stärken und Schwächen ausgleichend gedeutet wurden.[160]

Die Diskussion um Luthers ›Zweireichelehre‹ ging in den 1960er Jahren vor allem in der Bundesrepublik weiter, allerdings ohne daß das Gegeneinander der etablierten Interpretationsmodelle aufgelöst wurde. Wie bei anderen Themen, so verlief sich auch hier das Forschungsinteresse allmählich, ohne daß es zu einem Schlußpunkt kam. Stattdessen begann eine neue Generation von Forschern mit neuen Interessen an neuen Themen zu arbeiten, woraus sich dann auch Impulse für die Forschung zu Luthers Ethik ergaben. Wichtig wurde die mit Ernst Bizers 1958 erschienener Studie *Fides ex auditu* aufflammende Diskussion um Luthers reformatorische Erkenntnis. Zwar standen Fragen der Ethik hier nur am Rande, es zeigte sich aber, daß man nicht einfach – wie es etwa Johannes Heckel getan hatte – Luthers Frühtheologie mit der reformatorischen Theologie seit 1520 ineinssetzen konnte und daß die seit dem Beginn der Lutherrenaissance gängige Behauptung, daß Luthers Auffassung von der Gerechtigkeit Gottes in den frühen Vorlesungen das als reformatorisch zu qualifizierende Verständnis der Rechtfertigung und »damit den Ansatz einer evangelischen Ethik« enthalte[161], problematisch war. Die Entwicklung und Systematik der Theologie Luthers waren unter Berücksichtigung der – allerdings zeitlich und inhaltlich sehr verschieden bestimmten – reformatori-

(ThV 9, 1977, 177–189); Ders., Beruf und Berufung bei Luther (in: Themen Luthers. Fragen der Kirche heute, 1982, 11–28); Ders., Das Verhältnis von Glauben und Recht nach dem Verständnis Luthers (ZSRG.K 70, 1984, 170–195); Ders., Art. [Gesetz] V. Reformationszeit (TRE 13, 1984, 82–90).

160 Kirchengemeinschaft und politische Ethik, hg. v. J. Rogge u. H. Zeddies, 1980 (wieder in: Rechtfertigung und Kirchengemeinschaft. Die Lehrgespräche im Bund der Evangelischen Kirchen in der DDR, hg. v. W. Hüffmeier, 2006, 107–140).

161 H. Bornkamm, Iustitia dei in der Scholastik und bei Luther [1942] (in: Ders., Luther. Gestalt und Wirkungen, 1975, 95–129), 128.

schen Erkenntnis zu rekonstruieren – eine Einsicht, die auch schon Karl Holls Lutherinterpretation zugrundelag. Das führte dazu, daß der auch schon in der älteren Forschung thematisierte Zusammenhang von Luthers Ethik mit der Rechtfertigungslehre und der Unterscheidung von Gesetz und Evangelium neu bearbeitet wurde.

Das gilt etwa für Gerhard Ebeling, der 1960 einen wichtigen Aufsatz zur theologischen Bedeutung von Luthers Unterscheidung zweier Reiche vorlegte und in der Folgezeit seine Lutherdeutung kontinuierlich weiter ausarbeitete.[162] Die Diskussion um die ›Zweireichelehre‹ führte er unter anderem dadurch weiter, daß er im Sinne seines hermeneutischen Ansatzes Luthers Unterscheidungen der Reiche und Regimente als Ausdruck des differenzierten Gotteshandelns in Gesetz und Evangelium und der dieser Zweiheit entsprechenden differenzierten Wirklichkeitswahrnehmung des Christen und damit als fundamentaltheologische Gegebenheiten zu verstehen versuchte. Luthers Unterscheidungen seien nichts weniger als theologisch notwendig und dürften nicht auf eine sozialethische Konzeption neben anderen reduziert werden. Für Ebeling hängt die Unterscheidung der beiden Reiche sachlich aufs engste zusammen mit der Unterscheidung von Gesetz und Evangelium, und zwar so eng, daß er beide Unterscheidungen nahezu ineinander aufgehen läßt. Auch eine jüngere Generation systematischer Theologen lutherischer Prägung bemühte sich, die theologische Polarisierung der 1950er Jahre zu überwinden und das konfessionelle Luthertum für legitime Anfragen der Dialektischen oder der Hermeneutischen Theologie zu öffnen. Ein Kennzeichen dieser Gruppe war die Beheimatung im traditionsbewußten lutherischen Milieu, dessen frömmigkeits- und lebensprägende Kraft die theologische Reflexion des Zusammenhangs von lutherischer Lehre und deren lebensweltlichen Auswirkungen forderte. Die beiden wichtigsten Vertreter dieser Richtung

162 G. Ebeling, Die Notwendigkeit der Lehre von den zwei Reichen (in: Ders., Wort und Glaube, Bd. 1, 1960, 407–428); Ders., Art. Luther II. Theologie (RGG³ 4, 1960, 495–520); Ders., Luther. Einführung in sein Denken, 1964; Ders., Leitsätze zur Zweireichelehre [1972] (in: Ders., Wort und Glaube, Bd. 3, 1975, 574–592); Ders., Usus politicus legis – usus politicus evangelii [1982] (in: Ders., Umgang mit Luther, 1983, 130–163); Ders., Luthers Kampf gegen die Moralisierung des Christlichen [1983] (in: Ders., Lutherstudien, Bd. 3, 1985, 44–73); Ders., Lutherstudien, Bd. 2, Teil 3, 1989, § 62.

waren der aus dem Erlanger Schulzusammenhang kommende, diesen aber überschreitende Wilfried Joest und der im norddeutschen Luthertum verwurzelte Albrecht Peters. Joest bemühte sich, die Anfragen und Lösungen der Dialektischen und Hermeneutischen Theologie aufzugreifen und in eine lutherisch geprägte Gesamtkonzeption einzubinden.[163] Peters beschäftigte sich 1962 in seiner systematisch-theologischen Arbeit *Glaube und Werk* mit der Genese und Struktur von Luthers Rechtfertigungslehre und ihrem Verhältnis zur Bibel, wobei er auch am Rande die Frage nach ihrer ethischen Relevanz behandelte. Wichtiger für die Forschung wurde jedoch sein in den 1970er Jahren entstandener und Anfang der 1990er Jahre erschienener Kommentar zu Luthers Katechismen, der die in Luthers katechetischem Werk enthaltenen Aussagen über das christliche Leben in die Traditionsgeschichte und in Luthers Werk einordnet und theologisch interpretiert.

Hinzuweisen ist auch auf die Beiträge der außerdeutschen Forschung neben der bereits oben behandelten nordischen Lutherforschung. Angeregt von der deutschen Diskussion der 1950er und 1960er Jahre wurden die in den Niederlanden entstandene Arbeit *Confusio regnorum* (1965) von Lambert Schuurman sowie die Forschungsbeiträge des englischen Kirchenhistorikers James Cargill Thompson.[164] Relativ unabhängig von der deutschen Diskussion dagegen war die US-amerikanische Lutherforschung, die seit jeher von dem starken sozialethischen Interesse des nordamerikanischen Luthertums geprägt war.[165] Neben einer Vielzahl kleinerer, oft unselbstän-

163 W. Joest, Gesetz und Freiheit. Das Problem des Tertius usus legis bei Luther und die neutestamentliche Parainese, 1951; Ders., Luthers Unterscheidung von Gesetz und Evangelium und ihre Bedeutung für seine Stellungnahme in konkreten geschichtlichen Auseinandersetzungen (in: Martin Luther, Ausgewählte Werke, Bd. 4, ^{3}1957, 337–360); Ders., Das Verhältnis der Unterscheidung der beiden Regimente zu der Unterscheidung von Gesetz und Evangelium (in: Schrey 196–220); Ders., Ontologie der Person bei Luther, 1967.

164 J. C. Thompson, The ›Two Kingdoms‹ and the ›Two Regiments‹: Some Problems of Luther's Zwei-Reiche-Lehre [1969] (in: Ders., Studies in the Reformation, 1980, 42–59); Ders., Luther and the Right of Resistance to the Emperor [1975] (aaO 3–41); Ders., The Political Thought of Martin Luther, 1984.

165 Einen bibliographischen Überblick gibt J. Stumme, Bibliography of Lutheran Ethics (in: The Promise of Lutheran Ethics, hg. v. K. Bloomquist u. J. Stumme, 1998, 208–240).

diger und gemessen am deutschen Diskussionsstand forschungsgeschichtlich wenig bedeutender Arbeiten, sind drei Forscher besonders zu würdigen. Die Reihe der wichtigen Arbeiten der zweiten Hälfte des 20. Jahrhunderts begann mit der nach wie vor lesenswerten, vor allem an der systematisch-theologischen Grundlegung von Luthers Ethik interessierten Studie von George W. Forell *Faith Active in Love. An Investigation of the Principles Underlying Luther's Social Ethics* von 1954. Neben dieser systematisch orientierten Arbeit, die von Aufsätzen zu ethischen Einzelfragen begleitet wurde, legte Edward Cranz 1959 einen an der Genese von Luthers Ethik interessierten *Essay on the Development of Luther's Thought on Justice, Law and Society* vor. 1960 erschien dann die erste einer Reihe von sozialethisch interessierten Arbeiten von William H. Lazareth: *Luther on the Christian Home. An Application of the Social Ethics of the Reformation.*[166] Und nicht nur jenseits der nationalen, auch jenseits der konfessionellen Grenzen wurde Luthers Ethik neu bearbeitet: Die römisch-katholische Lutherforschung, die Anfang des 20. Jahrhunderts noch in der Tradition der Kontroverstheologie Luthers angeblich unethischen Lebenswandel und die diesen angeblich legitimierende Theologie kritisiert hatte, bemühte sich in der zweiten Jahrhunderthälfte um ein durchweg differenziertes Bild von Luthers Ethik und wies auf problematische Punkte hin.[167]

Obwohl sie verglichen mit vielen der gerade genannten Forschungsbeiträge jüngerer Theologen keine forschungsgeschichtliche Innovation war, so verdient Paul Althaus 1965 erschienene Überblicksdarstellung über die *Ethik Martin Luthers* eine besondere Würdigung. Dieses Buch ist die wohl-

166 S.a. W. Lazareth, Luther on Civil Righteousness and Natural Law (in: Kirche, Mystik, Heiligung und das Natürliche bei Luther, hg. v. I. Asheim, 1967, 180–188); Ders., Christians in Society. Luther, the Bible and Social Ethics, 2001.

167 O. H. Pesch, Theologie der Rechtfertigung bei Martin Luther und Thomas von Aquin, 1967; J. Vercruysse, Autorität und Gehorsam in Luthers Erklärungen des vierten Gebots (Gr. 54, 1973, 447–476); E. Iserloh, »Mit dem Evangelium läßt sich die Welt nicht regieren« – Luthers Lehre von den beiden Regimenten im Widerstreit [1983] (in: Ders., Kirche – Ereignis und Institution, Bd. 2, 1985, 163–180); P. Manns, Luthers Zwei-Reiche- und Drei-Stände-Lehre [1984] (in: Ders., Vater im Glauben. Studien zur Theologie Martin Luthers, 1988, 376–399); H. Blaumeiser, Martin Luthers Kreuzestheologie, 1995 (forschungsgeschichtlich interessant wegen der Problematisierung der synergistischen Tendenzen in Luthers zweiter Psalmenvorlesung).

abgewogene Summe von Althaus' Beschäftigung mit Luther. Sie zeigt, daß Althaus die Schultradition des konfessionellen Erlanger Luthertums fortführt – man vergleiche nur Luthardts fast hundert Jahre zuvor erschienene Überblicksdarstellung –, indem er das Buch mit dem Titel »Ethik« versieht,[168] einleitend die Frage von Religion und Sittlichkeit in Form der Darstellung des Zusammenhangs von Ethos und Rechtfertigung aufnimmt, den schöpfungstheologischen Rahmen der Ethik betont und Luthers Unterscheidung zweier Reiche und Regimente als Zugleich zweier den Christen gleichermaßen, jedoch in unterschiedlicher Weise betreffender Beziehungsdimensionen versteht. Althaus' Überblicksdarstellung war natürlich nicht die einzige. In zahlreichen Luther- und Reformationsdarstellungen, Lehrbüchern zur Geschichte der theologischen Ethik, Handbüchern, systematisch-theologischen Ethiklehrbüchern oder einschlägigen Lexikonartikeln wurde Luthers Ethik nach 1945 wieder und wieder behandelt.[169] Hier findet sich vielfach die auch von Althaus tradierte Gliederung in die Darstellung des grundlegenden Zusammenhangs von Rechtfertigungsglaube und christlichem Ethos, der Strukturen des christlichen Ethos in Gestalt der Reiche, Regimente und Stände sowie der Konkretionen des christlichen Ethos im Berufsgehorsam in den einzelnen Ständen, wobei die politische Ethik oft besonders ausführlich berücksichtigt wird.

Das Nachlassen des Forschungsinteresses an dem die 1950er Jahre beherrschenden Thema der ›Zweireichelehre‹ eröffnete auch die Möglichkeit, das Thema mit einem gewissen zeitlichen Abstand und aus einem neuen Blickwinkel anzugehen. Dieser Neuansatz findet sich in der 1970 erschienenen, forschungsgeschichtlich wichtigen Monographie *Christen-*

168 Es ist auffallend, daß sich die Titelformulierung »Luthers Ethik« trotz ihrer scheinbaren Präzision und Eingängigkeit in der Forschungsliteratur des 19. und 20. Jahrhunderts nicht allgemein durchgesetzt hat. Obwohl die Titelfrage selten explizit reflektiert wird, wählen die meisten Autoren doch wohl bewußt andere Formulierungen, wie zwei neuere Überblicksdarstellungen zeigen, die mit »Leben in der Welt« (E. HERMS) und »Christliches Leben (Ethik)« (K.-H. ZUR MÜHLEN [TRE 21, 1999, 555–560]) betitelt sind.

169 Z.B. H. J. IWAND, Luthers Theologie (in: DERS., Nachgelassene Werke, Bd. 5, 1974, hier: 228–234.290–308 u.ö.); H. THIELICKE, Theologische Ethik, Bd. 1, ^{2}1958 (hier: 95–102.111f.589–610 u.ö.); R. HERMANN, Luthers Theologie, 1967 (hier: Kap. XII, aber auch immer wieder in Kap. IV bis VIII); F. GOGARTEN, Luthers Theologie, 1967 (hier: 181–212 u.ö.).

heit und Weltverantwortung von Ulrich Duchrow. Duchrow bearbeitet die beiden Schlüsselprobleme der ›Zweireichelehre‹ Luthers: zum einen das Verständnis der Unterscheidung der Reiche und Regimente, zum anderen den traditionsgeschichtlichen Hintergrund dieser Unterscheidung. Sein Ansatz ist es, die beiden etablierten Interpretationstypen zu verbinden. Die Frage des traditionsgeschichtlichen Hintergrunds wird dabei zum Schlüssel der Lutherinterpretation, weshalb der Großteil des Buchs aus der Darstellung der »biblischen und antiken Grundlagen der späteren Zweireichelehre« in der frühjüdischen Apokalyptik und bei Paulus (Kap. 1), der Darstellung des »eschatologischen Kampfs zwischen civitas Dei und civitas diaboli und ihr[es] gemeinsame[n] Gebrauch[s] des irdischen Friedens« bei Augustin (Kap. 2) und der Darstellung der »zwei Gewalten (potestates, gladii, ordines) in einer christlichen Welt« im Mittelalter (Kap. 3) besteht. Duchrow kann mit dieser weit ausgreifenden ideengeschichtlichen Rekonstruktion zeigen, daß Luthers Unterscheidung zweier Reiche und Regimente unterschiedliche und teilweise sogar gegensätzliche Motive aufnimmt und zu etwas Neuem verarbeitet (Kap. 4). Die Ausgangsthese seines Lutherkapitels ist darum: »Luther behandelt zwar bis ca. 1516 vorwiegend die für seine Zwecke ausgedeutete augustinische Zwei-civitates-Lehre, gibt sie dann aber nicht auf, sondern kombiniert sie – z. T. im größeren Rahmen des Ständeethos – mit Elementen der mittelalterlichen potestates-Theorie, wobei besonders letztere, aber auch die erstere ihren ursprünglichen Sinn verändern und zusammen ein neues Ganzes ergeben. Diese neue Gesamtanschauung Luthers ist in sich konsistent und hält sich zeit seines Lebens durch« (440). Duchrow kann überzeugend zeigen, daß für Luther die eschatologische und die schöpfungstheologische Dimension christlicher Existenz, also die Weltverantwortung in den gegebenen Strukturen und das Gegenüber des Christen zur Welt zusammengehören und daß Luther die gegenläufigen augustinischen und mittelalterlichen Traditionselemente ausbalanciert. Allerdings muß man fragen, ob er die beiden in den 1950er Jahren etablierten Interpretationstypen nicht vorschnell verbindet und ob alle Argumentationsschritte überzeugend sind. Zudem ist seine Lutherdeutung nicht frei von Gegenwartsinteressen, die allerdings nicht ohne Weiteres erkennbar einfließen. Das gilt insbesondere für seine forschungsgeschichtlich neuartige Akzentuierung der Unterscheidung und Funktionsbestimmung der Regimente: Das durch innerweltliche Strukturen vermittelte Gotteshandeln manifestiere sich nicht nur in Personen und ihrem Handeln, sondern auch in Institutionen, und dieses Gotteshandeln nehme Personen und Institutionen hinein in den »Widerstreit mit dem Reich des Bösen«, weshalb »Luthers Reiche- und Regimentenlehre [...], in kürzester Zusammenfassung, die doppelte Kampfstrategie Gottes in der Geschichte gegen die Mächte des Bösen und die empfangend-tätige Kooperation der Menschen und ihrer Institutionen zur Heilung der Welt in Gerechtigkeit« meine.[170] Das zielt letztlich auf die Legitimierung einer politischen Theologie und einer kirchlichen Kompetenz der Welt gegenüber, wie sie in unterschiedlicher Weise bereits zuvor im 20. Jahrhundert vertreten wurde.

Duchrow selbst zog in den 1970er Jahren diese Konsequenzen aus seiner Lutherinterpretation, indem er als Leiter der Studienabteilung des Lutherischen Weltbundes ein Forschungsprojekt zur Bedeutung der ›Zweireichelehre‹ für das moderne Luthertum initiierte. Vor dem Hintergrund des Versagens eines Großteils des Luthertums gegenüber dem NS-Staat, der politischen und mentalitätsgeschichtlichen Umbrüche im Gefolge der 68er-Bewegung und der Selbstfindungsprozesse der lutherischen Kirchen in der Dritten Welt diagnostizierten Duchrow und seine Mitstreiter, daß die ursprüngliche ›Zweireichelehre‹ Luthers mißverstanden und mißbraucht worden sei, und forderten, daß der Lutherische Weltbund durch Traditionskritik und Besinnung auf die reformatorischen Ursprünge sich an der Erarbeitung einer den gegenwärtigen Herausforderungen angemessenen Sozialethik beteiligen solle. Die Durchführung dieses Projekts hätte ein wichtiger Impuls für die Forschung zu Luthers Ethik sein können, wenn es nicht an methodischen und organisatorischen Mängeln sowie an dem immer heftiger werdenden Streit um die inhaltliche Ausrichtung gescheitert wäre. Bezeichnend ist etwa, daß die von Duchrow mitverantworteten Quellensammlungen und seine Beiträge zu den Veröffentlichungen des Projekts[171]

170 U. Duchrow, Nachwort. Typen des Gebrauchs und Mißbrauchs einer Lehre von zwei Reichen und Regimenten (in: Zwei Reiche und Regimente. Ideologie oder evangelische Orientierung, hg. v. U. Duchrow, 1977, 273–304), 303.

171 Einen Überblick gibt: U. Duchrow, Veröffentlichungen der Studienkommission des Lutherischen Weltbundes zum Thema der zwei Reiche und Regimente. Anlaß – Intention – Methodik – Konflikte (1970–1977) (in: Gottes Wirken in seiner Welt, hg. v. N. Has-

wissenschaftlich hinter den mit seiner Monographie von 1970 gesetzten Maßstäben zurückblieben. Am meisten hat die Forschung noch von den Kritikern Duchrows, die sich vor allem in der VELKD und unter den deutschen Universitätstheologen fanden und die Schwächen des LWB-Forschungsprojekts je länger desto offener ansprachen,[172] und von dem durch die Diskussion um Duchrows Buch wiederbelebten Interesse an Luthers ›Zweireichelehre‹ und Sozialethik profitiert,[173] bis zu Beginn der 1980er Jahre auch diese Diskussion abebbte. Allerdings war auch diese Kritik nicht rein an methodischen und sachlichen Gesichtspunkten orientiert, ging es doch in der Diskussion um Luthers ›Zweireichelehre‹ immer auch um die Stellungnahme zu gegenwärtigen Entwicklungen. Die Reihe der kirchlichen und politischen Gegenwartsbezüge, die in die Forschungsdiskussion wenigstens indirekt hineinspielten, reichte von dem Streit über

SELMANN, Bd. 1, 1980, 13–22). Quellensammlungen: U. DUCHROW u.a. (Hg.), Die Vorstellung von Zwei Reichen und Regimenten bis Luther, 1972; Umdeutungen der Zwei-Reiche-Lehre Luthers im 19. Jahrhundert, 1975; DERS. [Hg.], Die Ambivalenz der Zweireichelehre in lutherischen Kirchen des 20. Jahrhunderts, 1976. Beiträge: U. DUCHROW, Einführung. Luther und der Gebrauch und Mißbrauch der »Zweireichelehre« in Theologie, Praxis und Institution lutherischer Kirchen (in: DERS. [Hg.], Zwei Reiche und Regimente. Ideologie oder evangelische Orientierung, 1977, 9–32); DERS., Nachwort. Typen des Gebrauchs und Mißbrauchs einer Lehre von zwei Reichen und Regimenten (aaO 273–304); DERS., The Doctrine of the Two Kingdoms as Resource for our Time: Help or Hindrance (Luther et la Réforme allemande, 1983, 249–262).

172 Z.B. M. HONECKER, Zur gegenwärtigen Interpretation der Zweireichelehre (ZKG 89, 1978, 150–162), oder zahlreiche Beiträge in: Gottes Wirken in seiner Welt, hg. v. N. HASSELMANN, 2 Bde., 1980.

173 Hier nur eine Auswahl an Beiträgen: B. LOHSE, Das Evangelium von der Rechtfertigung und die Weltverantwortung der Kirche in der lutherischen Tradition bei Luther und in der Reformationszeit (in: Die Verantwortung der Kirche in der Gesellschaft, hg. v. J. BAUR u.a., 1973, 143–160); G. MÜLLER, Luthers Zwei-Reiche-Lehre in der deutschen Reformation (in: DERS., Causa Reformationis. Beiträge zur Reformationsgeschichte und zur Theologie Martin Luthers, 1989, 417–437); M. HONECKER, Zweireichelehre und Sozialethik (in: DERS., Sozialethik zwischen Tradition und Vernunft, 1977, 175–278); H. KUNST, Evangelischer Glaube und politische Verantwortung, 1976; I. KIŠŠ, Fünf Formen der Zwei-Reiche-Lehre Luthers (ZdZ 32, 1978, 1–16); Ch. WALTHER, Hat die Lehre von den zwei Reichen noch einen Sinn? (Lu 49, 1978, 15–24); M. SEILS, Zweireichelehre heute (in: Charisma und Institution, hg. v. T. RENDTORFF, 1985, 199–210).

die Wiederbewaffnung über das Verhältnis von Lutheranern und Reformierten[174] bis hin zur Kritik am Antirassismusprogramm des Ökumenischen Rats der Kirchen, zur Diskussion um die Befreiungstheologie und zur Forderung einer klaren Unterscheidung von Mission und Politik in der kirchlichen Entwicklungsarbeit.

Die Forschung seit den 1970er Jahren war nicht nur von der Rezeption und Diskussion von Duchrows Arbeiten bestimmt, sondern entwickelte sich auch auf anderen Feldern weiter. Aus der Vielzahl der Beiträge werden im Folgenden als Abschluß der Forschungsgeschichte einige ausgewählte vorgestellt. So gab es Neuansätze zur systematisch-theologischen Gesamtwürdigung von Luthers Ethik. Oswald Bayer arbeitete Bizers Deutung der theologischen Entwicklung Luthers bis 1520 weiter aus und formulierte die These einer in Luthers reformatorischer Wende gründenden »promissionalen« Ethik, die er in mehreren Aufsätzen und seiner Darstellung der Theologie Luthers näher ausgeführt hat.[175] Klaus Bockmühl würdigt in seiner 1987 erschienenen *Ethik der reformatorischen Bekenntnisschriften*[176]

174 Die Leuenberger Konkordie von 1973 zählt das Gegenüber von »Zwei-Reiche-Lehre und Lehre von der Königsherrschaft Jesu Christi« zu den »Lehrunterschieden, die in und zwischen den beteiligten Kirchen bestehen, ohne als kirchentrennend zu gelten«, gleichwohl aber theologisch bearbeitet werden müssen (Konkordie reformatorischer Kirchen in Europa, hg. v. W. Hüffmeier, 1993, 33; siehe auch die Berichte der Regionalgruppen in: Evangelische Texte zur ethischen Urteilsfindung, hg. v. W. Hüffmeier, 1997, 11–24).

175 O. Bayer, Promissio, ²1989, 292–297.349f; Ders., Natur und Institution. Luthers Dreiständelehre (in: Ders., Freiheit als Antwort, 1995, 116–146); Ders., Nachfolge-Ethos und Haustafel-Ethos. Luthers seelsorgerliche Ethik (aaO 147–163); Ders., Martin Luthers Theologie, 2003, Kap. 6.13.14.

176 Das Buch ist der erste Band einer *Gesetz und Geist. Eine kritische Würdigung des Erbes protestantischer Ethik* betitelten umfassenderen Darstellung, von der allerdings nichts weiter erschienen ist. Bockmühl behandelt Luthers Ethik zwar nur knapp im Zusammenhang der Dekalogauslegung in Luthers Katechismen (27–120), berücksichtigt sie aber durchweg in ihren Auswirkungen auf die reformatorisch-nachreformatorische Bekenntnisbildung und Frömmigkeitsgeschichte. Das Werk hat seinen Wert nicht nur durch die materialreiche Interpretation der ethischen Aussagen in den Bekenntnisschriften, sondern vor allem durch sein im Spektrum der bisherigen Forschung kaum vertretenes theologisches Interesse, das einen eher unkonventionellen Zugang zu Luthers Ethik bietet. Anregend etwa ist Bockmühls an Troeltsch anknüpfende These von der schöpfungstheologischen Engführung der christlichen Ethik durch die Reformation, die die Augen dafür

von einem evangelikalen Standpunkt aus zwar Luthers Ethik mit ihrer Orientierung am Gesetz und ihrer Betonung der christlichen Existenz in den Strukturen der Welt, problematisiert sie aber auch, indem er bei Luther eine angemessene Berücksichtigung des biblischen Gesamtzeugnisses und des Heiligen Geists als bestimmender Kraft des christlichen Lebens vermißt. Nach Bockmühl ermöglicht nur die Verbindung von Gesetz und Geist ein gleichermaßen der biblischen Radikalität entsprechendes und die konkrete Situation angemessen berücksichtigendes christliches Leben in der Welt. Weiterentwicklungen lassen sich auch in der Forschung zu Einzelthemen von Luthers Ethik beobachten. Die Diskussion um Luthers ›Zweireichelehre‹ ging weiter, wobei es trotz der scheinbar erschöpfenden Diskussion noch neue Akzentuierungen gab, wie etwa Wilfried Härles systematisch-theologische Studie über *Luthers Zwei-Regimenten-Lehre als Lehre vom Handeln Gottes* (1987) und Volker Manteys kirchengeschichtliche Arbeit *Zwei Schwerter – Zwei Reiche* (2005) zum spätmittelalterlichen Hintergrund und zur Genese von Luthers Unterscheidung zweier Reiche zeigen. Auch die mit der Unterscheidung der Reiche und Regimente zusammenhängende Unterscheidung dreier Stände oder Hierarchien zog vermehrtes Interesse auf sich und wurde immer wieder behandelt, wobei die Forschungsbeiträge von Wilhelm Maurer (1970) und Reinhard Schwarz (1978, 1984) mit ihrem Aufweis des engen Zusammenhangs Luthers mit dem Mittelalter und seiner gleichwohl gegebenen Eigenart von besonderer Bedeutung sind. Auch andere für Luthers Ethik relevante Themen wurden in historischer Perspektive bearbeitet, etwa das Widerstandsrecht von Hermann Dörries (1970), die Bergpredigtauslegung von Karin Bornkamm (1988), »Luthers Stellung zum Zauber- und Hexenwesen« von Jörg Haustein (1990), die Wirtschaftsethik von Hans-Jürgen Prien (1992), das Verhältnis von »[b]iblische[m] Text und theologische[r] Theoriebildung« in der Obrigkeitschrift von Albrecht Beutel (2001), das Rechtsverständnis von John Witte (2002), die Auslegung von Ps. 101 von Michael Basse (2003), das Verhältnis von Staat und Kirche von James Estes (2005), Luthers Stellung zum Islam von Joachim Ehmann

öffnet, daß in Luthers Ethik der eschatologische Horizont und das Motiv der radikalen, in den Konflikt mit der Welt führenden Christusnachfolge eine von der Forschung des 19. und 20. Jahrhundert nicht angemessen gewürdigte Rolle spielen.

(2008) und seine Stellung zum Judentum von Thomas Kaufmann (2011). Das in diesen und anderen kirchengeschichtlichen Forschungsbeiträgen greifbar werdende sozial- und kulturgeschichtliche Interesse an der Theologie Luthers hatte jedoch kaum Auswirkungen auf die profangeschichtliche Reformationshistoriographie. An gewichtigen Forschungsbeiträgen von Seiten der Frühneuzeithistoriker sind etwa Eike Wolgasts 1977 erschienene Studie über *Die Wittenberger Theologie und die Politik der evangelischen Stände* und die Forschungsbeiträge von Luise Schorn-Schütte (1996, 1998, 2004) zu nennen. Während das historische Interesse an Luthers Ethik und ihrer Einbettung in die spätmittelalterlichen und frühneuzeitlichen Kontexte an Bedeutung gewonnen hat, hat die systematisch-theologische Auseinandersetzung mit Luthers Ethik für die Forschung an Bedeutung verloren. Neben den oben genannten Beiträgen systematischer Theologen ist Volker Stümkes 2007 erschienene Arbeit *Das Friedensverständnis Martin Luthers* zu Luthers Kriegsleuteschrift und ihrer Relevanz für eine moderne Friedensethik zu nennen; nicht mehr im engeren Sinne zur Forschung zu Luthers Ethik gehören dagegen die gleichwohl aufschlußreichen Arbeiten von Christian Schulken zu Luthers Gesetzesverständnis (2005) oder Philipp Stoellger zu Luthers Verständnis der ›vita passiva‹ (2010). Abschließend ist noch auf die zusammenfassenden Darstellungen des in der dritten Phase der Forschung erreichten Stands hinzuweisen. Wichtig sind hier nicht nur die einschlägigen Lexikonartikel sowie Lehr- und Handbuchabschnitte,[177] sondern auch die neueren wissenschaftlichen Lutherbiographien und biographischen Sammelbände, die seine Ethik im Zusammenhang von Leben und Werk behandeln.[178]

177 TRE 10, 1982, 484–487 (T. Rendtorff), TRE 21, 1991, 555–560 (K.-H. zur Mühlen), TRE 35, 2003, 636–640 (Ch. Peters); Ch. Frey, Die Ethik des Protestantismus von der Reformation bis zur Gegenwart, 1989, 26–41; J. Rohls, Geschichte der Ethik, ²1999, 251–265; B. Lohse: Luthers Theologie, 1995, 168–177.333–344; W.-D. Hauschild, Lehrbuch der Kirchen- und Dogmengeschichte, Bd. 2, 1999, 311–315; B. Wannenwetsch, Luther's Moral Theology (in: The Cambridge Companion to Martin Luther, hg. v. D. McKim, 2003, 120–135); C. Lindberg, Luther's Struggle with social-ethical issues (aaO 165–178); E. Herms, Leben in der Welt (in: Luther Handbuch, hg. v. A. Beutel, 2005, 423–435); H.-M. Barth: Die Theologie Martin Luthers, 2009, Kap. 11+12; Enzyklopädie der Neuzeit 3, 2006, 573–575 (H. R. Reuter) und 10, 2009, 489–493 (R. Köster).

178 H. Bornkamm, Martin Luther in der Mitte seines Lebens, 1979, Kap. V, VIII, XIV, XV,

Insgesamt wurde der Forschungsstand seit den 1970er Jahren zwar erweitert, die Forschung zu Luthers Ethik hat sich aber überwiegend – vor allem im Zusammenhang des Lutherjahres 1983 und seiner Flut von Publikationen – in mehr oder minder gelungenen Wiederholungen und Variationen erschöpft. Die ›Zweireichelehre‹ dominiert die Forschungsdiskussion nicht mehr so stark wie zuvor, und das historische Interesse überwiegt das systematisch-theologische. Ob das bedeutet, daß die Leitfrage der dritten Phase der Forschung nach Luthers Verständnis der *Unterscheidung der beiden Regimente und Reiche* einem neuen Forschungsinteresse Platz macht, das die bisherigen Leitfragen aufnimmt und in neuer Weise weiterführt – wie es bei den Leitfragen der ersten und zweiten Phase nach Luthers Bestimmung des Verhältnisses *Religion und Sittlichkeit* und *Christentum und Welt* der Fall war –, ist nicht auszumachen, und in welche Richtung die Forschung sich entwickeln wird, erst recht nicht. Forschungsaufgaben gibt es genug, etwa im Gefolge Karl Holls und auf dem heutigen Stand der Lutherforschung die Genese und Entwicklung von Luthers Ethik oder im Gefolge Ernst Troeltschs und auf dem heutigen Stand der Reformationsforschung die Wechselwirkungen zwischen reformatorischer Theologie und frühneuzeitlicher Lebenswirklichkeit zu erforschen. Wenn ein modernes Lehrbuch als Charakteristikum der Reformation angibt, daß sich »[n]ie zuvor oder danach in der Geschichte der Kirche [...] theologische Erkenntnis als eine so tiefgreifend und rasch die Lebensorientierung vieler Menschen und dann auch Institutionen, Recht und Politik verändernde Kraft erwiesen«[179] hat, dann stellen sich Fragen wie die, ob es diesen epochalen Wandel tatsächlich gegeben hat, was es mit der Veränderungskraft der reformatorischen Theologie auf sich hat und wie sie sich in der frühneuzeitlichen Lebenswelt ausgewirkt hat. Trotz der beeindruckenden und das Thema scheinbar erschöpfenden bisherigen Forschung zu Luthers Ethik gibt es lohnenswerte Möglichkeiten zur Weiterarbeit.

XXI, XXII u. ö.; M. Brecht, Martin Luther, Bd. 1, ³1990 (Kap. X.2.4.5, XI.3 u. ö.), Bd. 2, 1986 (Kap. II.6.9, III, IV, VII.3–5, IX, XI u. ö.), Bd. 3, 1987 (Kap. VI, VIII.1.3, X.2 u. ö.); H. Junghans (Hg.), Leben und Werk Martin Luthers von 1526 bis 1546, Bd. 1, 1983, 171–185 (A. Stein), 187–204 (J. Rogge), 205–223 (Th. Strohm) u. ö.; R. Schwarz, Luther, 1986, §§ 25.33.35.41.44 u. ö.

179 R. Mau: Evangelische Bewegung und frühe Reformation 1521 bis 1532 (KGE II/5), 2000, 6.

Bibliographie zur Ethik Martin Luthers

Die Abkürzungen orientieren sich an den in der TRE (SIEGFRIED M. SCHWERTNER, IATG². Internationales Abkürzungsverzeichnis für Theologie und Grenzgebiete. Zeitschriften, Serien, Lexika, Quellenwerke mit bibliographischen Angaben, ²1992), der RGG⁴ (Abkürzungen Theologie und Religionswissenschaften nach RGG⁴, 2007) und in der Bibliographie des Lutherjahrbuchs verwendeten. Darüber hinaus wurden folgende Kurztitel verwendet:

HOLL K. HOLL: Gesammelte Aufsätze zur Kirchengeschichte (siehe unten)
SCHREY Reich Gottes und Welt. Die Lehre Luthers von den zwei Reichen, hg. v. H.-H. SCHREY, 1969
WOLF Luther und die Obrigkeit, hg. v. G. WOLF, 1972

In eckigen Klammern wird das Jahr des erstmaligen Erscheinens angeführt. Aufgenommen wurde vor allem die kirchengeschichtliche und systematisch-theologische Fach- und Lehrbuchliteratur zum Thema. Die Literatur zu Luthers theologischer Entwicklung bis 1520, die vielfach die Entwicklung von Luthers Ethik nicht explizit oder nicht ausführlich behandelt, wurde bis auf wenige Ausnahmen nicht berücksichtigt.[1]

AHLMANN, FRANK: Nutz und Not des Nächsten. Grundlinien eines christlichen Utilitarismus im Anschluss an Martin Luther, 2008
ALANEN, YRJÖ J. E.: Das Gewissen bei Luther, 1934
ALTHAUS, PAUL (d. Ä.): Frömmigkeit und Sittlichkeit nach evangelischer Auffassung, 1906
ALTHAUS, PAUL (d. J.): Religiöser Sozialismus. Grundfragen der christlichen Sozialethik, 1921
–: Staatsgedanke und Reich Gottes, 1923 (⁴1931)
–: Kirche und Volkstum (in: Verhandlungen des zweiten Deutschen Evangelischen Kirchen-

1 Siehe hierzu: Der Durchbruch der reformatorischen Erkenntnis bei Luther, hg. v. B. LOHSE, 1968; Der Durchbruch der reformatorischen Erkenntnis bei Luther. Neuere Untersuchungen, hg. v. B. LOHSE, 1988; K.-H. ZUR MÜHLEN, Zur Erforschung des ›jungen Luther‹ seit 1876 (LuJ 50, 1983, 48–125).

tages 1927. Königsberg i. Pr. 17.–21. Juni 1927, hg. v. Deutschen Evangelischen Kirchenausschuß, 1927, 204–224)
–: Der Geist der lutherischen Ethik im Augsburgischen Bekenntnis, 1930
–: Kirche und Staat nach lutherischer Lehre, 1935
–: Obrigkeit und Führertum. Wandlungen des evangelischen Staatsethos, 1936
–: Luther und die politische Welt, 1937
–: Juxta Vocationem. Zur lutherischen Lehre von Ordnung und Beruf (Luth. 48, 1937, 129–141)
–: Paulus und Luther über den Menschen. Ein Vergleich, [4]1963 [1938]
–: Luther und die Politik (in: Th. KNOLLE [Hg.]: Luther in der deutschen Kirche der Gegenwart. Eine Übersicht, 1940, 21–27)
–: Luther und das öffentliche Leben. Zum 400. Geburtstag des Reformators (ZW 18, 1946/47, 129–142)
–: Gebot und Gesetz. Zum Thema »Gesetz und Evangelium«, 1952
–: Luthers Wort von der Ehe (Lu 24, 1953, 49–58)
–: Luther und die Bergpredigt (Lu 27, 1956, 1–16; wieder in: D Martin Luthers Auslegung der Bergpredigt. Matthäus 5–7, hg. v. E. MÜLHAUPT, 1961, 3*–14*)
–: Luthers Lehre von den beiden Reichen im Feuer der Kritik [1957] (in: SCHREY 105–141)
–: Art. [Zwei-Reiche-Lehre] A. Luthers Lehre von den beiden Reichen (EKL 3, 1959, 1928–1931)
–: Art. [Zwei-Reiche-Lehre] B. Zur gegenwärtigen Kritik an Luthers Lehre (EKL 3, 1959, 1931–1936)
–: Die Ethik Martin Luthers, 1965
ALTMANN, WALTER: Luther and Liberation. A Latin American Perspective, 1992
ANDERSEN, SVEND: Macht aus Liebe. Zur Rekonstruktion einer lutherischen politischen Ethik, 2010
ARNOLD, FRANZ XAVER: Zur Frage des Naturrechts bei Martin Luther. Ein Beitrag zum Problem der natürlichen Theologie auf reformatorischer Grundlage, 1937
ARNOLD, MATTHIEU: La notion d'Epieikeia chez Martin Luther (RHPhR 79, 1999, 187–208.315–325)
–: La pensée politique de Martin Luther (PosLuth 53, 2005, 45–66)
–: Martin Luther, Theologe der Nächstenliebe (LuJ 75, 2008, 67–90).
ASENDORF, ULRICH: Luthers Genesisvorlesung als Paradigma christlicher Weltverantwortung (in: J. HEUBACH [Hg.]: Christentum und Weltverantwortung, 1992, 71–94)
ASHEIM, IVAR: Lutherische Tugendethik? (NZSTh 40, 1998, 239–260)
ASSEL, HANS-GÜNTHER: Das kanonische Zinsverbot und der »Geist« des Frühkapitalismus in der Wirtschaftsethik bei Eck und Luther, Diss. Universität Erlangen 1948
AUBIN, GUSTAV: Der Einfluß der Reformation in der Geschichte der deutschen Wirtschaft, 1929
AULÉN, GUSTAV: Luther och politiken (SvTK 17, 1941, 177–196)
AURELIUS, CARL AXEL: Gottesdienst als Quelle des christlichen Lebens bei Martin Luther (LuJ 76, 2009, 221–234)
AUSTAD, TORLEIV: Die Lehre von den zwei Regimenten im norwegischen Kirchenkampf

1940–1945. Fünfzehn Thesen (in: U. DUCHROW [Hg.]: Zwei Reiche und Regimente. Ideologie oder evangelische Orientierung. Internationale Fall- und Hintergrundstudien zur Theologie und Praxis lutherischer Kirchen im 20. Jahrhundert, 1977, 87–96)

BARANOWSKI, SIEGMUND: Luthers Lehre von der Ehe, 1913

BARD, PAUL: Luthers Lehre von der Obrigkeit in ihren Grundzügen (EvTh 10, 1950/51, 126–144)

BARGE, HERMANN: Luther und der Frühkapitalismus [1936/37], 1951

BARTELS, FR.: Die ethischen Grundgedanken der evangel.-luth. Bekenntnisschriften, 1884

–: Die Sittenlehre der evangelisch-lutherischen Kirchen nach deren Bekenntnisschriften zusammenhängend dargestellt, 1893

BARTH, HANS-MARTIN: Die Theologie Martin Luthers. Eine kritische Würdigung, 2009

BARTH, KARL: Evangelium und Gesetz [1935] (in: DERS.: Rechtfertigung und Recht. Christengemeinde und Bürgergemeinde. Evangelium und Gesetz, 1998, 81–109)

–: Rechtfertigung und Recht [1938] (aaO 5–45)

–: Christengemeinde und Bürgergemeinde [1946] (aaO 47–80)

BARTON, PETER F.: Verantwortung, Freiheit und Gehorsam. Bemerkungen zu Luthers Staatsethik (Martin Luther. Zeitschrift des Österreichischen Freundeskreises der Luther-Gesellschaft 2, 1972, 3–12; 3, 1973, 3–30; 4, 1974, 3–36; 5, 1974, 33–63)

- : Liebe, Sexualität und Ehe bei Luther (aaO 6, 1975, 3–70)

BASSE, MICHAEL: Ideale Herrschaft und politische Realität. Luthers Auslegung des 101. Psalms im Kontext von Spätmittelalter und Reformation (ZKG 114, 2003, 45–71)

–: Luthers frühe Dekalogpredigten in ihrer historischen und theologischen Bedeutung (Lu 78, 2007, 6–17)

BAST, ROBERT JAMES: Je geistlicher ... je blinder: Anticlericalism, the Law, and Social Ethics in Luther's Sermons on Matthew 22:34–41 (in: P. A. DYKEMA, H. A. OBERMAN [Hg.]: Anticlericalism in Late Medieval and Early Modern Europe, 1993, 367–378)

–: Honor Your Fathers: Catechisms and the Emergence of a Patriarchal Ideology in Germany 1400–1600, 1997

–: From Two Kingdoms to Two Tables: The Ten Commandments and the Christian Magistrate (ARG 89, 1998, 79–95)

BAUCH, BRUNO: Luther und Kant, 1904

–: Unser philosophisches Interesse an Luther (ZPPK 164, 1917, 128–148)

BAYER, OSWALD: Promissio. Geschichte der reformatorischen Wende in Luthers Theologie, [2]1989 [1971]

–: Aus Glauben leben. Über Rechtfertigung und Heiligung, [2]1990 [1984]

–: Natur und Institution. Luthers Dreiständelehre [1984] (in: DERS.: Freiheit als Antwort. Zur theologischen Ethik, 1995, 116–146)

–: Nachfolge-Ethos und Haustafel-Ethos. Luthers seelsorgerliche Ethik [1986] (aaO 147–163)

–: Martin Luthers Theologie. Eine Vergegenwärtigung, 2003

–: Angeklagt und anerkannt. Religionsphilosophische und dogmatische Aspekte (in: H. Ch. KNUTH [Hg.]: Angeklagt und anerkannt. Luthers Rechtfertigungslehre in gegenwärtiger Verantwortung, 2009, 89–107)

Baylor, Michael G.: Action and Person. Conscience in Late Scholasticism and the Young Luther, 1977

Becker, Karl-Heinz: Der Christ als Untertan nach lutherischem Bekenntnis (EvTh 3, 1936, 276–288)

Beintker, Horst: Glaube und Handeln nach Luthers Verständnis des Römerbriefs (LuJ 28, 1961, 52–85)

–: Zu Luthers Verständnis vom geistlichen Leben des Christen im Gebet (LuJ 31, 1964, 47–68)

–: Das Gewissen in der Spannung zwischen Gesetz und Evangelium (LuJ 48, 1981, 115–147)

–: Glauben lernen in der vollen Diesseitigkeit des Lebens (Lu 58, 1987, 13–32)

Beisser, Friedrich: Zur Deutung von Luthers Zwei-Reiche-Lehre (KuD 16, 1970, 229–241)

Below, Georg von: Die Bedeutung der Reformation für die politische Entwicklung, 1918

Bensow, Oskar: Glaube, Liebe und gute Werke. Eine Untersuchung der prinzipiellen Eigentümlichkeit der evangelisch-lutherischen Ethik, 1906 (BFChTh Jg. 10, Heft 2, 7–52 [= 131–176])

Berger, Arnold E. (Hg.): Grundzüge evangelischer Lebensformung nach ausgewählten Schriften Martin Luthers, 1930

Berggrav, Eivind: Wenn der Kutscher trunken ist. Luther über die Pflicht zum Ungehorsam gegenüber der Obrigkeit [1941] (in: Ders.: Der Staat und der Mensch, 1946, 301–320)

–: Staat und Kirche in lutherischer Sicht (in: Das lebendige Wort in einer verantwortlichen Kirche. Offizieller Bericht der zweiten Vollversammlung des Lutherischen Weltbundes, 1952, 78–86)

Berns, Peter: Die Gesellschafts- und Wirtschaftsauffassung bei Martin Luther, 1938

Beste, Wilhelm: Dr. Martin Luther's Glaubenslehre, aus und in den Quellen dargestellt, 1845

Betcke, Werner: Luthers Sozialethik. Ein Beitrag zu Luthers Verhältnis zum Individualismus, 1934

Beutel, Albrecht: Gottes irdische Gehilfen. Luthers Auslegung von Sach 1,7 als angelologische Variante seiner Regimentenlehre (in: H. Colberg, D. Petersen [Hg.]: Spuren, FS Th. Schumacher, 1986, 157–190)

–: Luthers Auslegung des ersten Gebots (in: J. Heubach [Hg.]: »Ich bin der Herr, dein Gott« – Das erste Gebot in säkularisierter Zeit, 1995, 65–108)

–: Biblischer Text und theologische Theoriebildung in Luthers Schrift »Von weltlicher Oberkeit, wie weit man ihr Gehorsam schuldig sei« (1523) [2001] (in: Ders.: Reflektierte Religion. Beiträge zur Geschichte des Protestantismus, 2007, 21–46)

Beyer, Hermann Wolfgang: Der Christ und die Bergpredigt nach Luthers Deutung (LuJ 14, 1932, 33–60; Separatdruck 1933)

–: Glaube und Recht im Denken Luthers (LuJ 17, 1935, 56–86)

Beyer, Michael: Luthers Ehelehre bis 1525 (in: M. Treu [Hg.]: Katharina von Bora. Die Lutherin. Aufsätze anläßlich ihres 500. Geburtstags, 1999, 59–82)

–: Wirtschaftsethik bei Martin Luther (in: U. Kern [Hg.]: Wirtschaft und Ethik in theologischer Perspektive, 2002, 85–110)

Beyschlag, Karlmann: Die Bergpredigt und Franz von Assisi, 1955

BIDINGER, JOSEF: Formale und materiale Gerechtigkeit im Staatsbild Martin Luthers. Eine Studie über die Grundlagen der Rechtswertlehre bei Luther (ARSP 48, 1962, 199–214)

BILLING, EINAR: Luthers lära om staten i des samband med hans reformatoriska grundtankar och med tidigare kyrkliga läror, 1900

BINDER, JULIUS: Luthers Staatsauffassung, 1924

BLAUMEISER, HUBERTUS: Martin Luther zum Thema Freiheit. Ein Beitrag anhand der »Operationes in Psalmos« (1519–1521) (in: D. BIELFELDT, K. SCHWARZWÄLLER [Hg.]: Freiheit als Liebe bei / Freedom as Love in Martin Luther, 1995, 35–62)

–: Martin Luthers Kreuzestheologie. Schlüssel zu seiner Deutung von Mensch und Wirklichkeit. Eine Untersuchung anhand der Operationes in Psalmos (1519–1521), 1995

BLOCHWITZ, GOTTFRIED: Die antirömischen deutschen Flugschriften der frühen Reformationszeit (bis 1522) in ihrer religiös-sittlichen Eigenart (ARG 27, 1930, 145–254)

BOCKMÜHL, KLAUS: Gesetz und Geist. Eine kritische Würdigung des Erbes protestantischer Ethik, Bd. 1: Die Ethik der reformatorischen Bekenntnisschriften, 1987

BOEHMER, HEINRICH: Luthers Ehe (LuJ 7, 1925, 40–76)

BOEHMER, JULIUS: Einführung (in: Luthers Ehebuch. Was Martin Luther Ehelosen, Eheleuten und Eltern zu sagen hat. Ein Buch zur Geschlechts- und Geschlechterfrage, hg. v. J. BOEHMER, o.J. [1934], 23*–65*)

BOER, THEO A.: Luthers Theologie: Ethik? Christliche Ethik? (NZSTh 48, 2006, 18–32)

BORNKAMM, HEINRICH: Iustitia dei in der Scholastik und bei Luther [1942] (in: DERS.: Luther. Gestalt und Wirkungen. Gesammelte Aufsätze, 1975, 95–129)

–: Luther und das Alte Testament, 1948

–: Luthers Lehre von den zwei Reichen im Zusammenhang seiner Theologie [1958] (in: SCHREY 165–195)

–: Die Frage der Obrigkeit im Reformationszeitalter [1961] (in: DERS.: Das Jahrhundert der Reformation. Gestalten und Kräfte, 1983, 379–410.485–491)

–: Zur Frage der Iustitia Dei beim jungen Luther [1961/62] (in: B. LOHSE [Hg.]: Der Durchbruch der reformatorischen Erkenntnis bei Luther, 1968, 289–383)

–: Erneuerung der Frömmigkeit. Luthers Predigten 1522–1524 [1967] (in: DERS.: Luther. Gestalt und Wirkungen. Gesammelte Aufsätze, 1975, 212–237)

–: Der Christ und die zwei Reiche [1972] (aaO 255–266)

–: Martin Luther in der Mitte seines Lebens. Das Jahrzehnt zwischen dem Wormser und dem Augsburger Reichstag, 1979

BORNKAMM, KARIN: Luthers Auslegungen des Galaterbriefs von 1519 und 1531. Ein Vergleich, 1963

–: Umstrittener »spiegel eines Christlichen lebens«. Luthers Auslegung der Bergpredigt in seinen Wochenpredigten von 1530 bis 1532 (ZThK 85, 1988, 409–454)

–: »Gott gab mir Frau und Kinder«. Luther als Ehemann und Familienvater (Wartburg-Jahrbuch, Sonderband 1996: Wissenschaftliches Kolloquium »Der Mensch Luther und sein Umfeld«, 63–83)

BRAASCH, AUGUST HEINRICH: Martin Luthers Stellung zum Sozialismus, 1897

Brady, Thomas A.: Luther and Society. Two Kingdoms or Three Estates? Tradition and Experience in Luther's Social Teaching (LuJ 52, 1985, 197–212)

–: Luther and the State: The Reformer's Teaching in its Social Setting (in: J. Tracy [Hg.]: Luther and the Modern State in Germany, 1986, 31–44)

Bräuer, Siegfried: Luthers Beziehungen zu den Bauern (in: H. Junghans [Hg.]: Leben und Werk Martin Luthers von 1526 bis 1546, Bd. 1, 1983, 457–472.875–882)

–: Luthers »Zwei-Reiche-Lehre« im Ernstfall. Der Konflikt Graf Albrechts von Mansfeld mit seinen Vettern wegen reformatorischer Neuerungen 1524/25 (in: U. John, J. Matzerath [Hg.]: Landesgeschichte als Herausforderung und Programm, FS K. Blaschke, 1997, 285–304)

Brandenburg, Erich: Martin Luther's Auffassung vom Staate und von der Gesellschaft (in: Vorträge gehalten auf der VI. Generalversammlung des Vereins für Reformationsgeschichte am 11. April 1901 in Breslau, SVRG 70, 1901, 1–30)

Braun, Dietrich: Luther über die Grenzen des Staats 1523 (ARG 78, 1987, 61–80; erweitert: JBBKG 57, 1989, 27–64)

Braun, Wilhelm: Die Bedeutung der Concupiscenz in Luthers Leben und Lehre, 1908

Brecht, Martin: Iustitia Christi. Die Entdeckung Martin Luthers [1974] (in: B. Lohse [Hg.]: Der Durchbruch der reformatorischen Erkenntnis bei Luther. Neuere Untersuchungen, 1988, 167–211)

–: Martin Luther, Bd. 1: Sein Weg zur Reformation 1483–1521, [3]1990, Bd. 2: Ordnung und Abgrenzung der Reformation 1521–1532, 1986, Bd. 3: Die Erhaltung der Kirche 1532–1546, 1987

–: Divine Right and Human Rights in Luther (in: M. Hoffmann [Hg.]: Martin Luther and the Modern Mind. Freedom, Conscience, Toleration, Rights, 1985, 61–84)

–: Gelebte Taufe nach Martin Luther (in: J. Heubach [Hg.]: Das Sakrament der Heiligen Taufe, 1997, 21–39)

–: Die Entwicklung der Theologie Luthers aus der Exegese vorgeführt an der ›Epistel Petri geprediget und ausgelegt‹ (1522/1523) (in: N. Slenczka, W. Sparn [Hg.]: Luthers Erben – Studien zur Rezeptionsgeschichte der reformatorischen Theologie Luthers, FS J. Baur, 2005, 1–24)

Breul, Wolfgang: »Es ist verloren der geystlich standt«. Luthers Eheschließung im Kontext des Aufstands von 1525 (in: D. Korsch, V. Leppin [Hg.]: Martin Luther – Biographie und Theologie, 2010, 153–167)

Brieger, Theodor: Die kirchliche Gewalt der Obrigkeit nach der Anschauung Luthers (ZThK 2, 1892, 513–534)

Bring, Ragnar: Das Verhältnis von Glauben und Werken in der lutherischen Theologie, 1955 [1933]

–: Gesetz und Evangelium und der dritte Brauch des Gesetzes in der lutherischen Theologie (in: Zur Theologie Luthers, SLAG 4, 1943, 43–97)

–: Der Glaube und das Recht nach Luther [1955] (in: Schrey 290–325)

–: Der paulinische Hintergrund der lutherischen Lehre von den zwei Reichen oder Regimenten (StTh 27, 1973, 107–126)

Brunner, Peter: Der Christ in den zwei Reichen (ELKZ 3, 1949, 322–327)

Bubenheimer, Ulrich: Scandalum et ius divinum. Theologische und rechtstheologische Probleme der ersten reformatorischen Innovationen in Wittenberg 1521/22 (ZSRG.K 59 [90], 1973, 263–342)

–: Luthers Stellung zum Aufruhr in Wittenberg 1520–1522 und die frühreformatorischen Wurzeln des landesherrlichen Kirchenregiments (ZSRG.K 71 [102], 1985, 147–214)

–: Streit um das Bischofsamt in der Wittenberger Reformation 1521/22. Von der Auseinandersetzung mit den Bischöfen um Priesterehe und den Ablaß zu Halle zum Modell des evangelischen Gemeindebischofs (ZSRG.K 73 [104], 1987, 155–209)

Buchwald, Georg (Hg.): D. Martin Luther sozial?! Aussprüche aus seinen Werken, 1947

Buckwalter, Stephen E.: Die Priesterehe in Flugschriften der frühen Reformation, 1998

Bühler, Pierre: Der Mensch vor der Aufgabe ethischer Verantwortung. Anthropologie und Ethik in Luthers Genesisvorlesung (LuJ 76, 2009, 57–76)

Büttgen, Philippe: Liberté et interiorité. Remarques sur l'évolution de Luther, 1513–1521 (in: J.-M. Valentin [Hg.]: Luther et la réforme. Du Commentaire de l'Épître aux Romains à la Messe allemande, 2001, 435–471)

Burger, Christoph: Gottesliebe, Erstes Gebot und menschliche Autonomie bei spätmittelalterlichen Theologen und Martin Luther (ZThK 89, 1992, 280–301)

–: Luther im Spannungsfeld zwischen Heiligungsstreben und dem Alltag eines Ordensmannes (in: Ch. Bultmann u. a. [Hg.]: Luther und das monastische Erbe, 2007, 171–185)

Cardauns, Ludwig: Die Lehre vom Widerstandsrecht des Volks gegen die rechtmäßige Obrigkeit im Luthertum und im Calvinismus des 16. Jahrhunderts, 1903

Clausert, Dieter: Das Problem der Gewalt in Luthers Zwei-Reiche-Lehre (EvTh 26, 1966, 36–56)

Claussen, Johann Hinrich: Glück und Gegenglück. Philosophische und theologische Variationen über einen alltäglichen Begriff, 2005

Cleve, Frederic: Gewaltsamer Aufstand. Luthers Lehre und ihre Anwendung in einer Krise Finnlands (in: E. Lorenz [Hg]: Widerstand, Recht und Frieden. Ethische Kriterien legitimen Gewaltgebrauchs, 1984, 112–135)

Cranz, F. Edward: An Essay on the Development of Luther's Thought on Justice, Law and Society, 1959

Dalferth, Ingolf U.: Mere Passive. Die Passivität der Gabe bei Luther (in: B. Ch. Holm, P. Widmann [Hg.]: Word – Gift – Being. Justification – Economy – Ontology, 2009, 43–71)

Dantine, Johannes: Gläubiger Realismus. Zur Sozialethik Martin Luthers (JK 44, 1983, 118–124)

Delius, Hans-Ulrich: Anmerkungen zu Luthers Zwei-Reiche-Lehre (WZ[G].GS 32, 1983, 12–18)

Detert, Ernst: Der Berufsgedanke bei Martin Luther (in: R. Stupperich [Hg.]: Verantwortung und Zuversicht, FS O. Dibelius, 1950, 74–81)

Deutelmoser, Arno: Luther, Staat und Glaube, 1937

Dieckhoff, August Wilhelm: Luthers evangelische Lehrgedanken in ihrer ersten Gestalt. Nach den von Luther vor dem Ablaßstreit verfaßten Schriften (DZCW 3, 1852, 130–147.209–216.222–234)

–: Die kirchliche Trauung, ihre Geschichte im Zusammenhange mit der Entwickelung des Eheschließungsrechts und ihr Verhältnis zur Civilehe, 1878
–: Luthers Lehre in ihrer ersten Gestalt, 1887
Diem, Harald: Luthers Lehre von den zwei Reichen untersucht von seinem Verständnis der Bergpredigt aus. Ein Beitrag zum Problem: »Gesetz und Evangelium«, 1938 (wieder in: G. Sauter [Hg.]: Zur Zwei-Reiche-Lehre Luthers, 1973, 1–173)
Diem, Hermann: Karl Barths Kritik am deutschen Luthertum (in: P. Schempp [Hg.]: Evangelische Selbstprüfung, 1947, 69–112)
–: Luthers Predigt in den zwei Reichen, 1947 (wieder in: G. Sauter [Hg.]: Zur Zwei-Reiche-Lehre Luthers, 1973, 175–214)
Diesner, Hans-Joachim: Luther und Machiavelli (ThLZ 108, 1983, 561–570)
Dieter, Theodor: Zinskauf und Wucher. Luthers theologische Kritik an einem Rechtsinstitut der Wirtschaft seiner Zeit (Luther-Bulletin 4, 1995, 47–64)
Dieterich, Hartwig: Das protestantische Eherecht in Deutschland bis zur Mitte des 17. Jahrhunderts, 1970
Disselhorst, Malte: Zur Zwei-Reiche-Lehre Martin Luthers [1981] (in: G. Dilcher, I. Staff [Hg.]: Christentum und modernes Recht. Beiträge zum Problem der Säkularisierung, 1984, 129–181)
Dittrich, Ottmar: Luthers Ethik in ihren Grundzügen dargestellt, 1930
–: Geschichte der Ethik. Die Systeme der Moral vom Altertum bis zur Gegenwart, Bd. 4: Von der Kirchenreformation bis zum Ausgang des Mittelalters, Teil 1: Die Reformatoren und der lutherisch-kirchliche Protestantismus, 1932
Dörries, Hermann: Das beirrte Gewissen als Grenze des Rechts. Eine Juristenpredigt Luthers (in: Ders.: Wort und Stunde, Bd. 3: Beiträge zum Verständnis Luthers, 1970, 271–326)
–: Luthers Verständnis der Geschichte (aaO 1–83)
–: Luther und das Widerstandsrecht (aaO 195–270)
Dress, Walter: Die zehn Gebote und der Dekalog. Ein Beitrag zu der Frage nach den Unterschieden zwischen lutherischem und calvinistischem Denken (ThLZ 79, 1954, 415–422)
Duchrow, Ulrich: Christenheit und Weltverantwortung. Traditionsgeschichte und systematische Struktur der Zwei-Reiche-Lehre, [2]1983 [1970]
–: Einführung. Luther und der Gebrauch und Mißbrauch der »Zweireichelehre« in Theologie, Praxis und Institution lutherischer Kirchen – einige geschichtliche Beispiele und Perspektiven (in: Ders. [Hg.]: Zwei Reiche und Regimente. Ideologie oder evangelische Orientierung. Internationale Fall- und Hintergrundstudien zur Theologie und Praxis lutherischer Kirchen im 20. Jahrhundert, 1977, 9–32)
–: Nachwort. Typen des Gebrauchs und Mißbrauchs einer Lehre von zwei Reichen und Regimenten (aaO 273–304)
–: The Doctrine of the Two Kingdoms as Resource for our Time: Help or Hindrance (in: Luther et la Réforme allemande dans une perspective oecuménique, 1983, 249–262)
– u. a. (Hg.): Die Vorstellung von Zwei Reichen und Regimenten bis Luther, 1972

– u.a. (Hg.): Umdeutungen der Zwei-Reiche-Lehre Luthers im 19. Jahrhundert, 1975
– u.a. (Hg.): Die Ambivalenz der Zweireichelehre in lutherischen Kirchen des 20. Jahrhunderts, 1976
Ebbinghaus, Julius: Luther und Kant (LuJ 9, 1927, 119–155)
Ebeling, Gerhard: Luthers Auslegung des 14. (15.) Psalms in der ersten Psalmenvorlesung im Vergleich mit der exegetischen Tradition [1953] (in: Ders.: Lutherstudien, Bd. 1, 1971, 132–195)
–: Die Notwendigkeit der Lehre von den zwei Reichen (in: Ders.: Wort und Glaube, Bd. 1, 1960, 407–428)
–: Luther. Einführung in sein Denken, 1964
–: Frei aus Glauben. Das Vermächtnis der Reformation [1968] (in: Ders.: Lutherstudien, Bd. 1, 1971, 308–329)
–: Leitsätze zur Zweireichelehre [1972] (in: Ders.: Wort und Glaube, Bd. 3: Beiträge zur Fundamentaltheologie, Soteriologie und Ekklesiologie, 1975, 574–592)
–: Usus politicus legis – usus politicus evangelii [1982] (in: Ders.: Umgang mit Luther, 1983, 130–163)
–: Luthers Kampf gegen die Moralisierung des Christlichen [1983] (in: Ders.: Lutherstudien, Bd. 3: Begriffsuntersuchungen – Textinterpretationen – Wirkungsgeschichtliches, 1985, 44–73)
–: Der kontroverse Grund der Freiheit. Zum Gegensatz von Luther-Enthusiasmus und Luther-Fremdheit in der Neuzeit [1983] (aaO 366–394)
–: Theologisches Verantworten des Politischen. Luthers Unterrichtung der Gewissen heute bedacht (in: Ders.: Umgang mit Luther, 1983, 164–201)
–: Lutherstudien, Bd. 2: Disputatio de homine, Teil 1: Text und Traditionshintergrund, 1977, Teil 2: Die philosophische Definition des Menschen. Kommentar zu These 1–19, 1982, Teil 3: Die theologische Definition des Menschen. Kommentar zu These 20–40, 1989
Edwards, Mark U.: Printing, Propaganda, and Martin Luther, 1994
–: The Reception of Luther's Understanding of Freedom in the Early Modern Period. The Early Years (LuJ 62, 1995, 104–120)
Eger, Karl: Die Anschauungen Luthers vom Beruf. Ein Beitrag zur Ethik Luthers, 1900
Ehmann, Johannes: Luther, Türken und Islam. Eine Untersuchung zum Türken- und Islambild Martin Luthers (1515–1546), 2008
Ehrhardt, Eugène: La notion du droit naturel chez Luther (in: Études de théologie et d'histoire publiées par MM. les professeurs de la Faculté de Théologie Protestante de Paris en hommage à la Faculté de Théologie de Montauban à l'occasion du tricentenaire de sa fondation, 1901, 285–320)
Elert, Werner: Die Ehe im Luthertum (CuW 3, 1927, 185–198.233–246.305–313)
–: Morphologie des Luthertums, Bd. 1: Theologie und Weltanschauung des Luthertums hauptsächlich im 16. und 17. Jahrhundert, 1931, Bd. 2: Soziallehren und Sozialwirkungen des Luthertums, 1932 ([3]1965)
–: Stand und Stände nach lutherischer Auffassung. Ein Vortrag, 1940
–: Das christliche Ethos. Grundlinien der lutherischen Ethik, 1949

ELLIGER, WALTER: Luthers politisches Denken und Handeln, 1952

ELLWEIN, EDUARD: Vom neuen Leben. De novitate vitae. Eine systematische und theologiegeschichtliche Untersuchung zur Lehre vom neuen Leben. Durchgeführt an einem Ausschnitt aus der Römerbrief-Exegese der Reformationszeit, 1932

ERDMANN, KARL DIETRICH: Luther über Obrigkeit, Gehorsam und Widerstand (in: H. LÖWE, C.-J. ROEPKE [Hg.]: Luther und die Folgen. Beiträge zur sozialgeschichtlichen Bedeutung der lutherischen Reformation, 1983, 28–59)

–: Luther über den gerechten und ungerechten Krieg, 1984

ERHARDT, P.: Die nationalökonomischen Ansichten der Reformatoren (ThStKr 53, 1880, 666–719)

ERICHSEN, HANS: Der Staatsbegriff Luthers, Diss. Universität Hamburg 1926

ESCHENHAGEN, EDITH: Beiträge zur Sozial- und Wirtschaftsgeschichte der Stadt Wittenberg in der Reformationszeit (LuJ 9, 1927, 9–118)

ESTES, JAMES M.: Luther on the Role of Secular Authority in the Reformation [2003] (in: T. WENGERT [Hg.]: The Pastoral Luther. Essays on Martin Luther's Practical Theology, 2009, 355–380)

–: Peace, Order and the Glory of God. Secular Authority and the Church in the Thought of Luther and Melanchthon 1518–1559, 2005

–: Luther's Attitude Toward the Legal Traditions of his Time (LuJ 76, 2009, 77–110)

FABIUNKE, GÜNTER: Luther als Nationalökonom, 1963

FENDT, LEONHARD: Die Heiligung bei Luther (in: Zur Theologie Luthers, SLAG 4, 1943, 15–42)

FESSER, GERD: Martin Luther und der Staat (WZ[J].GS 32, 1983, 27–40)

FORCK, GOTTFRIED: Die Königsherrschaft Christi und das Handeln des Christen in den weltlichen Ordnungen nach Luther [1957] (in: SCHREY 381–431)

–: Die Königsherrschaft Jesu Christi bei Luther, [2]1988 [1959]

–: Die Aktualität der Zwei-Reiche-Lehre (in: J. ROGGE, G. SCHILLE [Hg.]: Themen Luthers als Fragen der Kirche heute. Beiträge zur gegenwärtigen Lutherforschung, 1982, 63–75)

FORELL, GEORGE WOLFGANG: Luther's Conceptions of »Natural Orders« [1945] (in: DERS.: Martin Luther, Theologian of the Church. Collected Essays, 1994, 66–82)

–: Luther and the War against the Turks [1945] (aaO 123–134)

–: Luther's View concerning the Imperial Foreign Policy [1952] (aaO 135–146)

–: Faith Active in Love. An Investigation of the Principles Underlying Luther's Social Ethics, 1954

–: Luther and Politics (in: Luther and Culture, 1960, 1–69; wieder in FORELL: Martin Luther, Theologian of the Church. Collected Essays, 1994, 83–122)

–: Faith Active in Love [1968] (aaO 23–36)

–: Luther and Christian Liberty [1988] (aaO 48–56)

FRANK, BEATRICE: Luther und Geld. Luthers Wirtschaftsethik in Theorie und Praxis (Lu 80, 2009, 12–35)

FRASSEK, RALF: Eherecht und Ehegerichtsbarkeit in der Reformationszeit. Der Aufbau neuer Rechtsstrukturen im sächsischen Raum unter besonderer Berücksichtigung der Wirkungsgeschichte des Wittenberger Konsistoriums, 2005

FREY, CHRISTOFER: Die Reformation Luthers in ihrer Bedeutung für die moderne Arbeits- und Berufswelt (in: H. LÖWE, C.-J. ROEPKE [Hg.]: Luther und die Folgen. Beiträge zur sozialgeschichtlichen Bedeutung der lutherischen Reformation, 1983, 110–134)

–: Die Ethik des Protestantismus von der Reformation bis zur Gegenwart, 1989

FROEHLICH, KARLFRIED: Luther on Vocation (in: T. WENGERT [Hg.]: Harvesting Martin Luther's Reflections on Theology, Ethics, and the Church, 2004, 121–133)

FROSTIN, PER: Luther's Two Kingdoms Doctrine. A Critical Study, 1994

FUCHS, GEORG FRIEDRICH: Dr. M. Luthers Ansichten über Ehe, Haus, Erziehung und Unterricht mit besonderer Berücksichtigung der neuesten katholischen Polemik, 1884

GÄNSSLER, HANS-JOACHIM: Evangelium und weltliches Schwert. Hintergrund, Entstehungsgeschichte und Anlaß von Luthers Scheidung zweier Reiche oder Regimente, 1983

GASS, WILHELM: Geschichte der christlichen Ethik. Zweiten Bandes erste Abtheilung. Sechszehntes und siebzehntes Jahrhundert. Die vorherrschend kirchliche Ethik, 1886

GATZEN, HELMUT: Beruf bei Martin Luther und in der Industriellen Gesellschaft, Diss. Universität Münster 1964

GEFFCKEN, HEINRICH: Staat und Kirche nach Anschauungen der Reformatoren, o. J. [1879]

GERDES, HAYO: Luthers Streit mit den Schwärmern um das rechte Verständnis des Gesetzes Mose, 1955

GERSTENKORN, HANS ROBERT: Weltlich Regiment zwischen Gottesreich und Teufelsmacht. Die staatstheoretischen Auffassungen Martin Luthers und ihre politische Bedeutung, 1956

GESTRICH, CHRISTOF: Luther zur Wirtschaftsethik. Eine Würdigung am Beginn des 21. Jahrhunderts (in: A. LEXUTT, W. MATZ [Hg.]: Relationen – Studien zum Übergang vom Spätmittelalter zur Reformation, FS K.-H. zur Mühlen, 2000, 43–61)

GEYER, HANS-GEORG: Luthers Auslegung der Bergpredigt [1983] (in: DERS.: Andenken. Theologische Aufsätze, 2003, 435–446)

GILLE, G.: Luthers Sittenlehre und die philosophische Ethik Kants und Herbarts, 1918

GLOEGE, GERHARD: Politia Divina. Die Überwindung des mittelalterlichen Sozialdenkens durch Luthers Lehre von der Obrigkeit [1956/57] (in: DERS.: Theologische Traktate, Bd. 2: Verkündigung und Verantwortung, 1967, 69–108)

–: Thesen zu Luthers Zwei-Reiche-Lehre (in: K. ALAND, W. SCHNEEMELCHER [Hg.]: Kirche und Staat, FS H. Kunst, 1967, 79–90)

GÖBEL, WOLFGANG: Der Wille zu Gott und das Handeln in der Welt. M. Luther – Johannes v. Kreuz – I. Kant, 1993

GOGARTEN, FRIEDRICH: Die Lehre von den zwei Reichen und das »natürlich Gesetz«. Eine Erwiderung (DTh 2, 1935, 330–340)

–: Sittlichkeit und Glaube in Luthers Schrift De servo arbitrio (ZThK 47, 1950, 227–264)

–: [Glaube und Werk bei Luther] [1957] (in: DERS.: Gehören und Verantworten. Ausgewählte Aufsätze, 1988, 318–335)

–: Luthers Theologie, 1967

GOLLWITZER, HELMUT: Die christliche Gemeinde in der politischen Welt, 1953

–: Luthers Ethik [1972] (in: DERS.: Forderungen der Umkehr. Beiträge zur Theologie der Gesellschaft, 1976, 75–94)

GONZALEZ MONTES, ADOLFO: Religion y Nacionalismo. La doctrina luterana de los dos reinos como teología civil, 1982
GOTTSCHICK, JOHANNES: Katechetische Lutherstudien. I. Die Seligkeit und der Dekalog (ZThK 2, 1892, 171–188.438–468)
–: Die Heilsgewißheit des evangelischen Christen im Anschluß an Luther (ZThK 13, 1903, 349–435)
–: Luthers Theologie, TÜ 1914 (ZThK 1914, Ergänzungsheft)
GRANE, LEIF: Contra Gabrielem. Luthers Auseinandersetzung mit Gabriel Biel in der Disputatio Contra Scholasticam Theologiam 1517, 1962
–: Modus loquendi theologicus. Luthers Kampf um die Erneuerung der Theologie (1515–1518), 1975
–: Thomas Müntzer und Martin Luther (in: B. MOELLER [Hg.]: Bauernkriegs-Studien, 1975, 69–97)
GRASS, HANS: Luthers Zwei-Reiche-Lehre (ZEvKR 31, 1986, 145–176)
GRATZ, FRANK: Luthers Stellung zum Frühkapitalismus (in: WZ[J].GS 32, 1983, 85–99)
GRIMM, ROBERT: Luther et l'expérience sexuelle. Sexe, célibat, mariage chez le Réformateur, 1999
GRISAR, HARTMANN: Luther, Bd. 1: Luthers Werden. Grundlegung und Spaltung bis 1530, 1911, Bd. 2: Auf der Höhe des Lebens, 1911, Bd. 3: Am Ende der Bahn – Rückblicke, 1912
GRITSCH, ERIC W.: The Use and Abuse of Luther's Political Advice (LuJ 57, 1990, 207–219)
GROBMANN, ALFRED: Das Naturrecht bei Luther und Calvin. Eine politische Untersuchung, Diss. Universität Hamburg 1935
GRÖNVIK, LORENZ: Die Taufe in der Theologie Martin Luthers, 1968
GROTKE, GEORG: Martin Luther und das Recht, Diss. Universität Marburg 1952
GRÜNBERGER, HANS: Wege zum Nächsten. Luthers Vorstellung vom Gemeinen Nutzen (in: H. MÜNKLER, H. BLUHM [Hg.]: Gemeinwohl und Gemeinsinn. Historische Semantiken politischer Leitbegriffe, 2001, 147–168)
GRÜTZMACHER, R. H.: Die katholische, altprotestantische und die Sektenethik in ihrer typischen Eigenart (Alt- und neuprotestantische Ethik. III.) (NKZ 28, 1917, 693–740)
GRUNDMANN, SIEGFRIED: Kirche und Staat nach der Zwei-Reiche-Lehre Luthers (in: W. PLÖCHL, I. GAMPL [Hg.]: Im Dienste des Rechtes in Kirche und Staat, FS F. Arnold, 1963, 38–54)
GÜNTER, WOLFGANG: Martin Luthers Vorstellung von der Reichsverfassung, 1976
GYLLENKROK, AXEL: Rechtfertigung und Heiligung in der frühen evangelischen Theologie Luthers, 1952
HAAR, JOHANN: Initium creaturae Dei. Eine Untersuchung über Luthers Begriff der »neuen Creatur« im Zusammenhang mit seinem Verständnis von Jakobus 1,18 und mit seinem »Zeit«-Denken, 1939
HAENDLER, KLAUS: »Gesetz und Evangelium«. Eine ausgewählte Bibliographie (in: E. KINDER, K. HAENDLER [Hg.]: Gesetz und Evangelium. Beiträge zur gegenwärtigen theologischen Diskussion, 1968, 357–431)
–: Luthers Zwei-Reiche-Lehre und ihre Gegenwartsbedeutung [1964] (in: SCHREY 242–274)

Häpke, Rudolf: Der nationalwirtschaftliche Gedanke in Deutschland zur Reformationszeit (HZ 134, 1926, 350–368)
Härle, Wilfried: Der Glaube als Gottes- und / oder Menschenwerk in der Theologie Martin Luthers [1992] (in: Ders.: Menschsein in Beziehungen. Studien zur Rechtfertigungslehre und Anthropologie, 2005, 107–147)
–: Luthers Zwei-Regimenten-Lehre als Lehre vom Wirken Gottes (in: Ders.: Spurensuche nach Gott. Studien zur Fundamentaltheologie und Gotteslehre, 2008, 257–285; Erstfassung: Luthers Zwei-Regimenten-Lehre als Lehre vom Handeln Gottes, MJTh 1, 1987, 12–32)
Hagen, Kenneth: A Critique of Wingren on Luther on Vocation (LuthQ 16, 2002, 249–273)
Haikola, Lauri: Usus legis, 1958
–: Luther und das Naturrecht (in: Vierhundertfünfzig Jahre lutherische Reformation 1517–1967, FS F. Lau, 1967, 126–134)
Hakamies, Ahti: »Eigengesetzlichkeit« der natürlichen Ordnungen als Grundproblem der neueren Lutherforschung. Studien zur Geschichte und Problematik der Zwei-Reiche-Lehre Luthers, 1971
Harnack, Adolf: Lehrbuch der Dogmengeschichte, Bd. 3: Die Entwickelung des kirchlichen Dogmas II III, ^{4}1910 [1890]
Harnack, Theodosius: Luthers Theologie mit besonderer Beziehung auf seine Versöhnungs- und Erlösungslehre, Abt. 1: Luthers theologische Grundanschauungen, 1862, Abt. 2: Luthers Lehre von dem Erlöser und der Erlösung, 1886 (NA 1927)
–: Luther über die christliche Liebe und Liebesthätigkeit in persönlicher und socialer Beziehung (Monatsschrift für innere Mission mit Einschluß der Diakonie, Diasporapflege, Evangelisation und gesamten Wohlthätigkeit 4, 1883, 1–38)
Harran, Marilyn J.: Luther and the Freedom of Thought (in: M. Hoffmann [Hg.]: Martin Luther and the Modern Mind. Freedom, Conscience, Toleration, Rights, 1985, 191–236)
Harrington, Joel F.: Reordering Marriage and Society in Reformation Germany, 1995
Hartweg, Frédéric: Luther et l'autorité temporelle (in: Ders. [Hg.]: Martin Luther, 2001, 157–179)
Hasselmann, Niels (Hg.): Gottes Wirken in seiner Welt. Zur Diskussion um die Zweireichelehre, Bd. 1: Dokumentation einer Konsultation, Bd. 2: Reaktionen, 1980
Hattenhauer, Hans: Luthers Bedeutung für Ehe und Familie (in: H. Löwe, C.-J. Roepke [Hg.]: Luther und die Folgen. Beiträge zur sozialgeschichtlichen Bedeutung der lutherischen Reformation, 1983, 86–109)
Hauck, Albert: Luther und der Staat (Süddeutsche Monatshefte, Oktober 1917, 11–16)
–: Die Reformation in ihrer Wirkung auf das Leben, 1918
Haun, Johannes: Bibliographie zur Zwei-Reiche-Lehre (in: G. Sauter [Hg.]: Zur Zwei-Reiche-Lehre Luthers, 1973, 215–245)
Hauschild, Wolf-Dieter: Lehrbuch der Kirchen- und Dogmengeschichte, Bd. 2: Reformation und Neuzeit, 1999
Haustein, Jörg: Martin Luthers Stellung zum Zauber- und Hexenwesen, 1990
Heckel, Johannes: Recht und Gesetz, Kirche und Obrigkeit in Luthers Lehre vor dem Thesenanschlag von 1517. Eine juristische Untersuchung (ZSRG.K 26 [57], 1937, 285–375)

–: Naturrecht und christliche Verantwortung im öffentlichen Leben nach der Lehre Martin Luthers [1952] (in: Ders.: Das blinde, undeutliche Wort ›Kirche‹. Gesammelte Aufsätze, 1964, 243–265)
–: Lex charitatis. Eine juristische Untersuchung über das Recht in der Theologie Martin Luthers, hg. v. M. Heckel, ²1973 [1953]
–: Der Ansatz einer evangelischen Sozialethik bei Martin Luther [1956] (in: Ders.: Das blinde, undeutliche Wort ›Kirche‹. Gesammelte Aufsätze, 1964, 266–287)
–: Im Irrgarten der Zwei-Reiche-Lehre [1957] (in: Ders.: Lex charitatis, ²1973, 317–353)
–: Marsilius von Padua und Martin Luther. Ein Vergleich ihrer Rechts- und Soziallehre (ZSRG.K 44 [75], 1958, 268–336)
–: Art. [Zwei-Reiche-Lehre] C. Die Entfaltung der Zwei-Reiche-Lehre als Reichs- und Regimentenlehre (EKL 3, 1959, 1937–1945; wieder in: Ders.: Lex charitatis, ²1973, 410–419)
–: Kirche und Kirchenrecht nach der Zwei-Reiche-Lehre (in: Ders.: Lex charitatis, ²1973, 354–408)
–: Widerstand gegen die Obrigkeit? Pflicht und Recht zum Widerstand bei Martin Luther [1964] (in: Wolf 1–21)
Heckel, Martin: Rechtstheologie Luthers [1966] (in: Ders.: Gesammelte Schriften. Staat, Kirche, Recht, Geschichte, Bd. 1, 1989, 324–365)
Heinze, Martin: Reich (regnum) und Regiment (regimen). Die sogenannte Zwei-Reiche-Lehre im Spiegel von Luthers Briefwechsel (in: … und fragten nach Jesus. Beiträge aus Theologie, Kirche und Geschichte, FS E. Barnikol, 1964, 147–167)
Hendrix, Scott H.: Luther on Marriage [2000] (in: T. Wengert [Hg.]: Harvesting Martin Luther's Reflections on Theology, Ethics, and the Church, 2004, 169–184)
–: Masculinity and Patriarchy in Reformation Germany (in: Ders., S. Karant-Nunn [Hg.]: Masculinity in the Reformation Era, 2008, 71–91)
Hering, Hermann: Die Mystik Luthers im Zusammenhange seiner Theologie und in ihrem Verhältniß zur älteren Mystik, 1879
–: Luthers Lehre von der Nächstenliebe. 1519–1521, 1883
Herman, Stewart W.: Luther, Law and Social Covenants. Cooperative Self-Obligation in the Reconstruction of Lutheran Social Ethics (Journal of Religious Ethics 25, 1997, 257–275)
Hermann, Rudolf: Willensfreiheit und Gute Werke im Sinne der Reformation. Die Stellung des Christen zu den Fragen des sittlichen Lebens [1928] (in: Ders.: Gesammelte Studien zur Theologie Luthers und der Reformation, 1960, 44–76)
–: Luthers These »Gerecht und Sünder zugleich«. Eine systematische Untersuchung, 1930
–: Naturrecht und Gesetz bei Luther [1932/1958] (in: Ders.: Studien zur Theologie Luthers und des Luthertums, 1981, Gesammelte und nachgelassene Werke Bd. 2, 98–109)
–: Fragen aus der Geschichte der christlichen Ethik im Lichte der ethischen Gedanken Luthers [1933] (in: Ders.: Gesammelte Studien zur Theologie Luthers und der Reformation, 1960, 126–152)
–: Luthers Zirkulardisputation über Mt. 19,21 [1941] (aaO 206–250)
–: Luthers Theologie, Gesammelte und nachgelassene Werke Bd. 2, 1967

HERMELINK, HEINRICH: Zu Luthers Gedanken über Idealgemeinde und von weltlicher Obrigkeit (ZKG 29, 1908, 267–322)

HERMS, EILERT: Die Bedeutung des Gesetzes für die lutherische Sozialethik [1989] (in: DERS.: Erfahrbare Kirche. Beiträge zur Ekklesiologie, 1990, 1–24)

–: Leben in der Welt (in: A. BEUTEL [Hg.]: Luther Handbuch, 2005, 423–435)

HERR, THEODOR: Zur Frage nach dem Naturrecht im deutschen Protestantismus der Gegenwart, 1972

HERRMANN, WILHELM: Der Verkehr des Christen mit Gott. Im Anschluß an Luther dargestellt, 71921 [1886]

–: Die Buße des evangelischen Christen (ZThK 1, 1891, 27–81)

–: Der Sinn des Glaubens an Jesus Christus in Luthers Leben, 1918

HESSE, HELMUT: Über Luthers »Von Kauffshandlung und Wucher« (in: Vademecum zu einem frühen Klassiker der ökonomischen Wissenschaft, 1987, 25–57)

HILLERDAL, GUNNAR: Gehorsam gegen Gott und Menschen. Luthers Lehre von der Obrigkeit und die moderne evangelische Staatsethik, 1955

–: Römer 13 und Luthers Lehre von den zwei Regimenten [1963] (in: SCHREY 351–370)

HINRICHS, CARL: Luther und Müntzer. Ihre Auseinandersetzung über Obrigkeit und Widerstandsrecht, 21962

HINZ, Ruth: Der Berufsgedanke bei Luther nach dem heutigen Stande der Forschung (Lu 32, 1961, 84–94)

HIRSCH, EMANUEL: Die Reich-Gottes-Begriffe des neueren europäischen Denkens. Ein Versuch zur Geschichte der Staats- und Gesellschaftsphilosophie, 1921

–: Luthers Rechtfertigungslehre bei Kant (LuJ 4, 1922, 47–65)

–: Drei Kapitel zu Luthers Lehre vom Gewissen (in: DERS.: Lutherstudien, Bd. 1, 1954, 7–232)

HODLER, BEAT: Das Widerstandsrecht bei Luther und Zwingli – ein Vergleich (Zwing. 16, 1983–1985, 427–441)

–: Das »Ärgernis« der Reformation. Begriffsgeschichtlicher Zugang zu einer biblisch legitimierten politischen Ethik, 1995

HOENNICKE, GUSTAV: Studien zur altprotestantischen Ethik, 1902

HOF, OTTO: Luthers Lehre von den zwei Reichen [1951] (in: DERS.: Schriftauslegung und Rechtfertigungslehre. Aufsätze zur Theologie Luthers, 1982, 143–159)

HOFFMANN, JULIUS: Die »Hausväterliteratur« und die »Predigten über den christlichen Hausstand«. Lehre vom Haus und Bildung für das häusliche Leben im 16., 17. und 18. Jhdt., 1959

HOFFMANN, MANFRED: Reformation and Toleration (in: DERS. [Hg.]: Martin Luther and the Modern Mind. Freedom, Conscience, Toleration, Rights, 1985, 85–123)

HOHENBERGER, THOMAS: Lutherische Rechtfertigungslehre in den reformatorischen Flugschriften der Jahre 1521–22, 1996

HOLBORN, HAJO: Machtpolitik und lutherische Sozialethik (ARG 57, 1966, 23–32)

HOLL, KARL: Die Rechtfertigungslehre in Luthers Vorlesungen über den Römerbrief mit besonderer Rücksicht auf die Frage der Heilsgewißheit [1910] (in: DERS.: Gesammelte Aufsätze zur Kirchengeschichte, Bd. 1: Luther, 61932, 111–154)

–: Luther und das landesherrliche Kirchenregiment [1911] (aaO 326–380)

–: Die Kulturbedeutung der Reformation [1911/1918] (aaO 468–543)
–: Was verstand Luther unter Religion? [1917] (aaO 1–110)
–: Der Neubau der Sittlichkeit [1919] (aaO 155–287)
–: Luther und die mittelalterliche Zunftverfassung [1919] (in: DERS.: Gesammelte Aufsätze zur Kirchengeschichte, Bd. 3: Der Westen, 1928, 130–133)
–: Die Geschichte des Wortes Beruf [1924] (aaO 189–219)
–: Gogartens Lutherauffassung. Eine Erwiderung [1924] (aaO 244–253)
HOLSTEIN, GÜNTHER: Luther und die deutsche Staatsidee, 1926
HONECKER, MARTIN: Das Problem der Eigengesetzlichkeit (ZThK 73, 1976, 92–130)
–: Zweireichelehre und Sozialethik (in: DERS.: Sozialethik zwischen Tradition und Vernunft, 1977, 175–278)
–: Zur gegenwärtigen Interpretation der Zweireichelehre (ZKG 89, 1978, 150–162)
–: Die Weltverantwortung des Glaubens. Zur ethisch-politischen Dimension der Theologie Martin Luthers (in: Luther et la Réforme allemande dans une perspective oecuménique, 1983, 263–279)
–: Martin Luther und die Politik (Der Staat 22, 1983, 473–498)
HOPF, FRIEDRICH WILHELM: Vom weltlichen Regiment nach evangelisch-lutherischer Lehre, 1937
HOYER, SIEGFRIED: Bemerkungen zu Luthers Auffassung über das Widerstandsrecht der Stände gegen den Kaiser (1539) (in: G. VOGLER [Hg.]: Martin Luther. Leben – Werk – Wirkung, 1983, 255–263)
–: Luther und die Obrigkeit (in: H. BARTEL u. a. [Hg.]: Martin Luther. Leistung und Erbe, 1986, 126–131)
HUBER, WOLFGANG: »Eigengesetzlichkeit« und »Lehre von den zwei Reichen« (in: N. HASSELMANN [Hg.]: Gottes Wirken in seiner Welt, Bd. 2, 1980, 27–51)
HÜBNER, HANS: Rechtfertigung und Heiligung in Luthers Römerbriefvorlesung. Ein systematischer Entwurf, 1965
HÜTTER, REINHARD: The Twofold Center of Lutheran Ethics. Christian Freedom and God's Commandments (in: K. BLOOMQUIST, J. STUMME [Hg.]: The Promise of Lutheran Ethics, 1998, 31–54.179–192)
HUPFELD, RENATUS: Die Ethik Johann Gerhards. Ein Beitrag zum Verständnis der lutherischen Ethik, 1908
ISERLOH, ERWIN: »Mit dem Evangelium läßt sich die Welt nicht regieren« – Luthers Lehre von den beiden Regimenten im Widerstreit [1983] (in: DERS.: Kirche – Ereignis und Institution. Aufsätze und Vorträge, Bd. 2: Geschichte und Theologie der Reformation, 1985, 163–180)
IWAND, HANS JOACHIM: Das Widerstandsrecht der Christen nach der Lehre der Reformatoren [1952/53] (in: DERS.: Nachgelassene Werke, Bd. 2: Vorträge und Aufsätze, 1966, 193–229)
–: Luthers Theologie, Nachgelassene Werke Bd. 5, 1974
JACOBS, MANFRED: Der Ordnungsgedanke bei Luther – theologisch und politisch (in: DERS.: Confessio und Res publica. Aufsätze zur neuzeitlichen Kirchengeschichte, 1994, 9–37)

–: Luther und die weltliche Obrigkeit. Der Staat zwischen dem Reich Gottes und den weltlichen Ordnungen [1983] (aaO 38–68)

JAEGER, GEORG: Die politischen Ideen Luthers und ihr Einfluß auf die innere Entwicklung Preußens (PrJ 113, 1903, 210–275)

JENSEN, ROGER: Über Relationalität und Ethik bei Luther. Zur Konstitution des ethischen Subjekts mit besonderem Blick auf Luthers Anthropologie und Ethik (in: U. NISSEN u.a. [Hg.]: Luther between Present and Past. Studies in Luther and Lutheranism, 2004, 235–253)

JOACHIMSEN, PAUL: Luther und die soziale Welt [1923] (in: DERS.: Gesammelte Aufsätze. Beiträge zu Renaissance, Humanismus und Reformation, zur Historiographie und zum deutschen Staatsdenken, Bd. 2, 1983, 625–677)

–: Sozialethik des Luthertums [1927] (aaO Bd. 1, ²1983, 481–536)

JOEST, WILFRIED: Gesetz und Freiheit. Das Problem des Tertius usus legis bei Luther und die neutestamentliche Parainese, 1951

–: Luthers Unterscheidung von Gesetz und Evangelium und ihre Bedeutung für seine Stellungnahme in konkreten geschichtlichen Auseinandersetzungen. Zur Einführung in Luthers Schriften gegen Karlstadt, die Bauernrevolution und die Antinomer (in: Martin Luther: Ausgewählte Werke, hg. v. H. H. BORCHERDT u. G. MERZ, Bd. 4: Der Kampf gegen Schwarm- und Rottengeister, ³1957, 337–360)

–: Das Verhältnis der Unterscheidung der beiden Regimente zu der Unterscheidung von Gesetz und Evangelium [1958] (in: SCHREY 196–220)

–: Paulus und das Luthersche Simul Iustus et Peccator (KuD 1, 1955, 269–320)

–: Ontologie der Person bei Luther, 1967

–: Martin Luther [1981] (in: M. GRESCHAT [Hg.]: Gestalten der Kirchengeschichte, Bd. 5: Die Reformationszeit I, ²1994, 129–186)

–: Die Lehre von den Zwei Regimenten Gottes und der Gedanke der Schöpfungsordnungen. Kritische Überlegungen zu zwei Leitbegriffen lutherischer Theologie (Diakonie. Theorie – Impulse – Erfahrungen, Sondernummer 8, 1984, 37–50; wieder in: H. Ch. KNUTH u. W. LOHFF [Hg.]: Schöpfungsglaube und Umweltverantwortung, 1985, 239–263)

JORDAN, HERMANN: Luthers Staatsauffassung: ein Beitrag zu der Frage des Verhältnisses von Religion und Politik, 1917

JÜNGEL, EBERHARD: Zur Freiheit eines Christenmenschen. Eine Erinnerung an Luthers Schrift [1978] (in: DERS.: Indikative der Gnade – Imperative der Freiheit. Theologische Erörterungen IV, 2000, 84–160)

–: Zwei Schwerter – Zwei Reiche. Die Trennung der Mächte in der Reformation [2000] (in: DERS.: Ganz werden. Theologische Erörterungen V, 2003, 137–157)

JUNGHANS, HELMAR: Das mittelalterliche Vorbild für Luthers Lehre von beiden Reichen [1967] (in: DERS.: Spätmittelalter, Luthers Reformation, Kirche in Sachsen – Ausgewählte Aufsätze, 2001, 11–30)

–: »Untertan sein« bei Martin Luther. Methodische Überlegungen zur Lutherinterpretation [1986] (aaO 121–126)

–: Sozialethisches Denken und Handeln bei Martin Luther [1989] (aaO 127–137)

–: Die evangelische Ehe (in: M. Treu [Hg.]: Katharina von Bora. Die Lutherin. Aufsätze anläßlich ihres 500. Geburtstags, 1999, 83–92)

–: Elemente der Zweireichelehre und der Zweiregimentenlehre Martin Luthers. Eine Einführung (in: M. Beyer u. a. [Hg.]: Christlicher Glaube und weltliche Herrschaft. Zum Gedenken an Günther Wartenberg, 2008, 23–40)

Kahl, Wilhelm: Luther und das Recht (DJZ 22, 1917, 913–917)

Kapp, Wilhelm: Religion und Moral im Christentum Luthers, 1902 (S. 1–28 daraus erschien als Diss. unter dem Titel: Das Christentum Luthers nach seiner religiös-sittlichen Bestimmtheit, 1902)

Katzer, Ernst: Luther und Kant. Ein Beitrag zur innern Entwicklungsgeschichte des deutschen Protestantismus, 1910

Kaufman, Peter Iver: Luther's »Scholastic Phase« Revisited: Grace, Works, and Merit in the Earliest Extant Sermons (ChH 51, 1982, 280–289)

Kaufmann, Thomas: Apokalyptische Deutung und politisches Denken im lutherischen Protestantismus in der Mitte des 16. Jahrhunderts (in: A. Brendecke u. a. [Hg.]: Die Autorität der Zeit in der frühen Neuzeit, 2007, 411–453)

–: Ehetheologie im Kontext der frühen Wittenberger Reformation (in: A. Holzem, I. Weber [Hg.]: Ehe – Familie – Verwandtschaft. Vergesellschaftung in Religion und sozialer Lebenswelt, 2008, 285–299)

–: Luthers »Judenschriften«. Ein Beitrag zu ihrer historischen Kontextualisierung, 2011

Kawerau, Gustav: Luther und die Eheschließung (ThStKr 47, 1874, 723–744)

–: Luthers Gedanken über den Krieg (SVRG Jg. 34, Nr. 124, 1916, 35–56)

Kawerau, Waldemar: Die Reformation und die Ehe. Ein Beitrag zur Kulturgeschichte des sechzehnten Jahrhunderts, 1892 (SVRG Jg. 10, Nr. 39)

Kayser, Otto: Die Anschauungen der großen Reformatoren (Luther, Melanchthon, Zwingli, Calvin) von der Staatsgewalt, Diss. Universität Breslau 1912

Keen, Ralph: Divine and Human Authority in Reformation Thought. German Theologians on Political Order 1520–1555, 1997

Kelly, Robert Allen: Free Conscience and Obedient Body. Martin Luther's Views on Authority in Church and State Analyzed in the Context of his Theology of the Cross, Diss. Fuller Theological Seminary Pasadena 1981

Kern, Fritz: Luther und das Widerstandsrecht (ZSRG.K 6 [37], 1916, 331–340)

Kettunen, Ossi: Kristityn vapauden ja sidonnaisuuden dialektiikka Martti Lutherin reformatorisessa teologiassa 1518/19–1546, 1978

Kibe, Takashi: Frieden und Erziehung in Martin Luthers Drei-Stände-Lehre. Ein Beitrag zur Klärung des Zusammenhangs zwischen Integration und Sozialisation im politischen Denken des frühneuzeitlichen Deutschlands, 1996

Kinder, Ernst: Geistliches und weltliches Regiment Gottes nach Luther, 1940

–: Luther und die politische Frage, 1950

–: Das Evangelium und die Ordnungen des menschlichen Gemeinschaftslebens. Einführung in Luthers Schriften zur Sozialethik (in: Martin Luther: Ausgewählte Werke, hg. v. H. H. Borcherdt u. G. Merz, Bd. 3: Von der Obrigkeit in Familie, Volk und Staat, [3]1952, 371–393)

–: Luthers Stellung zur Ehescheidung (Lu 24, 1953, 75–86 [= 27–38])
–: Gottesreich und Weltreich bei Augustin und bei Luther. Erwägungen zu einer Vergleichung der »Zwei-Reiche«-Lehre Augustins und Luthers [1955] (in: SCHREY 40–69)
–: Luthers Ableitung der geistlichen und weltlichen ›Oberkeit‹ aus dem 4. Gebot [1959] (aaO 221–241)
–: Luthers Auffassung von der Ehe (in: Bekenntnis zur Kirche, FS E. Sommerlath, 1960, 325–334)
KIŠŠ, IGOR: Fünf Formen der Zwei-Reiche-Lehre Luthers (ZdZ 32, 1978, 1–16)
KLAEHN, KARSTEN: Luthers sozialethische Haltung im Bauernkrieg, Diss. Universität Rostock 1940
KLEIN, MICHAEL: Der Beitrag der protestantischen Theologie zur Wohlfahrtstätigkeit im 16. Jahrhundert (in: Th. STROHM, M. KLEIN [Hg.]: Die Entstehung einer sozialen Ordnung Europas, Bd. 1: Historische Studien und exemplarische Beiträge zur Sozialreform im 16. Jahrhundert, 2004, 146–179)
KLINGEMANN, KARL: Luther und die soziale Frage, 1925
KODALLE, KLAUS-M.: Institutionen – Recht – Politik im Denken Martin Luthers (in: G. GÖHLER u.a. [Hg.]: Politische Institutionen im gesellschaftlichen Umbruch. Ideengeschichtliche Beiträge zur Theorie politischer Institutionen, 1990, 140–159)
KÖCKERT, MATTHIAS: Luthers Auslegung des Dekalogs in seinen Katechismen (in: DERS.: Leben in Gottes Gegenwart. Studien zum Verständnis des Gesetzes im Alten Testament, 2004, 247–290)
KÖHLER, KARL: Luther und die Juristen. Zur Frage nach dem gegenseitigen Verhältniß des Rechtes und der Sittlichkeit, 1873
–: Die altprotestantische Lehre von den drei kirchlichen Ständen (ZKR 21, 1886, 99–150.193–231)
KÖHLER, WALTHER: Sozialwissenschaftliche Bemerkungen zur Lutherforschung (ZGStW 85, 1928, 343–353)
–: Luther und das Luthertum in ihrer weltgeschichtlichen Auswirkung, 1933
KÖSTER, ARNOLD: Zur Frage nach einer Spannung zwischen der Ethik Luthers und der des synoptischen Jesus (in: Harnack-Ehrung. Beiträge zur Kirchengeschichte ihrem Lehrer Adolf von Harnack zu seinem siebzigsten Geburtstage, 1921, 281–291)
KÖSTLIN, JULIUS: Luthers Theologie in ihrer geschichtlichen Entwicklung und ihrem inneren Zusammenhange dargestellt, zwei Bände, 1863 ([2]1901)
KOHNLE, ARMIN: Luther als Berater im politischen Bereich – Zwölf Thesen (LuJ 76, 2009, 115–117)
–: »Deus ita voluit, ut derelictae misericordiam praestarem«. Luthers Eheschließung: ein theologisches Zeichen (in: D. KORSCH, V. LEPPIN [Hg.]: Martin Luther – Biographie und Theologie, 2010, 141–151)
KOLB, ROBERT: Luther on the Two Kinds of Righteousness: Reflections on His Two-Dimensional Definition of Humanity at the Heart of his Theology [1999] (in: T. WENGERT [Hg.]: Harvesting Martin Luther's Reflections on Theology, Ethics, and the Church, 2004, 38–55)
–: Die Zweidimensionalität des Mensch-Seins: Die zweierlei Gerechtigkeit in Luthers De

votis monasticis iudicium (in: Ch. BULTMANN u.a. [Hg.]: Luther und das monastische Erbe, 2007, 207–220)

–: Die Josef-Geschichten als Fürstenspiegel in der Wittenberger Auslegungstradition. »Ein verständiger und weiser Mann« (Genesis 42,33) (in: M. BEYER u.a. [Hg.]: Christlicher Glaube und weltliche Herrschaft. Zum Gedenken an Günther Wartenberg, 2008, 41–55)

–: Models of the Christian Life in Luther's Genesis Sermons and Lectures (LuJ 76, 2009, 193–220)

KOLDE, THEODOR: Der Staatsgedanke der Reformation und die römische Kirche, 1903

KORSCH, DIETRICH: Freiheit als Summe. Über die Gestalt christlichen Lebens nach Martin Luther (NZSTh 40, 1998, 139–156)

–: Freiheit im Widerstreit. Reformatorisches Freiheitsverständnis und moderne Sittlichkeit (in: W. ZAGER [Hg.]: Martin Luther und die Freiheit, 2010, 149–162)

KRAUSE, GERHARD: Luthers Stellung zum Selbstmord (Lu 36, 1965, 50–71)

KRETSCHMAR, GEORG: Luthers Konzeption von der Ehe. Die Liebe im Spannungsfeld von Eros und Agape (in: P. MANNS [Hg.]: Martin Luther. ›Reformator und Vater im Glauben‹, 1985, 178–207)

KREUZER, SIEGFRIED: Summa totius legis et sapientiae populi Israel ... Die Deuteronomium-Vorlesung Luthers in ihrer Bedeutung für sein Dekalogverständnis und seine Katechismen (KuD 46, 2000, 302–317)

–: Dekalog und Deuteronomium in der Auslegung Martin Luthers (in: B. LEVINSON, E. OTTO [Hg.]: Recht und Ethik im Alten Testament, 2004, 67–82)

KROEGER, MATTHIAS: Rechtfertigung und Gesetz. Studien zur Entwicklung der Rechtfertigungslehre beim jungen Luther, 1968

KROPATSCHECK, FRIEDRICH: Die natürlichen Kräfte des Menschen in Luthers vorreformatorischer Theologie, Diss. Universität Greifswald 1898

KRUMWIEDE, HANS-WALTER: Glaube und Geschichte in der Theologie Luthers. Zur Entstehung des geschichtlichen Denkens in Deutschland, 1952

–: Glaubenszuversicht und Weltgestaltung bei Martin Luther. Mit einem Ausblick auf Dietrich Bonhoeffer, 1983

KÜNNETH, WALTER: Politik zwischen Dämon und Gott. Eine christliche Ethik des Politischen, 1954

KÜPPERS, JÜRGEN: Luthers Dreihierarchienlehre als Kritik an der mittelalterlichen Gesellschaftsauffassung (EvTh 19, 1959, 361–374)

KUNST, HERMANN: Martin Luther und der Krieg. Eine historische Betrachtung, 1968

–: Martin Luther als politischer Berater seines Landesherren (in: H. EHMKE u.a. [Hg.]: Festschrift für Ulrich Scheuner zum 70. Geburtstag, 1973, 307–362)

–: Evangelischer Glaube und politische Verantwortung. Martin Luther als politischer Berater seines Landesherren und seine Teilnahme an den Fragen des öffentlichen Lebens, 1976

KUNZE, JOHANNES: Das Christentum Luthers in seiner Stellung zum natürlichen Leben, 1918

KUTTNER, HEINZ-GEORG: Luthers Kritik an der klassischen Naturrechtslehre (in: A. v. BRANDENSTEIN-ZEPPELIN, A. v. STOCKHAUSEN [Hg.]: Luther und die Folgen für die Geistes- und Naturwissenschaften, 2001, 127–201)

LAARHOVEN, JOHANNES VAN: Luthers Lehre von den zwei Reichen. Notizen über ihre Herkunft [1966] (in: SCHREY 85–97)

LÄHTEENMÄKI, OLAVI: Sexus und Ehe bei Luther, 1955

LAHARPE, NICOLE DE: Le Sermon sur l'usure de 1519 (in: F. HARTWEG [Hg.]: Martin Luther, 2001, 139–153)

LANG, AUGUST: Die Reformation und das Naturrecht, 1909 (BFChTh 13, 1909, Heft 4)

LAU, FRANZ: »Äußerliche Ordnung« und »Weltlich Ding« in Luthers Theologie, 1933

–: Luthers Lehre von den beiden Reichen, 1952

–: Bemerkungen zu Luthers Lehre von den beiden Reichen (ELKZ 6, 1952, 234–236)

–: Leges charitatis. Drei Fragen an Johannes Heckel [1956] (in: SCHREY 528–547)

–: Luther – Revolutionär oder Reaktionär (Lu 28, 1957, 109–133)

–: Die Königsherrschaft Jesu Christi und die lutherische Zweireichelehre [1960] (in: SCHREY 484–513)

–: Die lutherische Lehre von den beiden Reichen [1965] (in: WOLF 370–396)

–: Luthers vierte Bauernschrift (in: W. SOMMER [Hg.]: Antwort aus der Geschichte. Beobachtungen und Erwägungen zum geschichtlichen Bild der Kirche, FS W. Dreß, o.J. [1969], 84–98)

LAULAJA, JORMA: Kultaisen säännön etiikka. Lutherin sosiaalietiikan luonnonoikeudellinen perusstruktuuri, 1981

LAZARETH, WILLIAM H.: Luther on the Christian Home. An Application of the Social Ethics of the Reformation, 1960

–: Luther on Civil Righteousness and Natural Law (in: I. ASHEIM [Hg.]: Kirche, Mystik, Heiligung und das Natürliche bei Luther, 1967, 180–188)

–: Response to Antti Raunio, »Natural Law and Faith« (in: C. BRAATEN, R. JENSON [Hg.]: Union with Christ. The New Finnish Interpretation of Luther, 1998, 125–128)

–: Christians in Society. Luther, the Bible and Social Ethics, 2001

LEHMANN, HERMANN: Luthers Platz in der Geschichte der politischen Ökonomie (in: G. VOGLER [Hg.]: Martin Luther. Leben – Werk – Wirkung, [2]1986, 279–294)

LENZ, MAX: Luthers Lehre von der Obrigkeit [1894] (in: DERS.: Kleine historische Schriften, Bd. 1: Vom Werden der Nationen, 1922, 132–149)

–: Martin Luther und die protestantische Staatsidee (in: W. VAN DER BLEEK [Hg.]: Die protestantische Staatsidee. Der Nordgeist Germaniens im Lichte der deutsch-niederländischen und skandinavisch-baltischen Wissenschaft, 1919, 43–57)

LEONHARDT, ROCHUS: Luthers Rearistotelisierung der christlichen Ethik. Plädoyer für eine evangelische Theologie des Glücks (NZSTh 48, 2006, 131–167)

–: Politische Ethik bei Schleiermacher und Luther (in: Ch. DANZ, R. LEONHARDT [Hg.]: Erinnerte Reformation. Studien zur Luther-Rezeption von der Aufklärung bis zum 20. Jahrhundert, 2008, 95–121)

LEPPIN, VOLKER: Zwischen Freiheit und Gesetz. Zur Grundlegung christlicher Ethik in den lutherischen Bekenntnisschriften (Lutherische Kirche in der Welt, JMLB 49, 2002, 63–76)

–: Das Gewaltmonopol der Obrigkeit. Luthers sogenannte Zwei-Reiche-Lehre und der Kampf

zwischen Gott und Teufel (in: A. HOLZEM [Hg.]: Krieg und Christentum. Religiöse Gewalttheorie in der Kriegserfahrung des Westens, 2009, 403–414)
–: Grenzen und Möglichkeiten der Obrigkeit – Zu Entstehung und Kontext von Luthers Zwei-Reiche-Lehre (in: I. DINGEL, Ch. TIETZ [Hg.]: Die politische Aufgabe von Religion. Perspektiven der drei monotheistischen Religionen, 2011, 247–258)
LEZIUS, FRIEDRICH: Gleichheit und Ungleichheit. Aphorismen zur Theologie und Staatsanschauung Luthers (in: Greifswalder Studien. Theologische Abhandlungen Hermann Cremer zum 25jährigen Professorenjubiläum dargebracht, 1895, 285–326)
–: Luthers Stellung zu den sozialen Fragen seiner Zeit (in: Die Verhandlungen des Neunten Evangelisch-sozialen Kongresses, abgehalten in Berlin am 2. und 3. Juni 1898, 1898, 8–27)
LIENHARD, MARC: Le débat sur la liberté au temps de la Réforme [1989] (in: F. HARTWEG [Hg.]: Martin Luther, 2001, 43–61)
–: Guerre et paix dans les écrits de Zwingli et de Luther: Une comparaison (in: Ch. OCKER u. a. [Hg.]: Politics and Reformations: Histories and Reformations, FS Th. Brady, 2007, 217–240)
LIERMANN, HANS: Der unjuristische Luther (LuJ 24, 1957, 69–85)
LINDBERG, CARTER: Beyond Charity. Reformation Initiatives for the Poor, 1993
–: Luther's Struggle with social-ethical issues (in: D. MCKIM [Hg.]: The Cambridge Companion to Martin Luther, 2003, 165–178)
–: Luther on Poverty [2001] (in: T. WENGERT [Hg.]: Harvesting Martin Luther's Reflections on Theology, Ethics, and the Church, 2004, 134–151)
LINK, CHRISTIAN: Vita passiva. Rechtfertigung als Lebensvorgang (EvTh 44, 1984, 315–351)
LINK, WILHELM: Das Ringen Luthers um die Freiheit der Theologie von der Philosophie, 1940
LOCHER, GOTTFRIED W.: Die evangelische Stellung der Reformatoren zum öffentlichen Leben, 1950
–: Der Eigentumsbegriff als Problem evangelischer Theologie, ^{2}1962
LOEWENICH, WALTHER VON: Das Neue in Luthers Gedanken über den Staat [1932] (in: WOLF 124–137)
LOHMANN, FRIEDRICH: Ein Gott – zwei Regimente. Überlegungen zur Zwei-Reiche-Lehre Martin Luthers im Anschluß an die Debatte zwischen Paul Althaus und Johannes Heckel (Lu 73, 2003, 112–138)
LOHSE, BERNHARD: Das Evangelium von der Rechtfertigung und die Weltverantwortung der Kirche in der lutherischen Tradition bei Luther und in der Reformationszeit (in: J. BAUR u. a. [Hg.]: Die Verantwortung der Kirche in der Gesellschaft, 1973, 143–160)
–: Zwei-Reiche-Lehre und Königsherrschaft Christi (in: G. FORCK: Die Königsherrschaft Jesu Christi bei Luther, ^{2}1988, 155–167)
–: Luthers Theologie in ihrer historischen Entwicklung und in ihrem systematischen Zusammenhang, 1995
LOMMATZSCH, SIEGFRIED: Luther's Lehre vom ethisch-religiösen Standpunkte aus und mit besonderer Berücksichtigung seiner Theorie vom Gesetze, 1879
LOOFS, FRIEDRICH: Leitfaden zum Studium der Dogmengeschichte, ^{4}1906

LUDWIG, MARTIN: Das Problem Religion und Sittlichkeit bei Luther in der theologischen Literatur und seine methodischen Schwierigkeiten, 1931
–: Religion und Sittlichkeit bei Luther bis zum »Sermon von den guten Werken« 1520, 1931
LÜPKE, JOHANNES V.: Das Evangelium als Interpret des Gesetzes. Luthers frühe Dekalogauslegung (in: Th. WAGNER u.a. [Hg.]: Kontexte. Biografische und forschungsgeschichtliche Schnittpunkte der alttestamentlichen Wissenschaft, FS H. J. Boecker, 2008, 51–64)
LUTHARDT, CHRISTOPH ERNST: Die Lehre vom freien Willen und seinem Verhältniß zur Gnade in ihrer geschichtlichen Entwicklung dargestellt, 1863
–: Die Ethik Luthers in ihren Grundzügen, 1867 ([2]1875)
–: Vorträge über die Moral des Christenthums, 1872
–: Luther's ethische Grundgedanken (AELKZ Sondernummer zum 10.11.1883, 15)
–: Luther nach seiner ethischen Bedeutung. Vortrag, 1883
–: Die christliche Ethik (in: O. ZÖCKLER [Hg.]: Handbuch der theologischen Wissenschaften in encyklopädischer Darstellung mit besonderer Rücksicht auf die Entwicklungsgeschichte der einzelnen Disziplinen, Bd. 3: Systematische Theologie, [2]1885, 300–388, [3]1890, 459–563)
–: Geschichte der christlichen Ethik, Zweite Hälfte: Geschichte der christlichen Ethik seit der Reformation, 1893
–: Kompendium der theologischen Ethik, 1896
LUTZE, HERMANN: Das Eigentum nach der Auffassung D. Martin Luthers (in: Das Eigentum als Problem evangelischer Sozialethik, KiV 2, 1949, 119–124)
MAASER, WOLFGANG: Die schöpferische Kraft des Wortes. Die Bedeutung der Rhetorik für Luthers Schöpfungs- und Ethikverständnis, 1999
MACHOLZ, WALDEMAR: Die romantische Ehe und der lutherische Ehestand, 1929
MÄKINEN, VIRPI; RAUNIO, ANTTI: Right and Dominion in Luther's Thought and Its Medieval Background (in: V. MÄKINEN [Hg.]: Lutheran Reformation and the Law, 2006, 63–92)
MAGER, INGE: Vom Mönchs- und Nonnenkloster zum Wittenberger Familienkloster (in: W. BREUL-KUNKEL, L. VOGEL [Hg.]: Rezeption und Reform, FS H. Schneider, 2001, 35–48)
MANNERMAA, TUOMO: Zwei Arten der Liebe. Einführung in Luthers Glaubenswelt [1983] (in: DERS.: Der im Glauben gegenwärtige Christus. Rechtfertigung und Vergottung im ökumenischen Dialog, 1989, 107–181)
MANNS, PETER: Luthers Zwei-Reiche- und Drei-Stände-Lehre [1984] (in: DERS.: Vater im Glauben. Studien zur Theologie Martin Luthers, 1988, 376–399)
MANTEY, VOLKER: Von Thomas von Aquin bis Johann von Schwarzenberg. Die zwei Schwerter zwischen Natur und Gnade – mit einer Antwort Martin Luthers (in: E. BÜNZ u.a. [Hg.]: Glaube und Macht. Theologie, Politik und Kunst im Jahrhundert der Reformation, 2005, 195–218)
–: Zwei Schwerter – Zwei Reiche. Martin Luthers Zwei-Reiche-Lehre vor ihrem spätmittelalterlichen Hintergrund, 2005
MARON, GOTTFRIED: »Niemand soll sein eigener Richter sein«. Eine Bemerkung zu Luthers Haltung im Bauernkrieg [1975] (in: DERS.: Die ganze Christenheit auf Erden. Martin Luther und seine ökumenische Bedeutung, 1993, 66–80)

–: Luther und die Freiheitsmodelle seiner Zeit [1984] (aaO 58–65)
MATTHES, KURT: Das Corpus Christianum bei Luther im Lichte seiner Erforschung, 1929
–: Luther und die Obrigkeit. Die Obrigkeitsanschauung des reifen Luther in systematischer Darstellung, 1937
MATTOX, MICKEY L.: Luther on Eve, Women, and the Church [2003] (in: T. WENGERT [Hg.]: The Pastoral Luther. Essays on Martin Luther's Practical Theology, 2009, 251–270)
MAU, RUDOLF: Gebundenes und befreites Gewissen. Zum Verständnis von conscientia in Luthers Auseinandersetzung mit dem Mönchtum (ThV 9, 1977, 177–189)
–: Beruf und Berufung bei Luther (in: J. ROGGE, G. SCHILLE [Hg.]: Themen Luthers als Fragen der Kirche heute. Beiträge zur gegenwärtigen Lutherforschung, 1982, 11–28)
–: Die Problematik kirchlichen Rechts in reformatorischer Sicht (aaO 77–96)
–: Das Verhältnis von Glauben und Recht nach dem Verständnis Luthers (ZSRG.K 70 [100], 1984, 170–195)
–: »Der christliche Fürst«. Wie dachte Luther über das Verhältnis von Staat und Kirche? (Lu 63, 1992, 122–137)
–: Liebe als gelebte Freiheit der Christen. Luthers Auslegung von G 5,13–24 im Kommentar von 1519 (LuJ 59, 1992, 11–37)
MAURER, WILHELM: Luthers Lehre von den drei Hierarchien und ihr mittelalterlicher Hintergrund, 1970
MAXFIELD, JOHN A.: Luther's Lectures on Genesis and the Formation of Evangelical Identity, 2008
MEINECKE, FRIEDRICH: Luther über christliches Gemeinwesen und christlichen Staat (HZ 121, 1920, 1–22)
MEISTAD, TORE: To Be a Christian in the World. Martin Luther's and John Wesley's Interpretation of The Sermon On the Mount, Diss. Universität Trondheim 1989
MENSCHING, GUSTAV: Glaube und Werk bei Luther. Zugleich als Beitrag zur Wesensbestimmung des Gottesdienstes, 1926
MERZ, GEORG: Glaube und Politik im Handeln Luthers, 1933
–: Gesetz Gottes und Volksnomos bei Luther (LuJ 16, 1934, 51–82)
MEYER, JOHANNES: Historischer Kommentar zu Luthers Kleinem Katechismus, 1929
MICHAELIS, KARL: Über Luthers eherechtliche Anschauungen und deren Verhältnis zum mittelalterlichen und neuzeitlichen Eherecht (in: H. BRUNOTTE u.a. [Hg.]: Festschrift für Erich Ruppel, 1968, 43–62)
MODALSLI, OLE: Das Gericht nach den Werken. Ein Beitrag zu Luthers Lehre vom Gesetz, 1963
MOELLER, BERND: Wenzel Lincks Hochzeit. Über Sexualität, Keuschheit und Ehe im Umbruch der Reformation [2002] (in: DERS.: Luther-Rezeption. Kirchenhistorische Aufsätze zur Reformationsgeschichte, 2001, 194–218)
MOLTMANN, JÜRGEN: Reformation and Revolution (in: M. HOFFMANN [Hg.]: Martin Luther and the Modern Mind. Freedom, Conscience, Toleration, Rights, 1985, 163–190)
MONSHEIMER, OTTO: Der Kirchenbegriff und die Sozialethik Luthers in den Streitschriften und Predigten 1537/40, Diss. Universität Frankfurt 1930

Moser, Erich: Glauben und Leben. Grundzüge lutherischer Ethik in vier Kapiteln nach Martin Luthers Schrift »Von den guten Werken«, 1986

Mühlen, Karl-Heinz zur: Art. [Luther] II. Theologie (TRE 21, 1991, 530–567)

Mülhaupt, Erwin: Herrschaft Christi bei Luther [1959] (in: Schrey 432–456)

–: Luthers Denken über Frieden und Gewalt (Lu 42, 1971, 16–33)

–: Luthers Handbuch für christliche Politiker und Erzieher. Eine Blütenlese aus Luthers Vorlesung über den Prediger Salomo (Lu 58, 1987, 51–62)

Müller, G.: Luthers Stellung zum Rechte, 1906

Müller, Gerhard: Luthers Zwei-Reiche-Lehre in der deutschen Reformation [1976] (in: Ders.: Causa Reformationis. Beiträge zur Reformationsgeschichte und zur Theologie Martin Luthers, 1989, 417–437)

–: Luther und die evangelischen Fürsten [1984] (aaO 438–456)

–: Luther und die Politik – Belastung oder Hilfe? (in: L. Markert, K. H. Stahl: Die Reformation geht weiter. Ertrag eines Jahres, 1984, 81–92)

–: Zu Luthers Sozialethik (in: H. C. Recktenwald [Hg.]: Vademecum zu einem frühen Klassiker der ökonomischen Wissenschaft, 1987, 59–79)

–: Luthers Sozialethik (in: G. Besier, B. Lohse [Hg.]: Glaube – Bekenntnis – Kirchenrecht, FS H. Ph. Meyer, 1989, 114–126)

–: Martin Luther in seinem politischen Verhalten (in: H.-J. Nieden u. a. [Hg.]: Praxis Pietatis. Beiträge zu Theologie und Frömmigkeit der frühen Neuzeit, FS W. Sommer, 1999, 65–81)

–: Biblische Theologie und Sozialethik. Zum Denken Martin Luthers (EvTh 59, 1999, 25–31)

–: Martin Luther über Kapital und Arbeit (in: R. Mokrosch [Hg.]: Humanismus und Reformation, 2001, 109–122)

Müller, Karl: Kirche, Gemeinde und Obrigkeit nach Luther, 1910

–: Luthers Äußerungen über das Recht des bewaffneten Widerstands gegen den Kaiser, 1915

–: Luther und Melanchthon über das jus gladii 1521 (in: Geschichtliche Studien für Albert Hauck zum 70. Geburtstag, 1916, 235–239)

Neumann, Max: Geschichte des Wuchers in Deutschland bis zur Begründung der heutigen Zinsengesetze (1654.), 1865

Neuss, Erdmann: Luthers Stellungnahme zu den Kriegsfällen seiner Zeit. Luthers Seelsorge und Paränese in den politischen Auseinandersetzungen der Reformationszeit und ihre Bedeutung für das Verständnis der Zwei-Reiche-Lehre, Diss. Universität Halle 1970

Nilsson, Kjell Ove: Simul. Das Miteinander von Göttlichem und Menschlichem in Luthers Theologie, 1966

Norring, J.: Luthers och Kants förhållande til eudemonismen, 1918

Nürnberger, Richard: Die lex naturae als Problem der vita christiana bei Luther (ARG 37, 1940, 1–12)

Null, Ashley: Princely Marital Problems and the Reformers' Solutions (in: D. Wendebourg [Hg.]: Sister Reformations, 2010, 133–149)

Nygren, Anders: Die Bedeutung Luthers für den christlichen Liebesgedanken (LuJ 11, 1929, 87–133)

–: Eros und Agape. Gestaltwandlungen der christlichen Liebe, Teil 2, 1937 [1930]

–: Luthers Lehre von den zwei Reichen [1949] (in: SCHREY 277–289)
–: Staat und Kirche (in: G. AULÉN u. a. [Hg.]: Ein Buch von der Kirche, o. J. [1950], 436–448)
OBERMAN, HEIKO AUGUSTINUS: Thesen zur Zwei-Reiche-Lehre (in: E. ISERLOH, G. MÜLLER [Hg.]: Luther und die politische Welt, 1984, 27–34)
OESCHEY, RUDOLF: Luther und das Recht (ZW 1, 1925, 288–299)
OHLIG, RUDOLF: Die Zwei-Reiche-Lehre Luthers in der Auslegung der deutschen lutherischen Theologie der Gegenwart seit 1945, 1974
OHST, MARTIN: ›Rechtfertigung‹ als Inbegriff christlicher Existenz. I. Rechtfertigung, Buße und Taufe (in: S. KREUZER, J. v. LÜPKE [Hg.]: Gerechtigkeit glauben und erfahren. Beiträge zur Rechtfertigungslehre, 2002, 226–241)
–: Reformatorisches Freiheitsverständnis. Mittelalterliche Wurzel, Hauptinhalte, Probleme (in: J. DIERKEN, A. v. SCHELIHA [Hg.]: Freiheit und Menschenwürde. Studien zum Beitrag des Protestantismus, 2005, 13–48)
OLSSON, HERBERT: Grundproblemet i Luthers socialetik, 1934
–: Schöpfung, Vernunft und Gesetz in Luthers Theologie, 1971
PABST, VERA CHRISTINA: ›... quia non habeo aptiora exempla.‹ Eine Analyse von Martin Luthers Auseinandersetzung mit dem Mönchtum in seinen Predigten des ersten Jahres nach seiner Rückkehr von der Wartburg 1522/1523, 2007
PADBERG, LUTZ E. VON: Luthers Sicht des Herrscheramtes nach seinen Schriften bis 1525. Ein Beitrag zu der Debatte um den historischen Ort der Reformation (Lu 67, 1996, 9–25)
PANNENBERG, WOLFHART: Luthers Lehre von den zwei Reichen [1972] (in: DERS.: Ethik und Ekklesiologie. Gesammelte Aufsätze, 1977, 97–114)
PAULS, THEODOR: Luthers Auffassung von Staat und Volk, 1925
–: Luthers »Ordnung« für das Leben des Christen, 1938
PAULUS, NIKOLAUS: Die Wertung der weltlichen Berufe im Mittelalter (HJ 32, 1911, 725–755)
–: Zur Geschichte des Worts Beruf (HJ 45, 1925, 308–316)
PAUSCH, ALFONS: Luther und die Steuern, 1983
PAWLAS, ANDREAS: Zur Kalkulation eines »gerechten Preises« bei Luther (Lu 60, 1989, 87–99)
–: Evangelische politische Theologie. Zwei-Reiche-Lehre und Lehre von der Königsherrschaft Christi als ihre Kriterien und Interpretamente (KuD 36, 1990, 313–332)
–: Ist »Kaufhandel« immer »Wucher«? Luther zu kaufmännischem Handel und Wucher als Beitrag zu einer evangelischen Wirtschaftsethik (KuD 40, 1994, 282–304)
–: Luther und der sogenannte »gerechte« Krieg (Lu 66, 1995, 109–124)
–: Luther zu Geld und Zins (Zeitschrift f. Betriebswirtschaft 66, 1996, 129–145)
–: Die lutherische Berufs- und Wirtschaftsethik. Eine Einführung, 2000
–: Lutherische Wirtschaftsethik in ihrer geschichtlichen und aktuellen Bedeutung (in: U. KERN [Hg.]: Wirtschaft und Ethik in theologischer Perspektive, 2002, 111–138)
PESCH, OTTO HERMANN: Theologie der Rechtfertigung bei Martin Luther und Thomas von Aquin. Versuch eines systematisch-theologischen Dialogs, 1967
PESTER, REINHARD: Zum weltanschaulich-philosophischen Gehalt der Lehre Luthers vom Beruf (in: G. VOGLER [Hg.]: Martin Luther. Leben – Werk – Wirkung, 1983, 295–306)

PETERS, ALBRECHT: Glaube und Werk. Luthers Rechtfertigungslehre im Lichte der heiligen Schrift, 1962

–: Grundzüge biblisch reformatorischer Ethik (in: J. G. ZIEGLER [Hg.]: »In Christus«. Beiträge zum ökumenischen Gespräch, 1987, 117–148)

–: Kommentar zu Luthers Katechismen, Bd. 1: Die zehn Gebote. Luthers Vorreden, 1990, Bd. 2: Der Glaube – Das Apostolikum, 1991, Bd. 3: Das Vaterunser, 1992, Bd. 4: Die Taufe. Das Abendmahl, 1993, Bd. 5: Die Beichte. Die Haustafel. Das Traubüchlein. Das Taufbüchlein, 1994

PFEIFFER, GERHARD: Totaler Staat – und Luther? Luthers Lehre vom Verhalten des Christen im Staate, 1951

PFLEIDERER, OTTO: Moral und Religion nach ihrem gegenseitigen Verhältniss geschichtlich und philosophisch erörtert, 1871

–: Luther als Begründer der protestantischen Gesittung. Ein Vortrag zur Lutherfeier, 1883 (wieder in: DERS.: Reden und Aufsätze, 1909, 116–146)

PINOMAA, LENNART: Die profectio bei Luther (in: F. HÜBNER [Hg.]: Gedenkschrift für D. Werner Elert. Beiträge zur historischen und systematischen Theologie, 1955, 119–127)

PLATHOW, MICHAEL: Das cooperatio-Verständnis M. Luthers im Gnaden- und Schöpfungsbereich (Lu 56, 1985, 28–46)

PLÖSCH, JOSEF: Die Lehre vom gerechten Kriege bei Martin Luther, Diss. Universität Graz 1955

PÖHLMANN, HORST GEORG: Das Problem Gewalt und Gewaltlosigkeit im Urteil der Reformation (in: H. GREIFENSTEIN [Hg.]: Macht und Gewalt. Leitlinien lutherischer Theologie zur politischen Ethik heute, 1978, 41–70)

PRENTER, REGIN: Luthers Lehre von der Heiligung (in: V. VAJTA [Hg.]: Lutherforschung heute, 1958, 64–74)

PREUSS, ULRICH K.: Martin Luther, Von weltlicher Obrigkeit (1523) (in: M. BROCKER [Hg.]: Geschichte des politischen Denkens. Ein Handbuch, 2007, 137–150)

PRIEN, HANS-JÜRGEN: Luthers Wirtschaftsethik, 1992

RATHEY, MARKUS: Eucharistische Ethik in Luthers Abendmahlssermon (Lu 63, 1992, 66–73)

RAUNIO, ANTTI: Die »Goldene Regel« als theologisches Prinzip beim jungen Luther (in: T. MANNERMAA u. a. [Hg.]: Thesaurus Lutheri. Auf der Suche nach neuen Paradigmen der Luther-Forschung, 1987, 309–327)

–: Speculatio practica. Das Betrachten Gottes als Ursprung des aktiven Lebens bei Luther (in: O. BAYER u. a. [Hg.]: Caritas Dei. Beiträge zum Verständnis Luthers in der gegenwärtigen Ökumene, FS T. Mannermaa, 1997, 364–384)

–: Natural Law and Faith. The Forgotten Foundations of Ethics in Luther's Theology (in: C. BRAATEN, R. JENSON [Hg.]: Union with Christ. The New Finnish Interpretation of Luther, 1998, 96–124)

–: Glaube und Liebe in der Theologie Martin Luthers in ihrer Bedeutung für die diakonische Praxis (in: Th. STROHM [Hg.]: Diakonie an der Schwelle zum neuen Jahrtausend. Ökumenische Beiträge zur weltweiten und interdisziplinären Verständigung, 2000, 172–187)

–: Summe des christlichen Lebens. Die »Goldene Regel« als Gesetz der Liebe in der Theologie Martin Luthers von 1510–1527, 2001
–: Luthers politische Ethik (in: R. VINKE [Hg.]: Lutherforschung im 20. Jahrhundert. Rückblick – Bilanz – Ausblick, 2004, 151–170)
–: Divine and Natural Law in Luther and Melanchthon (in: V. MÄKINEN [Hg.]: Lutheran Reformation and the Law, 2006, 21–61)
–: Faith and Christian Living in Luther's Confession Concerning Christ's Supper (1528) (LuJ 76, 2009, 19–56)
REININGHAUS, WERNER: Elternstand, Obrigkeit und Schule bei Luther, 1969
REUTER, HANS-RICHARD: Martin Luther und das Friedensproblem (in: N. BRIESKORN, M. RIEDENAUER [Hg.]: Suche nach Frieden: Politische Ethik in der frühen Neuzeit, Bd. 1, 2000, 63–82)
REYMANN, HEINZ: Glaube und Wirtschaft bei Luther, 1934
RIEGER, REINHOLD: Von der Freiheit eines Christenmenschen / De libertate christiana, 2007
RIEKER, KARL: Die rechtliche Stellung der evangelischen Kirche Deutschlands in ihrer geschichtlichen Entwickelung bis zur Gegenwart, 1893
RIETH, RICARDO: »Habsucht« bei Martin Luther. Ökonomisches und theologisches Denken, Tradition und soziale Wirklichkeit im Zeitalter der Reformation, 1996
–: Luther on Greed [2001] (in: T. WENGERT [Hg.]: Harvesting Martin Luther's Reflections on Theology, Ethics, and the Church, 2004, 152–168)
–: Luthers Antworten auf wirtschaftliche und soziale Herausforderungen seiner Zeit (LuJ 76, 2009, 137–158)
RISCH, FRIEDRICH: Der Berufsgedanke bei Luther (Lu 34, 1963, 112–121)
RITSCHL, ALBRECHT: Die christliche Lehre von der Rechtfertigung und Versöhnung, Bd. 1: Die Geschichte der Lehre, ^{3}1889 [1870]
–: Die christliche Vollkommenheit. Ein Vortrag [1874] (in: DERS.: Die christliche Vollkommenheit. [...] Theologie und Metaphysik. Zur Verständigung und Abwehr, 1902, 3–23)
–: Festrede am vierten Seculartage der Geburt Martin Luthers 10. November 1883 (in: DERS.: Drei Akademische Reden, 1887, 5–29)
RITSCHL, OTTO: Das christliche Lebensideal in Luthers Auffassung, 1889
ROCKWELL, WILLIAM WALKER: Die Doppelehe des Landgrafen Philipp von Hessen, 1904
RÖTTGEN, ARNOLD: Glaube und Recht (LuJ 17, 1935, 36–55)
ROGGE, JOACHIM: Der Beitrag des Predigers Jakob Strauß zur frühen Reformationsgeschichte, 1957
–: Innerlutherische Streitigkeiten um Gesetz und Evangelium, Rechtfertigung und Heiligung (in: H. JUNGHANS [Hg.]: Leben und Werk Martin Luthers von 1526 bis 1546, Bd. 1, 1983, 187–204.785–787)
ROHLS, JAN: Geschichte der Ethik, ^{2}1999
ROSCHER, WILHELM : Geschichte der National-Oekonomik in Deutschland, 1874
ROST, GERHARD: Zum Verhältnis von Naturrecht und Geschichte bei Martin Luther (NZSTh 4, 1962, 112–132)

ROTH, MICHAEL: Die fundamentalethische Bedeutung der Unterscheidung von Schöpfung und Erlösung. Bemerkungen zur Zwei-Regimenten-Lehre (NZSTh 46, 2004, 184–206)

–: Protestantische Ethik als Explikation der Ethosgestalt des Glaubens? Thesen zur fundamentalethischen Bedeutung der Unterscheidung von Gesetz und Evangelium (Lu 76, 2005, 28–42)

–: Lex semper accusat. Lutherische Moralkritik (in: H. Ch. KNUTH [Hg.]: Angeklagt und anerkannt. Luthers Rechtfertigungslehre in gegenwärtiger Verantwortung, 2009, 109–132)

SAARINEN, RISTO: Einige Themen der spätmittelalterlichen Ethik bei Luther (KuD 30, 1984, 284–297)

–: Ethics in Luther's Theology: The Three Orders (Seminary Ridge Review 5/2, 2003, 37–53)

SAHAYADOSS, SANTHOSH J.: Martin Luther on Social and Political Issues: His Relevance for Church and Society in India, 2006

SAUTER, GERHARD: Zur Einführung (in: DERS. [Hg.]: Zur Zwei-Reiche-Lehre Luthers, 1973, VII-XIV)

SCHÄFER, ROLF: Glaube und Werk nach Luther (Lu 58, 1987, 75–85)

SCHARFFENORTH, GERTA: Die Bergpredigt in Luthers Beiträgen zur Wirtschaftsethik. Erwägungen zur Theorie ethischer Urteilsbildung [1978] (in: DIES.: Den Glauben ins Leben ziehen … Studien zu Luthers Theologie, 1982, 314–338)

–: Luthers Lehre vom weltlichen Regiment Gottes. Die Reichsverfassungsreform als Problem des Friedensauftrags der Christen (aaO 205–313)

SCHENKEL, DANIEL: Das Wesen des Protestantismus aus den Quellen des Reformationszeitalters dargestellt, Bd. 1: Die theologischen Fragen, 1846, Bd. 2: Die anthropologischen Fragen, 1847, Bd. 3: Die theanthropologischen oder kirchlichen Fragen, 1851

–: Das Wesen des Protestantismus aus den Quellen des Reformationszeitalters beleuchtet, [2]1862

SCHERZER, HANS KARL: Luther (in: H. MAIER u. a. [Hg.]: Klassiker des politischen Denkens, Bd. 1: Von Plato bis Hobbes, 1968, 245–273)

SCHIFFERDECKER, PAUL HEINZ: Der Berufsgedanke bei Luther, Diss. Universität Heidelberg 1932

SCHLAICH, KLAUS: Martin Luther und das Recht [1985] (in: DERS.: Gesammelte Aufsätze. Kirche und Staat von der Reformation bis zum Grundgesetz, 1997, 3–23)

SCHLATTER, ADOLF: Der Dienst des Christen in der älteren Dogmatik [1897] (in: DERS.: Der Dienst des Christen. Beiträge zu einer Theologie der Liebe, hg. v. W. NEUER, [2]2002, 19–93)

–: Luthers Deutung des Römerbriefs. Ein Beitrag zur vierten Säkularfeier der Reformation, 1917 (BFChTh Bd. 21, Heft 7)

SCHLEUSNER, G.: Zu den Anfängen protestantischen Eherechts im 16. Jahrhundert. Mitteilungen aus gleichzeitigen Akten (ZKG 6, 1884, 390–428)

SCHLOEMANN, MARTIN: Natürliches und gepredigtes Gesetz bei Luther. Eine Studie zur Frage nach der Einheit der Gesetzesauffassung Luthers mit besonderer Berücksichtigung seiner Auseinandersetzung mit den Antinomern, 1961

SCHLOENBACH, MARTIN: Heiligung als Fortschreiten und Wachstum des Glaubens in Luthers Theologie, 1963

Schlüter, J.: Luthers Kampf gegen den Kapitalismus (NKZ 28, 1917, 126–147)
Schmidt, Heinrich Richard: Die Ethik der Laien in der Reformation (in: B. Moeller [Hg.]: Die frühe Reformation in Deutschland als Umbruch, 1998, 333–370)
Schmidt, Kurt Dietrich: Luthers Staatsauffassung [1961] (in: Ders.: Gesammelte Aufsätze, 1967, 157–168)
Schmoller, Gustav: Zur Geschichte der national-ökonomischen Ansichten in Deutschland während der Reformations-Periode (Zeitschrift f. die gesamte Staatswissenschaft 16, 1860, 461–716)
Schneckenburger, Matthias: Vergleichende Darstellung des lutherischen und reformirten Lehrbegriffs, zwei Teile, hg. v. E. Güder, 1855
Schober, Theodor: Glaube und Werke bei Luther (in: Luther et la Réforme allemande dans une perspective oecuménique, 1983, 295–308)
Schockenhoff, Eberhard: Personsein und Menschenwürde bei Thomas von Aquin und Martin Luther (ThPh 65, 1990, 481–512)
Scholl, Hans: Reformation und Politik. Politische Ethik bei Luther, Calvin und den Frühhugenotten, 1976
Schorn-Schütte, Luise: Obrigkeitskritik im Luthertum? Anlässe und Rechtfertigungsmuster im ausgehenden 16. und im 17. Jahrhundert (in: M. Erbe u.a. [Hg.]: Querdenken. Dissens und Toleranz im Wandel der Geschichte, FS H. Guggisberg, 1996, 253–270)
–: Die Drei-Stände-Lehre im reformatorischen Umbruch (in: B. Moeller [Hg.]: Die frühe Reformation in Deutschland als Umbruch, 1998, 435–461)
–: Luther und die Politik (LuJ 71, 2004, 103–113)
Schott, Erdmann: Luthers Stellung zur Ehe (ZSTh 23, 1954, 335–346)
Schrey, Heinz-Horst: Bibliographie (in: Schrey 557–566)
Schubert, Hans v.: Die evangelische Trauung, ihre geschichtliche Entwicklung und gegenwärtige Bedeutung, 1890
Schubert, Anselm: »Den Glauben aus den Werken zeigen«. Zum Verhältnis von Rechtfertigung und guten Werken bei Luther und Hubmaier (in: D. Dziewas [Hg.]: Gerechtigkeit und gute Werke. Die Bedeutung diakonischen Handelns für die Glaubwürdigkeit der Glaubenden, 2010, 52–67)
Schubert, Irmgard v.: Wirtschaftsethische Entscheidungen Luthers (Kauf und Darlehen) (ARG 21, 1924, 49–77)
Schülke, Horst: Kants und Luthers Ethik. Ein Vergleich unter besonderer Berücksichtigung der Lehre vom Bösen, Diss. Universität Greifswald 1937
Schütte, Hans-Walter: Zwei-Reiche-Lehre und Königsherrschaft Christi (in: Handbuch der christlichen Ethik, Bd. 1, 1978, 339–353)
Schulken, Christian: Lex efficax. Studien zur Sprachwerdung des Gesetzes bei Luther im Anschluß an die Disputationen gegen die Antinomer, 2005
Schulthess-Rechberg, Gustav von: Luther, Zwingli und Calvin in ihren Ansichten über das Verhältnis von Staat und Kirche, 1909
Schulz, Heiko: Theologie der Zweideutigkeit. Gott, Mensch und Welt in Luthers Zwei-Regi-

menten-Lehre (in: W. Kurz u.a. [Hg.]: Krisen und Umbrüche in der Geschichte des Christentums, FS M. Greschat, 1994, 179–224)
Schulze, Wilhelm August: Luther und der Zins (Lu 42, 1971, 139–146)
Schulze, Winfried: Zwingli, lutherisches Widerstandsdenken, monarchomachischer Widerstand (in: P. Blickle u.a. [Hg.]: Zwingli und Europa, 1985, 199–216)
Schunck, Klaus-Dietrich: Luther und der Dekalog (KuD 32, 1986, 52–68)
Schuurman, Lambert: Confusio regnorum. Studie zu einem Thema aus Luthers Ethik, 1965
Schwarz, Hans: Luther's Doctrine of the Two Kingdoms – Help or Hindrance for Social Change (LuthQ 27, 1975, 59–79)
–: Martin Luther's Understanding of Vocation in the Light of Today's Problems (in: M. W. Worthing [Hg.]: Perspectives on Martin Luther, 1996, 155–164)
Schwarz, Reinhard: Fides, spes und caritas beim jungen Luther unter besonderer Berücksichtigung der mittelalterlichen Tradition, 1962
–: Luthers Lehre von den drei Ständen und die drei Dimensionen der Ethik (LuJ 45, 1978, 15–34)
–: Christengemeinschaft und Rechtsgemeinschaft. Theologie und Gesellschaft in Luthers Rede von »zwei Reichen« (in: F. Castillo u.a.: Herausforderung. Die dritte Welt und die Christen Europas, Regensburg 1980, 9–27)
–: Ecclesia, oeconomia, politia. Sozialgeschichtliche und fundamentalethische Aspekte der protestantischen Drei-Stände-Theorie (in: H. Renz, F. W. Graf [Hg.]: Troeltsch-Studien, Bd. 3: Protestantismus und Neuzeit, 1984, 78–88)
–: Luther, 1986
–: Die Umformung des religiösen Prinzips der Gottesliebe in der frühen Reformation. Ein Beitrag zum Verständnis von Luthers Schrift »Von der Freiheit eines Christenmenschen« (in: B. Moeller [Hg.]: Die frühe Reformation in Deutschland als Umbruch, 1998, 128–148)
–: Luthers Freiheitsbewußtsein und die Freiheit eines Christenmenschen (in: D. Korsch, V. Leppin [Hg.]: Martin Luther – Biographie und Theologie, 2010, 31–68)
Schwarzwäller, Klaus: Theologische Kriterien für politische Entscheidungen bei Luther (KuD 26, 1980, 88–108)
–: »Gewissenhafte Obrigkeit«. Luthers politische Unterweisung (Lu 62, 1991, 58–78)
–: Verantwortung des Glaubens. Freiheit und Liebe nach der Dekalogauslegung Martin Luthers (in: D. Bielfeldt, K. Schwarzwäller [Hg.]: Freiheit als Liebe bei / Freedom as Love in Martin Luther, 1995, 133–158)
Schwiebert, E. G.: The Medieval Pattern in Luther's Views of the State (in: ChH 12, 1943, 98–117)
Seeberg, Erich: Luthers Ehe, 1925
–: Luthers Theologie. Motive und Ideen, Bd. 1: Die Gottesanschauung, 1929, Bd. 2: Christus. Wirklichkeit und Urbild, 1937
–: Grundzüge der Theologie Luthers, 1940
Seeberg, Reinhold: Lehrbuch der Dogmengeschichte, Zweite Hälfte: Die Dogmengeschichte des Mittelalters und der Neuzeit, 1898
–: Luthers Stellung zu den sittlichen und sozialen Nöten seiner Zeit und ihre vorbildliche

Bedeutung für die evangelische Kirche [1901] (in: DERS.: Aus Religion und Geschichte. Gesammelte Aufsätze und Vorträge, Bd. 1: Biblisches und Kirchengeschichtliches, 1906, 247–276)
–: Lehrbuch der Dogmengeschichte, Bd. 4, Abt. 1, 2/3 1917
–: Luthers Anschauungen von dem Geschlechtsleben und der Ehe und ihre geschichtliche Stellung (LuJ 7, 1925, 77–122)
–: Lehrbuch der Dogmengeschichte, Bd. 4, Teil 1, 4 1933
SEIDL, HORST: Zur Kontroverse zwischen Erasmus und Luther unter Berücksichtigung traditioneller Ethik-Lehren (in: A. SPEER [Hg.]: Die Bibliotheca Amploniana. Ihre Bedeutung im Spannungsfeld von Aristotelismus, Nominalismus und Humanismus, 1995, 489–502)
SEILS, MARTIN: Der Gedanke vom Zusammenwirken Gottes und des Menschen in Luthers Theologie, 1962
–: Glaube und Werk in den reformatorischen Kirchenordnungen (ZKG 89, 1978, 12–20)
–: Martin Luthers Gesetzesverständnis (in: U. KERN [Hg.]: Das Verständnis des Gesetzes bei Juden, Christen und im Islam, 2000, 64–84)
SHERMAN, FRANKLIN: Der weltliche Beruf und das sozial-ethische Denken (in: V. VAJTA [Hg.]: Die evangelisch-lutherische Kirche. Vergangenheit und Gegenwart, Die Kirchen der Welt 15, 1977, 202–224)
SHOENBERGER, CYNTHIA: The Development of the Lutheran Theory of Resistance: 1523–1530 (SCJ 8, 1977, 61–76)
SIEGFRIED, THEODOR: Luther und Kant. Ein geistesgeschichtlicher Vergleich im Anschluß an den Gewissensbegriff, 1930
SIIRALA, AARNE: Gottes Gebot bei Martin Luther. Eine Untersuchung der Theologie Luthers unter besonderer Berücksichtigung des ersten Hauptstücks im Grossen Katechismus, 1956
SIMON, WOLFGANG: Luther und der Aufruhr. Das Konzept eines ›seligen geistlichen Aufruhrs‹ in der Schrift Treue Vermahnung (1521) (Luther-Bulletin 15, 2006, 80–98)
SLENCZKA, NOTGER: Gott und das Böse. Die Lehre von der Obrigkeit und von den zwei Reichen bei Luther (Lu 79, 2008, 75–94)
SØE, NIELS HANSEN: Die christliche Liebe und das Leben im Beruf (Luth. 47, 1936, 368–375)
SOHM, RUDOLF: Kirchenrecht, Bd. 1: Die geschichtlichen Grundlagen, 1892
SOMMER, WOLFGANG: Gottesfurcht und Fürstenherrschaft. Studien zum Obrigkeitsverständnis Johann Arndts und lutherischer Hofprediger zur Zeit der altprotestantischen Orthodoxie, 1988
–: Die Unterscheidung und Zuordnung der beiden Reiche bzw. Regimente Gottes in Luthers Auslegung des 101. Psalms (in: DERS.: Politik, Theologie und Frömmigkeit im Luthertum der frühen Neuzeit. Ausgewählte Aufsätze, 1999, 11–53)
–: Christlicher Glaube und Weltverantwortung. Martin Luthers Beziehungen zu seinen Landesherren [1991] (aaO 54–73)
SORMUNEN, EINO: Die Eigenart der lutherischen Ethik, 1934
SPERL, JOHANNES: Luthers Lehre vom Beruf und ihre Auswirkungen für die Gegenwart (Luth. 47, 1936, 135–146)

SPITZ, LEWIS W.: The Christian in Church and State (in: M. HOFFMANN [Hg.]: Martin Luther and the Modern Mind. Freedom, Conscience, Toleration, Rights, 1985, 125–161)

SPRENGLER-RUPPENTHAL, ANNELIESE: Zur Rezeption des Römischen Rechts im Eherecht der Reformatoren [1982] (in: DIES.: Gesammelte Aufsätze. Zu den Kirchenordnungen des 16. Jahrhunderts, 2004, 202–250)

–: Das kanonische Recht in Kirchenordnungen des 16. Jahrhunderts. Eine Dokumentation [1992] (aaO 298–373)

STANGE, CARL: Die reformatorische Lehre von der Freiheit des Handelns [1903] (in: DERS.: Studien zur Theologie Luthers, Bd. 1, 1928, 20–33)

–: Aus dem Vorwort zu den »ältesten ethischen Disputationen Luthers« [1904] (aaO 45–52)

–: Religion und Sittlichkeit bei den Reformatoren [1905] (aaO 111–133)

–: Luther und das sittliche Ideal [1919] (aaO 159–219)

–: Luthers Theorie vom gesellschaftlichen Leben (ZSTh 7, 1929/30, 57–124)

STEIN, ALBERT: Luther über Eherecht und Juristen (in: H. JUNGHANS [Hg.]: Leben und Werk Martin Luthers von 1526 bis 1546, Bd. 1, 1983, 171–185.781–785)

STEINLEIN, HERMANN: Luthers scharfe Abgrenzung des Gehorsams gegen die Obrigkeit (in: Jahrbuch des Martin-Luther-Bundes 1948, 14–23)

STEINMETZ, DAVID CURTIS: Luther and the Two Kingdoms (in: DERS.: Luther in Context, 1986, 112–125)

STEPHENSON, JOHN R.: The Two Governments and the Two Kingdoms in Luther's Thought (SJTh 34, 1981, 321–337)

STOELLGER, PHILIPP: Passivität aus Passion. Zur Problemgeschichte einer ›categoria non grata‹, 2010

STÖVE, ECKEHART: Natürliches Recht und Heilige Schrift. Zu einem vergessenen Aspekt in Luthers Hermeneutik (in: I. DINGEL u. a. [Hg.]: Reformation und Recht, FS G. Seebaß, 2002, 11–25)

STOLZENAU, KARL-FERDINAND: Die Frage des Widerstandes gegen die Obrigkeit bei Luther zugleich in ihrer Bedeutung für die Gegenwart, Diss. Universität Münster 1962

STRAMPFF, HEINRICH LEOPOLD VON (Hg.): Dr. Martin Luther: Über die Ehe. Aus Martin Luthers Schriften zusammengetragen, geordnet und mit Bemerkungen versehen, 1857

STRAUSS, GERALD: Law, Resistance, and the State. The Opposition to Roman Law in Reformation Germany, 1986

STROHL, JANE: Luther's New View on Marriage, Sexuality and the Family (LuJ 76, 2009, 159–192)

STROHM, THEODOR: Luthers Wirtschafts- und Sozialethik (in: H. JUNGHANS [Hg.]: Leben und Werk Martin Luthers von 1526 bis 1546, 1983, 205–223.787–792)

–: Martin Luthers Sozialethik und ihre Bedeutung für die Gegenwart (in: H. SÜSSMUTH [Hg.]: Das Luther-Erbe in Deutschland. Vermittlung zwischen Wissenschaft und Öffentlichkeit, 1985, 68–91)

STÜMKE, VOLKER: Einen Räuber darf, einen Werwolf muss man töten. Zur Sozialethik Luthers in der Zirkulardisputation von 1539 (in: K.-M. KODALLE u. a. [Hg.]: Subjektiver Geist. Reflexion und Erfahrung im Glauben, FS T. Koch, 2002, 207–228)

–: »Lass fahren dahin«. Der Schutz der Schwachen als Aporie der politischen Ethik Martin Luthers (in: M. LEINER u.a. [Hg.]: Gott mehr gehorchen als den Menschen. Christliche Wurzeln, Zeitgeschichte und Gegenwart des Widerstands, 2005, 67–83)
–: Das Friedensverständnis Martin Luthers. Grundlagen und Anwendungsbereiche seiner politischen Ethik, 2007
STUMME, JOHN R.: Bibliography of Lutheran Ethics (in: K. BLOOMQUIST, J. STUMME [Hg.]: The Promise of Lutheran Ethics, 1998, 208–240)
STUPPERICH, ROBERT: Die soziale Verantwortung des Christen nach Luthers Lehre (in: DERS. [Hg.]: Verantwortung und Zuversicht, FS O. Dibelius, 1950, 57–73)
SUDA, MAX JOSEF: Die Ethik des Gesetzes bei Martin Luther (in: J. LOADER, H.-V. KIEWELER [Hg.]: Vielseitigkeit des Alten Testaments, FS G. Sauer, 1999, 345–356)
–: Die Ethik Martin Luthers, 2006
SUNDELIN, ROBERT: Framställning och granskning af Luthers Sociala Etik, Bd. 1: Familjen, 1880
SUPPAN, KLAUS: Die Ehelehre Martin Luthers. Theologische und rechtshistorische Aspekte des reformatorischen Eheverständnisses, 1971
TAUBE, ARNOLD: Luthers Lehre über Freiheit und Ausrüstung des natürlichen Menschen bis zum Jahre 1525 auf ihre Folgerichtigkeit geprüft. Eine dogmatische Kritik, Diss. Universität Göttingen 1901
TESSMANN, MÁRIO FRANCISCO: Nachfolge Jesu in der Welt. Ein Beitrag zum Verständnis der Bergpredigt in den Schriften M. Luthers, Diss. Universität Heidelberg 1998
THIELICKE, HELMUT: Theologische Ethik, Bd. 1: Prinzipienlehre. Dogmatische, philosophische und kontroverstheologische Grundlegung, [2]1958
THIEME, KARL: Die sittliche Triebkraft des Glaubens. Eine Untersuchung zu Luther's Theologie, 1895
–: Der Geist der lutherischen Ethik in Melanchthons Apologie, 1931
THOMPSON, W. D. JAMES CARGILL: The ›Two Kingdoms‹ and the ›Two Regiments‹: Some Problems of Luther's Zwei-Reiche-Lehre [1969] (in: DERS.: Studies in the Reformation. Luther to Hooker, 1980, 42–59.212–220)
–: Luther and the Right of Resistance to the Emperor [1975] (aaO 3–41.202–212)
–: The Political Thought of Martin Luther, 1984
TITIUS, ARTHUR: Luther's Grundanschauung vom Sittlichen, verglichen mit der Kantischen (in: Vorträge der theologischen Conferenz zu Kiel, Heft 1, 1899, 1–21)
TIETZ, CHRISTIANE: Martin Luther im interkulturellen Kontext, 2008
–: Die politische Aufgabe der Kirche im Anschluss an die Lutherische »Zwei-Regimenten-Lehre« (I. DINGEL, CH. TIETZ [Hg.]: Die politische Aufgabe von Religion. Perspektiven der drei monotheistischen Religionen, 2011, 259–273)
TÖDT, HEINZ EDUARD: Gerechtigkeit, Recht, Naturrecht und Liebe bei Martin Luther (in: H. ALBERTZ, J. THOMSEN [Hg.]: Christen in der Demokratie, 1978, 15–24)
TÖRNVALL, GUSTAF: Geistliches und weltliches Regiment bei Luther. Studien zu Luthers Weltbild und Gesellschaftsverständnis, 1947 [1940]
–: Der Christ in den zwei Reichen (EvTh 10, 1950/51, 66–77)

–: Die sozialtheologische Aufgabe der Regimentenlehre (EvTh 17, 1957, 407–416)
Tonkin, John: The Church and the Secular Order in Reformation Thought, 1971
Totten, Mark: Luther on »unio cum Christo«. Towards a Model of Integrating Faith and Ethics (Journal of Religious Ethics 31, 2003, 443–462)
Treu, Martin (Hg.): Martin Luther und das Geld. Aus Luthers Schriften, Briefen und Tischreden, ^{2}2010
Trillhaas, Wolfgang: Die lutherische Lehre von der weltlichen Gewalt und der moderne Staat [1956] (in: Ders.: Perspektiven und Gestalten des neuzeitlichen Christentums, 1975, 48–63)
Troeltsch, Ernst: Luther und die moderne Welt [1909] (in: Ders.: Schriften zur Bedeutung des Protestantismus für die moderne Welt, hg. v. T. Rendtorff, KGA Bd. 8, 2001, 53–58.59–97)
–: Die Bedeutung des Protestantismus für die Entstehung der modernen Welt [1907/1911] (aaO 183–198.199–316)
–: Die Soziallehren der christlichen Kirchen und Gruppen, 1912
Trüdinger, Karl: Luthers Briefe und Gutachten an weltliche Obrigkeiten zur Durchführung der Reformation, 1975
Uhlhorn, Gerhard: Die christliche Liebestätigkeit, drei Bände, 1882–1890 (^{2}1895)
Unruh, Georg-Christoph von: Obrigkeit und Amt bei Luther und das von ihm beeinflußte Staatsverständnis (in: R. Schnur [Hg.]: Staatsräson. Studien zur Geschichte eines politischen Begriffs, 1975, 339–361)
–: Der Beitrag der Lehre Luthers von Obrigkeit und Amt zur Entwicklung des rechtsstaatlichen Gedankenguts (in: E. L. Behrendt [Hg.]: Rechtsstaat und Christentum. Besinnung auf Identitäten. Besinnung auf Differenzen, Bd. 2, 1982, 31–54)
Vercruysse, Joseph: Autorität und Gehorsam in Luthers Erklärungen des vierten Gebots (Gr. 54, 1973, 447–476)
Vogt, Titus: Die Drei-Stände-Lehre bei Martin Luther. Darstellung derselben und Diskussion der biblischen Begründung (in: Th. Schirrmacher [Hg.]: Die vier Schöpfungsordnungen Gottes. Kirche, Staat, Wirtschaft und Familie bei Martin Luther und Dietrich Bonhoeffer, 2001, 39–83)
Voigt-Goy, Christopher: Die gesellschaftlichen Stände, die Schöpfung und der Fall. Zur Ständelehre in Luthers Genesisvorlesung (1535) (in: Th. Wagner u. a. [Hg.]: Kontexte. Biografische und forschungsgeschichtliche Schnittpunkte der alttestamentlichen Wissenschaft, FS H. J. Boecker, 2008, 65–80)
Wald, Berthold: Person und Handlung bei Martin Luther, 1993
Walter, Johannes von: Die Theologie Luthers, 1940
Walter, Tilmann: Unkeuschheit und Werk der Liebe. Diskurse über Sexualität am Beginn der Neuzeit in Deutschland, 1998
Walther, Christian: Hat die Lehre von den zwei Reichen noch einen Sinn? (Lu 49, 1978, 15–24)
Walther, Wilhelm: Die christliche Sittlichkeit nach Luther, 1909
–: Deutschlands Schwert durch Luther geweiht, 1914

WANNENWETSCH, BERND: Luther's Moral Theology (in: D. MCKIM [Hg.]: The Cambridge Companion to Martin Luther, 2003, 120–135)
– »Von feiner, zarter, lustger Oberkeit«: Luthers politisches Verständnis der Familie (in: F. O. SCHARBAU: Wohlfahrt und langes Leben. Luthers Auslegung des 4. Gebots in ihrer aktuellen Bedeutung, 2008, 68–88)
WARD, FRANK GIBSON: Darstellung und Würdigung der Ansichten Luthers vom Staate und seinen wirtschaftlichen Aufgaben, Diss. Universität Halle 1898
WARING, LUTHER HESS: The Political Theories of Martin Luther, 1910
WATSON, PHILIP: Luther und die Heiligung (in: V. VAJTA [Hg.]: Lutherforschung heute, 1958, 75–84)
WEBER, MAX: Die protestantische Ethik und der Geist des Kapitalismus [1904/05] (in: DERS.: Gesammelte Aufsätze zur Religionssoziologie, 1920, 17–206)
WEHNERT, BRUNO: Luther und Kant, 1918
WEIJENBORG, REYNOLD: La charité dans la première théologie de Luther (RHE 45, 1950, 617–669)
WENDEBOURG, DOROTHEA: Der gewesene Mönch Martin Luther – Mönchtum und Reformation (KuD 52, 2006, 303–327)
WENZ, GUNTHER: Theologie der Bekenntnisschriften der evangelisch-lutherischen Kirche. Eine historische und systematische Einführung in das Konkordienbuch, zwei Bände, 1996–1997
–: Die zehn Gebote als Grundlage christlicher Ethik. Zur Auslegung des ersten Hauptstücks in Luthers Katechismen [1992] (in: DERS.: Lutherische Identität. Studien zum Erbe der Wittenberger Reformation, Bd. 1, 2000, 35–75)
WERNLE, PAUL: Der evangelische Glaube nach den Hauptschriften der Reformatoren, Bd. 1: Luther, 1918
WERTELIUS, GUNNAR: Oratio continua. Das Verhältnis zwischen Glaube und Gebet in der Theologie Martin Luthers, 1970
WETTE, WILHELM MARTIN LEBERECHT DE: Christliche Sittenlehre, Teil 2: Allgemeine Geschichte der christlichen Sittenlehre, 2. Hälfte: Geschichte der römisch-katholischen und protestantischen Sittenlehre, 1821
WHITFORD, DAVID: Cura religionis or Two Kingdoms: The Late Luther on Religion and the State in the Lectures on Genesis (ChH 73, 2004, 41–62)
WIEBERING, JOACHIM: Luther in der heutigen theologischen Ethik (in: H. SEIDEL, K.-H. BIERITZ [Hg.]: Das lebendige Wort. Beiträge zur kirchlichen Verkündigung, FS G. Voigt, 1982, 112–126)
WIEGAND, BRUNO: Das Problem einer materialen Ethik bei Luther, Diss. Universität Münster 1937
WIELAND, JOSEF: »Wucher muß sein, aber wehe den Wucherern«. Einige Überlegungen zu Martin Luthers Konzeption des Ökonomischen (ZEE 35, 1991, 268–284)
WINDHORST, CHRISTOF: »Durch ihr Amt Schutz und Frieden haben«. Martin Luther über die soziale Verantwortung der Obrigkeit (in: P. MÄHLING [Hg.]: Orientierung für das Leben.

Kirchliche Bildung und Politik in Spätmittelalter, Reformation und Neuzeit, FS M. Schulze, 2010, 59–80)

Wingren, Gustaf: Luthers Lehre vom Beruf, 1952 [1942]

Wiskemann, Heinrich: Darstellung der in Deutschland zur Zeit der Reformation herrschenden nationalökonomischen Ansichten, 1861

Witte, John: Law and Protestantism. The Legal Teachings of the Lutheran Reformation, 2002

Wolf, Ernst: Zur Sozialethik des Luthertums (in: Kirche, Bekenntnis und Sozialethos. Die sozialethischen Grundhaltung des Urchristentums, der orthodoxen Kirche, des Altkatholizismus, des Luthertums, des Calvinismus und des Anglikanismus, hg. v. der Forschungsabteilung des Oekumenischen Rates für Praktisches Christentum, 1934, 52–79)

–: Das Problem des Gewissens in reformatorischer Sicht [1942] (in: Ders.: Peregrinatio. Studien zur reformatorischen Theologie und zum Kirchenproblem, ²1962, 81–112)

–: Politia Christi. Das Problem der Sozialethik im Luthertum [1948/49] (aaO 214–242)

–: Die Königsherrschaft Christi und der Staat (in: W. Schmauch, E. Wolf: Königsherrschaft Christi. Der Christ im Staat, 1958, 20–61)

–: Die »lutherische Lehre« von den zwei Reichen in der gegenwärtigen Forschung [1958/59] (in: Schrey 142–164)

–: Habere Christum omnia Mosi. Bemerkungen zum Problem »Gesetz und Evangelium« [1959] (in: Ders.: Peregrinatio, Bd. 2: Studien zur reformatorischen Theologie, zum Kirchenrecht und zur Sozialethik, 1965, 22–37)

–: Königsherrschaft Christi und lutherische Zwei-Reiche-Lehre [1963] (aaO 207–229)

Wolf, Gunther: Auswahlbibliographie (1910–1970) (in: Wolf 469–482)

Wolgast, Eike: Die Wittenberger Theologie und die Politik der evangelischen Stände. Studien zu Luthers Gutachten in politischen Fragen, 1977

–: Die Religionsfrage als Problem des Widerstandsrechts im 16. Jahrhundert, 1980

–: Obrigkeit und Widerstand in der Frühzeit der Reformation (in: G. Vogler [Hg.]: Wegscheiden der Reformation. Alternatives Denken vom 16. bis zum 18. Jahrhundert, 1994, 235–258)

–: Die Torgauer Wende von 1530 – zum protestantischen Widerstandsrecht im 16. Jahrhundert (in: M. Brecht, H. Hancke [Hg.]: Torgau. Stadt der Reformation, 1996, 70–86)

Wright, William J.: Martin Luther's Understanding of God's Two Kingdoms. A Response to the Challenges of Skepticism, 2010

Wünsch, Georg: Luthers Beurteilung des Wuchers. Ein Beitrag zur reformatorischen Ethik (ChW 29, 1915, 26–31), Luthers Beurteilung der Zinswirtschaft. Ein Beitrag zur reformatorischen Ethik (ChW 29, 1915, 44–48.66–69.86–91.106–109.127–131)

–: Die Bergpredigt bei Luther. Eine Studie zum Verhältnis von Christentum und Welt, 1920

–: Der Zusammenbruch des Luthertums als Sozialgestaltung, 1921

–: Gotteserfahrung und sittliche Tat bei Luther, 1924

–: Evangelische Wirtschaftsethik, 1927

–: Die Staatsauffassungen von Martin Luther, Richard Rothe und Karl Marx in ihrem systematischen Zusammenhang (in: Rudolf Otto-Festgruß, Heft 4: Zur politischen Ethik, Marburger theologische Studien 4, 1931, 1–28)

–: Luther und die Gegenwart, 1961
WUNDER, HEIDE: »iusticia, Teutonice fromkeyt.« Theologische Rechtfertigung und bürgerliche Rechtschaffenheit. Ein Beitrag zur Sozialgeschichte eines theologischen Konzepts (in: B. MOELLER [Hg.]: Die frühe Reformation in Deutschland als Umbruch, 1998, 307–332)
ZARNCKE, LILLY: Der geistliche Sinn der Ehe bei Luther (ThStKr 106, 1934/35, 20–39)
–: Die naturhafte Eheanschauung des jungen Luther (AKuG 25, 1935, 281–305)
–: Luthers Stellung zu Ehescheidung und Mehrehe (ZSTh 12, 1935, 98–117)
ZEZSCHWITZ, CARL ADOLPH GERHARD VON: System der christlich kirchlichen Katechetik, Bd. 2[I]: Der Katechismus oder der kirchlich-katechetische Unterricht nach seinem Stoffe, [2]1872
ZIMMERMANN, ERNST u. a. (Hg.): Geist aus Luther's Schriften oder Concordanz der Ansichten und Urtheile des großen Reformators über die wichtigsten Gegenstände des Glaubens, der Wissenschaft und des Lebens, vier Bände, 1828–1831
ZIMMERMANN, GUNTER: Die Auseinandersetzung Thomas Hobbes' mit der reformatorischen Zwei-Reiche-Lehre (ZSRG.K 82 [113], 1996, 326–352)
ZSCHOCH, HELLMUT: Religion, Politik und Gewalt im Bauernkrieg (in: M. KLESSMANN, J. MOTTE [Hg.]: Gewalt erkennen – Gewalt überwinden, 2002, 87–110)
- : »Arbeite nicht aus Not, sondern aus Gottes Gebot!« Sinn und Grenze menschlicher Arbeit nach Martin Luther (in: H. KASPARICK [Hg.]: »Wer nit arbeitet, soll auch nit essen ...«? Die neue Frage nach der Arbeit, 2007, 29–46)

Bildnachweis

Abb. 1: Tableaus at Brown Gallery
Knole House, Sevenoaks, Kent
(© Knole Estate)
Abb. 2: Martin Luther
1532 (Regensburg, Historisches Museum,
Bayerische Staatsgemäldesammlungen, Nr. 713a)
(© bpk / 1415-p / Foto: Lutz Braun)
Abb. 3: Philipp Melanchthon
1532 (Regensburg, Historisches Museum,
Bayerische Staatsgemäldesammlungen, Nr. 713b)
(© bpk / 1412-p / Foto: Lutz Braun)
Abb. 4: Johannes Bugenhagen
Lucas Cranach d. Ä.
1537 (Wittenberg, Lutherhalle)
(Format: 36,5×24 cm^2)
(© Evangelisches Predigerseminar Wittenberg)
Abb. 5: Wappen des Professors Dr. Ulrich Schilling von Cannstadt
Wittenberger Matrikelbuch, Yo 1 (fol. 107v)
Lucas Cranach d. Ä. 1531/2
(© Universitäts- und Landesbibliothek Sachsen-Anhalt, Halle [Saale])
Abb. 6: Johannes Bugenhagen
(Hans Holbein d. J., 1538
Original: Chantilly, musée Condé / PE112)
(Format: 37 x 24 cm^2)
(© bpk 59.131 bpk Berlin, Foto: Harry Bréjat)
(wahrscheinlich aber Holbein-Schule, nach 1553)

Lutherbibliographie 2012

Bearbeitet von Michael Beyer

Ständige Mitarbeiter

Professor Dr. Matthieu Arnold, Strasbourg (Frankreich); Professor Dr. Lubomir Batka, Bratislava (Slowakei); Professor em. Dr. Christoph Burger, Amsterdam (Niederlande); Professor Dr. Zoltán Csepregi, Budapest (Ungarn); Professor Dr. Jin-Seop Eom, Kyunggi-do (Südkorea); Pfarrer Dr. Emanuele Fiume, Roma (Italien); Studienrektor Dr. Roger Jensen, Oslo (Norwegen); Professor Dr. Pilgrim Lo, Hong Kong, China; Kaisu Leinonen, Helsinki (Finnland); Professor Dr. Ricardo W. Rieth, São Leopoldo (Brasilien); Professor Dr. Maurice E. Schild, Adelaide (Australien); Librarian Rose Trupiano, Milwaukee, WI (USA); cand. theol. Lars Vangslev, Købenbavn (Dänemark); Professor Dr. Jos E. Vercruysse, Antwerpen (Belgien) und Dr. Martin Wernisch, Praha (Tschechien).

Der Leiterin und den Mitarbeiterinnen der Außenstelle Theologie der Universitätsbibliothek Leipzig und den Mitarbeiterinnen und Mitarbeitern von Die Deutsche Bibliothek – Deutsche Bücherei Leipzig, danke ich für ihre Unterstützung herzlich, besonders auch der Wilhelm-Julius-Bobbert-Stiftung für ihre finanzielle Förderung.

ABKÜRZUNGSVERZEICHNIS

1 Verlage und Verlagsorte

ADVA Akademische Druck- und Verlagsanstalt
AnA Ann Arbor, MI
B Berlin
BL Basel
BP Budapest
BR Bratislava
CV Calwer Verlag
DA Darmstadt
dtv Deutscher Taschenbuch Verlag
EPV Evangelischer Presseverband
EVA Evangelische Verlagsanstalt
EVW Evangelisches Verlagswerk
F Frankfurt, Main
FR Freiburg im Breisgau
GÖ Göttingen
GÜ Gütersloh
GVH Gütersloher Verlagshaus
HD Heidelberg
HH Hamburg
L Leipzig
LO London
LVH Lutherisches Verlagshaus
M München
MEES A Magyarországi Evangélikus Egyház Sajtóosztálya
MP Minneapolis, MN
MRES A Magyarországi Református Egyház Zsinati Irodájának Sajtóosztálya
MS Münster
MZ Mainz
NK Neukirchen-Vluyn
NV Neukirchener Verlag

NY	New York, NY
P	Paris
PB	Paderborn
Phil	Philadelphia, PA
PO	Portland, OR
PR	Praha
PUF	Presses Universitaires de France
PWN	Pánstwowe Wydawníctwo Naukowe
Q&M	Quelle & Meyer
S	Stuttgart
SAV	Slovenská Akadémia Vied
SH	Stockholm
StL	Saint Louis, MO
TÜ	Tübingen
UMI	University Microfilm International
V&R	Vandenhoeck & Ruprecht
W	Wien
WB	Wissenschaftliche Buchgesellschaft
WZ	Warszawa
ZH	Zürich

2 Zeitschriften, Jahrbücher

AEKHN	Amtsblatt der Evang. Kirche in Hessen und Nassau (Darmstadt)
AG	Amt und Gemeinde (Wien)
AGB	Archiv für Geschichte des Buchwesens (Frankfurt, Main)
AKultG	Archiv für Kulturgeschichte (Münster; Köln)
ALW	Archiv für Liturgiewissenschaft (Regensburg)
ARG	Archiv für Reformationsgeschichte (Gütersloh)
ARGBL	ARG: Beiheft Literaturbericht (Gütersloh)
BEDS	Beiträge zur Erforschung der deutschen Sprache (Leipzig)
BGDS	Beiträge zur Geschichte der deutschen Sprache und Literatur (Tübingen)
BlPfKG	Blätter für pfälzische Kirchengeschichte und religiöse Volkskunde (Otterbach)
BlWKG	Blätter für württembergische Kirchengeschichte (Stuttgart)
BPF	Bulletin de la Societé de l'Histoire du Protestantisme Fançais (Paris)
BW	Die Bibel in der Welt (Stuttgart)
CA	CA: Confessio Augustana (Oberursel)
ChH	Church history (Chicago, IL)
CJ	Concordia journal (St. Louis, MO)
CL	Cirkevné listy (Bratislava)
Cath	Catholica (Münster)
CThQ	Concordia theological quarterly (Fort Wayne, IN)
CTM	Currents in theology and mission (Chicago, IL)
DLZ	Deutsche Literaturzeitung (Berlin)
DPfBl	Deutsches Pfarrerblatt (Essen)
DTT	Dansk teologisk tidsskrift (København)
EÉ	Evangélikus Élet (Budapest)
EHSch	Europäische Hochschulschriften: Reihe ...
EN	Evangélikus Naptár az ... èvre (Budapest)
EP	Evanjelickì Posol spod Tatier (Liptovsky Mikuláš)
EThR	Etudes théologiques et religieuses (Montpellier)
EvD	Die Evangelische Diaspora (Leipzig)
EvTh	Evangelische Theologie (München)

GTB	Gütersloher Taschenbücher [Siebenstern]
GuJ	Gutenberg-Jahrbuch (Mainz)
GWU	Geschichte in Wissenschaft und Unterricht (Offenburg)
HCh	Herbergen der Christenheit (Leipzig)
He	Helikon (Budapest)
HThR	The Harvard theological review (Cambridge, MA)
HZ	Historische Zeitschrift (München)
IL	Igreja Luterana (Porto Alegre)
ITK	Irodalomtörténeti Közlemények (Budapest)
JBrKG	Jahrbuch für Berlin-Brandenburgische Kirchengeschichte (Berlin)
JEH	Journal of ecclesiastical history (London)
JHKV	Jahrbuch der Hessischen Kirchengeschichtlichen Vereinigung (Darmstadt)
JLH	Jahrbuch für Liturgik und Hymnologie (Kassel)
JNKG	Jahrbuch der Gesellschaft für Niedersächsische Kirchengeschichte (Blomberg/Lippe)
JGPrÖ	Jahrbuch für Geschichte des Protestantismus in Österreich (Wien)
JWKG	Jahrbuch für Westfälische Kirchengeschichte (Lengerich/Westf.)
KÅ	Kyrkohistorisk Årsskrift (Uppsala)
KD	Kerygma und Dogma (Göttingen)
KR	Křestanská revue (Praha)
LF	Listy filologické (Praha)
LK	Luthersk kirketidende (Oslo)
LP	Lelkipásztor (Budapest)
LQ	Lutheran quarterly N. S. (Milwaukee, WI)
LR	Lutherische Rundschau (Stuttgart)
LThJ	Lutheran theological journal (Adelaide, South Australia)
LThK	Lutherische Theologie und Kirche (Oberursel)
Lu	Luther: Zeitschrift der Luther-Gesellschaft (Göttingen)
LuB	Lutherbibliographie
LuBu	Luther-Bulletin (Kampen)
LuD	Luther digest (St. Louis, MO)
LuJ	Lutherjahrbuch (Göttingen)
MD	Materialdienst des Konfessionskundlichen Institutes (Bensheim)
MEKGR	Monatshefte für evangelische Kirchengeschichte des Rheinlandes (Köln)
MKSz	Magyar Könyvszemle (Budapest)
NAKG	Nederlands archief voor kerkgeschiedenis (Leiden)
NELKB	Nachrichten der Evangelisch-Lutherischen Kirche in Bayern (München)
NTT	Norsk teologisk tidsskrift (Oslo)
NZSTh	Neue Zeitschrift für systematische Theologie und Religionsphilosophie (Berlin)
ODR	Ortodoxia: Revista Patriarhiei Romine (Bucureşti)
ORP	Odrodzenie reformacja w Polsce (Warszawa)
PBl	Pastoralblätter (Stuttgart)
PL	Positions luthériennes (Paris)
Pro	Protestantesimo (Roma)
PTh	Pastoraltheologie (Göttingen)
RE	Református Egyház (Budapest)
RHE	Revue d'histoire ecclésiastique (Louvain)
RHPhR	Revue d'histoire et de philosophie religieuses (Strasbourg))
RL	Reformátusok Lapja (Budapest)
RoJKG	Rottenburger Jahrbuch für Kirchengeschichte (Sigmaringen)
RSz	Református szemle (Kolozsvár, RO)
RuYu	Ru-tu yun-ku (Syngal bei Seoul)
RW	Rondom het woord (Hilversum)
SCJ	The sixteenth century journal (Kirksville, MO)

STK	Svensk theologisk kvartalskrift (Lund)
StZ	Stimmen der Zeit (Freiburg im Breisgau)
TA	Teologinen aikakauskirja / Teologisk tidskrisft (Helsinki)
TE	Teológia (Budapest)
ThLZ	Theologische Literaturzeitung (Leipzig)
ThPh	Theologie und Philosophie (Freiburg im Breisgau)
ThR	Theologische Rundschau (Tübingen)
ThRe	Theologische Revue (Münster)
ThSz	Theológiai szemle (Budapest)
ThZ	Theologische Zeitschrift (Basel)
TTK	Tidsskrift for teologi og kirke (Oslo)
US	Una sancata (München)
Vi	Világosság (Budapest)
VIEG	Veröffentlichungen des Instituts für Europäische Geschichte Mainz
ZBKG	Zeitschrift für bayerische Kirchengeschichte (Nürnberg)
ZEvE	Zeitschrift für evangelische Ethik (Gütersloh)
ZEvKR	Zeitschrift für evangelisches Kirchenrecht (Tübingen)
ZHF	Zeitschrift für historische Forschung (Berlin)
ZKG	Zeitschrift für Kirchengeschichte (Stuttgart)
ZKTh	Zeitschrift für katholische Theologie (Wien)
ZRGG	Zeitschrift für Religions- und Geistesgeschichte (Köln)
ZSRG	Zeitschrift der Savigny-Stiftung für Rechtsgeschichte: Kanonistische Abteilung (Wien; K'ln)
ZThK	Zeitschrift für Theologie und Kirche (Tübingen)
ZW	Zeitwende (Gütersloh)
Zw	Zwingliana (Zürich)
ZZ	Zeitzeichen (Berlin)

3 Umfang der Ausführungen über Luther

L"	Luther wird wiederholt gestreift.
L 2–7	Luther wird auf diesen Seiten ausführlich behandelt.
L 2–7+"	Luther wird auf diesen Seiten ausführlich behandelt und sonst wiederholt gestreift.
L*	Die Arbeit konnte nicht eingesehen werden.

SAMMELSCHRIFTEN

01 800 **Jahre Thomana:** Glauben – Singen – Lernen; Festschrift zum Jubiläum von Thomaskirche, Thomanerchor und Thomasschule, hrsg. von Stefan Altner; Martin Petzoldt in Zusammenarbeit mit der Universität Leipzig, Lehrstuhl für Historische Musikwissenschaft, Helmut Loos, und dem Museum für Musikinstrumente der Universität Leipzig, Eszter Fontana. Wettin-Löbejün: Stekovics, 2012. 492 S.: Ill. & Beilage (1 Audio-CD: »800 Jahre Thomana: Jubiläum 2012 Leipzig«). – Siehe Nr. 3. 158. 308. 518. 574. 590. 599.

02 **Acta historiae litterarum Hungaricarum.** Tomus XXX: **Balázs Mihály köszöntése** (Acta historiae litterarum Hungaricarum. Band 30: Festschrift für Mihály Balázs)/ hrsg. von Zsuzsa Font; Péter Ötvös. Szeged: Szegedi Tudományegyetem Bölcsészettudományi Kar, 2011. 502 S.: Ill. – Siehe Nr. 541. 578. 610.

03 **Auf Luthers Spuren unterwegs:** eine Reise durch Deutschland, die Schweiz und Italien/ hrsg. von Hans-Albert Genthe. GÖ: V&R, 2010. 115, [32] S.: Ill. (Bensheimer Hefte; 110) – Siehe Nr. 112. 155. 165. 172. 348. 386. 465.

04 **Beyssig sein ist nutz und not:** Flugschriften zur Lutherzeit; ein kurzweiliger Begleiter durch den Blätterwald der Sonderausstellung vom 6. August bis zum 31. Oktober 2010 auf der Wartburg/ hrsg. von Jutta

Krauß. Regensburg: Schnell + Steiner/ 2010. 191 S.: Ill., Kt. (Sonderausstellungen der Wartburg-Stiftung in der Luther-Dekade bis 2017; 2) – Siehe Nr. 8. 63. 145. 178. 263. 292. 293. 340. 355. 373. 383. 468. 500. 568.

05 **Das Buch der Deutschen:** alles, was man kennen muss/ hrsg. von Johannes Thiele. Originalausgabe. Bergisch Gladbach: Lübbe, 2004. 831 S. – Siehe Nr. 85. 91f. 98.

06 **Davon ich singen und sagen will:** die Evangelischen und ihre Lieder/ hrsg. von Peter Bubmann; Konrad Klek. L: EVA, 2012. 232 S.: Ill./ Faks. – Siehe Nr. 310. 312. 317. 607.

07 **Eisenach/** hrsg. von Martina Berlich; Günter Schuchardt; Bildredaktion: Anne Seyffert. L: EVA, 2011. 73 S.: Ill., Kt. (Orte der Reformation: Journal; 2) – Siehe Nr. 104. 118. 127. 143. 169. 582. 620.

08 **Erfurt/** hrsg. von Volker Leppin; Steffen Rassloff; Thomas A. Seidel; Redaktion: Steffen Rassloff. L: EVA, 2012. 81 S.: Ill. (Orte der Reformation: Journal; 3) – Siehe Nr. 103. 110. 115. 119. 129. 149. 157. 171. 173f. 294. 418. 522. 695.

09 **Erhalt uns Herr pei deinem Wort:** Glaubensbekenntnisse auf kurfürstlichen Prunkwaffen und Kunstgegenständen der Reformationszeit/ hrsg. von Dirk Syndram; Jutta Charlotte von Bloh; Christoph Münchow für die Staatlichen Kunstsammlungen Dresden, Rüstkammer und Grünes Gewölbe. Dresden: Sandstein, 2011. 147 S.: Ill. – Siehe Nr. 108. 123. 154. 498. 577.

010 **Georg Rörer (1492–1557):** der Chronist der Wittenberger Reformation/ hrsg. von Stefan Michel; Christopher Spehr. L: EVA, 2012. 338 S.: Ill. (Leucorea-Studien zur Geschichte der Reformation und der Lutherischen Orthodoxie; 15) – Siehe Nr. 1. 5. 295. 305. 326f. 361. 376. 389. 396. 426. 449. 572. 583. 587.

011 **Die Geschichte der Daniel-Auslegung in Judentum, Christentum und Islam:** Studien zur Kommentierung des Danielbuches in Literatur und Kunst/ hrsg. von Katharina Bracht und David S. du Toit. B; NY: de Gruyter, 2007. XI, 394 S.: Ill. (Beihefte zur Zeitschrift für die alttestamentliche Wissenschaft; 371) – Siehe Nr. 304. 443. 478. 485. 499.

012 Greule, Albrecht: **Sakralität: Studien zu Sprachkultur und religiöser Sprache**/ hrsg. von Sandra Reimann; Paul Rössler. TÜ: Francke, 2012. XI, 233 S. (Mainzer hymnologische Studien; 25) [Auch als elektronische Ressource]. – Siehe Nr. 287f. 313. 580.

013 **Helmar Junghans (1931–2010) als Kirchenhistoriker:** 2. Leipziger Arbeitsgespräch zur Reformation aus Anlass seines 80. Geburtstages/ hrsg. von Armin Kohnle. L: EVA, 2012. 127 S.: Ill./ Porträt. (HCh: Sonderband; 20) – Siehe Nr. 642. 645–647. 654. 667. 669. 674f. 686. 718.

014 **Hol van a te testvéred?:** tanulmányok a társadalmi nemekről és a testvérszeretetről (Wo ist dein Bruder?: Studien über Genderproblem und Bruderliebe)/ hrsg. von Gábor Viktor Orosz. BP: Luther: EHE Szociáletikai és Ökumenikus Kutatócsoport, 2011. 248 S. (Eszmecsere; 6) – Siehe Nr. 285. 542.

015 **Die kulturelle Eigenart Europas/** hrsg. im Auftrag der Konrad-Adenauer-Stiftung von Günter Buchstab. FR; BL; W: Herder, 2010. 240 S.: Faks. – Siehe Nr. 319. 569.

016 Lemmer, Manfred: **Schritt um Schritt in die Reformation:** Martin Luthers Weg zu einer neuen Kirche/ Redaktion: Irene Roch-Lemmer; mit einem Aufsatz von Oliver Pfefferkorn: **Martin Luthers sprachhistorische Bedeutung.** Sandersdorf: Renneritz, 2010. 176 S.: Ill. – Siehe Nr. 159. 298.

017 **Leonard Stöckel a reformácia v strednej Európe** (Leonard Stöckel und die Reformation in Mitteleuropa)/ hrsg. von Peter Kónya. Prešov: Vydavatel'stvo Prešovskej Univerzity, 2011. 262 S.: Ill. (Acta Collegii Evangelici Prešoviensis; 11) – Siehe Nr. 540. 558.

018 [[Luther, Martin]]: **Luther válogatott művei** (Luthers ausgewählte Werke)/ ausgew., eingel.. und hrsg. von Zoltán Csepregi. Band 5: Bibliafordítás, vigasztalás, imádság (Bibelübersetzung, Tröstung, Gebet)/ übers. von Zoltán Balikó ... BP: Luther, 2011. 736 S. – Siehe Nr. 14. 19–21. 23–27. 44. 46–51. 53f.

019 **Lutherjahrbuch:** Organ der internationalen Lutherforschung. 78. Jahrgang/ im Auftrag der Luther-Gesellschaft hrsg. von Albrecht Beutel. GÖ: V&R, 2011. 401 S.: Ill. – Siehe Nr. 58. 107. 248. 258. 262. 278. 284. 430. 467. 474. 643. 727.

020 **Luthers Bilderbiografie:** die einstigen Reformationszimmer der Wartburg; ein informativer Begleiter durch die Sonderausstellung vom 4. Mai 2012 bis 31. März 2013 auf der Wartburg und vom 27. April bis 29. September 2013 in Luthers Sterbehaus Eisleben,

Wartburg-Stiftung; hrsg. von Jutta Krauß, Redaktion: Jutta Krauß; Grit Jacobs. Regensburg: Schnell & Steiner, 2012. 159 S.: Ill. – Siehe Nr. 116f. 142. 144. 146. 619. 624.

021 **Maria: evangelisch/** hrsg. von Thomas A. Seidel und Ulrich Schacht im Auftrag der Evang. Bruderschaft St. Georgs-Orden zu Erfurt. Mit einem Nachdruck von Martin Luther: **Magnificat, verdeutscht und ausgelegt** (1521). L: EVA; PB: Bonifatius, 2011. 269 S.: Ill. – Siehe Nr. 93. 334. 337. 342.

022 **Nürnberg/** hrsg. von Hartmut Hövelmann; Stefan Ark Nitsche; Redaktion: Burkhard Weitz. L: EVA, 2011. 96 S.: Ill. (Orte der Reformation: Journal; 1) – Siehe Nr. 114. 379. 405. 492. 504. 512. 515.

023 **Der Papst aus Bayern:** protestantische Wahrnehmungen/ hrsg. von Werner Thiede. L: EVA, 2010. 267 S. – Siehe Nr. 359. 648.

024 **Paul-Eber-Bibel:** eine Auswahl/ Vorwort von Hanspeter Kern. Kitzingen: Evang. Stadtkirchengemeinde, 2011. 27 S., [86] Bl. Faks. – Siehe Nr. 587. 604. [Rez. siehe LuB 2012, Nr. 4]

025 **Philipp Melanchthon:** Lehrer Deutschlands, Reformator Europas/ hrsg. von Irene Dingel; Armin Kohnle. L: EVA, 2011. 422 S.: Ill. (Leucorea-Studien zur Geschichte der Reformation und der Lutherischen Orthodoxie; 13) – Siehe Nr. 391f. 397–400. 404. 408–410. 413. 415–417. 427. 429. 451f. 455. 457. 460. 584f. 592. 598.

026 **Der Philosoph Melanchthon/** hrsg. von Günter Frank; Ursula Kocher; Felix Mundt. B; Boston, MA: de Gruyter, 2012. VI, 241 S.: Ill. – Siehe Nr. – Siehe Nr. 401–403. 406. 431. 436. 450. 454. 458.

027 **Die Reformation in Mitteleuropa. Reformacija v strednji Evropi:** Prispevki ob 500-letnici rojstva Primoža Trubarja, 2008/ hrsg. von Vincenc Rajšp; Karl W. Schwarz; Bogusław Dybyaś; Christian Gastgeber. Ljubljana; W: Založba ZRC; Österreichische Akademie der Wissenschaften, 2011. 343 S.: Ill. (Strednjeevropska znanstvena knjižnica = Mitteleuropäische wissenschaftliche Bibliothek; 4) – Siehe Nr. 539. 562.

028 **Reformation, Pietismus, Spiritualität:** Beiträge zur siebenbürgisch-sächsischen Kirchengeschichte/ unter Mitarb. von Bernhard Heigl; Thomas Şindilariu hrsg. von Ulrich A. Wien. Köln; Weimar; W: Böhlau, 2011. VIII, 316 S. (Siebenbürgisches Archiv; 41) – Siehe Nr. 575. 600. 608. 609.

029 **Religion past and present:** encyclopedia of theology and religion (Religion in Geschichte und Gegenwart, 4., adaptierte Auflage <engl.>)/ hrsg. von Hans Dieter Betz … Band 8: **Mai-Nas/** Redaktion: David E. Orton; übers. von Mark E. Biddle … Leiden; Boston: Brill, 2010. CIX, 718 S.: Ill., Kt. (RPP; 8) – Siehe Nr. 209. 244. 247. 259f. 276. 318. 320–323. 333. 335f. 394. 437. 456. 464. 476.

030 **La théologie:** une anthologie/ hrsg. von Bernard Lauret. Bd. 3: **Renaissance et Réformes/** hrsg. von Nicole Lemaître; Marc Lienhard; Beiträge von Matthieu Arnold … P: du Cerf, 2010. 573 S. – Siehe Nr. 16f. 28–42. 45. 52.

031 **Ringen um die Wahrheit:** Gewissenskonflikte in der Christentumsgeschichte/ hrsg. von Mariano Delgado; Volker Leppin; David Neuhold. S: Kohlhammer; Fribourg: Academic, 2011. 415 S. (Studien zur christlichen Religions- und Kulturgeschichte; 15) – Siehe Nr. 168. 586.

032 **Sakrament und Wort im Grund und Gegenstand des Glaubens:** theologische Studien zur römisch-katholischen und evangelisch-lutherischen Lehre/ hrsg. von Eilert Herms; Lubomir Žak. TÜ: Mohr Siebeck; [Città del Vaticano]: Lateran University, 2011. XIV, 293 S. – Siehe Nr. 242f. 246.

033 Scheible, Heinz: **Beiträge zur Kirchengeschichte Südwestdeutschlands.** S: Kohlhammer, 2012. 469 S. (Veröffentlichungen zur badischen Kirchen- und Religionsgeschichte; 2) – Siehe Nr. 175f. 438–442. 444–448. 524–527. 606.

034 **Sister reformations:** the Reformation in Germany and in England; symposium on the occasion of the 450th anniversary of the Elizabethan settlement, September 23rd – 26th, 2009 = **Schwesterreformationen/** hrsg. von Dorothea Wendebourg. TÜ: Mohr Siebeck, 2010. XIII, 355 S. – Siehe Nr. 234. 536. 552–557. 559–561. 588f. 605.

035 **Spurenlese:** Reformationsvergegenwärtigung als Standortbestimmung (1717–1983)/ hrsg. von Klaus Tanner; Jörg Ulrich unter Mitarb. von Wolfgang Flügel. L: EVA, 2012. 293 S. (Leucorea-Studien zur Geschichte der Reformation und der Lutherischen Orthodoxie, 17) – Siehe Nr. 357. 611. 614. 618. 631. 636. 640.

036 **Theologie und Spiel/** hrsg. von der Arbeitsgemeinschaft der Evang. ReligionslehrerInnen an Allgemeinbildenden Höheren Schulen in Österreich; Institut für Religionspädagogik der Evang.-Theol. Fakultät der Universität Wien. Beiträge von Gottfried Adam … W; B; MS: Lit, 2012. 260 S.: Ill., Noten. (Schulfach Religion; 30 [2012] Nr. 1/4) – Siehe Nr. 264. 673.

037 Thomas, Ralf: **Stiftsland Wurzen – Sächsische Kirchenverfassung – Historische Kirchenkunde:** Aufsätze zur sächsischen Kirchengeschichte/ hrsg. von Michael Beyer; Alexander Wieckowski. L: EVA, 2011. 309 S.: Kt., Frontispiz. (HCh: Sonderband; 15) – Siehe Nr. – Siehe Nr. 469. 530–533. 571.

038 **Von der Freiheit jedes (Christen-) Menschen:** »Ihr aber seid zur Freiheit berufen«; sechs Wegmarken/ hrsg. vom Evangelischen Predigerseminar Lutherstadt Wittenberg; Hanna Kasparick. [Wittenberg]: Drei-Kastanien, 2011. 115 S.: Ill. (Wittenberger Sonntagsvorlesungen; 2011) – Siehe Nr. 346. 477. 613. 677.

039 **Wittenberg/** hrsg. von Stephan Dorgerloh; Stefan Rhein; Johannes Schilling; Redaktion: Albert de Lange. L: EVA, 2012. 96 S.: Ill. (Orte der Reformation: Journal; 4) – Siehe Nr. 122. 126. 130. 137. 140f. 152. 183. 207. 393. 433. 435. 507. 639. 655. 687f. 703.

040 Zur Mühlen, Karl-Heinz: **Reformatorische Prägungen:** Studien zur Theologie Martin Luthers und zur Reformationszeit/ hrsg. von Athina Lexutt; Volkmar Ortmann. GÖ: V&R, 2011. 384 S. – Siehe Nr. 220. 230. 249. 257. 269–271. 306. 366–369. 387f. 461–463. 475. 487. 509. 641. 698. 719.

A QUELLEN

1 Quellenkunde

1 Bartmuß, Alexander: **Luthers Tischreden und Melanchthons Dicta:** überlieferungshistorische und editorische Probleme. In: 010, 219–228.

2 Beutel, Albrecht: **Das Sachregister der Weimarana aus der Sicht des Theologen.** Lu 82 (2011), 44–50.

3 Fuchs, Thomas: **Die Bibliothek der Thomaskirche.** In: 01, 346–363: Ill.

4 Huber, Wolfgang: **Anmerkungen zur Kitzinger »Paul-Eber-Bibel« (1562).** ZBKG 80 (2011), 492–500. [Rez. zu LuB 2012, Nr. 024]

5 Ott, Joachim: **Zur Verwahrgeschichte der Rörersammlung in Jena.** In: 010, 229–251: Ill.

6 **Philipp Melanchthon:** Werke des Theologen und Humanisten in Ausgaben des 16. bis 18. Jahrhunderts aus der Stadtbibliothek Worms; Ausstellung der Stadtbibliothek Worms zum Themenjahr Reformation und Bildung (Philipp-Melanchthon-Jahr) der Lutherdekade, 28. 10. – 31. 12. 2010/ Ausstellungskatalog: Busso Diekamp … Worms: Stadtbibliothek, 2010. 89 S.: Ill.

7 Rawert, Peter: **Der anonyme Annotator.** Frankfurter Allgemeine Zeitung [62] (2010) Nr. 25 (30. Januar), 35: Ill., Kunstmarkt.

8 Schwarz, Hilmar: **»In 14 Tagen durch ganz Deutschland gelaufen …« – Der Druck von Luthers 95 Ablassthesen als Start in die Flugschriftenära.** In: 04, 25–42.

9 Schwarz, Hilmar: **Wartburg – Luther – Nürnberg:** die Reformation und ihre Drucke am Beispiel der fränkischen Reichsstadt. In: 04, 166–175.

2 Wissenschaftliche Ausgaben und Übersetzungen der Werke Luthers sowie der biographischen Quellen

10 **Biblia Germanico-Latina.** Teil 3: **Leviticus. Das dritte Buch Mose/** übers. von Martin Luther; hrsg. von Paul Crell. Reprint der Ausgabe Wittenberg, 1574. eBook, Faks. vom Original, PDF-Datei mit Einzelseiten. Potsdam: Karl-Heinz Becker, Verlag in Pots-

dam, c 2012. 190 S. – <http://opus.kobv.de/slbp/volltexte/2012/4585/pdf/Das_dritte_-Buch_Mose.pdf>.

11 **Biblia Germanico-Latina.** Teil 5: **Deuteronomium. Das fünffte Buch Mose/** übers. von Martin Luther; hrsg. von Paul Crell. Reprint der Ausgabe Wittenberg, 1574. Faks. vom Original, PDF-Datei mit Einzelseiten. Potsdam: Karl-Heinz Becker, Verlag in Potsdam, c 2012. 230 S. – <http://opus.-kobv.de/slbp/volltexte/2012/4587/pdf/Deuteronomium_Das_fAnffte_Buch_Mose.pdf>.

12 **Biblia Germanico-Latina.** Teil 8: **Psalterium Davidis. Der Psalter Dauids/** übers. von Martin Luther; hrsg. von Paul Eber; Georg Major; Mitarb.: Paul Crell. … Reprint der Ausgabe Wittenberg, 1565. Gebundene Ausgabe. Potsdam: Karl-Heinz Becker, Verlag in Potsdam, 2010. [224] Bl. Faks.: Ill.

13 **Biblia Germanico-Latina.** Teil 9: **Prophetae omnes**: Isaias. Ieremias. […]. Minores XII.: 1. Oseas. […]. **Alle Propheten:** Jesaia. […]. Die XII. Kleinern: 1. Hosea. […]/ übers. von Martin Luther; hrsg. von Paul Crell. Reprint der Ausgabe Wittenberg, 1574. eBook, Faks. vom Original, PDF-Datei mit Einzelseiten. Potsdam: Karl-Heinz Becker, Verlag in Potsdam, c 2012. 342 S. – <http://opus.kobv.de/slbp/volltexte/2012/4569/pdf/Biblia_Germanico_Latina_Propheta_omnes.pdf>.

14 Luther, Martin: **Miatyánk-magyarázat,** 1519 (*Auslegung deutsch des Vaterunsers für die einfältigen Laien* <ungar.>)/ übers. von Erzsébet Bellák. In: 018, 95–151.

15 [Luther, Martin]: **»Mein Zeugnis und Bekenntnis«:** vor 475 Jahren übersandte Martin Luther Kurfürst Johann Friedrich die »Schmalkaldischen Artikel« (*Briefe*, WA Br 3124 <neuhochdt.>)/ bearb. von Hartmut Hövelmann. Lu 83 (2012), 72–79.

16 [Luther, Martin]: **La controverse entre Érasme et Luther au sujet de la liberté de l'homme/** bearb. von Marc Lienhard. In: 030, 160–167.

17 [Luther, Martin]: **La controverse entre Zwingli et Luther au sujet de la cène/** bearb. von Marc Lienhard. In: 030, 311–316.

18 [Luther, Martin; Münster, Sebastian]: **Martin Luthers Dekalogpredigten in der Übersetzung von Sebastian Münster** (*Decem praecepta Wittenbergensi praedicata populo* <frühneuhochdt>)/ hrsg. von Michael Basse. Köln; Weimar; W: Böhlau, 2011. XXVI, 192 S., Faks. auf 4 Taf. (Archiv zur Weimarer Ausgabe der Werke Martin Luthers; 10)

19 Luther, Martin: **Német teológia,** 1518 (*Ein deutsch Theologia …* [Vorrede] <ungar.>)/ übers. von Zoltán Csepregi. In: 018, 89–94.

20 Luther, Martin: **Előszók az Ószövetséghez,** 1523–1545 (*Deutsche Bibel*: Vorreden zum Alten Testament <ungar.>)/ übers. von Szilvia Szita; Péter Lőkös; Zoltán Csepregi. In: 018, 347–459.

21 Luther, Martin: **Előszók az Újszövetséghez,** 1522–1530 (*Deutsche Bibel*: Vorreden zum Neuen Testament <ungar.>)/ übers. von Szilvia Szita; Zoltán Csepregi. In: 018, 275–327.

22 Luther, Martin: **Jak se modlit:** rada pro dobrého přítele. Modlitby (*Eine einfältige Weise zu beten, für einen guten Freund* <tschech.>. *Gebete* <tschech.>)/ übers. und hrsg. von Ondřej Macek. Středokluky: Susa, 2009. 191 S.

23 Luther, Martin: **Így imádkozzál!,** 1535 (*Eine einfältige Weise zu beten für einen guten Freund* <ungar.>)/ übers. von Zoltán Balikó. In: 018, 653–675.

24 Luther, Martin: **Német előszó,** 1539 (*Der Erste Teil der Bücher D. M. Luthers … Vorrede* <ungar.>)/ übers. von Zoltán Csepregi. In: 018, 13–22.

25 Luther, Martin: **Ezópusi fabulák,** 1530 (*Etliche Fabeln aus Aesop* <ungar.>)/ übers. von Szilárd Vakarcs. In: 018, 605–620.

26 Luther, Martin: **Mi az evangélium?** 1522 (*Ein kleiner Unterricht, was man in den Evangelien suchen und erwarten soll* <ungar.>)/ übers. von Zoltán Csepregi. In: 018, 263–274.

27 Luther, Martin: **Tízparancsolat-Hitvallás-Miatyánk,** 1520 (*Eine kurze Form der 10 Gebote … Eine kurze Form des Glaubens. Eine kurze Form des Vaterunsers* [Vorrede] <ungar.>)/ übers. von Zoltán Csepregi. In: 018, 153–158.

28 [Luther, Martin]: **Luther: un aspect capital, mais trop méconnu de son message: les œuvres d'amour, conséquence d'une foi authentique/** bearb. von Matthieu Arnold. In: 030, 235–239.

29 [Luther, Martin]: **Luther: l'autorité temporelle et le droit/** bearb. von Marc Lienhard. In: 030, 438–441.

30 [Luther, Martin]: **Luther: une communauté peut juger de toutes les doctrines**/ bearb. von Marc Lienhard. In: 030, 100–102.

31 [Luther, Martin]: **Luther: la confession de foi personnelle**/ bearb. von Marc Lienhard. In: 030, 363f.

32 [Luther, Martin]: **Luther: les deux règnes**/ bearb. von Matthieu Arnold. In: 030, 421–433.

33 [Luther, Martin]: **Luther: la distinction entre la loi et l'Évangile**/ bearb. von Marc Lienhard. In: 030, 187f.

34 [Luther, Martin]: **Luther: le droit, la guerre et la paix**/ bearb. von Matthieu Arnold. In: 030, 445–460.

35 [Luther, Martin]: **Luther: l'essentiel, c'est la Parole de Dieu**/ bearb. von Marc Lienhard. In: 030, 294–296.

36 [Luther, Martin]: **Luther: expliquer la foi aux enfants et aux adultes; le »Petit Catéchisme«**/ bearb. von Marc Lienhard. In: 030, 388–392.

37 [Luther, Martin]: **Luther: la foi personnelle**/ bearb. von Marc Lienhard. In: 030, 99.

38 [Luther, Martin]: **Luther lecteur de l'épître aux Romains**/ bearb. von Marc Lienhard. In: 030, 209–213.

39 [Luther, Martin]: **Luther: il n'y a que deux sacrements**/ bearb. von Marc Lienhard. In: 030, 296–298.

40 [Luther, Martin]: **Luther: la présence de Dieu au monde**/ bearb. von Marc Lienhard. In: 030, 151–153.

41 [Luther, Martin]: **Luther: seul l'Évangile libère la conscience**/ bearb. von Marc Lienhard. In: 030, 195–198.

42 [Luther, Martin]: **Luther: thèses sur la justification par la foi**/ bearb. von Marc Lienhard. In: 030, 215f.

43 [Luther, Martin]: **Luthers Werke im WWW:** Weimarer Ausgabe. Internetressource. AnA, MI: Proquest-CSA, 2012. – https://www.proquest.com/trials/requestTrialInput.

44 Luther, Martin: **Magnificat,** 1521 (*Das Magnificat verdeutscht und ausgelegt* <ungar.>)/ übers. von Sándor Percze; János Takács. In: 018, 203–262.

45 [Luther, Martin]: **Martin Luther, héraut du salut gratuit**/ bearb. von Matthieu Arnold. In: 030, 122–131.

46 Luther, Martin: **Elmenekülhetünk-e a halál elől?** 1527 (*Ob man vor dem Sterben fliehen möge* <ungar.>)/ übers. von Áron Kovács. In: 018, 531–551.

47 Luther, Martin: **Confitemini,** 1530 (*Das schöne Confitemini, an der Zahl der 118. Psalm* <ungar.>)/ übers. von Attila Pethő. In: 018, 553–603.

48 Luther, Martin: **Nyílt levél a fordításról,** 1530 (*Ein Sendbrief …: vom Dolmetschen und Fürbitte der Heiligen* <ungar.>)/ übers. von Olympia Gesztes; Szilvia Szita. In: 018, 621–640.

49 Luther, Martin: **A hét bűnbánati zsoltár,** 1517 (*Die sieben Bußpsalmen mit deutscher Auslegung* <ungar.>)/ übers. von Tibor Schulek; Ödön Weltler. In: 018, 23–88.

50 Luther, Martin: **A fordítás okai,** 1531 (*Summarien über die Psalmen und Ursachen des Dolmetschens* <ungar.>)/ übers. von Zoltán Csepregi. In: 018, 641–651.

51 Luther, Martin: **Tizennégy vigasztaló kép,** 1520 (*Tessaradecas consolatoria pro laborantibus et oneratis* <ungar.>)/ übers. von Jenő Virág. In: 018, 159–202.

52 [Luther, Martin]: Tous prêtres: le sacerdoce universel des croyants selon Luther/ bearb. von Marc Lienhard. In: 030, 333–335.

53 Luther, Martin: **A keresztények és Mózes,** 1525 (*Eine Unterrichtung, wie sich die Christen in Mose sollen schicken* <ungar.>)/ übers. von Zoltán Csepregi. In: 018, 329–345.

54 Luther, Martin: **Négy vigasztaló zsoltár,** 1526 (*Vier tröstliche Psalmen an die Königin zu Ungarn* <ungar.>)/ übers. von Enikő Böröcz. In: 018, 461–529.

55 Luther, Martin: **Von der Freiheit eines Christenmenschen**/ hrsg. von Gesche Linde. Studienausgabe. S: Reclam, 2011. 95 S. (Reclams Universal-Bibliothek; 18837)

56 [Luther, Martin]: **Luthers Vorlesung über den Römerbrief,** 1515/1516 (**Vorlesung über den Römerbrief** <lat.>)/ hrsg. von Johannes Ficker. Nachdruck der Ausgabe Leipzig, 1908. [Teil 1]: **Die Glosse:** mit einer Lichtdrucktafel. [Charleston, SC: Nabu, 2010]. CIV, 161 S., 1 Faks. (unvollständig). (Anfänge reformatorischer Bibelauslegung; 1)

57 [Melanchthon, Philipp] Melantone, Filippo: **La Confessione Augustana:** (1530) (Confessio Augustana <italien.>)/ eingel., übers. und kommentiert von Paolo Ricca; Nachwort: Holger Milkau. Lateinisch/Italienisch. Anhang: Martin Lutero: **Confessione**

die fede (1528). I 17 Articoli die Schwabach (1529). Augustana variata, Art. 10 (1540). Torino: Claudiana, 2011. 326 S.: Faks. (Melantone: Opere scelte; 2)

58 **Eine Aufzeichnung über Luthers Unterredung mit Martin Bucer und Bonifatius Wolfart 1537 in Gotha (Tischreden; WA TR 3 Nr. 3543B)/** hrsg. und eingel. von Henning Reinhard. LuJ 78 (2011), 315–321.

59 Springer, Carl P. E.: **Luther's Aesop.** Kirksville/ Missouri: Truman State University/ 2011. XIV/ 248 S. (Early modern studies; 8)

3 Volkstümliche Ausgaben und Übersetzungen der Werke Luthers sowie der biographischen Quellen

a) Auswahl aus dem Gesamtwerk

60 **Die Bibel:** die Heilige Schrift und die 95 Thesen. (*Deutsche Bibel* <neuhochdt.>. *Disputatio pro declaratione virtutis indulgentiarum* <neuhochdt.>)/ Martin Luther. Dinslaken: Athene Media, 2012. 938 S.

61 **The Christian theology reader/** hrsg. von Alister E. McGrath. 4. Aufl. Malden, MA: Wiley-Blackwell, 2011. XXXVI, 608 S.: Ill.

62 **Gesangbuch der Evangelisch-Lutherischen Kirche in Italien = Innario della chiesa evangelica luterana in Italia/** hrsg. von der Evang.-Luth. Kirche in Italien. Hannover: Luth. Verlagshaus, 2010. 730 S.: Noten. – Rez.: Kampen, Dieter: EvD 81 (2012), 136f.

63 Krauß, Jutta: **Luthers Polemik in Zitaten.** In: 04, 102–107.

64 Luther, Martin: **An den christlichen Adel deutscher Nation. Von der Freiheit eines Christenmenschen. Sendbrief vom Dolmetschen/** hrsg. von Ernst Kähler. Nachdruck/ mit einem Nachwort von Johannes Schilling. S: Reclam, 2012. 173 S. (Reclams Universal-Bibliothek; 18947)

65 Luther, Martin: **Laki ja evankeliumi:** ensimmäinen ja toinen väittely antinomilaisia vastaan 1537 ja 1538 (*Die erste und zweite Disputation gegen die Antinomer* <finn.>)/ aus dem Latein. übers. von Erkki Koskenniemi; hrsg. und mit einem Beitrag von Simo Kiviranta: **Johann Agricola ja reformaation sisäinen kriisi** (Johann Agricola und die innere Krise der Reformation. Helsinki: Aurinko, 2011. 149 S. (Arkki-kirja)

66 [Luther, Martin]: **Luteryen İman İkrarları Işığında Temel Hristiyan İnancı** (*Der Kleine Katechismus .... Confessio Augustana* <türk.>)/ übers. von Ari Salminen; Nur Nirven; Murat İnhanlı; hrsg. von Risto Soramies; Kari Vitikainen. Topkapı, İstanbul: Gerçeğe Doğru Kitapları, 2010. 153 S. – Internetressource: www.elrim.org/publications/Luteryenimanikrarlari.pdf

67 [Luther, Martin]: **Luther mal ganz anders/** hrsg. von Manfred Wolf. L: EVA, 2009. 324 S.

68 [Luther, Martin]: **Jer, örvendjünk keresztyének!:** Luther írásaiból mindennapi áhítatra (Nun freut euch lieben Christen gmein: Luthers Wort in täglichen Andachten <ungar.>)/ zsgest. von Carl [Karl] Witte; übers. von József Szabó; eingel. von Imre Veöreös. Neuausgabe der Ausgabe Gyor, 1938. 4. Aufl. BP: Luther: Magyarországi Luther Szövetség, 2011. 448 S. (Magyar Luther könyvek; 12 [!])

69 [Luther, Martin]: **Schlag nach bei Luther:** Texte für den Alltag/ hrsg. von Margot Käßmann. 1. Aufl. Frankfurt, Main: Hansisches Druck- und Verlagshaus, 2012. 176 S. (edition chrismon)

70 [Luther, Martin] Luther, Márton: **Bűnbánat, keresztség, úrvacsora:** Három sermo a szentségekről, 1519 (*Ein Sermon vom Sakrament der Buße. Ein Sermon von dem heiligen hochwürdigen Sakrament der Taufe. Ein Sermon von dem hochwürdigen Sakrament des heiligen wahren Leichnams Christi* <ungar.>)/ übers. von Aladár Gáncs; Éva Mária Kozma; Andor Muntag. 2. Aufl. BP: Luther: Magyarországi Luther Szövetség, 2011. 53 S. (Magyar Luther füzetek; 4)

71 [Luther, Martin]: **Dem Volk aufs Maul geschaut:** Sprichwörter Luthers/ hrsg. von Manfred Wolf. L: EVA, 2012. 102 S.

72 Luther, Martin: **Om et kristenmenneskes frihed – åbent brev til pave Leo X** (Von der Freiheit eines Christenmenschen – Ein Sendbrief an den Papst Leo X.)/ hrsg. von Carl Frederik Wiwe. 1. Aufl. Åarhus: Systime, 2011. 65 S.: Ill. (Religionshistoriske hovedværker)

73 Luther, Martin: **Výbor z díla** (Werkauswahl <tschech.>). Band 2: **Je jeden veliký kopec ...**

(Es ist ein großer Berg …)/ hrsg. und übers. von Hana Volná; Ondřej Macek. PR: Lutherova Společnost, 2010. 179 S.

74 [Luther, Martin]: **Der Welt abgelauscht:** Lebensweisheiten Luthers/ hrsg. von Manfred Wolf. L: EVA, 2012. 143 S.

b) Einzelschriften und Teile von ihnen

75 **Die Bibel:** nach der Übersetzung Martin Luthers; mit Bildern von Michelangelo/ hrsg. von der Evangelischen Kirche in Deutschland. Bibeltext in der revidierten Fassung von 1984; durchges. Auflage in neuer Rechtschreibung. S: Deutsche Bibelgesellschaft, 2009. 14, 910, 381 S.: Ill., Kt.

76 **Die Bibel:** mit Bildern aus der Kunst. Bibeltext in der revidierten Fassung von 1984/ nach der Übers. Martin Luthers. Durchges. Ausgabe in neuer Rechtschreibung 1999. S: Deutsche Bibelgesellschaft, 2010. 1298, 413, 72 S., [24] Bl.: Ill.

77 **Die Kindle Luther Bibel:** das Alte und Neue Testament; nach der Übersetzung Martin Luthers. Ebook E-Bibel. Sonderausgabe. sine loco: [Amazon; Kindle shop]; Christliche Bibelgesellschaft/ 2011. Unpaginiert: Ill. -<http://www.amazon.de/LUTHER-BIBEL-Christliche-Bibelgesellschaft-Sonderausgabe-ebook/dp/B004YWQGSU/ref=pd_sim_kinc_1#reader_B004YWQGSU>.

78 **Die Luther Bibel:** das Alte und Neue Testament; nach der Übers. Martin Luthers. Ebook E-Bibel. Sonderausgabe. sine loco: [Amazon; Kindle shop]/ 2011. Unpaginiert: Ill. (Kindle edition) – <http://www.amazon.de/kindle/dp/B0052TIC5O/rdr_kindle_ext_eos_detail#reader_B0052TIC5O>

79 **Die Bibel:** [das Alte und Neue Testament; nach der Übersetzung Martin Luthers]. eBibel – Für Kindle & ePub optimierte Ausgabe. sine loco: [Amazon; Kindle shop]/ 2011. Unpaginiert: Ill. (Kindle edition) – http://www.amazon.de/kindle/dp/B0052TIC5O/rdr_kindle_ext_eos_detail#-reader_B0052TIC5O

80 **Die Bibel oder die ganze Heilige Schrift des Alten und Neuen Testaments:** nach der deutschen Übersetzung D. Martin Luthers/ mit 223 Holzschnitten von Julius Schnorr von Carolsfeld. Sonderausgabe. Köln: Komet, [2012]. 911, 328 S.: Ill.

81 **Die Bibel nach Luther – Altes und Neues Testament – Speziell für E-Book-Reader/** hrsg. von Jürgen Schulze. Elektronische Ressource. Neuss: Null Papier, 2012.

82 **Die Bibel nach Martin Luther.** Taschenausgabe; Jubiläumsausgabe zum 200jährigen Bestehen der Deutschen Bibelgesellschaft (ohne Apokryphen). S: Deutsche Bibelgesellschaft, 2012. 1312 S.: Kt.

83 [Luther, Martin] Luther, Martti: **Isä meidän -rukouksen selitys** (*Auslegung deutsch des Vaterunsers für die einfältigen Laien* <finn.>)/ übers. von Tuomo Mannermaa; hrsg. von Simo Kiviranta. Helsinki: Aurinko, 2011. 112 S. (Arkki-kirja)

84 [Luther, Martin]: **Den Menschen nahe:** Briefe an Freunde und an die Familie (*Briefe* <neuhochdt.>)/ hrsg. von Albrecht Beutel. L: EVA, 2011. 171 S.

85 Luther, Martin: **Thesen gegen den Ablass** (*Disputatio pro declaratione virtutis indulgentiarum* <dt.>). In: 05, 94–102.

86 Luther, Martin: **Nasıl Dua Edeyim?** (*Eine einfältige Weise zu beten, für einen guten Freund* <türk.>)/ übers. von Nur Nirven; hrsg. von Risto Soramies; Kari Vitikainen. Topkapı, İstanbul: Gerçeğe Doğru Kitapları, 2011. 52 S. – Internetressource: <http://www.luteryenkilisesi.org/vaazlar/temelkitaplar/Luteryen_Kilisesi_Nasil_Dua_Edeyim_son.pdf>.

87 [Luther, Martin]: **»Evangelische« Theologie – aufbauend und streitbar:** Luthers Vorrede zur lateinischen Adventspostille von 1521 (*Enarrationes epistolarum et evangeliorum/ quas postillas vocant, 1521* [lat. Adventspostille] <dt.>)/ bearb. von Hellmut Zschoch. Lu 82 (2011), 82–87.

88 Luther, Martin: **Fabeln/** Auswahl: Johannes Hartlapp; mit Bildern von Andreas Weißgerber und einem Essay von Christoph Dieckmann. 1. Aufl. Spröda: Edition Akanthus/ 2010. 31 S.: Ill.

89 Luther, Martin: **Fabeln/** Auswahl: Johannes Hartlapp; mit Bildern von Andreas Weißgerber und einem Essay von Christoph Dieckmann. 2. Aufl. Spröda: Edition Akanthus/ 2011. 31 S.: Ill.

90 [Luther, Martin; Melanchthon, Philipp]: **Lutherin satuja** (Fabeln und Gleichnisse Luthers und Melanchthons [Auswahl] <finn.>)/ übers. von Einari Kaskimies; Ill. von Osmo Omenamäki. Neuausgabe von »Lutherin ja Melanchtonin satuja ja ver-

tauksia«, 1958. Helsinki: Aurinko, 2011. 56 S.

91 Luther, Martin: **Aus tiefer Not schrei' ich zu dir** (*Geistliche Lieder:* Aus tiefer Not …). In: 05, 104f.

92 Luther, Martin: **Ein feste Burg ist unser Gott** (*Geistliche Lieder:* Ein feste Burg …). In: 05, 105f.

93 Luther, Martin: **Das Magnificat/ verdeutscht und ausgelegt** (Das Magnificat/ verdeutscht und ausgelegt <neuhochdt.>)/ Einleitung: Thomas A. Seidel. In: 021, 185–245: Ill.

94 Luther, Martin: **Marian ylistyslaulu** (*Das Magnificat verdeutscht und ausgelegt* <finn.>)/ eingel., erklärt und übers. von Anja Ghiselli. Helsinki: Aurinko, 2011. 136 S. (Arkki-kirja)

95 [Luther, Martin]: **Eine Freudenpredigt über Gottes Inkarnation:** Martin Luthers Predigt am ersten Weihnachtsfeiertag 1529 über Lk 2/ 1–11 (*Predigten* <neuhochdt.>, Nr. 1084)/ bearb. von Anne Käfer. Lu 82 (2011), 142–149.

96 Luther, Martin: **Sorget nicht!:** Luthers Auslegung von Mt 6/25a. 28–30 – in seinem Garten vorgetragen (*Predigten* <neuhochdt.>)/ von Reinhard Brandt. Lu 82 (2011), 2–4.

97 [Luther, Martin] Luther, Martti: **Kirkolliskokouksesta ja kirkosta** (*Von den Konziliis und Kirchen* <finn.>)/ übers. von Yrjö Loimaranta. Helsinki: Aurinko, 2011. 251 S. (Arkki-kirja)

98 Luther, Martin: **Von der Freiheit eines Christenmenschen** (*Von der Freiheit eines Christenmenschen* [Auszug]). In: 05, 102–104.

99 Luther, Martin: **Kristityn vapaudesta** (*Von der Freiheit eines Christenmenschen* <finn.>)/ übers. von Tuomo Mannermaa. Mit einem Beitrag von Simo Kiviranta: **Martti Luther ja kirkkoreformi** (Martin Luther und die Kirchenreform). Helsinki: Aurinko, 2011. 48 S. (Arkki-kirja)

100 [Luther, Martin] Luther, Martti: **Korkean veisun selitys** (*Vorlesung über das Hohelied* <finn.>)/ übers. von Timo Salmela. Leiväsjoki: Concordia, 2011. 120 S.

101 **Suomen evankelis-luterilaisen kirkon katekismus** (Der Katechismus der evangelisch-lutherischen Kirche Finnlands [Luther: Der Kleine Katechismus. Kurze Erläuterung der christlichen Lehre]). [Helsinki]: Kirjapaja, 2011. 106 S.

4 Ausstellungen, Bilder, Bildbiographien, Denkmäler, Lutherstätten

102 Ahuis, Ferdinand: **Das Porträt eines Reformators:** der Leipziger Theologe Christoph Ering und das vermeintliche Bugenhagenbild Lucas Cranachs d. Ä. aus dem Jahre 1532. Bern; Berlin; Bruxelles; Frankfurt, M.; New York, NY; Oxford; W: Lang, 2011. 181 S.: Ill. (Vestigia bibliae: Jahrbuch des Deutschen Bibel-Archivs Hamburg; 31)

103 Bausewein, Andreas: **Willkommen in der Lutherstadt Erfurt.** In: 08, 10f.

104 Berlich, Martina: **Auf den Spuren der Reformation:** ein Rundgang durch knapp 900 Jahre Stadtgeschichte [Eisenach]. In: 07, 14–20: Ill.

105 Berth, Doris: **Unerschrocken die Wahrheit sagen:** (auf Martin Luthers Spuren); seine allerbesten Sprüche; Deutsch/English. Kassel: Herkules, 2006. 62 S.: Ill.

106 Berth, Doris: **Unerschrocken die Wahrheit sagen:** (auf Martin Luthers Spuren); seine allerbesten Sprüche; Deutsch/English. 2. Aufl. Kassel: Herkules, 2009. 62 S.: Ill.

107 Birkenmeier, Jochen: **Luthers Totenmaske?:** zum musealen Umgang mit einem zweifelhaften Exponat. LuJ 78 (2011), 187–203.

108 Bloh, Jutta Charlotte von: **Glaubensbekenntnisse auf kurfürstlichen Prunkwaffen der Reformationszeit in der Dresdener Rüstkammer.** In: 09, 16–20: Ill.

109 **Borna – wo Kirche bewegt wurde/** mit einem Auszug aus der Predigt von Superintendent Matthias Weismann zur Enthüllung des Lutherdenkmales am 16. 10. 2011 in Borna. Leipziger Seenland Journal (2011) Heft 4, 10f: Ill. (Leipziger Seenland Journal; [8])

110 Eidam, Hardy: **An der Schwelle zur Reformation.** In: 08, 30f: Ill.

111 Ellrich, Hartmut: **Luther:** eine Spurensuche

in Thüringen. Erfurt: Sutton, 2009. 142 S.: Ill., Kt. – Rez.: Dembek, Arne: Lu 82 (2011), 208–210.

112 Genthe, Hans Jochen: **Auf Luthers Spuren unterwegs.** In: 03, 7–73.

113 Heymel, Michael: **Theologie in Musik gefasst:** im Bachhaus in Eisenach kreuzen sich die Wege von Martin Luther und Johann Sebastian Bach. ZZ 13 (2012) Heft 4, 50f: Ill.

114 Hingler, Ingrid: **Auf den Spuren der Reformation:** Was hat der Christkindlesmarkt mit Martin Luther zu tun? In: 022, 14–23: Ill.

115 Huber-Rebenich, Gerlinde: **Briefe gegen die »Dunkelmänner«.** In: 08, 50–53: Ill.

116 Jacobs, Grit: **»Geistiger Glanzpunkt und höchste Leistung« – die Entstehung der Reformationszimmer.** In: 020, 23–40: Ill.

117 Jacobs, Grit: **Schlaglichter auf Luthers Leben – der Bilderzyklus in den ehemaligen Reformationszimmern der Wartburg und seine Schöpfer.** In: 020, 67–143: Ill.

118 Jäger, Hagen: **Schülerjahre, Bauernkrieg und Kirchenregiment:** Was Eisenach mit der Reformation verbindet, und wie sich der neue Glaube in der Stadt etablierte. In: 07, 42–46: Ill.

119 Junkermann, Ilse: **Ein neues Haus für die Kirche.** In: 08, 72f: Ill.

120 Kammer, Otto; Reuter, Fritz; Oelschläger, Ulrich: **Auf den Spuren Luthers und der Reformation in Worms/** hrsg. vom Evang. Dekanat Worms-Wonnegau und der Stadt Worms. 5., durchges. und erw. Aufl. Worms: Worms-Verlag, 2012. 48 S.: Ill., Kt.

121 Kammer, Otto; Reuter, Fritz; Oelschläger, Ulrich: **In the footsteps of Luther and the Reformation in Worms** (Auf den Spuren Luthers und der Reformation in Worms – engl.)/ hrsg. vom Evang. Dekanat Worms-Wonnegau und der Stadt Worms. 5., durchges. und erw. Aufl. Worms: Worms-Verlag, 2012. 45 S.: Ill., Kt.

122 Kasparick, Siegfried T.: **... mehr als Kanzel, Gräber und Thesentür:** Schloss- und Stadtkirche laden ein und weisen über sich hinaus. In: 039, 66–70: Ill.

123 **Katalog** [Erhalt und Herr pei deinem Wort]/ Texte von Gerhard Walter; Peter Meis; Armin Kohnle .... In: 09, 23–133: Ill.

124 Ketzer, Hans-Jürgen; Höhn, Andreas: **Leipzig südwärts:** auf Spurensuche zwischen Makkleeberg und Borna. Beucha: Sax, 1999. 176 S.: Ill., Kt. L 86f. 115. 155f. (Sax-Führer)

125 **Kirchen in und um Leipzig:** Geschichte, Architektur, lebendige Gemeinde in Wort und Bild/ hrsg. vom Amt für Gemeindedienst beim Ev.-Luth. Kirchenbezirk Leipzig, Öffentlichkeitsarbeit, Kerstin Krumbholz; Vorwort: Martin Henker. Leipzig: KSB, 2011. 84 S.: Ill., Kt. L".

126 Köhler, Katja: **Weltgeschichte erleben:** auf den Spuren der Reformation; die historische Kulturmeile von Wittenberg. In: 039, 17–27: Ill., Kt..

127 Köhler, Stephan: **Pfaffennest war einmal:** ein Rundgang durch die Kirchen der Innenstadt. In: 07, 56–63: Ill.

128 **Kultur am Lutherweg in Sachsen-Anhalt/** hrsg. von TorismusRegion Anhalt-Dessau-Wittenberg e. V.; Texte: Johannes Schönherr. 1. Aufl. Wittenberg: TourismusRegion Anhalt-Dessau-Wittenberg, 2012. 35 S.: Ill. Kt.

129 Ludscheidt, Michael: **Auf der Suche nach dem »gnädigen Gott«.** In: 08, 27–29: Ill.

130 Lück, Heiner: **Wittenberg ans Licht gebracht:** die Stadt in ernestinischer Zeit (1486–1547). In: 039, 56f: Ill.

131 **Luther Nachrichten** [Eisleben, Sterbehaus]. Lu 82 (2011), 62.

132 **Lutherweg in Sachsen/** hrsg. vom Tourismusverband »Sächsisches Burgen- und Heideland«. Limbach-Oberfrohna: Limbacher Druck, [2012]. 1 Faltbl.: Ill., Kt.

133 **Der Lutherweg in Sachsen:** das L[eipziger]S[eenland]J[ournal] im Gespräch mit Dr. Heiko Franke. Leipziger Seenland Journal (2011) Heft 4, 2f: Ill. (Leipziger Seenland Journal; [8])

134 Meinel, Silvia: **Torgau und die Reformation und Renaissance.** Leipziger Seenland Journal (2011) Heft 4, 4f. Ill. (Leipziger Seenland Journal; [8])

135 Merz, Matthias: **Zwickau – die zweite Reformationsstadt der Welt.** Leipziger Seenland Journal (2011) Heft 4, 7: Ill. (Leipziger Seenland Journal; [8])

136 Mühlmann, Sieghard: **Historisches – Aus dem Schaffen von M[ax] Alf[red] Brumme.** Mitteilungsblatt des Fördervereins Versöhnungskirche Leipzig-Gohlis 2 (2010) Nr. 1, 16: Ill.

137 Rhein, Stefan: **Lutherhaus:** das größte reformationsgeschichtliche Museum der Welt. In: 039, 72f: Ill.

138 Ricker, Julia: **Kühlung für das brennende Herz:** Beichtstühle in protestantischen Kirchen. Monumente: Magazin für Denkmalkultur in Deutschland 22 (2012) Nr. 2, 44–48: Ill.

139 **Routes to Luther:** Lutheran sites in Eisenach, Erfurt, Schmalkalden, Eisleben, Wittenberg, Torgau/ von Wege zu Luther e. V. s. l.: Wege zu Luther e. V., 2012. 51 S.: Ill., 6 Stadtpläne.

140 Schilling, Johannes: **Buchdruck in Wittenberg:** Copyright gab es nicht! In: 039, 52f: Ill.

141 Schilling, Johannes: **Wittenberg in der Reformationszeit:** Residenz- und Universitätsstadt. In: 039, 35–42: Ill.

142 Schuchardt, Günter: **»Luther nur am Rande …« – das Ende der Reformationszimmer.** In: 020, 60–66: Ill.

143 Schuchardt, Günter: **Der schönste Palas nördlich der Alpen:** ein Rundgang durch das Hauptgebäude der Wartburg. In: 07, 22–27: Ill.

144 Schwarz, Hilmar: **»Durch finstre, winklichte Plätze zu Luthers Wohnzimmer« – das Vogteigebäude vor 1860.** In: 020, 8–15: Ill.

145 Schwarz, Hilmar: **»Neuerdings mit dem Sinnbilde des heiligen Geistes« – Die frühen Lutherbildnisse in den Druckschriften der 1520er Jahre.** In: 04, 43–55.

146 Schwarz, Hilmar: **Studierstübchen und Lutherbibliothek – die obere Vogteistube als Teil des Denkmals der Reformation.** In: 020, 16–22: Ill.

147 Slenczka, Ruth: **Bemalte Bronze hinter Glas? – Luthers Grabplatte in Jena 1571 als »protestantische Reliquie«.** In: Grabmal und Körper – zwischen Repräsentation und Realpräsenz in der Frühen Neuzeit (Tagungsband)/ hrsg. von Philipp Zitzlsperger. Elektronische Ressource. Kunsttexte.de: Journal für Kunst- und Bildgeschichte (2010) Nr. 4, 1–20: Ill. (Kunsttexte.de: Renaissance) – <http://www.kunsttexte.de/index.php?id=711&idartikel=37231&ausgabe=37133&zu=121&L=0>.

148 Slenczka, Ruth: **Lebensgroß und unverwechselbar:** Lutherbildnisse in Kirchen 1546 bis 1617. Lu 82 (2011), 99–116: Ill.

149 Stade, Heinz: **»Erfordia turrita«:** ein Rundgang durch die zahlreichen Kirchen […]. In: 08, 60–70: Ill.

150 Stade, Heinz; Seidel, Thomas A.: **Unterwegs zu Luther:** eine Reise durch 50 Lutherorte/ Fotografien: Harald Wenzel-Orf. Weimar; Eisenach: Wartburg-Verlag, 2010. 263 S.: Ill. – Rez.: Dembek, Arne: Lu 82 (2011), 208–210.

151 Stade, Heinz; Seidel, Thomas A.: **In the footsteps of Martin Luther:** a journey passing through 50 locations connected with Luther (Unterwegs zu Luther: eine Reise durch 50 Lutherorte <engl.>)/ hrsg. von Malcolm Walters; übers. von John Gledhill; Fotographien: Harald Wenzel-Orf. Weimar; Eisenach: Wartburg-Verlag, 2010. 263 S.: Ill. – Rez.: Dembek, Arne: Lu 82 (2011), 208–210.

152 Steinwachs, Albrecht: **Der Reformationsaltar von Lucas Cranach:** Begegnung mit seinen Wittenberger Zeitgenossen. In: 039, 59f.: Ill.

153 Stiftung Luthergedenkstätten in Sachsen-Anhalt: **Sendbrief** [Neue Folge]/ hrsg. von der Stiftung Luthergedenkstätten in Sachsen-Anhalt – Stefan Rhein; Konzeption und Redaktion: Florian Trott. Nr. 1: [Schwerpunktthema: Melanchthonhaus]. Wittenberg, 2012. 16 S.: Ill.

154 Syndram, Dirk: **Erinnerungsstücke an Luther und Melanchthon im Dresdener Residenzschloss.** In: 09, 10–15: Ill.

155 Tautz, Lothar: **Wege im Lutherland Sachsen-Anhalt.** In: 03, 105f.

156 **Wege zu Luther:** Lutherstätten in Eisenach, Eisleben, Erfurt, Magdeburg, Schmalkalden, Torgau, Weimar, Wittenberg/ von Wege zu Luther e. V. s. l.: Wege zu Luther e. V., 2012. 63 S.: Ill., 8 Stadtpläne.

157 **Wege zu Luther:** Reisen durch Luthers Land in Mitteldeutschland. In: 08, 79: Kt.

158 Wolf, Christoph: **Zur historischen Begründung der Musiktradition an St. Thomae zu Leipzig.** In: 01, 157–161: Ill.

B DARSTELLUNGEN

1 Biographische Darstellungen

a) Das gesamte Leben Luthers

159 Lemmer, Manfred: **Schritt um Schritt in die Reformation:** Martin Luthers Weg zu einer neuen Kirche. In: 016, 7–108.

160 Wehr, Gerhard: **Martin Luther:** eine biographische Einführung. [Düsseldorf]: Onomato, 2011. 119 S.: Ill. (Onomato Einführungen)

161 Wilson, Derek: **Luther:** out of the storm. Neuausgabe. Taschenbuch. MP: Fortress, 2010. XIII, 400 S.: Ill. [Vgl. LuB 2009, Nr. 117–119] – Rez.: Kaufmann, Thomas: ARGBL 40 (2011), 22.

b) Einzelne Lebenphasen und Lebensdaten

162 Baar-Cantoni, Regine: **Martin Luthers Disputation in Heidelberg und ihre Breitenwirkung.** In: Wissenschaftsatlas: Zukunft seit 1386; 625 Jahre wissenschaftliche und räumliche Beziehungen der Universität Heidelberg; Leseprobe/ Geographisches Institut der Universität Heidelberg (GI); Leibniz-Institut für Länderkunde in Leipzig (IfL); hrsg. vom Rektor der Universität Heidelberg; Redaktion: Peter Meusburger. Heidelberg: Universität Heidelberg, 2009, 2f: Ill., Kt.

163 Baar-Cantoni, Regine: **Martin Luthers Disputation in Heidelberg und ihre Breitenwirkung.** In: Wissenschaftsatlas der Universität Heidelberg/ Geographisches Institut der Universität Heidelberg; Leibniz-Institut für Länderkunde Leipzig; im Auftrag des Rektors Bernhard Eitel hrsg. von Peter Meusburger; Thomas Schuch. Vorworte von Annette Schavan; Winfried Kretschmann. Knittlingen: Bibliotheca Palatina, [2011], 56f: Ill., Kt.

164 Birkenmeier, Jochen: **Ein letztes Klistier?:** der angebliche Augenzeugenbericht des Apothekers Johann Landau über den Tod Martin Luthers. Lu 83 (2012), 22–36.

165 Genthe, Hans Jochen: **Reisezeiten und Reisewege.** In: 03, 99–100.

166 Hagen, Kenneth: **Was Luther a »monk«?** LQ 24 (2010), 183–185.

167 Jesse, Horst: **Dr. Martin Luthers 95 Thesen.** Weimar; Eisenach: Wartburg-Verlag, 2012. 108 S. (Anstoß)

168 Kohnle, Armin: **Martin Luther und das Reich – Glaubensgewissheit gegen Zwang.** In: 031, 189–202.

169 Krauß, Jutta: **»Ich bin ein seltsamer Gefangener ...«:** Martin Luthers Wartburgaufenthalt und seine Bibelübersetzung. In: 07, 28–30: Ill.

170 Krentz, Natalie: **Auf den Spuren der Erinnerung:** wie die »Wittenberger Bewegung« zu einem Ereignis wurde. ZHF 36 (2009), 563–595: summary, 590f.

171 Leppin, Volker: **»Ich will ein Mönch werden«.** In: 08, 24f: Ill.

172 Metzger, Paul: **Der Ablasshandel.** In: 03, 83–86.

173 Pilvousek, Josef: **»Meine Mutter, der ich alles verdanke«:** Martin Luther legte an der Universität Erfurt seine geistigen Grundlagen. In: 08, 22f: Ill.

174 Rassloff, Steffen: **Der erste Schritt zum Reformator.** In: 08, 14–21: Ill.

175 Scheible, Heinz: **Fürsten auf dem Wormser Reichstag 1521:** Friedrich II. von der Pfalz, Kasimir von Brandenburg-Ansbach, Georg von Sachsen. (1971). In: 033, 49–76.

176 Scheible, Heinz: **Die Universität Heidelberg und Luthers Disputation.** (1983). In: 033, 29–48.

177 Schneider, Hans: **Martin Luthers Reise nach Rom – neu datiert und neu gedeutet.** In: Studien zur Wissenschafts- und zur Religionsgeschichte/ Redaktion: Werner Lehfeldt. Berlin; NY: de Gruyter, 2011, 1–157. (Abhandlungen der Akademie der Wissenschaften zu Göttingen: Neue Folge; 10, Abhandlungen der Akademie der Wissenschaften: Sammelband; 2)

178 Schuchardt, Günter: **Die Grundsätze des reformatorischen Programms – Luthers Hauptschriften von 1520.** In: 04, 56–73.

c) Familie

179 Fabiny, Katalin: **Katharina von Bora:** a protestáns parókia »megteremtője« (Katharina von Bora: »Schöpferin« des evangelischen Pfarrhauses). EN (2012), 93–98.

180 Haase, Lisbeth: **Mutig und glaubensstark:** Frauen und die Reformation. L: EVA, 2011. 149 S., XVI S.: Ill. – Rez.: Dienst, Karl: Lu 83 (2012), 65f.

181 Kramer, Sabine: **Katharina von Bora in den schriftlichen Zeugnissen ihrer Zeit.** L, 2010. 380, 3 Bl. – L, Univ., Theol. Fak., Diss., 2010.

182 Seitz, Erwin: **Die Verfeinerung der Deutschen:** eine andere Kulturgeschichte. B: Insel, 2011. 823 S.: Ill. L 397–417.

183 Strehle, Jutta: **Ein Denkmal für Katharina von Bora.** In: 039, 54f: Ill.

184 Wagner, Jürgen: **Zur Geschichte der Familie von Bora und einiger Güter in den sächsischen Ämtern Borna und Pegau:** »Also scheint Zulsdorf in der That ein ‚Erbdächlein' Derer von Bora gewesen zu sein«. Genealogie: deutsche Zeitschrift für Familienkunde 59 (2010), 289–307: Stammtafel.

185 Wagner, Jürgen: **Zur Herkunft der Catherina von Bora:** klassische Vorstellungen und aktueller Forschungsstand graphisch dargestellt. Internetressource. [Düsseldorf]: Jürgen Wagner, c 2011. 7 S.: Kt., Stammtaf. – <http://www.von-bora.de/CvB_Graphiken.pdf>.

d) Volkstümliche Darstellungen seines Lebens und Werkes, Schulbücher, Lexikonartikel

186 Prőhle, Károly: **Hitből élünk:** gyűjtemény Prőhle Károly írásaiból (Wir leben aus Glauben: Sammlung aus Károly Prőhles Schriften). BP: [Selbstverlag Prőhle], 2011. 240 S.: Ill.

187 Finkenzeller, Roswin: **Caesar schwimmt und Bismarck meutert:** 60 historische Miniaturen. F: Societäts-Verlag, 2006. 303 S. L 104–108+".

188 Freytag, Gustav: **Doktor Luther.** Reprint der Originalausgabe L, 1884. PB: Salzwasser, 2011. 159 S.

189 **Der große Ploetz:** die Chronik zur Weltgeschichte; die Hauptdaten der Weltgeschichte vom Altertum bis zur Gegenwart/ Bearbeitung und Redaktion: Rainer Driever unter Mitarb. der Ploetz-Redaktion; Beiträge von Ronald G. Asch … GÖ: V&R, 2010. 829 S.: Kt.

190 Hiebsch, Sabine: **Het begin van de reformatie:** Maarten Luther van monnik Martinus tot grote reformator (Der Beginn der Reformation: Martin Luther vom Mönch Martin bis zum großen Reformator). Kleio: uitgave van de Vereniging van docenten in geschiedenis en staatsinrichting in Nederland 52 (2011) Juli, 16–19.

191 Janz, Denis R.: **The Westminster handbook to Martin Luther.** Louisville, KY: Westminster John Knox, 2010. XVII, 147 S. (The Westminster handbooks to Christian theology) – Rez.: Kaufmann, Thomas: ARGBL 40 (2011), 21 f; Leppin, Volker: LuJ 78 (2011), 326–328.

192 Koerrenz, Marita: **Der Mensch Martin Luther:** eine Unterrichtseinheit für die Grundschule. GÖ, Niedersachsen: V&R, 2011. 47 S.: Ill. (Martin Luther – Leben, Werk und Wirken)

193 Krasselt-Maier, Judith: **Luther:** Gottes Wort und Gottes Gnade; Bausteine für den Religionsunterricht in der Sekundarstufe II. GÖ: V&R, 2012. 64 S.: Ill. (Martin Luther – Leben, Werk und Wirken)

194 Landgraf, Michael: **Kennst du …? Martin Luther:** ein Bilderbuch zum Selbstgestalten/ mit Illustrationen von Claudia Held-Bez. S: CV: RPE; Speyer: VSP, 2012. 24 S.: Ill., Kt.

195 Schwabenthan, Sabine: **Martin Luther:** der göttliche Grobian. P.M. Biographie: Menschen – Schicksale – Lebenswege (2012), Heft 1, 8–17: Ill.

196 Vogt, Fabian: **Luther für Neugierige:** das kleine Handbuch des evangelischen Glaubens. 1. Aufl. L: EVA, 2011. 176 S.: Ill.

197 Vogt, Fabian: **Luther für Neugierige:** das kleine Handbuch des evangelischen Glaubens. 2., erw. und verb. Aufl. L: EVA, 2012. 176 S.: Ill.

198 **The Westminster handbook to theologies of the Reformation/** hrsg. von R. Ward Holder. Louisville, KY: Westminster John Knox, 2010. XXI, 218 S. (The Westminster handbooks to Christian theology) – Rez.: Kaufmann, Thomas: ARGBL 40 (2011), 17.

2 Luthers Theologie und einzelne Seiten seines reformatorischen Wirkens

a) Gesamtdarstellungen seiner Theologie

199 Hamm, Berndt: **A reformáció hajtóerői** (Antriebskräfte der Reformation). LP 86 (BP 2011), 405–410.

200 Hauschild, Wolf-Dieter: **Lehrbuch der Kirchen- und Dogmengeschichte.** Band 2: **Reformation und Neuzeit.** 2., durchges. Aufl. GÜ: Kaiser GVH, 2001. XVII, 978 S. [1. Aufl.: LuB 2000, Nr. 176]

201 Hauschild, Wolf-Dieter: **Lehrbuch der Kirchen- und Dogmengeschichte.** Band 2: **Reformation und Neuzeit.** 3. Aufl. GÜ: Kaiser GVH, 2005. XVII, 978 S. [1. Aufl.: LuB 2000, Nr. 176]

202 Hauschild, Wolf-Dieter: **Lehrbuch der Kirchen- und Dogmengeschichte.** Band 2: **Reformation und Neuzeit.** 4. Aufl. GÜ: Kaiser GVH, 2010. XVII, 978 S. [1. Aufl.: LuB 2000, Nr. 176]

203 Kettunen, Ossi: **Der Schlüssel zu Luthers reformatorischer Theologie.** Lu 83 (2012), 80–90.

204 McGrath, Alister E.: **Reformation thought: an introduction.** 4. Aufl. Malden, MA; NY: Wiley-Blackwell, 2012. XX, 304 S.: Ill.

205 McGrath, Alister E.: **Reformation thought: an introduction.** 6. Aufl., Nachdruck. Oxford, UK; Malden, MA: Blackwell, 2006. XI, 329 S.

206 Nürnberger, Klaus: **Martin Luther's experiential theology as a model for faith-science relationships.** Zygon: journal of religion and science 45 (Chicago, IL 2010), 127–148.

207 Schilling, Johannes: **Die Lutherrose.** In: 039, 71: Ill.

208 Thielmann, Georg: **Martin Luther – sein Weg zur Reformation.** Nordhausen: Bautz, 2012. 145 S.

b) Gott, Schöpfung, Mensch

209 Albrecht, Christian: **Men** IV: **Church history; 3. Reformation to modern times,** 241–243. (Mann IV: Kirchengeschichtlich; 3. Reformation bis Neuzeit <engl.>). In: 029, 241–243.

210 Albrecht, Johannes-Friedrich: **Person und Freiheit:** Luthers Sicht der Dynamik und Struktur des Personseins und ihre Bedeutung für die Gegenwart. Stuttgart: Kohlhammer, 2010. 181 S. (Forum Systematik; 41) – Zugleich: TÜ, Univ., Evang.-Theol. Fak., Diss., 2009; unter dem Titel: **»Bildung der Freiheit – Luthers Sicht der Dynamik und Struktur des Personseins und ihre Gegenwartsrelevanz«.**

211 McGrath, Alister E.: **Der Weg der christlichen Theologie:** eine Einführung (Christian theology: an introduction <dt.>)/ hrsg. von Heinzpeter Hempelmann; aus dem Englischen übers. von Christian Wiese. 2. Aufl. Giessen; Basel: Brunnen, 2007. 617 S.: Kt.

212 McGrath, Alister E.: **Der Weg der christlichen Theologie:** eine Einführung (Christian theology: an introduction <dt.>). Gießen, Lahn: Brunnen, 2011. 656 S.: Kt.

213 McGrath, Alister E.: **Christian theology:** an introduction. 4. Aufl. Oxford: Blackwell, 2007. XXIX, 534 S.: Ill., Kt.

214 McGrath, Alister E.: **Christian theology:** an introduction. 5. Aufl. Chichester [u. a.]: Wiley-Blackwell, 2011. XXVIII, 499 S.: Ill., Kt.

215 Müller-Schauenburg, Britta: **Religiöse Erfahrung, Spiritualität und theologische Argumentation:** Gotteslehre und Gottebenbildlichkeit bei Gregorios Palamas. S: Kohlhammer, 2011. 344 S. L". (Forum Systematik; 43) – Zugl.: Veränd. TÜ, Univ., Kath.-Theol. Fak., Diss., 2010.

216 Reis, Oliver: **Gott denken:** eine mehrperspektivische Gotteslehre. 1. Aufl. Münster/ Westfalen: Lit, 2012. 440 S.: Ill. L". (Studienbücher zur Lehrerbildung; 1)

217 Saarinen, Risto: **Weakness of will in Renaissance and Reformation thought.** Oxford; NY: Oxford University/ 2011. 248 S.

218 Sauter, Gerhard: **Das verborgene Leben:** eine theologische Anthropologie. 1. Aufl. GÜ: GVH, 2011. 384 S.

219 Sauter, Gerhard: **Das verborgene Leben:** eine theologische Anthropologie. Elektronische Ressource. GÜ: E-Books der Verlagsgruppe Random House, 2011. – <http://www.randomhouse.de/ebook/Das-verborgene-Leben-Eine-theologische-Anthropologie/Gerhard-Sauter/e403769.rhd?isbn=9783641071196.>

220 Zur Mühlen, Karl-Heinz: **Die Anthropologie Martin Luthers im Lichte seiner Eschatologie.** In: 040, 210–228.

c) Christus

221 Haga, Joar: **Was there a Lutheran metaphysics?:** the interpretation of communicatio idiomatum in early modern Lutheranism. 1. Aufl. GÖ: V&R, 2012. 297 S. (Refo500 academic studies; 2) – Teilw. zugl: Oslo, The Lutheran School of Theology, Diss., 2011.

222 Haga, Joar: **Was there a Lutheran metaphysics?:** the interpretation of communicatio idiomatum in early modern Lutheranism. 1. Aufl., Elektronische Ressource. s. l.: V&R, 2012. 2065 KB, 297 S. – Teilweise zugleich: Oslo, The Lutheran School of Theology, Diss., 2011.

223 Herzog, Markwart: **Hoffnungspotential Höllenfahrt?:** »... hinabgestiegen in das Reich des Todes«. Confessio Augustana: das lutherische Magazin für Religion, Gesellschaft und Kultur (2010) Heft 1, 25–29: Ill.

224 Käfer, Anne: **Inkarnation und Schöpfung:** schöpfungstheologische Voraussetzungen und Implikationen der Christologie bei Luther, Schleiermacher und Karl Barth Berlin; NY: de Gruyter, 2010. XVI, 388 S. (Theol. Bibliothek Töpelmann; 151) – Zugl.: TÜ: Univ., Theol.Fak., Habil-Schrift/ 2009. – Rez.: Rolf, Sibylle: Lu 82 (2011), 76–78.

225 Reuss, András: **Régi viták felizzó parazsa:** néhány szempont Jézus halálának értelmezéséhez (Erglühende Glut alter Debatten: einige Aspekte zur Interpretation des Todes Jesu). LP 86 (BP 2011), 242–450. [Vgl. LuB 2012, Nr. 227]

226 Reuss, András: **Régi viták felizzó parazsa:** néhány szempont Jézus halálának értelmezéséhez (Erglühende Glut alter Debatten: einige Aspekte zur Interpretation des Todes Jesu). In: Átjárható határok: ünnepi kötet dr. Gaál Botond professzor 65. születésnapjára (Überquerbare Genzen: Festschrift für Botond Gaál zum 65. Geburtstag)/ hrsg. von Károly Fekete ... Debrecen: Debreceni Református Hittudományi Egyetem, 2011, 457–477. (Acta Theologica Debrecinensis; 2) [Vgl. LuB 2012, Nr. 227]

227 Véghelyi, Antal: **»... hogy a Krisztus keresztje el ne veszítse erejét«:** reflexió Reuss András Régi viták felizzó parazsa című írására (»... damit das Kreuz Christi nicht um seine Kraft gebracht wird«: Reflexion über »Erglühende Glut alter Debatten« von András Reuss). LP 86 (BP 2011), 296–302. [Vgl. LuB 2012, Nr. 225 f]

228 Véghelyi, Antal: **A »theologia crucis«:** mint ami Luther gondolkodását életre szólóan meghatározta I (»Theologia crucis«: Luthers Denken lebenslang bestimmend. Teil 1). Keresztyén igazság: N. F. 89 (BP 2011), Heft 2, 4–7.

229 Véghelyi, Antal: **A »theologia crucis«:** mint ami Luther gondolkodását életre szólóan meghatározta II (»Theologia crucis«: Luthers Denken lebenslang bestimmend. Teil 2). Keresztyén igazság: N. F. 91 (BP 2011), Heft 3, 5–8.

230 Zur Mühlen, Karl-Heinz: **Das Kreuz Jesu Christi und die Kreuzesnachfolge des Christen bei Martin Luther.** In: 040, 111–127.

231 Zwanepol, Klaas: **Lutheran and Reformed on the finite and the infinite.** LQ 25 (2011), 414–435.

d) Kirche, Kirchenrecht, Bekenntnisse

232 Arand, Charles P.; Nestingen, James Arne; Kolb, Robert: **The Lutheran confessions:** history and theology of The book of Concord. MP: Fortress, 2012. X, 341 S.

233 Belejkanič, Imrich: **Martin Luther a jeho videnie krest'anstva** (Martin Luther und seine Anschauung von der< Christenheit). Historia ecclesiastica 1 (Prešov 2010), Heft 1/2, 44–52.

234 Davie, Martin: **The Augsburg Confession and the thirty nine articles.** In: 034, 191–211.

235 Kolb, Robert: **Die Konkordienformel:** eine Einführung in ihre Geschichte und Theologie. Göttingen: Ruprecht, 2011. 207 S. (Oberurseler Hefte: Ergänzungsbände; 8) – Rez.: Hund, Johannes: Sehepunkte: Rezensionsjournal für die Geschichtswissenschaften 12 (2012), Nr. 1 [15.01.2012] – <http://www.sehepunkte.de/2012/01/20806.html.>

236 Konrad, Dietmar: **Der Rang und die grundlegende Bedeutung des Kirchenrechts im Verständnis der evangelischen und katholischen Kirche.** TÜ: Mohr Siebeck, 2010. XXV, 512 S. (Jus ecclesiasticum; 93) – Zugl.: HD, Univ., Diss., 2008/2009.

237 Reuss, András: **Az egyház alapja Krisztus:** a reformátori egyházkép hitvallási iratainkban

ban (Christus ist der Grund der Kirche: das reformatorische Kirchenbild in unseren Bekenntnisschriften). LP 86 (BP 2011), 442–446.

238 Szabó, Lajos: **Evangélikus ekkléziológia I:** lépések a Szentírás felé: a reformátori egyházfogalom bibliai alapjai (Evangelische Ekklesiologie. Teil 1: Schritte in Richtung der Heiligen Schrift: biblische Grundlagen des reformatorischen Kirchenbegriffs). LP 86 (BP 2011), 362–366.

239 Véghelyi, Antal: **Az egyszerre szent és szentségtelen egyház:** reflexió Pásztori-Kupán István Az egyház ismertetőjeleiről című tanulmányára (Die gleichzeitig heilige und unheilige Kirche: Reflexion über »Die Kennzeichen der Kirche« von István Pásztori-Kupán). Credo 17 (BP 2011), Heft 3, 39–43.

240 Zehnder, David J.: **The authoritative status of the Smalcald articles.** CThQ 74 (2010), 325–342.

e) Sakramente, Beichte, Ehe

241 Fabiny, Tibor: **Teológiai reflexiók az úrvacsoráról Luther írásai alapján** (Theol. Reflexionen über das Abendmahl anhand von Luthers Schriften). LP 86 (BP 2011), 449–454.

242 Herms, Eilert: **Protokoll der Diskussion.** In: 032, 213–270.

243 Herms, Eilert: **Sakrament und Wort in der reformatorischen Theologie Luthers.** In: 032, 1–49.

244 Kreß, Hartmut: **Marriage** VI: **Systematic theology; 1. Protestantism** (Ehe VI: Systematisch-theologisch; 1. Evangelisch <engl.>). In: 029, 80f.

245 Lange, Dirk G.: **A communion that is holy:** a gospel economy. Word & World 30 (St. Paul, MN 2010), 182–190.

246 Sabetta, Antonio: **Wort und Sakrament bei Luther.** In: 032, 50–75.

247 Schäfer, Rolf: **Marriage** IV: **Church history** (Ehe IV: Kirchengeschichtlich). In: 029, 78f.

248 Winkler, Eberhard: **Motive der Mystik in Luthers Verständnis des Abendmahls.** LuJ 78 (2011), 137–152.

249 Zur Mühlen, Karl-Heinz: **Der Begriff »signum« in der Sakramentslehre des 16. Jahrhunderts.** In: 040, 164–183.

f) Amt, Seelsorge, Diakonie, Gemeinde, allgemeines Priestertum

250 Bräunig, Dietmar: **»... ich habe die Leute noch nicht«:** Luthers Vision von Gemeinde. CAZW (2010) Heft 1, 58–61: Ill.

251 Rogers, Mark: **A dangerous idea?:** Martin Luther, E. Y. Mullins, and the priesthood of all believers. Westminster theological journal 72 (Philadelphia, PA 2010), 119–134.

g) Gnade, Glaube, Rechtfertigung, Werke

252 Arnold, Matthieu: **»Il faut prêcher la Loi même aux gens pieux«:** Martin Luther et le troisième usage de la Loi. BPF 157 (P 2011), 9–26.

253 Arnold, Matthieu: **Martin Luther et les bonnes œuvres.** Comptes rendus de l'Académie des Inscriptions et Belles-Lettres (P 2010), 9–29.

254 Bayer, Oswald: **Zweierlei Freiheit:** reformatorisches und neuzeitliches Verständnis; eine notwendige Unterscheidung. ZZ 13 (2012) Heft 2, 16–19: Ill.

255 Christophersen, Alf: **Sternstunden der Theologie:** Schlüsselerlebnisse christlicher Denker von Paulus bis heute. Originalausgabe. M: Beck, 2011. 240 S. L 67–78. (Beck'sche Reihe; 1947)

256 Dietz, Alexander: **Erkenntnis der Sünde aus dem Gesetz oder aus dem Evangelium?** Lu 83 (2012), 37–55.

257 Zur Mühlen, Karl-Heinz: **Glaube, Bildung und Gemeinschaft bei Luther.** In: 040, 199–209.

258 Herms, Eilert: **Opus dei gratiae:** cooperatio Dei et hominum; Luthers Darstellung seiner Rechtfertigungslehre in »De servo arbitrio«. LuJ 78 (2011), 61–135.

259 Huxel, Kirsten: **Merit** IV: **History of dogma** (Verdienst IV: Dogmengeschichtlich <engl.>). In: 029, 273f.

260 Huxel, Kirsten: **Merit** V: **Dogmatics** (Verdienst V: Dogmatisch <engl.>). In: 029, 274f.

261 Kleinhans, Kathryn: **Law and Gospel in context – response to [Randrianasolo, Joseph:] »A hermeneutical challenge: the context contesting the text«.** LThJ 46 (2012), 73–81.

262 Kolb, Robert: **Resurrection and justification:** Luther's use of Romans 4, 25. LuJ 78 (2011), 39–60.

263 Krauß, Jutta: **»Der Gerechte wird aus dem Glauben leben« – Luthers Rechtfertigungslehre.** In: 04, 96f.

264 Nickel-Schwäbisch, Andrea: **Spielend selig werden – ein spielpädagogischer Blick auf das Rechtfertigungsgeschehen.** In: 036, 39–46.

265 Orosz, Gábor Viktor: **Szabadság valamitől – szabadság valamire?:** a szabad akarat kérdésének néhány aspektusa (Freiheit von etwas – Freiheit für etwas?: einige Aspekte der Frage des freien Willens). Credo 17 (BP 2011) Heft 2, 7–14.

266 Rolf, Sibylle: **Luther's understanding of imputatio in the context of his doctrine of justification and its consequences for the preaching of the gospel.** International journal of systematic theology 12 (Oxford 2010), 435–451.

267 Véghelyi, Antal: **Törvény és evangélium megkülönböztetése Luther teológiai látásában** (Unterscheidung von Gesetz und Evangelium in Luthers theologischer Sicht). Keresztyén igazság: N. F. 91 (BP 2011), Heft 3, 5–8.

268 Westhelle, Vítor: **Justification as death and gift.** LQ 24 (2010), 249–262.

269 Zur Mühlen, Karl-Heinz: **Befreiung durch Christus bei Luther:** mit spezieller Beachtung seines Konfliktes mit Erasmus. In: 040, 128–144.

270 Zur Mühlen, Karl-Heinz: **Hoffnung und Erfahrung nach Luthers Operationes in Psalmos 5,12.** In: 040, 229–243.

271 Zur Mühlen, Karl-Heinz: **»Simul iustus et peccator« in der Theologie Martin Luthers.** In: 040, 145–163.

h) Sozialethik, politische Ethik, Geschichte

272 Birkás, Antal: **Reformáció, államhatalom, politika:** Luther és Kálvin jogfilozófiai és politikai filozófiai nézetei (Reformation, Staatsmacht und Politik: Luthers und Calvins rechtsphilosophische und politischphilosophische Anschauungen). BP: Luther, 2011. 160 S.

273 Carty, Jarrett A.: **Martin Luther's restoration of temporal government.** Interpretation: a journal of political philosophy 37 (Flushing, NY 2010), 157–182.

274 Doyle, Robert: **Discovering the Hand of God:** steps in the theological appraisal of secular history. Reformed theological review 70 (Melbourne 2011), 155–183. L 165.

275 Lapp, Michael: **»Denn es ist geld ein ungewis, wanckelbar ding«:** die Wirtschaftsethik Martin Luthers anhand seiner Schriften gegen den Wucher. Lu 83 (2012), 91–107.

276 Mokrosch, Reinhold: **Moral education** (Moralerziehung <engl.>). In: 029, 538f.

277 Salisch, Marcus von: **»Denn die Hand, die das Schwert führt, ist Gottes Hand«:** Martin Luthers »Kriegsleuteschrift« von 1526. Militärgeschichte: Zeitschrift für historische Bildung (2010), 4–7: Ill.

278 Schmidt-Voges, Inken: **»Si domus in pace sunt ...«:** zur Bedeutung des »Hauses« in Luthers Vorstellungen vom weltlichen Frieden. LuJ 78 (2011), 153–185.

279 Truebenbach, Kim A.: **Luther's two kingdoms in the third and fourth petitions.** LQ 24 (2010), 469–473.

280 Wernisch, Martin: **Politické myšlení evropské reformace** (Politisches Denken der europäischen Reformation). PR: Vyšehrad, 2011. 444 S.: Ill. L 33–154.

281 Wiersma, Hans H.: **Luther on lending:** a pastoral response regarding the subject of usury. Word & World 30 (St. Paul, MN 2010), 191–199.

i) Gottes Wort, Bibel, Predigt, Sprache

282 Arnold, Matthieu: **Salut par la grâce et rétribution:** la parabole des talents (Mt 25, 14–30) – ou des mines (Lc 19, 12–27) – chez Martin Luther et Jean Calvin. In: La parabole des talents (Matthieu 25, 14–30)/ hrsg. von Matthieu Arnold; Gilbert Dahan; Annie Noblesse-Rocher. P: du Cerf, 2011, 79–96. L 80–89. 95f. (Études d'histoire de l'exégèse; 2)

283 Burger, Christoph: **Historische Semantik in der Theologie:** Luthers Neubestimmung von Marias Demut (humilitas) in seiner Übersetzung und Auslegung des »Magnifikat«. In: Historische Semantik/ hrsg. von Jörg Riecke. B; Boston, MA: de Gruyter, 2011, 80–93. (Jahrbuch für germanistische Sprachgeschichte; 2)

284 Coppins, Wayne: **Paul's juxtaposition of freedom and positive servitude in 1Cor 9: 19 and its reception by Martin Luther und Gerhard Ebeling.** LuJ 78 (2011), 277–298.

285 Fabiny, Tibor: **A »halálos« testvérgyűlölettől a »halálos« testvérszeretetig:** a Bibliától Shakespeare-ig és vissza (Vom »tödlichen« Bruderhass bis zur »tödlichen« Bruderliebe: von der Bibel bis zu Shakespeare und zurück). In: 014, 183–204.

286 Fabiny, Tibor: **A Szentírás és a hagyomány viszonyának modelljei és egy új paradigma jelentkezése** (Modelle des Verhältnisses von Schrift und Tradition und das Auftreten eines neuen Paradigmas). In: Utolérnek téged a szavak: a hetvenéves Sulyok Elemér köszöntése (Die Worte kommen dir nach: Festschrift für Elemér Sulyok zum 70. Geburtstag)/ hrsg. von Simon T. László. Pannonhalma: Pannonhalmi Főapátság, 2011, 81–95.

287 Greule, Albrecht: **Gesangbücher als Quelle des Frühneuhochdeutschen in Böhmen.** In: 012, 167–176.

288 Greule, Albrecht: **Zur Diachronie der Textgrammatik am Beispiel von Bibelübersetzungen.** In: 012, 55–69.

289 Heymel, Michael; Möller, Christian: **Sternstunden der Predigt:** von Johannes Chrysostomus bis Dorothee Sölle. S: CV, 2010. 311 S.: Ill. (Edition der Calwer Verlag-Stiftung) – Rez.: Knieling, Reiner: Lu 82 (2011), 205.

290 Ittzés, Gábor: **Szerkezet és retorika Luther meghalásra felkészítő sermójában** (Struktur und Rhetorik in Luthers Sermon von der Bereitung zum Sterben). ThSz 54 (2011), 10–18.

291 Kőháti, Dóra; Petri, Gábor: **Írásmagyarázat révén lett reformátor** (Er wurde durch Schriftauslegung zum Reformator). Credo 17 (BP 2011), Heft 1, 67–69.

292 Krauß, Jutta: **»Beyssig seyn ist nutz und not« – Der Grobianismus in Luthers Schriften.** In: 04, 154–165.

293 Krauß, Jutta: **»Sudler«, »Bock« und »armer Schneck« – Luthers verspottete Zeitgenossen.** In: 04, 108–110.

294 Lindner, Andreas: **Luthers Erfurter Predigten.** In: 08, 47–49: Ill.

295 Michel, Stefan: **Der Korrektor der Bibel:** Luthers Übersetzung der Heiligen Schrift in den Händen Georg Rörers. In: 010, 181–199: Ill.

296 Müller, Gerhard: **Unterscheiden!:** Luthers Rat, um die Heilige Schrift besser zu verstehen. CAZW (2011) Heft 2, 15–22: Ill.

297 Noblesse-Rocher, Annie: **Habacuc 2,4 dans les commentaires des XVIe et XVIIe siècles.** In: Le juste vivra de sa foi/ hrsg. von Matthieu Arnold; Gilbert Dahan; Annie Noblesse-Rocher. P: Cerf, 2011, 101–121. L 111–115. (Études d'histoire de l'exégèse; 3)

298 Pfefferkorn, Oliver: **Martin Luthers sprachhistorische Bedeutung.** In: 016, 109–148.

299 Steiger, Johann Anselm: **Jonas propheta:** zur Auslegungs- und Mediengeschichte des Buches Jona bei Martin Luther und im Luthertum der Barockzeit/ mit einer Edition von Johann Matthäus Meyfarts »Tuba poenitentiae prophetica« (1625). S-Bad Cannstatt: Frommann-Holzboog, 2011. 412 S.: Ill. (Doctrina et pietas: Abt. 2, Varia; 5)

300 Stolze, Radegundis: **Übersetzungstheorien:** eine Einführung. 4., überarb. Aufl. TÜ: Narr, 2005. 269 S.: Ill. L 19–24. (Narr Studienbücher)

301 Stolze, Radegundis: **Übersetzungstheorien:** eine Einführung. 5., überarb. und erw. Aufl. TÜ: Narr, 2008. 285 S.: Ill. L 19–24. (Narr Studienbücher)

302 Stolze, Radegundis: **Übersetzungstheorien:** eine Einführung. 5., überarb. und erw. Aufl. Elektronische Ressource. TÜ: Narr, 2008. 285 S.: Ill. L 19–24. (Narr Studienbücher)

303 Stolze, Radegundis: **Übersetzungstheorien:** eine Einführung. 6., überarb.und erw. Aufl. TÜ: Narr, 2011. 311 S.: Ill. L 20–24. (Narr Studienbücher)

304 Strohm, Stefan: **Luthers Vorrede zum Propheten Daniel in seiner Deutschen Bibel.** In: 011, 219–243.

305 Zschoch, Hellmut: **Luthers Rede hören und bewahren:** Georg Rörers Nachschriften der Predigten des Reformators. In: 010, 125–136.

306 Zur Mühlen, Karl-Heinz: **Der Der Begriff »sensus« in der Exegese der Reformationszeit.** In: 040, 96–110.

k) Gottesdient, Gebet, Spiritualität, Kirchenlied, Musik

307 Albrecht, Johannes-F[riedrich]: **Der Gottesdienst bei Martin Luther.** In: In der Gegenwart Gottes: Beiträge zur Theologie des Gottesdienstes/ hrsg. von Hans-Peter Großhans; Malte Dominik Krüger. F: Hansisches Druck- und Verlags-Haus, 2009, 125–138. (edition chrismon)

308 Altner, Stefan; Petzoldt, Martin: **Einleitung: »Cantate domino novum canticum«**

– »**Singet dem Herrn ein neues Lied …**«. In: 01, 21–69: Ill.

309 Anttila, Miikka E.: **The innocent pleasure:** a study on Luther's theology of music. [Turenki]: [Miikka Anttila], 2011. 233 S. – Helsinki, Univ., Theol. Fak., Diss., 2011.

310 Dremel, Erik: **Sammeln und Sichten:** Gesangbücher als Liedkanon. In: 06, 45–62: Faks.

311 Eißler, Tobias: **Aus Luthers Gebetswerkstatt:** starke Hilfe: 4-faches Kränzlein. CAZW (2011) Heft 2, 23–25: Ill.

312 Fischer, Michael: **»Ein feste Burg ist unser Gott«:** ein Lied im Wandel der Zeiten. In: 06, 27–43.

313 Greule, Albrecht: **Textgrammatische Analysen zu Luthers geistlichem Lied »Mitten wir im Leben sind«**, 177–184.

314 Hafenscher, Károly: **Luther és a zsolozsma** (Luther und das Stundengebet). Magyar Egyházzene 18 (BP 2010/11), 143–148.

315 **Handbuch zum Evangelischen Gesangbuch.** Bd. 3: **Liederkunde zum Evangelischen Gesangbuch: Ausgabe in Einzelheften/** hrsg. im Auftrag der EKD von Gerhard Hahn; Jürgen Henkys. GÖ: V&R, 2007. 96 S. (Liederkunde zum Evang. Gesangbuch; 13)

316 Heymel, Michael: **Predigt, Gebet oder Erbauung?:** Warum der Gemeindegesang für den Protestantismus wichtig ist. ZZ 13 (2012) Heft 2, 22–24: Ill.

317 Klek, Konrad: **»Singen und sagen«:** reformatorisches Singen als öffentlicher Protest. In: 06, 11–26.

318 Klöckner, Stefan: **Music and musical instruments** II: **History; 5. Christianity;** b) **Liturgy** (Musik/Musikinstrumente II: Geschichtlich; 5. Christentum; b) Liturgisch <engl.>). In: 029, 634–636.

319 Massenkeil, Günther: Christliche Musik als Manifestation europäischer Kultur: die Anfänge und die Wegmarken ihrer Entwicklung in der Neuzeit. In: 015, 112–148: Faks.

320 Nicol, Martin: **Meditation/contemplation** II: **Christianity** (Meditation/Kontemplation II: Christentum <engl.>). In: 029, 206f.

321 Reymaier, Erich Konstantin: **Music and musical instruments** II: **History; 5. Christianity;** c) **Theology** (Christian aesthetics) (Musik/Musikinstrumente II: Geschichtlich; 5. Christentum; c) Theologisch [christliche Ästhetik] <engl.>). In: 029, 636–640.

322 Schattauer, Thomas H.: **Mass** III: **The mass and Protestant worship** (Messe III: Messe und evang. Gottesdienst <engl.>). In: 029, 134–136.

323 Trummer, Johann: **Music and musical instruments** II: **History; 5. Christianity;** a) **History** (Musik/Musikinstrumente II: Geschichtlich; 5. Christentum; a) geschichtlich <engl.>). In: 029, 630–634.

l) Katechismus, Konfirmation, Schule, Universität

324 Fritsche, Ulrich: **Katechismus-Meditationen/** hrsg. von Ingo Neumann. [L]: Engelsdorfer, 2012. 123 S.: Ill.

325 Haemig, Mary Jane: **Preaching the seventh commandment:** »you are not to steal«. Word & World 30 (St. Paul, MN 2010), 200–207.

326 Schirmer, Uwe: **Die finanziellen Grundlagen der Universitäten Leipzig.** Wittenberg und Jena im Vergleich 1409–1633. In: 010, 75–103.

327 Wefers, Sabine: **Wenn zwei das Gleiche tun …:** die Universitätsgründungen der Kurfürsten Friedrich III. und Johann Friedrich I. von Sachsen. In: 010, 61–73.

328 Zwanepol, Klaas: **The structures and dynamics of Luther's catechism.** Acta theologica 31 (Bloemfontein 2011), 394–411.

m) Weitere Einzelprobleme

329 Culpepper, Gary: **»A sword will pierce through your own soul also«:** the sanctification, conversion, and exemplary witness of the Blessed Mary. Pro Ecclesia: a journal of Catholic and Evangelical theology 19 (Lanham, MD 2010), 28–45.

330 Dalferth, Ingolf U.: **Malum:** theologische Hermeneutik des Bösen. Unv. Studienausgabe. TÜ: Mohr Siebeck, 2010. XV, 593 S. [Vgl. LuB 2009, Nr. 477]

331 Dietz, Thorsten: **Martin Luthers theologischer Umgang mit Angsterfahrungen.** Lu 82 (2011), 88–98.

332 Gemeinhardt, Peter: **Die Heiligen:** von den frühchristlichen Märtyrern bis zur Gegenwart. M: Beck, 2011. 128 S. (Beck'sche Reihe; 2498: C. H. Beck Wissen) – Rez.: Barth, Hans-Martin: MD 62 (2011), 078f.

333 Hennig, Gerhard: **Memorials to the dead** II:

Western Christianity (Totengedenken II <engl.>). In: 029, 234.

334 Koch, Ernst: **»... von Glauben eine Jungfrau**, von Liebe eine Mutter«: Marienverehrung im Bereich der Wittenberger Reformation. In: 021, 43–57: Ill.

335 Köpf, Ulrich: **Monasticism** III: **Church history; 4. Western monasticism after the 12th century** (Mönchtum III: Kirchengeschichtlich; 4. Abendländisches Mönchtum seit dem 13. Jahrhundert <engl.>). In: 029, 497–501.

336 Köpf, Ulrich: **Mysticism** III: **History; 3. Christian mysticism; b. Middle ages and modern period** (Mystik III: geschichtlich; 3. christliche Mystik; b) Mittelalter bis Neuzeit <engl.>). In: 029, 664–669.

337 Leiner, Martin: **Solus Christus – Christus allein:** ein evangelischer Kommentar zur katholischen Marienfrömmigkeit. In: 021, 59–81.

338 Pedersen, Else Marie Wiberg: **A man caught between bad anthropology and good theology?:** Martin Luther's view of women generally and of Mary specifically. Dialog: a journal of theology 49 (2010), 190–200.

339 Rhein, Stefan: **»Der Wein ist gesegnet«:** Martin Luther und der Wein. Wiesbaden: Gesellschaft für Geschichte des Weines, 2012. 44 S.: Ill. (Schriften zur Weingeschichte; 175)

340 Schall, Petra: **»Ein gutes Buch für die Laien« – Das Passional Christi und Antichristi.** In: 04, 74–89.

341 Schottroff, Luise: **Die Bereitung zum Sterben:** Studien zu den frühen reformatorischen Sterbebüchern. GÖ: V&R, 2012. 142 S. (Refo500 academic studies; 5) – GÖ, Univ., Diss., 1960.

342 Seidel, Thomas A.: **Maria – Gottesmutter und Seelenbraut:** eine bildtheologische Annäherung in evangelischer Perspektive. In: 021, 19–41: Ill.

343 Steiger, Johann Anselm: **Christophorus – ein Bild des Christen:** Heiligengedenken bei Martin Luther und im Luthertum der frühen Neuzeit/ mit einem Geleitwort von Manfred Seitz. Neuendettelsau: Freimund, 2012. 154 S.: Ill.

344 Strauchenbruch, Elke: **Luthers Weihnachten.** L: EVA, 2011. 149 S.: Ill.

345 Voigt, Andreas: **Maria auf Evangelisch.** Mitteilungsblatt des Fördervereins Versöhnungskirche Leipzig-Gohlis 4 (2012) Nr. 2, 4–8: Ill.

346 Beutel, Albrecht: **»Wider den Bekenntniszwang«:** Glaubens- und Lehrfreiheit im frühliberalen Protestantismus. In: 038, 38–63: Ill.

3 Beurteilung der Persönlichkeit und ihres Werkes

347 Antes, Peter: **Christentum:** eine religionswissenschaftliche Einführung. B; MS: Lit, 2012. 206 S.: Ill. L". (Red guide; [6])

348 Barth, Hans-Martin: **Der katholische und der evangelische Luther.** In: 03, 95–98.

349 Burger, Christoph: **Hoge bomen vangen veel wind:** vooroordelen over Maarten Luther (Hohe Bäume sind heftigen Windstössen ausgesetzt: Vorurteile über Martin Luther). Kleio: uitgave van de Vereniging van docenten in geschiedenis en staatsinrichting in Nederland 52 (2011) Juli, 20–23.

350 Castell-Rüdenhausen, Ruprecht Graf: **Luther und seine Reformation – Reformator oder Rebell?.** In: Reform, Reformer, Reformation: Vorträge zur Geschichte des Christentums und seiner jüdischen Vorgeschichte/ im Auftrag der Brandenburgischen Provinzialgenossenschaft des Johanniterordens hrsg. von Andreas Graf von Hardenberg; mit einem Vorwort von Christoph Markschies. Berlin: Wichern, 2011, 299–322.

351 Cezanne, Stephan: **Luther & Co.:** protestantische Profile aus 5 Jahrhunderten. Hannover: Luth. Verlagshaus, 2011. 160 S. Ill. L 20–24+".

352 Jacoby, Edmund: Kurze Geschichte Europas. B: Jacoby & Stuart, 2009. 271 S.: Ill. L 92–94.

353 Käßmann, Margot: **Trotz allem ein Vorbild:** Was mir Martin Luther bedeutet. ZZ 13 (2012) Heft 4, 8–11: Ill.

354 Klueting, Harm: **Luther zwischen Mittelalter und Neuzeit.** Schweizerische Zeitschrift für Religions- und Kulturgeschichte 104 (Fribourg 2010), 437–457.

355 Krauß, Jutta: **»Das wild geifernd Ebersch-**

wein« – der geschmähte Luther. In: 04, 111–114.

356 Matheson, Peter: **The past in hiding:** accessing religious history. Pacifica: Australian theological studies 25 (Melbourne 2012), 23–36.

357 Nell, Werner: **Luther in seiner, Lutherfeiern in ihrer und in unserer Zeit.** In: 035, 11–35.

358 Sallmann, Martin: **Reformatoren und Heilige als Brennpunkte konfessioneller Gedächtniskulturen:** Martin Luther, Karl Borromäus und Johannes Calvin im Vergleich. Schweizerische Zeitschrift für Religions- und Kulturgeschichte 103 (Fribourg 2009), 99–116: dt., französ. und engl. Zusammenfassung.

359 Schuck, Martin: **Glaube als dauerhafte Verfasstheit des Geistes?:** zum Thema »Reformation« in den Reden und Verlautbarungen des Papstes aus Deutschland. In: 023, 97–110.

4 Luthers Beziehungen zu früheren Strömungen, Gruppen, Persönlichkeiten und Ereignissen

360 Erdélyi, Gabriella: **Szökött szerzetesek:** erőszak és fiatalok a késő középkorban (Entflohene Mönche: Gewalt und Jugend im Spätmittelalter). BP: Libri, 2011. 296 S.: Ill.

361 Hamm, Berndt: **Reform – Reformation – Konfession:** die Entstehung neuer religiöser Sinnformationen aus der Spannungsvielfalt des Mittelalters. In: 010, 313–332.

362 Hauschild, Wolf-Dieter: **Lehrbuch der Kirchen- und Dogmengeschichte.** Bd. 1: **Alte Kirche und Mittelalter.** 3. Aufl. GÜ: Kaiser GVH, 2007. XVII, 716 S. [1. Aufl. LuB 2001, Nr. 443; 2., durchges. und erw. Aufl. LuB 2001, Nr. 444]

363 Hauschild, Wolf-Dieter: **Lehrbuch der Kirchen- und Dogmengeschichte.** Bd. 1: **Alte Kirche und Mittelalter.** 4. Aufl. GÜ: Kaiser GVH, 2011. XVII, 716 S. [Vgl. oben Nr. 362]

364 **Die hussitische Revolution:** religiöse, politische und regionale Aspekte/ hrsg. von Franz Machilek. Köln; Weimar; W: Böhlau, 2012. VI, 292 S. L 10. 73. 109. 225. (Forschungen und Quellen zur Kirchen- und Kulturgeschichte Ostdeutschlands; 44)

365 Wagner, Szilárd: **»... akik hallgatják Pásztoruk hangját«:** Martin Luther ekkléziológiája a középkori katolikus egyház tanításának fényében (»... die die Stimme ihres Hirten hören«: Martin Luthers Ekklesiologie im Lichte der Lehre der mittelalterlichen katholischen Kirche). LP 86 (BP 2011), 402–405.

366 Zur Mühlen, Karl-Heinz: **Die auctoritas patrum in Martin Luthers Schrift »Von den Konziliis und Kirchen«.** In: 040, 34–44.

367 Zur Mühlen, Karl-Heinz: **Luther und Irenäus.** In: 040, 11–21.

368 Zur Mühlen, Karl-Heinz: **Die Rezeption von Augustins »Tractatus in Joannem** 80, 3« im Werk Martin Luthers. In: 040, 22–33.

369 Zur Mühlen, Karl-Heinz: **Zur kritischen Rezeption des Denkens von Thomas von Aquin in der Theologie von Martin Luther.** In: 040, 45–64.

5 Beziehungen zwischen Luther und gleichzeitigen Strömungen, Gruppen, Persönlichkeiten und Ereignissen

a) Allgemein

370 **Christentum:** 2000 Jahre Kulturgeschichte/ aus dem Engl. übers. von Jacqueline Dubois; hrsg. von Gordon Cheers; Fachberaterin: Ann Marie B. Bahr. Potsdam: Ullmann, 2010. 447 S.: Ill., Kt.

371 Bedouelle, Guy: **Les réformes protestantes (1517–1555).** In: Histoire générale du christianisme/ hrsg. von Jean-Robert Armogathe; Yves-Marie Hilaire. P: Presses Universitaires de France, 2010, 49–98. L 51–64 +". (Quadrige: Dicos poche)

372 Hillerbrand, Hans J.: **The division of Christendom:** Christianity in the sixteenth century. Louisville, KY; LO: Westminster John Knox, 2007. XI, 504 S. – Rez.: Keßler, Martin: ARGBL 40 (2011), 8–10.

373 Krauß, Jutta: **Ereignisse und ihre Widerspiegelung in Lutherschriften.** In: 04, 98–101.

374 Kunter, Katharina: 500 **Jahre Protestantismus:** eine Reise von den Anfängen bis in die Gegenwart. GÜ: GVH, 2011. 240 S.: Ill., Kt., Noten.

375 Kunter, Katharina: 500 **Jahre Protestantismus:** eine Reise von den Anfängen bis in die Gegenwart. DA: WB, 2011. 240 S.: Ill., Kt., Noten.

376 Leppin, Volker: **Von charismatischer Leitung zur Institutionalisierung:** die Bedeutung der Monumentalisierung Luthers im Gesamtgeschehen der Reformation. In: 010, 275–285.

377 Moeller, Bernd: **Reichsstadt und Reformation.** Neue Ausgabe/ mit einer Einleitung hrsg. von Thomas Kaufmann. TÜ: Mohr Siebeck, 2011. X, 244 S. – Rez.: Schäufele, Wolf-Friedrich: Lu 83 (2012), 115f.

378 Putzger: historischer Weltatlas/ hrsg. vom Cornelsen Verlag unter Mitarb. von Ernst Bruckmüller; Peter Claus Hartmann; Redaktion: Götz Schwarzrock … 104. Aufl., 1. Druck. B: Cornelsen, 2011. 312 S.: Kt. L 120–123.

379 Radelmaier, Dominik: **»Das Auge und Ohr, das alles sieht und hört«:** eine kurze Geschichte des Nürnberger Buchdrucks von der Reformationszeit bis zum Barock. In: 022, 60–67: Ill.

380 Roper, Lyndal: **»To his most learned and dearest friend«:** reading Luther's letters. German history 28 (LO 2010), 283–295.

381 Schnabel-Schüle, Helga: **Die Reformation 1495–1555:** Politik mit Theologie und Religion. S: Reclam, 2006. 313 S.: Ill., Kt. (Reclams Universal-Bibliothek; 17048)

382 Schorn-Schütte, Luise: **Die Reformation:** Vorgeschichte – Verlauf – Wirkung. 5., erg. Aufl. der Originalausgabe München, 1996. M: Beck, 2011. 127 S.: Ill. (Beck'sche Reihe; 2054: C. H. Beck Wissen)

383 Schwarz, Hilmar: **Die Ziele von Luthers spitzer Feder – Historische Personen aus Luthers Flugschriften im Kurzporträt.** In: 04, 115–140.

384 Scott, Tom: **After Ranke:** German Reformation history recast. German history 28 (LO 2010), 358–363. [Rez. zu LuB 2010, Nr. 474]

385 Scott, Tom: **The collective response of women to early reforming preaching:** four small communities and their preachers compared. ARG 102 (2011), 7–32: Zusammenfassung.

386 Simon, Gerhard: **Reisen im Zeitalter der Reformation.** In: 03, 74–78.

387 Zur Mühlen, Karl-Heinz: **Die Reformation und die Reform des Reiches und der Kirche im 16. Jahrhundert.** In: 040, 261–276.

388 Zur Mühlen, Karl-Heinz: **Die Reichsreligionsgespräche von Hagenau, Worms und Regensburg (1540/41):** Chancen und Grenzen des kontroverstheologischen Dialogs in der Mitte des 16. Jahrhunderts. In: 040, 323–340.

b) Wittenberger Freunde

389 Amann, Konrad: **Rörers Spuren in der Bibliotheca Electoralis:** vorläufige Beobachtungen zu seiner Herkunft und Arbeitsweise. In: 010, 201–217: Ill.

390 **Amsdorff und das Interim:** kommentierte Quellenedition mit ausführlicher historischer Einleitung/ von Ernst-Otto Reichert; nach dem maschinenschriftl. Manuskript der Dissertation aus dem Jahre 1955 digital erfasst, für den Druck eingerichtet und um Register und bibliogr. Nachträge erg. von Hans-Otto Schneider. L: EVA, 2011. 295 S.: Ill. (Leucorea-Studien zur Geschichte der Reformation und der Lutherischen Orthodoxie; 14)

391 Bartmuß, Alexander: **Die Loci communes Manlii:** ein Beitrag zur Überlieferungsgeschichte und Rezeption der Exempla Melanchthons. In: 025, 163–175.

392 Bechtold, Marion: **Zwischen Humanismus und Reformation:** die europäische Dimension der Empfehlungsschreiben Philipp Melanchthons. In: 025, 291–301.

393 Beuchel, Christian: **Bugenhagenhaus:** Wohnort des »dritten Reformators«. In: 039, 76f: Ill.

394 Beyer, Michael: **Menius, Justus** (Menius, Justus <engl.>). In: 029, 256.

395 Beyer, Michael: **Philipp Melanchthon – Humanismus und evangelische Theologie:** Martin Luthers »socius laboris in theologia« und »organum in literis tantum«. Lu 82 (2011), 163–180.

396 Bieber-Wallmann, Anneliese: **Die Predigten Johannes Bugenhagens der Jahre 1524 bis 1527 in der Sammlung Georg Rörers.** In: 010, 137–169.

397 Czaika, Otfried: **Anmerkungen zum literarischen Profil der Melanchthonrezeption im Schwedischen Reich während des 16. Jahrhunderts.** In: 025, 335–352.

398 Dall'Asta, Matthias: **Der Tübinger Melanchthonkreis und der Wittenberger »Melanchthonzirkel«:** Mythos und Realität zweier akademischer Formationen. In: 025, 117–127.

399 Daugirdas, Kęstutis: **Die Nachwirkung Melanchthons im polnisch-litauischen Gemeinwesen.** In: 025, 353–364.

400 Dingel, Irene: **Freunde – Gegner – Feinde:** Melanchthon in den Konfliktfeldern seiner Zeit. In: 025, 15–34.

401 Eusterschulte, Anne: **»Assensio«:** Wahlfreiheit in Melanchthons theologischer Grundlegung einer philosophischen Ethik. In: 026, 11–43.

402 Frank, Günter: **Einleitung: Zum Philosophiebegriff Melanchthons.** In: 026, 1–10.

403 Frank, Günter: **Melanchthon – der »Ethiker der Reformation«.** In: 026, 45–75.

404 Frank, Günter: **Topische Dogmatik im Zeitalter der Konfessionalisierung:** Philipp Melanchthon, Wolfgang Musculus, Melchior Cano. In: 025, 251–270.

405 Friedrich, Johannes: **Der Schulerfinder:** in Nürnberg entstand ein ganz neuer Schultyp: das humanistische Gymnasium; es sollte ein dauerhaftes Bollwerk gegen den Unfrieden schaffen: Bildung. In: 022, 56–59: Ill.

406 Fuchs, Thorsten: **Krächzender Rabe oder singende Nachtigall?:** der Dichter Philipp Melanchthon und sein poetisches Werk. In: 026, 95–114.

407 Gößner, Andreas: **Melanchthons Lobrede auf Franken (1538).** ZBKG 79 (2010), 10–22.

408 Gummelt, Volker: **Melanchthons Einfluss auf das Kirchenwesen im Nordosten des Reiches:** ein Vergleich zwischen Mecklenburg und Pommern. In: 025, 191–198.

409 Hasse, Hans-Peter: **Melanchthon und die Zensur theologischer Bücher.** In: 025, 199–212.

410 Hein, Markus: **Melanchthons Bedeutung für die Reformation in Ungarn.** In: 025, 365–378.

411 Ittzés, Gábor: **Melanchthon, Luther és az augsburgi interim:** megalkuvó konfliktuskerülés vagy csendes hitvallás az 1548 áprilisában Christoph von Carlowitzhoz írt levélben? (Melanchthon, Luther und das Augsburger Interim: versöhnlerische Konfliktflucht oder stilles Bekenntnis im Brief im April 1548 an Christoph von Carlowitz?). Keresztyén igazság: N. F. 89 (BP 2011), Heft 1, 18–30.

412 Jung, Martin H.: **Philipp Melanchthon – Gebildeter Glaube:** ein Nachwort zum Themenjahr »Reformation und Bildung« und zum 450. Todestag des Humanisten. Lu 82 (2011), 150–162.

413 Junghans, Helmar: **Philipp Melanchthons Loci theologici als Lehrbuch während seiner Lebenszeit.** In: 025, 153–161.

414 Keil, Siegmar: **Johann Walter:** Kantor im Dienste der lutherischen Reformation. Lu 83 (2012), 8–21.

415 Kohnle, Armin: **Philipp Melanchthon und die Bündnisverhandlungen mit Frankreich und England 1534 bis 1536.** In: 025, 43–50.

416 Köpf, Ulrich: **Melanchthons »Loci« und ihre Bedeutung für die Entstehung einer evangelischen Dogmatik.** In: 025, 129–152.

417 Kühne, Hartmut: **»... diese Quelle übertrifft alle Thermen und anderen Quellen«:** der Wunderbrunnen von Pyrmont im Briefwechsel Melanchthons. In: 025, 227–250.

418 Lindner, Andreas: **Der unbekannte Reformator Erfurts – Johannes Lang.** In: 08, 44–46: Ill.

419 Lohrmann, Martin J.: **Bugenhagen's pastoral care of Martin Luther.** LQ 24 (2010), 125–136.

420 Mahlmann, Theodor: **»Doctrina« im Verständnis nachreformatorischer lutherischer Theologen.** In: Vera doctrina – zur Begriffsgeschichte der Lehre von Augustinus bis Descartes = Vera doctrina: l'idée de doctrine d'Augustin à Descartes/ hrsg. von Philippe Büttgen ... Wiesbaden: Harrassowitz, 2009, 199–264. (Wolfenbütteler Forschungen; 123)

421 Melanchthon, Philipp: **Heubtartikel Christlicher Lere:** Melanchthons deutsche Fassung seiner Loci Theologici, nach dem Originaldruck von 1553/ hrsg. von Ralf Jenett; Johannes Schilling. 2., aktual. und erg. Aufl. L: EVA, 2010. 508 S.: Faks.

422 Melanchthon, Philipp: **Heubtartikel Christlicher Lere:** Melanchthons deutsche Fassung seiner Loci Theologici, nach dem Originaldruck von 1553/ hrsg. von Ralf Jenett; Johannes Schilling. 3., unv. Aufl. L: EVA, 2012. 508 S.: Faks.

423 [Melanchthon, Philipp]: **Melanchthons Briefwechsel:** kritische und kommentierte Gesamtausgabe/ im Auftrag der Heidelberger Akademie der Wissenschaften hrsg. von Christine Mundhenk. Band T 12: **Texte 3127–3420a (1543)/** bearb. von Matthias Dall'Asta; Heidi Hein; Christine Mundhenk. S-Bad Cannstatt: Frommann-Holzboog, 2011. 533 S. – Rez.: Keller, Rudolf: ZBKG 80 (2011), 511–514.

424 [Melanchthon, Philipp]: **Musik – Herzschlag der Seele:** Melanchthons Vorrede zu den »Selectae harmoniae« von 1538/ bearb. und übers. von Christopher Spehr. Lu 83 (2012), 2–7.

425 [Melanchthon, Philipp]: **Philip Melanchthon's poem to Martin Luther/** eingel. von Erik H. Herrmann; erl. von James B. Prothro. CJ 36 (2010), 97–101.

426 Michel, Stefan: **Sammler – Chronist – Korrektor – Editor:** zur Bedeutung des Sammlers Georg Rörer (1492–1557) und seiner Sammlung für die Wittenberger Reformation. In: 010, 9–60.

427 Michel, Stefan: **Die Sonntagsvorlesungen Philipp Melanchthons:** vom akademischen Vortrag zum homiletischen Hilfsmittel. In: 025, 177–190.

428 Müller, Gerhard: **Philipp Melanchthon: Wissenschaftler und Christ.** CAZW (2010) Heft 1, 38–44: Ill.

429 Mundhenk, Christine: **Reformstau und Politikverdrossenheit:** Melanchthons Briefe vom Regensburger Reichstag 1541. In: 025, 51–63.

430 Mundhenk, Christine: Rhetorik und Poesie im Bildungssystem Melanchthons. LuJ 78 (2011), 251–275.

431 Mundt, Felix: **Melanchthon und Cicero:** Facetten des Eklektizismus am Beispiel der Seelenlehre. In: 026, 147–171.

432 Plathow, Michael: **Philipp Melanchthon und religiöse Toleranz.** Lu 82 (2011), 181–191.

433 Rhein, Stefan: **Luther und Melanchthon:** Kollegen und Freunde in Wittenberg. In: 039, 50f: Ill.

434 Rhein, Stefan: **Melanchthon und die Musik.** Lu 82 (2011), 117–127.

435 Rhein, Stefan: **Melanchthonhaus:** auch Studenten wohnten hier. In: 039, 74f: Ill.

436 Roling, Bernd: **Melanchthon im Streit um den Ursprung der Seelen:** die Debatte zwischen Johannes Sperling und Johannes Zeisold. In: 026, 173–199.

437 Scheible, Heinz: **Melanchthon, Philipp** (Melanchthon, Philipp <engl.>). In: 029, 218–225.

438 Scheible, Heinz: **Melanchthon und seine Heimat.** (1977). In: 033, 201–222.

439 Scheible, Heinz: **Melanchthons Abschiedsbrief an seinen Schüler Jakob Runge.** (1989). In: 033, 359–372.

440 Scheible, Heinz: **Melanchthons Bedeutung für die pfälzische Kirche.** (2010). In: 033, 373–392.

441 Scheible, Heinz: **Melanchthons Beziehungen zu Leonhard Fuchs.** (2001). In: 033, 329–348.

442 Scheible, Heinz: **Melanchthons Pforzheimer Schulzeit:** Studien zur humanistischen Bildungselite. (1989). In: 033, 223–269.

443 Scheible, Heinz: **Melanchthons Verständnis des Danielbuchs** In: 011, 293–321.

444 Scheible, Heinz: **Melanchthons Verständnis des Danielbuchs.** (2007). In: 033, 307–328.

445 Scheible, Heinz: **Philipp Melanchthon, ein Theologe der Reformation.** (2002). In: 033, 179–200.

446 Scheible, Heinz: Reuchlins Einfluß auf Melanchthon. (1993). In: 033, 277–306.

447 Scheible, Heinz: **Die Verfasser der kurpfälzischen Schulordnung von 1556.** (1991). In: 033, 169–178.

448 Scheible, Heinz: **Wolfgang Musculus und Philipp Melanchthon.** (1997). In: 033, 349–358.

449 Schilling, Johannes: **Auditor, Scriba, Autor und Editor:** Luthers Werk(e) in Rörers Händen. In: 010, 171–179.

450 Schmidt-Biggemann, Wilhelm: **Topik und »Loci Communes«:** Melanchthons Traditionen. In: 026, 77–93.

451 Schneider, Hans-Otto: **Melanchthons Gutachten über das Interim vom 16. Juni 1548 in englischer Übersetzung.** In: 025, 315–334.

452 Selderhuis, Herman J.: **Melanchthon und das Kirchenrecht.** In: 025, 213–225.

453 Spehr, Christopher: **Zwischen unbeachtet und überbewertet:** Leben und Werk des Georg Rörer (1492–1557) im Kontext reformationshistorischer Forschung. In: 010, 253–272.

454 Stiening, Gideon: **»Notitiae principiorum practicorum«:** Melanchthons Rechtslehre

zwischen Machiavelli und Vitoria. In: 026, 115–146.

455 Vogel, Lothar: **Melanchthons Einfluss auf reformatorische Tendenzen in Italien**. In: 025, 379–398.

456 Wartenberg, Günther: **Mathesius, Johannes** (Mathesius. In: 029, Johannes <engl.>). In: 029, 147.

457 Weide, Christine: **Der Briefwechsel zwischen Georg Spalatin und Philipp Melanchthon:** eine Bestandsaufnahme. In: 025, 35–42.

458 Weigel, Maria Lucia: **Melanchthon als Philosoph in graphischen Bildnissen des 16.–19. Jahrhunderts.** In: 026, 201–234.

459 Wellman, Sam: **Frederick the Wise:** seen and unseen lives of Martin Luther's protector. [Charleston, SC]: Wild Centuries, 2011. XX, 344 S.: Ill.

460 Wischmeyer, Johannes: **Übersetzung und Kontaktaufnahme:** Wissenstransfer und persönliche Kommunikationsbeziehungen wischen Melanchthon und dem Königreich England. In: 025, 303–314.

461 Zur Mühlen, Karl-Heinz: **Der Dialog als Mittel zur Lösung religiöser und politischer Konflikte bei Melanchthon.** In: 040, 277–292.

462 Zur Mühlen, Karl-Heinz: **Die Kirchenväter in der Diskussion zwischen Johannes Eck und Philipp Melanchthon über die Erbsünde auf dem Religionsgespräch in Worms 1540/41.** In: 040, 304–322.

463 Zur Mühlen, Karl-Heinz: **Melanchthons Auffassung vom Affekt in den »Loci communes« von 1521.** In: 040, 84–95.

c) Altgläubige

464 Beyer, Michael: **Miltitz, Karl von** (Miltitz, Karl von <engl.>). In: 029, 365.

465 Fleischman-Bisten, Walter: **Rom und das Papsttum.** In: 03, 91–94.

466 Kusche, Beate: **»Ego collegiatus« – die Magisterkollegien an der Universität Leipzig von 1409 bis zur Einführung der Reformation 1539:** eine struktur- und personengeschichtliche Untersuchung. 2 Teilbände. L: EVA, 2009. 458 S./ S. 465–979: Ill. (Beiträge zur Leipziger Universitäts- und Wissenschaftsgeschichte [BLUWiG]: Reihe A; 6) – Zugl.: L, Univ, Fak. für Geschichte, Kunst- und Orientwissenschaft, Diss., 2009.

467 Nikitsch, Eberhard J.: **Papst Hadrian VI. (1522/23) und seine Klientel im Spiegel ihrer Grabdenkmäler.** LuJ 78 (2011), 9–37.

468 Schwarz, Hilmar: **Die Päpste der Lutherzeit.** In: 04, 90–95.

469 Thomas, Ralf: **Johannes von Salhausen:** Bischof von Meißen 1487–1518. (1988). In: 037, 77–82.

d) Humanisten

470 Arnold, Matthieu: **Une impasse historiographique:** Érasme contre Luther, une opposition de tempéraments. Revue des sciences religieuses 85 (Strasbourg 2011), 65–76.

471 Farkas, Gábor: **Régi könyvek, új csillagok** (Alte Bücher, neue Sterne). BP: Balassi: MTA Irodalomtudományi Intézete: Országos Széchényi Könyvtár, 2011. 282 S.: Ill. (Humanizmus és Reformáció; 32)

472 Panofsky, Erwin: **Erasmus and the visual arts.** (1969). In: Erwin Panofsky – die späten Jahre/ Redaktion: Angela Dressen; Susanne Gramatzki. Elektronische Ressource. Kunsttexte.de: Journal für Kunst- und Bildgeschichte (2011) Nr. 4, 1–23: Ill. (Kunsttexte.de: Renaissance) – <http://edoc.hu-berlin.de/kunsttexte/2011-4/panofsky-erwin-1/PDF/panofsky.pdf>.

473 Sanetrník, David: **Reformní theolog Erasmus Rotterdamský a jeho polemika s Lutherem** (Der Reformtheologe Erasmus von Rotterdam und seine Polemik gegen Luther). In: [Erasmus von Rotterdam, Desiderius] Erasmus Rotterdamský: O svobodné vůli = De libero arbitrio (Vom unfreien Willen = De libero arbitrio). Tschechisch und Lateinisch/ übers. von Karla Kortová; Anmerkungen und einleitende Studie von David Sanetrník. Praha: Oikoymenh, 2006, 7–103. (Knihovna renesančního myšlení; 3)

474 Steppich, Christoph J.: **Erasmus and the alleged »dogma Lutheri« concerning war against the Turks.** LuJ 78 (2011), 205–250.

475 Zur Mühlen, Karl-Heinz: **Reform an Haupt und Gliedern:** das reformatorische Anliegen Martin Luthers im Unterschied zu Erasmus und Thomas Morus. In: 040, 65–83.

e) Thomas Müntzer und Bauernkrieg

476 Görtz, Hans-Jürgen: **Müntzer, Thomas** (Müntzer [Münzer], Thomas <engl.>). In: 029, 614f.

477 Leppin, Volker: **»Fleischliche Freiheit«?:** Luther und die Bauern. In: 038, 7–27: Ill.

478 Röcke, Werner: **Die Danielprophetie als Reflexionsmodus revolutionärer Phantasien im Spätmittelalter.** In: 011, 245–267.

479 Stengel, Friedemann: **Omnia sunt communia:** Gütergemeinschaft bei Thomas Müntzer. ARG 102 (2011), 133–174: abstract. L 106–109.

f) »Schwärmer« und Täufer

480 Bernet, Claus: **The concept of the New Jerusalem among early anabaptists in Münster 1534/35:** an interpretation of political, social and religious rule. ARG 102 (2011), 175–194: Zusammenfassung. L 192.

g) Schweizer und Oberdeutsche

481 Heitz-Muller, Anne-Marie: **Les Réformateurs strasbourgeois et la fermeture des couvents féminins.** PL 59 (2011), 139–159. L 145–147.

482 **Kálvin és Luther találkozásai** (Begegnungen von Calvin und Luther)/ hrsg. von László Tibor Jakab. [BP: Barankovics István Alapítvány: KDNP Protestáns Műhely, 2010]. 46 S. (A KDNP PM Tanulmányi Füzetei; 3)

483 Moeller, Bernd: **Zwinglis Disputationen:** Studien zur Kirchengründung in den Städten der frühen Reformation/ mit einem Vorwort von Thomas Kaufmann. 2. Aufl. [von »Zwinglis Disputationen: Studien zu den Anfängen der Kirchenbildung und des Synodalwesens im Protestantismus«. 2 Teile. (1970. 1974)]. GÖ: V&R, 2011. 211 S.

484 Muller, Richard A.: **From Zürich or from Wittenberg?:** an examination of Calvin's early eucharistic thought. Calvin theological journal 45 (Grand Rapids, MI 2010), 243–255.

485 Pitkin, Barbara: **Prophecy and history in Calvin's Lectures on Daniel** (1561). In: 011, 323–347.

486 **Die Zürcher Bibel von 1531:** Entstehung, Verbreitung und Wirkung/ hrsg. von Christoph Sigrist; Beiträge: Hans Rudolf Lavater-Briner … Zürich: TVZ, Theologischer Verlag, 2011. 171 S.: Ill.

487 Zur Mühlen, Karl-Heinz: **Martin Bucer und die Religionsgespräche von Hagenau und Worms 1540/41.** In: 040, 293–303.

h) Juden

488 Burnett, Stephen G.: **Christian Hebraism in the Reformation era (1500–1660):** authors, books, and the transmission of Jewish learning. Leiden; Boston: Brill, 2012. XX, 344 S.: Kt. (Library of the written word; 19: The handpress world; 13)

489 Burnett, Stephen G.: **Christian Hebraism in the Reformation era (1500–1660):** authors, books, and the transmission of Jewish learning. Online-Ausgabe. Leiden; Boston: Brill, 2012. XX, 344 S.: Kt. (Library of the written word; 19: The handpress world; 13)

490 Gritsch, Eric W.: **Martin Luther's antisemitism:** against his better judgement. Grand Rapids, MI; Cambridge, U. K.: Eerdmans, 2012. XIV, 158 S.

491 Hillerbrand, Hans J.: **Christlicher Philosemitismus in der Frühen Neuzeit.** In: Geliebter Feind – gehasster Freund: Antisemitismus und Philosemitismus in Geschichte und Gegenwart; Festschrift zum 65. Geburtstag von Julius H. Schoeps/ hrsg. von Irene A. Diekmann; Elke-Vera Kotowski. B: vbb, Verlag für Berlin-Brandenburg, 2009, 147–164. (Neue Beiträge zur Geistesgeschichte; 7)

492 Hövelmann, Hartmut: **Der Aufdecker:** im Mittelalter wurde das Judenviertel wegplaniert; 200 Jahre später stellte sich ein Nürnberger auf die Seite der Juden: Andreas Osiander. In: 022, 28–31: Ill.

493 Kaufmann, Thomas: **Luthers »Judenschriften«:** ein Beitrag zu ihrer historischen Kontextualisierung. TÜ: Mohr Siebeck, 2011. 231 S.: Faks. [Vgl. LuB 2000, Nr. 857; LuB 2008, Nr. 653f.]

494 Nagy V., Rita: **Teológia és antiszemitizmus:** Krisztus megfeszítésétől a 20. századig (Theologie und Antisemitismus: von Kreuzigung Christi bis zum 20. Jahrhundert). BP: Jószöveg Műhely, 2011. 218 S.: Ill.

495 Ward, Rowland: **A passion for God and a passion for Jews:** the basis and practice of Jewish mission 1550–1850. Reformed theological review 70 (Melbourne 2011), 1–25.

i) Künstler, Kunst, Bilderfrage

496 Christin, Olivier; Deschamp, Marion: **Une politique de portrait?:** l'heritage calvinien. ARG 102 (2011), 195–219: Ill.: abstract.

497 D[ämmig], M[atthias]: **Luther im Disput mit Handwerkern:** Sebald Beham um 1524 Flugblatt mit Holzschnitt. In: Die gottlosen Maler von Nürnberg: Konvention und Subversion in der Druckgrafik der Beham-Brüder; Katalog zur Ausstellung »Die Gottlosen Maler von Nürnberg«; Ausstellung im Albrecht-Dürer-Haus Nürnberg 31. März 2011 bis 3. Juli 2011/ Museen der Stadt Nürnberg – Graphische Sammlung in Zusammenarbeit mit dem Sonderforschungsbereich 804 »Transzendenz und Gemeinsinn«, Dresden; hrsg. von Jürgen Müller; Thomas Schauerte. B: Imorde, 2011, 196f.

498 Fritz, Yvonne: **Gesetz und Gnade – Glaubensbekenntnisse in der kurfürstlich-sächsischen Kunstkammer von Kurfürst August.** In: 09, 21f: Ill.

499 Koch, Klaus: **Daniel in der Ikonografie des Reformationszeitalters.** In: 011, 269–291.

500 Krauß, Jutta: **»So häßlich, daß sich die Welt entsetze« – Bildsatire in der Reformation.** In: 04, 141–153.

501 Krodel, Gottfried G.: **Dürers Luther-Bücher:** ein Beitrag zur Dürer-Biographie/ hrsg. von Martin Brecht. [GÜ]: GVH, 2012. 166 S.: Ill. (Schriften des Vereins für Reformationsgeschichte; 213)

502 Meier, Esther: **Handbuch der Heiligen.** DA: WB, 2010. 400 S.: Ill. – Rez.: Gemeinhardt, Peter: MD 62 (2011), 077.

503 Meier, Esther: **Handbuch der Heiligen.** DA: Primus, 2010. 400 S.: Ill. – Rez.: Gemeinhardt, Peter: MD 62 (2011), 077.

504 Schauerte, Thomas: **Bekenner oder Skeptiker?:** Albrecht Dürer malte für die Reformation, sein Verhältnis zu ihr war ambivalent. In: 022, 24–27: Ill.

505 **Spätgotik und Renaissance/** hrsg. von Katharina Krause; Beiträge von Uwe Albrecht; Thomas Biller … M [u.a.]: Prestel [u.a.], 2007. 639 S.: Ill., Kt. (Geschichte der bildenden Kunst in Deutschland; 4)

506 **Spätgotik und Renaissance/** hrsg. von Katharina Krause; Beiträge von Uwe Albrecht; Thomas Biller … Lizenzausgabe. DA: WB, 2007. 639 S.: Ill., Kt. (Geschichte der bildenden Kunst in Deutschland; 4)

507 Strehle, Jutta: **Lucas Cranach in Wittenberg:** Künstler, Geschäftsmann, Bürgermeister. In: 039, 44–49: Ill.

508 **Umění české reformace:** (1380–1620) (Die Kunst der böhmischen Reformation [1380–1620])/ hrsg. von Katerina Horníčková; Michal Šroněk. PR: Academia, 2010. 555 S.: Ill.: engl. Zusammenfassung: **The art of the Bohemian Reformation (1380–1620).**

509 Zur Mühlen, Karl-Heinz: **Luther und die Bilder:** theologische, pädagogische und kulturtheoretische Aspekte. In: 040, 184–198.

j) Territorien und Orte innerhalb des Deutschen Reiches

510 Aquila, Caspar: **Schriften und Lebenszeugnisse des Saalfelder Reformators:** Theologie und Frömmigkeit, Bildung und Armenfürsorge in der Reformation/ ausgew. und komm. von Heinz Endermann. Hildesheim; ZH; NY: Olms, 2009. VIII, 351 S. (Theol. Texte und Studien; 14)

511 **Das Bistum Halberstadt.** Bd. 1: **Das Stift St. Nikolaus in Stendal/** im Auftrage des Max-Planck-Instituts für Geschichte bearb. von Christian Popp. Druck- und Internetversion. B; NY: de Gruyter, 2007. VIII, 357 S.: Taf. L 32f. 36f. 119. 123. 138. 240. (Germania Sacra: N. F.; 46 I)

512 Brunner, Horst: **Dichter der Reformation:** Hans Sachs, der singende Schuster, ärgerte sich über oberflächliche Protestanten. In: 022, 32–35: Ill.

513 Grumbach, Argula von: **Schriften/** hrsg. von Peter Matheson. GÜ: GVH, 2010. 168 S.: Ill. (Quellen und Forschungen zur Reformationsgeschichte; 83) – Rez.: Huber, Wolfgang: ZBKG 80 (2011), 466–481. [Vgl LuB 2012, Nr. 724]

514 Halvorson, Michael J.: **Baptismal ritual and the early Reformation in Braunschweig.** ARG 102 (2011), 59–86: Zusammenfassung.

515 Hamm, Berndt: **Gestrenge Herren, neue Bräuche:** Wie der Zorn in der Bevölkerung kochte; und wie die Ratsherren Aufruhr und Bildersturm verhindern konnten. In: 022, 40–55: Ill.

516 Hohenberger, Thomas: **Die christuszentrierte Glaubensethik Johann Schweblins in seinen reformatorischen Flugschriften.** In: Schweblin, Johannes: Deutsche Schriften/ hrsg. von Bernhard H. Bonkhoff; mit

einer historisch-theol. Einleitung von Thomas Hohenberger. Speyer: Evang. Presseverlag Pfalz, 2009, 9–50. (Evang. Kirche der Pfalz: Texte und Dokumente; 5)

517 Huber, Wolfgang: **Der Reformator Georg Vogtherr und sein Epitaph in der Stiftskirche zu Feuchtwangen.** ZBKG 80 (2011), 260–283: Ill. L".

518 Jadatz, Heiko: **Apollonia von Wiedebach – eine Förderin der evangelischen Predigt an der Thomaskirche?** In: 01, 146–155: Ill.

519 Koch, Ernst: **Wohin mit den Mönchen?:** eine unbekannte Quelle zur frühen Reformation in Gotha und Westthüringen. ARG 102 (2011), 87–102: abstract.

520 Münchow, Christoph: **Eigenwillige Reformatorin:** Elisabeth von Sachsen kämpfte mit Diplomatie und Lebenslust für die Sache der Evangelischen. ZZ 13 (2012) Heft 6, 41–43: Ill.

521 Münchow, Christoph: **Region mit Weltgeltung:** Sachsen und sein Reformationsgedenken. L: EVA, 2011. 116 S.: Ill.

522 Rassloff, Steffen: **Siegeszug des Evangeliums und »Tragen auf beiden Schultern«.** In: 08, 36–42: Ill.

523 Reich, Helga: **Die Beziehungen der Familie von Einsiedel auf Gnandstein zu führenden Reformatoren.** In: Winzeler, Marius; Stekovics, Janos: Burg und Kirche: christliche Kunst in Gnandstein/ hrsg. vom Museum Burg Gnandstein; mit Beiträgen von Helga Reich; Ingo Sandner; Ekkehard Vollbach. Halle an der Saale: Stekofoto, 1994, 12–15: Ill.

524 Scheible, Heinz: **Johannes Draconites:** ein Gelehrter der Reformationszeit als Pfarrer von Miltenberg und sein unsteter Lebensweg. (2002). In: 033, 77–98.

525 Scheible, Heinz: **Kurfürst Ottheinrich, ein Mann des Kairos.** (2007). In: 033, 153–168.

526 Scheible, Heinz: **Luther und die Anfänge der Reformation am Oberrhein.** (1983). In: 033, 11–28.

527 Scheible, Heinz: **Von Luther zu Ottheinrich:** die Reformation in Heidelberg. (1996). In: 033, 147–152.

528 Schneider, Hans: **Veit Dietrich und Graf Wolrad II. von Waldeck.** ZBKG 79 (2010), 23–45.

529 Schwanhauser, Johannes: Schriften und Predigten/ hrsg. von Horst Weigelt. Nürnberg: Verein für Bayerische Kirchengeschichte, 2010. XXXV, 219 S.: Ill. (Arbeiten zur Kirchengeschichte Bayerns; 89) – Rez.: Huber, Wolfgang: ZBKG 80 (2011), 466–481. [Vgl. LuB 2012, Nr. 724]

530 Thomas, Ralf: **Aufbau und Umgestaltung des Superintendentialsystems in der sächsischen Landeskirche bis 1815.** (1976). In: 037, 156–203.

531 Thomas, Ralf: **Die Einführung der Reformation im Meißner Stiftsgebiet unter besonderer Berücksichtigung des Wurzener und Mügelner Territoriums.** (1973). In: 037, 87–114.

532 Thomas, Ralf: **Luthers Reisen von Wittenberg nach der südlichen Region des kursächsischen Landesstaates.** (1982). In: 037, 214–234: Kt.

533 Thomas, Ralf: **Das Wurzener Land in der Wirksamkeit Martin Luthers.** (1983). In: 037, 83–86.

534 Völker, Eberhard: **Reformation im Schatten der Politik – Machtkämpfe und kirchliche Umgestaltung in Stettin.** ARG 102 (2011), 103–132: abstract. L 106–109.

535 Weigelt, Sylvia: **Sibylle von Kleve:** Cranachs schönes Modell. Weimar; Eisenach: Wartburg-Verlag,2012. 92 S.: Ill.

k) Länder und Orte außerhalb des Deutschen Reiches

536 Amos, N. Scott: **Protestant exiles in England:** Martin Bucer, the measured approach to reform, and the Elizabethan settlement; »Eine gute, leidliche Reformation«. In: 034, 151–174.

537 Beiergrößlein, Katharina: **Robert Barnes, England und der Schmalkaldische Bund (1530–1540).** GÜ: GVH, 2011. 279 S.: Ill. (Quellen und Forschungen zur Reformationsgeschichte; 86) – Zugl.: Bayreuth, Univ., Kulturwissenschaftl. Fak., Diss., 2010/11 (Graduate School Mitteleuropa und Angelsächsische Welt 1300–2000).

538 Bel, Matthias: **Notitia Hungariae novae historico-geographica: Comitatuum ineditorum tomus primus, in quo continentur Comitatus adhuc in mss. haerentes Partis Primae Cis-Danubialis, hoc est, Comitatus Arvensis et Trentsiniensis/** hrsg. von Gregorius Tóth. BP: MTA Történettudományi Intézet: Magyar Országos Levéltár, 2011. 392 S.

539 Csepregi, Zoltán: **Die Anfänge der Reformation im Königreich Ungarn bis 1548.** In: 027, 127–147.

540 Csepregi, Zoltán: **A bártfai reformáció Stöckel előtt** (Die Reformation in Bartfeld vor Stöckels Auftreten). In: 017, 169–186.

541 Csepregi, Zoltán: **Bebek Imre prépost budai menyegzője (1533):** a szabadság evangéliumától a házas papok rendjének regulájáig (Die Hochzeit des Propstes Imre Bebek [Ofen 1533]: vom Evangelium der Freiheit bis zur Ordensregel der verheirateten Kleriker). In: 02, 95–103.

542 Csepregi, Zoltán: **A Dévai-kód** (Der Dévai-Code). In: 014, 63–100.

543 Csepregi, Zoltán: **Kálvin hatása Magyarországon és Erdélyben 1551 előtt?** (Calvins Wirkung und Einfluss in Ungarn und Siebenbürgen vor 1551?) Egyháztörténeti szemle 12 (Miskolc 2011), Heft 1, 154–169.

544 Debreceni Ember, Pál: **Historia ecclesiae reformatae in Hungaria et Transylvania:** a magyarországi és erdélyi református egyház története/ übers. von Péter Botos. Sárospatak: Sárospataki Református Kollégium Tudományos Gyűjteményei, 2009. 776 S.: Ill.

545 **Die evangelischen Kirchenordnungen des XVI. Jahrhunderts/** begr. von Emil Sehling; fortgef. von der Heidelberger Akademie der Wissenschaften; hrsg. von Eike Wolgast. Vierundzwanzigster Band: **Siebenbürgen:** Das Fürstentum Siebenbürgen. Das Rechtsgebiet und die Kirche der Siebenbürger Sachsen/ bearb. von Martin Armgart unter Mitwirkung von Karin Meese. TÜ: Mohr Siebeck, 2012. XIV/ 534 S.

546 Grell, Ole Peter: **From popular, evangelical movement to Lutheran Reformation in Denmark:** a case of two reformations. ARG 102 (2011), 33–58: Zusammenfassung.

547 Hagemann, Ludwig: **Martin Luther ve İslam anlayişi/** (Martin Luther und der Islam <türk.>)/ übers. von Kuthan Kahramantürk. İzmir: Dokuz Eylül, 2000. 30 S. (Düşün; 8)

548 Hubert, Ildikó: **»Az mit Istennek mívelhetek, örömest kész vagyok hozzája«:** Kulcsár György és művei (»Was ich für Gott tun kann, dazu bin ich freudig bereit«: György Kulcsár und seine Werke). BP: Luther, 2011. 140 S.: Ill.

549 Hūli, Amīn al-: **Die Verbindung des Islam mit der christlichen Reformation:** Übersetzung und Kommentar/ hrsg. von Christiane Paulus. Frankfurt, M.; Berlin; Bern; Bruxelles; New York, NY; Oxford; W: Lang, 2011. 186 S. (Reihe für Osnabrücker Islamstudien; 4) – Rez.: Barth, Hans-Martin: Lu 83 (2012), 123–125.

550 Kurzke, Herrmann: Kirchenlied und Kultur/ Redaktion: Christiane Schäfer. TÜ: Francke, 2010. 261 S. (Mainzer hymnologische Studien; 24)

551 **Luteráni v českých zemích v proměnách staletí** (Die Lutheraner in den böhmischen Ländern im Wandel der Jahrhunderte)/ von Jirí Just; Zdenek R. Nešpor; Ondrej Matějka. PR: Lutherova Společnost, 2009. 395 S.: Ill.: deutsche Zusammenfassung.

552 MacCulloch, Diarmaid: **Sixteenth-century English Protestantism and the continent.** In: 034, 1–14.

553 MacEntegart, Rory: **Henry VIII and the German Lutherans:** a reassessment. In: 034, 29–52.

554 Null, Ashley: **Princely marital problems and the Reformers' solutions.** In: 034, 133–149.

555 Ohst, Martin: **Martyrdom in the German and English Reformations.** In: 034, 255–270

556 Ohst, Martin: **Das Martyrium in der deutschen und in der englischen Reformation.** In: 034, 235–254.

557 Spinks, Bryan D.: **German influence on Edwardian liturgies.** In: 034, 212–250.

558 Szabadi, István: **Stöckel és a lutheri-kálvini hitviták** (Stöckel und die lutherisch-calvinischen Glaubensstreitigkeiten). In: 017, 95–101.

559 Trueman, Carl R.: **Early English Evangelicals:** three examples. In: 034, 15–28.

560 Wendebourg, Dorothea: **Die deutschen Reformatoren und England.** In: 034, 53–93.

561 Wendebourg, Dorothea: **The German Reformers and England.** In: 034, 94–132.

562 Wien, Ulrich A.: **Die Reformation in Siebenbürgen.** In: 027, 247–262.

a) Allgemein

563 **Anthologie protestante de la poésie française/** hrsg. von Philippe François. Strasbourg: Presses Universitaires de Strasbourg, 2011. 218 S. L 41 f+". (Ecriture et société; 3)

564 Beutel, Albrecht: **Gerhard Ebeling:** eine Biographie. TÜ: Mohr Siebeck, 2012. XVII, 606 S.: Ill.

565 Ferrario, Fulvio: **Il battesimo nella tradizione riformata:** due prospettive teologiche (Die Taufe in reform. Tradition: zwei theol. Perspektiven). Pro 64 (2009), 393–410.

566 Klueting, Harm: **Luther und die Neuzeit.** 1. Aufl. der Buchausgabe. DA: Primus, 2011. 223 S.

567 Klueting, Harm: **Luther und die Neuzeit.** E-Book-Ausgabe: EPUB-Format. DA: Primus, 2011. 223 S.

568 Krauß, Jutta: **Von »Laufzettelein, die sich selbst auf die Beine bringen« – Die ersten Massenmedien.** In: 04, 7–24.

569 Ohlig, Karl-Heinz: **Europäische und außereuropäische Kultur- und Ordnungsideen:** die Mittelpunktstellung von Subjekt und kritischer Vernunft als europäisches Spezifikum. In: 015, 178–216.

570 Ricca, Paolo: **Einheit und Vielfalt in der Waldensersynode.** EvD 81 (2012), 52–56. (EvD [Themenheft]: Frankreich, Italien, Portugal, Spanien)

571 Thomas, Ralf: **Wirkungen der Reformation auf die Kirchenverfassung der Evangelisch-Lutherischen Landeskirche Sachsens.** (1992). In: 037, 140–155: Ill.

b) Orthodoxie und Gegenrefomation

572 Bauer, Joachim: **Die Gründung der Jenaer Universität als Ausgangspunkt korporativer Erinnerungskultur.** In: 010, 105–121: Ill.

573 Becker-Cantarino, Barbara: **Johann Scheffler und die Kontroverse um seine »Tuercken-Schrifft«.** In: Memoria Silesiae: Leben und Tod/ Kriegserlebnis und Friedenssehnsucht in der literarischen Kultur des Barock; zum Gedenken an Marian Szyrocki (1928–1992)/ hrsg. von Mirosława Czarnecka ... Wrocław: Wydawnictwo Uniwersytetu Wrocławskiego, 2003, 71–78. (Acta Universitatis Wratislaviensis; 2504)

574 Beyer, Michael: **Leipziger Kirche und Kirchengut in der Reformationszeit:** die Absicherung der städtischen kirchlichen Versorgung aus dem Thomaskloster durch Herzog Moritz von Sachsen. In: 01, 136–145: Ill.

575 Binder, Ludwig: **Theologie und Bekenntnis auf Synoden der evang.-sächsischen Kirche 1545–1578.** In: 028, 37–122. L".

576 **Die Debatte um die Wittenberger Abendmahlslehre und Christologie (1570–1574)/** hrsg. von Irene Dingel; bearb. von Johannes Hund; Henning Jürgens. GÖ: V&R, 2008. IX, 1190 S.: Ill. (Controversia et confessio; 8)

577 Dülberg, Angelica: **Der Große Schlosshof des Dresdener Residenzschlosses von Kurfürst Moritz – ein Bekenntnis zum protestantischen Glauben.** In: 09, 134–140: Ill.

578 Ecsedi, Zsuzsa; Hubert, Gabriella H.: **Zöngedöző** (Zöngedöző: Evang. Gesangbuch um 1700). In: 02, 104–114.

579 Gößner, Andreas: **Der terministische Streit:** Vorgeschichte, Verlauf und Bedeutung eines theologischen Konflikts an der Wende vom 17. zum 18. Jahrhundert. TÜ: Mohr Siebeck, 2011. XIII, 495 S. L". (Beiträge zur historischen Theologie; 159)

580 Greule, Albrecht: **Textstruktur und Texttradition:** Paul Gerhardts geistliches Lied »O Haupt voll Blut und Wunden«. In: 012, 185–196.

581 Halvorson, Michael J.: **Heinrich Heshusius and confessional polemic in early Lutheran orthodoxy.** Farnham, Surrey, England; Burlington, VT: Ashgate, 2010. XVIII, 263 S.: Ill. (St. Andrews studies in Reformation history) – Rez.: Hund, Johannes: Lu 82 (2011), 203 f.

582 Hansen, Jörg: **Luther, der Musiker – Bach, der Theologe:** Johann Sebastians Frömmigkeit und eine Sonderausstellung im Bachhaus Eisenach. In: 07, 34–36: Ill.

583 Hund, Johannes: **Autorität und Identität:** die Bedeutung Luthers in den nachinterimistischen Streitkreisen im Bereich der Wittenberger Reformation. In: 010, 287–311.

584 Hund, Johannes: **Kryptocalvinismus oder Kryptophilippismus?:** die Wittenberger Abendmahlslehre und Christologie in den Jahren 1567–1574. In: 025, 271–288.

585 Ilič, Luka: **Praeceptor Humanissimus et duo Illyri:** Garbitius et Flacius. In: 025, 65–79.

586 Jürgens, Henning P.: **Flacius gegen Melanchthon – Die »Herrgotts Kanzlei« und der Kampf gegen das Interim.** In: 031, 203–220.

587 Jürgensen, Werner: **Die Kitzinger »Paul-Eber-Bibel« in ihrer Zeit.** In: 024, 5–18.

588 Kaufmann, Thomas: **Elizabethan settlement and the religious peace of Augsburg:** structural historical observations on the English and German Reformations. In: 034, 327–348.

589 Kaufmann, Thomas: **Elizabethan settlement und Augsburger Religionsfriede:** strukturgeschichtliche Beobachtungen zur englischen und zur deutschen Reformation. In: 034, 305–326.

590 Koch, Ernst: **In Spannungsfeldern der Landeskirche – Thomaskirche und Thomasschule zwischen 1580 und 1617.** In: 01, 105–119: Ill.

591 Loewe, Andreas: **»God's Capellmeister«:** the proclamation of Scripture in the music of J. S. Bach. Pacifica: Australian theological studies 24 (Melbourne 2011), 141–171.

592 Ludwig, Ulrike: **Zwischen Philippismus und orthodoxem Luthertum:** der kursächsische Reformprozess und das Melanchthonbild in Kursachsen in den Jahren 1576 bis 1580. In: 025, 99–114.

593 Mayes, Benjamin T. G.: **Counsel and conscience:** Lutheran casuistry and moral reasoning after the Reformation. GÖ; Oakville, CT: V&R, 2011. 350 S. (Refo500 academic studies; 1) – Zugl.: Grand Rapids, MI, PhD, 2009.

594 Niefanger, Dirk: **Barock:** Lehrbuch Germanistik. S; Weimar: Metzler, 2000. VIII, 275 S. L".

595 Niefanger, Dirk: **Barock:** Lehrbuch Germanistik. 2., aktual. und erw. Aufl. S; Weimar: Metzler/ 2006. VIII, 294 S.: Ill. L".

596 Niefanger, Dirk: **Barock:** Lehrbuch Germanistik. 3., aktual. und erw. Aufl. S: Metzler/ 2012. VIII, 309 S.: Ill. L".

597 Olson, Oliver K.: **Matthias Flacius and the survival of Luther's reform.** 2., korr. Aufl. MP: Lutheran, 2011. 428 S.: Ill.

598 Peters, Christian: **Glanz und Elend des Philippismus:** Beobachtungen an und im Ausgang von Jakob Heerbrands (1521–1600) Gedächtnisrede auf Philipp Melanchthon. In: 025, 81–98.

599 Petzoldt, Martin: **Thomasküster Rost, seine Familie und der Leipziger Gottesdienst zur Zeit Johann Sebastian Bachs.** In: 01, 162–181: Ill.

600 Plajer, Dietmar: **Die Engellehre bei Markus Fronius.** In: 028, 154–177. L".

601 **Reaktionen auf das Augsburger Interim:** der Interimistische Streit (1548–1549)/ hrsg. von Irene Dingel; bearb. von Johannes Hund; Jan Martin Lies; Hans-Otto Schneider. GÖ: V&R, 2010. X, 1030 S.: Ill. (Controversia et confessio; 1)

602 Reinis, Austra: **Piety and politics:** Aegidius Hunnius' sermons on the Lutheran catechism (1592). ARG 102 (2011), 220–242: Zusammenfassung.

603 Rhein, Stefan: **Paul Eber aus Kitzingen – Schüler und Kollege Philipp Melanchthons.** ZBKG 80 (2011), 239–259.

604 Rhein, Stefan: **Paul Eber in Wittenberg.** In: 024, 19–27.

605 Ryrie, Alec: **The afterlife of Lutheran England.** In: 034, 213–234.

606 Scheible, Heinz: **Caspar Peucer und die Kurpfalz.** (2004). In: 033, 393–407.

607 Sparn, Walter: **Vom Wir zum Ich:** geistliches Singen im Zeitalter des Barock. In: 06, 75–98: Faks.

608 Wagner, Klaus: **Die Katechismuspredigten des Johannes Budaker.** In: 028, 123–153. L".

c) Pietismus und Aufklärung

609 Binder, Gerhardt: **Bürgerlicher Pietismus zu Beginn des 18. Jahrhunderts:** zum Tagebuch des Simon Christophori. In: 028, 178–193.

610 Katona, Tünde; Keserű, Gizella: **»Mennyei örömnek útja darabos volt«:** 18. századi Luther-paszkvillusok (»Bis zur himmlischen Freude führt ein holpriger Weg«: Luther-Pasquillen aus dem 18. Jahrhundert). In: 02, 249–258.

611 Ligniez, Annina: **»[…] bey ietzigen gefährlichen und betrübten Zeiten […]«:** Zeitdiagnosen in Reformationsjubiläumspredigten 1717 in Wittenberg. In: 035, 37–69.

612 Marpurg, Friedrich Wilhelm: **Legende einiger Musikheiligen** (Legende einiger Musikheiligen: ein Nachtrag zu den musikalischen Almanachen und Taschenbüchern jetziger Zeit, von Simeon Metaphrastes, dem jüngern) Reprint der Originalausgabe Breslau, 1786/ mit einem Nachwort hrsg.

von Wolfgang Reich. Leipzig: Edition Peters/ 1980. [20], 331, XII S.: Noten. (Musikwissenschaftliche Studienbibliothek Peters)(Peters Reprints)

d) 19. und 20. Jahrhundert bis 1917

613 Bauer, Joachim: **»Freiheit, die ich meine«:** nationale Freiheitserhebung und Luthertum. In: 038, 64–81: Ill.

614 Flügel, Wolfgang: **Deutsche Lutheraner? Amerikanische Protestanten?:** die Selbstdarstellung deutscher Einwanderer im Reformationsjubiläum 1817. In: 035, 71–99.

615 Fuchshuber-Weiss, Elisabeth: **»Von der Übersicht zur Einsicht«:** Friedrich Bauers Schulgrammatik. ZBKG 80 (2011), 57–97. L".

616 Hund, Johannes: **»Das Volk will zum Besten gehalten sein« – Das Augustana-Jubiläum von 1830 im Großherzogtum Sachsen-Weimar-Eisenach.** ZKG 122 (2011), 201–232.

617 Keveházi, László: **Payr Sándor az egyháztörténész** (Sándor Payr der Kirchenhistoriker). In: Payr Sándor emlékkönyv (Festschrift für Sándor Payr)/ hrsg. von Sándor Polgárdi. Budapest: Luther, 2011, 54–66.

618 Kranich, Sebastian: **Das Dresdner Lutherjubiläum 1883.** In: 035, 101–143.

619 Krauß, Jutta: **Nicht »Wächter gegen Rom«, sondern Glaubensheld – das Denkmal der Reformation vor der Kulisse des Kulturkampfs.** In: 020, 52–59: Ill.

620 Krauß, Jutta: **Romantisches Reformationsgedenken:** wie Burschenschafter auf und Sängerbünde unterhalb der Wartburg Nation und Freiheit hochleben ließen. In: 07, 47–49: Ill.

621 Krüger, Malte Dominik: **Göttliche Freiheit:** die Trinitätslehre in Schellings Spätphilosophie. TÜ: Mohr Siebeck, 2008. X, 340 S. L". – Zugl.: TÜ, Univ., Theol. Fak., Diss., 2007. – Rez.: Brouwer, Christian: Lu 82 (2011), 75 f.

622 Kuschel, Karl-Josef: **Auf dem Weg ins dritte Jahrtausend:** Wie der Islam aus dem Geist der Ursprünge transformiert werden kann. ZZ 13 (2012) Heft 6, 29–31: Ill.

623 Mai, Christian: **Zur Ikonographie der sakralen Glasmalerei in Sachsen im 19. und Anfang des 20. Jahrhunderts.** In: Sachsen im 19. Jahrhundert: Kirche – Kunst – Kultur; Festgabe für Hartmut Mai zum 75. Geburtstag/ hrsg. von Christian Mai; Dirk Klingner; Jens Bulisch. Beucha: Sax, 2012, 148–176: Ill.

624 Schuchardt, Günter: **Historienbilder und »Duftmalerei« – Carl Alexanders Großherzoglich-Sächsische Kunstschule in Weimar.** In: 020, 41–51: Ill.

625 Seitz, Manfred: **Die »Herunterlassung Gottes«:** Theologie, Leben und Werk Hermann Bezzels. ZBKG 80 (2011), 129–137. L 133.

626 Sommer, Wolfgang: **Wilhelm Freiherr von Pechmann:** ein konservativer Lutheraner in der Weimarer Republik und im nationalsozialistischen Deutschland. 1. Aufl. GÖ: V&R, 2010. 255 S. : Ill.

e) 1918–1996

627 Biermann, Matthias: **»Das Wort sie sollen lassen stahn …«:** das Kirchenlied im »Kirchenkampf« der evangelischen Kirche 1933–1945. GÖ; Oakville, CT: V&R, 2011. 427 S.: Ill. L 85–91+". (Arbeiten zur Pastoraltheologie, Liturgik und Hymnologie; 70) – Zugl.: Jena, Univ., Theol. Fak., Diss., 2009.[Auch als E-Book: http://www.e-cademic.de/product/9783525624166]

628 Bormann, Lukas: **Bibel, Bekenntnis, Gewissensfreiheit – Judentum?:** Hans Meisers Schreiben an den Reichsfinanzhof vom 17. 9. 1943. ZBKG 80 (2011), 362–382. L".

629 Bultmann, Rudolf; Althaus, Paul: **Briefwechsel 1929–1966**/ hrsg. von Matthias Dreher; Gotthard Jasper. TÜ: Mohr Siebeck, 2012. 131 S.

630 Cooper, Adam G.: **Natural law in the Lutheran tradition:** Luther and Bonhoeffer. Ethics education: a journal for applied philosophy and ethics in the Christian tradition 16 (2010) Nr. 2, 65–76.

631 Flügel, Wolfgang: **Konkurrenz um Reformation und Luther:** die Konfessionsjubiläen der Kirchen und der SED in den Jahren 1967 und 1983. In: 035, 239–285.

632 Küllmer, Björn: **Die Inszenierung der Protestantischen Volksgemeinschaft:** Lutherbilder im Lutherjahr 1933. B: Logos, 2012. 126 S.: Ill.

633 Lehmann, Hartmut: **Das Christentum im 20. Jahrhundert:** Fragen, Probleme, Perspek-

tiven. L: EVA, 2012. 247 S. L 132 f+". (Kirchengeschichte in Einzeldarstellungen; IV/9)

634 Liedtke, Barbara: **Völkisches Denken und Verkündigung des Evangeliums:** die Rezeption Houston Stewart Chamberlains in evangelischer Theologie und Kirche während der Zeit des »Dritten Reiches«. L: EVA, 2012. 432 S. L". (Arbeiten zur Kirchen- und Theologiegeschichte; 37) – Zugl.: Leicht überarb. Fassung von: Bonn, Univ., Evang.-Theol. Fak., Diss., 2011.

635 Moses, John: **The politicization of Martin Luther in the German Democratic Republic.** Pacifica: Australian theological studies 24 (Melbourne 2011), 283–299.

636 Reichelt, Silvio: **Martin Luther als evangelischer Schutzheiliger:** die Reformationsfeiern an der Universität Halle-Wittenberg 1927–1941. In: 035, 145–193.

637 Schild, Maurice: Hermann Sasse's way: scholar, churchman, immigrant. In: Germans: travellers, settlers and their descendants in South Australia/ hrsg von Peter Monteath. Kent Town, South Australia: Wakefield, 2011, 384–401.

638 Sommer, Wolfgang: **Das Wirken von Kirchenpräsident Friedrich Veit im Spiegel seiner Beiträge in der Neuen Kirchlichen Zeitschrift.** ZBKG 80 (2011), 158–181. L".

639 Strauchenbruch, Elke: **Der Kirchentag in Wittenberg 1983:** Schwerter zu Pflugscharen. In: 039, 83: Ill.

640 Willenberg, Nicola: **»Mit Luther und Hitler für Glauben und Volkstum«:** der Luthertag 1933 in Dresden. In: 035, 195–237.

641 Zur Mühlen, Karl-Heinz: **Das Lutherverständnis Hans Joachim Iwands.** In: 040, 244–260.

7 Luthers Gestalt und Lehre in der Gegenwart

642 **Akademische Würdigung des am 16. Mai 2010 gestorbenen Leipziger Kirchenhistorikers Prof. Dr. Helmar Junghans im Trauergottesdienst in der Nikolaikirche zu Leipzig am 25. Mai 2010/** vorgetragen durch den Dekan der Theologischen Fakultät Leipzig, Jens Herzer; Text: Armin Kohnle. In: 013, 9–11.

643 Beintker, Michael: **Bildung in evangelischer Perspektive heute.** LuJ 78 (2011), 299–313.

644 Beros, Daniel C.: **»Außerhalb dieser wird nichts gelehrt als nur Scheinworte und Geschwätz«:** Überlegungen über die Bedeutung des reformatorischen Erbes in Lateinamerika. Luth. Kirche in der Welt: Jahrbuch des Martin-Luther-Bundes 59 (2012), 63–74.

645 Beyer, Michael: **Helmar Junghans als akademischer Lehrer.** In: 013, 65–71: Ill.

646 Bräuer, Siegfried: **Helmar Junghans als Zeitgenosse.** In: 013, 73–82.

647 Bräuer, Siegfried: **Helmar Junghans und die Müntzerforschung.** (2011). In: 013, 59–64.

648 Brandt, Reinhard: **Papst Benedikt XVI. und der Ablass:** aus Rom nichts Neues. In: 023, 195–208.

649 Brandt, Reinhard: **Worauf die Kirchen sich denn einigen sollten?:** eine Umfrage beim 2. Ökumenischen Kirchentag. Lu 82 (2011), 51–61.

650 Dalferth, Ingolf U.: **Radikale Theologie.** L: EVA, 2010. 282 S.: Ill. (Forum ThLZ; 23)

651 Dalferth, Ingolf U.: **Radikale Theologie.** 2. Aufl. L: EVA, 2012. 282 S.: Ill. (Forum ThLZ; 23)

652 Dieter, Theodor: **Die reformierte und die lutherische Bekenntnistradition und die Leistungsfähigkeit der Leuenberger Konkordie.** Luth. Kirche in der Welt: Jahrbuch des Martin-Luther-Bundes 59 (2012), 19–35.

653 Dietrich, Hans-Eberhard: **Die bessere Gerechtigkeit:** Plädoyer für ein Pfarrerdienstrecht, das Bibel und Bekenntnis gerecht wird; dargestellt am Beispiel der Versetzung von Geistlichen gegen ihren Willen/ mit einer Meditation von Friedrich Reitzig. Herne: Schäfer/ 2010. 133 S. (Studien zur Kirchengeschichte und Theologie; 1)

654 Dingel, Irene: **Helmar Junghans als Melanchthonforscher.** In: 013, 41–50: Ill.

655 Dorgerloh, Stephan: **»Wir sind zum wechselseitigen Gespräch geboren« (Philipp Melanchthon):** ein Gespräch mit Friedrich Schorlemmer. In: 039, 88f: Ill.

656 **Einführung von Margot Käßmann als EKD-Botschafterin für das Reformationsjubiläum 2017/** Texte von Nikolaus Schneider; Margot Käßmann; Katrin Göring-Eckhardt; Friedrich Weber. F: Gemeinschaftswerk der

Evang. Publizistik, 2012. 22 S. (Epd-Dokumentation; 19 [2012]).

657 Erne, Thomas: **Ikonische Performanz:** Luther und die Folgen für die Kunst der Gegenwart. Lu 82 (2011), 5–20.

658 Falcke, Heino: **Vom Kult der Leistung befreit:** wie eine Bildung aussieht, die Luthers Freiheitsbotschaft ernst nimmt. ZZ 12 (2011) Heft 8, 12–14.

659 Fermor, Gotthard: **Luther goes Rock?!:** religiöse Dimensionen in der Popmusik. Lu 82 (2011), 21–33.

660 Fischer, Rainer: **Wie geht »evangelisch«?:** protestantisches Profil gewinnen. Originalausgabe. Rheinbach: CMZ/ 2011. 78 S.: Ill.

661 Graesslé, Isabelle: **Le Musée international de la Réforme ou le patrimoine immatériel revisité.** In: Les musées du Protestantisme/ Zusammenstellung und Vorwort: Marianne Carbonnier-Burkard; Patrick Cabanel. Genéve: Droz, 2011. S. 471–632: Ill. (BPF; 157 [2011]), 567–582: Ill.

662 Henkel, Jürgen: **»Und sie glaubten ihnen nicht!«:** christlicher Glaube, Osterwunder und das leere Grab. CAZW (2011) Heft 2, 39–43: Ill.

663 Hultgren, Stephen: **Canon, creeds, and confessions:** an exercise in Lutheran hermeneutics. LThJ 46 (2012), 26–50.

664 Isermann, Gerhard: **Ich singe nicht mehr alles mit:** es ist an der Zeit, dass die Kirchen das Evangelische Gesangbuch überarbeiten. ZZ 12 (2011) Heft 8, 46–48: Ill.

665 Jüngel, Eberhard: **Das Evangelium von der Rechtfertigung des Gottlosen als Zentrum des christlichen Glaubens:** eine theologische Studie in ökumenischer Absicht. 5. Aufl. TÜ: Mohr Siebeck, 2006. XX, 244 S.

666 Jüngel, Eberhard: **Das Evangelium von der Rechtfertigung des Gottlosen als Zentrum des christlichen Glaubens:** eine theologische Studie in ökumenischer Absicht. 6. Aufl. TÜ: Mohr Siebeck, 2011. XX, 244 S.

667 Junghans, Helmar: **Rede anlässlich des Festakts zum 75. Geburtstag im Refektorium des Lutherhauses in Wittenberg am 19. Oktober 2006.** In: 013, 83–88: Porträt.

668 Kangas, David J.: **Luther and modernity:** Reiner Schürmann's topology of the modern in broken hegemonies. Epoché: a journal for the history of philosophy 14 (Charlottesville, VA 2010), 431–452.

669 Kohnle, Armin: **Helmar Junghans und die Territorialkirchengeschichte.** In: 013, 51–58: Ill.

670 Körtner, Ulrich H. J.: **»Gott fehlt. Mir«:** theologisch aufregend: Martin Walser über die Rechtfertigung. ZZ 13 (2012) Heft 4, 57f. – Rez. zu LuB 2012, Nr. 692.

671 Körtner, Ulrich H. J.: **Reformatorische Theologie im 21. Jahrhundert.** ZH: TVZ, Theol. Verlag, 2010. 99 S. (Theol. Studien: N. F.; 1) – Rez.: Buntfuß, Markus: Lu 82 (2011), 205–207; Ferrario, Fulvio: Pro 65 (2010), 347f.

672 Kremers, Helmut: **Zündstoff:** Reformation und Geschichtsdeutung. ZZ 13 (2012) Heft 2, 47.

673 Lippl, Dieter: **Das Spielen im Religionsunterricht.** In: 036, 53–114. L".

674 Lobeck, Leonore: **Interview mit Helmar Junghans am 3. März 2010:** (Zusammenfassung). In: 013, 89–99.

675 Müller, Gerhard: **Helmar Junghans als Reformations- und Lutherforscher.** In: 013, 15–31.

676 Nagy, Zoltán: **Mikor lesz már egység?:** igehirdetések, írások az ökumenizmusról, a Krisztus-hívők egységtörekvéséről (Wann kommt die Einheit?: Predigten, Schriften zum Ökumenismus, der Einheitsbestrebung der Christen). BP: Kairosz, 2011. 292 S.

677 Noack, Axel: **»Wird die Freiheit uns wahrhaftig machen?«:** Rückblick auf kirchliches Leben in der Diktatur der DDR. In: 038, 82–95: Ill.

678 Pásztori-Kupán, István: **Szentség, apostoli utódlás, magyar keresztyénség** (Heiligkeit, apostolische Sukzession, ungarische Christenheit). Credo 17 (BP 2011), Heft 4, 71–74.

679 Percze, Sándor: **»... hogy az igét és Krisztust mélyen szívükbe véssék«:** impulzusok Luther lelkigyakorlatos praxisából az evangélikus spiritualitás számára (»... dass sie das Wort und Christus tief in unsere Herzen meißeln«). LP 87 (BP 2012), 48–52.

680 Rosenau, Hartmut: **Vom Warten – Grundriss einer sapientialen Dogmatik:** neue Zugänge zur Gotteslehre, Christologie und Eschatologie. B; MS: Lit, 2012. II, 220 S. (Lehr- und Studienbücher zur Theologie; 8)

681 Rostagno, Sergio: **La scelta:** ciò in cui credi e la norma che ti dai (Die Wahl: das, woran du glaubst und die Norm, die du dir gibst). Torino: Claudiana, 2009. 186 S. (Piccola bib-

lioteca teologica; 98) – Rez.: Ollearo, Davide: Pro 65 (2010), 350f.

682 Roth, Michael: **Mehr als Moral:** ernsthafte atheistische Kritik lässt den Glauben zu seinem Wesen finden. ZZ 13 (2012) Heft 5, 12–15: Ill.

683 Roth, Norbert: **Verwirklichungsdimensionen des Bischofsamtes in der lutherischen Kirche heute.** Luth. Kirche in der Welt: Jahrbuch des Martin-Luther-Bundes 59 (2012), 193–220.

684 Rothermund, Gottfried: **Alles nur Sprüche?:** ein Plädoyer für die Erneuerung einer evangelischen Memorierkultur. Evangelium und Kirche: Informationen (2009) Heft 1, 12f. – Internetquelle: <http://www.evangelium-und-kirche.de/media/pdf/info/EuK-Info_0901.pdf>.

685 Rumpf, Dietlinde: **»Eine Lobrede auf die Musik«:** Wurzeln und Bedeutung der Musikerziehung in Mitteldeutschland. In: »weil sie die Seelen fröhlich macht«: Programm zum Themenjahr der Lutherdekade »Reformation und Musik«/ hrsg. von Penelope Willard. Jahresgabe des Freundeskreises der Franckeschen Stiftungen. Halle: Franckesche Stiftungen, 2012, 19–27: Ill. (Franckesche Stiftungen zu Halle, Jahresprogramm; 2012)

686 Schilling, Johannes: **Helmar Junghans und Martin Luther.** In: 013, 33–40: Ill.

687 Schilling, Johannes: **Reformationsjubiläum 2017–500 Jahre Reformation:** Am Anfang war das Wort. In: 039, 84f.: Ill.

688 Schneider, Johannes; Feige, Gerhard: **Was bedeutet mir Wittenberg?** In: 039, 28f: Ill.

689 Schwarzwäller, Klaus: **Justification and reality.** LQ 24 (2010), 292–309.

690 Traversari, Gesine: **Reformation und die Eine Welt.** MD 62 (2011), 053f.

691 Vogelsang, Frank: **Wirklichkeitsdeutung: zur Allianz zwischen Theologie und moderner Kunst.** Lu 82 (2011), 33–43. L 42.

692 Walser, Martin: **Über Rechtfertigung und Versuchung:** Zeugen und Zeugnisse. 1. Aufl. Reinbek bei Hamburg: Rowohlt/ 2012. 106 S. – Rez. siehe oben Nr. 670.

693 Walser, Martin: **Über Rechtfertigung und Versuchung:** Zeugen und Zeugnisse. 2. Aufl. Reinbek bei Hamburg: Rowohlt/ 2012. 106 S.

694 Wandel, Jürgen: **Hier stehe ich ...:** das Reformationsjubiläum sollte den Mut Martin Luthers herausstellen und würdigen. ZZ 13 (2012) Heft 6, 47.

695 Wanke, Joachim: **Zusammenstehen – auch in der Ökumene.** In: 08, 74f: Ill.

696 Weber, Friedrich: **Zeitansage:** Texte zur ökumenischen Situation/ mit einem Geleitwort von Walter Kardinal Kasper. Frankfurt, M.: Lembeck, 2011. 411 S.

697 Weiss, Hans-Martin: **Der seelsorgerliche Dienst der Bischöfe an den Pfarrerinnen und Pfarrern.** Luth. Kirche in der Welt: Jahrbuch des Martin-Luther-Bundes 59 (2012), 115–122.

698 Zur Mühlen, Karl-Heinz: **Überlegungen zur bleibenden Bedeutung von Martin Luthers Theologie für die Gegenwart:** ein Beitrag zur Luther-Dekade bis 2017. In: 040, 341–355.

8 Romane, Schauspiele, Filme, Tonträger, Varia

699 Bekker, Alfred: **Der geheimnisvolle Mönch.** FR; W; BL: Kerle, 2012. 176 S. (History & Crime)

700 Bekker, Alfred: **Der geheimnisvolle Mönch.** Elektronische Ressource. FR: Kerle in Herder, 2012.

701 **Davon ich singen und sagen will:** eine musikalische Hommage an Martin Luther/ Interpretation: Bach-Chor Siegen; Johann-Rosenmüller-Ensemble Leipzig; Leitung: Ulrich Stötzel. Tonträger. Asslar: Gerth-Medien, 2012. 1 CD & Beilage (Booklet).

702 **Erdverbunden, luftvermählt/** Lieder und Kompositionen von Stephan Krawczyk; Martin Luther; Interpretation: Stephan Krawczyk. Tonträger. 1. Aufl. F: Hansisches Druck- und Verlagshaus, 2012. 1 CD & Beilage (Beiheft). (edition chrismon)

703 Kasch, Hans-Wilhelm: **Der Luthergarten:** 500 Jahre Reformation – 500 Bäume in Wittenberg. In: 039, 86f: Ill.

704 Koch, Ursula: **Rosen im Schnee:** Katharina Luther, geborene von Bora – eine Frau wagt ihr Leben. 15. Aufl., 1. Taschenbuchaufl. Giessen; BL: Brunnen, 2011. 199 S.

705 Kőháti, Dóra: **Rajzban nem lesz könnyű**

ábrázolni: beszélgetés Richly Zsolttal az első Luther-rajzfilmről (Nicht leicht in Zeichnungen darzustellen: ein Gespräch mit Zsolt Richly über den ersten Luther-Zeichentrickfilm). Credo 17 (BP 2011) Sonderheft, 33–44. [Vgl. LuB 2011, Nr. 884]

706 Köhler, Katja: **Unterwegs mit Hänschen Luther:** ein buntes »Mitmach«-Kinderbuch über Martin Luther, Wittenberg und die Reformation/ Illustrationen: Andreas Metschke. Wittenberg: Röhrwasser, 2012. 39 S.: Ill., Kt.

707 Köhler, Katja: **On tour with Hänschen Luther:** a child's guide to Martin Luther, Wittenberg and the Reformation (Unterwegs mit Hänschen Luther <engl.>)/ Illustrationen: Andreas Metschke. Wittenberg: Röhrwasser, 2012. 39 S.: Ill., Kt.

708 Lackfi, János: **A lelkiösmeret szava:** epizód Luther Márton életéből – animációs forgatókönyv (Die Stimme des Gewissens: eine Episode aus dem Leben von Martin Luther – Animationsdrehbuch). Credo 17 (BP 2011) Sonderheft, 38–44. [Vgl. LuB 2011, Nr. 885]

709 **Martin Luther – Lieder und Leben.** Teil 1: **Luther-Choräle in Sätzen von Johann Sebastian Bach/** Ausführung: Gächinger Kantorei Stuttgart ... Audio-CD. Holzgerlingen: SCM Hänssler, 2011. 1 CD.

710 **Martin Luther – Lieder und Leben.** Teil 2: **Luther-Choräle im Wandel der Zeit/** Ausführung: Gächinger Kantorei Stuttgart ... Audio-CD. Holzgerlingen: SCM Hänssler, 2011. 1 CD.

711 **Martin Luther – Lieder und Leben.** Teil 3: **Sein Leben und Wirken/** Sprecher: Juan Carlos Lopez ... Audio-CD. Holzgerlingen: SCM Hänssler, 2011. 1 CD.

712 **Martin Luther – Lieder und Leben.** Teil 4: **Katharina von Bora:** an der Seite Martin Luthers/ Sprecher: Gabrielle Odinis ... Audio-CD. Holzgerlingen: SCM Hänssler, 2011. 1 CD.

713 Müller, Andreas: **Martin im Sturm/** Ill. von Christian Badel. Weimar; Eisenach: Wartburg-Verlag,2012. 68 S. Ill.

714 Müller, Andreas: **Martin sucht die Freiheit/** Ill. von Christian Badel. Weimar; Eisenach: Wartburg-Verlag,2012. 48 S.: Ill.

715 **Reformation:** opera; an opera with prelude and one act for tenor & baritone solo, choir, and orchestra (sung in English as well as in German); opus 73/ Libretto und Musik: Johann Kim. Audio-CD mit Word-Datei: Libretto Englisch und Deutsch. [Lousville, KY]: [Selbstverlag], s. a. 1 CD (ca. 60 min). (Sacred opera)

716 Wipfler, Esther P.: **Martin Luther in motion pictures:** history of a metamorphosis. GÖ: V&R, 2011. 219 S.: Ill. – Rez.: Helmke, Julia: MD 62 (2011), 067 f.

717 Wolf, Manfred: **Mais uma pergunta, Dr. Lutero ...:** entrevista com o Reformador (Eine Frage noch, Herr Luther ...: Interview mit einem Ketzer <portug.>). Saõ Leopoldo: Sinodal, 2011. 144 S.

C FORSCHUNGSBERICHTE, SAMMELREZENSIONEN, BIBLIOGRAPHIEN

718 **Abschließendes Schriftenverzeichnis Helmar Junghans (1959–2010 [2012])/** neu bearb. und zsgest. von Michael Beyer. In: 013, 101–124.

719 **Bibliographie von Prof. Dr. Karl-Heinz zur Mühlen 1971 ff.** In: 040, 359–377.

720 Csepregi, Zoltán: **A hőskultusztól a vezetéselméletig:** a reformációkutatás állása, irányzatai és eredményei az 500. évforduló előestéjén (Vom Heldenkult zur Führungstheorie: Stand, Richtungen und Ergebnisse der Reformationsforschung am Vorabend des 500. Jubiläums). Credo 17 (BP 2011) Heft 1, 5–13.

721 **Deutscher Humanismus 1480–1520:** Verfasserlexikon/ hrsg. von Franz Josef Worstbrock. Band 2, Lieferung 1: L – Murner, Thomas. B; NY: de Gruyter, 2009. 160 S. – Rez.: Schilling, Johannes: Lu 82 (2011), 72–74.

722 **Deutscher Humanismus 1480–1520:** Verfasserlexikon/ hrsg. von Franz Josef Worstbrock. Band 2, Lieferung 2: Murner, Thomas – Rhagius, Johannes. B; NY: de Gruyter, 2011. 160 S. – Rez.: Schilling, Johannes: Lu 83 (2012), 62–64.

723 Fries, Patrick: **Glaube und Bildung – Impulse Philipp Melanchthons für die Gegen-**

wart: Seminar der Luther-Gesellschaft vom 24. bis 26. September 2010 in Wittenberg. Lu 82 (2011), 128–131.

724 Huber, Wolfgang: **Zu den Editionen der Schriften Argulas von Grumbach und Johannes Schwanhausers.** ZBKG 80 (2011), 466–481. – Rez. zu LuB 2012, Nr. 513. 529.

725 Lapp, Michael: **Die Freiheit des Willens und seine Abhängigkeiten – Läßt sich die These vom freien Willen heute noch behaupten?** Lu 82 (2011), 192–196.

726 Lienhard, Marc: **Luther et le Moyen Âge tardif, une problématique revisitée: étude critique de deux ouvrages de Berndt Hamm.** PL 59 (P 2011), 374–393. [Vgl. LuB 2011, Nr. 018]

727 **Lutherbibliographie 2011/** bearb. von Michael Beyer mit Matthieu Arnold ... und Christiane Domtera. LuJ 78 (2011), 349–401.

728 Rhein, Stefan: **Reformation und Bildung:** das Melanchthonjahr 2010 im Rückblick. PTh 100 (2011), 462–480.

729 Scheible, Heinz: **Fünfzig Jahre Melanchthonforschung.** In: 025, 399–411. [Vollständige Fassung von LuB 2011, Nr. 922]

NACHTRÄGLICHE REZENSIONEN

LuB 2005

912 Appold, Kenneth G. – Hövelmann, Hartmut: Lu 82 (2011), 74f.

LuB 2009

040 Luthers Thesenanschlag ... – Wriedt, Markus: Lu 82 (2011), 65–67.

053 Reformation und Mönchtum. – Ferrario, Fulvio: Pro 64 (2009), 433f.

128 Nitti, Silvana. – Diaco, Sara: Protestantisemo 65 (Torino 2010), 344–346.

273 Leroux, Neil R. – Mennecke, Ute: Lu 82 (2011), 200f.

595 Lorentzen, Tim. – Wolf, Gerhard Philipp: ZBKG 80 (2011), 516f.

598 Melanchthons Briefwechsel. T.9. – Beyer, Michael: ThLZ 135 (2010), 465–468.

742 Ehmann, Johannes. – Hofmann, Frank: Lu 82 (2011), 69f.

LuB 2010

019 Der Gott der Vernunft. – Ferrario, Fulvio: Pro 65 (Torino 2010), 348–350.

043 Scheible, Heinz. – Vogel, Lothar: Pro 65 (2010), 346f.

52 Luthers Tischreden. – Plathow, Michael: Lu 82 (2011), 63f.

83 Feldmann, Christian. – Dembek, Arne: Lu 82 (2011), 64 f; Kaufmann, Th.: ARGBL 40 (2011), 23 f; Spehr, Christopher: LuJ 78 (2011), 323–325.

116 Barth, Hans-Martin. – Korsch, Dietrich: Lu 83 (2012), 59–61.

121 Hinlicky, Paul R. – Wriedt, Markus: LuJ 78 (2011), 344–347.

122 Kolb, Robert. – Buchholz, Armin: Lu 83 (2012), 56f.

136 Dietz, Thorsten. – Spehr, Christopher: Lu 82 (2011), 133–135.

474 Brady, Thomas A. – Keßler, Martin: ARGBL 40 (2011), 10–12; Scott, Tom: German history 28 (LO 2010), 358–363..

478 Kaufmann, Thomas. – Huber, Wolfgang: ZBKG 80 (2011), 508–510.

480 Leppin, Volker. – Zschoch, Hellmut: Lu 82 (2011), 138–140.

482 Lexutt, Athina. – Kaufmann, Thomas: ARGBL 40 (2011), 15 f; Wriedt, Markus: LuJ 78 (2011), 337–340.

526 Jung, Martin H. – Bülow, Vicco von: Lu 82 (2011), 72f.

530 Kuropka, Nicole – Gummelt, Volker: Lu 82 (2011), 136 f; Jung, Martin H.: ZKG 121 (2010), 413f.

537 Melanchthons Briefwechsel. T.10. – Beyer, Michael: ThLZ 136 (2011), 915–918; Keller, Rudolf: ZBKG 80 (2011), 510f.

538 Melanchthons Briefwechsel. T.11. – Beyer, Michael: ThLZ 136 (2011), 915–918; Keller, Rudolf: ZBKG 80 (2011), 511–514; Zur Mühlen, Karl-Heinz: Lu 82 (2011), 135f.

703 Khaled, Muhammad Abu-Hattab. – Dienst, Karl: Lu 82 (2011), 201f.

705 Lausten, Martin Schwarz. – Gummelt, Volker: Lu 82 (2011), 202f.

LuB 2011

014 Franz Lau (1907–1973). – Müller, Gerhard: Lu 83 (2012), 66f.

016 Hamm, Berndt. – Beutel, Albrecht: LuJ 78 (2011), 329 f; Kaufmann, Thomas: ARGBL 40 (2011), 24 f; Lienhard, Marc: PL 59 (2011), 373–393; Spehr, Christopher: Lu 83 (2012), 109f.

024 Die Leipziger Disputation 1519. – Hund, Johannes: Lu 83 (2012), 112–114.

031 Martin Luther – Biographie und Theologie. – Basse, Michael: Lu 83 (2012), 111 f; Rieger, Reinhold: LuJ 78 (2011), 330–332.

032 Martin Luther und die Freiheit. – Leppin, Volker: Lu 82 (2011), 67f.

039 Reformation und Bauernkrieg. – Kuhn, Th. K.: Lu 83 (2012), 121–123; Ninness, Richard: ARGBL 40 (2011), 13f.

046 Transformations in Luther's theology. – Rolf, Sibylle: Lu 83 (2012), 114f.

39 Erfurter Luther-Almanach 1511–2011. – Bultmann, Chr.: Lu 82 (2011), 132f.

64 Roth, Norbert. – Dembek, Arne: Lu 82 (2011), 208–210.

82 Hendrix, Scott H. – Beckmann, Christoph T.: Lu 83 (2012), 108 f; Beutel, Albrecht: LuJ 78 (2011), 328 f; Kaufmann, Thomas: ARGBL 40 (2011), 23.

105 Posset, Franz. – Bell, Theo M. M. A. C.: Bijdragen 72 (Meppel 2011), 221–222.

133 Ringleben, Joachim. – Barth, Hans-Martin: Lu 82 (2011), 198–200; Korsch, Dietrich: LuJ 78 (2011), 340–344.

180 Spehr, Christopher – Hövelmann, Hartmut: Lu 83 (2012), 57–59.

531 Melanchthon deutsch III. – Schulze, Manfred: Lu 83 (2012), 116f.

591 Müntzer, Thomas: Briefwechsel. – Zschoch, Hellmut: Lu 83 (2012), 119f.